카를 카우츠키의
인구생태
경제학

일러두기

1. 본서 《카를 카우츠키의 인구생태경제학》은 카를 카우츠키의 저서 《인구증가가 사회진보에 미치는 영향(Der Einfluss der Volksvermehrung auf den Fortschritt der Gesellschaft untersucht)》, 《자연과 사회에서의 증식과 발달(Vermehrung und Entwicklung in Natur und Gesellschaft)》 두 책을 묶어 편역했음을 알립니다.

2. 주석은 모두 원서의 주석을 번역한 것이며, 필요에 따라 추가한 주석에는 주석 끝에 '- 편집자 주'라고 표기했습니다.

3. 맞춤법은 국립국어원 표준국어대사전을 참고하되, 실제 쓰임에 맞게 교정했습니다.
   - 《 》의 경우, 저서와 책.
   - 〈 〉의 경우, 논문과 글 한 편에 쓰였습니다.
   - 또한 책과 논문의 구분이 어려운 경우, 전부 《 》를 사용했습니다.
   - ' '의 경우, 강조
   - " "의 경우, 인용임을 알립니다.
   - 국제단위계의 경우 L, m^3, km^3 등 기호를 사용했지만, 그 외 영미 단위계나 옛 독일 단위계의 경우에는 그대로 표기했습니다. (피트, 파운드, 크바르트, 엘레 등등)

차 례

| 옮긴이 서문 **카를 카우츠키와 인구·생태 경제학의 시도** | 006 |

1. 카우츠키의 이론적 방향
2. 카우츠키의 경제학
3. 인구생태경제학의 가능성

제1권 인구증가가 사회진보에 미치는 영향 ___ *1880년*

| 머리말 | 020 |
| 서론 | 023 |

제1장	철의 임금 법칙	060
제2장	악덕과 곤궁	132
제3장	기하급수	180
제4장	산술급수	217
제5장	예방적 장애물들	278

제2권 자연과 사회에서의 증식과 발달 ___ *1910년*

머리말 324

제1장	과잉인구와 인구감소의 두려움	329
제2장	자연과 사회	341
제3장	부양활동공간	347
제4장	자연에서의 균형	359
제5장	자연에서의 혁명과 정지상태	378
제6장	산술적 급수와 감소하는 토지 수확	394
제7장	부양활동공간의 확장	409
제8장	자연에서의 균형의 교란	429
제9장	전염병과 삼림 황폐화	440
제10장	과학과 노동	448
제11장	예술과 자연	464
제12장	자연인의 기하급수	479

제13장	문명의 기하급수	497
제14장	농업과 자본주의	526
제15장	농업과 사회주의	555
제16장	인구증가와 사회주의	572
제17장	종족 위생	589

카를 카우츠키의 인구생태경제학 ___ 내용 요약

I. 인구증가가 사회진보에 미치는 영향   600

도입부 / 1. 철의 임금 법칙 / 2. 악덕과 곤궁 / 3. 기하급수 / 4. 산술급수 / 5. 예방적 장애물들

II. 자연과 사회에서의 증식과 발달   619

1. 과잉인구와 인구감소의 두려움 / 2. 자연과 사회 / 3. 부양활동공간 / 4. 자연에서의 균형 / 5. 자연에서의 혁명과 정지상태 / 6. 산술적 진행과 감소하는 토지 수확 / 7. 부양활동공간의 확장 / 8. 자연에서의 균형의 교란 / 9. 전염병과 삼림 황폐화 / 10. 과학과 노동 / 11. 예술과 자연 / 12. 자연인의 기하급수 / 13. 문명에서의 기하급수 / 14. 농업과 자본주의 / 15. 농업과 사회주의 / 16. 인구증가와 사회주의 / 17. 종족 위생

옮긴이 서문
카를 카우츠키와 인구·생태 경제학의 시도

1. 카우츠키의 이론적 방향

　카를 카우츠키는 독일 사회민주당의 이론가로서 마르크스, 엥겔스의 사상을 계승, 발전시킨 인물이다. 그의 저작 중 경제학에 속한다고 볼 수 있는 것은 《농촌문제(Agrarfrage)》이다. 이는 농업 경제에 관하여 사실과 논리 두 측면에서 충실하게 분석한 마르크스주의 경제 분석의 모범적인 저작에 속한다.

　그런데 그가 하필 현대 경제학의 주제 중에서도 주변화되고 별로 화려해 보이지 않는 농촌과 농업 문제의 분석에 몰두한 이유는 무엇인가? 이는 그가 대학에서 사회에 관한 학문의 길에 들어설 때 다윈의 진화론에 깊은 영향을 받고 인간 사회를 생물학적이고 생태학적인 시각에서 관찰하는 데 학문적 관심을 가졌던 것과 무관하지 않다. 이러한 관심은 그가 역사 시대 이전 선사 시대의 인간의 가족과 혼인 제도에 관해 인류학적인 탐구에 매달리게 했으며, 그런 점에서 《가족, 국가 및 사유재산의 기원》을 저술한 엥겔스와 상당히 관심 분야가 비슷했다. 농촌은 인간이 자연환경과 직접 접촉하면서 이 환경에 적응, 생존에 필요한 식량을 조달하며 기초적인 경제활동인 농사에 몰두하는 공간이다. 인간 사회를 생태학적인 기초에서 고찰할 때에는 화폐와 금융, 제조업이나 국내외 무역, 유통 등 거액의 돈이 움직이는 대도시의 경제활동이 아니라, 인구 집단의 의식주에 직접 관련되는 물자를 생산하고 인구 집단의 건강 및 번식 조건과 직접 관련되는 물적인 환경인 농촌에서의 인간의 삶과 활동에 주목할 수밖에 없다.

84세로 네덜란드에서 파시스트 정권의 추적을 피해 도피하던 중 사망하기 직전까지 방대한 저술을 남긴 카우츠키의 첫 번째 저서는 26세에 출간한 《인구증가가 사회진보에 미치는 영향》이다. 이 책은 사회주의 지식인 계층에서 많은 논란의 대상이 된 맬서스의 인구론의 주된 논지를 놓고, 여러 각도에서 이를 비판적으로 검증한 작업의 결과다.

제1장 〈철의 임금 법칙〉은 소비자 인구와 생산자 인구를 구분하여, 생산자 인구인 노동자 집단의 임금과 생계 문제를 고찰하며, 이를 주제로 당시 영국 고전 경제학의 임금 결정 방식 등을 다루고 있다. 카우츠키의 경제학 원리에 대한 공부와 비판적인 학습은 마르크스 경제학 비판 공부에 앞서 고전 경제학에서 시작되었다고 볼 수 있다.

제2장 〈악덕과 곤궁〉에서는 맬서스가 주장하는 인구증가의 도덕적 억제 수

단이 많은 부작용을 야기한다는 것을 생리학적인 측면에서 조명한 영국의 드라이스데일(Drysdale)의 이론을 중심으로 여러 나라의 통계자료를 가지고 검증하는 작업을 한다. 이로써 맬서스의 도덕적 억제 수단이 비현실적이고 당사자들에게 도움이 안 되는 것임을 밝히려고 한다.

제3장 〈기하급수〉에서는 맬서스가 말하는 인구증가의 기하급수적인 속도에 관해 반론을 제기하는 캐리(Carey), 새들러(Sadler), 더블데이(Doubleday) 등의 이론을 검증하며, 그 반론들이 별로 타당성이 없다는 것을 이야기하고 있다. 맬서스의 논지가 기본적으로 옳다고 본 것이다.

제4장 〈산술급수〉에서는 식량을 생산하는 농업의 생산성에 대해서 다루고 있다. 그는 농업 생산성을 향상할 수 있는 여러 가지 기술들이 아직 충분히 활용되지 못한다고 보며, 사회제도의 개선을 통해 농업 생산성이 더 높이 향상될 가능성이 있음을 조명해 주고 있다.

제5장에서는 맬서스의 결혼 연령을 늦추는 식의 도덕적 억제 수단이 가지는 폐단에 주목하면서, 예방적인 성교 방식의 필요성을 하나의 유력한 인구억제 수단으로 제시한다. 인구억제책과 동시에 사회제도의 변혁이 필요하다는 것을 강조한다.

이처럼 《인구증가가 사회진보에 미치는 영향》에서는 기본적으로 맬서스의 인구론의 뼈대를 논의의 기초로 받아들이면서, 그 인구론이 가지는 지나친 단순화와 가정 등을 비판적으로 검토하는 분석을 하고 있다. 이 논의에서 특히 제4장의 〈산술급수〉와 같은 부분은 향후에 《농촌문제》라는 저작으로 이어져 더 본격적으로 전개된다고 할 수 있다.

그러나 1910년도에 나온 《자연과 사회에서의 증식과 발달》은 맬서스의 인구론과 고전 경제학, 인체 생리학 등 인간 신체와 인간 사회경제의 범위를 뛰어넘어 자연계의 개체수의 균형과 변동을 설명하는 생태학적인 논의를 전개했다. 그러한 기초 위에서 인간 사회 인구 집단의 수적인 변동을 고찰하여 인구 집단에 대한 생태학적인 접근을 시도하고 있다. 고찰의 범위를 인간에서 자연의 동물계 전반으로 확대하고 문명 시대 이전의 인간 생태를 인류학적으로 이야기하며 미래 사회의 가능성을 논의한다는 점에서 시간적으로도 고찰 범위가 크게 확장되었다고 할 수 있다.

여기서는 사람에게만 적용되는 인구 개념이 개체수 개념으로 달라져야 함을 밝히며, 부양활동공간이 생태학의 개념으로 등장한다. 자연계에는 기본적으로 환경에 적응해서 살아가는 특정한 종의 개체군의 개체수는 증가하려는 경향과 환경조건 간에 균형을 유지하면서 그런 조건이 달라지지 않으면 큰 변화가 없는 상태로 유지되는 것이 보통이라는 것이다. 인간종도 문명 이전의 원시인 단계에서는 다른 동물 종들과 다름이 없었는데, 인간이 문명화되고 자연을 정복하게 되면서 그 균형이 깨진 것으로 설명한다.

그런데 자본주의화 이후 자연과의 접점을 잃은 도시 문명 속의 인간들은 생물체로서의 생명력과 활력을 상실하고, 인구증가보다는 인구감소와 쇠퇴를 걱정해야 하는 쪽으로 점점 나가게 된다는 진단이 이어진다.

2. 카우츠키의 경제학

카우츠키는 그의 필생의 저작인 《유물사관》에서 이렇게 말한다. "정신과학에는 정치경제학과 역사가 속한다. 다른 모든 정신과학은 근본적으로 이 둘로 환원된다." 어떤 의미에서 이런 엄청난 이야기를 했을까? 이는 방법론의 측면에서 사회의 정태적인 구조를 그 총체적 연관의 측면에서 규명하는 것과 과거 사회 구조의 변동 과정을 설명하는 것을 구분해서 본 것이며 경제학과 역사가 그 둘을 대표하는 것으로 본 듯하다. 이 두 학문체계에서 현실 진단과 미래 예측, 그리고 정치적 개입의 방향을 도출할 수단이 마련된다고 본 것이 아닌가 생각된다.

경제학은 사회과학의 일종이다. 의학이 생물학이라는 자연과학에 기반을 두고 있지만, 순수과학이 아닌 것처럼 경제학도 인간과 사회에 관한 과학에 근거를 두고 있지만, 순수과학이라고 하기는 어렵다. 경제학은 경제(經濟)라는 말 자체에 담긴 의미처럼 목적을 담고 있는 학문체계다. 그것은 사회를 이루고 살아가는 사람들의 물질적 생존과 관계된 일상생활이 평온하게 영위되도록 하는 것을 목적으로 삼고 있다고 할 수 있다.

그것이 과학이라고 한다면, 지금의 사회를 경제적 측면에서 건강한지 진단할 수 있어야 한다. 그리고 지금의 상태가 아무런 개입 없이 지속될 경우 어떤 결과에 도달할지를 예측할 수 있어야 한다. 그리고 그런 예측된 결과가 바람직한 것이 아니라면, 더 나은 결과에 도달하기 위해서 어떤 변화가 주어져야 하는지를 처방할 수 있어야 한다. 적어도 경제학이 과학이라면, 진단과 예측, 처방하는 데 도움을 제공해 줄 수 있어야 한다.

현대 경제학은 애덤 스미스의 고전 경제학에서 출발한 것으로 설명된다. 사람들이 국가를 의식하지 않고 모두 자기 이익을 최선을 다해 추구하면 경제 질서가 원활히 유지되면서 사람들의 물질생활이 윤택해질 수 있다는 자유 시장의 균형이라는 직관에 의존한 것이 고전 경제학이다. 사람들이 자기 이익을 최선을 다해 추구한다는 것은 최대한 열심히 일하고 최대한 물자 소비를 절약하고, 시간을 절약하고, 최대한 쓸모 있는 물건을 가장 능률적인 방법으로 비용을 최소화하여 생산하여 최대의 이윤을 획득하려고 노력하는 것이다. 사람들이 이렇게 행동한다고 가정하면 경제의 균형이 이루어지고 지속적인 번영이 가능하다고 보는 것이다.

이런 경제 원리에서 개인들의 소비절약, 저축, 비용 최소화와 이윤 극대화가 고전 경제학의 당위적인 교훈으로 사람들에게 제시된다. 이런 기본 메시지는 가치론의 혁명을 거친 한계혁명에 기초한 신고전파 경제학 단계에서도 그대로 유지되며, 더 논리적으로 정교하게 정식화된다. 연립방정식 체계가 등장하고, 일반균형의 성립 가능성이 수학적으로 증명된다.

그렇다면 이러한 경제학 원리를 가지고서 현실의 경제를 진단할 수 있는가? 현실의 경제에서는 사람들이 물자를 형편없이 낭비하고 있거나 비용 최소화를 하는 방식으로 생산하지 않는다면 불균형이 일어나고 경제가 붕괴한다고 예측한다. 그래서 낭비를 하지 말고 가장 능률적이고 비용을 최소화하는 생산방식을 채택하도록 처방을 내리는 것이 경제학의 용도라고 생각할 수도 있다.

그런데 20세기 말엽부터 본격화된 생태위기와 기후변화의 문제는 기존의 경제학 원리를 가지고서는 대처할 수 없게 되었다.

이와 달리 마르크스는 자본주의 사회의 기본적인 전제인 노동가치론과 잉여가치의 생산을 위한 자본의 유기적 구성의 고도화 경향 아래에서 자본주의 경제가 어떻게 붕괴 위기에 도달하는지를 예측했다. 그는 이 문제에 대한 어떤 처방을 제시하지는 않았다. 자본주의 사회 자체를 질병 상태로 본 것이 아니라 진화과정 중의 한 단계로 파악한 것이다. 마르크스 개인이 한평생에 걸쳐 이런 예측 논리를 정교하게 가다듬었고, 20세기 초까지 이런 경제학 논리가 수립되었다. 아마도 헨리크 그로스만의 《자본주의 체제의 붕괴법칙》이 그러한 이론을 단적으로 제시한 것으로 평가된다. 그러나 이런 불균형한 체제 발달로 인한 붕괴 논리도 생태적인 문제를 본격적으로 제기하지는 못했다.

도시와 농촌의 분리와 물질순환 구조의 파괴를 리비히(Justus von Liebig)의 이론에 따라서 진단하고 도시와 농촌의 구분을 없앤다는 처방을 내놓는 것이 카우츠키의 작업이 되었다. 이는 물질순환 경제학의 관점에서 문제를 진단하고 인구소멸과 토양고갈에 의한 장기적인 체제의 소멸 가능성을 예측하여 인간과 사회의 문명을 되살릴 방안을 제시한 것이다.

지금 시대에 새로운 대안으로서 수립될 어떠한 경제학 이론도 지금의 사회 상태를 진단하고 이 상태가 지속될 경우에 닥칠 미래의 상황을 예측한다. 그리고 그런 예측대로 되지 않게 하는 처방을 제시해야 할 책임을 가진다. 그렇게 하지 못하는 생태 경제 이론은 빛 좋은 개살구일 수밖에 없다.

오늘날 기후위기 시대의 원인은 산업혁명 이후 확장된 산업경제의 규모와 대부분의 나라가 추구하는 경제성장 정책에 있다고 지적된다. 이에 애덤 스미스 이래 전개된 경제 이론이 기후위기에 일부 가세했다고 보기에 그런 기존의 경제학 논리를 비판적으로 극복하고 새로운 패러다임의 경제를 모색하려는 움직임이 생겨나고 있다.

그중 하나의 흐름은 생태 경제학이라고 하는 것인데, 이는 인간 사회의 경제 활동이 전개되는 자연적, 물적인 환경조건 내에서 지속적으로 균형을 유지하며 존속해 갈 수 있는지에 주된 관심을 두고 조건들을 분석하고 있다.

그런 맥락에서 본다면 인간이란 종이나 개체군의 생존 양태를 생태학적으로 고찰하는 틀에서 경제학 논리를 전개하는 것이 필요하다. 그 논리는 수학적, 역학적인 방정식으로 나타나는 논리가 아니라 생물 세계의 유기적인 관계와 변화의 논리가 되어야 할 것이다. 그런 점에서 카우츠키의 《자연과 사회에서의 증식과 발달》에 나타난 생태학적인 고찰은 생태 경제학의 시도라고 볼 수 있는 측면이 있다.

　카우츠키의 경제학 분야의 대표작으로 알려진 《농촌문제》는 경제적인 고찰과 역사적인 고찰이 잘 융합되어 현실을 규명하고 변화의 방향과 대안 제시에까지 이르는 그의 과학적 방법론을 잘 보여준다. 그 방법론의 근간을 잘 보여주는 것이 생태학적인 관점에서의 인구문제에 대한 관심을 풀어낸 《자연과 사회에서의 증식과 발달》이라고 말할 수 있다.

3. 인구생태경제학의 가능성

　지금의 경제학은 고전 경제학, 신고전 경제학 시대를 거쳐 왔다. 노동에서든 효용에서든 교환가치의 실체를 규명하고 거기서 가격의 근거를 도출하는 데서 출발한다. 이는 이미 사회와 시장이라는 공간에서 벌어지는 교환이란 관행을 전제로 하는 것이다. 그리고 이러한 일반적인 상품들의 교환에서부터 화폐라는 거래수단을 도출하는 쪽으로 나가게 된다. 교환과 소비를 위한 전제이며 이전 단계인 생산 활동에서의 생산요소 조달을 위한 화폐의 필요에서 은행과 금융이 설명되며, 생산요소의 하나인 노동을 조달하는 절차인 고용과 노동의 가격인 임금률과 노동시장이 설명된다.

　이처럼 현존하는 시장경제의 여러 개념요소들을 가지고 경제현상과 변동을 설명하는 경제학은 경제적 균형과 효율의 논리를 가지고서 모든 인간 사회를 평가하고 재단하려는 경향을 가질 수밖에 없다. 이런 면에서 앞선 서구의 시장경제를 낙후된 전 세계의 모든 지역으로 확장해 가는 것을 진보와 발전이라고 여기는 경향을 보이게 된다.

그러는 과정에서 오랜 시간 동안 토착민들이 자연환경에 적응하여 발달시켜 온 여러 가지 관행과 문화들이 비합리적이고 비능률적인 것으로 폄하된다. 그리고 고유한 문화 전통 속에서 살아가는 사람들을 그 토양에서 떼어내어 서양으로부터 이식된 인위적인 공장과 시장 공간에 집어넣어 근대인을 만드는 것을 인적자원의 양성이라고 본다.

이는 모든 생물 유기체의 지구상 생존 근거인 생태환경 내에서의 유기적 균형에 대한 감각이 배제된 것이며, 문명사회에 의해 발달한 시장 공간에서의 질서와 효율의 추구, 그리고 이를 위한 자연의 개발에 초점이 맞춰지는 사고방식이다.

이런 연장선에서 인구는 노동이란 생산요소의 원천이면서 산업 생산물에 대한 소비 수요 창출의 원천으로 존재하고, 기본적으로 자원(資源) 개념에 들어가서 그 고갈을 염려하는 관점이 지배하게 된다. 그래서 인구 규모를 조정하는 정책적 관심이 생겨나는데, 다른 자원과는 달리 과도한 인구로 인해 발생하는 곤궁한 상황에 대한 인도주의적인 염려도 경제적인 고려사항으로 자리 잡고 있다.

그러나 기본적으로 인구 집단의 규모는 생태계 내의 부양활동공간에 직결된다. 이는 여러 종들이 공존하는 생태계의 환경 적응으로 설명될 수 있다. 경제균형이나 발전의 필요에 따라 인위적으로 조절한다는 의도는 오랜 시간에 걸쳐 형성된 인구 집단의 본능적인 집단지성을 대표하고 반영하는 것이 아니라면 별로 실현될 가능성도 없는 것이 될 수밖에 없다.

지금의 인구 집단 내에서 인구가 유지되고 늘어나야 한다는 견해와 인구가 더 줄어드는 것이 바람직하다는 견해가 공존하는 것을 본다면 인구수 규모에 대한 인위적인 조정에 대한 관심은 더욱더 암중모색의 행태이거나 탁상공론의 수준을 벗어나지 못한다고 할 수 있다.

시장 공간을 토대로 논리를 펼쳐 온 경제학 자체는 인구 집단의 생태학적인 존재의 조건에 대한 설명으로 재정립될 필요가 있다.

특정 사회나 나라의 인구 집단의 규모는 어떻게 정해지는가? 이에 대한 이론을 제시한 것이 맬서스다. 인구론은 맬서스의 인구론 이전에도 많이 있었지만, 인구론 하면 먼저 맬서스를 떠올리게 되는 것은 그의 인구론만큼 사회적으로 파급효과가 큰 인구에 대한 학문적인 설명이 없었기 때문이라고 할 수 있다. 벌써 맬서스의 인구론이 나온 지 200년이 넘었고 지금은 인구통계학이 당시보다 훨씬 더 높은 수준으로 발달하여 인구 수준의 동태를 과학적으로 예측하는 모형들이 나와 있다.

정책 담당자들, 정치인들은 인구 규모를 적정 수준으로 만들려는 정책적 개입을 하려는 움직임을 보인다. 시대에 따라 인구의 과잉을 염려하기도 하고, 인구 과소화를 염려하기도 한다. 인구 수준은 단순한 산술적 공식으로 설명될 수 있는 것은 아니며 다양한 변수들에 의해 복잡하게 영향을 받을 것으로 생각된다. 정책적으로 출산을 장려하는 유인정책을 펼친다고 해서 인구가 증가하는 것은 아니다.

경제학적으로 본다면, 생산요소로서 인간의 노동력이 가지는 중요성이 고용된 노동자들에 대한 처우, 그리고 노동자들의 사회적 지위와 발언권에 큰 영향을 미친다고 할 수 있으며, 기술의 진보에 따라 이는 달라졌다고 할 수 있다. 수공업과 농업이 주된 생산분야였던 과거에는 사실 생산과정에서 노동자의 위치가 지금보다 높았다고 볼 수 있다. 반면에 농업 생산성은 낮아서 인구가 많지 않았다. 반면에 현재에는 거대한 생산시설과 자동화된 공장 시스템에서 노동자들의 중요성은 별로 높지 않고, 점점 더 기계에 의해 대체되는 처지로 내몰리고 있다. 아무리 농업 생산성이 높고 식량이 풍부하더라도 일하는 사람이 귀하게 대우받지 못한다면 이는 여러 가지 측면에서 자녀 출산에 긍정적으로 작용할 수가 없어 보인다.

우선 우리는 출산의 규모 자체에 개입하려는 생각과 출생한 후세들을 양육하려는 생각을 구분할 필요가 있다. 그리고 자녀 수는 부모의 취향에 맡기고 출산의 규모에 개입하려는 생각을 접어두고 출생한 후세를 정성껏 양육하는 데 정책적인 배려를 집중할 필요가 있다. 이는 그들이 일에서 주변적인 생산요소로 전전하는 것이 아니라 일 자체의 주체로서 행복을 느끼며 살도록 기초를 만들어 주는 것이며, 인구가 많든 적든 인구 집단의 건강과 행복에 초점을 두는 것이다. 이에는 건강하고 수려한 생태환경을 보전하여 제공해 주는 것도 포함된다.

나아가 인구 집단의 의식주에 직결된 식량과 그 밖의 생물자원의 원천인 토지와 삼림은 인간 사회만의 전유물일 수 없다. 그 안에서 인간이 다른 동식물들과 조화와 균형을 이루며 공존하지 않는다면, 그 자연 조건은 인간에게도 더 이상 생존수단을 제공할 수가 없게 된다.

카우츠키의 사회과학의 출발점은 인구 집단의 행태에 대한 생태학적 관심이었고, 그가 마르크스의 경제학 비판의 방법론을 받아들여서 전개한 자본주의 경제에 대한 분석과 예측도 이러한 자연 인식의 기초 위에서 전개된 것이었다고 볼 수 있다.

카우츠키의 사회주의관은 농촌과 농업을 살리는 데 관심이 집중되어 있다. 자본주의 체제가 공업문명을 발전시킨 역할을 한 것처럼 인류의 그다음 과제는 사회주의적인 농업의 발달을 통해 지속가능한 경제와 문화를 발달시키는 것으로 본 것이다.

인구생태경제학은 장기적인 인구 집단의 균형과 변동을 설명하는 경제학으로서 시장경제에서 발생하는 여러 가지 문제점들에 대처하는 데는 쓸모가 없다는 비판을 충분히 받을 수 있다. 교환가치와 화폐를 둘러싼 경제현상들이 거기서 고찰대상이 되지 않기 때문에 그럴 수 있다. 그런 점에서는 '경제학'이라고 부르기가 곤란하다고 여겨질 수 있다. 그러나 인구 생태적인 분석에서 미래에 대한 예측과 정책 방향이나 처방이 나오는 구조로 되어 있음을 볼 때 가치나 가격, 화폐적인 단위를 매개로 하지는 않지만, 인간 사회의 물적인 생계와 생존의 기반을 관심사로 하는 경제학이라고 부를 수 있다고 본다.

지금의 생태 경제학이 인간 사회의 물질적인 성장의 한계를 가져올 수밖에 없는 지구상의 여러 조건에 대한 인식을 기초로 하고 있음은 분명하다. 그러나 인구 집단의 유기체적 성격에 주목하여 생태학적인 시각으로 분석하지는 않으며, 시장경제와 인구 규모에 대한 양적인 규제의 당위성을 도출하는 데서 더 발전하지 못하고 있다. 이런 생태 경제학의 논리가 정당성을 가지는 것을 부정할 수 없으나 인구 집단의 행태와 생존조건에 대한 설명에 기초하여 많은 사람들이 공감하고 움직이도록 관심을 일깨우는 데는 미흡하지 않았는지 생각해 볼 필요가 있다. 이러한 고착상태를 돌파하기 위해서 인간과 인구 집단의 유기체적 본성에 주목하여 인류학, 생태학, 지구과학 등의 제반 과학을 기초로 하여 새로운 경제학적인 방법론을 구성하는 것이 시급하다. 이런 점에서 카를 카우츠키의《인구생태경제학》은 새로운 시도를 위한 좋은 길잡이 역할을 할 수 있다.

한동안, 세상의 건물을
철학이 결속하기까지
톱니바퀴는 굶주림과 사랑으로 유지되리.

실러, 철학자들.

왜 민중은 돌아다니며 외치는가?
자신들을 부양하고,
자녀를 낳아서 능력 있는 대로 잘 먹이려고 한다네.

– 괴테, 베네치아 에피그램

제1권

인구증가가 사회진보에 미치는 영향

– 1880년 –

머리말

　금세기 초에, 비중 있는 어느 시인이든 사회주의자이고, 비중 있는 어느 사회주의자이든 시인이던 때에, 사회주의 체계들이 엄밀히 말해 감상적인 인도적 정신으로 가득 찬 시 말고 다른 것이 아니던 당시에, 이른바 맬서스의 이론은 모든 사람들의 심금을 움직였다. 특히 어느 사회주의자이든 그의 깊숙한 내면에서 격앙할 수밖에 없었으니, 이 딱딱하고 감정 없는 가르침이 그의 사랑 넘치는 인류애적 꿈들과는 정반대를 이루었기 때문이다.

　오늘날 이는 달라졌다. 사회문제에 매달리는 일은 아주 냉정한 일의 모습을 띠었다. 이는 시인들로부터 사상가들에게도 넘어갔다. 그 해결책을 더 이상 자기가 발명한 '정의'와 '형제애'의 원칙들 위에 근거 짓지 않고, 그에게 역사 발달의 지식들, 통계 그리고 자연탐구가 제공해 주는 바와 같은 경험의 토양 위에 근거 지으려고 한다.

　그러나 사회과학적 연구들의 방법 변경에서 오는 이익은 유감스럽게도 하나의 단점을 수반했다. 이 연구들은 전에 소유했던 영역을 방기했다. 금세기 초에 주로 노동 수확의 분배와 인구의 사회 복지 수준에 대한 영향을 안중에 두었다면, 오늘날에는 이와 달리 생산양식, 자본과 노동 간의 관계에 매달린다. 인구법칙은 대학들로 그리고 몇몇 전문 지식인 동아리로 후퇴했고, 그곳에서 전통으로서 근근이 연명해 간다. 그러나 공중은 이를 완전히 모른다. 독일이 지난 수십 년간 사회문제에 관한 무수한 소책자들과 논단들로 범람이 되었을 때 그 소책자들과 논문들을 살펴보라. 그러면 그것들 모두가 해결책을 자본과 노동 간의 조화를 이루는 데서, 아니면 자본을 국가의 도움 혹은 자력으로 노동에 접근 가능하게 만드는 데서, 혹은 노동에 대한 자본의 지배 대신에 자본에 대한 노동의 지배를 세우는 데서 찾는다는 것을 알게 될 것이다. 그러나 노동자들의 수와 그들의 증가 속도가 그들의 사회적 형편에 영향을 미칠 수 있다는 것은 없는 것이나 마찬가지인 극소수만이 강조했으며, 이 몇 안 되는 자들도 금세기 초의 현대 맬서스주의 혹은 반(反)맬서스주의의 낡고 천편일률적 틀을 따랐다. 개별적인 예외들, 특히 알베르트 랑게는 그 문제에 대한 새로운 견해의 암시를 주었지만 유감스럽게도 이는 암시 자체로 남아 있을 뿐이다.

    그럼에도 불구하고 인구문제는 죽은 문제로 있지 않았다. 그 문제에 사회학자들 쪽에서도 응당 있어야 할 주의가 기울여지지 않았더라도 몇몇 통계학자들과 생리학자들은 더욱더 깊이 있게 그 문제에 매달렸고, 지극히 놀랍고 흥미로운 결과를 달성했다. 생리학자들은 그들의 연구 결과들을 전할 때 사회문제들을 고려하고 그렇게 사회과학 문헌에 존재하는 커다란 빈틈을 메우려고 최근에 기도한 자들이기도 했다. 유감스럽게도 이들은 자연과학에서와 마찬가지로 경제학에서는 독립적으로 활동하는 이들이 아니며, 이는 또한 완전히 당연하다. 그래서 그들이 판단력 없이 이런 또는 저런 측에 붙고,— 그들이 그렇게 하지 않았다면 아주 나쁜 것이었겠는데 —보통은 맬서스 자신에게 붙으므로 그들에게서도 그 문제에서의 올바른 진보는 기대할 수가 없다.

이 진보는 오직 주어진 소재를 맬서스의 학설이나 반(反)맬서스의 학설에 의탁하는 대신 선입견과 당파성 없이 독립적으로 검증하고 가공함을 통해서만 가능하다. 나는 이런 시도를 감행했다. 그 시도가 성공인지 실패인지를 나는 판정할 것이 없으나 그것이 적어도 다른 이들과 더 소명을 가진 자들이, 내가 그린 길로 더 나아가 인구문제를 궁극적 해결로 이끄는 쪽으로 자극을 주리라 희망한다. 적어도 일부 사회주의자들에게 인구법칙의 고려 없이는 사회문제의 만족스러운 해결책은 불가능하다는 신념을 전해 주기를 희망한다.

물론 내가 도달하는 결과물이 누구에게나 **만족을 줄** 것인지는 다른 문제다. 처음에는 나도 만족시키지 못했고, 다른 더 조화로운 해결책을 구했으나 내가 스스로를 속이고 싶지 않았다면 그런 것은 없다고 나 자신에게 말해야 했다. 누군가 나를 논박하고 더 위안이 되고 근거가 마련된— 근거가 없는 것들은 충분히 있다 —해결책을 내놓는다면, 누구도 나보다 더 기뻐하지는 않을 것이다. 그렇지만 내가 볼 때는 사람들이 그러한 해결책을 찾지 못할 것 같다. 감상적인 상투어들을 나에게 무더기로 내던지겠지만, 이것들은 지식과 양심 없는 당파적 혹평가들의 짖어댐과 마찬가지로, 접어든 길을 추구해 가는 나를 혼란케 하지는 못할 것이다.

1880년 1월에, 빈에서
_ 카를 카우츠키

서론

"아말테아의 뿔이 그대들에게 흘러간다 해도 그대들이 맬서스의 말을 듣지 않으면 그대들은 궁핍하게 살 것이다. 들으라! 맬서스의 바위가 그대들에게 풍성한 식사를 선사한다."

– 헤게비쉬

"아델린이 맬서스를 읽었는지 나는 모르겠노라.
그가 열한 번째 계명을 발명했다니 읽었으면 좋았겠구나
'그대가 가난한 소녀를 사랑한다면, 그 소녀와 결혼하지 말라.'
내가 그를 오독하지 않았다면 그는 이런 말을 하는 것이다.
조금도 트집 잡으려 하지 않노라.
이 저명한 선수의 견해를.
하지만 인생은 거기서 금욕적이 되거나
결혼 자체가 타산적이 되지."

– 바이런, 돈 후안(제15곡. 38연)

맬서스! 그의 이름을 들어본 자들 다수에게 그의 저작은 더 이상 매달릴 필요 없는 낡은 헌책인데, 그 다수가 그렇게 믿는 것처럼 그는 끝난 남자다. 어떤 이들에게는 캐리(Carey)가, 다른 이들에게는 프루동이 그 '목사'를 제거했고, 그의 인구론을 죽은 자들에게 집어 던졌다. 또 다른 이들은 인구문제의 해결을 미래 세대들에게 맡기고 싶어 하니, 이는 지금 세대는 더 중요한 일을 해야 하기 때문이란 것이다. 성관계들은 이들에 의해 단지 사회의 장식물로, 위장 문제가 만족스럽게 해결된 후에 매달릴 수 있는 장식품으로 간주된다.

둘 다 틀렸다. 맬서스가 던진 질문은 지금 세대에 의한 해결을 고대하는 질문 중 가장 중대한 질문들의 하나다. 사회 생식능력의 완전한 전개가 치명적인지 아닌지 하는 질문의 판정은 사회학자들에게만 감응하게 하는 것이 아니다. 연미복을 입은 사내와 작업복을 입은 사내 누구에게나, 하르트만의 무의식의 철학에 관해 분내 풍기는 규방에서 숙고하는 섬세한 부인에게, 냄새 나는 술집에서 브랜디로 자신들의 곤궁에 대한 의식을 적시는 건장한 일용노동자들에게도 감응하게 한다. 그러나 특별히 이는 사회문제에 관심을 가지는 자, 그래서 생각하는 사람 누구에게나 감응하게 한다. 유물론의 역사에 밝은 저자는 "인구법칙은 사회문제의 알파요 오메가다. … 인구법칙들에 대한 인식이 사회문제의 어떠한 유익한 논의를 위해서도 **필요불가결한 전제조건이다.**"[1] 하고 말한다.

사회문제의 유익한 논의를 위한 이 필요불가결한 전제조건은 지금까지 제공되지 않았으며, 인구법칙들에 대한 요망되는 인식도 아직 존재하지 않으니 이는 이제까지 그런 것 중 어느 것도 전반적으로 인정되지 않기 때문이다. 맬서스의 인구론은 결코 낡은 것이 아닌데, 이는 과학이 그것을 아직 궁극적으로

---

[1] F. A. Lange, 사회문제에 관한 존 스튜어트 밀의 견해들. Duisburg 1866. p. 24, 25.

기각하지 않았기 때문이다. 오늘날 여전히 맬서스의 《인구론》 발간 시에 움튼 투쟁이 약화되지 않은 힘을 가지고서 지속되며 아직 어느 쪽으로 승리가 기우는지를 말할 수가 없다. 맬서스에 찬성하는 사람 중에서도 또한 그에게 반기를 들고 나선 사람 중에서도 과학의 가장 중요한 대표자들이 있다. 다른 어떤 문제들에서보다 더 여기서 권위들을 신뢰할 수 없다. 여기서는 말하자면, "검증하고 스스로 판단하라"는 것이다.

사람들은 알베르트 랑게가 현재 가장 특출한 사상가로 부르는 존 스튜어트 밀에게 특별한 신뢰를 가진다. 이 사람은 맬서스의 명제들에 관해 이렇게 주장한다. "그것들의 타당성은 아주 분명하고 논박될 수 없어서 온갖 반대에 맞서 기반을 구축했으며 어느 정도는 공리로 간주할 수 있다."[2] 비데(Wiede)는 이상한 방식으로 이 '공리들'에 관해 생각한다. "맬서스의 이론은 우리 생각에 따른다면 그것을 완전히 거꾸로 뒤집어 세울 경우에 어느 정도 진리에 더 다가간다"[3]고.

맬서스주의자는 맬서스 저작을 독일어로 번역한 번역자인 헤게비쉬에게서 이 발언에 반대하여 위안을 얻을 수 있으며, 그 밖에도 형편없는 이 번역이 슈퇴펠(Stöpel)의 더 나은 번역으로 대체될 때가 되었다고 부수적으로 지적한다. 헤게비쉬는 이렇게 공언한다. "뉴턴이 물리학을 위해, 브라운이 생명역학을 위해, 스피노자가 초(超)물리학을 위해 성취한 것 못지않은 것을 그 목적이 인간 행복인 과학을 위해 지금 맬서스가 성취했다."[4]

---

2 J. St. Mill, Grundsätze der politischen Oekonomie, übersetzt von Soetber, Leipzig 1869, I, p. 163.

3 Neue Gesellschaft, I, Jahrg. III. Heft. p. 166.

4 Malthus, Versuch über die Bevölkerung; deutsch von Hegewisch, Altona 1807. Nachwort.

그러나 반(反)맬서스주의자들은 "맬서스의 인구관념은 엄밀히 말해서 단지 태곳적 오류의 갱신이고, 쉽게 떠오르는 동시에 제한된 성찰의 수용일 뿐이었다"고 서슴없이 말하는 뒤링을 언급한다.[5]

이와 달리 리카도라고 하는 이 중요한 경제학자는 그의 '맬서스 씨의 인구론에 관한 경탄'을 표현할 기회를 가지는 것을 다행스럽게 여기며 말했다. "이 위대한 저작의 반대자들의 공격은 단지 그것의 유용성을 입증하는 데만 기여했고, 나는 과학을 위해 예외적인 자랑거리인 그의 정당한 명성이 과학이 완성되면서 커져 갈 것이라고 확신한다."[6]

캐리(Carey)는 당연히 이에 동의하지 않았다. "어떤 책이 더 큰 영향력을 행사한 일이 드물었고 그런데도 그 책은 어떤 영향력을 행사한다는 주장을 별로 하지 않는다. 인민의 사고방식에 그렇게 해로운 책도 드물었다."[7]

그것에 관해 장 바티스트 세는 우리에게 맬서스의 원리들이 "온갖 의문을 뚫고 그 위로 솟았을 때 이래로 비로소 격렬하게 반박되었으며, 이에 관해서는 인간의 심장을 아는 자라면 누구도 놀라지 않을 것이다."[8]라고 말했다.

1854년 11월 18일 자 런던 이코노미스트는 이런 견해를 가지지 않았으며, 오히려 "약간의 중요성 없는 문필가들을 제외하면 누구도 지금 맬서스의 인구론과 리카도의 지대이론에 유념하지 않는다. 이 오류들은 기껏해야 여전히

---

5   Dühring, kritische Geschichte der Nationalökonomie und des Sozialismus.
6   Ricardo, Grundgesetzte der Volkswirtschaft und Besteuerung, übersetzt von Baumstark. Leipzig 1837. p. 129.
7   Carey, die Grundlagen der Sozialwissenschaft, herausgegeben von Adler. München 1864, III. p. 474.
8   J. B. Say, ausführliches Lehrbuch der praktischen politischen Oekonomie, deutsch von Max Stirner. Leipzig 1845, III. pag. 168.

대학들, 본래의 낡은 것들의 보관소에 자리를 유지할 수 있을 뿐이다"라고 하기도 했다. 같은 해 10월의 주르날 데 제코노미스트는 반대로 심지어 이렇게 공언한다. "인구 학설에 관한 논저는 사실상, 우리가 이를 인정할 수밖에 없으니, 계시다."[9]

나아가 게르스트너가 "맬서스는 인류를 위한 위대한 공로를 남겼다"[10]고 주장할 경우에 이는 "실천적인 면에서 맬서스는 그의 관점들의 조잡함과 그의 사상의 불쾌함 때문에 유명한 상태로 있으며, 그 말의 가장 나쁜 의미에서 인간에게 적대적이고 철저하게 비인간적인 사고방식의 전형으로 통할 그의 온전한, 독창적 권리를 보전할 수도 있다"[11]고 한 뒤링의 발언과 이상하게 일치한다. 그리고 다른 곳에서 같은 사람은 맬서스가 인간을 단순한 하복부로 표상했고 상체에서는 오직 위와 먹는 도구들만 남겨두었다고 생각한다. 외팅겐(Oettingen) 같은 사람이 그의 도덕 통계에서 그런 사람을 섬세한 사상가이며 관찰자라고 공언한다면, 이는 어떤 사람을 놀라게 할 수밖에 없다. 그러나 맬서스의 학설이 그렇게 칭해지는 것처럼 "불행의 산술에 근거를 둔 절망의 철학"의 독서 후에 헤게비쉬가 그런 것처럼 "나는 이 책에서 영광스런 기쁨을 맛보았노라"라고 환호를 올릴 수 있다면 우리의 놀라움은 더 상승할 수밖에 없다.

로베르트 몰(Robert Mohl)은 맬서스의 저작이 "인구학의 분기점이며 그런 상태로 남아 있다. … 특히 공공 생활의 과학들은 맬서스에게서 자랑거리를

---

9   Beide zitiert bei Carey d. Gr. d. S. I. p. 36, 37.
10 L. J. Gerstner, die Grundlehren der Staatsverwaltung. II. p. 102.
11 Dühring, kr. G. d. N. u. d. S.

얻었다"¹²고 공언한다. 이런 칭송은 바로 이 저작을 "미숙하게 표피적이고 성직자답게 앞에 서서 낭송한 표절"이라 명명하는¹³ 카를 마르크스에 의해 상쇄되는가 하면, 다윈은 그것이 "영구적으로 주목할 만한 시론(試論)"¹⁴이라고 주장한다. 다윈은 대체로 맬서스의 큰 숭배자로서 그의 책은 그에게 마침내 생존 투쟁을 제대로 평가하도록 가르쳤다. 그렇게 그는 에른스트 해켈(Ernst Haeckel)에게 보낸 1864년 10월 8일 자 편지에서 이렇게 썼다. "내가 그때 다행스러운 우연으로 맬서스의 '인구에 관한' 책을 읽었을 때 자연적 품종개량이란 생각이 나에게서 떠올랐다." 해켈 자신이 다윈과 맬서스 사이의 연관을 이런 말로써 언급한다. "다윈의 생존 투쟁에 관한 이론은 어느 정도는 맬서스의 인구론을 유기적 자연 전체에 일반적으로 적용한 것이다."¹⁵

근대적 지향에 속하는 다른 자연 연구자들도 압도적으로 맬서스 편에 있다. 헉슬리(Huxley) 교수는 이렇게 말한다. "맬서스는 이 대상을 지극히 미세한 데 들어서까지 그리고 진리의 정신으로 탐구한 성직자였다. 그는— 비록 사람들이 그의 결론 도출 내용 때문에 비난해 오더라도, 이 결론 도출 내용은 지금까지 반박되지 않았으며 결코 반박되지 않을 것이다 —기하급수로 일어나는 유기적 존재들의 증가와 같은 급수로 생존수단이 증가하는 것이 불가능함에 따라 필연적으로 유기적 존재들의 수가 이들을 위한 생존수단을 얻을

---

12 R. v. Mohl, Geschichte und Literatur der Staatswissenschaften. III. p. 517.

13 Karl Marx, das Kapital, Kritik der politischen Oekonomie. Hamburg 1872. I. p. 641.

14 Ch. Darwin, die Abstammung des Menschen und die geschlechtliche Zuchtwahl, übersetzt von Carus. Stuttgart 1875. I. p. 56.

15 E. Haeckel, natürliche Schöpfungsgeschichte. Berlin 1874. p. 120, 144.

능력보다 더 큰 시점이 온다는 것, 그리고 어떤 제한이 이런 유기적 존재들의 지속적인 발달을 막을 수밖에 없다는 것[16]을 명증 상태로까지 증명했다."

그러나 근대의 자연 연구자들만이 아니라 오늘날 유행하는 다른 문필가들도 그들의 맬서스적 관념들을 통해 바로 이것들이 얼마나 낡은 것이 아닌지를 입증한다. 확실히 낡지 않은 하르트만은 이렇게 말한다. "농업과 천부의 재능이 아주 큰 진보를 이룰지라도 결국에는 식량 생산이 넘어설 수 없는 한 점이 찾아올 수밖에 없다. 생식을 통한 인간 수의 증대는 부양의 불가능을 통해 그것에 한계가 두어지지 않을 때 어떤 한계도 가지지 않는다. 부양의 불가능이 예부터 증대의 주된 한계였으며, 더 오래도록 그럴 것이고 더 배타적이 될 것이다."[17]

버클(Buckle)도 결연한 맬서스주의자이며, 맬서스를 '인구에 관한 가장 위대한 권위자'[18]로 명명한다. 그러나 이는 콜프(Kolb)가 "이른바 민족들의 증가에 관한 맬서스의 법칙이 어디서도 입증되지 않았다"[19]고 말하지 못하게 막지 않는다.

오늘날 맬서스에 관하여 얼마나 모순되는 판단들이 내려지는지 그리고 그의 이론에 관해 명확한 이해를 얻는 것이 얼마나 필요한지를 충분히 알게 된다. 하

---

16 Zitirt in „die Grundzüge der Gesellschaftswissenschaft, oder fisische, geschlechtliche und natürliche Religion", von einem Dr. d. Medizin. Aus dem Englischem. Berlin 1878. p. 540. Ebenso lesenswerth, als dieses Buch, ist die in neuester Zeit erschienene Broschüre: „Die Bevölkerungsfrage in ihrer Beziehung zu den sozialen Verhältnissen, von Dr. med. G. Stille", Berlin 1879.

17 E. v. Hartmann, Filosofie des Unbewussten. Berlin 1869. p. 555. Vergl. auch p. 615, p. 296.

18 H. T. Buckle, Geschichte der Zivilisazion in England; deutsch von Ruge. Leipzig und Heidelberg 1874. I. 1. p. 60.

19 G. Fr. Kolb, Handbuch der vergleichenden Statistik. Leipzig 1875, p. 877.

지만 개념상의 혼란이 아주 심하여, 동일한 저작에서 맬서스에 관한 다양한 견해들이 표출되었다! 물론 단순한 백과사전에서 그랬다. 브로크하우스의 백과사전 제11판 제9권에서는 〈맬서스〉 표제항 아래 이런 것을 읽게 된다. "사실들은 그의 일반 원칙들을 반박한다"고. 이는 쏜턴(Thornton)의 맬서스의 학설은 태양이 하늘에 있다는 것만큼 자명하다는 발언과는 맞지 않는 것이지만, 같은 백과사전의 같은 판의 보유에서 〈캐리(Carey)〉라는 표제항 아래에서 "맬서스가 자신의 학설을 아무리 날카롭게 표명했다고 해도, 그 학설에 제한을 둘 필요성은 **본질상 아직 논박되지 않았다**"고 쓰여 있는 것을 읽는 것과도 맞지 않는다.

그러나 이 모든 경우에서 우리는 적어도 다양한 저자들이 우리에 앞서 다양한 판단들을 제기했음을 알 수 있다. 바스티아(Bastiat)에게는 인구론에서의 개념상의 혼란을 자신 안에 체화하고 맬서스에 찬성하는 입장에서도 반대하는 입장에서도 글을 쓰는 것이 유보되었다.

1844년에 그는 랑드(Landes)에서의 토지세에 관한 한 소책자[20]에서 이렇게 적었다. "최근 시기에 사람들은 맬서스의 학설에 반대하여 들고일어났다. 그 학설은 음울하고 낙담케 하는 것이라고 비난했다. 식량이 줄어들어도 아니 사라져도, 그 때문에 사람들이 유년기에 그리고 나이가 들어서 더 열악하게 먹여지고, 입혀지고, 재워지고, 병들어 있는 동안 더 열악하게 보살핌을 받는 일이 없을 수 있다면, 의심할 바 없이 다행일 것이다. 그러나 이는 지금 그런 것도 아니고 앞으로도 그런 일은 없을 것이다. 이는 심지어 내적인 모순일 것이다. **나는 진실로 사람들이 맬서스를 반대하여 내지른 커다란 외침을 이해할**

---

20 Bastiat, Répartition de l'impôt foncier dans les Landes, p. 25. Zitirt in Joseph Garnier's Avant-Propos zur französischen Ausgabe von Malthus Essai sur le principe de population. Paris 1852, p. XV.

수 없다. 이 유명한 경제학자는 그렇다면 무엇을 발견했는가? 그의 체계는 **아주 오래되고 명료한 진리**에 대한 체계적인 논평 말고 아무것도 아니다. 사람들이 생계를 위해 충분한 수단을 더 이상 마련할 수 없다면, 그들이 줄어드는 것은 당연히 필연적이다. 그리고 그들의 영리함이 이에 유념하지 않는다면 곤궁이 이 일을 떠맡을 것이다."

1837–40년에 필라델피아에서 캐리의 《정치경제학의 원리》가, 그리고 1848년에는 《과거, 현재 그리고 미래》가 출간되었다. 이 저작들에서 먼저 그 추종자들이 오늘날 아주 큰 경제학파를 이루는 그런 이익조화의 기본 윤곽들이 전개되었다. 바스티아는 이 조화가 사회주의에 맞선 어떤 무기를 제공해 주는지를 이해했고, 그가 증오하는 사회주의자들에게 일격을 가할 수만 있다면 자신의 수단 선택에서 까다롭지 않았다. 나아가 그에게서는 지도적 원리에 관해서는 말해지는 바가 없었으므로, 그가 그때까지 맬서스주의자였다는 사정이 그가 캐리의 편에 서는 것 혹은 오히려 캐리의 관념들에 대한 조잡한 모방으로 유명하고 악명 높은 《경제적 조화들(Harmonies économiques)》을 그가 내용을 끌어온 출처를 밝히지 않고서 파리에서 1850년에 나오게 하는 것을 조금도 막지 않았다. 과잉인구 이론은 더 이상 그의 잡화점에 들어오지 않았고, 그는 1850년에 맬서스주의자들을 향해 이렇게 외쳤다. "맬서스의 제자들이여, 그대들은 성실하고 매도당하는 인간의 벗으로서 유일하게 부당한 일은 **인류를 상상된 비운에서 지켜주고 싶어 한** 것이었으며, 나는 더 위안이 되는 법칙을 그대들에게 언급해야겠다. '**다른 것은 같은 상황에서 인구의 높아져 가는 밀도는 생산의 늘어나는 용이함과 같은 의미**'[21]라는 것이다."

---

21 Fr. Bastiat, volkswirtschaftliche Harmonien, Berlin 1850. p. 14.

1844년에 그는 1850년에는 상상된 비운 말고 더 이상 아무것도 아니었던 아주 오랜 명료한 진리에 반대하는 외침을 이해할 수 없었다.

인구 원리에 관한 투쟁이 이제까지 과학적 투쟁이라기보다 당파 투쟁이었다는 것이 다른 모든 것보다 그의 비일관성에서 더 명료하게 밝혀지지 않았더라면, 나는 이미 충분히 평가된 바스티아의 이런 비일관성에 더 상세히 매달리지 않았을 것이다. 과학적 확신에서가 아니라 당파적 고려에서 바스티아는 맬서스의 인구론에 대한 자신의 입장을 바꾸었다. 그러나 다른 맬서스에 대한 평가자들도 그들이 이편에 있든 저편에 있든, 초연한 과학적 검증으로 판단했다기보다는 보통 당파적 입장으로 판단한 것이다. 그리고 이에 관해 놀라도 좋은가? 맬서스 자신이 그의 저작에서 정말이지 편을 들었으며 그것은 과학적 목적이 아닌 정치적 목적에서, 진리를 향한 독립적인 추구가 아니라 보수주의에 새로운 버팀목을 부여하려는 의도에서 생겨났다.

그것이 발표되는 때가 이미 특징적이다. 이는 지극히 격앙된 정치적 열정, 이글이글 타오르는 열광, 지극히 첨예한 분열의 시기다. 프랑스 대혁명의 시기인 것이다. 거기에는 조용한 연구와 고려가 없으며, 거기서는 새로운 것에 결연하게 찬성하든가 반대하든가 해야 한다. 유럽 전체가 서로 광포하게 싸우는 두 개의 큰 진영으로 쪼개져 있다.

영국도 민족들의 행복과 복리, 자유, 평등, 형제애를 둘러싼 거대한, 필사적 투쟁의 조용한 구경꾼으로 남아 있지 않다. 영국에서도 사람들은 혁명을 열정적으로 비난하고 신격화하며, 최소한 혁명을 이해한다. 혁명을 비난하는 자들이 결정적인 다수를 차지하고, 새 시대의 자유 관념을 품는 자들의 수는 적

다. 이런 얼마 안 되는 자 중에 다니엘 맬서스도 있다.[22]

다니엘 맬서스는 프랑스의 명예가 된 위대한 사상가들, 루소, 엘베시우스, 돌바크(d'Holbach) 남작 같은 이들의 열렬한 숭배자였다. 흄과 마찬가지로 장 자크도 그의 환대를 받았다. 우리가 토마스 로버트 맬서스의 저작을 심도 있게 다룰 것인데, 혁명적인 아버지가 그와 같은 보수적인 아들을 둔 것은 더욱더 이상하게 여겨질 수밖에 없다. 주목할 만한 것으로, 경험이 없는 자가 경험이 많은 자보다 더 비관적이었고, 젊은이는 노년의 이상을 미숙한 공상으로 치부했다는 것이다.

이런 보기 드문 관계는 토마스 로버트가 성직자였다는 것을 알면 설명이 된다. 그는 차남이었고 그로써 영국의 상속규정에 따라 상속권을 받지 못했다. 토지 소유가 가능한 대로 결합하도록 토지재산 소유자의 장남이 영국에서는 그의 부친의 전체 토지재산을 상속한다. 그러나 작은아들들이 경악스럽고 볼품없는 노동자의 직업에 투신해야 하지 않도록, 다른 방식으로 그들을 민중에 의해 부양을 받도록 한다. 말하자면 그들을 성직자와 장교로 만드는 것이다. 맬서스는 대포 밥이 되기에는 자신 안에 아무 소명도 없다고 느꼈을 개연성이 있으며, 그래서 1784년 18세의 나이에 케임브리지에 있는 지저스 칼리지(Jesus College)에 들어갔다. 그 구성원으로서 그는 수도사 독신 서원을 할 수밖에 없었다.[23] 1788년에 그는 졸업했고 시골 교회에 부임했는데, 프랑스 혁명이 발발한 그 무렵이었다. 벌벌 떨면서 그는 귀족과 성직자 집단의 존립이

---

22 Vergl. Notice sur la vie et les travaux de Malthus par Charles Comte, ein Vortrag, gehalten 1836 in der Akademie der Wissenschaften zu Paris. Abgedruckt in der französischen Ausgabe des „Essai sur le principe de population par Malthus", 2. ed. Paris 1852.

23 K. Marx, das Kapital, I. p. 641을 참조하라. 마르크스는 맬서스가 평생 독신을 신봉했다고 믿는 것으로 보인다. 이는 그렇지 않았다.

흔들리고, 그들의 특권들이 발로 밟히고 만인의 평등이 설파되는 체제들이 세워지는 것을 보았다. 지저스 컬리지는 어김없이 그에게 영향을 주었다.

이미 프랑스에서의 사태 진행이 그의 혐오를 자극했으니, 이는 그의 고향 땅에서 전복의 관념들이 뿌리를 내릴 위협을 가하고 윌리엄 고드윈의 유명한 저작 《정치적 정의에 관한 연구》가 런던에서 1793년에 발간되면서 그런 혐오가 자라날 수밖에 없었던 것과 같다. 그 책에서는 현존하는 사회가 지극히 예리하게 공격받았고 사회주의적 평등 체제가 이에 대치되었던 것이다.

맬서스가 더 조용한 시대에 살았더라면, 그는 필시 고드윈의 저작을 읽고, 비판하고 그다음에는 조용히 다시 옆으로 치워두었을 것이다. 그러나 당시에 그 책은 그를 지극히 내면에서 격동시킬 수밖에 없었다. 고드윈의 원칙들과 같은 원칙들이 확산한다면 이는 현존하는 것의 존재냐 비존재냐의 문제였기 때문이다. 사적인 관심만으로도 이미 맬서스는 고드윈의 글에 진지한 주의를 기울이도록 동기 부여를 받는다. 이 글에 대한 응답에 관해 그는 이미 고드윈의 저작이 발간되기 전에 명확히 알았다. 당시에 강한 정치적 열정은 그를 이미 오래전에 고드윈의 관념들과 정확히 같은 자신 부친의 관념들에 관해 숙고하게 동기를 주었고, 그 관념들이 자신에게 맞지 않았으므로 그것들을 내던지고 자기 이론을 형성할 동기를 주었다. 고드윈의 책은 맬서스에게는 자기 이론을 가지고서 나타나서 궁지에 몰린 정부들에 그들에게는 모든 불행에 대해 책임이 없다는 것을 증명해 주려고 시도하면서 그 정부들이 받을 수 있는 가장 강력한 버팀목을 주라는 요청이었을 뿐이다.

맬서스는 나쁜 국가 형태와 사회형태가 아니라 과잉인구에 하층계급 빈곤의 원인이 있다고 보았다. 그는 민중의 증가에 항시 단 두 개의 효과적인 장애물을 입증했거나 입증하고자 했는데, 이는 악습과 곤궁이었다. 그는 자신의 부모로부터 아무것도 얻지 못한 자는 사회로부터 뭔가를 요구하는 권리청구를 제기할 수 없을 것이란 명제를 거리낌 없이 표명했다. 평등 이론들의 실시는 인류를 더 행복하게 해 주는 대신 단지 악습과 곤궁의 증대만을 결과로 가질 수밖에 없으리란 것이다. 하층계급의 형편을 지속적으로 향상시킬 유일한 수단은 노동시장이 더 이상 과도하게 넘쳐나지 않도록 하는 결혼과 관련된 현명한 습관들이란 것이다.

1798년 런던에서 무명(無名)으로 발간된 《인구 원리들에 관한 시론》에서 표명된 이런 견해들은 센세이션을 일으켰다. 사회주의자들로부터 지나치게 격렬하게 공격을 받았고, 재산 소유자들로부터는 검증 없이 받아들여졌으니 이들에게 프랑스 혁명은 경악을 불어넣었다. 이들은 가장 무제약적인 자신들의 토지재산에 대한 처분권을 자신들에게 약속하는 사상, 자신들의 소유권을 수호하고 소유권을 제4신분에 대해 일체의 고려와 책임성에서 벗어나게 하는 사상을 가진 저작에 호기심을 가지고 손을 뻗쳤다.

"어떤 선지자도 자기 조국에서 존경받지 못한다"는 격언이 참이라면 맬서스는 선지자가 아니었는데, 이는 그가 존경을 받았을 뿐 아니라 거의 숭배되었기 때문이다.

1803년에 그의 시론의 제2판이 나왔는데 이는 맬서스가 덴마크, 스웨덴, 노르웨이 그리고 러시아의 일부 지방 등 당시에 영국인들에게 통행이 가능한 유럽의 유일한 부분들을 여행하면서 자신의 저작을 위한 새로운 자료를 수집한 후였다. 그는 이 여행에서 케임브리지의 지저스 컬리지의 세 명의 구성원과 동행했으며, 이들 중에 에드워드 다니엘 클라크는 유럽, 아시아, 아프리카 지역의 여행들을 통해, 그리고 고대사 연구자로서 상당한 명성을 얻은 자였다.

맬서스가 초판을 통해 유명해졌다면, 더 이상 무명으로 출간되지 않은 개정판을 통해 그는 부유한 사람이 되었고, 이는 필시 그에게 더 달가운 것으로 다가왔을 것이다. 실로 그가 그렇게 소리 높여 금욕을 설교한 그 책의 수입은 그에게 심지어 그 금욕을 포기하고 결혼할 수 있는 수단을 마련해 주었다! 그의 숭배자들이 스스로 완전히 진실 되게 같은 것을 이야기하지 않았다면 이 운명의 아이러니를 잘 날조된 일화로 간주할 수도 있었을 것이다. 이와 관련되는 것이 아무튼 돈 후안에 나오는 "맬서스는 그가 책들에서 나쁜 짓으로 서술하는 바로 그런 짓을 한다"[24] 는 바이런의 외침이다. 그가 스위스를 여행하던 때에 유명한 경제학자이면서 역사가인 제네바의 시스몽디에게 열한 명의 딸들을 데리고 나타났다는 것이 진실인지를 나는 확인 안 된 것으로 두고자 한다. 확실한 것은 그가 단 한 명의 아들과 한 명의 딸을 남겼다는 것이다. 나머지 열 명의 딸들이 나쁜 농담이 아니라면, 그들은 과잉인구의 결과에 희생 제물이 될 수밖에 없었음이 분명하다.

1805년에 맬서스는 헤일리베리의 동인도 회사 대학에 역사 및 정치경제학 교수로 부임하여 1834년 별세할 때까지 이 자리에 있었다.

그의 《인구에 관한 시론》은 저자의 생애 중에 5판이— 마지막 판은 1817년에—나왔고 피에르 프레보스트(Pierre Prévost)와 그의 아들 기욤 프레보스트에 의해 프랑스어로, 그리고 헤게비쉬에 의해 독일어로 번역되었으며,[25] 이것 외에 맬서스는 《정치경제학원리》(London 1819, 제2판 1822)을 써서 이는 콩스탕시오(Constancio)에 의해 프랑스어로 번역되었고(Paris 1820), 《정치경제학에서의

---

24 Byron, Don Juan, XII. Ges. 20 Str.
25 "Bibliothek der Volkswirthschaftslehre und Gesellschaftswissenschaft" 에서 번역본(Berlin 1878/79)이 새로 출간되었다. 이는 가장 쉽게 구할 수 있을 것이다. 헤게비쉬의 번역본은 절판되었다. 나는 그래서 이 번역본과 탁월한 프랑스어 번역본에 따라서 인용할 것이다.

정의들》(London 1827)을 써서 이는 퐁테이로(Fonteyraud)에 의해 프랑스어로 번역되었다. 두 책 모두 주요 경제학자 선집 제8권으로 파리에서 간행되었다.

다음의 저작들은 번역되지 않았다.

《현재의 높은 식량 가격의 원인에 관한 연구》 1800. 무명.

《위드브레드 씨에게 그의 구빈법 개정안에 관하여 보낸 편지》 1814.

《곡물법에 관한 고찰》 1815.

《해외 곡물 수입을 제한하는 정책에 관한 의견의 근거들, 곡물법에 관한 고찰들에 대한 부록으로 의도됨.》 1815.

《지대의 성질과 진보, 지대를 규율하는 원리들에 관한 연구》 1815.

《사실들에 호소하여 동인도 대학에 관한 성명》 등 1817.

《진술되고 예시된 가치척도》 1823.

이 글들은 오늘날 거의 잊혀 있으며, 결코 특별한 의미를 가진 적이 없다. 오직 인구에 관한 시론만이 시대의 획을 그은 것이었으며 이것만을 우리는 더 상세히 다룰 것이다.

물론 경제학의 기척만이라도 접한 자는 누구나 맬서스의 인구론을 알지만 아무리 많은 사람이 맬서스에 관해 들어보고 읽어보았을지라도 그들이 뭔가 맞는 말을 접한 적은 드물 것이다. 어떤 학설이 맬서스의 것만큼 그렇게 왜곡된 일은 필시 결코 없을 텐데, 부분적으로는 의도적으로 왜곡되었지만, 흔히 그 시론 자체에 있는 불명확성과 모순들에 따라서만 왜곡된 것이다. 이 모순들은 물론 아주 상당해서 맬서스가 모든 인간 중에 가장 고결하고 가장 사랑스러운 자였다거나 그가 프롤레타리아트에 대한 악의와 간계로 가득 찬 형편없는 악당이었음을 이해하려 하지 않거나 이해할 수 없는 자라도 개별 발언들에 따라서만 판단한다면 이를 마찬가지로 잘 입증할 수 있다.

나는 감정이나 편향됨 없이(sine ira et studio) 맬서스의 장광설의 핵심을 그의 저작에서의 모순들은 신경 쓰지 않으면서 제시하려고 시도하려고 한다. 이 모순들은 그의 인물됨을 특징지어 주는 데 가치 있는 기여물들이지만, 내 생각에 그의 저작으로부터 오늘날 여전히 과학적 의미가 있는 것만 발굴해 내는 것이 중요하니, 오직 그런 것만이 더 심도 있게 연구하도록 요청할 권리를 주장할 수 있기 때문이다. 바로 맬서스에게서 선생(Lehrer)과 가르침(Lehre)을 서로 엄밀하게 분리하는 것이 이중으로 필요하다. 사적인 요소들을 끌어들임은 뒤링이 그의 《경제학과 사회학의 역사》에서 그렇게 하는 것처럼 단지 판단에 영향을 주고 판단을 엉클어지게 하는 쪽으로 이끌 뿐이다. 우리의 첫 번째 과제는 오히려 특별히 맬서스에게만 고유한 모든 것을 그의 명제 중 오늘날 여전히 과학계의 상당 부분에서 효력을 지니는 것들로부터 분리하는 것이다. 나는 이런 그의 명제들을 여기서 원문의 언어에 가능한 대로 맞추어진 형태로 재현하려고 시도한다.

모든 생물체는 그 본성상 무한정으로 증식하려 노력한다고 맬서스는 그의 시론 제1장에서 말한다. 그는 동식물에는 증식능력에 아무 한계도 없다고 생각하는 프랭클린을 인용한다. 지구가 모든 다른 식물을 빼앗겨 벌거벗겨진다면 이를 곧 다시 푸른 것으로 덮는 데는 단 하나의 종으로 충분할 것이다. 그리고 한 하나의 민족, 예컨대 영국인만 지구에 거주했다면 몇 세기 지나지 않아 지구를 사람들로 채웠을 것이다.

맬서스는 아메리카의 영국계 인구의 성장을 관찰했고, 150년 동안 인구가 25년마다 두 배로 늘었음을 발견했다. "우리는 그래서 인구가 그것에 아무런 장애물이 대치하지 않으면 25년 안에 두 배로 늘고 시기가 지남에 따라 기하급수적으로 증대한다는 것을 확실한 것으로 가정할 수 있다."[26]

그에게는 두 배로 느는 기간이 꼭 25년인지는 비본질적인 문제이고, 이와 달리 기하급수라는 사실이 그에게는 본질적인 것으로 여겨진다. 제1기 초에서의 인구 크기를 1로 놓으면, 인구가 저해 받지 않은 채로 증식할 수 있을 경우에, 제2기 초에는 두 배가 되었을 것이고 그래서 2와 같고 제3기 초에는 4와 같고 이렇게 이어져서 이를 통해 다음과 같은 계열이 생겨날 것이다. 1, 2, 4, 8, 16, 32, 64, 128, 256 등.

이 계열은 기하급수로 커지는데, 이는 그 항들 각각이 앞 항에 일정한 수, 우리의 경우에는 2를 **곱한** 것과 같기 때문이다.

증식이 그런 급수로 사실상 일어나고 단지 경향에 머무르지 않는다는 것에는 식량도 같은 기간 내에 기하급수로 증대하는 것이 필요하다. 이것을 맬서스는 불가능하다고 공언한다. 그는 "식량이 공업에 가장 유리한 조건에서조차 결코 산술급수로 증대하는 것보다 더 빠르게 증대할 수는 없다"는 결론에 도달한다.

이처럼 인구가 1, 2, 4, 8, 16, 32, 64, 128 등의 비율로 증식하는 동안, 식량은 기껏해야 1로부터 2, 3, 4, 5, 6, 7, 8 등으로 증대한다. 이는 산술급수인데, 그 각 항이 앞의 항에 일정한 수를 **더함**으로써 생겨나며 우리의 경우에는 이 수는 1이기 때문이다.

우리가 이 두 계열을 비교해 본다면 인구의 **실제적인** 증식이, **가능한** 증식이 허용하는 것보다 훨씬 더 느리게 진행된다는 것을 알게 된다고, 맬서스는 계속해서 생각한다. 예외적으로 유리한 경우들에서만 예컨대 식량의 급속한 증대가 가능한 식민지들에서, 실제적인 증식이 가능한 증식에 상응할 수 있다.

---

26 Malthus, essai sur le principe de population, p. 8. ed. Stöpel, p. 6.

다른 경우들에서는 인구를 항시 기존의 생존수단과 같은 수준으로 유지하는 장애물들이 등장한다. 이 장애물들은 부분적으로는 너무 많은 사람이 태어나는 것을 막는 장애물들이고, 부분적으로는 과도한 수의 사람들을 제거하는 장애물들이다. 예방하는 장애물(preventive checks)과 파괴하는 장애물(positive checks)이 그런 것들이다. 예방하는 장애물들은 인간에게만 찾아볼 수 있고 동물에게서는 결코 자체적 동력으로부터는 찾아볼 수 없다. 동물에게서 기하급수로의 증식을 허용하지 않는 것은 겨우 파괴적 장애물들이다. 그러나 인간에게서도 파괴적 장애물들이 압도적 비중을 차지한다. 이것들은 악습과 곤궁이다. 예방적 '통제(checks)'가 지배하지 않는 곳에서는 사람 수를 자연적인 크기로 돌아가게 하는 것은 악습과 곤궁이다.

"인간 족속의 역사를 주의 깊게 검토하는 자라면 누구나 인간이 살아오고 살고 있는 모든 시대, 모든 상황에 대해 다음의 명제들이 의심할 바 없는 것으로서 통한다"고 자신의 연구의 결과물을 요약한다.

"인구증가는 자연스럽게 식량에 의해 제한된다."

"인구는 현존하는 식량의 비율에 따라 커지며, 약간의 고유한 그리고 발견하기 쉬운 장애물들에 의해 억제된다."

"이 장애물들 그리고 인구를 현존하는 식량 수준에서 억제하는 모든 그런 장애물들은 도덕적 금욕, 악습과 곤궁이다."[27]

이 원칙들로부터 맬서스는 당시에 프랑스 혁명을 통해 그때까지 결코 보유하지 못한 그런 중요성을 얻은 사회문제의 해결을 위한 중대한 결과들을 끌어내었다. 그의 이론은 한편으로는 현자의 돌이라서 이것을 매개로 비용도 노

---

27 Malthus, essai etc. p. 315, ed. St. p. 405.

고도 들이지 않고 노동자 계급의 형편을 개선할 수 있는 그런 것이고, 다른 한편 맬서스는 승리를 확신하며 그것 안에서 당시에 물론 아직 포대기 속에 누워 있던 사회주의 체계들을 완전히 박멸할 수 있는 무기를 본다고 믿었다.

모든 계급차별을 제거하는 정치체계들은 모든 인간을 똑같이 행복하게 만드는 데 성공할 수 없고 단지 똑같이 불행하게 만드는 데 성공할 수 있다고 맬서스는 주장한다. 인구증가의 모든 예방적 장애물이 떨어져 나갔으므로 인구는 파괴적 장애물들이 그 완전한 무서운 모습으로 위세를 떨치기까지 비상하게 급속히 증대할 것이다. 모든 사람의 평등은 그러면 같은 악습과 곤궁을 모두를 위해 수반할 것이다.

그러나 사회주의적 공동생활체만이 인구증가를 촉진하는 것은 아니며, 맬서스는 이미 우리 사회에 인구증가를 유리하게 하는, 그래서 그가 물리쳐야 할 것으로 공언하는 수많은 제도가 있음을 발견했다. 가난한 자들은 보통 선견지명을 별로 가지지 않아서 경솔하게 결혼하고, 제공되는 보조수단에 비례하여 번식한다. 그들의 번식을 멈추어 세우고자 한다면, 이 보조수단을 제거하라. 기아양육원, 양로원, 빈민구호시설을 사람들은 이제까지 언제나 선행을 하는 기관으로 간주했다. 그러나 이 기관들이 퍼뜨릴 수 있는 선은 불러일으키는 악에 비하여 아주 작다. 이 기구들이 가난한 자들에게 제공하는 도움은— 나는 여기서 가능한 만큼 맬서스의 표현방식에 순응한다 —경솔, 게으름, 무절제, 한마디로 가난을 낳는 그런 모든 악한 습관들에 제공되는 상이다. 자연은 인간에게 오직 예방적 장애물과 적극적 장애물 간에, 덕성이 요구하는 단념과 악습이 낳는 곤궁 간에 선택만 남겨 놓았다.

이는 맬서스 인구론의 부정적 측면이다. 그러나 이 이론은 이제까지 그 수단을 가지고 프롤레타리아트를 도와주고 싶었던 그 수단을 비난만 하는 것이 아니라 도와줄 수 있는 수단이 되는 새로운 것을 알려줄 수 있다고 믿는다.

인간 노동력의 가격은 모든 상품 가격처럼 공급과 수요에 따르므로 그는 결혼을 할 때 현명한 관습에 인도를 받아서 가족을 안락하고 유복하게 부양할 수 있는 능력을 갖추기까지 그보다 일찍 결혼하지 않는 것이 노동임금을 지속적으로 높일 최선의, 아니 유일한 수단이라고 보았다. 이런 식으로 노동자 인구의 급속한 증가 그리고 이와 더불어 또한 노동시장의 커다란 넘쳐남이 저지되고 그렇게 해서 임금이 상승된다. 노동자 계급은 나아가 좋은 식량으로 영양을 섭취하는 습관을 받아들여야 하는데, 이는 습관적으로 비싸고 좋은 식량을 취하는 인구는 곤궁한 시기에 더 열악한 식량에서 도움의 원천을 발견하는 반면, 보통 값싼 식량으로 살아가는 그런 인구는 곤궁 상태가 등장하면 굶주림으로 급감하기 때문이다. 같은 이유에서 하층계급들에 저렴한 식량을 마련해 주는 발견들은 곤궁의 시기에 보조수단으로 쓸모 있는 것 말고 아무짝에도 쓸모가 없지만, 정상적인 시대 상황에서는 그런 발견들을 사용해서는 안 된다.

당장에 일손의 너무나 많은 공급이 있으면 이런 저렴한 식량은 노동자의 곤궁을 덜어줄 수 있다. 그러나 그것이 일상적인 식량이 되면 이는 노동자들의 번식을 쉽게 해 주고 노동시장의 넘쳐 남을 통해 임금을 내리누른다. 그러한 넘쳐 남을 예방하는 데는 이미 언급한 것처럼 맬서스에 따르면 지속적으로 도움이 되는 단 하나의 수단이 있다. 결혼에 관련된 현명한 관습들이다. 가난한 자들에게 그들은 후원을 요구할 아무 권리도 없으며, 일자리를 요구할 권리가 없다는 것. 그와 가족들은 혼자 힘으로 이른 결혼의 결과를 견디어야 한다는 것을 명심하게 하면서, 사회는 이 현명한 관습들을 가능한 만큼 강화해야 한다. 자연은 가난한 자가 사랑과 먹을거리를 한꺼번에 누리는 것을 허락하지 않는다. 그가 하나를 가지고자 한다면 다른 것 없이 지내야 한다. 그 둘을 합쳐서 그에게 제공하는 것은 불가능한 일이기에 그는 둘 다에 대한 권리를 가질 수 없다. 맬서스는 프롤레타리아들이 이 진리를 일단 인식하면 모든 것이 좋으리라 생각한다. "빈곤의 가장 두드러진 그리고 지속적인 원인은 정부 형태 혹은 재산의 불평등한 분배와 별로 혹은 전혀 관계가 없다. 가난한 자들에게 일자리나 빵을 마련해 주는 것은 부자들의 힘으로 할 수 있는 일이 아니다. 그리고 이에 따라 가난한 자들은 사물의 본성 자체에 의해 그것을 그들로부터 요구할 권리를 가지지 않는다. 이는 인구 원리로부터 도출되는 중대한 진리다"[28]라고 그는 말한다.

그러한 학설은 수많은 격분한 반대자를 발견하지 않기에는 너무 삭막하다. 맬서스는 정말이지 곤궁의 항구성을 드러내려고, 영구적으로 인간에게는 사랑의 포기와 먹을 것의 포기 간의 선택만이 남아 있을 것이란 것, 인간은 다른 것을 포기할 때만 필요불가결한 식량을 누릴 수 있다는 것을 드러내려고 애썼다. 이런 경악스러운 양자택일은 맬서스에 대한 증오를 다른 어떤 학자에게도 그런 일이 없을 만큼 광포하게 불붙인 것이었다. 변덕, 선입견, 계급 이익을 공격한 것이 아니라 그는 모든 열정 중 가장 강력한 열정, 그것을 억압하면 흔히 무섭게 보복을 당하는 열정을 공격하는 것이다. 그리고 그것에 멍에를 씌우는 데 기독교가 그랬던 것처럼 그는 감격, 열광주의를 일깨우지 않았고 건조하고 냉정한 말로 그것을 인구의 기하급수와 식량의 산술급수란 사실에서 생겨나는 요구로 선언했다. 그러나 그가 모든 인간이 아니라 가난한 자들에게만 금욕의 요구를 제기한 것은 지극히 격분을 일으키는 작용을 했다. 그들이 맬서스 인구론의 자연적인 결과가 그러하듯이, 너무 많은 자녀를 낳는 그런 자가 벌 받는 것을 보고 싶어 하는 것이 아니라 자녀를 낳으면서도 그들을 부양할

28　Malthus, essai etc. p. 576. ed. Stöpel p. 768.

수 없는 자가 벌 받는 것을 보고 싶어 하는 것은 밀(Mill)도 빼놓지 않고 모든 맬서스주의자에게서 드러나는 비길 데 없는 감정의 조야함이다. 과잉인구에 기여하는 정황이 그들에게서 벌 받을 만하다고 보이는 것이 아니라 부유하지 않으면서도 부자들과 같은 것을 행하는 것이 그렇게 보이는 것이다.

이런 잔혹성은 게다가 맬서스의 인구론의 필연적 결과가 아닌데도, 아주 많은 선의의 사람들의 맬서스에 대한 격렬한 적대감의 원인이 상당 부분 이것에 돌려질 수도 있다.

그러나 많은 적이 있으면 많은 명예도 있다. 그가 적이 없었다면 맬서스란 이름은 민중에게서 그렇게 유명하지 않았을 것이다. 필시 그가 응당 그럴 자격이 있는 것보다 더 유명하지는 않았을 것이다. 그의 학설의 중요성은 물론 누구에 의해서도 논란이 되어서는 안 될 것이며, 그 학설을 논박하는 자들에 의해서도 그래서는 안 될 것이다. 프톨레마이오스는 그가 잘못된 우주 체계를 제시했다고 해서 과학에 해를 끼쳤는가? 그 책임은 그에게 있지 않고 아리스토텔레스 같은 이의 학설에서도 그랬던 것처럼 그의 업적에 회의적으로 다가가는 대신 그것을 도그마로 받아들인 그의 후계자들에게 있었다. "작업을 하도록 자극하고 예리한 감각을 일깨우며 끈기를 보존하는 어떤 견해도 과학에는 이득이다. 왜냐하면 작업은 발견들로 이끄는 것이기 때문이다." 리비히의 이런 발언은 맬서스의 인구론에도 적용될 수 있는데, 이 이론은 바로 격렬하게 적대시되기 때문에 인구의 움직임을 더 주의 깊게 관찰하게 하는 원인이었고, 그렇게 해서 인구학의 기초를 놓았다. 프톨레마이오스가 없었더라면 코페르니쿠스는 필시 침묵한 채로 있었을 것이다. 연금술은 우리에게 헤아릴 수 없이 중요한 화학이란 과학이 그 위에 세워진 토대였다.

그러나 학설의 중요성이 누구에 의해서도 논란이 되어서는 안 된다고 해도,

그 학설을 말한 선생의 중요성을 더 정당하게 의문시할 수 있다.

맬서스는 인구밀도가 경제 상황에 미치는 영향을 고찰한 최초의 사람이 아니었다. 이런 고찰은 오히려 태곳적부터 있었다. 고대 그리스에서는 그 작은 영토 안에 농업이 완만하게 발달하면서 과잉인구가 쉽게 감지되는 상태가 될 수 있었으며, 이 나라에서 사람들은 과잉인구를 조절할 수단에 골몰했다. 예를 들어서 식민지로 내보내는 것이었는데, 이는 물론 경제적 이유보다 더 빈번히 정치적 이유에 의해 동기가 부여되었다. 그러나 국가 및 사회제도들에 이론적으로만 매달리는, 그래서 일종의 사회과학을 추구한 자들도 과잉인구의 가능성을 진지하게 염두에 두었다. 플라톤은 한 도시의 시민들의 수가 5,040명을 넘지 않기를 바랐다. 번식은 명예와 수치의 동기에 의해 규율되어야 한다는 것이다. 특정한 조건에서만 아이를 낳아도 된다는 것이다. 출산에서 배제되는 자들은 "임신한 아이가 있을 때 그러한 아이가 태어나지 않도록 유의해야 한다는 것이다. 그러나 이를 막을 수 없다면 그 아이를 버리도록 해야 하는데, 그러한 아이에게는 양육이 허가되지 않기 때문이라는 것이다."[29]

아리스토텔레스도 아기들의 유기를 허용하든지 아니면 각 사람이 낳아도 되는 아기들의 수를 제한하든지 해야 한다고 생각한다. 허용되는 수를 넘는 아기를 낳았다면 태아가 생명의 징후를 보이기 전에 낙태시켜야 한다는 것이다. 남자들은 37세가 지나서야 결혼하고 55세까지만 자식을 낳아야 한다는 것이다.[30]

그리스인들은 그들 조국의 전성기에 그처럼 이야기했다. 그러나 거의 정기적으로 과잉인구의 두려움에 인구소멸의 두려움이 이어지는 것은 역사에서 주목할 만한 현상이다. 과잉인구가 아니라 인구소멸이 그리스의 문화와 세력

---

29 Plato, de republica, V, 461.
30 Aristoteles Politik, VII, 14, 16.

의 하강을 야기했다. "신탁(神託)은 침묵했다. 그들이 이야기하는 곳은 파괴되었고 그리스에는 지금 전투력을 가진 남자가 3천 명이 좀처럼 되지 않을 것이다" 하며 플루타르크가 탄식한다. 스트라본은 이렇게 말한다. "나는 에피로스와 그 인근 지역들을 기록하고자 하지 않는데, 이는 이 땅들이 완전히 황폐해졌기 때문이다. 이미 오래전부터 시작된 이 인구소멸은 매일 계속 퍼져 나가 로마의 군인들은 버려진 집들을 그들의 숙영지로 삼는다."[31]

이 인구소멸의 원인은 소수의 손에 소유재산이 점점 더 집중되는 것, 작은 재산의 큰 재산에 의한, 작은 토지 소유자의 큰 토지 소유자에 의한 제거였다.[32] 이 현상은 사유재산권의 필연적 결과로, 사유재산권은 마찬가지로 필연적으로 원초적 공산제 상태들로부터 문화의 전진으로 생겨난다. 소유의 집중이 증대할수록 인구는 수가 덜 많은 무한히 부유한 자들의 계급과 수많은 무한히 가난한 자들, 일부는 자유 프롤레타리아들, 일부는 부자유 프롤레타리아들의 계급으로 더욱 나누어진다. 부자유 프롤레타리아들에서는 적극적인 인구증가의 장애물들이, 자유 프롤레타리아들에서는 예방적 장애물들이 커졌다. 이는 큰 재산들을 뭉쳐놓으려는, 많은 수의 상속인들을 세상에 내놓지 않으려는 병적 욕망 그리고 아내와 자식으로 괴로움을 당하는 것을 꺼림이다. 결혼은 점점 더 메난드로스가 말한 것처럼 아나카이온 카콘($\dot{\alpha}\nu\alpha\gamma\kappa\alpha\iota o\nu$ $\kappa\alpha\kappa o\nu$)으로, 필연적인 악으로 통한다.

로마에서도 사유재산권의 발달은 인구소멸과 인구소멸의 두려움으로 이끈다.

---

31 둘 다 Montesquieu, Geist der Gestze, XXIII. B. c. 19.에서 인용함.
32 Vgl. Drumann, die Arbeiter und Kommunisten in Griechenland und Rom, Königsberg 1860. § 8. 읽을 만한 책으로서 그 대상에 관한 자료 거의 전체를 망라하지만 이 책은 읽히기보다는 표절된다.

물론 원래 로마에는 후손들이 부족하지 않았으니, 영아 유기는 흔히 있는 일이었다. 자신에게 태어난 아이를 양육할지 말지는 그 사람의 자유 의지에 달렸다. 아이를 죽이는 것은 아기가 태어났을 때는 아직 사람이 아니라는 (infans nondum homo) 명제에 따라 허용되었다.

그러나 그리스에서처럼 이탈리아에서도, 아니 대체로 로마 제국 전체에서 생산양식의 '완성'과 함께 대기업의 소기업에 대한 압도적 비중, 소유의 집중, 소수의 부자와 무수한 빈자들로의 분할은 점점 더 커졌다. 어떤 자들은 자녀를 양육할 수 없었고 다른 자들은 자녀를 양육하고 싶어 하지 않았다.[33] 그래서 인구소멸의 두려움이 점점 더 퍼져 나갔으며, 견딜 수 없는 강제 제도로 통하는 결혼을 하도록 간청하는 것이 점점 더 필요해졌다. 결혼관계의 옹호자들은 그것을 애국적 시민이 국가에 바칠 의무가 있는 희생 제물로만 간주했다. 예를 들어 풍기단속 감찰관인 퀸투스 카에킬리우스 메탈루스 마케도니쿠스(Q. Caecilius Metallus Macedonicus[34])(기원전 131년)는 이렇게 말했다. "시민들이여 우리가 할 수 있다면 우리 모두 결혼의 짐에서 벗어날 것이다. 그러나 자연이, 사람이 아내와 함께 안락하게 살 수도 없지만, 아내 없이는 도무지 살 수 없게 만들어 놓았기에, 우리는 우리 감각의 덧없는 만족보다는 우리의 보전을 더 많이 고려해야 한다."

카이사르와 아우구스투스는 그 후계자들도 그렇지만 이런 곤경을 떨쳐 버리려고 열심히 애썼다. 카이사르는 자녀를 많이 둔 자들에 상을 주었고 45세가 넘었으면서 남편도 자녀도 없는 여자들은 보석으로 치장해서도 안 되고 가마

---

33 Th. Mommsen, römische Geschichte, Berlin 1874, III p. 530.
34 Livius LIX. Nach Gellius, I, 6,에 따르면, 이는 Q. Cacilius Metallus Numidicus, 101 v. Chr.였다.

를 이용해서도 안 된다고 명령했으니, 이는 여자들에게 결혼할 욕구를 일깨울 독특한 수단이었다. 아우구스투스는 더 엄격하게 나갔다. 그는 결혼 기피에 새로운 벌을 주었고 가부장들의 사례금을 높였다. 그의 재위 시에 당시의 집정관들인 마르쿠스 파피우스 무틸루스(M. Papius Mutilus)와 퀸투스 포파이우스 세쿤두스(Quintus Poppaeus Secundus)를 따라서 렉스 파피아 포파에아(lex Papia Poppaea)라고 명명된 법이 반포되었다. 독신과 무자녀를 단속하는 아주 엄격한 규정들이 포함되었다. 이와 달리 결혼한 자에게는 일정한 이익들이 약속되었다. 자녀를 가진 자에게는 더 큰 이익이 약속되었고, 그중에서도 다시 셋 이상의 자녀를 가진 자들은 특별히 시상되었다(jus trium liberorum, 세 자녀의 권리). 이 법이 명명되게 된 그 이름들의 주인인 그 두 사람은 미혼이었고 자녀가 없었다는 것이 특이하다.[35]

파피아 법들은 효력이 없는 것으로 드러났다. 그러나 바로 인구소멸은 기독교에 의해 촉진되었으니, 이는 그 동방적 유래 덕분에 당시에 자녀의 부담에 대한 지배적인 혐오를 금욕적 열광주의로 상승시켰고, 로마 제국의 최종적 붕괴에 대해 책임이 있지는 않다고 해도 이를 가속화시켰다. 몇 명의 통찰력이 넘치는 카이사르들이 예컨대 처녀들에게 40세 이전에 수녀가 되는 것을 금하고 이 나이가 안 된 과부들에게 5년 안에 개가(改嫁)하도록 강제한 마요리아누스(서기 457-461년)처럼 그 악폐에 대해 들고 일어섰으나 허사였다. 시대정신에 맞선 일체의 투쟁이 헛수고였다. 로마의 청년들은 십자가에 헌신하기 위해 쟁기와 칼에 등을 돌렸다. 토지가 경작자들이 부족하여 황폐화되고 제국의 경계선들이 군인들이 부족하여 무방비로 야만인들에게 바쳐진 동안, 수도

---

35 Vgl. Becker, Gallus, Leipzig 1863, II. p. 54 ff. Mommsen r. G. II. p. 402, III. p. 533. Montesquieu, esprit des lois, 1. XXIII. ch 21.

원들은 가득 찼다. 이집트에서는 루피누스에 따르면 수도사들의 수가 나머지 주민들의 수와 같아졌다는 것이다.[36]

그러나 기독교는 당시 사회의 악을 늘렸을 뿐 아니라 이 악에 대한 인식도 제거했다. 기독교의 확산으로 세속적인 일들에 관심이, 그래서 또한 인민 경제적 인식도 점점 더 꺼졌다.

기독교가 금욕을 설파했다면, 이는 경제학적 이유에서가 아니라 종교적 이유에서 일어난 일이었다. 중세 전체의 기독교 문필가들과 마찬가지로 로마 제정 시대의 그들도 인구밀도가 인구의 복지 수준에 미치는 영향에 대한 관념을 가지지 않는다. 바로 모든 것을 사랑하는 주 하느님께 맡겼다. 서기 400년 경에 태어난 헤르미아스 소조메노스는 그의 교회사에서 파피아의 법들에 관하여 이렇게 말했다. "인간들의 수가 섭리에의 순응에 따라 늘어나거나 줄어든다는 것을 통찰하는 대신, 마치 인간 족속의 증가가 으리의 심려의 대상일 수 있다는 듯이 이 법들을 만들었다."[37]

루터도 인구증가의 인민 경제적 영향을 별로 염려하지 않았다. 그는 결혼 상태에 관한 설교에서 어떤 남자든지 20세가 되면 15세에서 18세 사이의 어떤 여자와도 혼인해야 한다고 권고했다. 신은 자신의 명령— 생육하고 번성하라 —을 이행하는 사람들을 망하게 하지 않으며, 그래서 누구도 가족을 부양하지 못할까 두렵다고 해서 결혼을 기피할 필요가 없다는 것이다. 이는 신앙의 부족이라고 말했다.

---

[36] Gibbon, Geschichte des Verfalls und Untergangs des römischen Weltreichs. Dtsch. v. Sporschil. Leipzig 1837. p. 1185, 1219, auch 1321, 1446, 1487, 1605 etc.

[37] Zitirt bei Montesquieu, e. d. I. 1. XXIII. ch. 21.

가톨릭교가 독신을 옹호한 것처럼 루터는 신학적 이유로 이른 시기의 혼인을 옹호했다.

그러나 그리스와 로마의 사회형태들처럼 중세의 사회형태에도 자체적인 귀결에 의한 멸망, 그래서 인구소멸의 두려움과 인구소멸이 다가왔다. 특히 이는 18세기에 중세의 사회가 그 최종적 모습을 하고 있었던 독일과 프랑스에서 그랬다. 영국에서는 이와 달리 이미 새로운 자본주의 사회가 당시에 어떤 새로운 사회형태나 그런 것처럼 인구증가를 촉진하는 것으로서 승리를 거두었다. 영국은 그래서 우리 시대의 과잉인구 두려움의 조국이며, 이 두려움은 동시에 영국적 관점들을 품는 그런 프랑스인들에게서도 펼쳐졌다.

사람이 많을수록 군사들도 더욱 많다! 밀도 높은 인구는 자발적인 대포 밥을 제공했다. 루이 14세는 그래서 열 명의 자녀를 가진 부모에게 은급을 수여했다. 12명의 자녀를 가진 부모들에게는 더 높은 은급을 주었다. 작센의 원수는 심지어 더 많은 병사들을 얻기 위해서는 결혼이 겨우 5세에 맺어져야 한다는 제안을 했다.[38]

그러나 병력충원의 고려에서만이 아니라 인민 경제적 이유에서도 사람들은 밀도 높은 인구와 인구증가율의 상승을 바람직한 것으로 간주했다. 약간의 알려진 이름들만 거명하자면, 장 자크 루소, 네커(Necker), 존넨펠스(Sonnenfels)가 이 학설의 대표자들로서, 이를 쥐스밀히(Süssmilch)는 과학

---

[38] Roscher, Grundlagen d. Nationalökonomie, Stuttgart 1874, I, p. 608. 어떤 관점에서 "계몽된" 절대주의가 당시에 인구의 움직임을 바라보았는지를 프로이센의 프리드리히 2세가 볼테르에게 보낸 편지가 보여준다. 볼테르는 다음의 문장으로 흥미가 돋구어졌다. "나는 그들(사람들)을 군주의 동물원의 사슴떼처럼, 그 동물원에 살면서 그곳을 가득 채울 의무밖에 없는 자들로 봅니다." Brief vom 24. August 1741, Zitiert in Destutt de Tracy's Kommentar zum 23. Buch v. Montesquieu's „Geist der Gesetze."

적인 방식으로 《인간 족속의 탄생, 죽음 그리고 번식에서 드러나는 그들의 변화에서의 신적인 질서》[39]라는 유명한 저작에서 체계화했다. 특이한 방식으로 그는 자신 저작의 기초로 성서의 말씀, "생육하고 번성하여 땅에 충만하라. 땅을 정복하라"는 것을 취했다. 그러나 성서에서가 아니라 사실로부터 그는 "땅을 장악하고 먹여 살릴 능력을 갖춘 주민들의 수에 한 국가의 행복이 있다는 것, 이 주민들은 제대로 사용되면 세력의 근본이고 부의 원천이라는 것"을 증명하고자 시도한다. 그는 대도시들을 "비록 필연적이지만 실제적인 악"으로 거명하는데, 이는 대도시들이 그 높은 사망률에 따라 인구증가를 가로막기 때문이다. 그는 독신주의자를 단속하는 강제조치와 불균등한 연령에서의 결혼의 금지가 도입되는 것을 보고자 한다. 그러나 인구증가를 촉진하는 가장 탁월한 수단으로 그에게 여겨지는 것은 자유와 소유권이다.[40]

그러나 이미 중농주의자들은 더 이상 무조건 인구증가의 숭배자들이 아니었으며, 인구증가는 그들에게는 일정한 상황에서만 바람직한 것으로 여겨진다. 예를 들어 루이 15세의 시의(侍醫)였던 케네에 의해 세워진 중농학파의 가장 중요한 추종자 중 한 사람인 메르시에 들라 리비에르는 이렇게 말한다. "국가가 토지의 경작이 상시 가능한 최선의 상태를 추구하도록 조직된다면 식량의 넘쳐남은 인구의 상승하는 증가를 상시로 앞설 것이며, 모든 인간은 그럴 때 행복을 타고난다. 우리가 어느 정도까지 식량의 증대를 상승시킬 수 있을지 알 수 없으므로 민중의 번영을 위한 최후의 한계는 아무도 파악할 수 없

---

[39] Berlin 1740, 4. Auflage 1775 – 편집자 주

[40] Vgl. Horn, bevölkerungswissenschaftliche Studien aus Belgien, Leipzig 1854, I. p. 14. Bluntschli u. Brater, deutsches Staatswörterbuch, II. p. 118. Grestner, die Grundlehren der Staatsverwaltung, II. 1. Abth/2. Abth, 1. Kap. Roscher, Gr. d. N., I. p. 604.

는 것이다. 그러나 토지경작이 악화 일로에 있는 국가에서는 필연적으로 점점 더 사람들이 식량보다 더 많이 발견되는데, 이는 식량의 감소가 인구의 감소에 항시 선행하며 인구의 감소를 결과로 가지기 때문이다. 땅은 이런 경우에는 다수의 불행한 자들로 뒤덮일 수밖에 없다."[41] 메르시에 들라 리비에르는 이처럼 이미 과잉인구의 가능성을 염두에 둔다. 쥐스밀히에 따르면, 인구는 식량을 산출하며 맬서스에 따르면 식량이 인구를 산출한다. 중농주의자들의 학설은 전자로부터 후자의 이론으로의 이행형태를 이룬다.

몽테스키외도 여기저기서 이미 맬서스의 변덕들을 보여준다. 그는 인간들이 존재하는 식량에 비례하여 증식하려고 노력한다는 것을 인정하는데, 이렇게 말한다. "두 사람에게 안락하게 살아갈 가능성이 제공되는 곳에서는 어디서나 결혼은 지체 없이 성사되기 때문이다. 자연은 생계의 어려움이 결혼에 아무런 장애물을 놓지 않으면 그럴 충분한 성향을 불어넣는다. 달리 아무것도 가지지 않는 사람들이 자녀를 여럿을 둔다. 그들은 비로소 생겨나고 있는 민족들 같은 경우에 처해 있다. 자신의 기술을 자녀들에게 가르치는 데는 아버지에게 아무 비용이 들지 않는다. 아니 자녀들은 출생할 때부터 그에게 그 기술의 도구들로 쓰이게 된다. 시민들의 수와 관련하여 발할 명령들은 정황에 의해 크게 조건 지어진다. 여러 나라에서 자연이 모든 것을 했다. 그래서 입법자에게는 여기서는 아무것도 할 일로 남지 않는다. 이미 기후를 통해 충분한 인구를 위한 배려가 된다면 무엇하러 법령을 통해 사람들에게 번식하도

---

41 Mercier de la Rivière, Traité de l'ordre naturel et essentiel des sociétés politiques, chap. 33. 이 작은 책자에 관해 애덤 스미스는 이 책에서 "에코노미스트들의 학설에 대한 가장 명료하고 가장 잘 연관되는 이론을 보게 된다"고 말한다. Adam Smith, Untersuchung über die Natur und die Ursachen des Nazionalreichthums, übers. v. Garve. Breslau 1795. III. p. 431.

록 동기를 부여해야 하는가? 때로는 인구에 기후가 토양보다 더 도움이 된다. 민중은 증가하고 그러면 기근을 통해 다시 시달린다."⁴²

이미 적극적인 인구증가 장애물을 알고 인구증가가 자본증가에 의해 조건 지어지고 그 반대는 아니라는 견해를 결연하게 표명하는 애덤 스미스는 비슷하게 자신의 생각을 표출한다.

그는 이렇게 말한다. "어떤 동물 부류도 자기들이 가지는 생계수단에 비례하여 자연스럽게 증식하며, 어떤 부류도 이 비율을 넘어서 증식할 수 없다. 그러나 정규적인 부르주아 사회에서는 생계수단의 부족이 증식에 한계를 두게 되는 것은 민중에게서 하층계급일 수밖에 없으며, **이 부족은 자신들의 가임성 결혼이 낳는 자녀들의 상당 부분을 다시 죽임으로써만 한계를 둘 수 있다.**"

그리고 계속해서 이렇게도 말한다.

"**인간에 대한 수요는 다른 어떤 상품에 대한 수요처럼 그 산출을 규율하는 것이다.** 그것이 너무 완만하게 진행될 때는 그것을 가속화 할 수 있으며, 그것이 너무 빠르게 커지면 이를 늦출 수 있는 것이다. 이런 수요, 인간에 대한 이런 요구에 세계의 모든 나라에서, 북아메리카에서, 유럽과 중국에서의 인간 족속의 증가가 좌우된다. 이는 북아메리카에서는 인구가 아주 빠르게, 유럽에서는 아주 늦게 그리고 단계적으로 커지고, 중국에서는 완전히 정지해 있는 것의 원인이다."⁴³

몽테스키외, 더구나 애덤 스미스는 이미 맬서스의 고발 내용들을 보여준다. 그러나 그들과 동시에 맬서스의 인구 이론의 모든 핵심 논점들을 예기한 문필가들이 등장했다. 버클은 우리에게 이미 볼테르가 식량 성장과 인구성장의 다름을 인식했음을 주의케 하고 그 증거로서 그의 《철학 사전》에 있는 〈인구〉

---

42 Montesquieu, Geist der G. XXIII B. ch. 10, 11, 16.
43 Adam Smith, Nazionalreichthum, I. p. 145, 146.

표제항을 인용하는데, 거기에서 그는 자신의 총명한 지적을 이렇게 정리한다. "주된 일은 인간들을 넘치도록 가지는 일이 아니라 가능한 만큼 불행한 자들이 적게 존재하는 그런 상태를 초래하는 것이다."[44]

1767년에는 브루크너가 작성한 《동물적 체계의 이론》이 출간되었으며 이 안에는 마르크스에 따르면 현대 인구 이론 전체가 망라되어 있다.[45] 같은 해에 제임스 스튜어트 경도 그의 《정치경제학 원리》를 출간했는데, 그 안에서 그는 이미 빈곤의 가장 두드러진 원인을 과잉인구에서 찾으며, 오직 식량의 부족만이 너무나도 빠른 인구증가를 저지한다고 공언한다.

그러나 맬서스의 가장 중요한 선행자들 중 하나는 베네치아의 수도사 오르테스인데, 그는 1790년에 출간한 《민족 경제와의 관련에서의 민족의 인구에 관한 성찰(rflessioni sulla poplazione delle nazione per rapport all' economia nazionale)》이란 저작에서 이미 인구증가에 대한 기하학적 계열의 상(像)을 사용한다. 또한, 그는 이미 예방적 장애물과 적극적 장애물, 이성(ragione)과 힘(forza)에 관하여 이야기한다. 빈곤을 회피하기 위해 인구가 많은 나라에서 독신이 필요불가결하다는 것이다.

그러나 인구과학의 역사에서 가장 의미 있는 것은 타운센드(Townsend)로서 그는 1786년에 출간된 〈구빈법에 관한 학위논문〉과 《스페인 여행》에서 완전히 맬서스의 견해를 전개한다. 아니 제대로 말하자면 맬서스가 그의 시론에서 완전히 타운센드의 견해를 전개하는데, 이는 타운센드가 맬서스 자신이 알리는 바에 따를 때 스튜어트(Steuart), 아서 영 그리고 프랭클린과 아울러

---

[44] Buckel, G. d. Z., I. 2. Abth. p. 276, 277.
[45] Marx, d. K., p. 641.

그가 길어 올린 원천이었던 것과 같다.[46] 타운센드는 이미 빈곤을 제거할 유일한 수단이 존재하는 식량의 양을 늘리거나 인구증가에 제한을 두는 데 있다고 주장한다. 첫 번째 것은 지속적으로는 도움이 안 되고 오직 후자의 것만이 도움이 된다. "물론 배고픔을 추방하도록 다른 필요를 희생 대가로 하여 이 필요를 충족시킬 수 있다. 그러나 그럴 때 결혼해도 좋은 자들의 비율을 정해야만 하는데, 이는 개인들의 총수를 제한하는 다른 수단이 없기 때문이다. 어떤 인간적인 분투도 이 곤경에서 헤어나오는 것을 도와줄 수 없으며, 인간들은 이런 점에서 하나의 충동을 다른 충동에 의해 제한하는 것보다 더 자연스럽고 더 나은 방법을 찾을 수 없을 것이다."

그와 같이 우리는 맬서스의 인구 이론이 그의 저작과 함께 등장하기도 전에 완비된 것을 보게 된다. 프랑스, 이탈리아, 영국에서, 스위스에서도[47] 어디에서나 맬서스의 관념들이 떠오르며, 이는 말하자면 공중을 떠돈다. 그러한 관념들에 동기부여를 한 것은 인구의 그리고 이와 아울러 프롤레타리아트의 급속한 증가였을 개연성이 있으며, 이는 점점 확장해 가는 산업주의 전파의 자연스러운 결과였다. 이런 사실에서 빈곤의 원인에 관해 숙고하도록 자극을 받은 자들에 이 둘을 서로 연결지으려는 생각이 쉽게 떠올랐으니, 많은 자녀를 가진 사람들은 같은 사정에서 더 적은 자녀를 가지거나 자녀를 전혀 가지지 않은 경우보다 더 형편이 나쁜 것이 명백하기에 더욱 그러했다. 피상적인 관찰자가 그것에 따른 결과로, 이른 결혼과 많은 자녀 수가 빈곤에 책임이 있다고 결론을 내리기가 얼마나 쉬웠겠는가. 계속 이어지는 귀결들은 저절로 생

---

46 Vorrede zure 2. Auflage des Essay, von 1803.

47 Vgl. Reflexions de M. Pierre Prevost, premier traducteur, sur le principe de population, in den notes Finales zum Essay, p. 639.

겨났다. 이런 인식에 도달하는 데는 가령 저축이 노동자의 형편을 개선해 준다는 것을 알아내는 것만큼이나 천재적 시각이 필요하지 않았다. 그래서 민중에게서도 당시에 맬서스의 견해들이 떠올랐다는 것, 물론 젊은이들에게서가 아니라 단지 나이 든 자들부터기는 하지만 이는 우리를 놀라게 할 것은 없다. 이를 맬서스 자신이 우리에게 입증해 준다. 스위스 여행 중에 그는 쥐라 지방의 주(Joux) 호수에도 도착했다. 그는 이렇게 이야기한다.

"우리가 한 작은 주막에 도착하자마자 주막의 여주인은 탄식하며 주변의 모든 자치공동체의 빈곤에 관해 하소연을 늘어놓았다. 그는 우리에게 그 땅은 별로 소출이 없고 주민은 넘치도록 많다고, 젊은 처녀와 총각은 그들이 아직 학교에 다녀야 할 나이에 결혼한다고, 이런 조혼 관습이 지배하는 동안 그들 모두는 곤궁하고 곤궁 가운데 머물러 있을 것이라고 말했다."

이어서 이렇게 이야기하기도 했다.

"우리를 오르브(Orbe)의 수원지로 이끌어 간 농민은 더 세세한 데까지 들어가서 내가 인구 원리에 관해 함께 대화를 나눌 기회를 가졌던 누구와도 거의 마찬가지로 인구 원리를 잘 이해하는 것으로 보였다. 그는 이렇게 말했다. '우리의 아내들은 가임 상태이고 우리 산들의 공기는 맑고 건강합니다. 곤궁 때문이 아니면 자녀들은 별로 죽지 않습니다. 토양은 척박하고 사나이로 성장하는 자들에게 일거리와 먹을거리를 별로 마련해 주지 않습니다. 노동의 대가는 그래서 아주 낮고 가족을 부양하기에 불충분합니다. 그럼에도 불구하고 주민들의 대부분을 집어삼키는 굶주림과 곤궁은 다른 사람들이 결혼을 해서 그들이 부양할 수 없는 자녀를 낳지 못하게 겁을 주지 않습니다.' 그는 이렇게 덧붙였다. '일찍 결혼하는 이 관습은 민족적 결함이랄 수 있겠습니다.' 그는 이런 관습의 불가피한 결과에 아주 사로잡혀 남자들에게 40세 이전에 결혼하는 것을 금하는 법령을 반포해야 한다고 생각했으며, 그럴 때도 그들은 늙은 처녀하고만 결혼하도록 하여 여섯에서 여덟의 아이를 가지는 대신 둘에서 셋 이상의 아이를 가질 수 없도록 해야 한다고 생각했다."⁴⁸

그렇게 열을 낸 그 남자는 스스로 젊어서 결혼했다! 결혼한 맬서스가 그 결혼한 농민에게 결혼의 정죄에서 동의한다는 데 존재하는 아이러니를 알아차림 없이 맬서스는 우리에게 이런 것을 이야기한다.

그가 발표한 이론이 독창적이 아니었던 것을 본다면 본래 맬서스가 어떤 의미를 가지기에 그 이론이 그의 이름에 따라서 명명되었는가 하고 이제 질문할 수 있겠다.

그 원인은 그가 이를 발표한 시대에 있다. 그때까지 저명된 모든 인구과학에 매달린 글들은 1793년 이전에 출간되었다. 그때까지 항시 프롤레타리아트는 경제적 의미에서처럼 정치적 의미에서도 부르주아지의 말 잘 듣는 꼭두각시로 드러났었다. 1793년에 처음으로 프롤레타리아트가 프랑스에서 자신의 위력적인 힘을 한 번은 자신에게 이익이 되게 사용할 수 있음을 보여주었다. 그때까지 한가한 시간을 위한 장난감이던 사회문제가 당시에 처음으로 재산소유자들 앞에 위협적인 두려움의 모습으로 나타나 그때 이래 붉은 유령으로서 더 이상 그들에게서 멀어지지 않았다. 어떤 이론의 도움으로 재산소유 계급들은 곤궁에 대하여 완전히 책임이 없다는 것, 프롤레타리아트 자신이 자신의 곤궁에 대해 책임이 있다는 것을 설명할 수 있었을 때 그 이론은 얼마나 환영받는 것으로 다가왔는가! 이 이론이 단지 과학적 의미를 가질 동안에는 사람들은 이에 신경 쓰지 않았다. 이제는 온 세계를 격동시켰으니, 이는 그것이 정치적, 실천적 의미를 얻었기 때문이었다. 그리고 **이 이론에 이런 의미**

---

48 Malthus, Essay etc. p.209. ed. St. p. 271.

를 둔, 모든 생각하는 사람들의 주의를 이 이론으로 향하게 한 자, 그는 맬서스였으며, 그 때문에 그의 이름은 이 이론과 풀 수 없이 연결된 채로 있다. 아메리카가 아메리고 베스푸치를 따라 명명된 것과 같은 그 정도의 권리를 가지고 이 인구학설에 맬서스의 이름을 따라 이름을 붙였다. 그 둘은 다른 이들이 발견한 것의 지식을 확산시키기만 했다.[49]

우리는 같은 것을 다른 영역들에서도 발견한다. 새로운 관념을 처음으로 알리는 자가 아니라 이를 제때에 알리는 자가 그 관념과 관련되는 것에 관한 모든 명예를 지닌다.— 물론 모든 비난도 지닌다 —그리고 어떤 관념의 최초의 주창자가 있는가? 인구과학의 역사는 과학의 변화들이 개별 인간들에 의해 얼마나 적게 좌우되는가에 대한, 그 변동들이 오히려 다른 모든 변동들처럼 우리 안에서 그리고 우리를 둘러싸고 특정한 법칙들에 종속되며 여름과 겨울과 마찬가지로 상황에 의해 필연적으로 산출된다는 데 대한 하나의 새로운 증거일 뿐이다. 우리의 물적 소유물이 우리의 공적이 아닌 것만큼 우리의 지식은 우리의 공적이 아니다. 그 둘은 사회의 산물일 뿐이다.

대부분의 이른바 위인들은 그들의 인물됨에 의해서 보다는 그들이 그 안에 던져진 관계들을 통해 유명해졌다. 맬서스에게서도 그런 일이 일어났다. 그의 학설의 엄청난 의미는 또한 그 학설을 펼친 선생의 의미를 합당한 것보다 더 높이 올려주었다. 그가 내놓은 학설에 경멸하는 식으로 태도를 표명한다면 이는 부당한 일이지만 그 주창자의 공적을 하늘로 높인다면 이것도 마찬가지로 부당한 일이다.

---

49 벤담의 책을 프랑스어로 번역한 사람은 뒤몽(Dumont)도 맬서스의 저작에서는 "원리가 아니라 그가 이 원리를 (자신의 견해에 따라) 이성적이고 일관되게 응용한 것이 새롭다"고 말한다. Zitirt bei J. B. Say, p. Oek. III. p. 177.

학설을 펼친 선생과 학설은 바로 엄격하게 분리되어야 한다. 그렇게 하지 않고, 맬서스를 과학적 입장 대신 감정적이고 당파적인 입장에서 바라본다면 아주 쉽게 일시적으로 큰 작용을 달성할 수가 있지만, 변함없이 남아 있는 결과에는 도달하지 못할 것이다. 이런 방법을 통해서 물론 맬서스를 인기 없게, 필시 노동자 계급들에서 누구도 그렇게 증오받지 않은 정도로 그렇게 인기 없게 만드는 쪽으로 가게 되었지만, 사람들은 이를 통해 그를 논박한 것은 아니다. 프루동과 함께 맬서스주의자에게 아주 열정적으로 "내가 사는 동안, 내가 펜대를 잡을 수 있는 동안, 그대들은 민중에게 그대들 외에 누구라도 땅 위에서 너무 많은 사람으로 있는 것임을 설득시키지 못할 것이다. 나는 이를 민중과 공화국 앞에서 맹세한다"[50]고 외친다면 이는 아주 아름답게 들리기는 하지만 과학의 질문들은 국민투표의 방법으로 해결되지 않는다. 여기서는 득표 수만 아니라 사실들도 자신의 것으로 지닐 것을 요한다. 맬서스가 말한 것이 불편하다는 것을 참으로 누구도 논박하지 않지만 그렇다고 해서 맬서스가 틀렸다는 것이 입증되었는가? 그러한 논리는 어디서나 목적론을 토로하는, 믿음이 좋은 조화의 사도에게는 걸맞지만, 역학적 세계관을 품은 사람에게는 걸맞지 않다. 건강한 사람에게서는 자기보전 충동도 '그대는 죽을 수밖에 없다'는 생각에 반발하지 않는가? 그럼에도 불구하고 우리가 죽을 수밖에 없다는 것은 맞는 말이다. 우리가 맬서스를 논박하고 싶어 한다면, 이처럼 그가 잔인하다는 것을 입증하는 것으로는 충분치 않다. 우리는 그가 틀렸다는 것을 입증해야 한다.

이것이 그랬는지 그리고 얼마나 그랬는지를 탐구하는 것이 이어지는 장들의 과제다.

---

50 Artikel vom 11. August 1848 im „Representant du peuple"

제1장 철의 임금 법칙

"미래의 사회진보가 어떤 것일지를 탐구하고자 한다면 당연히 두 질문이 고려해야 할 것으로 제시된다.

첫째, 이제까지 인간들의 진보 혹은 인간들의 행복 증진이 멈춘 원인은 어떤 것인가?

둘째, 우리가 진보의 이 장애물들을 제거할 개연성은 얼마나 큰가?"

이런 말로 맬서스는 그의 인구에 관한 시론의 첫 번째 장을 시작한다. 그의 저작은 그에 따라 두 주요 부분, 긍정적인 부분과 부정적인 부분으로 쪼개진다. 첫 번째 부분에서 그는 인간의 진보를 이제까지 멈춘 가장 강한 원인을 탐구하며, 그 원인을 "모든 유기적 생명이 자신의 부양을 위해 필요로 하는 먹을 것의 존재하는 양보다 더 많이 증식하려는 상시적 경향"[51]에서 발견했다고 생각한다. 그는 빈곤의 원인을 과잉인구에서 보며, 그래서 오직 인구증가의 제한만이 극빈층을 제거할 수 있다고 본다. 이는 그의 저작의 긍정적 측면이다.

둘째로 그는 다른 방법으로 빈곤을 세상에서 제거하려는 모든 시도들, 특히 모든 사회주의 체계들은 이제까지 작용해 오는 인구증가의 제한요인들의 제거를 통해, 악습, 전쟁, 질병, 기아 그리고 곤궁의 제거를 통해, 그리고 이

---

[51] Malthus, essai etc. p. 6. ed. St. p. 1.

악들에 대한 두려움의 제거를 통해 인구가 너무 빠른 정도로 커질 수밖에 없기 때문에 실패할 수밖에 없다는 것, 그리고 사회주의적 계획들의 실행의 최종결과는 모두에게 지극히 큰 빈곤일 것이라는 것을 설명하고자 한다.[52]

나는 이런 구획에 찬성한다. 본 비판의 전반부에서는 자녀 출산의 제한이 맬서스가 주장한 것처럼 악습과 곤궁을 정말로 제거할 힘이 있는지가 더 상세히 탐구될 것이다. 나의 설명의 후반부는 지금 지배하는 악폐의 제거가 과잉인구의 위험을 수반하는지 그렇지 않은지의 문제에 매달릴 것이다.

맬서스의 증명 진행은 간단히 다음과 같다. 처음에 그는 각 부류가 존재하는 식량의 수준을 넘게 증식하고자 노력한다는 것을 증명한다. 그렇게 생겨난 무수한 것들은 동식물에서 공간과 먹을 것의 부족으로 근절된다.

"이런 제한이 인간들에 미치는 효과들은 훨씬 더 복잡하다. 같은 본능에 의해 떠밀려 그는 그 충족을 위한 수단이 그에게 결여되는 필요들을 가진 자녀를 부양하는 데 대한 두려움을 그에게 주입시키는 이성의 소리에 의해 자신이 멈추어짐을 느낀다. 그가 이 정당한 두려움에 순종한다면 이는 흔히 덕성을 희생 대가로 하여 일어난다. 그가 반대로 본능에 휩쓸리면 인구는 생존수단보다 더 빠르게 늘어난다. 그러나 인구가 한계에 도달하면서 곧바로 이는 줄어들 수밖에 없다. 그래서 먹을 것을 발견하는 데서의 어려움은 계속하여 인구증가에 대한 강한 장애물로서 작용한다. 이 어려움은 인간들이 연합되어 있는 곳에서는 어디서나 느껴질 수밖에 없고 끊임없이 지극히 다채로운 곤궁과 곤궁에 대한 정당한 두려움의 형태로 드러날 수밖에 없다."[53] "내가 예방적인 것과 적극적인 것으로 분류한 인구증가에 대한 장애물들을 탐구하면, 그것들이 도덕적 금

---

52 Vgl. Malthus essai t. III c. 1, 2, 3.
53 Malthus, essai p. 6. ed. St. p. 3.

욕, 악습 그리고 곤궁으로 소급된다는 것을 발견하게 될 것이다."

"나는 예방적 장애물 중에 정조를 지키면서 결혼을 포기하는 것을 도덕적 금욕이라 명명한다."

"무절제한 성교, 순리에 어긋나는 열정, 부부의 잠자리를 더럽히기, 처벌받는 혹은 불법적인 결합의 결과들을 숨기기 위해 사용하는 모든 기술들은 명백히 악습들로 분류될 수밖에 없는 예방적 장애물들이다."

"적극적 제한 조치들 중에서 자연법칙들의 불가피한 결과인 것들은 곤궁이라 칭해질 수 있다. 반대로 우리 자신에게 책임이 있는 전쟁, 모든 종류의 무절제 그리고 그 회피가 우리가 할 수 있는 범위에 있는 다른 모든 것들은 혼합적 성격을 띤다. 그 원인은 악습이고, 그 결과는 곤궁이다."[54]

이런 전제들로부터 맬서스는 이제 자신의 결론들을 도출한다.

"우리가 관찰해 온 모든 사회 상태들에서 사회의 자연적 성장은 상시적으로 강력하게 저지된 것으로 보이므로, 정부 형태의 개선도, 어떠한 해외이주 계획이나 선행기관도, 최고 정도의 근면도, 마찬가지로 공업의 가장 완전한 방향도 이런저런 형태로 인구를 일정한 한계 안에 유지하는 이 장애물들의 끊임없는 활동을 제거할 수 없으므로, 이로부터 이 질서는 **복종할 수밖에 없는 자연법칙이란** 결과가 나온다. 우리에게 여기서 허용되는 유일한 자유는 덕성과 행복에 가장 적게 해로운 장애물의 확정이다."

"우리가 인식한 모든 장애물은 세 가지로 소급되었다. 도덕적 금욕, 악습 그리고 곤궁이다. 이런 관점이 타당하다면 우리의 선택은 어렵지 않을 수 있다."

"인구가 장애물에 의해 제한되는 것이 필요하다면 이것이 부족과 곤궁의 실

---

54 Malthus, essai, p. 14 ff. ed. St. p. 14.

제적 고통을 통해서보다는 한 가족의 부양과 결부된 어려움들에 대한 현명한 선견지명을 통해 일어나는 것이 더 낫다."

오래된, 그리고 주민수가 많은 국가에서 하층계급들의 운명의 상당한 지속적인 개선을 기대할 수 있게 해 주는 유일한 수단은 그들의 수를 줄이는 것이다.

"생활수단의 양을 소비자들의 필요보다 높이려면, 처음 보기에는 우리의 주의를 생활수단의 증대로 향하게 하는 것이 필요하다. 그러나 우리는 곧 이 증대가 소비자들의 수를 늘리는 것과 다른 결과를 가지지 않아서 우리의 추정된 전진이란 것은 우리를 그 목표에 조금도 더 가까이 다가가게 하지 않았음을 알게 될 것이다. 그래서 거북이와 토끼 사이의 경주를 벌이고자 하지 않는다면 그러한 길을 버릴 결심을 해야만 한다. 자연법칙들이 우리의 의도에 어긋난다고, 그리고 우리는 생활수단을 인구보다 더 빠르게 증대시키는 데 결코 성공하지 못할 것이라고 우리가 확신한다면, 의심할 바 없이 우리는 그와 반대되는 방법을 시도하고 인구를 기존의 생활수단의 수준 아래로 내리누르려고 노력할 것이다. 우리가 토끼를 그놈의 달리기 중에 길을 벗어나게 하거나 잠재울 수 있다면 거북이가 토끼를 최종적으로 추월하리란 데는 의심할 바가 없다."[55]

맬서스가 의지하는 두 전제는 이처럼,

1. 어디에서나 과잉인구의 경향이 존재한다. 그러나 이는 필연적으로 악습과 곤궁을 낳는다.

2. 과잉인구는 악습과 곤궁에 의해, 그리고 도덕적 금욕에 의해서만 저지될 수 있다.

이 전제들의 타당성이 앞서 인정된 다음에, 맬서스는 이렇게 결론을 짓는

---

[55] Malthus, essai, p. 486, ed. St. p. 649.

것이 완전히 정당화된다. 악습과 곤궁은 결혼과 관련되는 현명한 관습들이 지배적이 될 경우를 제외하고서는 불가피하다고.

그러나 맬서스는 계속 나가서, 논리적인 공중제비(salto mortale)를 통해 이런 결론에 도달한다. 악습과 곤궁은 '결혼과 관련된 현명한 관습들'이 지배적이 될 때 제거되며, 그럴 때만 제거될 수 있다. 이는 그렇다면 뭔가 완전히 다른 것이다.

과잉인구가 있는 경우에는 반드시 빈곤이 있을 수밖에 없다는 명제를 간단히 돌려서 빈곤이 있는 경우에는 반드시 과잉인구가 있을 수밖에 없다고 결론을 도출할 수 있다면, 물론 맬서스의 제안은 사회문제의 해결에 논란의 여지가 없을 것이며, 그렇다면 자녀 출산을 제한하는 것 말도 다른 빈곤을 제거하는 수단은 없을 것이다.

그러나 빈곤은 우리에게서 과잉인구의 결과라는 명제가 선험적으로 확인될 수도 기각될 수도 없으니 그 문제는 그렇게 간단하지 않다. 맬서스와 그의 추종자들은 인간이 생활수단보다 더 빠르게 증식하는 경향을 가진다는 생리학적 사실을 확정했다면, 이로부터 빈곤이 있는 경우에는 생활수단이 너무 적게 있다는 결론을 도출하기에 충분한 일을 했다고 믿었다. 사실로부터 법칙을 도출하는 대신 그들은 생리학의 법칙이 사회적 법칙에 의해 폐지되지는 않는다고 해도 그 효력이 저지될 수 있다는 것을 고려하지 않으면서 정치경제학을 위해 다른 과학, 생리학으로부터 나오는 법칙, 생리학 분야에서는 물론 경험적 사실에 의해 인정된 법칙을 차용했고, 사회생활의 현상들을 간단히 생리학적 법칙 안에 강제로 집어넣었다.

우리의 의문을 풀려면 단 하나의 출구만이 있으니, 이는 존재하는 사실들을 검증하고 현존하는 빈곤이 그 부수적인 악습과 함께 정말로 과잉인구에 의해 초래되었으며 초래되는지 아닌지를 탐구하는 것이다. 질병의 원인 확정 후에 비로소 질병을 치료할 수가 있다. 그러나 과잉인구가 빈곤의 원인이 아니라면, 빈곤은 당연히 가장 현명하고, 가장 신중한 결혼과 관련된 관습들에 의해서도 해결될 수 없다.

과잉인구가 존재하는지 아닌지를 탐구할 수 있기 전에 우리는 무엇보다도 과잉인구가 무슨 말인지에 관해 명확히 알아야만 한다.

과잉인구는 절대적일 수도 있고 상대적일 수도 있다. 후자의 경우에 이는 인위적인 것이거나 아니면 자연적인 것이다. 한 나라의 절대적 과잉인구를 나는 그 나라가 결코 더 이상 그 주민 모두를 먹여 살릴 수 없는 그런 상태로 이해한다.

그러한 상태는 오늘날 지구상의 단일한 큰 나라 영토 중 어느 한 곳에도 존재하지 않는다. 모든 나라 영토들은 자국의 필요를 위하여 충분히 식량을 생산할 수 있다. 그렇게 하지 않는 나라들은 단지 공업을 우선시하여 그 산물들로 식량을 사들이면 더 많은 것을 얻게 되므로 이를 방치하는 것뿐이다. 절대적 과잉인구는 존재하지 않으며 또한 결코 없을 개연성이 있는데, 이는 과학의 모든 보조적 원천들이 이미 고갈되었는지 결코 알 수 없기 때문이다.

맬서스 자신은 절대적 과잉인구가 심지어 유럽에서도 존재하지 않음을 인정한다. "유럽도 채워질 수 있는 만큼 사람들로 채워지지 않았다. 사람들은 유럽에서 기예에 대한 열정이 더 잘 인도될 수 있기를 희망해도 좋다. 잉글랜드와 스코틀랜드에서는 토지경작에 큰 주의가 기울여졌으며, 그럼에도 불구하고 이 나라들에는 많은 경작되지 않은 토지들이 있다."[56] 맬서스에 따를 때 어

---

56 Malthus, essai, p. 9. ed. St. p. 8.

디서나 지배하는 과잉인구는 상대적 과잉인구, 말하자면 오직 그때그때의 일시적 식량 수준과 동시적인 인구 수준 간의 불비례일 뿐이다. 이는 물론 우리가 이미 아는 대로 영구적으로 지속되는 것인데, 왜냐하면 인구는 식량을 항시 앞지른다고 하기 때문이다.

그러한 상대적 과잉인구는 다시 두 가지가 있을 수 있다. 자연적인 것 아니면 인위적인 것이다. 자연법칙들에 의해 초래된 과잉인구 아니면 사회법칙들의 결과로 생겨나는 그런 과잉인구인 것이다. 후자의 과잉인구는 결혼의 제한을 통해서가 아니라 해당하는 사회제도들의 폐지를 통해서 가장 잘 제거할 수 있을 것이다. **소비자들**의 과잉인구는 자연적 과잉인구다. 이는 소비자들의 수를 축소하거나 생존수단을 늘림으로써만 치유가 가능하다. **생산자들**의 과잉인구는 이와 달리 인위적으로 초래된 상태로서, 대부분은 생산자들의 수를 축소함을 통해 충분히 치유될 수 없다. 생존수단의 증대는 이 경우에 전혀 도움이 안 되며, 그런 상태의 근본적 치료를 위해서는 사회적 변혁들이 거의 언제나 불가피한 것으로 제시된다.

이러한 구분을 맬서스는 간과했다. 너무 많은 일손이 있는 경우에 그의 견해에 따르자면 또한 너무 많은 입도 있다. "노동의 대가는 그것에 자연적인 수준을 취하도록 한다면 최고로 중요성을 지닌 정치적 바로미터다. 그것은 식량의 수요와 공급 간의 관계, **음식 재고의 소비자들에 대한 관계**를 표현한다"[57]고 말한다.

과도하게 큰 일손의 공급은 결코 식량에 대한 과도하게 큰 수요와 같은 의미가 아니다. 후자는 물론 음식 재고량의 굶주린 자에 대한 관계에 의해 조건

---

57 Malthus, essai, p. 362. ed. St. p. 472.

지어지지만, 전자는 사회적 관계들에 의해 초래되는 과잉인구이며, 그래서 사회법칙들에 지배를 받는다. 그러한 과잉인구는 다양한 시대와 다양한 나라들의 다양한 사회형태들에서 나타나며, 그러한 한에서 마르크스가 "사실상 어떠한 특수한 역사적 생산양식도 그 특수한 역사적으로 유효한 생산법칙들을 가진다"[58]고 주장할 경우에 그에게 동의할 수 있다.

  생산자에서의 과잉인구의 원인, 즉 빈곤의 원인이 다르다면, 치유수단도 같지 않을 수 있다. 이 과잉인구가 인구의 너무 빠른 증가만으로 초래되었을 때만 자녀 출산의 제한을 통해 사회문제를 풀자는 맬서스의 제안은 성공을 기대할 수 있다. 아일랜드와 동인도에서 노동 수확을 축소하고 노동에 대한 수요를 줄인 것은 압도적인 힘을 가진 정복자의 권력이었다. 맬서스주의자인 밀조차 그래서 이 나라들에서는 소유관계들에서의 변화를 통해 사회문제를 해결하고자 한다. 그러나 현대 사회에서 어떤 것이 빈곤의 원인인가? 같은 권리와 같은 자유가— 적어도 이론상으로는 —모두를 위해 지배하는데, 노동 수확과 노동에 대한 수요의 배분을 정하는 것은 강자의 권리가 아니다. 인민 경제적 법칙에 의해 모든 것이 저절로 규율되는데, 이는 지배자의 의지에 힘입어서가 아니라 상황의 힘을 통해 그 효력을 발휘하는 법칙이고 그래서 철칙이라 명명되는 불굴의 법칙인 것이다. 이 임금 법칙을 인식한 자라면 그러면서도 맬서스의 제안에 대한 대답을 발견한 것이다.

  외관상으로 그 문제의 해결은 아주 단순하고 이미 오래전에 성공을 거두었다. 라살레의 응답 글에서 그가 임금 법칙이라 가정하는 것이 아주 만장일치로 학계의 모든 사람에 의해 인정된다고 그가 주장하는 대목, 그가 모순을 경

---

58 Karl Marx, das Kapital, pag. 656.

험하는 것이 불가능하다고 여겼을 정도로 아주 단순하고 단적인 그의 근거들을 누가 모르는가. 다만 라살레의 권위에 대한 모든 존중에도 불구하고 우리는 이 발언 앞에서 겁을 먹지 않는 것이 좋다. 의심은 인식의 어머니이며 우리는 어떤 도그마 하고도 관계가 없으므로 임금 법칙의 궁극적 확정과 함께 맬서스가 제안한 대책의 운명도 결판 지어지기에 더욱 이 법칙에 관한 새로운 탐구는 적절하다.

라살레는 이렇게 말한다. "오늘날의 상황에서 노동에 대한 공급과 수요의 지배에서 노동임금을 결정하는 철의 임금 법칙은 이런 것이다. 평균적인 노동임금은 언제나 한 민족에게서 관습적으로 생존의 연장과 번식에 필요한 필요 생계비로 낮추어진 채로 있다는 것이다."

"이는 실제의 일당 임금이 어느 때나 진자의 기복운동을 보이며 그 주위로 끌리게 되는 점으로, 언제라도 그 위로 오랫동안 상승할 수도 없고 그 아래로 떨어질 수도 없는 점이다. 그것은 그러나 지속적으로 평균 위로 오를 수가 없는데, **왜냐하면 그렇지 않을 경우 노동자들의 더 쉽고 더 나은 형편을 통해 노동자 인구의** 그리고 이와 함께 일손 공급의 **증가가** 생겨나서 이것이 노동임금을 다시 전의 수준에까지, 그리고 그 아래로 내리누를 것이기 때문이다.

"노동임금은 또한 지속적으로 이 필요한 생계비 아래로 깊숙이 떨어질 수 없다. 왜냐하면, 해외이주, 독신, 자녀 출산의 회피 그리고 끝으로 곤궁을 통해 노동자들의 결혼이 줄어들어 이는 노동자 일손의 공급을 축소하고 이로써 노동임금을 다시 이전의 더 높은 수준으로 되돌리기 때문이다. 실제의 평균적 노동임금은 이로써 상시로 계속 다시 빠져들 수밖에 없는 그것의 중점을 중심으로 그것보다 때로는 좀 높이 있기도 하고 때로는 좀 그 아래에 있기도 한 운동 중에 있다."

맬서스는 반(反)맬서스주의자 라살레가 아주 열성적으로 수호하는 이 법칙을 기뻐할 수밖에 없었을 것인데, 이는 이 법칙에 포함된 것과는 다른 것을 맬서스도 말하지 않기 때문이다. **노동자 인구의 빠른 증가가 노동임금이 지속적으로 생존에 필요한 최저한보다 높게 오르지 못하게 하는 장애물이라면, 물론 가장 단순하게 노동자의 형편은 이 장애물의 제거를 통해, 노동자 인구의 더 완만한 증가를 통해 개선될 수 있다. 이처럼 라살레가 제시하는 바와 같이 철의 임금 법칙의 근거가 옳다면 맬서스도 옳고, 그의 제안을 통해 노동자 문제가 풀릴 수 있다.**

외관상으로 라살레의 근거들은 아주 명백하다. 자본주의적 생산양식의 지배에서 노동이 상품이란 것은 맞는 말이다. 그것의 가격이 다른 어떤 상품의 가격도 그런 것처럼 자유경쟁으로, 수요와 공급으로, 자본가의 수요와 노동자의 공급으로, 자본과 노동 간의 관계에 의해 정해진다는 것은 맞는 말이지만, 우리가 이 명제들이 자명해 보인다고 해서 이것들을 검증 없이 공리로 가정하고 싶어 했을 경우라도 우리는 그렇다고 해서 우리의 탐구의 최종 종착점에 도달하는 것은 아니며, 그 출발점에 도달한 것이 될 것이다.

라살레는 이른바 철의 임금 법칙을 기초하는 데서 노동의 공급을 변동하는 것으로 가정했다. 노동력의 재고는 그에게는 가변적인 크기다. 그러나 그는 자본을 불변의 크기로 간주하는 것으로 보이는데, 왜냐하면 노동의 가격 결정의 이 요인의 기복을 그는 전혀 언급하지 않기 때문이다. 그러나 임금 법칙의 확정을 위하여 노동의 공급의 가능한 변동들과 마찬가지로 그것에 대한 수요의 가능한 변동들을 인식하는 것이 필요하다. 그래서 누구도 외관상 그렇게 단순한 '자본' 개념에 관해 명확히 이해하지 않은 자는 자본주의적 생산양식의 임금 법칙에 대한 올바른 이해에 도달할 수 없다.

외관상의 단순성은 정치경제학에서의 지극히 큰 오해와 궤변에 동기를 부여했다. 언어는 과학과 같은 정도로 발달하지 않으며, 그래서 지극히 다양한 개념들이 아주 흔히 하나의 동일한 낱말로 지칭된다. 이것이 궤변을 통한 기만을 용이하게 하고 반면에 명확하고 성실한 사상가들의 소통 자체를 어렵게 하면서 어떠한 사정도 필시 이것만큼 과학들의 진보를 가로막지 않았다. 정치경제학도 이런 횡포에서 면제된 채로 있지 않았다.[59] 근본적으로 보자면 어떤 개념을 하나의 단어와 연결할지가 우리 모두에게 무방할 수 있겠지만, 다른 개념들을 같은 단어로 지칭하고 매 순간 다른 개념을 같은 단어와 연결한다면 이는 우리에게 상관없는 일일 수 없다.

사람들이 그를 그렇게 명명하는 것처럼 정치경제학의 아버지인 애덤 스미스에게 자본이 무엇이냐고 우리가 물으면, "가치를 가지는 사물들의 모이고 보관된 재고가 내가 자본이라고 명명하는 것이다"[60]라는 것을 우리는 알게 된다.

여기서 우리는 이미 하나의 난제에 부딪치며, 그것도 상당한 난제에 부딪친

---

[59] 웨이틀리(Whateley) 대주교는 "애덤 스미스 그리고 우리 경제학자들의 주된 잘못은 일반적으로 정의들에서의 미흡함"이라고 말한다. 그리고 그 증거로 그는 가장 특출한 선생들에 의해 고도로 중요한 가치, 부, 노동, 자본, 지대, 임금 그리고 이익에 관해 주어진 수많은 최고로 빗나가는 정의들을 들고, **명확한 개념들의 부족으로 같은 단어가 동일한 문필가에 의하여 어떤 기회에 다른 기회에서 사용되는 방식과는 완전히 조화되지 않는 방식으로 사용됨**을 보여준다. 이런 목록에 그는 아주 진실 되게 말하는 것처럼, 다른 많은 것들을 추가할 수 있을 것인데, 이는 더 이상의 설명 없이 마치 그것들이 삼각형이나 스물 같은 단어들처럼 아주 명백하다는 듯이 아주 순진하게 사용되는 것들이다. 그 결과는 "…특출한 문필가들이 최고로 중대한 단어들을 완전히 동의어로 사용하지만 실제로 그 단어들은 다를 뿐 아니라 완전히 반대되는 개념들을 표현한다는 것이다." Carey, Sozialwissenschaft. I. 37.

[60] Adam Smith, Untersuchung über die Natur und die Ursachen des Nazionalreichthums, II. p. 3.

다. 그 난제의 해결에 이어지는 모든 것이 의존하니, 이는 바로 **가치란 무엇인가** 하는 것이다.

가치는 아무튼 오직 뭔가 구체적, 물질적인 것에만 해당하는 특성이다. 가치 있는 지식에 관해서도 이야기하기는 하지만, 이는 단지 부정확한 표현일 뿐이다. 지식은 아무 가치도 가지지 않으며, 오직 뭔가 가치 있는 것을 창출할 수 있을 뿐이다.

오직 물(物)에만 가치가 내재할 수 있다. 그러나 어떠한 물이든 가치를 보유하는가? 아무짝에도 쓸모가 없는 어떤 것, 예컨대 사막에서 죽어가는 자의 진주도 가치를 가지는가? 결단코 가지지 않는다. 그러한 것은 무가치하다. 그것이 가치를 가지려면 누군가가 그것을 사용할 수 있어야 하며, 그것이 실제의 것이든 아니면 단지 상상한 것이든 관계없이 어떤 필요를 충족시켜 주어야 한다.

이런 종류의 가치는 사용가치다. 이는 각 개인이 어떤 물(物)의 가치를 측정하는 데 사용하는 주관적 척도이며, 한 개인과의 특정한 관계 없이는 생각할 수 없다. 이런 관계에서 벗어나 그 자체로서의 독자적으로 존재하는 사용가치는 없다. 그러나 그러한 주관적 가치척도는 인간적 교역에는 불충분하다. 이 인간적 교역이 발달할수록, 분업 그리고 이와 함께 필요들의 차별화가 민족들의 경제생활에서 중요성을 얻어갈수록, 그래서 주관적 척도가 다양하게 형성될수록, 그 척도는 더욱 불충분해지고, 모든 인간과 모든 시기에 동일하고 객관적인 가치척도에 의해 축출당한다. 야생인들에게서는 교역이 단지 산발적인 경우인데, 이들은 교환해서 얻을 물건들, 부싯돌, 화약과 총탄 등에 대한 척도로서 사용가치를 매기지만 런던의 목수는 자신에게 필요불가결한 대패의 가치를 같은 척도에 따라 측정하는 것을 아주 꺼릴 것이다. 교역이 산발적인 경우들에 한정되지 않고 경제생활에서 규칙적으로 등장하는 요인일 경우에 항시 객관적 가치척도가 효력을 지니게 되는 것이다. 자연스럽게 그것은 오직 대체로 교역 안으로 들어올 수 있는, 즉 전유할 수 있는 그런 것들에만 대어질 수 있다. 그러나 이런 것 중에서도 오직 규칙적으로 등장할 수 있어서 그 수량이 임의대로 증대 가능한 그런 것들에만 대어지는 것이다. 공기의 사용가치는 엄청난 것이지만 그것은 아무런 객관적, 경제적인 가치를 보유하지 않으니 이는 누구도 이를 전유할 수 없기 때문이다. 마찬가지로 예술작품에는 객관적 가치척도를 들이댈 수 없으니 그것은 마음대로 증대될 수 있는 것이 아니기 때문이다. 그것의 가치는 항시 주관적으로 측정되는 것이며, 그것이 개인들에서 가지는 사용가치에 따라 정립된다.

우리가 위에서 언급한 두 범주의 사물을 배제하면, **객관적인 경제적 가치를 가지는 사물들로서 오직 인간 노동을 포함하고 그것도 측정할 수 있게 포함하는 그런 사물들만 남는다.** 그러한 가치를 보유하는 어떤 사물이든지 적어도 이 가치척도가 대어지는 교역에 들어가기 전에 전유되어 있어야 하며 적어도 전유의 노동이 그 사물 안에 포함되어 있어야 한다. 그러나 인간의 필요들을 충족시키는 대부분의 사물은 단순한 전유에 의해 그렇게 단순하게 얻어질 수 없으며, 자신의 용도에 적합하기까지 대체로 다채로운 변화들을 통과해 가야 하며, 유용한 분량의 노동이 그것들 안에 숨겨진다.

원시림에서 자라는 나무는 아직 아무런 가치를 보유하지 않는다. 그 나무를 베어 쓰러뜨리면 그러한 가치를 가지고 그 나무를 제재소에 제공하면 더 큰 가치를 가지게 된다. 목재의 가치는 그것이 톱으로 썰어서 분리되면서 더욱 커진다. 가치는 새로운 소재의 추가를 통해서가 아니라 단지 소재의 장소와 형태의 변경, 즉 그것에 가해진 노동을 통해 커졌다.

노동은 이처럼 경제적 가치를 마련해 줄 힘을 보유하며 노동의 추가 없이는 심

지어 경제적 가치의 발생도 가능하지 않다.

한 대상물의 산출에 지출되는 인간 노동력은 **객관적** 크기이며, 누구에게나 같은 채로 있다. 이 크기는 심지어 측정 가능한데, 지금까지는 물론 **지출된 노동시간에 따라** 오직 아주 불완전하게만 측정이 가능하니, 이는 노동의 강도가 이 척도에서는 건드려지지 않은 채로 있기 때문이다. 결국, 같은 시간단위에서 평균적으로 같은 노동력이 지출된다고 가정할 수 있다.

주어진 세 가지 계기를 통합하면 객관적 가치척도에 관하여 더 이상 의심을 할 수 없다. 인간 노동은 객관적인 측정 가능한 크기이며, 인간 노동 없이는 경제적 가치들이 창출될 수 없고, 인간 노동은 경제적, 객관적 가치를 보유하는 모든 사물, 핀과 궁전, 진주와 파종 곡물에 공통적인 유일한 것이다. 인간 노동은 그래서 전유할 수 있고 마음대로 증식 가능한 모든 재화에 대한 자연적이고 유일한 객관적인 가치척도다.

노동시간은 모든 가치들의 크기다.

객관적 가치척도는 오직 **규칙적으로** 교역에 들어오는 재화들에서만 효력을 띠게 될 수 있다. 그래서 그 가치의 크기를 이루는 것은 또한 실제적으로 한 재화의 산출에 사용된 노동시간이 아니라 **통상적으로** 그 대상물의 산출에 필요한 노동시간이다. 이 노동시간에는 또한 노동의 전제조건 달성에 필요한 시간도 계산에 넣어진다. 일정한 지식과 능력을 마련하는 데 지출되는 시간 말이다. 말해진 것의 자연적 귀결로서 가령 그 재화가 산출되던 당시에 정상적**이던** 그런 노동시간이 아니라 그 대상물의 가치가 측정되는 매 순간에 정상적 노동시간**인** 그런 노동시간이 결정적이게 된다.

한 상품의 가치는 이처럼 사회적으로 그 재현에 필요한 노동시간에 의해 측정된다.

인간이 일을 하는 이래로 그는 경제적 가치를 창출하지만, 교역에서 객관적 가치척도는 아무튼 전진해 가는 분업의 발달로 각자가 자기가 사용할 재화들을 덜 생산하지만 그럴수록 타인들의 사용에 기여할 그런 물건들을 더 많이 생산하면서, 즉 상품생산이 시작되면서 비로소 주관적 가치척도를 몰아냈다. 그 물건들의 규칙적 교역에서 그것들의 객관적 가치의 교환비율이 드러났다. **이 비율이 교환가치다.** 한 재화의 교환가치는 당연히 그것의 객관적 가치와 동일하지 않다. 모든 가치들이 동시에 같은 정도로 떨어지면, 교환가치는 불변으로 있을 것인데, 이는 가치들의 서로 간의 비율에서는 아무것도 달라지지 않았을 것이기 때문이다.

한 재화의 교환가치를 정하려면 나는 그것의 객관적 가치(혹은 그냥 가치)를 다른 재화들의 그것과 비교해야 한다. 일정한 재화가 시간이 가면서 어떠한 상품을 생산하는 사회에서도 비교 수단으로서 특별히 우선시되어 이것이 결국 사회로부터 일반적 등가물로서 소용될 독점권을 얻기까지 되어 갔다. **이로써 이 우선시된 상품은 화폐가 되었다.**

모든 가능한 것은 화폐일 수 있다. 목축 민족들에서는 흔히 가축이 화폐로 사용된다. 호메로스도 그의 영웅들의 장비들을 소들로 산정한다. 버지니아에서는 담배가 한동안 아주 통용성이 큰 화폐였다. 애덤 스미스는 그의 시대에도 스코틀랜드의 한 마을에서 "평범한 일용직 노동자가 돈 대신에 못을 빵 가게나 술집으로 가져가서 빵이나 술을 샀다"는 것을 우리에게 이야기해 준다. 보통 화폐로는 금속 그것도 특별히 귀금속이 그 큰 분할 가능성과 내구성 때문에 사용된다.

화폐로의 교환가치의 표현은 한 재화의 가격이다.

이제 자본 개념의 탐구로 돌아가 보자.

애덤 스미스는 모이고 보관된, 가치가 그것들에 내재하는, 그래서 인간 노동을 들인 물건들의 재고가 자본이라고, 혹은 리카도가 표현하는 것처럼, 자본은 축적된 노동[61]이라고 생각한다.

캐리(Carey)는 이와 달리 자본은 자연에 대한 지배권을 획득하게 해 주는 작업 도구라고 우리에게 가르쳐 준다. 그는 정신적, 신체적 역량도 자본에 집어넣는다. 캐리가 자본에 관해 무수히 이미 이야기한 후에 그의 《사회과학원론》 제3권(p. 46)에서야 비로소 자본은 무엇인가 하는 질문을 던지는 것은 특이하다. 그의 정의에 따르면, 본래 어떤 사람이든 어떤 역량을 보유하면서, 그래서 그의 탄생부터 자본가일 것이다. 아니 더구나 어떤 황소와 당나귀이든지, 어떠한 쌍무늬바구미와 지렁이도 일정한 정신적이고 신체적인 역량을 보유하고 자연에 대한 지배권을 행사하는 한에서는 자본가일 것이다. 캐리가 자본가를 이미 석기시대에 등장시키는 것은 얼마나 놀라운 일인가. 이 석기시대 자본가는 부끄러움을 모르는 녀석이었고 노동 수확의 4분의 3을 차지했지만, 현대의 자본가들은 화폐를 보유하기 위한 노고의 대가로 단지 5분의 2만을 취한다. 이는 캐리에게는 노동자들의 형편이 석기시대 이래 개선되었으며 그래서 이 노동자들이 자신들의 처지에 대해 불평하는 것은 아주 부당한 일이라는 데 대한 명료한 증거가 된다.[62]

로셔(Roscher)는 추후의 생산을 위해 보관되는 어떠한 산물도 자본이라 명명한다. 마찬가지로 리카도는 위에서 든 대목과는 다른 데서 자본을 "인민의 재산에서 산출을 위해 사용되는 부분, 즉 노동을 가동하고 성과물을 내어

61　Ricardo, Gr. d. V. u. B. p. 444.
62　Vgl. Carey, Gr. d. S. III p. 132.

주는 데 필요한 노동자의 음식, 의복, 작업 도구, 원재료, 기계 등'[63]으로 정의한다. 존 스튜어트 밀도 "생산적 노동에 그것의 다양한 필요들을 조달하도록 정해진 모든 것, 그렇게 정해진 어떤 것이나 자본이다"[64]라고 생각한다.

바스티아는 반면에 악평 높은 조화의 사도이면서 표절자인 자로서, 자본에 소재, 재고 그리고 작업 도구만이 아니라 서비스도 들어간다고 본다![65]

이 정도로 일련의 자본 정의들이 망라되려면 아직 멀었겠지만, 그만하면 충분하다. 이로부터 이미 경제학자들이 자본이란 말이 무슨 뜻인지에 관해 결코 생각이 같지 않다는 것을 알 수 있다. 그렇지만 **하나의** 경제적 범주는 **어느** 경제학자에 의해서나 자본으로 인정된다. 이는 이처럼 의심할 바 없이 자본으로 간주됨이 분명하므로 마찬가지로 의심할 바 없이 어떠한 두 번째 경제적 범주도 같은 이름을 붙일 수 없으니 이는 두 개의 개념을 같은 이름으로 지칭하는 것이 모든 논리에 역행하기 때문이다. 두 개념이 비슷할수록, 그래서 그것들이 더 쉽게 혼동될수록 이런 일은 더욱 일어나서는 안 된다. 총에서의 공이치기(Hahn)와 집에서 키우는 닭이 독일어에서 명칭이 같다고 해서 이것이 누구도 오도하지 않겠지만, 물론 이런 일은 자연과학적 유물론과 윤리적 유물론의 동일시를 통해 아주 빈번하게 일어난다. 그래서 장차 있을 수 있는 혼동을 방지하기 위해 또한 전자의 유물론에 '일원론'이란 이름을 곧잘 붙인다.

자본에 대해서도 유물론에 대해서와 비슷한 일이 일어났다. 그것에 지극히 모순되는 특성들을 갖다 붙였고, 그것에서 위안을 주는 법칙과 냉혹한 법칙을 발견했고 그것을 저주하기도 하고 축복하기도 해서 개념들의 엄격한 분간

---

[63] Ricardo, Gr. d. V. u. B. p. 74.
[64] J. St. Mill, Grundsätze der politischen Oekonomie, 1869. I. 58.
[65] Bastiat, Volkswirthschaftliche Harmonien, p. 207, 209.

이 여기서 이중으로 시의적절하다.

  모든 경제학자에게 '자본'으로서 공통인 경제적 범주를 더 상세히 살펴보면 우리는 자본 이자와 자본이 분가분의 개념들임을 알게 된다. 이자를 낳는 어떤 재화도 자본이고, 이자를 낳지 않는 어떤 재화도 자본이 아닌데, 적어도 살아 있는 자본은 아니고 죽은 자본이다. 그것은 자본에 해당하는 이자를 낳는 기능을 수행하지 않는다.

  애덤 스미스는 이자를 낳음을 자본의 내재적 특성으로 물론 인식했지만, 그의 수많은 후계자들과 마찬가지로 자신의 자본 개념에 충실한 채로 있지 않았다. 그는 자본에 할애된 《국부론》 제2권 제1장을 다음과 같은 자본 개념의 전개로 시작한다. "한 사람이 모은 재고가 그를 불과 며칠 혹은 몇 주를 부양하는 데 꼭 충분한 정도일 뿐이라면, 그는 그로부터 소득을 끌어낼 생각을 하지 않는다. 그가 행하는 것이라고는 그것을 가능한 만큼 절약하여 소비해 없애고 그러면서 이 재고가 소진되는 시간 동안 그의 노동으로 그것의 자리를 대체할 수 있을 뭔가 다른 것을 획득하고자 노력하는 것이다. 이 경우에 그의 소득은 이처럼 겨우 그의 노동으로부터 나온다. 이는 모든 나라에서 노동자 계급들의 다수 부분이 처한 상태다."

  "그러나 한 사람이 보유하는 재고가 그를 몇 달 그리고 몇 년 동안 부양하는 데 충분하다면, 그는 자연히 이 재고의 더 큰 부분으로부터 소득을 끌어내려고 하고, 더 작은 부분만을 그 소득이 들어올 때까지 그것으로 자신을 부양하기 위해 유보한다. 이처럼 그의 소유로 있는 재고 전체는 그리하여 두 부분으로 나누어진다. **한 부분은 그가 소득을 그로부터 기대하는 부분이며 이는 자본이라고 불린다.**"[66]

---

66 Adam Smith, Nazionalreichthum, Ⅱ. 5.

자본의 독특한 점은 이처럼 그것이 그 소유자에게 이익을 마련해 준다는 데 있다. 이득은 경제적 가치를 가지며, **과연 이 가치는 자본가의 소유로 들어가는데, 이는 자본이 그에게 속한다는 것 말고 다른 원인에서 그렇게 되는 것이 아니다.**

이런 의미에서의 자본은 경제학자들이 달리 자본으로 정의라는 것과 동일한가? 이것은 축적된 노동, 생산수단 등과 동일한가? 축적된 노동, 작업 도구 등은 물론 본래 의미에서의 자본일 수 있지만, 반드시 그럴 수밖에 없는 것은 아니며, 일정한 조건에서만 그렇게 된다. 그 모든 것은 본래의 자본 개념보다 더 많은 것을 포괄하며 그 이상이 되는 개념들이다. 통상적인 자본 개념들은 이처럼 불완전하다. 어느 자본이든지 축적된 노동이지만 어느 축적된 노동이든지 자본인 것은 아니다.

자본이라고 내가 명명하는 것은 소유라는 단순한 사실에 의해 그 소유자에게 잉여가치를 획득해 주는 일체의 경제적 재화다.

이 잉여가치가 어디서 유래하는가? 자본이 그것을 낳는가? 불가능하다. 오직 노동만이 가치를 창출하며, 그래서 노동만으로 또한 자본이 전유하는 가치들도 낳는다.

현체제 옹호론적 경제학자들은 당연히 이것을 시인할 수 없으며 그래서 그들은 자본이 가치를 창출한다는 생각을 완강하게 옹호한다. 어떤 의미에서 자본은 물론 생산적이다, 아니 노동의 생산성을 키워준다. 같은 노동이 자본의 도움으로 자본이 없이 하는 것보다 더 많은 양의 재화를 산출하며 더 많은 **사용가치**를 낳지만, 그렇다고 해서 더 많은 **객관적 경제적 가치**를 낳는 것은 아니다. 기계들은 인간이 전보다 흔히 백배 더 많이 생산하는 것을 물론 가능케 하지만 개별 산물의 가치는 그 대신 또한 엄청나게 떨어졌다.

현대 질서의 옹호자는 두 개인이 다른 자본을 동시에 사용할 때 더 큰 자본을 보유하는 자가 절대적으로만이 아니라 상대적으로도 더 큰 이득을 챙길 것이라고 항변한다. 이 사실은 맞다. 그러나 그것으로부터 자본의 생산성을 증명하려고 하는 것은 단지 여러 두뇌에 어떤 애매한 점이 숨겨져 있는지만을 입증해 줄 뿐이다.

오직 한 재화의 재생산에 사회적으로 필요한 노동시간이 그 가치를 결정한다. 이제 두 가지가 가능하다. 한 사람이 평균적으로 그 직종에서 사용된 것보다 더 많은 자본을 사용하거나 아니면 다른 사람이 더 적은 자본을 사용한다. 한 사람이 통상적인 것보다 더 좋은 원재료, 기계 등을 사용하고 다른 사람은 더 나쁜 것들을 사용한다면 한 사람은 사회적으로 필요한 노동시간보다 더 적은 시간을, 두 번째 사람은 더 긴 시간을 동일한 산물의 산출을 위해 사용할 것임은 당연하다. 더 많은 자본을 가진 자는 이처럼 물론 그 결과로 같은 시간에 같은 노동력으로 다른 자보다 더 많은 가치를 생산할 것이지만 이로부터 자본이 가치를 창출한다고 결론짓는 것은 궤변일 것이다. 방금 언급된 자본이 자본이기 때문에 가치의 산출을 크게 만드는 것이 아니라 사회적으로 통상적인 것보다 **더 큰** 자본이기 때문에, **예외를 이루는** 것이다. 예외는 단지 통례를 실증한다.

그러한 사실에 의지하여 자본이 생산적이며 경제적 가치를 산출한다고 주장하는 경제학자들이 있다면, 그들은 풍선이 높이 올라간다고 해서 중력이 없다고 주장하는 그런 약삭빠른 자들의 논리를 따르는 것이다.

자본은 사용가치의 산출을 높이지만 그 사용가치의 가치는 단지 사회적으로 그 재산출에 필요한 노동시간에 의해서만 정해진다.

모든 가치를 창출하는 노동이 또한 전체의 가치를 자기 쪽으로 끌어당기지 않는 것은 이제 어떻게 된 것인가? 자본이 전체 가치의 상당 부분을 차지하는 것은 어찌 된 일인가?

이는 사회의 조직을 통하여 야기된다.

분업의 진전과 더불어 노동자의 고용에 필요한 작업수단의 고비용도 커진다. 한 기업에서 반드시 고용되어야 하는 노동자들의 수는 점점 더 많아지는데 이는 분업에서는 한 노동자가 다른 노동자에게 작업 후 넘겨주어서, 그들의 수는 항시 서로 일정 비율로 있어야 하기 때문이다. 예컨대 한 공장에서 20명의 다른 노동자들의 작업을 위한 재료를 정돈하는 데 한 명의 노동자로 충분하다면 20명의 다른 노동자를 사용할 수 있는 수단도 보유하는 자만이 이익을 보면서 이 사람을 고용할 수 있을 것이다. 이 한 사람의 노동이 두 사람 간에 나누어지면(한 명이 하던 작업이 두 명의 작업으로 분업이 되면, 작업량은 최소한 두 배가 된다 – 옮긴이) 당연히 적어도 40명의 다른 노동자들이 고용되어야 할 것이다. 이 노동자 수의 증가와 동시에 또한 노동이 그 안에서 진행되어 가는 공간도 확장된다. 개별 노동자가, 각 기업이 가공할 원재료의 양은 작업 도구의 수와 마찬가지로 늘어난다. 기계들이 발명되고 곧 거대한 크기로 커진다. 분업의 진전과 함께 생산수단의 보유자가 되는 데 필요한 재산은 점점 더 커진다.

역사적 발달의 과정에서 결국 평균적 노동자에게는 자신의 생업을 영위하는 데 필요한 작업수단을 스스로 마련하는 것이 더 이상 불가능한 시대가 온다. 이는 예리하게 경계가 지어지지 않으며 또한 그것의 등장도 각 직종마다 다르다. 노동력과 노동수단은 서로 분리되고 그 시대부터는 다른 개인들에 속한다.

이로써 민족들의 경제생활에서 새로운 시대가 시작된다. 이 분리의 등장 때까지 노동자가 자기 노동의 전체 수확을 받지 않았다면, 이는 다만 권력 탓으로 돌릴 수 있었다. 고대의 노예, 중세의 농노에게서 그들의 노동 수확 일부를 짜낸 것은 권력이었지, 작업 도구의 결여가 아니었다. 그러나 그때 이래로 그에 의해 창출된 가치들의 일부를 노동수단의 소유자에게 돌리는 것은 외적 강제가 아닌 내적인, 또 냉혹한 사실의 논리다. 생산수단의 소유라는 단순한 사실은 이제 소유자에게 다른 이들의 노동에서 나오는 가치를 얻어준다. **생산수단은 이제 자본이 되었고, 그 소유자는 자본가가 되었다.**

자본주의적 생산양식의 지배에서 생산과정은 노동이 자본을, 혹은 자본이 노동을 얻으려고 애쓴 후에 비로소 가능한데, 이는 하나의 가치를 산출하기 위해서는 노동수단이 노동과 마찬가지로 불가피하게 필요하기 때문이다. 정치경제학의 낙관주의적 지향은 노동자가 자본을 차입하고 자본가는 그에게 자본의 대여를 통한 서비스를 베풀며, 그 대가로 자본 이자가 정기적인 보상을 이룬다고 가정한다. 이런 서술에서는 노동자는 노동수단의 사용자로 여겨진다. 이 상태가 아무리 아름다울지라도 그것은 캐리 씨, 슐체 씨 등의 머릿속으로 그 망상을 몰아넣는 단순한 허구다. 노동자의 의지는 생산의 모습에 아무런 영향력도 행사하지 않으며 지배하는 요소는 자본이다. 노동자는 자본을 자신에게 도움을 주는 것으로 취하여 더 필요로 하지 않으면, 떠나게 하는 것이 아니며 오직 미친 사람이나 소피스트만이 이를 주장할 수 있고, **자본이 오히려 노동력을 구입하여 그들을 자기 마음대로 사용한다.**

자본가는 노동력을 얼마나 비싼 값에 구매하는가? 수요와 공급이 맞아떨어질 때 그는 그것의 가치대로 구매한다. 그러나 노동력의 가치는 그것이 상품이면서 곧바로 어떠한 다른 상품들의 가치와도 같이 그것의 재생산에 필요한 노동시간을 통해 측정된다. 한 사람의 노동자와 그의 가족이 함께 필요로 하는 생계수단을 산출하는 데 지출해야 하는 노동시간인 것이다. 왜냐하면 노동자 개인은 불멸이 아니지만, 사회적 노동자는 불멸이어야 하기 때문이다. 노동자들이 사멸한다면 이는 자본가에게는 크나큰 불행일 것이다. 그래서 노동자 계급에게 후세집단을 양육할 수단을 제공하면서 노동자 계급은 불멸인 것으로 만들어진다. 이처럼 노동이 그 가치대로 지불받으려면, 일당 임금은 단지 그 노동자가 하루에 지출한 힘을 보충할 뿐 아니라 그의 가족의 부양에도 충분해야 한다. 재생산에 필요한 것— 가령 필요불가결한 것은 아닌 —은 아주 주관적이고 각 나라의 관습과 문화 정도에 의해 조건 지어짐은 명확하다. 신문과 장화가 필요불가결한 것으로 통하는 나라에서 재생산 비용은 당연히 노동자가 맨발로 돌아다니고 기껏해야 자신의 기도서 말고는 아무것도 읽지 않는 곳에서보다 높다.

자명하게 재생산에 필요한 노동시간도 마찬가지로 다르다. 이는 기계의 사용이 지배적인 나라에서는 민족 생산이 주로 단순한 수작업을 통해 영위되는 그런 나라에서보다 더 짧을 것이다.

아무튼, 노동자의 노동력을 특정 시간 동안 구매한 자본가는 그를 매일 적어도 노동력의 재생산에 필요한 노동시간이 달하는 만큼 긴 시간을 노동하게 해야 한다. 그렇지 않으면 그 자본가는 손해를 보면서 생산하게 될 것이다. 그러나 그런 생각은 그에게는 결코 떠오르지 않는다. 그는 노동자를 오히려 하루에 가능한 한 길게 일하게 하는데, 이는 노동시간이 길수록 그의 이윤이 더욱더 커지기 때문이다. 6시간의 노동이 노동자의 부양과 번식에 필요한 가치를 산출하는 데 매일 필요하다고 가정하고 나아가 자본가가 그 노동자를 매일 12시간을 일을 시킨다고 가정하면 사용된 노동력의 두 배의 가치가 산출된다. 전체 산물은 자본가에게 속한다. 6시간에 산출되는 가치를 들여서 그는 노동력을 구매했고 그에게는 이로써 6시간의 잉여가치가 남는데, 이를 그는 단지 그가 노동수단의 소유자라는 것을 통해서 달성했다. 전체 산물은 자본가에게 속한다. 노동일이 길수록 당연히 잉여가치율은 더욱 높아진다. 이 잉여가치, 즉 노동성과의 가치와 노동력의 가치 간의 차이, 노동임금과 노동

수확의 차이가 자본이득을 이루며 그것은 자본의 소유라는 단순한 사실을 통해 달성된다. 자본이득은 이처럼 비지불 노동 말고 다른 것이 아니다. 노동자가 자신이 창출한 전체 가치를 받는다면 자본이득은 있을 수 없을 것이다.

그런 결과에 옹호론자들이 매혹되는 것은 불가능하다. 그들은 자본 이자의 정당성을 설명할 수 있기 위해 어떠한 가능한 방식으로도 몸부림친다. 캐리 씨, 바스티아 씨와 그 일파는 자본가가 노동자에게 자본의 대여를 통해 서비스를 베푼다고, 반대급부 없는 서비스는 없고, 그래서 자본 이자는 서비스에 대한 보수일 뿐이라고 믿게 하려고 했다. 우리는 이미 위에서 그 가정이 자본가가 노동자에게 자신의 자본을 대여한다는 아주 취약한 토대를 딛고 있음을 보았다. 이 가정은 현실과 아주 거친 모순을 이루어서 그것에 대한 반박에 착수하는 것은 시간 낭비일 것이다.

다른 이들은 자본 이자에서 생산의 감독과 지도의 노동에 대한 보수를 본다. 어떤 말치레하는 경향도 없이 진실 말고는 아무것도 구하지 않는 애덤 스미스가 이미 이 가정을 물리쳤다. 그는 이렇게 말했다. "사람들은 자본이득이 근본적으로 다른 종류의 노동임금일 뿐이라고 믿을 수 있을 것이다. 그것은 말하자면 다른 이들의 노동의 지도와 그들에 대한 감독인 특수한 종류의 노동의 보상이란 것이다. 그러나 사실은 그것과는 다르다. 어떤 이윤도 그 성격상 노동자의 벌이와는 완전히 달라서 다른 법칙에 따르고 자본가의 지도와 감독의 노동이라고 하는 것의 지속시간과도, 어려움과도, 재주와도 아무런 관계가 없다. **그 이윤들은 투하된 자본의 가치와 크기에 따라서 겨우 결정된다.** 자본이 확장되느냐 제한되느냐에 따라 더 커지거나 더 작아지는 것이다."[67]

---

67 Adam Smith, N. I. p. 86.

현대적 상태들을 옹호하고자 하는 거의 어떤 경제학자라도 자본 이자에 대한 다른 설명을 제시한다. 어떤 믿을 수 없는 순진성으로 흔히 재기발랄한 사람들이 단지 자본 이자를 그리고 그것과 함께 자본 자체를, 현대 사회의 기초로서 구하기 위하여 옹호하는지를 단 한 사람, 로셔 교수의 예가 입증해 주리라. 이 사람은 우리에게 이렇게 지껄인다. "자본 이자의 정당성은 두 가지의 의심할 수 없는 토대에 의존하는데, 이는 자본의 실제적 생산성(우리가 본 것처럼 전혀 존재하지 않는) 그리고 그것들의 자기 향유를 자제하는 실제적인 희생(가련한 로스차일드!)이다. 동굴 속에서 거주하고 썰물 때 해안의 웅덩이에 남겨져서 맨손으로 붙잡은 바닷물고기를 먹고 사는 사유재산도 자본도 없는 어민을 생각해 보자. 모든 노동자들은 여기서 평등할 수 있고 누구나 매일 세 마리의 물고기를 잡아서 먹는다. 이제 한 영리한 사나이가 100일에 걸쳐 자신의 소비를 매일 두 마리로 제한하고 그런 식으로 모은 100마리의 재고량을, 50일간 자신의 노동력 전체를 고기 배와 그물을 만드는 데 쓰기 위해 사용한다. 이 자본의 도움으로 그는 앞으로는 매일 30마리를 잡는다. 그의 예를 따르기 위한, 그렇게 계획적인 극기를 할 능력이 없는 그의 종족 동포들은 어떻게 되는가? 그들은 그에게 그의 자본의 이용에 대해 무엇을 제공할 것인가? 이에 관한 협상에서 양측은 아주 확실히 고기 배 등의 제작에 필요한 오십일의 노동만이 아니라 150일간 온전한 식량 배급 없이 생활함에 유의한다. 임차인이 자본의 도움으로 잡을 하루 30마리의 물고기 중에 27마리를 양도해도 그는 적어도 이제까지의 상태보다 악화를 겪지 않는다. 다른 한편 대여자는 그에게 단지 가령 자본의 소모분만 보상된다면 그의 대여로부터 아무런 이익도 가지지 않는 것일 것이다. 이 양 극단 사이에 이제 이자가 공급과 수요의 관계를 통해 정해질 것이다."[68]

그러한 우스운 로빈슨 크루소 이야기는 자본 이자의 정당성을 입증하는 데 필요하다. 로셔에게 반박하고 싶어하는 것은 쓸모없는 일일 것이다. 스스로 방금 인용된 것의 터무니없음이 명백히 이해되지 않는 자는 독립적으로 생각할 능력이 도무지 없으며, 자신의 정신적 음식을 소화하려면 먼저 이 음식을 다른 사람이 씹어서 자기 입에 넣어 주도록 하기 바라는 자다. 그러나 나는 로셔가 내게 증명해 주는 것도 그가 설명한 방법으로 단 한 명의 개인만이 자본가가 되었다는 것이니 이 시점부터 더 이상 자본 이자의 정당성에 반대하는 말은 다시 꺼내지 않겠다.

자본의 본성에 관해 명확히 이해하고 나면 곧바로 사회문제를 풀 두 제안에 관해서도 명확히 알게 된다. 사회주의자들은 노동력의 소유자와 노동수단의 소유자 간의 분리를 폐지하고 싶어 하며 다시 양자를 한 개인 안에 통합하고 싶어 하고, 노동자가 자본을 사용하기를 바라지, 자본이 노동자를 사용하기를 바라지 않는다.

맬서스는 이와 달리 자신의 제안을, 노동력의 가격이 노동력이 임의대로 증식 가능할 경우에만 평균적으로 그 가치와 동일하게 지불된다는 사실 위에 기초시킨다. 노동력이 희소하다면 곧바로 노동력의 가격은 장기적으로 그 가치 위에 있을 수 있다.

첫 번째의 제안은 더 급진적이며 길고 고된 작업을 요한다. 노동자에게 이 해결책은 더 유리하다.

두 번째 제안은 그리 단호하게 작용하지 않으나 또한 사회문제의 첫 번째

---

68 Roscher, d. G. d. N. 423.

해결책보다 훨씬 더 작동시키기 쉽고 자본가를 훨씬 덜 괴롭힌다. 그래서 노동자들은 첫 번째 해결책을 찬성하고, 자본가들은 사회문제의 근거를 부정하기를 선호하지 않는다면 두 번째 해결책을 찬성한다. 카를 마르크스는 현대 과학적 사회주의의 모퉁이 돌이지만, 부르주아지는 일부는 맬서스― 리카도의 지도를 따르고 일부는 캐리 ―바스티아의 지도를 따른다.

사회주의자들과 맬서스주의자들은 서로의 체계가 실행 불가능하다고 비난한다. 이는 양측에서 착각하는 것이다. 유럽 대부분 문화국가는 그 국가들을 군주제적 생산에서 공화제적 생산으로의 이행을 위해 성숙하게 하는 정도의 발달에 도달했지만, 맬서스주의가 사람들이 생각하는 것만큼 그렇게 실행할 수 있기가 어렵지 않다는 것도 마찬가지로 맞는 말이다. 오늘날 이미 이론에서만이 아니라 실천에서도 수많은 맬서스주의자가 있으며, 프랑스는 심지어 완전히 맬서스주의적이 되는 것에 가까이 있다. 이는 두 자녀 체계의 나라이며 이에 따라 프랑스의 인구는 정체상태에 있다. 지난 수년간 그 인구는 심지어 줄어들었다. 1872년의 조사 결과 오직 14개 데파르트망에서만 1866년 이래 인구증가가 있었고 그것도 231,697명이 증가한 반면, 72개 데파르트망에서는 600,801명이 감소해서 (상실한 영토 부분들은 제외하고 369,104명에 달한)[69] 전체적 인구감소가 있었다. 이 인구감소에는 전쟁만 책임이 있지 않았는데, 왜냐하면 프랑스의 거의 전체가 인구감소에 가담했고, 여성만의 인구감소가 131,105명에 달하는데, 이는 단지 지극히 적은 부분만이 전쟁의 탓으로 돌릴 수 있었다.[70] 여기에 또 1866년의 인구조사에서는 멕시코와 로마에 있던

---

69 Kolb, Handbuch der vergleichenden Statistik, Leipzig 1875. p. 314.

70 A. v. Oettingen, die Moralstatistik in ihrer Bedeutung für eine christliche Sozialethik, Erlangen 1874, p. 268.

125,000명의 군인들은 함께 집계되지 않았다는 사정이 더해진다.

인구감소는 결혼자의 가임성 감소를 통해 설명된다.

혼인한 자들의 자녀 수는 프랑스에서 다음에 달했다.

[71]

연도	혼인 자녀 수	연도	혼인 자녀 수	연도	혼인 자녀 수
1800–1815	3.93	1836–1840	3.25	1851–1855	3.10
1820–1830	3.70	1841–1845	3.21	1856–1860	3.02
1831–1835	3.48	1846–1850	3.18	1861–1864	3.08

세느(Seine) 데파르트망에서는 부부당 자녀 수는 단지 1853–1860년에 2.33명, 1861–1864년에 2.44명에 달했을 뿐이다.[72]

여기서 우리는 이처럼 두 자녀 체계가 가장 아름답게 만개한 것을 보게 된다.

맬서스주의처럼 사회주의도 실행 가능하다. 사회문제에 대한 어떤 해결책이 인간 행복의 더 많은 양을 퍼뜨릴 것인지만 궁금하다. 하지만 이에 관한 탐구로 나아가기 전에 이런 제안 중 하나의 실행이 사회문제를 실제로도 해결할 수 있는지가 판단이 되어야 한다.

맬서스의 관습들을 다수에게 가르치는 것이 불가능하다고 말하는 것은 틀렸지만, 이 관습들에 시민권을 부여하는 것이 노동자 계급을 향상할 능력도 있는지는 아직 결론이 나지 않았다.

---

71 Legoyt, la France et l'étranger, études de statistique comparée, Paris 1870. II. Band, p. 470.

72 Legoyt, l. F. e. l'étr. II. 490.

맬서스의 제안이 의지하는 이론은 논란의 여지가 없다. 한 상품의 공급이 줄어들면 그 가격은 올라가는 것이다! 그러나 그 제안은 실천적으로 실행되어야 하고, 생명을 지녀야 한다. 그리고 맬서스 처방의 무오류성에 대한 의심은 물론 허용된다.

이론가는 하나의 법칙을 찾아내기 위해서 그 법칙의 근저에 있는 현상들을 일체의 교란하는 영향들에 구애받지 않고 관찰하여야 하며, 그로부터 타당한 법칙들을 끌어낼 수 있으려면 복잡한 사태 진행을 가능한 대로 단순화해야 한다. 이 법칙들은 일반적으로 타당할 것이며 그럼에도 불구하고 단지 그러한 법칙들에 의지해서 그것들로부터 단도직입적으로 실제 생활을 위한 결론을 도출하고 싶어 하는 자는 잘못을 범하는 것일 것이다. 그는 그 법칙을 폐지하지는 못하지만, 그 효능을 방해할 수 있는 수많은 교란적인 부대 정황들을 망각하는 것이다.

이론은 그래서 완전히 옳으면서도 그것에 근거를 둔 조치는 적절하지 않는 것으로 드러날 수 있다. 희소성이 상품의 가격을 장기적으로 그 가치보다 높게 올린다는 것은 부정할 수 없으면서도 정황에 따라서는 이 통례의 예외가 형성될 수 있다.

여러 예가 있지만 하나만 들어보자. 지난 세기에 사탕수수 설탕이 유럽에서 통용되는 유일한 설탕이었다. 금세기 초에 나폴레옹 1세의 악명 높은 대륙봉쇄가 일어났다. 그 결과는 무엇이었나? 당장 물론 식민지 설탕 가격이 엄청나게 올랐지만 그러면서도 1810년 이래 특히 프랑스에서는 사탕무로부터 설탕을 만들기 위한 여러 공장이 생겨났다. 이미 1745년에 마르크그라프는 사탕무에서 결정화 가능한 설탕의 생성을 발견했지만, 대륙봉쇄를 통해서, 설탕 가격의 상승을 통해서 비로소 사탕무 설탕 제조를 향한 자극이 주어졌고, 이는 그 이래로 엄청난

진흥이 되었으며 사탕수수 설탕을 대륙으로부터 거의 완전히 몰아냈다.[73]

사탕수수 설탕 공급의 감소에 그에 대한 수요의 축소로 대응한 것이다.

그러한 것은 노동에서도 가능한가? 인간 노동력의 품귀는 이것을 다른 노동력을 대체하려는 노력을 낳을 것인가? 노동의 제안은 가변적인 크기인데 자본의 수요도 그러한가? 이는 지금 우리 앞에 놓인 문제다. 자본의 노동에 대한 수요의 탄력성에 맬서스의 제안이 맞이할 운명이 달려 있다.

자본은 축적된 노동이며, 노동성과의 가치로부터 노동력의 가치를 공제하고 남는 나머지인 잉여가치로 이루어진다. 자본가는 잉여가치 중에 얼마가 향유에 사용될지 얼마가 생산에 사용될지를 정하며, 후자의 부분이 단독으로 새로운 자본을 이루며, 이는 이제까지의 자본에 합세한다. 향유자본은 그 자체로 모순이다. 그래서 사회에서 향유 추구가 우세하냐 아니면 수집충동이 우세하냐에 따라 자본의 크기와 증대는 다를 것이다.

자본 그 자체는 이처럼 가변적인 크기다.

그러나 자본 내에서도 그 종류들의 크기 비율에서의 변동이 일어날 수 있고, 이는 노동에 대한 수요에 중요하다.

다양한 관점에 따라 자본을 분할하는 방식도 다양하다. 애덤 스미스 이래로 자본을 통상적으로 고정자본과 유동자본으로 나눈다. 유동자본은 생산과정 중에 그 형태를 달리하는 그런 자본 부분으로 원재료, 노동임금 같은 것들이다. 고정자본은 이와 달리 생산과정 중에 그 형태를 유지하는데 예를 들어서 작업 도구와 기계, 건물 등이 그러하다. 이런 구분은 순전히 외적인 구

---

[73] K. Karmarsch, Geschichte der Technologie seit der Mitte des 18. Jahrhunderts, 11. Band der „Geschichte der Wissenschaften in Deutschland," München 1872 p. 829.

분이고 그래서 어지간히 쓸모가 없다. 훨씬 더 중대한 것은 생산과정 중에 그 형태에 대한 고려 없이 자본 그 자체의 독특한 변환에 의존하는 다른 분할이다. 이는 **불변자본**과 **가변자본**으로의 분할이다. 불변자본은 생산과정 중에 그 가치 크기가 달라지지 않고 이 가치 크기를 그대로 산물에 이전하는 그런 자본 부분이다. 기계와 건물만이 아니라 원재료와 보조재료도 불변자본에 속한다. 어떠한 기계도 산물의 생산 중에 마모를 통해 그 가치에서 평균적으로 상실하는 습관이 있는 만큼의 가치를 그 산물에 양도한다. 사용된 원재료의 가치는 완전히 산물의 가치에서 재발견된다.

자본의 다른 부분은 이와 달리 생산과정 중에 그 가치 크기를 달리한다. 이는 유일하게 인간 노동력의 유지에 소용되는 부분이다. 인간 노동력만이 생산과정 중에 자신의 가치를 재생산할 뿐 아니라 더 많은 것을 생산하고, 잉여가치를 창출할 능력을 가진다. 노동력으로 전환되는 자본 부분은 이처럼 달라지고, 커지며, 자본을 성장할 수 있게 하는 유일한 것이다.

불변자본과 가변자본의 구분은 그 개념들이 교차하기는 하지만 일치하지는 않는 유동자본과 고정자본의 구분과 혼동되어서는 안 될 것으로서 카를 마르크스에 의해 처음으로 설명되었다.[74]

가변자본과 불변자본 간의 구분은 파급효과가 큰 의미를 가진다. 노동과 자본 일반 간의 관계가 아니라 **노동과 가변자본 간의 관계에 노동의 가격이 달려 있다**.

---

74 Marx, d. K., p. 187 ff. 특별히 p. 199. 또한 p. 636 주를 참조하라. "나는 여기서 독자들에게 가변자본과 불변자본의 범주들이 나에 의해 처음으로 사용되었음을 상기시킨다. 애덤 스미스 이래 정치경제학은 그 안에 포함된 규정들을, 유통과정에서 생겨나는 고정자본과 유동자본의 형태 구분과 뒤죽박죽으로 뒤섞는다."

그러나 이미 자본이 그 자체로 탄력적인 크기라면 가변자본은 더욱더 그러하다.

잉여가치에서 얼마의 몫이 자본에 보내져야 할지가 자본가에게 달린 것처럼 자본에서 얼마만큼이 불변자본이고 얼마만큼이 가변자본이어야 할지를 결정하는 것도 그의 권한이다.

불변자본의 증대, 예컨대 새로운 기계의 도입 같은 것은 자본가에게는 대체로 흔히 단지 일시적일지라도 이익이 된다. 상품의 가치가 각 개별적인 경우에 필요한 노동시간이 아니라 사회적으로 그것의 재현에 필요한 노동시간을 통해 조건 지어지므로 당연히 다른 이들보다 더 빠르게 생산하는 기업가는 같은 가치량을 그의 경쟁자들보다 더 적은 노동력을 가지고 산출할 수밖에 없고, 그에게 돌아오는 잉여가치의 몫은 경쟁자들의 몫보다 더 크다. 당연히 이 경쟁자들은 그를 모방하려 시도하며, 이로써 사회적으로 필요한 노동시간이 낮아지며 결국 나머지 사람들도 자신들의 잉여가치가 축소되는 것을 보고 싶지 않다면 이를 통해 자신들의 불변자본을 가변자본에 불리하게 증대시키도록 강제를 받는다. 기업의 개선활동에서 경쟁자를 항시 앞서려는, 끊임없이 새로운 기계를 도입하고, 기존의 기계를 더 나은 기계로 대체하고 **한마디로 가변자본과 불변자본 간의 비율을 항시 후자에 유리하게 변화시키려는** 중단 없는 서두름, 이는 자본주의적 생산양식과 필연적으로 연결된 현상이다.

18세기 중엽 이래 기계의 도입을 통해 완전한 변혁을 겪지 않은 직종은 거의 없다.

금속가공은 당시에 아직 그 유아기에 있었고, 눈금 매기는 기계, 대패, 연마 및 밀링기, 회전원판절단기, 나사 깎는 기계 등과 같은 공작기계의 전체 부류는 전혀 발명되지 않았고, 보링 및 천공 기계 같은 다른 기계들은 아주 미완성 상태로 있었다. 못, 핀, 바늘은 수작업으로 만들어졌다. 오늘날에는 기계들로 돌을 톱질하고 대패질하며, 기계들로 석재 수도관을 뚫고, 기계들로 용기를 만들고, 화목을 쪼개고 썰며, 종이를 만들고, 활자를 주조하지만, 가장 완벽한 혁명은 동식물성 섬유소의 가공에서 초래했다.

동력 베틀, 자카드와 보비넷 직기, 회전베틀과 무수한 다른 기계들이 이제 모, 마 그리고 면화의 가공에서 인간 노동력을 대체한다.[75]

그러면 어떤 방식으로! 인간은 이 괴물들의 경쟁을 무력하게 상대한다. 물레는 기껏해야 분당 200번 회전을 하지만 방적기 방추의 속도는 분당 5천 회전까지 올라간다. 전에는 숙련된 망사 여직공은 분당 약 다섯 코를 만들 수 있었지만, 보비넷 직기는 같은 시간에 2만5천 코를 만든다! 재단 가위는 손 가위로 시간당 기껏해야 5엘레[76]의 천을 잘랐고 수직 재단기는 같은 시간에 500엘레를 달성한다.[77] 1마력으로 1066명의 사람이 물레로 자을 수 있는 것만큼의 실이 자아질 수 있었다.[78]

불변자본의 급성장에 관해 다음의 기사들이 상(像)을 제공해 줄 수 있다. 증기기관의 조국인 영국에서 그것의 확산은 다른 어떤 나라에서도 달성되지 못한 그런 수준에 달한다. 이미 1810년에 통합된 세 왕국에서 작동하는 증기기관들의 수는 5천 대로 추산되었지만 1860년에는 7만 대로 180만 마력에 달했다. 기관차와 선박 기관은 함께 집어넣어서 계산한 수치가 아니다.

---

[75] Karmarsch, G. d. T. passim.
[76] 독일에서 쓰는 길이의 단위. 1 엘레는 약 66cm에 해당한다. – 편집자 주
[77] Hermann Grothe, Bilder und Studien zur Geschichte der Industrie und des Maschinenwesens, Berlin 1870. p. 35.
[78] G. Eccarius, eines Arbeiters Widerlegung der nazional-ökonomischen Lehren von J. St. Mill, Berlin 1869. p. 32.

프랑스에서 1810년에 비로소 증기기관이 200대로 집계되었으나 해가 가면서 증기기관들의 수와 총마력 수는 다음과 같았다.

연도	증기기관 수	총마력 수	참고
1833	947	14,746	선박 기관 제외
1842	2,807	111,880	
1850	5,930	87,285	선박 기관 제외
1852	7,779	216,456	
1853	22,516	617,890	

벨기에에서는 증기기관의 수는 다음에 달했다.

연도	증기기관 수	총마력 수	기타
1842	1,500	33,100	
1844	1,604	46,217	
1859	4,681	155,553	그중 564는 기관차, 61,378은 선박기관

프로이센에서는 다음과 같았다.

연도	증기기관 수	총마력 수
1837	423	9,639
1849	1,963	66,858
1852	2,832	92,496
1861	8,669	365,631

작센 왕국은 1856년 말에 16,709의 총마력을 가진 708대의 증기기관을 가졌지만 1861년에는 총마력 수 46,416의 1,234대의 증기기관을, 그리고 1870년에는 3,500대의 증기기관을 가졌다.

연도	증기기관 수	총마력 수
1851	1,334	52,953
1863	5,414	363,847

그러나 기계들의 수만이 아니라 그것들의 생산능력도 올라갔다. 영국에서 한 대의 방추는 1817년에 평균 6.8kg의 실을 자았고 1850년에는 11.2kg을 자았다.[80] 한 사람이 운전하는 조방적기(Grobstuhl: stretcher)는 주어진 시간에 다음과 같은 양의 면화를 방적했다.

연도	면화(파운드)
1810	400
1811	600
1813	850
1823	1,000

당연히 이로써 가공되는 원재료의 양은 거대한 크기로 상승했다. 1735-1749년에 영국에서는 매년 단지 1백만 파운드의 면화를 사용했으며 1860년이면 이미 적어도 10억 파운드를 사용하게 되었으니, **따라서 과거에 3년 동안 사용한 것보다 한 노동일에 더 많이 사용한 것이다!**[82]

---

79 Karmarsch, Geschichte der Technologie, p. 209ff.

80 Karmarsch, G. d. T. p. 616.

81 Schmidt, 독일에서의 직종들의 상황에 관하여 그리고 공장체제 및 기계체제가 영리활동 계급들의 경제적, 정치적, 신체적 및 인륜도덕적 상태에 미치는 영향에 관하여. Berlin 1838, p. 157.

82 Kolb, II. d. v. St, p. 804.

자본주의적 생산양식의 불변자본 증대를 향한 자연적 경향은 고임금에 의해 확대되고 저임금에 의해 축소된다. 기계의 가치가 기계를 통해 제거된 노동력의 가치보다 상당히 작을 경우에만 기계를 도입할 것이다. 인간의 게으름은 크다는 것이 잘 알려져 있으며 오직 상당한 이익에 대한 희망만이 그것을 극복할 능력을 가진다. 그러나 이 이익은 임금이 높을수록 더욱더 높을 것이다. **임금과 함께 이처럼 노동을 기계로 대체하려는 경향도 커진다.**

이제 맬서스의 제안이 어디로 이끌어갈 것인지를 명료하게 알 수 있다.

노동자들이 실제로 맬서스주의자들이 되고 '결혼에 관계되는 현명한 관습들'을 취한다면, 그들의 수는 변함없이 있을 것이고, 필시 심지어— 아주 완만하게 줄어서 —이론에 따라 임금은 상승할 것이다. 그러나 임금이 일정 수준에 도달하기만 하면, 그것은 다시 떨어질 것인데, 이는 자본가가 기계들을 도입함으로써 아주 많은 노동자를 쓸모없게 만들고 노동력에 대한 수요를 줄이는데, 필시 그 수요가 공급 아래로 떨어지고 이로써 노동력의 가격이 그 가치 아래로 떨어질 정도로 줄일 것이기 때문이다. 그러나 이는 장기적으로는 일반적으로 존속할 수 없는 상태다. 나는 '일반적으로'라고 말하는데, 왜냐하면 분업이 지배적일 때는 노동자가 한 직종에서 다른 직종으로 옮기는 것은 대체로 불가능하기 때문이다. 그가 종사하는 직종이 하락 추세에 있다면 그래서 노동자들에 대한 수요가 꾸준히 하락한다면, 이 수요는 지속적으로 공급 아래에 있고 노동의 가격은 지속적으로 그 가치 아래에 있을 수 있다. 그러나 그런 상태들은 예외다. 자본은 상시적인 성장 일로에 있지만 이로써 생산의 규모도 그러하다. 이처럼 일단 노동의 가격이 그 가치 아래에 있어야 했다면 이 상태는 곧 제거될 것이다. 불변자본의 증가는 축소될 것인데, 이는 그럴 자극이 줄어들었고 노동에 대한 수요가 그래서 커지기 때문이다. 그러면서 노동의 공급은 기계의 도입으로 보충될 수 있기에는 너무 빠르게 줄어들 것이다. 역량 있는 사람들은 해외이주를 할 것이고 어린이들과 허약한 노동자들은 내핍 생활에 쓰러질 것이고 곧— 다른 것은 정상적인 정황에서는 당연히 —공급과 수요는 다시 일치할 것이다. 노동은 다시 그 가치대로 지불받고 노동자들은 그들이 맬서스의 가르침으로 전향하기 전에 섰던 것과 같은 입장에 서게 될 것이다. 그들의 보수는 같을 것이다. 전과 유일하게 다른 점은 그들의 수가 줄어들었다는 데 있을 것이다. 다음 세대는 그 놀음을 한번 또 계속하여 먼저 상승하고, 다음에 하강하면서 결국 다시금 전체 원을 통과한 후에 다시 옛 지점에 도달할 수 있다. 그들의 임금은 전처럼 이후에도 생활과 번식에 필요한 것과 같을 것이다.

임금의 상승은 불변자본과 가변자본의 관계를 가변자본에 불리하게 이동하도록 동기 부여하며 이로써 노동에 대한 수요의 감소와 임금의 하락에 동기를 부여한다.

그 사실들은 이론과 일치한다. 미국의 농업에서 화폐임금은 '일손' 부족에 따라 아주 높다는 것이 알려져 있다. 그 결과는 무엇인가? 기계의 도입이다. 페렐스(Perels)는 이렇게 말한다. "미합중국에서 확실히 농업 기계들은 지극히 광범위한 확산과 지극히 다면적인 사용이 된다. 어디에서도 그곳만큼 일반적인 농업 상황이 기계들에 유리하지 않다. **농업 노동자의 부족은 그곳에서 아주 우려스러운 수준에 도달해서 미국의 농부는 그에게 어느 정도 인간 노동자들에 대한 대용물을 확보해 주는 어떤 보조수단이든지 이에 손을 뻗을 수밖에 없다.**"[83]

83　E. Perels, die Bedeutung des Maschinenwesens in der Landwirtschaft, p. 29.

유니온[84]의 북부 주들에서만 아니라 미국 전체에서 기계를 매개로 한 토지 경작은 두드러진 역할을 한다. 루이지애나 그리고 다른 사탕수수와 목화를 재배하는 유니온의 주들에서 노동력은 노예제 폐지에 따라 비싸졌다. 기계에 대한 격한 필요가 그 결과로 알려지고 지난 수년 간 사람들은 증기 쟁기의 도입을 시도하고 있다. 그러나 마찬가지로 파종과 수확을 위한 일손 부족이 지배하는 남미에서도 사람들은 특히 부에노스 아이레스와 페루에서 증기 쟁기를 활용한다.

그러나 증기 쟁기는 우리에게 또한 저임금이 기계의 도입에 대한 예방책이라는 것도 보여준다. 이집트에서는 북미 내전 동안 500대의 증기 쟁기가 도입되었다. 그 활용은 그러나 저렴한 인간 노동력을 볼 때 이익이 되지 않으며, 그 증기 쟁기의 3분의 2가 다시 가동중지 상태가 되어 있다.[85] 동인도에서도 저임금의 결과로 최근에 와서야 비로소 기계를 사용하는 것을 감행했다.

마르크스가 제시하는 사실이 아주 특이하다. "1849년에서 1859년 사이에 곡물 가격이 하락하면서도 실제적으로 볼 때 오직 명목적인 임금 인상이 영국의 농업지대들에 등장했으니, 예를 들어 윌트셔(Wiltshire)에서는 주당임금이 7실링에서 8실링으로, 데렛셔(Deretshire)에서는 7에서 8실링에서 9실링 등으로 상승했다. 농촌 잉여인구의 이례적인 유출에서 온 이 결과는 전쟁 수요, 철도건설, 공장, 광산 등의 대량 확장으로 인해 야기되었다. 임금이 낮을수록 그 임금의 미미한 상승은 퍼센트로는 더욱 높게 표시된다. 주당임금이 예컨대 20실링이고 그것이 22실링으로 오르면 10%가 오른 것이다. 이와

---

84 북아메리카 연합. 이하 유니온으로 표기함. – 편집자 주
85 Emil Perels, die Anwendung der Dampfkraft in der Landwirtschaft, Halle 1872, p. 327.

달리 임금이 단 7실링이고 그것이 9실링으로 오르면 28과 4분의 7퍼센트가 오른 것이다. 이는 아주 또렷하게 소리를 울린다. 아무튼, 이 기아임금에 관련된 '일반적이고 실질적인 진전'에 관해 차지인들은 완전히 진심으로 울부짖었고 심지어 《런던 이코노미스트》도 지껄였다. 이제 차지인들은 무엇을 하였는가? 교리적 경제학적 두뇌에서 그런 일이 일어나는 것처럼, 농촌 노동자들이 이런 훌륭한 지불의 결과로 아주 수가 많이 늘어나서 그들의 임금이 다시 떨어질 수밖에 없게 되기까지 그들이 기다렸는가? **그들은 더 많은 기계를 도입했고 순식간에 노동자들은** 다시 차지인들조차 만족하는 비율로 '수가 과도하게 많았다'. 이제 농업에는 전에보다 '더 많은 자본'이 투하되었고 더 생산적인 형태로 투하되었다. 이로써 노동에 대한 수요는 상대적으로만이 아니라 절대적으로도 떨어졌다."[86]

영국의 농업 노동자 중에서 '더 높은' 임금의 효과로 특징적인 것으로는 또한 빈(Wien)의 노이에 프라이에 프레세(Neue Freie Presse)에서 발췌한 다음의 새로 확인된 사실도 있다.

"영국의 통계표들이 전하는 바로는 지속적으로 초지로 활용되는 평지는 1873년에 12,915,929에이커에 달했고 1874년에는 13,178,012에이커, 1875년에는 13,312,621에이커, 1876년에는 13,515,944에이커에 달했다. 이처럼 매년 더 많은 평지가 그것도 1873년 이래 600,015에이커가 곡물 재배에서 빠져 **지속적인 초지로 두어졌고 이를 통해 적게 잡아 18,000명의 농촌 노동자들이 없어도 되게,** 즉 공업 목적을 위해 가용하게 된다. 아무튼, 이 사실은 타산적인 영국 농부에게 지금의 곡물 가격에서는 곡물 재배를 특별히 강요하는 것이

---

86 Marx, d. K. p. 663.

이익이 되지 않아 보이고, **그는 오히려 높은 노동임금을 통해 가능한 최대로 노동력을 절약할 동기를 부여받는다**는 것을 입증한다."

　노동공급의 감소가 노동자 계급의 형편을 얼마나 향상할 수 없는지에 대한 가장 명료한 증거를 아일랜드가 제공해 준다. 과잉인구로 고생했던 이 나라에서 대량 해외이주의 결과로 몇 년이 안 가 8백만에서 5백만으로 인구가 줄었다. 그러면 그 결과는? 1866년 말 1867년 초에 듀퍼린(Dufferin) 경은 《타임즈》지에서 1백만의 3분의 1만큼 노동자 인구의 축소를 더 원했다.[87]

　물론 순간적으로 노동력 감소— 결혼의 회피를 통해서는 결코 조금이라도 그렇게 빠르게 진행될 수 없는 그런 감소 —의 갑작스런 등장의 결과로 민중의 형편은 향상되었다. 불변자본과 가변자본 간의 비율을 달라지게 하는 데 필요한 기간에 아일랜드 노동자들의 형편은 개선되었다. 그때 이래 빈민 수용소들이 다시 찼다. 1850년대 초 이래 후원을 받은 빈자들의 수가 아일랜드에서 급속하고 꾸준한 감소 일로에 있었다. 이 수치는 1859년에 최저 수준에 도달했는데, 1859년 새해 첫주에 44,806명의 빈자들이 후원을 받았다. 그때 이래 그들의 수는 다시 상승추세에 들어갔고 같은 기간에 (각 해의 새해 첫주에) 다음에 달했다.

[88]

연도	후원받은 빈자 수	연도	후원받은 빈자 수
1860	44,929	1867	68,650
1861	50,683	1868	72,925
1862	59,541	1869	74,745

87　Marx, d. K. p. 739.
88　Kolb, H. d. v. St. p. 430.

1863	66,228	1870	73,921
1864	68,135	1871	74,692
1865	69,217	1872	75,343
1866	65,057	1873	79,649

아일랜드는 공업국이 아니고 주로 토지경작을 통해 그 주민을 부양하므로, 불변자본의 증대는 같은 땅덩어리에 토지경작보다 더 적은 노동자를 필요로 하는 다른 농업 경영 방식, 즉 가축사육에 의한 토지경작의 대체만큼 기계체제의 발달로 나타나지 않았다. 지속적 해외이주를 통해 아일랜드의 인구가 더 이상 가축사육의 영역에 충분하지 않았다면 그 불행한 나라는 단순히 야생짐승보호구역으로 전락할 것이다.

1855년, 56년, 57년의 기간에 르구아(Legoyt)에 따르면 경작지로 덮인 아일랜드의 토지면적인 2,180,783헥타르에 달했고 초지와 목장으로 덮인 면적은 2,725,954헥타르에 달했다.[89]

브라헬리(Brachelli)의 《유럽의 국가들》(Brünn 1876 p. 134)의 최신판에 따르면 이 수치들은 오늘날 이와 달리 경작지 263.3제곱마일, 초지와 목장 884.4제곱마일로 되어 있다. 절대치의 비교는 별로 적절하지 않으며 르구아가 아일랜드의 총면적으로 브라헬리와는 다른 수치를 거론하기 때문이다. 브라헬리는 7,867,571헥타르를, 르구아는 근대적 측량법에 기초하여 1,530.1제곱마일(8,425,173헥타르)을 제시한다. 이와 달리 상대적 수치는 결정적이다. 이는 총면적에 대한 백분율로 다음에 달했다.

---

[89] Legoyt, 1. Fr. et l'étr. I. Paris, Strassbourg 1865. p. 153.

토지 \ 연도	1856	1876	차이
경작지	27.7%	17.2%	−10.5%
초지 및 목장	34.6%	57.8%	+23.2%

인구의 부양을 위한 결실을 내는 토지인 경작지는 20년 안에 이처럼 37.9퍼센트가 축소되었다. 가축을 먹이는 데 활용되는 토지는 같은 기간에 전에 그것을 위해 활용되던 토지면적의 67퍼센트만큼 늘어났다! 이 수치는 맬서스의 제안에 관해 무엇보다도 더 명료하게 사형선고를 말하는 것이다.

농경 국가로부터 가축사육을 영위하는 나라로서의 아일랜드의 변모에 상응하게 목장의 가축으로서의 소와 양의 수는 늘어나며, 이와 달리 일하는 가축으로서 말의 수는 줄어든다. 돼지의 수에서도 최근에 경미한 감소가 확인될 수 있다. 돼지는 바로 소규모 차지인의 가장 중요한 가축이며, 소규모 차지인의 점진적인 소멸로 점점 더 후퇴한다.

다음과 같이 집계되었다.

[90]

가축 \ 해당 연도	1847	1851	1876	1860	1873
말	557,917	543,312	620,938	547,867	531,708
소	2,591,415	2,967,461	3,599,235	3,493,414	4,151,561

---

[90] Vgl. Meidinger, das britische Reich in Europa, p. 329. Stein-Hörschelmann, Handbuch der Geografie und Statistik, III. Bd. 1. Abth., p. 556. Marx, d. K., p. 731. Kolb, H. d. v. St., p. 436.

| 양 | 2,186,177 | 2,122,128 | 3,537,846 | 3,688,742 | 4,486,453 |
| 돼지 | 622,459 | 1,084,857 | 1,268,590 | 1,299,893 | 1,044,218 |

 얼마 전까지만 해도 1,500명이 거주하던 아일랜드의 애런(Arran) 섬에는 오늘날 한 명의 목자와 아주 많은 가축밖에 찾아볼 수 없다.[91] 같은 운명이 아일랜드 전체를 기다린다. 노동력이 감소하면서 불변자본과 가변자본의 비율이 후자에 불리하게 변동하면서 노동력에 대한 수요도 감소한다.

 공업에서는 이런 전환은 흔히 도약적으로 표출되며, 노동자들의 커가는 요구들을 통해 가속화된다.

 한 사람의 노동자가 1,500-2,000대의 방추를 한꺼번에 가동하게 하는 수단인 이른바 '철인(鐵人)'은 노동자 봉기에 대한 자본의 이 전쟁수단 중 하나였다. 이와 비슷한 것으로는 개선된 정사기(整絲機), 증기발생기를 징으로 죄는 기계 그리고 면직물 날염업에서의 유색 인쇄 기계가 있다.[92] 직접 파업에 의해 동기가 유발된 날줄을 틀에 거는 기계(Kettenschlichten)의 발명에 관하여 우어(Ure)는 이렇게 말한다. "노동분업의 옛 전선 뒤에 난공불락의 진을 치고 있다고 착각한 불만을 품은 자들 무리는 측면이 공략을 당하고 그들의 방어 수단이 기계 기사들의 현대적 기술에 의해 제거되는 것을 보았다. 그들은 무조건 항복을 해야 했다."[93]

 우어는 산업 사회 내의 사태 진행을 묘사하기 위해 전쟁체제에서 그의 그림

---

91 Roscher, Nazionalökonomik des Ackerbaues, p. 225.
92 Roscher, Gr. d. N., p. 392.
93 Zitiert bei Marx, d. K., p. 458.

을 정당하게 취하는데, 이는 진정한 전쟁, 치열한 전쟁은 모든 조화로운 미화에도 불구하고 자본과 노동을 끊임없이 함께 가도록 이끌며, 이끌 수밖에 없기 때문이다. 맬서스는 그의 제안을 통해 노동자의 위치를 강화하기를 원했으나 적도 그의 전쟁수단을 그것에 상응하게 증대하고 확대할 경우에 모든 강화 노력이 무슨 소용인가? 노동자가 맬서스가 그에게 가리키는 길로 접어들면 그를 기다리는 것은 현대 국가들을 괴롭히는 것과 같은 운명인데, 말하자면 그의 포기 능력을 키우라는 요구들이 계속해서 커진다는 것이다.

우리는 노동 측의 권리주장의 상승, 노동력 공급의 축소가 어디로 이끌어 가는지를 우리에게 손에 잡히게 보여주는 명확한 예들을 대면한다. 그것은 노동력에 대한 수요의 축소로 이끌어가는 것이다. **불변**자본 증대의 경향은 임금 수준과 **정**비례한다. 그것은 임금과 함께 상승하기도 하고 하락하기도 한다. **가변**자본 증대의 경향은 이와 달리 임금 수준에 **반**비례한다. 그것은 노동력의 가격이 높을수록 더욱 작다. 아니 총자본의 증대가 미미한 아일랜드에서처럼 가변자본이 증대하지 않을 뿐 아니라 심지어 축소하며, 가변자본이 상대적으로만이 아니라 절대적으로도 축소하기까지 할 수 있다. 노동의 공급이 떨어지면 그것에 대한 수요도 떨어진다. **노동에 대한 수요는 이처럼 자본주의적 생산양식에서는 결코 그것의 공급을 능가할 수 없으며, 노동의 가격은 결코 지속적으로 그것의 가치를 능가할 수 없다.**

우리는 이른바 철의 임금 법칙이 옳다는 것을 안다. 그러나 틀린 것은 그렇게 된 동기에 대한 설명이다. **노동임금은 물론 공급과 수요의 지배에서 항시 관습적으로 노동자의 부양과 증식에 필요한 수준에 고착될 것이고 그럴 수밖에 없다. 그것은 지속적으로 그 수준 위로 올라갈 수 없고 그 수준 아래로 떨어질 수 없다. 이 법칙은 그렇지만 노동의 공급에서의 변동과는 독립적이다.**

맬서스의 요법은 이처럼 노동자에게 아무것도 도와줄 수 없다. 조화론자들은 그런 부조화한 임금 법칙에 무엇이라고 응답할 것인가?

그들은 외관상으로 이제까지 말해진 것과 일치하지 않는 두 가지 사실을 언급할 수 있다. 이는 첫째, 기계들이 도입된 직종들에서 노동자들의 수는 거의 예외 없이 늘어났다는 사실이다. 둘째 그들은 자본 이자가 항시적인 하락 추세에 사로잡혀 있다는 것은 언급한다. 첫 번째 사실로부터 그들은 기계장치에는 노동자들을 쓸모없게 만드는 경향이 내재하지 않는다는 결론을 끌어낸다. 두 번째 사실로부터 그들은 산물에 대한 자본가의 몫이 항시 축소되며 그래서 노동자의 몫이 같은 정도로 늘어난다는 결론을 이끌어낸다.

옹호론자들은 불변자본의 증대를 부정할 수 없다. 그러나 그들은 이 증대가 노동자에게 해롭다는 것을 부정한다. 노동자 전체에게, 추상적 노동자에게 말이다. 왜냐하면, 개별 노동자 계급들이 기계의 도입을 통해 무섭게 고생한다는 것을 옹호론자 누구도 감히 부정할 수 없기 때문이다.

심지어 헨리 브루검(Henry Brougham) 경 같은 산업주의의 열띤 찬양자도 기계체제의 이런 폐단을 인정한다. "새로운 기계의 도입 후에 통상적으로 커다란 그러나 일시적인 곤경이 나타난다. 누가 이 점을 의심할 수 있겠는가? 그의 직업활동이 갑자기 그가 맞서 싸울 수 없는 강력한 힘에 희생 제물로 떨어진 것을 본다면 누가 그것이 수공업자에게 아주 큰 불행이란 것을 부정할 수 있는가. 아주 부지런하고, 통찰력이 넘치며 사려 깊은 조세프 포스터 같은 사람은 자신의 견해 표현에서 결코 예절을 도외시하지 않는 자로서, 그 스스로, 자신의 형편이 기계 직조기 도입 이래로 점점 더 악화되었다고 말했다. 그는 양모 상업에서의 어떤 개선이 장차 일감 없는 수작업 직조자에게 이득을 가져다줄 수 있으리란 희망을 결코 품지 않는다는 것이다. 계몽된 수작업 직조자들은 일반적으로 수작업 직조업이 효력이 상실된 것으로 간주할 수밖에 없으리란 견해를 가졌을 것이다. 그러한 변동에서부터 출발한 상태는 반론의 여지 없이 곤궁의 상태다. 역학(力學)이 인간 노동력과 싸우면서 곧바로 임금은 기계들에 의해 줄어든 생산비용을 따랐다. (학식 있고 고결한 심성을 가진 캘커타 주교) 명예로운 터너는 1827년 체셔 백작령의 공장 자치공동체인 윔슬로 (Wilmslowe)의 주임신부였다. 포스터를 청문한 바로 그 위원회가 터너에게 한 질문과 이에 대해 터너가 한 대답은 인간들의 기계와의 경쟁이 노동자가 새로운 일거리를 발견하기까지 지속된다는 것을 보여준다. 이는 통상적으로 기계들 자체로부터 초래되는 일거리인 것이다."[94]

이처럼 기계체제의 곤경은 크지만, 일시적이고 기계들 자체는 새로운 일거리를 창출한다.

이는 옹호론자들의 견해다.

기계와 함께 기계들에 고용된 사람들의 수가 많아진다는 사실은 물론 오늘날까지 부인할 수 없다. 노동시간에 관한 규정을 따라야 하는 공장들의 수는 영국에서 1850년에 4,600개소, 1856년에는 5,117개소, 1861년에는 6,378개소, 1868년에는 6,417개소에 달했다. 이 시설들에서 고용된 사람들의 수는 같은 기간에 596,082명, 682,497명, 775,534명 그리고 857,964명이었다.[95]

이 수치들은 외관상 아주 인상적으로 보이며, 외관상으로 정말로 기계 가동의 확산과 더불어 노동에 대한 수요가 커진다는 것을 입증해 준다. 그러나

---

94 Lord Henry Brougham, die Resultate des Maschinen in Bezug auf dessen Einfluss auf die Wohlfeilheit der Natur- und Kunsterzeugnisse sowie auf die Vermehrung der Arbeit; deutsch v. Rieken, Leipzig 1833. p. 233.

95 Kolb, H. d. v. St. p. 439.

역시 외관상일 뿐이다.

  영국 생산의 아주 빠른 증대는 물론 기계들에 의해 산출된 품목들의 소비 증대를 통해 가능해졌다. 그러나 이 소비 증대는 민중 복지 수준의 증대 덕분이 아니라 월등하게 가장 큰 부분이 소비를 이제까지 충족시키던 그런 경쟁자들의 제거 덕분이다. 기계 공업을 통해 영국은 한편으로 자체적인 영세 업체를 질식시켰고 다른 한편으로 다른 국가들의 공업 발달을 제거하지 못한 경우에는 가로막았다. 영국의 생산은 오직 국내외 시장들로부터 경쟁자들을 항시적으로 축출함을 통해서만 유지될 수 있는 현기증 나는 수준에까지 높여졌다. 자체 영세 업체 제거의 계속된 진행은 영국 산물을 위한 시장을 상승해 가는 대량생산이 요하는 만큼 확장시키는 데 충분치 않았다. 동인도의 공업, 아일랜드의 공업, 포르투갈의 공업이 희생 제물로 바쳐져야 했으며, 영국의 거대 공업은 언제나 새로운 판로 시장들을 구한다. 이 영국의 거대공업은 지장을 받지 않고 자신에게 생존 조건이 되는 경쟁자들의 제거를 계속할 수 있기 위해 영업의 자유와 자유무역을 선포한다. 그 숙적들은 보호관세를 통해 영국 공산품에 의한 시장 범람을 방지하는 국가들이다. 그래서 북아메리카 유니온, 러시아에 대한 적대관계가 나오며, 이는 더 높은 원리들과는 절대 아무런 관계도 없는 적대관계다. 영국의 공업은 자기 나라에서의 복지 수준의 상승이 기계들의 도입으로 거대하게 상승한 생산과 조금이라도 보조를 맞출 수 있기에는 너무나도 완만하게 진행되는 것을 너무나도 잘 알고 있다. 영국이 세계 시장에 일단 폐쇄되고 여러 민족이 일단 경제적으로 독립되었다면, 일단 자국에서의 복지 수준의 상승만이 생산을 확장할 수 있다면, 기계의 일체의 새로운 발명, 일체의 개선은 노동자 수의 감소를 수반할 것이다. 영국의 가변자본은 오늘날 상대적으로는 줄어들지만, 절대적으로는 줄어들지 않는다. 그다음에는 절대적으로도 떨어질 것이다. 이 시간은 사람들이 생각하는 만큼 그리 멀리 있지 않으며 영국과 프랑스의 세계를 상대로 상품들을 조달하는 데서의 독점권은 깨어졌다.

유럽의 전체 면화소비 중에 각 나라에 다음과 같이 몫이 돌아간다.

[96]

연도 국가	1821–25	1831–35	1841–45	1846–50
영국	62.20%	66.25%	65.23%	65.26%
프랑스	23.17%	20.39%	19.79%	15.84%
나머지 유럽	14.62%	13.35%	14.77%	18.84%

연도 국가	1851–55	1856–60	1861–65	1866
영국	62.43%	60.30%	58.25%	58.08%
프랑스	14.56%	14.03%	15.35%	14.62%
나머지 유럽	22.99%	25.60%	26.38%	27.31%

1879년에 발간된 통계 "금융 및 상업사"의 보유(補遺)에 따르면, 최근 시대에 대한 이 비율들은 다음과 같다.

유럽의 면화 소비 중에 다음 나라들에 다음과 같은 몫이 돌아간다.

---

96   H. Grothe, B. u. St. z. Gesch. d. Ind. u. d. Masch., p. 159.

연도 국가	1872-73	1873-74	1874-75	1875-76	1876-77	1877-78
영국	61.5%	58.1%	57.25%	55.3%	58.1%	54.0%
나머지 유럽	38.5%	41.9%	42.75%	44.7%	41.9%	46.0%

유럽에서의 면화 가공에서 영국과 프랑스의 몫이 어떻게 점점 더 떨어지는지를 명료하게 보게 된다.

영국의 다수 공업 업종들에서 심지어 이미 지금 노동자들의 수는 줄어들고 있다. 전에 고용자 수는 다음과 같았다.

[97]

연도 고용 업종	1851	1861
소모사 제조	102,714	79,242
견사 제조	111,940	101,678
모자 제조자	15,957	13,814
밀짚모자 및 보넷 제조자	20,393	18,176
양초 제조자	4,939	4,686
빗 제조자	2,038	1,478
못 제조자	26,940	26,130

그러나 겉보기에는 노동자 수가 늘어난 공업 업종들에서도 이 증가는 실제로는 감소로 거명해야 한다. 1868년에 물론 국가의 감독을 받는 공장들에

---

97 K. Marx, d. K. p. 654.

857,964명이 고용되었고 1861년에는 단지 775,534명이 고용되었을 뿐이다. 그러나 이 775,534명 중에는 467,261명이 남자 노동자들이었고 308,273명이 여자 노동자들이었다. 1868년에는 이와 달리 남자 노동자들은 겨우 332,810명이 고용되었고 여자 노동자들은 525,154명이 고용되었다.[98]

고용된 남자 노동자들의 수는 이처럼 134,451명만큼 줄었다.

1835년에 이미 포터(Porter)에 따르면 잉글랜드, 스코틀랜드 그리고 아일랜드에서 업종별 연령, 성별 고용자 비율은 다음과 같다.

[99]

업종 연령	면직 공장	모직 공장	아마포 공장	견직 공장
8–12세	3.7%	6.7%	3.7%	20.9%
12–13세	9.3%	12.0%	12.2%	8.7%
13–18세	29.8%	29.8%	36.1%	30.8%
18세 초과	57.2%	51.5%	48.0%	39.6%
남성	45.7%	52.5%	31.2%	33.2%
여성	54.3%	47.5%	68.8%	66.8%

이것이 어디로 이끌어갈 수밖에 없는지를 단순한 계산이 가르쳐 준다.

슈미트(Schmidt)에 따르면 글래스고의 방적업에서는 같은 시기에 연령층별

---

98 Kolb, H. d. v. St., p. 439.
99 Meidinger, d. br. R. in Eur., p. 27.

고용자 수는 다음과 같았다.

연령	남성 노동자	여성 노동자
11세 미만	283	256
11–16세	1,519	2,156
16–21세	881	1,252
21–26세	541	1,252
26–31세	388	674
31–36세	331	255
36–41세	279	218
41–46세	159	92
46–56세	186	59
56–66세	62	23
66세 초과	32	2

케틀레(Quetelet)에 따르면 1,000명의 신생아 중 10세가 지나서는 684명이 생존하며, 만 20세가 지나면 640명이 생존하며 30세 말에는 566명이 생존한다.

글래스고의 방적업에서는 11–21세의 연령에서는 2,400명의 남자 개인들이 고용되었다. 이들 모두가 겨우 11세였다고 가정할 경우에도 그들 중에서 20세가 되는 때에는 2,246명이 생존했을 것이고, 30세가 되는 때에는 1,986명이 생존했을 것이다. 11–21세로 글래스고의 방적업에서 고용된 2,400명 중에 그래서 21-31세의 연령에서는 적어도 2,000명이 생존했을 것이다. 그러나 21-31세의 연령층으로 글래스고의 방적업에서 고용된 남자 노동자들은 겨우 929명이었다. **성장해 가는 2,400명 중에 그래서 그 당시에 적어도 절반, 1천명이 넘는 남자들이 '쓸모없게' 될 것이다.**[100] 그와 같이 자본주의적 생산양식은 자신으로부터 인위적인 과잉인구를 낳는다.

'과도한 수의' 천 명의 남자는 어떻게 되는가? 그것에 관해서 우리에게 통계가 최선의 해명을 해 준다.

1861-1868년에 영국 국가의 감독을 받는 공장들에서 고용된 남자 노동자들의 수는 134,451명만큼 줄었다.

같은 시기에 후원을 받는 빈자들의 수는 다음에 달했다.

[101]

연도 국가	1861	1868	빈자 수 증가분
잉글랜드	890,423	1,034,823	144,400
스코틀랜드	78,433	80,032	1,599
아일랜드	50,683	72,925	22,242
영국	1,019,539	1,187,780	168,241

고용된 남자 노동자들의 수가 134,451명 줄어든 같은 시기에 후원받는 빈자들의 수는 168,241명이 늘었다! 우리는 이제 방출된 노동자들이 어디로 갔는지를 안다.

---

100 Vgl. Fr. Schmidt, Fabr. u. Masch.-Wesen, p. 203ff.
101 Kolb, II. d. v. St., p. 430.

그 외에도 통계는 우리에게 기계들의 축복 넘치는 효과에 관한 실마리들을 제시해 준다. 빌뇌브(Villeneuve)의 《정치경제학》(II p. 165, 166)에 따르면 1830년에 공업인구의 크기는 프랑스에서는 6,400,000명, 영국에서는 14,040,000명에 달했다.

기계들은 프랑스에서는 300만 명의 일을 했고, 영국에서는 2천만 명의 일을 했다.

궁핍한 자들의 수는 프랑스에서는 1,600,000명, 영국에서는 3,903,631명에 달했다.

프랑스에서는 20명 중 한 명이, 영국에서는 6명 중 한 명이 궁핍한 자였다!

왜냐하면, 프랑스의 총인구는 32,000,000명, 영국의 총인구는 23,400,000명에 달했기 때문이다.

같은 나라의 여러 부분을 서로 비교해 보아도 같은 결과에 도달한다.

빌뇌브는 프랑스를 세 지대로 나눈다.

분류	주민 수	빈자 수	인구 대비 빈자 수 비율
1. 공장 운영 지대	10,062,769	770,626	1:13
2. 토지경작과 공장 운영 비중이 같음	13,043,513	550,235	1:23
3. 주로 토지경작 지대	8,774,391	265,480	1:33

그러나 농업도 극빈에 대해 방비되지 않는다. 농업에도, 어느 나라에서나 공업에 그러하듯, 조만간에 소기업이 대기업에 의해, 소토지 소유자가 대토지 소유자에 의해 축출되는 시기가 온다. 우리는 이 과정이 어느 문화국에서나 완만하지만 멈추지 않게 전개되는 것을 볼 수 있다. 그러나 대기업의 증가는 또한 가

변자본을 희생대가로 한 불변자본의 증대도 의미하며, 농업에서의 생산의 확대는 오직 좁은 한계 내에서만 가능하므로, 토지를 공장들처럼 마음대로 늘릴 수 없으므로 불변자본의 성장은 농업에서는 가변자본의 상대적 감소만이 아니라 절대적 감소도 의미한다. 통계는 우리에게 또한 농업으로 살아가는 개인들 수의 감소가 거의 모든 유럽의 선진국들에 있는 것을 보여준다.

영국은 당연히 자본주의적 생산양식이 가장 발달한 나라로서 또한 이런 점에서도 모든 다른 국가들의 선두에 있다. 영국의 농업인구는 다음과 같이 계수된다.

[102]

연도 국가	1851	1861	1871
영국 농업인구	2,084,153	2,010,454	1,657,138

프랑스에서는 토지를 경작하는 인구는 다음과 같았다.

[103]

연도 국가	1851	1856	1872
프랑스 농업인구	20,351,628	19,064,071	18,513,325

다른 국가들에서 그 감소는 그렇게 두드러지지 않으나 대부분의 나라에서 주목할 만하다.

---

[102] Kolb, H. d. v. St., p. 421.
[103] Legoyt, la Fr. et l'étr. I., p. 192. Kolb, H. d. v. St., p. 366.

공산품의 소비가 마침내 더 이상 확대되지 않으면서 곧바로 농촌인구의 운명이 공업 노동자들도 기다린다. 이제까지는 물론 공업 기업들에 종사하는 사람들의 수가 늘어나고 있다. 그러나 그것으로부터 기계들이 방출한 사람들보다 더 많은 사람에게 빵을 마련해 준다고 결론짓고 싶어 하는 것은 궤변이다. 고용된 **사람들**의 수는 늘어나고 있고 고용된 **남자들**의 수는 감소 일로에 있으며, 영국의 노동자들에게는 영국 기계들의 해로운 영향이 아직 두드러지게 감지될 수 있게 된 것이 아니라면 그것은 다른 나라들의 노동자들에게는 더욱 더 감지될 수 있게 되었다. 영국의 기계들이 영국에서 아직은 아주 적은 노동자들을 쓸모없게 만들었다고 하더라도 그 기계들은 아일랜드, 포르투갈, 동인도에서 더 많은 노동자를 쓸모없게 만들었다.

기계의 도입으로 노동에 대한 수요가 줄어들지 않고 증대된다는 조화론자들의 주장은 궤변이다. 기계의 도입은 무조건 노동자에게 해를 끼칠 수밖에 없는 것은 아니지만, 대부분은 그러하다. 노동 생산성이 복지 수준과 인구증가의 결과로 소비가 늘어나는 것보다 더 빠르게 올라가면, 노동 생산성의 이 상승은 무조건 자기 나라 아니면 남의 나라에서의 노동력에 대한 수요의 축소를 초래할 수밖에 없다. 후자의 것을 영국의 기계들이 이미 했으며, 전자에 대해 그 단초가 이미 만들어졌다.

사회주의자들 외에 아주 소수의 경제학자가 기계들이 자본주의적 생산양식의 지배에서 어떤 위험으로 노동자를 위협하는지를 시인할 용기를 가진다. 이 소수의 경제학자 중에 가장 중요한 사람은 시스몽디로서 그는 곧잘 사회주의적 기분을 느끼는 감수성을 지닌 것으로 알려졌다. 그가 기계가 노동자들에게 주는 유익에 관해 견해를 표명하는 대목은 아주 적절하여 다시 재수록될 만하다.

그는 이렇게 말한다. "오늘날에는 정치경제학과 지극히 긴밀하게 연관되는 파괴 양태가 있다. 부(富)의 진보를 통해 뒷받침을 받는 기술들과 공업에서의 진보들은 그 목적이 더 적은 수의 노동자들을 매개로 모든 노동의 산출물들을 만들어 내는 것인 발명들로 이끈다. 동물들은 토지경작에서 어디에서나 인간들을 대신하고 기계들은 거의 모든 직종에서 그들을 대체한다. 한 민족의 시장이 그 민족의 모든 산물에 빠르고 안전한 판로를 마련해 주기에 충분히 넓은 동안에는 이런 발명들 어느 것이나 다 선행이니, 이는 그것이 노동자들의 수를 줄이는 대신 노동과 그 산출물들의 총량을 늘리기 때문이다. 발명들의 주도권을 가진 민족은 오랜 시간 동안 새로운 발명이 절약한 일손의 수에 비례하여 자신들의 시장을 확장할 수 있으며,[104] 그 발명들을 산물들의 증대에 사용하여 이것들을 이 발명의 힘으로 더 저렴한 가격에 제공할 수 있다. 그러나 끝으로 문명 세계 전체가 시장을 이루고 새로운 민족들에서 새로운 고객을 구하기가 불가능한 시점이 온다. 일반적 시장의 수요는 그때 공업 민족들이 차지하고자 각축하는 특정한 수요다. 한 민족이 더 큰 판로를 가진다면 이는 다른 민족을 희생 대가로 하여 일어나는 일이다. 일반적 판로는 오직 일반적 부의 진보를 통해, 혹은 전에는 부자들만 사용하도록 정해진 재화들이 가난한 계급에도 접근 가능해짐을 통해서만 늘어날 수 있다."

"양말제조기계의 발명을 매개로 단 한 사람이 전에는 100명이 하던 일을 완수할 수 있게 된 것은 인류를 위한 선행이었지만, 이는 오직 문명의 진보, 인구와 부의 증가가 소비자들의 수를 크게 늘렸기 때문이다. 새로운 나라들이 유럽의 풍습을 취하였고 이 발싸개는 그렇지 않았다면 부자들의 표징일 것이 사회의 가장 낮은 계급들에까지 확산했다. 그러나 오늘날 양말제조기계

---

[104] 다른 나라 노동자들의 방출 또한 노동자 수의 축소다. D. V.

가 발명되어 이것이 이제까지의 기계 100대가 하던 일을 한다면, 이 발명은 민족적 재앙일 것인데, 이는 소비자들의 수가 더 이상 크게 늘 수가 없고 그 때문에 생산자들의 수는 줄어들어야 했을 것이기 때문이다."

"게다가 재화들의 가격은 직접 그 생산으로 향해진 노동만 따르는 것이 아니라 이것 외에 더 이상 반복되지 않는 원초적 노동도 그것 안에서 지불해야 한다. 말하자면 건물을 짓고 기계를 제작하고 설치하는 등에 요구되는 원초적 노동이 지불되어야 하는 것이다. 그래서 100명의 노동자를 절약하고 이 노동을 단 한 사람이 기계의 도움을 받아서 수행하게 한다고 해도, 상품의 가격은 아직은 1/100으로 떨어지지 않는다. 양말제조기계는 노동을 대략 이 비율로 절약하지만, 양말을 그것이 뜨개바늘로 만들어질 경우보다 기껏해야 10퍼센트 정도 저렴하게 제공해 준다. 커다란 모사 및 면사 방적기의 발명에도 불구하고 여전히 방적 여공들은 방차나 방추에 매달려 있으며,[105] 이는 사람들이 인원 대신에 공기와 불을 투입하면서 한 절약들이 10퍼센트를 좀처럼 넘지 않는다는 데 대한 확실한 증거다. 바로 그 발명이 모든 다른 선진적인 직종들에서 거의 다 나타난다. 절약되는 노동자들 수는 기하학적 비율로 달라지는 동안 그 산출물들의 값은 산술적인 비율로만 떨어진다."

"역학적 기술들에서의 발명들은 그 외에도 항시 공업이 소수 부자들의 손아귀에 집중되는 결과를 초래한다. 그것들은 비싼 기계들을 매개로, 즉 큰 자본을 가지고, 그렇지 않았으면 다량의 노동을 가지고서 산출되었을 것을 산술하도록 가르쳐 준다. 그것들은 종사하는 일들의 분업을 통해 다수 노동자는 공동체적인 노력들에 활용함을 통해 그리고 자연력들의 이용을 통

---

[105] 이는 40년 전에 해당되었다. D. V.

해 전체적으로 절약으로 이끌어 준다. 소상인들과 영세한 상공인들은 사라지고 큰 사업가가 수백 명의 작은 사업가들 대신에 등장하는데, 이 작은 사업가들은 필시 모두 합쳐도 그만큼 부유하지는 못했을 것이다. 그러나 모두가 함께하면 그보다 더 유익한 소비자들이었다. 그의 낭비적 사치는 그가 대체한 백 개의 가정의 적당한 유복함보다 공업을 고무해 주는 것이 훨씬 덜하다."

"어떠한 공연도 영국이 이런 면에서 보는 눈을 부시게 하는 그 부자 중에서 상연하는 공연보다 더 경탄할 만하지 않다. 50만 프랑의 지대가 단지 평범한 소득일 뿐인, 왕국 유력자들의 거대한 부에 따라 판단하는 데 만족하지 않는다면, 그들이 자신들의 화려한 마차에서 그리고 그들의 수많은 시종과 함께, 그들의 말, 사냥, 개에서 펼치는, 필시 매년 10만 프랑의 비용이 들 불쾌한 사치를 본다면, 이런 낭비를 빈자들의 고통과 비교할 경우에 불쾌함과 분노를 느끼게 된다. 수도 어디에서나, 하이드 파크 자체에서는 지극히 화려한 마차가 끝도 알 수 없는 대열로 이동하는데, 이곳에 10에서 20명의 공장 노동자들 군집이 꼼짝 안 하고 앉아 있으면서 그들의 시선에는 절망이 들어 있고, 그들의 삭신은 쑤시고 열이 오르는데, 그런데도 그들은 사람들로부터 조금의 주의도 끌지 못한다. 작업장 삼분의 일은 이미 문을 닫았고 삼분의 이는 곧 닫을 것이고, 모든 상점은 상품들로 꽉 찼고 사방에서 사람들은 지극히 낮은 값에 상품들을 내놓는데, 그 값은 제조원가의 절반도 좀처럼 충당하지 못한다. 그럼에도 불구하고, 노동자가 내몰리고 영국 민족이 자신의 자리를 기계에 내어 줌에도 불구하고 가령 아직은 자신의 빵을 벌고 있는 노동자들을 완전히 쓸모없게 만드는 새로운 기계들의 발명가에게는 여전히 보상이 승인된다."[106]

 이는 자본주의적 생산양식의 지배 하에서 기계들이 노동자에게 주는 축복들이다.

 조화론의 사도는 이처럼 자신의 낙관론의 최후의 지주로서 자본 이자의 하락에 매달릴 수 있을 뿐이다. 이 사실로부터 그는 "위대한, 경이로운, 위안을 주는, 필연적이고 불굴의 자본 법칙을 도출한다. 그것의 증명을 통해 저들은 우리의 귀에 오래전부터 가득 채워지던 문명과 평등의 가장 강력한 보조수단의 탐욕과 횡포를 꾸짖는 저 공허한 장광설을 논파한다."[107]

 이 위대하고 위안을 주는 법칙은 캐리에 따르면 이런 것이다. "노동자의 몫은 노동의 생산성이 올라갈 때마다 커진다. 자본가의 몫은 수량이 상시적으

---

[106] Zitiert bei Fr. Schmidt, Fabr. u. Masch.-Wesen, p. 202ff. 시스몽디가 이 말을 거의 반세기 전에 썼음에도 불구하고, 이는 오늘날 어느 때보다 더 유효하다. 이는 다시금 영국에서의 최근의 통계 조사들이 가르쳐 주는데, 이는 그곳에서 경제 위기 동안 이 위기에도 불구하고 기계들의 수가 꾸준하고 더 빠른 증가에 사로잡혀 있음을 보여준다. 이제 한 업종, 예컨대 면 산업을 들어본다면 우리는 이 업종에서 다음과 같은 숫자의 것들이 활동하는 것을 보게 된다.

연도 분류	1871	1875	1878
공장 수	2,483	2,655	2,674
방추 수	34,695,221	37,515,772	39,527,920
기계직조기 수	440,676	463,118	514,911
노동자 수	450,087	479,515	482,903

1871년에는 그래서 종사하는 노동자 수가 기계직조기 수보다 9411이 더 많았다. 1878년에는 이와 달리 영국의 면직공업에서 벌써 기계 직조기 수가 노동자 수보다 32,008이 더 많이 있었다!

[107] Bastiat, v. H., p. 225.

로 많아지는 가운데, 그리고 마찬가지로 사회를 구성하는 다양한 부분 중의 평등의 상시적 경향에서 규칙적으로 줄어든다. 진보가 빠를수록 자본에 비한 인간의 가치가 상승하고 인간에 비한 자본의 가치가 하락하면서 소재에 대한 힘을 달성하려는 정신의 경향은 더욱더 커진다."[108]

캐리의 모방자이자 표절자인 바스티아는 같은 법칙을 자신의 법칙으로, 단 좀 더 짧은 정식화를 하여 제출했다. "자본들이 커 가는 것과 같은 정도로 총산출물에 대한 자본가들의 **절대적** 몫은 늘어나고 그 **상대적** 몫은 줄어든다. 이와 달리 노동자들의 몫은 양 측면에서 커진다."

캐리는 자신의 명제 설명을 위해 다음과 같은 표를 그린다.

[109]

분류	총산출	노동자 몫	자본가 몫	
1. 분배(석기)	4	1	3	(석기시대)
2. 분배(청동기)	8	2.66	5.33	
3. 분배(철기)	16	8	8	
4. 분배(강철기)	32	19.20	12.80	

바스티아 또한 당연히 표를 제시해야 하며, 제출된 수치들이 완전히 자의적으로 선택된 것이므로 그는 왜 이미 석기시대의 자본가를 근소한 이익으로 만족하는 사람으로 상정해서는 안 되는지 통찰하지 못한다. 그래서 총산출에

---

[108] Carey, Gr. d. S., III., p. 133.
[109] Carey, Gr. d. S., III., p. 132.

서 자본가의 몫은 바스티아에서는 캐리에서보다 훨씬 더 적다. 그것은 다음에 달한다.

분류	총산출	자본 몫	노동 몫	
1기	1,000	500	500	(캐리에서 3기에 그랬던 것만큼 된다)
2기	2,000	800	1,200	
3기	3,000	1,050	1,950	
4기	4,000	1,200	2,800	

표에서 나온 원리들의 타당성을 위한 입증은 두 부분으로 나누어진다.

"우선 자본의 **상대적** 몫이 끊임없이 축소된다는 것을 입증해야 한다. 이는 쉽다. 왜냐하면, 결국 이렇게 되기 때문이다. **자본이 많이 있을수록 이자율은 더욱더 떨어진다는** 것인데, 이는 과학만이 아니라 직접 눈으로 본 것도 가르쳐 주는, 논박할 수 없는, 논박되지 않은 사실이다. … 그 사실은 인류의 권위를 가지며 필시 세상의 모든 자본가의 마지못해 하는 항복을 얻게 될 것이다. 자본의 이자율은 멕시코에서보다 스페인에서 더 낮고, 프랑스에서는 스페인에서보다 더 낮고, 영국에서는 프랑스에서보다 더 낮고, 홀란트에서는 영국에서보다 더 낮다는 것이 확실하다. 이자율이 20%에서 15%로 그 다음에는 10, 8, 6, 5, 4½, 4, 3½, 3%로 떨어진다면 이는 제시된 질문을 위해 무엇을 의미하는가? 이는 자본이 공업상의 작업에서, 복지 수준의 실현에서의 협력을 위해 그 성장에 비례하여 점점 더 축소된 몫으로 만족하거나 그렇게 하고자 한다면 만족할 수밖에 없는 것을 의미한다. 전에는 곡식, 주택, 마(麻), 선박 그리고 운하의 가치에서 3분의 1이 고려되었다면, 다른 말로 하면 이 물건들의 판매에서 3분의 1이 자본가들에게로, 3분의 2가 노동자들에게 왔다면, 자본가들은 점차 오직 4분의 1, 5분의 1, 6분의 1만 받는다. 그들의 상대적 몫은 축소된다. 노동자들의 상대적 몫은 같은 비율로 커지며, 나의 입증의 첫 번째 부분이 행해졌다."[110]

아직 끝나지 않았다! 바스티아는 이자율의 하락이 총산출에서의 노동자의 몫의 상승을 야기한다는 것을 자명한 것으로 가정한다. 이는 먼저 입증이 되어야 한다! 외관상 물론 자본 이자의 하락은 노동 수확에서 자본가 몫의 하락도 일으키며, 낙관론자들에 아주 증오를 받는 영국 학파조차 그래서 자본 이자의 하락은 노동임금의 상승을 의미한다는 견해를 가진다.

자본 이자와 자본이득은 물론 같은 의미는 아니지만 이미 애덤 스미스는 "자신의 돈을 아주 이익이 되게 사업에 투하할 수 있는 경우에는 어디에서나 남의 돈을 이용할 수 있는 허가를 위해서도 많이 지불해야 한다는 것, 그리고 그 돈으로 적게 벌 수 있는 경우에는 이와 달리 그 대가를 적게 내준다는 것"을 하나의 원칙으로 가정해도 좋다고 생각한다. "우리는 이처럼 한 나라에서 통상적인 이자율이 달라졌으면 자본의 투하로 생겨나는 이익도 달라졌을 수밖에 없다는 것을 확신을 가지고 가정할 수 있다. **양자는 같이 오르락내리락한다.**"[111]

이자율의 역사가 자본이득의 역사라는 것이 완성된 사실이 아니라고 해도, 그것을 최고로 개연성 있는 것으로 인정해도 무방하다.

애덤 스미스는 이처럼 자본 이자의 하락만이 아니라 자본이득의 하락도 정

---

110 Bastiat, v. H., p. 225ff.
111 A. Smith, N., L., 160.

말로 존재하는 사실로 가정한다. 그러나 그는 이 하락을 노동임금 상승의 결과가 아니라 자본가들의 커 가는 경쟁의 결과로 설명한다. "자본의 증대는 노동임금을 상승시키지만, 이 자본의 이득을 더 적게 만든다. 많은 상인의 자본들이 같은 상업 분야에 투하되면 그로부터 생겨나는 경쟁은 필연적으로 그들의 이득을 더 작게 만드는 결과를 가질 수밖에 없다. 그리고 이 자본의 증대가 시민 사회에서 영위되는 상공업의 모든 분야에 펼쳐지면 모든 자본의 이득도 축소될 수밖에 없다."[112]

그리고 다른 대목에서 그는 이렇게 말한다. "이자를 받는 대출을 하도록 정해진 자본들의 수가 많아지는 것처럼 이 자본들의 사용에 대해 지불하는 이자 혹은 가격은 반드시 하락한다. 물건의 시장가격이 그 양이 늘어나면 대개 하락하게 하는 일반적 원인 때문만이 아니라 또한 이 하락에 고유한 다른 원인 때문에도 그러하다. 자본들이 한 나라에서 늘어나면서 필연적으로 그것들의 사용을 통해 만들어질 수 있는 이득은 낮아진다. 어떤 나라 안에서 새로운 자본을 유익하게 이용할 수 있을 방법을 찾기는 단계적으로 점점 더 계속해서 어려워진다. 그래서 이로부터, 한 자본의 소유권자가 다른 소유권자가 이미 사용해 오고 있는 자본의 이용을 위한 같은 기회를 장악하려고 애쓰면서 다양한 자본 간의 경쟁이 생겨난다. 그러나 대부분의 경우에 그는 이때 상관하는 사람들에게 더 좋은 조건들을 만들어 줄 때 그러듯이 이 다른 사람을 그의 소유로부터 몰아내기를 희망할 수 없다. 그는 그가 판매하는 것을 더 저렴하게 판매해야 할 뿐만이 아니라 또한 때로는 판매할 수 있기 위해 좀 더 비싸게 구입해야 할 경우도 있다. 그 산출하는 노동자를 일 시키는 용도로 정

---

[112] A. Smith, N., L., 160.

해진 기금의 증대를 통해 그러한 노동자들에 대한 수요는 날마다 점점 더 커진다. 노동자들에게는 일자리를 찾기가 점점 더 쉬워지지만, 자본 소유자들에게는 그들이 고용할 수 있을 노동자를 찾기가 점점 더 어려워진다. 이들은 그래서 그들의 경쟁을 통해 판매 시에 상품들의 가격을 인하하는 것과 마찬가지로 노임을 상승시킨다. 그러나 이런 식으로 어떤 자본으로 만들 수 있는 이득이 양 끝에서 말하자면 축소된다면 그것의 사용에 지불할 수 있는 가격도 필연적으로 함께 줄어든다."[113]

자본가들의 격화되는 경쟁은 이처럼 애덤 스미스에 따르면 자본이득 하락의 원인이면서도 노임 상승의 원인이다. 그렇지만 이 둘은 반드시 서로 연결되지는 않는데, 이는 애덤 스미스에 따를 때 노임과 자본 이자가 함께 높거나 낮을 수 있기 때문이다. 그렇지만 애덤 스미스가 그러한 경우들을 오직 예외로 간주하므로 그의 탐구의 결과는 바스티아에게 유리하다.

리카도는 자본들의 경쟁이 이자율을 낮출 수 있다는 스미스의 표상을 정당화해 준다. 재원의 증대와 함께 생산만이 아니라 수요도 상승한다. 시장은 특정한 재화들로 넘쳐날 수 있으나 이는 모든 재화에 대해 그런 것일 수는 없다. 과잉생산은 자본 과잉의 결과가 아니라 생산의 잘못된 방향의 결과다. 쓸모없는 자본이란 것은 없다. 자본의 증대는 이처럼 단지 생산의 증대를 결과로 가진다. "산출물의 이 증대 그리고 이로부터 나오는 그 증대가 유발하는 수요가 이득을 낮출 것인지 아닌지는 **완전히 노임의 상승에 달려 있으며**, 노임의 상승은 단기간을 제외하면 다시 노동자의 부양수단 및 다른 필요충족 수단이 산출될 때의 용이성에 달려 있다."[114]

---

[113] Smith, N., II. p. 147.

[114] Ricardo, Gr. d. V. n. B. p. 313.

"이득의 자연적 추세는 이에 따르면 낮아지는 것인데, 왜냐하면 부르주아 사회가 커지고 민족 복지 수준이 상승할 때에는 점점 더 많은 노동의 희생을 통하여 식량의 추가 필요량을 달성하기 때문이다."[115]

"자본 집적의 효과들은 그래서 여러 나라에서 다르며 주로 토지의 비옥성에 의존한다. … 노임의 주요 부분에서 우리는, 화폐 재료인 금이 그 나라 자체의 산물이라고 가정하든 외국으로부터 도입된다고 가정하든 상관없이, 재화들의 화폐가격이 노임의 상승에 의해 인상될 수 없음을 보여주고자 노력했다. 그러나 그렇지 않더라도, 재화의 가격들이 높은 노임에 의해 항구적으로 인상되더라도, 제시된 명제는 말하자면 더 높은 노임이 틀림없이 고용주의 실제 이득의 일부를 박탈하면서 고용주에게 타격을 준다는 것으로서 그에 못지않게 참일 것이다."[116]

"노동자의 필요충족 수단을 상시로 같은 용이성을 가지고 증대시킬 수 있을 것이라면 얼마의 액수로 자본이 집적될지라도 이윤율 내지 임금률에서의 항구적 변동은 있을 수 없을 것이다."[117]

이처럼 리카도는 노임의 상승이 자본이득의 하락과 나란히 간다는 견해만이 아니라 전자가 심지어 후자를 불가피하게 야기한다는 견해를 지닌다. 그러나 사실들은 리카도의 이론과 완전히 일치하지 않는다. 이자율과 노임이 함께 높은 수준인 다수의 나라가 있다. 오스트레일리아에서 1850년에 완전히 확실하게 15~20퍼센트를 요구했지만 그러면서도 임금이 아주 높아서 1872년에도 여전히 비록 그때까지 일손의 공급이 매우 증가했어도 멜버

---

[115] Ricardo, Gr. d. V. u. B., p. 105.
[116] Ricardo, Gr. d. V. u. B., p. 112.
[117] Ricardo, Gr. d. V. u. B., p. 308.

른에서 그리고 그 주위 지역에서 경작 노동자는 음식 및 숙소와 함께 매주 15~20실링을 받았고, 재단사는 심지어 60~75실링을 받았다. 브라질에서 최저 이자율은 9퍼센트이고 12~18퍼센트는 이례적인 것이 아니다. 그럼에도 불구하고 유럽 수공업자의 일용임금은 리오 데네자게이로에서 1~2스페인피아스터에 달한다.[118] 유니온의 신생 주들, 캘리포니아, 루이지애나 등에서도 노임은 이자율과 함께 높은 수준이다. 같은 것이 금세기 초 러시아에서도 해당했다.[119]

이것은 이론과 얼마나 조화되는가? 하지만 노동 수확에서 자본가의 몫이 떨어지면 노동자 몫은 상승할 수밖에 없다는 것은 부정할 수 없다.

완전히 옳다. **하지만 노동 수확에서 자본가의 몫은 자본이득과 같은 의미가 아니다!**

정치경제학에서 이 구분이 아직 인식되지 못한다는 것은 그것이 지금까지 불변자본과 가변자본에 관한 마르크스의 분할을 고려하지 않았다는 것으로 설명할 수 있다. 자본이득은 **사용된 총 자본에 대한** 그것의 비율로 산정된다. 그러나 노동 수확에서의 자본가의 몫은 그것의 **가변자본**에 대한 비율로만 측정된다. 불변자본의 등장으로 이처럼 자본이득과 자본가의 몫은 두 개의 다른 크기가 된다. **그것들의 차이는 불변자본의 증대와 함께 커진다.** 불변자본은 새로운 가치를 창출하지 않으며, 그것의 가치는 단지 그것으로부터 그것으로 마련된 산물로 변함없이 이전된다. 잉여가치는 이처럼 가변자본으로부터 창출될 수 있고, 그래서 또한 총자본이 아닌 가변자본에 대한 그것의 비율에 따라 측정될 수 있다. 노동자가 12시간의 노동일에서 자

---

118   1 Piaster = 1탈러 13그로셴 4페니히
119   이 자료들 대부분은 로셔의 Handbuch에서 취한 것이다.

기 노동력의 가치를 다시 산출하기 위해 6시간을 일하고, 6시간 동안은 잉여가치를 창출한다면 노동 수확에서의 자본가의 몫은 아무튼 1/2에 달할 것이다. 그가 이처럼 1천 플로린을 매일 임금으로 지출한다면, 그의 이윤은 이런 정황에서 또한 1천 플로린, 그래서 노동 수확의 50퍼센트 혹은 사용된 가변자본의 100퍼센트에 달할 것이다. 그러나 같은 생산과정에서 불변자본이 9천 플로린의 가치로 자신의 형태를 달리하여 자신의 가치를 산물에 병합시켰다면 자본가가 지출한 총자본은 1만 플로린에 달하며, 그래서 자본이득은 단지 10퍼센트에 달할 뿐이다. 자본이득의 하락은 이처럼 결코 잉여가치 몫의 동시적 하락을 의미하지 않는다. 반대로 잉여가치 몫은 반대 방향으로 움직일 수 있다.

한 가지 예가 이 점을 명료하게 해 줄 것이다. 캐리처럼 네 개의 시기를 가정하지만, 가령 석기시대, 청동기 시대, 철기 시대 및 철강 시대를 가정하지는 말자. 실제로도 그렇게 진행되는 것처럼 우리는 불변자본과 가변자본의 비율이 항시 전자에 유리하게 달라진다고 가정한다. 우리는 그러면서도 가변자본이 오직 상대적으로만 줄어들고 절대적으로는 늘어나는 유리한 경우를 가정한다. 그러면서도 우리는 생산 개선의 결과로 노동의 가치가 하락한다고, 점점 더 적은 노동시간에 노동의 재생산에 필요하다고 추정되는 것이 산출된다고, 그래서 생산자로서의 노동자의 처지는 악화된다고 전제한다. 그러면서도 나는 소비자로서의 그의 처지는 개선되며 ("필요한"과는 다른 개념인) 가장 필요불가결한 생활수단의 가치는 노동의 가치보다 더 커다란 하락에 사로잡힌다는 것을 인정할 것이다.

우리가 이런 전제조건에 따라 잉여가치의 몫 그리고 자본이득을 개별 시기들에 대해 계산한다면 우리는 다음의 표를 얻는다.

시기	총자본	가변자본		노동일에서의 백분율		다음의 자본에 비한 잉여가치의 비율	
		절대치	총자본에서의 백분율	노동의 가치	생활수단의 가치	가변자본	총자본
1	1,000	900	90%	50%	40%	100.0%	90.0%
2	2,000	1,400	70%	45%	34%	122.2%	85.5%
3	4,000	2,000	50%	40%	27%	150.0%	75.0%
4	8,000	2,400	30%	35%	20%	185.7%	55.7%

우리가 스미스에 따라서 이자율의 자본이득에 대한 비율을 고정된 것으로, 1:10 같은 것으로 가정한다면, 자본 이자는 1기에는 9퍼센트, 2기에는 8.6퍼센트, 3기에는 7.5퍼센트, 4기에는 5.6퍼센트에 달했을 것이다. 그러나 그러면서도 자본가가 횡령하는 잉여가치의 비율은 100퍼센트에서 2기에는 122.2퍼센트로, 3기에는 150퍼센트로, 4기에는 185.7퍼센트로 올랐을 것이다.

이 표에서 **자본이득은 노동 수확에 대한 노동자의 몫과 함께 떨어질 수 있음**을 알게 된다. 나아가 소비자로서의 노동자에 대한 착취는 늘어나면서도 그의 처지는 개선될 수 있다는 것을 알게 된다.

나는 나의 표의 전제조건들이 석기시대 자본가 등과 같은 전제조건들보다 더 실재적 성격을 띰에도 불구하고 그 표가 현실에 부합한다고 주장하기에는 캐리, 바스티아 등이 가진 대담성을 가지지 못한다. 그렇다면 바스티아의 공식에 유사하게 이렇게 주장할 수 있겠다. "자본들이 커지는 것과 같은 정도로 노동자가 총 산출물에서 차지하는 절대적인 몫이 커지고 그의 상대적인 몫은 줄어든다. 반면에 자본가의 몫은 두 측면에서 커진다. 그러나 이 상승은 은폐

되며, 달성된 잉여가치를 지출된 가변자본이 아니라 총자본과 비교함을 통해서 외관상 하락으로 탈바꿈된다." 이 법칙은 적어도 바스티아의 법칙과 마찬가지로 "위대하고, 경이롭고, 필연적이고, 불굴의 것"이며, 단지 그렇게 "위안을 주지" 않아서 부르주아지의 경제학자들에 의해서도 버림받는다. 유감스럽게도 노동의 가치 그리고 불변자본과 가변자본의 비율이 자본 이자의 하락과 함께 어느 정도로 사실상 달라졌는가 하는 문제는 오늘날의 통계 수준에서는 대답이 될 수 없으며, 그 해결책은 나중의 더 상세한 탐구에 유보된 채로 있을 수밖에 없다.

그렇지만 한 가지는 확실성을 가지고 위에서 든 표에서 나온다. 자본이득은 노임과 상관없이 떨어질 수 있다는 것. 이 하락은 노임의 상승을 통해서 마찬가지로 불변자본의 증대를 통해서 야기될 수 있다는 것이다. 이자율의 하락은 그래서 결코 캐리-바스티아에 의해 아주 호기롭게 요지부동한 것으로 통보되는 법칙, 즉 자본의 증대와 함께 노동 수확에서의 노동자의 몫은 절대적, 상대적으로 커진다는 것에 대한 증거가 아니다. 이런 위안을 주는, 필연적이고 불굴의 법칙은 우선은 도처에서, 그리고 어떤 대가를 치르고서도 조화를 찾아내기를 원하는 그런 자들의 신실한 바람 말고 다른 것이 아니다.

이처럼 낙관론자들이 더 나은 근거를 내놓지 못하는 동안 그리고 이는 그들에게 좀처럼 성공하지 못할 것인데, 그런 동안 **노임은 공급과 수요의 지배에서 항시 관습적으로 노동자의 부양과 증식에 필요한 것의 수준에 고착될 것이고 그럴 수밖에 없다**는 명제는 논쟁의 여지가 없는 것으로 남는다. **노임은 항구적으로 그것 위로 오를 수 없고 그것 아래로 낮아질 수도 없다. 이 법칙은 노동공급에서의 증대나 감소와는 무관하다.**

그렇지 않았다면 물론 맬서스의 제안을 받아들임을 통하여 노동자의 처지는 개선될 수 있었을 것이다. 그러나 그랬다면 노동의 공급을 축소하는 또 다른 해법, 또 다른 방식이 가능했을 것이다. 이는 공장법령들이다.

자본가는 인간이 아니라 인간 노동력에 대한 수요를 보유한다. 그러나 인간 노동력은 그 노동력을 체화하는 개인들에 따라 측정되지 않고 그 노동력들이 활동을 전개하는 시간에 따라 측정된다. 인간이 아니라 노동시간이 인간 노동력의 단위다. 이제 자본가가 매일 3천 노동시간이 필요하다고 가정한다면, 그는 15시간의 노동일에서는 200명의 노동자를 쓸 것이고, 10시간의 노동일에서는 300명의 노동자를 쓸 것이다. 노동자에 대한 수요는 이처럼 나머지 것에서는 동일한 정황에서 노동력에 대한 필요가 상승함 없이 두 번째 경우에 첫 번째 경우에서보다 훨씬 더 크다. 노동에 대한 수요가 상승하면 당연히 그 임금이 상승할 수밖에 없다. 짧은 정상 노동일의 도입을 통해 그래서 현존하는 노동자들의 과잉인구에 마법과 맬서스주의 없이도 종지부가 찍힐 수 있겠다. 이 결과는 어린이와 여성 노동의 제한을 통해 강화될 것이다.

공장 법률들은 노동자 신분을 위한 축복이 넘치는 결과를 수반했고 노동자가 그 개선과 확장을 위하여 끊임없이 투쟁할 만하다. 그러나 항구적 임금인상을 야기한 것은 아니다. 그것들은 맬서스주의이든, 노임을 인상할 어떤 수단이든 그런 수단이 현대 사회에서 가질 수밖에 없는 것과 같은 결과를 가졌다. 불변자본의 증대 그리고 자본주의적 생산양식의 가속화된 발달이 그런 것이다. 공장 법률들은 맬서스주의와 마찬가지로 단지 진통제일 뿐으로서 이는 노동자 계급의 형편을 결코 항구적으로 개선할 수 없을 것이다.

현대의 맬서스주의자들이 맬서스 자신보다 더 맬서스적이 아니었더라면, 우리는 맬서스주의에 관한 이 판단에 훨씬 더 쉽게 그리고 더 빠르게 도달할 수 있었을 것이다. 맬서스 자신은 말하자면 결코 그의 제안이 맬서스주의자들이 약속하는 효과를 가질지에 굳게 확신을 갖지 못한다. **맬서스를 통해 맬서스주의자들이 반박될 수 있다.**

"비천한 민중 계급들이 노동에 대한 그들의 공급을 불변하는 혹은 감소하는 노동자에 대한 수요 여하에 따라, 지금 그런 것과 같이 곤궁과 사망률을 증가시킴 없이 조정하기를 배웠다면, 우리는 필시 장래에는 노동이 단축되게 해 주는, 최근 몇 년 동안 아주 빠르게 진보한 작업 도구와 방법들의 완성이 지극히 부유한 사회의 모든 필요들이 신체적 노력의 지금보다 더 적은 지출로 마련되도록 하는 데 도달할 것이란 희망으로 자위해도 좋을 것이다. **이를 통해 오늘날과 같은 노동의 수고가 개별 노동자들에 부과되더라도 그들의 얼굴에 땀을 흘리며 일하는 자들의 수는 축소되어도 좋을 것이다.**"[120]

이처럼 노동부담의 축소가 아니라 노동자들의 축소, 다른 사람들의 노동으로 살아가는 자들의 증대, 이것이 맬서스의 제안이 실행된 결과로 나타날 일이다!

그러한 전망은 부르주아지에게는 마음에 들 수 있지만, 노동자들은 사회문제의 다른 해법을 찾아 주위를 둘러보는 것을 더 권할 만한 것으로 여길 것이다.

자본이 노동자를 사용하고, 노동자가 자본— 이는 그럴 때는 자본이기를 중단하고 단순한 작업수단이 될 개연성이 있다 —을 사용하지 않는 동안, 노동에 대한 자본의 수요에 노동자의 운명이 달린 동안, 노임은 항구적으로 노동력의 재생에 관습적으로 필요한 것 위에 있을 수 없다. 노동공급의 어떠한 축소도 노동에 대한 수요의 감소를 필연적으로 견인하여 이 수단에 의한 임금의 항구적 인상은 가능하지 않다. 총자본이 아주 가변적인 크기일 뿐 아니

---

[120] Malthus, E. s. l. p. d. p., p. 570, ed. St., p. 760.

라 게다가 총자본은 불변자본 부분과 가변자본 부분의 두 부분으로 쪼개지고 그것들의 크기 비율은 가변자본에 불리하게 아주 쉽게 이동될 수 있다. 그러한 이동은 현대적 생산양식의 지배에서 끊임없이 발생한다. 그런 것으로의 경향은 임금의 상승에 의해 강화되는 반면 저임금은 이를 약화한다.

맬서스주의자들이 원하는 혹은 노조활동가들이 원하는 바와 같은 인간 노동력 공급의 축소는 그래서 결코 원하던 성과를 가지지 못할 것이다. 노동자들은 이런 점에서 그들의 원하는 것을 할 수도 있다. 그들은 8시간의 정상 노동일을 도입할 수도 있고, 해외이주를 할 수도 있고, 결혼을 피하고 아예 자녀를 더 이상 낳지 않을 수도 있다. 자본은 항시 임금 인상을 막을 수단을 찾아낼 것이다. 기계에 기계를 발명할 것이고, 유럽 절반을 양 목장으로, 나머지 절반을 들짐승 보호구역으로 변화시킬 것이다. 그리고 불변자본의 증대가 더는 가능하지 않을, 생각할 수도 없는 경우가 등장하더라도, 발명의 재간이 풍부한 자본가는 임금 인상을 막아낼 줄 알 것이다. 그는 중국과 인도에서 쿨리를 들여올 것이고, 그 위에 필시 흑인들을 들여올 것이고, 이들이 여러 세기가 지날 동안 또한 맬서스주의자들이 되어 사멸에 가까이 있기까지, 자본가가 더 이상 인간 노동력을 어떤 땅 구석에서도 찾아낼 수 없게 될 때 비로소, 그때까지 원숭이를 노동하도록 길들이는 데 성공하지 못한다면, 노임은 필시 올라갈 것이다.

이 위안이 되는 전망을 노동자에게 맬서스주의가 제공해 준다!

제2장 악덕과 곤궁

내가 믿는 것처럼, 맬서스주의가 노동자의 계급 처지를 향상할 수 없다는 것은 증거를 가지고서 증명이 된다. 맬서스의 적극적 제안들의 추종자들에게는 이처럼 단지 또 하나의 입장을 수호하는 것만이 남아 있다. 결혼을 꺼리는 것이 노동자 계급 그 자체에게 아무 유익을 줄 수 없다고 해도, 이는 필시 사경제적인 면에서 개인의 형편을 더 쾌적하게 만드는 데는 권고할 만하다. 절약과 소비연맹의 참여가 국민경제적 측면에서 노동자에게 효과가 없는 채로 있을 수밖에 없으면서, 사경제적인 면에서는 그 둘이 아주 잘 권해질 수 있는 것처럼 이는 필시 여기서도 해당이 된다.

노동자는 가족을 편안하게 부양할 수 있다는 확신이 들기 전에는 결혼해서는 안 된다고 맬서스주의자가 말한다. 그는 이를 통해 슬픔과 근심의 무거운 짐을 스스로에게서 벗기게 된다. 그뿐 아니라 그가 경솔하게 이미 모태에서 곤궁과 결핍을 겪도록 저주받은 인간 존재들을 태어나게 불러낸다면 그는 심지어 범죄를 저지르는 것이란 것이다.

로셔는 이렇게 외친다. "무수한 필요를 가지고 불멸의 영혼을 가진 한 아이를 낳는 것은 얼마나 별난 일인가, 이는 확실히 보통의(!) 인간이 그의 생애에서 행할 수 있는 가장 파장이 큰 행동이며, 그럼에도 불구하고 사람 대부분에 의해 완전히 경솔하게 행해진다."[121]

자녀들의 이익은 이처럼 우선적으로 맬서스주의가 대표하는 것이다. 그들의 이익이 되도록 사람은 가능한 만큼 늦게 결혼해야 한다. 아무튼, 그가 가족을 부양할 수 있기까지보다 더 먼저는 안 된다.

그러나 이 시점이 언제 등장하는가? 그가 그의 사망 후 그의 가족이 그 연금으로 살아가게 허락해 주는 재산을 모았을 때 비로소 결혼해야 하는가? 이는 유럽의 존재하는 인구를 사멸상태로 두는 것일 것이다.

그래서 사람은 적어도 그가 그의 소득으로 자신과 자신의 가족을 편안하게 부양할 수 있기까지는 더 먼저 결혼해서는 안 되는가? 그러한 '영리한' 관습이 수반할 결과를 탐구해 보자.

그 사람은 아무튼 그가 자신의 결혼에서 기대하는 자녀들을 성년이 되기까지 스스로 교육하고 부양할 수 있을 만큼 충분히 오래 살리란 희망이 있는 나이에 결혼해야 한다. 이른 시기에 고아가 된 아이들은 보통 다소간에 어느 정도로 타락하기 쉽고 아주 가난한 살아 있는 양친의 자녀들보다 훨씬 더 불행하기 쉽다. 물론 맬서스주의자들은 그러한 상태를 초래하기를 원하지 않을 것이다. 아들들과 딸들이 그때까지 이끄는 손길을 필요로 하는 나이의 최소한으로 간주할 수 있는 것은 스무 살이다. 평균적으로 한 건의 결혼에 네 명의 자녀가

---

121 Roscher, d/ Gr. d. N., p. 552. 이 인용문에 쇼펜하우어의 주장을 대치시켜 비교해 보는 것은 흥미롭다. "모든 주관적 걱정 없이, 욕망과 신체적 강박 없이 단지 순수한 숙고와 냉정한 의도로 한 사람을 그가 세상에 있도록 세상에 내놓는 것—이는 도덕적으로 아주 심각한 행동일 것으로서 물론 단지 소수만이 자처하는 일일 것이며, 이에 대해 필시 그것의 단순한 성적 충동으로부터의 생식에 대한 관계는 냉정하게 숙고된 살인이 분노 중에서의 타살에 대해 가지는 관계와 같다고 말할 수 있을 것이다." A, Schopenhauer, Parerga und Paralipomena, 2. Aufl. Berlin 1862. II. p. 339.

나오며, 이들은 10년에서 12년의 기간 안에 태어나는 경향을 지닌다. 결과적으로 어떤 결혼이든 불행한 자녀의 수를 늘리지 않으려면 평균 30년 동안 지속해야 할 것이다.[122] 그러한 수명을 카스퍼(Casper)의 연구에 의하면 유복한 자는 30세에 대면할 개연성이 겨우 반을 넘으며, 가난한 자는 오직 20세까지만 대면할 개연성이 반을 넘는다.[123] **그 사람이 행복한 가정을 이룰 개연성을 대면하고자 한다면 그는 20세에서 30세 사이에 결혼해야 한다.** 이 시기에 이미 오늘날 대부분의 결혼서약이 행해진다. 이처럼 맬서스주의자들이 결혼의 또 한번의 연기를 요구한다면 그들은 과부와 고아들의 수를 늘리기를 원하는 것이다. 40세에는 유복한 자의 개연적인 잔여 수명은 20–25년이고, 가난한 자의 그것은 단지 15–20년에 달한다. '결혼과 관련하여 영리한 관습'의 만연함은 이처럼 곧 모든 어린이의 절반이 고아들로 이루어지는 결과를 가지게 될 것이다. 맬서스주의는 우리에게 그래서 이런 양자택일을 제시한다: 문명화된 인류의 사멸이냐, 모든 어린이의 절반의 고아로의 전환이냐 하는 것이다. 고아들은 그들 스스로가 짐이며, 사회에 악덕과 곤궁의 원천인 것이다.

맬서스주의는 이런 식으로 어린이들의 이익을 수호한다.

그러나 이는 늦추어진 결혼이 후손의 운명과 관련하여 수반하는 유일한 폐해는 아니다.

우리는 그것의 결과가 국가권력이 그 신민들을 맬서스주의자가 되도록 강제하고 싶어 한 국가들에서 초래되는 것을 명료하게 본다.

1868년 10월 1일까지 바이에른에서 결혼은 비상하게 어려웠다. 바르템베르크

---

[122] Vgl. Horn, Bevölkerungswissenschaftliche Studien aus Belgien, Leipzig 1854, I, p. 187.

[123] Kolb, H. d. v. St., p. 833.

와 바덴에서도 사정이 같았다. 봉건제가 아직 그대로 온존하는 메클렌부르크에서 농민들은 그 영주들의 허락 없이는 결혼할 수가 없다. 그 결과는 무엇인가? 사생아 출산의 수는 모든 출생자의 백분율로 바이에른에서 다음에 달했다.

연도	비율
1826/27년 – 1830/31년	19.48%
1831/32년 – 1835/36년	20.72%
1836/37년 – 1840/41년	20.86%
1841/42년 – 1845/46년	20.51%
1846/47년 – 1850/51년	20.73%[124]
1851년 – 1855년	20.86%
1856년 – 1860년	22.83%[125]
1861년 – 1868년	22.2%

이와 달리 1868년부터는 다음과 같았다.

연도	비율
1868/69년	17.9%
1869/70년	16.4%
1871년	15.2%
1872년	14.4%[126]

뷔르템베르크에서 사생아 수는 모든 출생자의 백분율로 다음에 달했다.

---

[124] Wappäus, allgemeine Bevölkerungsstatistik, e. VIII.
[125] Legoyt, 1. Fr. et l'étr., II. p. 431.
[126] Kolb, H. d. vgl. St., p. 198.

연도	비율
1836 – 40년	11.45%
1841 – 45년	11.32%
1846 – 50년	11.79%
1851 – 55년	12.74%
1856 – 60년	15.53%
1861 – 65년	16.42%[127]

바덴에서 사생아 수는 모든 출생자들의 백분율로 다음으로 계수되었다.

연도	비율
1833 – 42년	14.9%
1843 – 53년	15.08%
1853 – 55년	18%

그러나 주민등록을 제한하는 법률들의 폐지 이래 기분 좋은 개선이 표시될 수 있다. 1868년에 아직 12.76%이던 사생아 출산이 1872년에는 9.4%로 낮아졌고 1873년에는 9.2%로 낮아졌다.[128]

메클렌부르크에서는 사생아 출산의 합법적 출산에 대한 비율은 다음과 같았다.

---

127 Oettingen, Moralstatistik, p. 295.
128 Kolb, H. d. vgl. St., p. 227.

연도	비율
1795년	1:17.6
1820년	1:10.8
1830년	1:9.0
1840년	1:7.0
1845년	1:5.7
1852년	1:4.7
1859년	1:4.8
1861년	1:3.8
1862년	1:3.9
1864년	1:3.8

1851년에는 260개 마을에서 출생자의 3분의 1이 사생아였고, 209개 마을에서는 절반 이상이 사생아였고, 79개 마을에서는 결혼을 어렵게 만든 결과로 사생아만 생겨났다고 한다.[129]

유럽 전체에서 혼외 출산은 모든 출산의 7퍼센트에 달하고, 혼외 출산이 결혼 출산에 대해 1:13.5의 비율을 이룬다.[130] 결혼의 곤란화가 효력을 지니는 나라들이 혼외출산 비율에서 얼마나 평균을 능가하는지를 알 수 있다.

그렇지만 결혼의 곤란화의 결과들은 스위스의 두 칸톤인 글라루스와 루체른에서 가장 두드러지게 된다.

루체른에서는 242명의 주민 중 결혼은 한 건이 되고, 글라루스에서는 95명

---

129 Kolb, H. d. vgl. St., p. 153.
130 Oettingen, Moralst., p. 290.

의 주민 중 결혼이 한 건이 된다.[131]

그 때문에 비혼 출산의 수는 루체른에서는 모든 출산 수의 15.15%이고 글라루스에서는 1.21%이다![132]

이런 이야기는 물론 명료성에서 더 바랄 여지는 없다.

결혼의 감소로 비혼 출산의 수는 늘어난다. 그러나 많은 수의 사생아는 사회에 불행이다. 나는 그것이 부도덕의 증거라고 주장하지는 않고자 한다. 반대로 높은 비혼 출산 수는 정황에 따라서는 인륜 도덕의 증거로 간주할 수 있는데, 이는 부도덕은 통상적으로 자녀를 세상에 내보내지 않기 때문이다. 그러나 사생아들은 고아들보다 훨씬 더 높은 정도로 악덕과 곤궁의 원천이다. 사생아의 어머니는 현대 사회에서 자기 자식을 잘 양육하고 교육할 능력을 거의 갖추지 않는다. 그 어머니가 하층 신분에 속한다면 그에게는 그럴 수단이 없고 그가 '좋은' 사회의 구성원이라면 '덕스러운 자'로 남아서 자신의 '과오'를 들키지 않으려고 자기 자식을 자질구레한 일에 그다지 신경 쓰지 않는 낯선 사람들에게 양도해야 한다. 비혼 출생아들은 그러면 "어떤 점에서나, 신체, 정신 그리고 인륜 도덕상 전체적으로 허약한, 다소 후패(朽敗)한 족속이다. 그들이 비혼의 불법적인 출생에서 나왔다는 단순한 사실은 그들에게는 출생 전에처럼 이후에도 그리고 전 생애를 통해 질병과 죽음의 강력한 원인이 된다. 전체의 발병 합계나 이환율에 대해 각 나라의 사망자 수에 대해서처럼 그들은 해마다 아주 상당한 그리고 게다가 상시적으로 상승일로에 있는 사람 수를 제시하는데, 정신병들, 저능에 대해서처럼 통상적인 발병자들에 대해서,

---

131 Hausner, vergleichende Statistik von Europa, Lemberg 1865, I, p. 187 ff.

132 Legoyt, l. Fr. et l'étr., II, p. 434.

온갖 범죄에 대해서처럼 자살에 대해서 그러하다. 그 수에 비하면 그들은 다른 자들보다 훨씬 더 빈번하게 우리의 공공시설들, 조산원 및 고아원에서부터 양로원과 감옥 속까지를 채우며, 동시에 공적 자선사업의 희생 제물인 것처럼 짐이 된다. 왜냐하면, 그들 중 상당 부분이 그들의 어머니와 마찬가지로 그 안에서 몰락해 가기 때문이다."[133]

결혼의 곤란화는 이처럼 곤궁을 줄이지 않는 것만이 아니라 이를 심지어는 늘린다.

하지만 그렇다면 결혼 빈도를 늘리지 않으면서도 비혼 출산의 수를 줄일 단순한 수단이 있는가? 우리는 매춘을 가지지 않는가?

매춘. 이것도 사회문제가 된다.

맬서스 자신은 결연하게 매춘에 찬성하는 발언도 반대하는 발언도 하지 않게끔 충분히 영리하다.

그는 이렇게 말한다. "영(Young) 씨가 주장하기를 내가 미혼 기간의 완전한 순결을 나의 계획의 성공을 위해 무조건 필요한 것으로 요구한다는 것이다. 그것은 그렇지 않다. 가장 완전한 덕성은 의심할 바 없이 인간이 그 자신의 생활양식에 의존하는 모든 정신적이고 신체적인 악을 회피할 능력을 갖추게 하는 데 필요하다. 그러나 누가 언젠가 지구상에서 완전한 덕성이 지배하리라 희망했는가? 우리가 우리 자녀들을 부양할 능력을 갖추기 전에는 결혼하지 않는 것이 우리의 의무이고 방탕한 열정에 몰두하지 않는 것이 마찬가지로 우리의 의무임을 결연히 옳다고 본다. 그러나 나는 어디에서도 이 의무 중 이것이나 저것이 완전히 충족되리라 기대한다고 말한 적이 없다. **더구나 그 둘이 한꺼번에 충족된다고는 말한 바가 없다. 필시 여기서, 흔히 그러하듯이 두 의무 중 하나의**

---

133 Oesterien, medizinische Statistik, p. 200 bei Oettingen, M., p. 286.

훼손이 다른 하나를 더 쉽게 실행할 능력을 부여할 수 있다. 하지만 그 두 의무가 우리에게 정말로 부과되고 그 둘이 동시에 준수될 수 있다면, 지상의 어떠한 심판관도 그것들을 훼손한 자들을 무죄로 방면할 수는 없다. 지혜를 가지고서 죄와 유혹을 서로 견주어 보고 그의 정의로운 판결을 무한한 자비로써 완화할 신만이 이런 권리를 가진다."[134]

맬서스는 이처럼 일을 아주 간단하게 본다. 그는 단순하게 이렇게 말한다. "역사는 내게 아무 상관이 없으니, 신이 결정하시는 것이다."

'도덕이란 유령'에 맞서 싸움에 나서는 근대의 문필가들은 덜 신중하게 나선다. 율리우스 퀸(Julius Kühn)은 이렇게 말한다. "매춘은 단지 용인할 것이 아니라 필요한 악이다." 그것은 존재할 수밖에 없는데, "왜냐하면 부인들을 부정(不貞)에서, 미덕을 공격에서 그로써 타락에서 보호하기 때문이다."[135] 그리고 휘겔(Hügel)은 이렇게 생각한다. "매춘은 사회의 **필요불가결한 요소**로 드러난다. 매춘을 통해 혼외의 동침에 의존하는 개인들에 그들의 가장 활발한 자연충동의 만족이 가능해지며, 이로써 그것이 필요불가결함을 논박할 수 없다면 수많은, 인간의 품위를 더럽히고 생명력을 침해하는 부자연스러운 성적 만족이 방지되고 부부의 잠자리가 간음에서 지켜지고 수천의 소녀들이 탈선과 치욕에서 보호된다."[136]

무도덕은 이처럼 도덕을 촉진하고, 악덕은 미덕을 촉진한다!

속물의 제한된 입장에 따르자면 오직 사람은 사실적으로만 부도덕할 수 있

---

134 Malthus, Essai s. l. p., p. 600.

135 Dr. J. Kühn, die Prostituzion im 19. Jahrhundert, vom sanitätspolizeilichen Standpunkt. Leipzig 1871. p. 29.

136 Hügel, zur Geschichte, Statistik u. Regelung der Prostituzion. Wien 1865. p. 78.

고 바람에서는 그럴 수 없는데, 그런 입장에 선다면 물론 매춘은 미덕을 보호할 수 있는 탁월한 수단이니, 왜냐하면 '현명한 관습'에 따라 결혼을 하는 것이 허락되지 않는 그런 젊은 사내들이 자연스럽게 어엿한 소녀들보다 차라리 매춘여성을 향해 가서 자신들의 성욕을 충족시키기 때문이다. 그러나 이를 통해 도덕성이 상당히 촉진되는지는 아주 의문이다. 매춘여성과의 빈번한 접촉 그리고 행실이 바른 소녀와의 교류를 어렵게 함은 남자에게서 여자에 대한 일체의 존중을 침식하고 그가 여자를 오직 자신의 감각적 탐욕의 대상으로 삼는 데 익숙해지게 할 수밖에 없다. 그는 경박하고, 경솔한 사고방식에, 그리고 결국 지조 없음에 익숙해진다. 대도시의 젊은이들을 알게 될 기회를 가진 자라면, 그가 그들의 생각에 또한 이미 전염된 것이 아니라면, 그들의 사고방식과 언어방식의 잔혹성과 비열함에 관해 경악할 수밖에 없다. 우리의 귀공자들의 유일한 대화거리는 음담패설과 외설 이야기들에 있다. 품행이 바른 사람의 얼굴을 붉게 할 수밖에 없는 행위를 저지른 것으로 과시한다. 매춘자와 거래하는 것은 젊은이들을 도덕성을 잃게 하고 거칠어지게 한다. 그것이 젊은이들의 도덕성을 지켜주어야 하는데, 젊은이들에게서 일체의 고상한 감정을 질식시키는 것이다. 그러나 이 부도덕은 공개적으로 드러나지 않으므로, 외적인 결과 없이 있으므로, 편협한 두뇌들이 매춘을 미덕의 촉진자로 찬양하는 것이다.

  그렇지만 바깥양반들은 그들이 매춘이란 하수도를 통해 모든 악한 욕망들이 그들의 부인과 딸들을 건드리지 못하게 한다고 믿는다면 자신을 속이는 것이다. 매춘이 존재하지 않을 때 물론 성욕은 결혼할 능력이 없는 남자들이 그들의 연인인 여성과의 혼외의 공동체로 몰아간다.― 여기서 비혼 자녀들은 모든 제한을 돌파하는 강력한 격정, 순수한 사랑의 결과다 ―이 격정은 매춘을 통해 다른, 당연히 '더 나은' 길로 유도되며 '비치욕적'으로 만들어진다.

그러나 매춘은 그것 자체로부터 소녀의 미덕에 격정적 사랑보다 훨씬 더 큰 위험을 낳는데, 이는 탕아의 존재다. 거만한, 지조 없는 탕아에게는 매춘은 그의 성욕의 충족을 위해 충분치 않으며 그는 성욕을 다른 방식으로 충족시키려고 한다. '여자들의 정숙'과 '소녀들의 미덕'은 그의 앞에서 보장되지 않으며, 오히려 그것들이 그를 유혹한다. 묶이지 않은 격정이 아니라 경박한 감각의 자극, 흔히 오직 자만심이 그에게 소녀를 온갖 탈선의 기법으로 매혹하고 '타락시키도록' 몰고 간다. 이 경우에 그 소녀는 정말로 망했는데, 이는 그의 과오가 순수한 사랑이 아닌 부도덕한 사랑의 결과이기 때문이다. 그리고 그 결과는? 첫 번째 경우에 그 소녀는 필시 그 자신만큼 무죄한 유혹자에 의해 버려지지 않지만 물론 두 번째 경우에는 버려졌다. 탕아가 자신의 목적을 달성하면서 곧바로 아무것도 더 이상 그를 구속하지 않고 그는 새로운 희생 제물을 향한다.

이런 식으로 매춘을 통해 소녀들의 미덕, 부인들의 정절이 지켜진다.

매춘이 그것에 있다고 보인 효능을 실제로 가졌다면 매춘이 유일하게 출몰하는 대도시들에서 비혼 출생의 수는 이 하수도가 존재하지 않는 농촌 들녘에서보다 훨씬 더 적을 것이다.

그러나 출생자 총수 중에 비혼 출생자 수는 지역별로 다음에 달했다.

국가	도시	농촌
프랑스	15.13%	4.24%
네덜란드	7.71%	2.84%
벨기에	14.49%	5.88%
스웨덴	27.44%	7.50%

덴마크	16.05%	10.06%
슐레스비히	8.38%	6.37%
홀슈타인	15.50%	8.74%
프로이센	9.80%	6.60%
하노버	17.42%	9.06%
작센	15.39%	14.64%

프랑스에서는 매춘과 더불어 비혼 자녀들의 수가 늘어난다. 매춘은 파리에서 가장 번창하고, 농촌 들녘에서 가장 적게 번창한다.

그러나 100건의 출생 중에 비혼 출생 건수는 연도별 지역별로 다음과 같다.

[137]

연도 분류	1861	1862	1863	1864
세느 데파르트망	26.53	26.08	26.38	25.76
나머지 도시들	12.00	11.18	11.47	11.42
농촌 들녘	4.32	4.38	4.39	4.42

매춘 통계는 다채로운 난점들과 싸워야 하며, 대체로 이는 이 직종이 비밀리에 영위되는 그 비밀성에서 나오는 것이다. 이런 점에서 여러 도시의 비교는 이미 행정 감독의 차이로 인해 부적절하다. 그러나 매춘의 확대가 결코 비혼 출생건의 감소를 야기하지 않는다는 것만큼은 별로 알려지지 않은 수치들에서 알 수가 있다.

---

137 Legoyt, la Fr. et l'étr., II. p. 437.

도시별로 합법적 출생 대비 비혼 출생 건수, 매춘녀 수와 주민 수 대비 매춘녀 수를 다음과 같이 집계했다.

138

국가	연도	혼외 대비 합법출생 건수	연도	매춘녀 수	매춘녀 대비 주민 수
런던	1866	24.64	1860	30,801	91
함부르크	1861	7.26	1860	3,750	48(!)
베를린	1864	5.70	1863	9,653	62
마드리드	1862	4.81	1861	1,280	240
드레스덴	1861	4.55	1858	500	236
파리	1869	2.49	1861	6,846	247
빈	1869	1.00	1862	3,310	159
뮌헨	1861	0.95(!)	1858	616	220

평균하면 유럽에서 1명의 비혼 자녀에 대해 13.5명의 합법 자녀가 있다. 거명된 도시 각각은 런던을 제외하고는 이 평균을 넘지 않는다. 거기서 정말로 매춘이 미덕을 촉진한 것인가?

비혼 출생에 관한 영국 통계의 타당성은 아주 문제가 있는데, 이는 출생 신고가 의무가 아니고, 나아가 바로 영국에서 출생 전이나 후에 '과오'의 결과들을 제거하는 관습이 널리 퍼져 있기 때문이다. 이런 경우들의 최소의 것이 관청의 인지에 도달한다. 그러나 이 원인들은 비혼 출산의 들어 본 적 없는 작은 수치를 설명하는 데 충분하지 않으며, 그래서 매춘도 역할을 하는

---

138 Vgl. Hausner, vgl. St., I. p. 179, p. 222.

것일 수밖에 없다고 인정된다. 하지만 어떤 방식으로 역할을 하는가! 위에서 주어진 매춘여성 숫자는 오직 경찰에 등록된 자들에만 준거하며, 공식적인 수치들이다. 실제로 매춘을 하는 자들의 수는 물론 결코 정확히 확정될 수 없다. 예를 들어 파리에 대해서는 약 3600명의 '등록된 여성'을 둔 142개소의 유곽(遊廓)이 있다고 했다. '신고하지 않은 여성들'의 수는 그러나 3만-10만으로 산정되었다.[139]

런던에서도 그러하다. 8만 명의 여성들이 그곳에서는 매춘에서 주업 혹은 부업을 구하며 리언(Ryan)과 탤봇(Talbot)에 따르면 전체적으로 7명의 여자 주민당 한 명의 공공창녀가 있으며, 하층 신분들에서는 3명의 품위 있는 소녀당 한 명의 매춘여성이 있다.[140]

그러나 매춘여성들에서는 임신자들은 드물다. 이런 식으로 런던에서 비혼 자녀들의 수는 낮게 유지된다.

1860년에 15세에서 40세 사이의 여성 9명에 하나는 매춘여성인 함부르크에서도 그 효과는 비슷하다![141]

런던에서 전체 여성 인구가 매춘에 바쳐졌더라면 비혼 출생 건수는 거의 0이 되었을 것이며, 그래서 퀸(Kühn), 휘겔 같은 이들의 논리에 따르면 어디에서도 '소녀들의 미덕과 여성들의 정절'이 런던에서만큼 잘 지켜지지 않았을 것이다.

매춘을 미덕의 방패로 상정하는 자들은 그것이 충족되지 않은 성욕의 결과라는 견해에서 출발한다. 이는 틀린 것이다. 충족되지 않은 성욕은 단지 작은 정도로만 매춘여성에 대한 수요를 낳고, 더 작은 정도로 이들의 공급을 낳는다. 압도적인 대부분에서 이 공급은 궁핍과 곤궁에 의해 만들어진다.

---

139 Oettingen, M., p. 179.
140 Hügel, z. G. St. u. R. d. Pr., p. 81. Oettingen, M., p. 178.
141 Oettingen, M., p. 178.

파랑-뒤샤틀레(Parent-Duchatelet)는 5,183명의 매춘여성 중에

1,425명의 연인에 의해 버려진 동거녀,

404명의 군인에게 유혹되어 파리로 도주한 여성,

289명의 주인에 의해 욕보임을 당한 하녀,

1,441명의 전반적으로 결핍과 곤궁 때문에,

1,255명의 부모가 없고 완전히 의지할 데 없어서,

37명의 늙은 부모를 봉양해야 해서,

29명의 동생들을 부양해야 해서,

23명의 자기 자녀를 교육할 수 있기 위해 매춘에 희생 제물이 된 여성들을 발견했다.

같은 것을 파랑-뒤샤틀레의 다른 표 하나가 가르쳐 주는데, 이 표에 따르면 여성 노동은 특별히 타락시키는 작용을 하는 것으로 보인다. 그가 직업상의 직위를 조사한 3,084명의 소녀들 중에

1,559명의 침모와 모자 제조공,

859명의 공공 판매원,

285명의 가장자리 장식 작업자와 머리 땋는 여성,

284명의 세탁여성과 옷 수선업 종사 여성,

98명의 공장노동자 여성,

16명의 여자 배우 그리고 단지 3명의 좀 유복한 여성으로서 300에서 1,000프랑의 연금을 받는 여성이 있었다.

거의 같은 직업 분포를 트레뷔셰(Trébuchet)와 푸아라-뒤발(Poirat-

Duval)도 발견했다.[142]

매춘여성에 대한 수요는 대부분이 과잉과 사치에 의해, 게으름과 부(富)에 의해 초래되는데, 이 부는 일체의 향락을, 사랑마저도 구입 가능한 것으로 간주하는 것이다.

휘겔은 매춘의 가장 특출한 원인으로서 다음의 것들을 든다.

1항, 소녀들 전반의, 특별히 하층 민중 계급 출신 소녀들의 열악한 교육

2항, 그들을 나중에 버리는 부모, 연인에 의한, 부유한 호색가 혹은 뚜쟁이들에 의한 소녀들의 타락

3항, 물적 궁핍으로, 특별히 실업, 여성 노동에 대한 불충분한 임금, 기술적 숙련이 부족하면서도 약한 신체구조로 인해, 소녀들을 쓰는 것이 더 힘든 직무수행에도 더 쉬운 직무수행에도 종사가 가능하지 않은 결과로 인한 물적 궁핍.

4항, 여성들의 교태, 그러나 이는 드물게만 돈으로 살 수 있는 매춘의 범주로 빠지게 한다.

5항, 포주들 그리고 뚜쟁이들의 연락원들

6항, 행상, 술집 종업원 같은 경우처럼 여성인원들에 의한 많은 직종의 영위, 특정 서비스의 실행

7항, 작업장과 공장에서의 어린이들과 성년들을 혼합해 놓는 것.

8항, 결혼하기 어려움

9항, 정책적 결혼 동의

10항, 재산소유 계급의 성적 방탕이 사회를 고통과 모멸로 가득 채우는 다

142　Oettingen, M., p. 194.

양한 부도덕한 가해 행위들에서 중요한 역할을 한다.

11항. 향락 추구, 노동기피, 사치와 과시의 성향, 치장벽, 주벽, 돈에 대한 탐욕, 태만 등등.

12항. 매춘여성들의 나쁜 예

13항. 뚜쟁이질(매춘알선)

14항. 이혼. 많은 갈라선 여성들이 남편으로부터 아무런 생활비도 보조받지 못하거나 혹은 기껏해야 미미한 생활비 보조를 받으므로, 그들 중 다수가 특히 여러 자녀를 부양해야 할 경우에는 궁핍에서 매춘에 나선다.

15항. 혼외자녀 출신. 리페르트(Lippert) 박사에 따르면 매춘여성 중 30%가 혼외자녀 출신이라는 것이다.

16항. 정실경제와 내연관계

17항. 여성의 감옥과 구빈원에서의 장기 체류

18항. 윤택한 생활에 이어지는 빈곤화

19항. 결혼 욕구. 작은 자본을 저축하여 그 도움으로 남편을 차지할 생각을 하여 매춘에 투신하는 소녀들이 있다.

20항. 아주 감각적인 성격의 거센 성욕(님포마니아)[143]

20항, 9항, 8항 그리고 4항, 그중에서도 4항과 20항은 단지 안 보일 정도로 작은 수만이 생겨나는 것인데, 이것들을 제외하고 다른 원인들은 한편으로는 곤궁과 무지, 다른 한편으로는 과잉과 부패로 소급된다.

자본주의적 생산양식이 어린이와 여성 노동을 촉진하고 중간계층을 점점 더 제거하면서, 그래서 한편으로 프롤레타리아의 합계를, 다른 한편으로 향

---

143 Hügel, z. G. St. u. R. d. P., p. 206 ff.

유수단의 합계를 점점 더 높이면서, 그것은 매춘의 발달도 촉진한다.

가장 두드러진 것은 베를린에서의 공적 매춘의 성장이다. 그곳에서는 연도별로 다음과 같이 계수되었다.

[144]

연도	매춘여성 수	연도	매춘여성 수
1859	6,380	1866	11,755
1860	7,035	1867	12,491
1861	7,866	1868	13,610
1862	8,732	1869	14,362
1863	9,724	1870	11,382
1864	10,450	1871	15,064
1865	10,919		

파리에서 경찰서에서 공적 허신(許身)의 면허를 구한 그런 소녀들의 월별 등록 건수는 연도별로 다음에 달한다.

연도	월 평균	연도	월 평균
1827	2,471.91	1839	3,969.16
1828	2,663.00	1840	3,927.75
1829	2,843.16	1841	3,886.25
1830	3,028.08	1842	3,840.75
1831	3,260.66	1843	3,820.50
1832	3,558.25	1844	3,861.66

---

144 Oettingen, M., p. 180. 1870년의 감소는 전쟁의 결과였다.

1833	3,723.00	1845	3,966.58
1834	3,781.83	1846	4,159.58
1835	3,813.25	1847	4,285.16
1836	3,817.58	1848	4,274.83
1837	3,875.33	1849	4,167.91
1838	3,990.08		

보나파르트주의 경제의 출범 이래 매춘은 감소한 것처럼 보이는데, 이는 아주 놀라움을 주는 것이겠다. 바로 이 시기에서의 급속한 산업주의 그리고 흥청망청함과 부패 확산의 발달을 감안할 때 그렇다는 것이다. 매춘의 감소는 역시 단지 외관상의 것일 뿐이고 일정한 친화력의 결과로 매춘을 아버지의 시선으로 관찰한 보나파르트 체제의 더 적은 엄격함을 통해 쉽게 설명될 수 있다. 경찰에 등록된 소녀들의 수는 감소하기는 했지만 그럴수록 비밀 매춘은 높은 수준으로 더욱 번창했다. 통계적으로 그것의 규모는 정할 수 없지만 체포된 '명령에 따르지 않은 여성들'의 수에 따라 이를 추산할 수 있다.

1855년 이래 파리에 대한 수치들은 다음과 같이 밝혀졌다.[145]

연도	(월별) 등록 여성 수	(월별) 체포된 명령 불복종 여성 수	합계
1855	4,360	1,323	5,683
1860	4,199	1,650	5,849
1865	4,249	2,255	6,504
1866	4,225	1,980	6,213

---

145 Oettingen, M., p. 183, 184.

1867	4,003	2,018	6,021
1868	3,861	2,077	5,938
1869	3,769	1,999	5,768
1870	3,731(?)	2,641(?)	6,372(?)
1871	3,656(?)	(?)	–
1872	3,072(?)	2,935	6,007

1870–71년에 대한 수치들은 당연히 신뢰할 수 없다.

이 수치들로부터 뚜렷하게 비밀 매춘의 성장을 볼 수 있으며 이에 관하여 단지 한 조각만이 확인될 수 있다.

정말로 충족되지 못한 성욕이 매춘의 원인이었다면, 프랑스의 농촌 들녘에서는 매춘이 파리에서보다 더 널리 퍼졌을 것이다.

지역별로 다음과 같이 계수되었다.

[146]

연도 지역	결혼 1건당 주민 수		100건의 출생 당 비혼 출생 수	
	1860	1861	1860	1861
세느 데파르트망	101	108	26.00	26.53
농촌 들녘	129	123	4.04	4.32

파리에서는 농촌 들녘에서보다 비혼 자녀 수처럼 결혼 건수가 훨씬 더 많다. 성욕을 만족시킬 기회는 훨씬 더 광범위하다. 그럼에도 불구하고 파리에서는 매춘이 과도하게 번창하고 농촌 들녘에서는 매춘의 자취가 거의 없다.

---

146 Legoyt, l. Fr. et l'étr., II. p. 39, p. 42.

만족되지 않은 성욕이 매춘을 활용하기는 하나, 이를 초래하지는 않으므로 결혼의 용이화와 권장은 매춘을 역시 제거할 수는 없다. 마찬가지로 매춘의 추적을 통해 이 목표에 도달하는 것도 아닌데, 이를 통해 악폐를 단지 비밀의 것으로, 그리고 그럴수록 더욱더 위험한 것으로 만들게 된다. 매춘을 세상에서 추방할 **단 한 가지 길**이 있다. 이는 한편으로 무지와 곤궁을, 다른 한편으로는 부패와 과잉을 제거하는 것이다. 그럴 때라야 비로소 아무도 자신을 팔도록 강제당하지 않기까지, 아무도 동료 인간을 구매할 힘을 가지지 않기까지 매춘은 사라질 것이다. 매춘을 억누르려는 이제까지의 모든 시도 중 가장 많은 성공의 전망을 제공한 것은 그래서 1871년의 파리 코뮌의 시도였다. '사람 장사꾼의 역겨운 거래의 폐지'에 대한 코뮌의 결의는 그러나 서류에 남았는데, 이는 거룩한 질서가 19세기의 야만인들을 이겼기 때문이다. 결혼, 가족 그리고 소유권의 구원자들과 더불어 매춘도 다시 개선하며 파리로 입성했다.

부르주아지에게 매춘은 그들이 일관적이고자 한다면 그들이 박멸시킬 **수 없을** 뿐 아니라 또한 결코 박멸시키고 싶어 **해서는 안 되는** 직종이다. 근대 직업활동의 자유와 근대의 재산권은 매춘업의 실행에 대한 권리를 주며, 자신의 신체 또한 그 대상으로 삼는 재산권을 사용하고 오용할 권리를 준다. 휘겔은 다음과 같이 생각하는 경우에 근대 사회의 필연적 귀결만을 끌어내는 것이다. "직업적인 그리고 적절히 규율되는 매춘이 왜 허용되어서는 안 되는지는 알아내기가 도무지 어렵다. 인간들은 불안정한 형편에 따라 그들이 신체적, 기술적, 정신적 그 밖의, 심지어 부도덕한 특성들에서 자기 자신의 것으로 명명하는 모든 것을 사용한다. 그들은 자기들의 근력을 노동자, 헤라클레스 연기자, 가마꾼처럼 사용한다. 오르간 페달꾼들처럼 신체 중량을 사용한다. 간병인들처럼 그들의 잠을 사용한다. 가수와 배우들처럼 그들의 음성을 사용한다. 무용수처럼 그들의 유연성과 사지를 사용한다. 목과 폐의 예술적인 날숨과 들숨을 사용한다, 음악가처럼 그들의 기술적 손가락 숙련 등을 사용한다. 다양한 수공업자들처럼 습득한 역학적 숙련을 사용하고, 문지기들처럼 인내심이라 명명되는 느긋함(agio)과 아울러 그들의 인물을 사용하고, 부유한 나이 많은 여인과 결혼하는 젊은 남자들처럼 신체적 혹은 사회적 자극을 사용하고, 보호라는 이름으로 그들의 영향력을 사용하고, 모든 학부의 젊은이들처럼 그들의 정신적 능력을 사용하고, 아니 심지어는 의사들과 군인들처럼 그들의 생명을 사용하고 하니, 그 공급을 통해 일정한, 떨쳐버릴 수 없는 인간의 욕구들이 자연적인, 인륜적 가족 동아리를 타락에서 지켜주는 만족을 발견한다면 감각적 향유를 사용해도 된다는 것도 왜 허락되어서는 안 될까?"[147]

이런 인륜적인 가족 동아리 중에 부르주아지의 가족 동아리들 말고 다른 것들이 있다고 이해되지는 않는다.

부르주아지의 논리는 바로 어디에서나 같다. 악폐가 미덕을 촉진하고 곤궁이 민족의 안녕을 촉진한다. "매춘 없이는 미덕이 지탱될 수 없다." "인간 행복의 기금은 빈곤을 통해 크게 촉진된다." 그렇게 한목소리로 근대 사회의 옹호자들이 외친다. 자기들의 행복이 그들에게는 **인민**의 행복과 같은 의미다. 그들은 프롤레타리아가 자기들의 돈주머니를 채우도록 그를 역축(役畜)으로 만든다. 그들은 프롤레타리아트의 딸들을 돈으로 살 수 있는 창녀로 만드는데, 이는 이를 통해 자기 자신들의 부인들을 방해받지 않고 누릴 수 있기를 희망하기 때문이며 그들의 돈주머니가 차 있으면, 그들의 부인들이 품행이 바르면 그들은 인민의 행복과 인륜성을 찬양한다.

---

147 Hügel, z. G. St. u. R. d. Pr., p. 105.

우리는 매춘이 비혼 자녀들의 악폐에 대한 타개책을 제공해 주지 못한다는 것을 보았다. 사람이 바알제붑에 의해 악마를 축출하기 원할 정도로 소견이 좁을 경우라도 이 노력은 허망한 노력이다. 그 이루어지는 결과는 사탄과 바알제붑이 이제 단합하여 그들의 행패를 추진하는 데 있다. 매춘은 사랑의 비혼 자녀를 줄이고, 육욕의 비혼 자녀를 늘린다. 피상적인 관찰자에게 악은 매춘이 있건 없건 같고 더 심오하게 보는 눈에는 매춘이 있는 곳들에서의 비혼 출생들은 매춘이 없는 지역들에서보다 훨씬 더 큰 악으로 여겨진다.

토지경작을 영위하는 지역들에서 비혼 출생의 축소는 결혼을 못 하게 만드는 장애물들의 제거를 통해서만 가능하다. 공업지대들에서는 이런 조치들과 아울러 매춘의 제거도 성사되어야 한다.

결혼의 용이화만으로는 언제나 비혼 출생 수를 줄이지 못하지만, **결혼의 곤란화를 통해서 이는 정규적으로 증가된다.**

우리는 이처럼 어린이들에게 맬서스의 관습들이 얼마나 이롭게 작용하는지를 안다.

맬서스 이론의 적극적 부분에 관한 우리의 판단을 제대로 할 수 있기 위해 결혼의 억제가 정말로 맬서스와 그의 후계자들이 예언하는 것처럼 성년들에게 이로운 결과를 가지는지 탐구하는 일만 우리에게 남는다.

두 입장이 거기서 엄밀하게 서로 대립한다. 경제학자의 입장과 생리학자의 입장이 그 둘이다. 맬서스주의자들은 대체로 전자의 논리를 활용하고, 반대자들은 후자의 논리를 활용한다. 그 근거가 다 있다. 맬서스주의자들은 대체로 생리학을 전혀 알지 못하고, 생리학은 성교의 단념이 완전히 성적으로 성숙한 인간에게 해롭다는 판단에서 일치한다. 심지어 맬서스의 저작을 독일어로 번역했고, 그의 인구 이론의 열띤 옹호자인 헤게비쉬도 금욕에 대한 맬서스의 찬미에 대한 주석에서 이렇게 덧붙여 말하는 것을 피할 수 없다. "품행이 좋은 금욕의 가치를 맬서스와 더불어 완전히 인정하면서 나는 의사로서 우리나라에서 물론 고결한 종류의 미덕인 여자들의 도덕적 금욕이 그렇지만, 그렇기에 자연에는 위반되고 지극히 끔찍한 질병을 통해 복수를 당한다는 슬픈 지적을 할 수밖에 없다. 남성의 금욕, 그리고 일정한 쉽게 떠오르는 남성 성욕의 충족 방식의 나쁜 결과를 두려워하는 것이 근거 없는 두려움인 것이 아무리 확실하다고 해도, 여자들의 정숙한 금욕이 무서운 가슴, 난소 그리고 자궁의 변형을 유발하는 적지 않은 원인적 계기를 제공한다는 것은 확실하다. **이 악폐는 모든 것 중에 거의 가장 고통스러운 것인데**, 이는 개인 생활의 중심과 별로 가까운 관계가 아닌 계통들에서 출발하여 병자들을 순전히 아래에서부터 위로 환형(轘刑)에 처하는 것이기 때문이다. 이 악폐의 불운한 희생 제물은, 대체로 탁월한 부인들로서 불타오르는 성정과의 지극히 힘든 투쟁에도 불구하고 이긴 자들로서 **쉽게 모든 불쾌한 공연 중에서 가장 불쾌한 것을 상연할 수 있다**. 외로운 처지에서 버려진 소녀들, 일찍 과부가 된 여성들은 슬퍼하며, 품위 있는 정숙한 가슴으로부터 백합 대신에 독이 든 섬뜩한 버섯이 피어나서 그들은 자신들과 다른 사람들에게 공포인데, 불쾌한 고문을 받으며 주위에 둘러 있는 자들의 탄식하는 의심 중에서 숨을 거둘 수밖에 없다. 말하자면 더 나은 수녀원에서든 더 나쁜 수녀원에서든 그런 암적인 악폐가 40년대 전후로 전혀 드물지 않았다."[148]

그리고 마찬가지로 결연한 맬서스주의자인 다른 한 의사는 다음과 같이 발언한다. "우리의 체질에서 최고의 중요성을 가지고 일반적 효력을 가지는 생리학적 법칙은 어떤 지체이든지 강하고 건강해지려면 적당한 활동, 그것도 정상

---

[148] Malthus, über d. B. Dtsch. v. Hegewisch, III. p. 367.

적인 종류의 활동량을 가져야 한다는 것이다. 그와 같이 눈은 빛을 보아야 하고, 사지는 운동을 해야 하고, 오성(悟性)은 숙고해야 하고, 우리의 호기심과 격정은 정상적인 만족을 얻어야 한다. 그렇지 않으면 그것들은 틀림없이 지치고 병들 것이다. 과도한 활동도 부족한 활동도 해로우며, 조화로운 신체구조를 보유하려면(이것은 조화로운 정신과 마찬가지로 우리의 명예이고 우리의 의무인 것이다) 우리는 이 법칙에 복종해야 한다. 생식기관들은 다른 어떤 기관과도 마찬가지로 그것에 복속된다. 그래서 사춘기로 시작되는 그 기관들의 성숙 시기부터 그것들이 몰락할 때까지 그것들에 적당한 돌봄을 마련해 줄 의무와 필요성이 생긴다. 이것이 방기되면 그 기관들은 약해지고, 다른 놀랄 만한 생리 법칙에 따라 유기체의 다른 부분들이 행해지지 않은 생식기관을 대리하는 활동을 물려받는 몇 가지 경우들에서, 다르게 말해서, 정신을 다른 생각과 목적들로 향하게 함을 통해 그리고 능숙한 운동을 매개로 신체의 강화를 통해(의사들에 의해 아주 빈번히 충족되지 않은 성욕에 의해 그 건강이 고통을 겪는 양성(兩性)의 청년층에게 주어지는 충고), 그렇게 몇 가지 경우들에서 건강과 힘이 보전되어 남아 있음에도 불구하고, 이는 비교적 드물게 그리고 아주 유리한 정황에서만 일어나며, 심지어 그럴 때도 내 의견으로는 한 기관이나 한 격정이 다른 것에 대리로 작용하고 그래서 이중의 작업을 하지 않을 수 없다면 건강은 온전하지 않다. 나는 우리가 현재의 사회의 병든 상태에서 통하는 바로 그 척도보다 더 고급의 건강 척도를 둔다면 그러한 이탈들은 허용되지 않을 것이라 확신한다."

"다른 한편으로 생식기관이 무절제하게 작동된다면 그것들은 사랑의 감정에서의 무절제한 탐닉이 도덕적 성격의 아름다움을 해치는 것과 똑같이 병들 것이다."

"이러한 변질의 예들로서 몇 사람의 색정적 시인들 그리고 방탕한 쾌락추구자들을 들 수 있으니, 이들은 자신들의 나머지 전체 본성을 이런 격정에 희생시키는 자들이다."

"나아가 그것들의 활동 양태가 정상이 아니라면 그 결과들은 더 나쁠 것인데, 왜냐하면 자연은 자신의 법칙으로부터의 이탈을 구처벌로 허락하지 않기 때문이다. 자연은 가장 아름답고 가장 부드러운 배울을 통해 우리의 건강과 우리의 행복을 성적 만족의 자연적이고 정상적인 양태와 결부시켜서, 우리는 피해를 보지 않으면서 그로부터 조금도 이탈할 수가 없다. 누구든지 자위라는 해로운 습관에서 그러하다는 것을 통찰할 것이다. 그러나 성교에서도 더 집약적이고 더 진실한 격정을 느낄수록 자극하고 고무시키는 영향이 더욱 더 크다는 것이 그다지 일반적으로 인식되지 않는다. 사랑은 그 최선의 작용을 인간에게서 불러일으키려면 진실되고 깊으며 모든 두려움과 모든 의심에서 자유로워야 한다. 사랑이 구매되는 것이거나 훔친 것이어서 그 경우에 정신이 의심이 많고, 염려하거나 특별히 여자 쪽에서 무심하다면, 이는 정상적인 방식으로 만족할 수 없다."

"빈곤과 현재 지배하는 사회악은 인류에 의하여 우리 시대 그리고 모든 앞선 시대들에 만들어진 두 가지 가공할 부족— 먹을거리의 부족과 사랑의 부족 —간의 절충이다. 그들은 사랑을 포기하기보다, 증대된 성적 금욕을 실행하여 인구를 제한하기보다 인간 본성이 한동안 견딜 수 있는 지극히 작은 양의 먹을거리와 여가로 만족하기를 원했다. 사랑의 부족은 아주 통탄스러운 강제의 상태이며, 게다가 신체와 정신의 건강에 아주 파괴적으로 작용하여 선택하는 것의 모두가 그것을 견디기보다 차라리 어떤 다른 악이든지 받아들이기를 원한다. 이로부터 인구 학설에 대한 깊은 반감이 생겨나며, 이는 그것을 직시하기를 단호하게 거절하고 차라리 어디선가 떠오를 수 있었던 일체의 기만적인 희망에, 사회주의, 해외이주, 교육 등에 집착한 이유였다. 어떻게? 이미 어차피 우리의 현재 생활이 상시적인, 고단한, 단조로운 노동 말고 아무것도 아니라면, 우리가 이미 우리 사회를 건강하고 행복하게 만드는 데 필요할 여섯 번째 부분인 성적 쾌락을 (알렉산더 베인의 여섯서 가지 욕구 (수면, 신체단련, 휴식, 갈증해소, 배고픔 해소, 성욕) 중 여섯 번째를 말한다.—옮긴이) 누리지 않는다면, 사랑을, 인생의 가장 아름다운 위안이며 가난한 자의 유일한 기쁨이며 시인의 가장 화려한 꿈인 것을 더 많이 단념해야 하는가? 생각은 망상으로 이끈다. 지금 무수한 성적 인내자들에게 세상이 황량한 황무지인 것인데, 이 세상을 이런 것 말고 뭔가 다른 것으로 만들려면 우리는 더 적은 사랑 대신에 무한히 더 많은 사랑을 필요로 한다."

"우리는 그래서 맬서스에 의해 과잉인구라는 악폐에 대하여 제안된 치료수단 자체가 악폐였다는 것, 모두가 그 앞에서 기겁하여 물러섰으며, 그들에게 그들 인생의 진정한 어려움들을 보여준 남자. **유일한 남자**에게 욕을 퍼부었다는 것을 안다. 그의 치료수단을 받아들이기보다는 차라리, 그가 권고하는 것처럼 일체의 성교를 비교적 늦은 나이까지 포기하기보다는 차라리, 그들은 빈곤의 더러움 속에 빠진 채로 있으면서 자신들의 곤궁을 매춘, 자위 그리고 다른 병적인 성적 대처수단의 오랜 일상관행을 통해 경감하기를 원했다. **맬서스의 추론에서의 큰 오류는 그가 그의 시대와 우리 시대의 대부분의 도덕주의자들처럼 성적 금욕의 엄청난 악폐와 큰 자연적 죄를 몰랐다는 데 있었다.**"

"여자처럼 남자들의 건강과 덕성을 위한 성교의 필요성에 대한 무지는 철학, 의료 그리고 도덕의 근본 오류다. 맬서스가 인구법칙을 아주 명확히 인식했다고 하더라도 그는 그것들의 가공할 만한 전체 모습을 인식하지 않았으니, 이는 그가 그것의 세 가지 필요한 제한 중 하나인 성적 금욕의 해악을 충분히 인식하지 않았기 때문이다. 의학적 지식의 부족 그리고 성적인 일들에 관해서 그의 잘못된 엄격성은 그가 이를 인식하지 못하게 막았고, 그를 증대된 성적 금욕, 우리 시대의 가장 경악스러운 질병과 고통의 원인들 중 하나인 것의 무자비한 대표자로 만들었고, 이를 깊이 인식하고 느낀 모든 이들과의 첨예한 적대관계로 그를 데려갔다. **그는 이 악폐가 그에 의해 제안된 치료수단을 완전히 사용 불가능하고 불가능하게 만들기에 충분히 크다는 사실을 인식하지 못했다.** 그 치료수단들은 내가 확고히 믿는 것처럼 그것들이 그 치료를 목표로 삼는 악폐보다 더 나쁘기에 사용 불가능하다. 모든 남녀가 그들의 성적 욕구를 30세 그리고 더 늦게까지 억압하는 사회는 경악스러운 강제, 남자다움과 본성의 그러한 부재, 널리 퍼진 성병, 정액루, 빈혈, 히스테리 그리고 모든 이와 결부된 성적 약화와 병적 상태의 증상들의 무대여서 단 한 명의 건강하거나 자연적인 개인도 좀처럼 남아 있지 않을 것이다. 일단 유토피아들에 관해 꿈꾸어야 한다면, 이런 유토피아들은 적어도 탐낼 만한 종류의 것이어야 할 것이다."

"그러한 사회 상태와 현재 상태 간의 차이는 곤궁이 더 균등하게 분포할 것이고 아무도 그런 삶을 살려고 애쓴 보람이 있는 인생을 가지지 못할 것이란 데 있을 것이다."

"아니다. 인류에게서 먹을거리와 여가의 관계를 상승시키는 데 사랑을 희생시키는 것 말고 다른 수단이 없다면, 인간의 상태들은 절망적이다. 그런 일은 일어나지 않을 것이고 일어날 수 없다."[149]

인간의 본성을 아는 맬서스주의자가 그렇게 말한다. 생리학에 관해 아무것

---

149 Die Grundzüge der Gesellschaftswissenschaft, p. 366 ff.

도 이해하지 못하는 그런 자들만이 사랑을 악덕으로, 그리고 사치로 선언하고 그것들을 포기할 능력이 없는 자들을 경멸할 만한 자들로 제시할 수 있다. 영양과 여가와 마찬가지로 사랑도 필요한 생활필수품이며, 건강과 만족이 인간 중에서 통례인 대신에 단순한 예외를 이루어야 하는 것이 아니라면 그 세 가지 모두 충족되어야 한다. 건강과 만족은 '덕스러운 금욕'이 지배하는 사회에서는 확산되는 것이 불가능하며, 사랑 없이는 행복한 사회는 불가능하다.

다만, 맬서스주의자들이 이를 인정할 수밖에 없다고 하더라도 그들의 위치는 그렇다고 해서 아직 흔들리지 않는다. 맬서스주의자 중에는 금욕이 악이라고 말할 만큼 이성적인 사람들이 충분히 있지만, 그들은 더 큰 악이 굶주림이라고 주장한다. 무혼이 초래하는 고통이 크지만, 더 큰 것은 결혼이 오늘날 수반하는 고통이라는 것이다. 현재의 사회조직을 통해 결혼한 자는 미혼인 자에 비해 불리한 위치에 있다. 미혼인 자에게 사회는 기혼자와 같은 벌이의 가능성을 제공해 준다. 가족의 부양이 수반하는 부담은 이와 달리 완전히 단독으로 가장에게만 의존하며 현대 사회는 이를 그에게서 가볍게 하려고 조금의 것도 하지 않는다. 이러한 대체로 물질적인 쪼들림에는 또 근대적 결혼 제도가 강제 기관임을 통해서 수반하는 모든 도덕적인 손해들이 찾아온다. 결혼 동맹을 체결하는 인간은 성향이나 편의에서부터 그 동맹에 들어간다. 결혼이 후자의 경우에 불행할 **수밖에** 없다는 것은 명확하다. 그러나 전자의 경우에서도 그로부터 안전할 수 없으니 왜냐하면 통상적으로 인간은 결코 그가 사랑에서부터 결혼하기로 결심할 순간보다 더 정신이 나가는 일이 결코 없기 때문이다. 자기가 속았다는 생각에 이르러 이를 통찰하면 그는 더 이상 물러날 수 없다. 다른 어떤 사안보다 더 많이 인생 전체의 운명을 결정하는 사안에서, 다른 어느 사안에서보다 더 환멸이 가능한 사안에서 사회는 오류를 개선하는 것을 금한다.

가족의 부양이 수반하는 가정불화와 근심과 비애는 물론 무수한 경우들에서 결혼을 지옥으로 만든다.

무혼의 생리적 손해는 크지만 그 대신 사회적 이득이 크다.

그 자체로 무혼의 악폐가 아주 경악스러워서 이를 통해 행복한 사회 상태를 창조할 생각을 할 수 없을 정도라고 해도, 현대사회의 조직이 무혼자들에게 제공하는 사회적 이득은 훨씬 더 크다. 바로 무혼만이 아니라 현대적 결혼 형태도 악이고 그래서 우리의 노력이 그 둘을 제거하는 쪽으로 나간다고 해도 이런 질문을 또한 던질 수가 있다. 그 두 악폐가 존재하는 동안 둘 중에서 어느 것을 선택해야 할까? 오늘날의 결혼이 수반하는 사회적 손해들이 무혼의 생리학적 손해보다 더 큰가? 배고픔은 사랑보다 더 강한가?

맬서스주의자들은 그 질문에 긍정의 답을 한다. 그들은 경제학에 의존한다. 그들의 적은 부정의 답을 한다. 그들은 생리학에 의존한다. 그 문제는 이런 이들에 의해서도 저런 이들에 의해서도 결정될 수 없고, 오직 통계를 통해서만 결정될 것이다. 통계가 홀로 결혼에서 혹은 무혼에서 손해의 합계가 이득의 합계보다 더 큰지를 결정할 수 있다. 통계가 홀로 프롤레타리아트의 계급 형편을 향상할 수 없는 맬서스의 제안이 개인의 형편을 개선해 줄 능력이 있는지를 판가름할 수 있다.

우선 범죄자 통계를 살펴보자.

가장은 미혼의 인간보다 부양의 근심에 훨씬 더 많이 굴복하며, 그에게는 범죄로의 유혹이 독신자에게보다 더 크다. 그런데도 대부분의 범죄자가 충원되는 원천은 바로 미혼자들이다.

기혼자들 수는 거의 모든 유럽 국가들에서 성년 중에 절반이 넘는다.

벨기에에서 기혼 개인들의 혼인 가능한 개인들에 대한 비율은

520:1,000(1846년에)이다.

프로이센에서는 1849년에 1,000명의 결혼 가능자들, 즉 21세가 넘는 개인들에서 614명이 기혼자들이다. 홀란트에서 1840년에 그 비율은 562:1,000이었다. 스웨덴에서도 1835년에 성년 인구의 절반을 넘는 사람들이 결혼했으니 말하자면 결혼 가능자 1,000명마다 615명이 결혼한 사람들이었다.[150]

게다가 결혼 능력 없는 자들의 범죄 참여는 적다.

1826-58년 프랑스에서 21세 미만 인구가 모든 기소된 범죄자 중 차지하는 몫은 평균 16.8퍼센트에 달했으며, 그중 16세 미만은 겨우 1.2퍼센트가 돌아갔다.

작센에서는 1855-59년에 유죄판결을 받은 범죄자 중에 0.19퍼센트가 16세 미만이었고, 16-21세는 9.75퍼센트였다.

프로이센에서 결혼 능력이 없는 인구의 몫은 정확히 인식될 수 없는데, 이는 연령계급들의 분할이 이를 허용해 주지 않기 때문이다. 기소된 자 중에 연령층 별로 그 비율은 다음과 같이 계수되었다.

[151]

연령별 \ 연도	1859	1869
16세 미만	0.7%	0.7%
16-24세	23.0%	22.7%

이처럼 미혼자들이 범죄자 세계를 충원하는 연령계급들에서 다수를 이루지 않음에도 불구하고 그들은 범죄자들 자체의 다수를 이룬다.

---

150 Horn, bev. St. a. B., I. p. 141.
151 Oettingen, M. Tabelle 34, Tab. 37 d. Anhanges, Legoyt, 1. Fr. et l'étr., 1.

프로이센에 대해서 1854-59년의 기간을 여기서 안중에 두는 르구아는 100명의 남성 피소자 중에 52명이 미혼이고 48명이 기혼자였고, 100명의 여성 피소자 중에 57명이 미혼이고 43명이 기혼자였다고 알려준다.

외팅겐에 따르면 그 비율은 다음과 같았다.

152

연도 / 혼인 여부	남자		여자	
	미혼자	기혼자	미혼자	기혼자
1862	52%	48%	54%	46%
1863	52%	48%	58%	42%
1864	52%	48%	58%	42%
1865	52%	48%	53%	47%
1866	52%	48%	50%	50%
1867	51%	49%	52%	48%
1868	49%	51%	51%	49%
1869	50%	50%	50%	50%

특기할 만한 것은 다른 나라들에서의 차이들이다. 작센에서는 1858년 12월 3일에 교도소(르구아에서는 형무소) 재소자 중에 남녀별로 결혼 관련 상태는 다음과 같았다.

---

152 Oettingen, M. Anhang, Tab. 37. 외팅겐은 다수의 백분율을 잘못 계산했다. 특기할 만한 것은 전쟁의 해인 1866년 이래의 변동들로서 이는 필시 병합들에 의해 초래된 것일 것이다.

혼인 여부 성별	미혼	기혼	상배(喪配)자	이혼자	합계
남자	872	669	89	73	1,703
여자	236	111	37	25	409
합계	1,108	780	126	98	2,112

법원 건물(르구아에서는 형장과 구치소)에서 재소자 중에서는 다음과 같았다.[153]

혼인 여부 성별	미혼	기혼	상배(喪配)자	이혼자	합계
남자	231	212	26	12	481
여자	73	51	15	7	146
합계	304	263	41	19	627

프랑스에서는 미혼자, 기혼자, 상배자의 백분율은 다음에 달했다.

혼인 여부 연도	미혼자	기혼자	상배(喪配)자
1847	53.6%	–	–
1865	54.7%	–	–
1866 – 67	55.3%	37.6%	7 – 8%
1868 – 69	55.5%	37.9%	7 – 8%

153 Legoyt, 1. Fr., I. p. 419.

벨기에에서는 1856-60년에 중범죄자 중에 58.6퍼센트가 독신자들이었고, 이탈리아에서는 1863년에 법률위반으로 처벌받은 자 중 60.7퍼센트가 독신자들이었다.

어떤 신분이든 그 신분의 범죄자들과 상응하는 인구의 총수와의 비율을 비교해 보면 그 숫자들은 더욱 뚜렷이 이야기해 준다. 프로이센에서 예를 들면 16세가 넘는 1,000명의 남자마다 1.18명이 교도소에 갇혀 있고 1,000명의 기혼자마다 단지 0.59명만이, 그래서 **비율로는 단지 절반만이** 갇혀 있고, 1,000명의 이혼자마다 13.71명이 갇혀 있었다. 오스트리아에서는 1858-59년에 203명의 미혼자마다, 669명의 기혼자마다 그리고 1,053명의 상배자마다 한 명이 유죄판결을 받았다. 이를 넘어서 기혼자 중에 무자녀인 자들의 백분율은 자녀가 있는 자들의 백분율보다 높아서 49.8퍼센트 대 42.6퍼센트다.

특징적인 것은 또한 바이에른에서 최다의 기혼자 수가 있는 곳, 말하자면 상부 프랑켄과 중앙 프랑켄에서 최소의 범죄가 발생한다는 사실이기도 하다.

논박할 수 없는 것으로 주어진 수치에서 명확히 드러나는 것은 미혼자들이 기혼자들보다 더 큰 범죄자 부대를 내놓는다는 것이다. 그러나 그것만으로는 혼인 신분과 미혼 신분의 장점들에 관한 문제에서 결정적이지 않다.

혼인 신분은 근심과 불충분함을 수반하며, 이는 범죄 통계에서는 표현될 수 없다. 우리는 정신병과 자살 통계에서도 혼인 신분이 독신보다 더 해롭게 작용하는지 안 그런지 그 조짐들을 찾아보아야 할 것이다.

정신병에 관해서는 르구아가 '유럽에서의 정신적 소외의 움직임'에 관하여 다루는, 여기서 특별히 활용된 그의 저작 《프랑스와 외국인》의 제9 연구에서 아주 포괄적인 작업을 수행했다.

특기할 만한 사실이 무엇보다도 정신병 통계에 매달리는 누구에게나 압도해

온다. 말하자면 정신병은 사춘기에 들어섬으로 비로소 발생하는 반면, 저능은 타고난 것일 수 있다는 사실이다. 그러나 백치 중에도 대부분은 성숙한 나이에 있다. 그럼에도 불구하고 미혼 정신병자들 수가 기혼 정신병자들 수보다 더 많다면 우리는 이것을 결혼생활이 독신보다 덜 정신병으로 향한다는 데 대한 증거로 가정할 수밖에 없을 것이다.

바이에른에서 르구아는 1858년의 계수(計數)에 따라 2,631명의 정신착란 된 사람들이 있었는데 이는 전체 정신병자의 53.7퍼센트였고 2,243명의 크레틴병 환자들이 있었는데 이들은 전체 정신병자의 45.8퍼센트였음을 발견했다. 25명 혹은 전체 정신병자의 0.5퍼센트에서는 그 질병이 알려지지 않은 종류였다. 이들 중에 2,576명 혹은 53%가 남자였다. 884명의 남자 중 1명이 정신병자였다. 이들 중에 2,323명 혹은 47%가 여자였다. 1,007명의 여자 중 1명이 정신병자였다.

나이에 따라 천 명당 다음과 같았다.

연령	0–5	5–10	10–20	20–30	30–40	40–50	50–60	60–70	70 이상	연령 미상	합계
인원	2	18	84	188	253	214	151	63	6	21	1,000

이 4,899명 중에 3,996명 혹은 81퍼센트가 미혼자였고 단 821명 혹은 17퍼센트가 기혼자 혹은 상배자였다. 82명 혹은 2퍼센트에 관해서는 민사법적 신분이 알려지지 않았다.

세 가지 사실이 여기서 우리에게 다가온다. 첫째, 바이에른에서는 남자들이 여자들보다 더 많이 정신병으로 기운다는 것. 둘째, 정신병은 성숙한 연령에서 지배한다는 것, 그리고 셋째, **미혼자의 정신병은 기혼자들에 상배자들을 집어넣어 계산한다고 해도 기혼자들의 그것보다 상당히 더 많은 수를 포괄한다는 것이다.**

하노버에서는 1856년의 계수에 따를 때 1,591명의 남자가 정신병이었으며 이는 전체 정신병자의 51.99%였다. 570명의 남자 주민 중 1명이 정신병자였다. 여자 정신병자는 1,493명이었고 이는 전체 정신병자의 48.01%였다. 611명의 여자 주민 중 1명이 정신병자였다.

20세 미만의 주민 1,796명 중 한 명이 환자였고
20-60세의 주민 392명 중 한 명이 환자였고
60세 초과의 주민 405명 중 한 명이 환자였다.

3,084명의 정신착란자 중 2,432명 혹은 78.86%가 '독신자'였고 단지 454명 혹은 14.72%만이 기혼자였고 198명 혹은 6.42%는 상배자였다. 457명의 미혼자에 한 명이 환자였던 반면 1,316명의 기혼자에 비로소 한 명이, 한 명의 상배자가 같은 민사법적 신분 564명 중에서 환자였다.

우리는 바이에른에서와 같은 세 가지 사실을 하노버에서 발견한다. 남자 정신착란자가 압도적이라는 것, 정신착란이 늦게 발생한다는 것, 그리고 미혼 정신병자가 비교도 안 되게 다수라는 것이다.

프로이센의 슐레지엔에서는 (프로이센 전체에 대해서는 나에게 아무런 데이터도 없었다) 다음과 같이 계수했다.

연도	남자 정신착란자	여자 정신착란자
1832	1,107명 중 1명	1,389명 중 1명
1852	1,356명 중 1명	1,586명 중 1명
1856	1,650명 중 1명	1,653명 중 1명

민사법적 신분에 따라서는 다음과 같았다.

연도	미혼자	기혼자	상배자	합계
1852	1,685명 78.48%	340명 15.84%	122명 5.68%	2,147명
1856	1,583명 77.07%	344명 16.75%	127명 6.18%	2,054명
1858	1,669명 75.98%	396명 18.02%	132명 6.00%	2,197명

1856년에는 1,016명의 미혼자 혹은 상배자 주민 중 한 명이, 3,261명의 기혼자 주민 중 한 명이 정신착란자였다. **정신착란은 이처럼 미혼자 중에서 기혼자 중에서보다 세 배 이상 더 많이 있었다.**

뷔르템베르크에서는 계수의 결과는 다음과 같이 제시되었다.

연도	정신착란자 수	남자	남자 인구 중
1853년	1,917명	872명 (45.49%)	1,019명 중 1명
		여자	여자 인구 중
		1,045명 (54.51%)	880명 중 1명

민사법적 신분에 따라 비교할 때 전체 인구(1846) 중 퍼센트로, 정신착란자(1853) 중 퍼센트로 다음에 달했다.

민사법적 신분	전체 인구(1,846) 중 퍼센트	정신착란자(1,853) 중 퍼센트
미혼자(자녀가 있는)	62.77%	64.48%
기혼자	31.90%	24.57%
상배자	5.20%	9.65%
이혼자	0.13%	1.30%

결혼할 능력이 없는 자들을 공제할 때에도 혼인하지 않은 정신착란자들 수는 여전히 결혼한 정신착란자들 수보다 더 크다. 말하자면 정신착란자 중에는 다음과 같이 계수되었다.

분류	성별				총계	
	남성		여성			
20세 미만 미혼자	21	2.41%	32	3.06%	53	2.77%
20세 이상 미혼자	571	65.48%	612	58.57%	1,183	61.71%
기혼자	212	24.31%	259	24.79%	471	24.57%
상배자	58	6.65%	127	12.15%	185	9.65%
이혼자	10	1.15%	15	1.43%	25	1.30%
계	872	100.00%	1,045	100.00%	1,917	100.00%

이 수치들로부터 우선 남자들이 정신착란에 더 많이 가담함은 일반적으로 타당한 사실은 아니라는 것이 나온다. **그러나 뷔르템베르크에서도 우리는 독신이 결혼보다 더 많은 정신착란자를 낸다는 것.** 그리고 여기서 남자들의 백분율은 여자들의 백분율보다 훨씬 더 높은가 하면 다른 민사법상 신분들에서는 그 반대가 해당하는 가운데 독신은 특별히 남자들에게 불리하게 작용한다는 것 **을 보게 된다.** 결혼은 여자에게 임신과 출산의 결과로 남자들보다 훨씬 더 많은 불쾌감을 가져다주며 그래서 기혼 여성이 정신착란에 더 많이 가담한다. 상배 여성이나 이혼 여성의 더 높은 백분율은 이와 달리 사회적이고 윤리적인 원인보다 생리적 원인에 덜 의존한다고 해도 좋겠다.

독일로부터 프랑스 쪽으로 눈을 돌려 보자.

그곳에서도 여자들이 압도적이다. 1854-61년에 정신병원들에 52명의 정신병을 앓는 여자들에 대해 48명의 정신병을 앓는 남자들이 있었으며 백치 중에는 51명의 남자에 대해 49명의 여자가 있었던 것과 달리, 정신착란자 중에는 59명의 여자에 대해 41명의 남자가 있었다.

1856-60년에 정신병원들에는 17,160명의 독신자들과 14,402명의 기혼자들이 받아들여졌다. 2,707명의 미혼 주민 중의 한 명이 정신병자였고 기혼정신병자는 기혼자 4,937명 중에 비로소 한 명이었다. 전체적으로 10만 명의 주민마다 다음과 같이 계수되었다.

분류	어린이	성인 미혼자	기혼자	상배자
정신착란자	8	127	32	66
백치 및 크레틴병 환자	58	306	15	26

어린이들로 간주되는 것은 여기서 18세까지의 남성 개인과 15세까지의 여성 개인이다.

프랑스에서 발견된 사실들도 이처럼 이제까지의 연구 결과와 일치한다.

덴마크에서는 프랑스 및 뷔르템베르크에서와 마찬가지로 정신병자 중에 여자들이 압도적이고 그것도 여기서는 프랑스에서와 마찬가지로 저능보다는 정신착란의 성향이 더 큼을 보여준다.

1847년에 덴마크에서는 정신병자들은 다음과 같은 분포를 보였다.

분류	남자	여자
3,756명의 정신병자 중	1,865명 / 49.7%	1,891명 / 50.3%
1,995명의 백치(53.12%) 중	1,066명 / 53.43%	929명 / 46.57%
1,761명의 정신착란자(46.88%) 중	799명 / 45.37%	962명 / 54.63%

연령에 따라서는 다음과 같이 계수된다.

연령	0 – 5	5 – 10	10 – 20	20 – 30	30 – 40	40 – 50	50 – 60	60 – 70	70 초과	연령 미상	총계
백치	35	123	499	504	322	259	174	66	12	1	1,995
정신 착란	4	23	85	239	343	399	321	239	104	4	1,761

민사법상 신분에 따라 같은 민사법상 신분의 1,000명의 주민당 다음과 같았다.

분류	기혼자	미혼자	상배자
남자	0.59	1.35	3.00
여자	0.82	1.41	3.02

이처럼 여기서도 같은 결과가 나온다.

끝으로 우리는 1858년 벨기에서 최고로 교훈적인 계수를 전해준 데이터만 전하고 싶다.

벨기에에서는 1858년의 계수에 따르면 6,475명의 정신병자가 있었고 그중 3,481명 즉 69.20%는 남자였고 2994명 즉 30.80%는 여자였다. 남자는 인구 507명 중 1명이 정신병자였고 여자는 인구 754명 중 1명이 정신병자였다.

남자들 중에는 60%가 정신착란이고 40%가 백치였으며

여자들 중에는 82%가 정신착란이고 18%가 백치였다.

여성은 이처럼 (적어도 관찰된 국가들에서는) 남성보다 정신착란으로 더 쏠리고 백치로 덜 쏠린다.

여러 연령계급 10만 명당 다음과 같이 분포했다.

분류	10세 미만	10 – 15	15 – 20	20 – 30	30 – 40	40 – 50	50 – 60	60 초과
정신착란	–	1	5	49	127	188	240	2
백치	6	30	46	72	79	70	67	48

민사법적 신분에 따라 배열하면 각 신분은 다음의 백분율을 이룬다.

분류	미혼자		기혼자	상배자
	15세 미만	15세 초과		
인구 중	15%	49%	30%	6%
정신병자 중	3%	74%	15%	8%

정신병자 중에서

15세 미만의 어린이들은 어린이 인구 10만 명당 28명이었고

15세 초과 미혼자들은 미혼자 인구 10만 명당 212명이었고

기혼자들은 기혼자 인구 10만 명당 70명이었고

상배자들은 상배자 인구 10만 명당 202명이었다.

우리가 바라보는 어디에서나 우리는 이처럼 연령과 민사법적 신분에 따라 정신착란의 발생과 관련하여 같은 사실을 발견하는 반면, 성(性)의 영향은 다르다. **정신착란은 보통 사춘기 진입 후에 비로소 발달한다는 것은 논박이 불가능한 사실이며, 마찬가지로 논박이 불가능한 사실은 결혼생활이 수반하는 모든 단점과 곤경에도 불구하고 정신착란으로 몰아가는 동기는 결혼에서보다 독신에서 훨씬 더 많이 효력을 나타낸다는 것이다.**

결혼생활의 이익과 독신의 이익을 비교할 세 번째 척도는 자살이다.

자살 통계에 관해서도 아돌프 바그너의 가치 있는 전문연구서가 나와 있다.[154] 유감스럽게도 민사법상 신분은 이제까지 별로 고려되지 않았으며, 기존의 자료는 아주 빈약해서 결정적인 결과에는 아직 도달할 수 없었다.

특기할 만한 것은 우선 청년층의 자살 성향이 적다는 것이다. 해당 연령 계급의 1백만 명의 주민당 프랑스에서 자살 건수는 다음과 같았다.

[155]

연령	1835 – 44	1848 – 57
16세 미만	1.7	2.7
16–21세	44.1	45.9
21–30세	87.0	97.9

---

154 A. Wagner, 통계의 입장에서의 외관상 자의적인 인간 행동들에서의 합법칙성. Hamburg 1864. II. Theil. I. Statistik der Selbstmorde (nebst einem Abriss der Statistik der Trauungen)

155 Oettingen, M., Tab. 62.

31–40세	100.0	114.5
41–50세	135.0	164.4
51–60세	144.8	206.1
61–70세	171.3	222.9
71–80세	197.3	238.0
80세 초과	194.1	214.0

그럼에도 불구하고 이제까지 조사된 모든 나라들에서 스웨덴을 제외하고는 미혼자들이 기혼자들보다 자살을 더 많이 저지른다는 것이 증명되었다.

스웨덴에서는 물론 20세 미만의 자살자들 수는 누락되었는데, 이는 큰 실수는 아니다. 1백만 명의 미혼 성년 남성 당 188건의 자살이 있었던 반면, 1백만 명의 기혼 남성은 207명의 자살이 있었고 같은 수의 미혼 여성당 49명의 자살이 있었으며 같은 수의 기혼 여성은 40명의 자살자가 나왔다. 스웨덴에서도 이처럼 미혼 자살 여성 수는 기혼 자살 여성 수보다 많다.

작센에서는 이와 달리 미혼 남성 1백만 명당 1,000명의 미혼 자살자들이 나왔고 1백만 명의 기혼남성당 단지 같은 민사법적 신분자의 500명의 자살자가 나왔는가 하면, 여성들에서는 1백만 명의 미혼자 중에 260명의 자살자들이 나왔고, 1백만 명의 기혼자 중에서는 125명의 자살한 여성이 있었다.[156]

프로이센에서는 1869년에 해당 인구 계급 1백만 명당 다음과 같이 계수되었다.

---

156 A. Wagner, d. G. willk. H., H. I. p. 178.

계급	자살 수
14세까지의 어린이	4
기혼 여성	61
미혼 여성	87
상배 여성	124
이혼 여성	384
기혼 남성	286
미혼 남성	298
상배 남성	948
이혼 남성	2,834

이혼 남성의 수는 엄청나다. 유감스럽게도 수치들은 1년간만 계산된 것이고 그래서 별로 신뢰할 만하지 않다.

프랑스에서 르구아는 아래처럼 평균을 냈다.

분류	자살한 남성	자살한 여성
10만 명의 성년 독신자 중	34.3	5.1
10만 명의 기혼자 중	23.7	5.9
10만 명의 상배자 중	64.1	12.7

---

157 Oettingen, M., p. 726.

관찰한 모든 나라들, 덴마크, 스페인, 프랑스, 작센에서 **"양성의 기혼자들은 가장 적게 자살하고, 상배자들이 가장 많이 자살하며 그다음에는 미혼자들"**이라는 결론에 도달했다고 르구아는 말한다.

아돌프 바그너도 같은 결과에 도달한다. "전체적으로 민사법적 신분 요인에 관한 연구는 아직은 아주 빈약한 결과를 제공하는데, 이는 일반적인 자살 통계로는 아직 문제성 있는 가치를 지니는 상태로 있다. 그렇게 보이는 것처럼, 민사법적 신분은 영향력을 행사하며 그것도 **자살 참여 측면에서 양성에게 결혼은 유리하게, 미혼 신분은 그리 유리하지 않게, 상배자 신분은 아주 불리하게 그리고 이혼자 신분은 월등히 가장 불리하게 작용하는 식으로 행사한다.**"[158]

우리는 르구아가 도달한 결과를 볼 때, 이 결과를 거의 확실한 것으로 가정할 수 있다.

우리가 어디를 바라보든 어디에서나 결혼자 신분이 불리하지 않고 독신자보다 우선시된다는 것, 결혼에서는 행복의 합계가 불행의 합계를 훨씬 더 많이 압도하거나 독신 신분에서보다 불행의 합계에 의해 훨씬 덜 압도당한다는 증거들이 우리에게 닥쳐온다.

이에 대한 가장 확실한 표징을 우리는 끝으로 사망통계에서 발견한다.

1851-60년에 1만 명의 상응하는 인구 계급의 프랑스 주민 중 연평균 다음과 같은 숫자가 사망했다.

연령	남자			여자		
	미혼	기혼	홀아비	미혼	기혼	과부
15 – 20세	80	901	1,490	85	134	876

---

[158] A. Wagner, G. w. H. II., I. p. 179.

20 – 30세	191	78	230	90	92	180
30 – 40세	131	73	174	102	95	130
40 – 50세	178	102	188	142	107	145
50 – 60세	283	185	298	239	166	218

1861년에 대해서는 다음과 같았다.

[159]

연령	남자			여자		
	미혼	기혼	홀아비	미혼	기혼	과부
20세 미만	69	378	4,321	74	117	1,479
20 – 30세	92	65	280	82	92	201
30 – 40세	116	68	192	99	90	144
40 – 50세	168	98	196	139	100	142
50 – 60세	274	171	303	232	158	213

여기서 또 다량의 증거가 제시되었다. 여기서 독자를 피곤하게 하지 않도록 단지 가장 두드러진 것만이 베르티용(Bertillon)에 의해 생각되고 전달되었다는 것이다. 이 사람은 말하자면 25세의 무혼자는 45세의 기혼자와 같은 사망 전망을 가진다는, 그리고 25세에서 30세까지의 홀아비는 55세에서 60세의 기혼남과 동일한 사망 전망을 가진다는 그의 아버지가 발견한 사실

---

[159] Legoyt, I. Fr., I. p. 486, II. p. 48, p. 502.

을 언급한다.[160]

이처럼 우리는 여기서 다시금 결혼자 신분이 가장 유리하게, 고독 신분이 가장 불리하게 작용하며, 거기서 다시금 홀아비와 과부는 가장 열악한 것으로 생각되는 현상을 두드러지게 뚜렷이 보게 된다.

남자들에게서 독신자는 여자들보다 더 불리하게 작용한다. 오직 20세 전에, 그래서 조기에 맺어진 혼인은 그들에게 해로운 것으로 드러난다. 기혼 여성에게서는 또한 20세에서 30세에 사망 건수가 미혼 여성보다 더 많다. 아무튼, 임신과 출산을 통해 그들이 더 큰 위험에 처한 결과이다. 그러나 30세부터는 결혼은 여성에게도 건강에 좋다는 결과를 보여준다.

결혼은 오늘날 그것에 따라붙는 모든 결함과 부족한 점에도 불구하고 혼외 생활보다 훨씬 더 이롭게 작용한다는 증거가 충분한 정도로 제시되었다고 나는 믿는다. 결혼은 범죄에의 유혹, 자살할 동기를 덜 제공한다. 정신착란의 밤이 그를 덮치기 전에 그 사람이 겪어야 할 모든 이를 데 없는 고통, 정신적 신체적 압박, 이는 기혼자보다 독신자에게 더 많이 찾아온다. 일체의 근심, 일체의 과로, 일체의 궁핍은 수명을 단축하는 작용을 한다. 그럼에도 불구하고 결혼은 수명을 연장하는 작용을 한다.

이로써 적극적 맬서스주의의 마지막 보루가 무너졌을 것이다. 독신자가 프롤레타리아의 계급 형편을 상승시킬 수 없어서 맬서스의 관습이 후세에게도

---

160 Zitiert bei E. Reich, die Fortpflanzung und Vermehrung des Menschen, aus dem Gesichtspunkte der Fysiologie und Bevölkerungslehre betrachtet. Jena 1880. p. 261. 다른 점에서도 이 책은 유감스럽게도 인쇄 중에 비로소 내게 입수되었고, 이에 대해서는 아래에서도 감안이 되어야 할 것으로서 결혼이 인간의 안녕에 미치는 영향에 관한 통계자료를 가져다준다. 특별히 p. 309ff. 그리고 여기저기에서 그러하다.

성년이 된 개인들에도 해롭게 작용해 이처럼 아무런 유익을 주지 않고 물론 해를 끼친다면 그러한 관습을 권장할 조금의 이유도 없다.

    결혼생활의 단점은 독신에 비해 크지만, 그 장점은 더 크다. 결혼의 가능성을 줄이는 것은 인간 행복의 합계를 줄이는 것이다. 이 가능성을 늘이는 것은 인간 행복의 합계를 키우는 것이다. 맬서스의 제안은 그래서 프롤레타리아의 행복을 촉진하는 데 조금도 적합하지 않다. 반대로 그것은 이를 축소하기에 노력한다. 맬서스의 사상적 창백함에 의해 나약해지지 않은 노동자들은 이제까지 해 오던 것처럼 사랑의 기쁨에 헌신하고 결혼할 수 있다. 단지 본능만이 아니라, 단지 적대하는 감정만이 아니라 과학도 맬서스의 제안에 사형선고를 내린다.

제3장 기하급수

 내가 희망하는 바처럼 '결혼에 관련된 현명한 관습'이 노동자 계급의 형편을 전혀 개선할 수 없는 반면, 이를 실행하는 그런 개인에게 그리고 그러한 자들의 혈통을 잇는 자들에 풍기를 문란케 하는, 정신과 신체를 파괴하는 영향을 초래하기에 적합하다는 것이 입증되어 있다.
 맬서스 학설의 긍정적 부분은 그렇다면 열악한 것으로 드러난 셈이다. 그 부정적 부분은 어떠한가?
 악폐와 곤궁이 현대사회에서 자연적인 과잉인구를 통해 초래된다는 것은 물론 맞지 않는데, 이는 그러한 자연적 과잉인구가 지금까지 아직 존재하지 않기 때문이다. 이러한 악을 수반하는 것은 오히려 사회조직이며, 인구증가의 제한을 통해서가 아니라 오직 사회조직의 변화를 통해서만 이 악을 제거할 수 있다.
 그러나 자연적 과잉인구가 존재하지 않더라도 그렇다고 해서 그것이 불가능하다는 증거가 제공된 것인가? 약간의 반(反)맬서스주의자들은 이런 논리가 일체의 이성을 조롱하지만, 이 논리를 활용했다. 악폐와 곤궁이 과잉인구에 의해 초래되지 않았더라도 그것들은 과잉인구를 막는 데 적합했다. 과잉인구는 악폐와 곤궁을 제거하면서 곧바로 출현하지 않을까? 맬서스주의자들은 노동자들이 자녀 출산을 삼가는 것이 사회문제를 해결할 수 있다고 말할 경우에 틀린 것이다. 그러나 그들은 필시 노동자들이 자녀 출산의 자제 없이는 사회문제는 해결될 수 없다고 주장하는 한에서는 옳지 않겠는가? 맬서스주의자들은 자연스럽게 이런 견해를 품으며, 그래서 예방적 경향들의 힘을 축소하는, 사회문제 해결을 위한 일체의 제안에 결연히 반기를 들며 무엇보다도 일체 인간의 인간다운 생존에 대해 요구되는 권리를 결연히 비난한다. 이런 요구는 그가 자신의 저작의 나중의 판들에서는 지극히 현명하게 삭제한, 어떠한 맬서스에게 적대적인 글에서도 인용되는 것이 발견된다고 해도 좋을 악명 높은 명제를 내놓도록 맬서스를 몰아갔고, 그 명제에서 그는 이렇게 주장한다. "이미 점유된 세계에서 태어난 자는 그의 가족이 그를 부양할 수 없고 사회가 그의 노동을 필요로 할 수 없다면 식량의 어떠한 부분이라도 요구할 조금의 권리로 가지지 않으며 사실상 지구상에서 쓸모가 없다. 자연의 거대한 향연에서 그를 위해서는 아무런 식기 세트도 놓이지 않았다. 자연은 그에게 다시 떨어져 있으라고 명령하며, 이 계율 자체를 실행에 옮기는 데 지체하지 않는다."

유럽 전체에서 이 명제에 관해 비명이 일어났는데 이는, 물론 단 하나의 불쾌하지만, 맬서스의 견해에 따를 때 논박할 수 없는 사실을 확인해 줌에도 불구하고, 충분히 야만적으로 들리는 명제인 것이다. 필시 그 명제는 이를 맬서스가 "일체의 사회적 법칙들에 앞서 인간은 살아갈 권리를 가졌다"는 라이날 신부의 발언에 반대하여 논박하는 인구론의 다른 대목과 비교한다면, 그 날카로움을 조금 상실한다. 맬서스는 이렇게 대답한다. "마찬가지로 많은 진실을 가지고서 그는 사회적 법칙들의 수립에 앞서서 백 살을 살 권리를 가졌다. 확실히 그는 이 권리를 가졌으며 여전히 가진다. 그는 할 수 있다면 그리고 그의 권리가 타인의 권리를 해치지 않는다면 천 살을 살 권리를 가진다. 그러나 다른 경우에서처럼 이 경우에도 **권리**보다는 **능력**을 말하는 것이다. 사회의 법칙들은 이 능력을 커다란 정도로 증대시킨다. 이 법칙들은 다수의 개인을 스스로 부양할 수 있는 능력을 갖추게 하는데, 이 개인들은 그 법칙들 없이는 스스로를 부양할 수 없을 것이다. 이런 의미에서 그 법칙들은 **살아갈 권리**를 아주 많이 확장한다고 말할 수 있다. 그러나 사회법칙들의 수립 전에도 그 이후에도 무한 정한 수의 개인들은 살아갈 능력을 누리지 못했다. 이후에처럼 이전에도 이 능력을 빼앗긴 자는 그 능력을 활용할 권리도 빼앗긴 처지가 되었다."[161]

사회주의자들은 물론 이 능력이 존재하며 이 능력과 함께 인간다운 생존에 대한 권리도 존재한다고 항변한다. 이 문제에 대한 판정은 사회주의적 제안들의 가능성에 관한 일체 논의의 전제조건이다. 누구에게나 인간다운 생존을 마련해 주는 것이 가능하지 않다면 이 권리의 선포는 진지하게 받아들여질 수 없는 코미디다.

우선 맬서스가 내놓을 것을 들어보자. 그는 정신적으로 사회주의자들의 요구들이 실현되었다고 상상하며 그 다음에 그 요구들의 관철이 수반할 수밖에 없을 결과들을 탐구한다.

그는 이렇게 말한다. "대영제국에서 모든 악폐와 곤궁의 원인들을 제거하는 행운이 있었다고 가정하자. 전쟁과 드잡이가 그쳤졌다. 공장들과 건강에 해로운 노동들은 더 이상 없다. 인간들은 더 이상 도시들에 음모, 이익 사냥 그리고 허락되지 않는 쾌락에 몰입하기 위해 몰려들지 않는다. 단순한, 이성적인, 건강한 오락들이 역할을 하여 술, 식도락을 몰아냈다. 도시들의 확장은 일정한 한계로 제한되어 그 주민의 건강에 파멸적인 영향력을 더 이상 행사할 수 없다. 이 지상낙원에 거주하는 자들의 최대 다수는 나라 전체를 통해 마을들 그리고 몇몇 농장들에 흩어져 있다. 모든 인간들은 평등하다. 사치에 소용되는

---

[161] Malthus, E. s. l. p., p. 505, c. St., p. 673.

작업들은 중단되었고 농경 작업들은 누구도 곤란하게 하지 않는 방식으로 모든 이들 중에 배분된다. 우리는 이 섬의 주민 수와 산물 수량이 현재와 같다고 가정한다. 거기서 지배하는 호의의 정신은 가장 불편부당한 정의에 의해 인도를 받아 사회의 모든 구성원 중에 각 사람이 자신의 필요에 따라 받는 식으로 분배되는 것을 가능케 한다. 물론 모든 이들이 매일 동물성 먹을거리를 취하는 것은 불가능하겠지만, 식물성 먹을거리가 때로 일정량의 육류와 혼합되면 다수 인민의 필요를 완전히 채울 것이며 사회를 이루는 모든 개인에게서 건강, 힘 그리고 명랑함을 보전할 것이다."

"고드윈 씨는 결혼을 하나의 사기(詐欺)로, 그리고 독점으로 본다. 그래서 우리는 양성(兩性)의 교류가 완전한 자유의 원칙에 기초를 둔다고 가정한다. 고드윈 씨는 이 자유가 결합들의 규율되지 않은 뒤섞임이란 결과를 가져올 것이라고 믿지 않는다. 나는 이런 점에서 그와 마찬가지로 생각한다. 교대 취미는 방탕한, 파멸적인, 부자연스러운 취미다. 그것은 단순하고 덕 있는 사회에는 들어가서 퍼질 수 없을 것이다. 어떤 남자나 여성 반려자를 선택할 개연성이 있겠고 그의 그 여자와의 결합은 그들이 서로에게 마음에 든 동안 지속할 것이다. 고드윈 씨에 따르면 한 여자가 얼마나 많은 자녀를 가질지 혹은 그 자녀들이 누구에게 속할지를 아는 것은 아주 사소한 일일 것이다. 식량과 모든 보조 수단은 저절로 그것들이 넘치도록 있는 장소로부터 그것들의 부족이 느껴지게 된 곳으로 흘러들어 갈 것이다. 그리고 어떤 사람이든 그의 능력 여하에 따라 젊은 세대에게 필요한 수업을 베풀 태세가 되어 있을 것이다."

"확실히 나는 인구에 더 유리한 사회형태를 찾아낼 줄 모르겠다. 사실상 존재하는 바와 같은 결혼의 불가 해소성은 논란의 여지 없이 다수 인간을 결혼의 멍에를 쓰는 것을 삼가게 한다. 일체의 족쇄에서 벗어난 교류는 같은 우려를 일으키지 않을 것이며 일찍 그런 식의 결합들에 들어갈 동기를 줄 것이다. 그리고 이런 맹약의 체결에서는 자녀의 부양에 관해 걱정이 없을 것이라고 우리가 전제했으므로, 내가 믿는 것처럼 여성 백 명 중에 23세의 나이에 이미 가정의 어머니가 아닐 사람은 한 사람도 좀처럼 없을 것이다."

"그러한 인구 장려책들은 위의 전제조건들이 효력을 발휘하여 주민 수가 유례없는 빠르기로 증가하면서 곧바로 인구감소의 모든 커다란 원인들의 억압과 결합될 것이다. 나는 아메리카의 내륙 주거지들의 주민은 15년 만에 그 수가 두 배로 늘었다고 말할 기회가 있었다. 잉글랜드는 아메리카 내륙의 이 주거지들보다 확실히 훨씬 더 건강한 나라다. 그리고 우리가 섬의 모든 집들이 통풍이 좋고 건강하며 인구 촉진책들이 여기서 아메리카에서보다 훨씬 더 대단하다는 것을 전제했기에 주민 수가 적어도 15년 이내에 두 배가 되지 않을 이유는 이것이 가능할 때 존재하지 않는다. 그러나 우리가 우리의 평가에서 현실의 한계 내에 머물러 있음을 확신하기 위해 두 배가 늘어나는 이 기간을 25년으로 확정하고 싶은데, 이는 사람들이 아는 바처럼 미합중국에서 일어난 배증보다 훨씬 더 완만한 배증인 것이다."

"소유의 평등이 노동을 토지경작으로 이끎과 연결되면 우리의 전제조건들에 맞게 땅의 소출을 크게 상승시키리란 것은 의심할 수 없다. 그럼에도 불구하고 아주 빠르게 성장하는 인구의 수요에 응하기 위해 고드윈 씨가 계산한 것처럼 하루 반 시간의 노동이 충분하리라 믿을 필요는 없다. 각 사람의 시간의 절반을 그것에 사용되게 해야 할 것이란 개연성이 있다. 그러나 토양의 성질, 경작되는 필지들의 비옥도와 미경작 필지들의 불모성 정도를 아는 누구나 이런 노동으로 혹은 심지어 더 많은 노동으로 수확이 25년 이내에 배증될 수 있을 것이란 믿음으로 움직여 가기가 어렵다고 보아도 좋을 것이다. 유일하게 가능한 수단은 쟁기를 초원과 목장 위로 끌고 육식을 거의 완전히 포기하는 것일 것이다.[162] 그러나 그러한 계획은 심지어 수포가 될 개연성이 있었을 것이다. 진실로 잉글랜드의 토양은 풍부한 수확을 내려면 거름을 필요하며 가축은 토양에 가장 많은 것을 약속해 주는 그런 거름을 내는 데 필요한 것으로 보인다."

"25년 안에 수확을 이렇게 배증하는 것을 실현하는 데서의 어려움이 아무리 클지라도 우리는 그것이 성사되었다고 가정하고 싶다. 이 기간의 끝에 먹을거리는 거의 완전히 식물성 재료로 이루어짐에도 불구하고 최소한 두 배로 늘어나 2천2백만으로 상승한 인구를 좋은 건강상태로 유지하는 데 충분할 것이다."[163]

"다음 기간 중에 점점 더 커 가는 주민 수의 성가신 요구들을 충족시키는 데 식량을 어디서 가져올 것인가? 경작 가능하게 만들 수 있는 새로운 필지들을 어디서 찾아낼 것인가? 이미 경작된 이 필지들을 개량하는 데 필요한 거름을 어디에서 취할 것인가? 확실히 이 작업들에서 경험을 가지는 자 중에 제2기의 수확이 제1기가 지나면서 늘어난 것과 같은 양만큼 늘어나는 것을 가능한 것으로 간주하는 누구도 찾아낼 수 없을 것이다. 그럼에도 불구하고 우리는 수확 증대의 이 법칙을 그것이 아무리 개연성이 없을지라도 가정하고 싶다. 내가 가정하는 논지의 힘은 거의 제한 없는 양보를 할 수 있게 허락해 준다. 그러나 이 양보 후에조차 제2기 말에는 11,000,000명의 개인은 일체의 자원을 빼앗긴 채로 있다. 33,000,000명을 부양하는 데 꼭 필요한 양의 산물은 이 기수

---

162 Mackie 씨의 계산에 따르면 대영제국의 인구를 식물 재료로 먹이려면 2,412,746에이커의 좋은 땅으로 충분했던 반면, 동물의 왕국으로부터의 식량으로 먹이는 데는 44,475,478에이커가 필요했으리란 것이다. (맬서스)

163 1801년에 대영제국(잉글랜드, 웨일즈, 그리고 스코틀랜드)의 주민수는 10,500,956명에 달했다. 1871년에는 이미 26,072,284경이 되었다. (Kolb, vgl. St., p. 393.)

에 44,000,000명 사이에 분배되어야 했을 것이다."

"우리에게 인간들이 그들 중 누구도 생계수단에 대한 근심으로 걱정할 필요가 없이 과잉의 성(城)에서 살아가는 것을 그려 준 그림으로부터 이제 무엇이 되는지를 보라. 그들이 제한된 이기주의의 원칙에는 낯설게 물질적 염려로 자신을 낮춤이 없이 자기들의 정신적 자질을 어떻게 자유로이 펼치는지를 보라. 상상력의 이런 화려한 작품은 진실의 햇불 앞에서 빛을 잃는다. 호의의 정신은 넘침이 불러일으키고 조장하는 것이지만 궁핍의 느낌에 때문에 억눌린다. 시련들은 이에 저항할 수 있기에는 너무 강하다. 곡식은 여물기 전에 수확된다. 돌아오는 몫보다 더 많은 것을 비밀리에 쌓아 올린다. 곧 위선이 낳는 모든 악덕이 생겨나 위선 곁에서 행진한다. 식량은 더 이상 저절로 수많은 가족으로 부담을 지는 어머니들에게로 흘러들지 않는다. 자녀들은 영양부족의 결과로 고생한다. 건강의 활기찬 색채들은 흐릿한 창백함에 시든다. 호의의 정신은 약간의 죽어가는 불씨를 헛되이 뿌린다. 자기애, 자익은 다른 어떤 원칙도 질식시키고 세상에서 무제한의 지배권을 행사한다."

"여기서는 고드윈 씨가 타락한 심장의 모든 악덕에 대해 그 원인을 제공한 것으로 본 제도 중 어느 것도 관여되어 있지 않다. 여기서 묘사된 제도들은 일반대중과 개인의 안녕을 대립시키는 경향을 조금도 보이지 않는다. 이성이 모두에게 접근 가능하게 만들라고 요구하는 이익들을 소수에게 유보한 독점을 창조하지 않았다. 어느 한 사람이 불의한 법들을 통해 질서를 해치도록 유혹받았다고는 조금도 말할 수 없을 것이다. 호의가 모든 이들의 심장에서 지배했다. 그리고 보라, 그럼에도 불구하고 50년의 짧은 기간 후에 현재 사회를 시끄럽게 하고 그 명예를 더럽히는 폭력, 압제, 사기, 곤궁, 가장 혐오스러운 악덕이 새로이 나타나며, 그것들은 자연 자체의 법칙들을 통해 어떤 한 인간적 규정이 영향력을 행사하지 않았는데도 만들어진 것으로 보인다."

"우리가 아직 설득되지 않았다면 25년의 제3기로 나아가 보자. 그러면 우리는 아무런 자금원도 없는 44,000,000명의 개인을 볼 것이다. 첫 세기말에 인구는 176,000,000명으로 늘었을 것인 반면, 단지 55,000,000명을 위한 식량만 있어서 121,000,000명은 식량 없이 있을 것이다. 이 시기에 궁핍은 모든 구석과 말단에 감지되게 될 것이다. 사방에서 약탈과 살인이 지배했다. 그럼에도 불구하고 우리는 가장 대담한 사상가라도 감히 결코 희망할 수 없을 그런 연간 수확량의 제한 없는 성장을 인정했다."

"우리에게 불편함을 주는 이런 전망은 인구의 원리가 만드는 것으로서 의심할 바 없이 고드윈 씨의 발언이 우리 눈앞에 보여주는 전망, '인구는 무수한 세기 동안 지구가 그 주민들의 부양에 충분하기를 그침이 없이 늘어날 수 있다'[164] 는 것과는 다르다.

그러한 서글픈 전망에 맞서 당연히 어떤 인간적 감정도 곤두선다. 우리는 언젠가는 죽을 수밖에 없으며 그래서 영혼의 불멸을 고안해 냈다고 믿는 것이 우리에게 거슬리는 것처럼, 세상이 영원히 비탄의 골짜기에 머물 수밖에 없다고 믿는 것도 그러하다. 판도라의 상자로부터의 최선의 선물은 희망이다. 그런데 맬서스주의는 그 희망을 빼앗는다. 그것은 단지 굶어 죽느냐 아니면 사랑을 포기하느냐 하는 무서운 선택만 남겨준다.

조화의 사도들과 사회주의자들은 맬서스 이론의 가장 광포한 적들이다. 사회주의자들은 맬서스 이론에 반기를 드는데, 이는 그것이 그들의 모든 노력들을 성과가 없는 것으로 치부(置簿)하기 때문이다. 조화의 사도들은, 그것이 신

---

[164] Malthus, Essay, s. l. p., 330ff., e. St. 426.

적 정의, 세상에서의 조화의 관념의 불합리함을 논증하기 때문이다. 그처럼 우리는 무신론적 사회주의와 신앙이 깊은 체하는 감상적 조화론이 이 문제에서 팔짱을 끼고서 진행하며 서로에게 원조해 주는 것을 본다. 마르크스처럼 캐리가, 프루동처럼 바스티아가, 막스 비르트(Max Wirth)와 라살레, 뒤링과 루이 블랑 등 그들 모두가 과잉인구를 불가능한 것으로 보는 데 의견이 일치한다.

맬서스가 의존하는 근거들은 인구의 기하급수와 식량의 산술급수 가정에 기초를 둔다. 식량은 기껏해야 1, 2, 3, 4, 5 등의 비율로 증대될 수 있지만, 인구는 1, 2, 4, 8, 16 등과 같이 증대하는 **경향**을 가진다.

나는 **경향**이란 말을 명시적으로 강조하는데, 이는 여러 반(反)맬서스주의자들의 맬서스 이론에 대한 불명확한 이해가 이 말의 오해에 기초를 두기 때문이다. 캐리는 예를 들어서 자신이 아주 혐오하는 이론을 다음과 같은 명제들로 재현한다.

"1. 소재(素材)는 더 고급 형태를 띠는 경향이 있어서 무기적 생명의 단순한 형태로부터 동식물의 복잡하고 아름다운 형태로 이행하며 마침내는 인간에서 끝난다."

"2. 소재는 오직 산술적 비율로 감자, 무, 양배추, 청어 그리고 굴의 형태를 띠는 **경향**을 가지면서 이 경향은 생명의 더 하등의 형태와 관련해서는 더 약한 정도로 표출된다."

"3. 그러나 우리가 소재가 취할 능력을 가진 모든 형태 중 최고의 형태에 도달하면, 우리는 이 형태를 띠는 **경향**이 기하학적 비율로 증대함을 보게 된다. 이처럼 사람이 1, 2, 4, 8, 16 그리고 32와 같이 증대하기를 추구하는 동안 감자, 무, 양배추, 청어 및 굴은 오직 1, 2, 3, 4와 같이만 증대하며, 이 사실의 결과는 최고의 형태가 항시 하등의 형태를 앞서며 과잉 개체수라는 병을

야기한다는 것이다."¹⁶⁵

여기서 캐리는 우리에게 그가 맬서스를 얼마나 이해하지 못했는지를 뚜렷이 보여준다. 이미 그의 인구에 관한 시론 제1장 2면에서 맬서스는 이렇게 명시적으로 말한다. "내가 발견한 (악폐와 곤궁의) 원인은 **모든 살아 있는 피조물**이 그들에게 가용한 것으로 주어지는 먹을거리가 허락하는 것보다 더 높은 비율로 증가하는 것으로 그것들에서 나타나는 상시적 경향이다."

감자, 무, 양배추, 청어 그리고 굴도 '그 소재가 취할 능력이 있는 최고의 형태', 인간처럼 기하급수로 늘어나는 경향을 가진다. 인간과 마찬가지로 그것들도 실제로 산술급수로 늘어난다. 동물들과 식물 중에서도 모든 가능한 형태에서의 곤궁을 통해, 굶주림, 질병 그리고 강자에 의한 약자의 억압을 통해 과잉인구가 방지된다. 과잉인구를 향한 이런 경향이 없다면 동식물계에서 생겨나는 바와 같은 생존 투쟁은 존재하지 않았을 것이다. 맬서스는 자연 전체에서 지배하는 법칙을 인간에게 적용했으며, 캐리가 말하는 것처럼 인간만을 위한 이상한 법칙을 만들지 않았다.

과학에서의 다른 여러 오해들처럼 캐리의 오해도 그가 개념들을 예리하게 구별할 줄 모른다는 것으로 소급할 수 있다. 그러나 '늘어난다'는 말은 두 개념을 내포한다. 성장의 개념과 낳음의 개념이다. 전자의 의미인 인구증가, 말하자면 인구성장은 단지 출생 건수에 의해서만이 아니라 사망 건수에 의해서도 조건 지어진다. 후자의 의미에서의 증가, 새로운 개체들의 낳음은 오직 종족의 가임성을 통해 정해진다. 캐리는 지금 증가라는 말을 이런 의미로도 다른 의미로도 항시 같은 의미인 것으로 사용하며, 그렇게 해서 맬서스가 결코 발설한 일이

---

165 Carey, die Grundlagen der Sozialwissenschaft, I. p. 109.

없는, 물론 아주 쉽게 반박할 수 있는 견해를 그에게 뒤집어씌우기에 이른다.

캐리가 맬서스에 맞서 내놓을 다른 이유도 우리를 설득시킬 수 없을 것이다. 그의 신비적 유물론에 말하자면 두 번째 병기창으로서 신비적 신학이 짝을 짓는데, 이로부터 그는 맬서스에게 다음과 같은 종류의 화살을 날린다. "아직 어떤 이론도 노동자의 심장으로부터 그의 가족의 미래 혹은 그 자신의 미래를 위한 일체의 희망을 완전히 몰아내는 데 아주 적합한, 일자리 제공자의 심장을 완악한 마음으로 채우는 데 적합한, 창조주의 지혜와 선함에 대한 신뢰를 제거하는 데 적합한 이론으로 발표된 적이 없다. 그분이 세상을 우리가 눈앞에서 보는 것처럼 조화롭게 그리고 아름답게 창조한 후에 어떠한 필연도 인간의 다스림을 위해 '생육하고 번성하라. 땅을 정복하라'는 위대한 계율에 대한 순종이 오직 아주 일반적으로 퍼져 있는 악폐와 곤궁을 초래할 수밖에 없도록 한 법칙들을 반포하도록 그분을 몰고 가지 않는다. 그분이 그렇게 했다면 악한 사전 고려를 가지고 한 것인데, 왜냐하면 그의 능력과 그의 지혜는 무한하기 때문이다."

"아멘!" 하고 독자는 마지못해 덧붙이며, 그리고서는 자기가 우연히 기도서를 집어 들었는지 표제장을 펴 본다. 하지만 아니다. 크고 뚜렷하게 이렇게 인쇄되어 있다. 〈H. C. 캐리의 사회과학원론, 제3권〉 그리고 483면이 이 교훈적인 설교가 발견되는 곳이다.

그러한 잡담을 통해 맬서스의 이론은 당연히 반박되지 않는다. 그 이론이 선한 신의 가정과 조화되지 않는다는 것, 그 이론이 불쾌하며, 최고도로 불쾌하다는 것을 증명하는 것으로는 충분치 않다. 이는 신학을 믿는 사람들을 설득시킬 수도 있다. 과학에서는 그러한 논증은 비웃음만 야기할 수 있을 뿐이다.

이는 또한 맬서스의 인구 이론에 반대하여 제출된 유일한 이유가 아니다.

맬서스는 두 가지 가정에 의지한다. 첫째, 인간 족속의 높은 가임성 그리고 둘째, 식량의 빠른 증산의 불가능성이다. 그는 여기서 도해(圖解)를 위해 산술급수와 기하급수의 상(像)을 사용한다. 맬서스가 생각하기에 오늘날 가정을 이루는 자 누구나 그의 책임은 아주 커서 오직 소수의 사람만이 이 발걸음을 충분히 숙고하지 않고 내딛는다는 것이다. 이런 책임성의 감정 그리고 궁핍과 곤궁에 대한 두려움을 통해서 결혼은 축소되고 연기된다. 이로써 과잉인구로의 경향이 축소되며 인류의 행복이 증진된다. 이 책임성의 감정은 이처럼 모든 가능한 수단을 통해 상승시켜야 한다. 어느 인간에게나 인간다운 생존에 대한 권리를 주고 싶은 모든 자들은 이런 책임성의 감정을 제거하고 과잉인구로의 경향을 가능한 최대로 펼쳐지도록 확대하며 이로써 이 경향을 제거하기를 원한 자들의 격정을 더욱더 야기한다.

그렇게 맬서스가 논지를 편다.

그가 의지하는 가정들이 타당한지가 중요하다.

그의 첫 번째 가정은 어느 인간이든 복지 상태에서 살아갈 수 있다는 확신을 가질 경우 인간의 가임성은 그 가장 충만한 펼쳐짐에 도달하리란 것, 그리고 인구의 증가는 지금 이미 너무 빠른데 더 빠르게 진행되리란 것으로 향해 간다.

수많은 의문이 그 견해에 맞서 대두되었는데, 과학적 토대 위에서 과잉인구로의 항시적 경향을 반박하려는 최초의 언급할 만한 시도를 새들러(Sadler)가 그의 《인구법칙(1830)》에서 내놓았다.[166]

그에 따르면 인구밀도 상승과 함께 가임성은 낮아진다는 것이다. 그는 빈약

---

[166] 특별히 Robert v. Mohl, die Geschichte und Literatur der Staatswissenschaft, 1850. III. Bd. c. XVI. Geschichte und Literatur d. Bevölkerungslehre를 참조하라.

한 음식과 고된 노동이 가임성을 높이지만 유복한 삶과 풍부한 영양 섭취는 이것을 약화한다. 그에게는 잉글랜드 귀족 가문의 빈번한 사멸이 그에게 증거로 통한다. 이로부터 그는 각 사람에게 안정적인 유복한 삶을 마련해 주는 것을 두려워할 필요가 없다고 결론을 내렸다. 반대로 이로써 인간 족속의 가임성은 줄어들 것이다.

애덤 스미스가 이미 같은 견해를 지녔으며 당연히 그 논리적 귀결을 이끌어내지는 않았다. 그는 이렇게 말한다. "빈곤은 물론 결혼을 질려서 못하게 하지만 그것을 완전히 방해하는 것은 아니다. 그것은 심지어 자녀 출산을 촉진하는 것으로 보인다. 반쯤 굶주린 산악지대 스코틀랜드 여자는 흔히 스무 명 넘는 자녀의 어머니가 되지만 잘 먹고 지나치게 고이 보살펴지는 부인은 단 한 자녀도 세상에 내보낼 능력이 없고 기껏해야 두세 번의 출산으로 이미 기력이 고갈된다. 불임은 고귀한 신분들의 여성에게서는 아주 평범한 일이지만 하층 신분에서는 거의 완전히 알려지지 않았다. 호화로운 생활방식은 여성에게서 과연 향락을 향한 욕구를 불붙이지만 동시에 번식력을 약화한다."[167]

더블데이(Doubleday)도 비슷하게 생각했다. 그의 《인구의 참된 법칙(the true law of population, London 1846)》에서는 가임성이 영양 섭취와 반비례한다는 사상을 진술한다. "영양 섭취는 증가를 막지만 제한된 혹은 부족한 영양 섭취는 증가를 자극하고 덧붙인다"고 그는 말한다. "한 종에서의 자연적 증대의 힘의 폭이 어떠하든 다혈 상태는 이를 변함없이 제약하고, 반대 경우는 이를 발달시키며, 이는 그러한 상태가 동식물의 죽음을 초래할 정도로 과도하게 추진되지 않는다면 그러한 상태의 힘과 완전성에 정확히 비례하여 일어난

---

167 Adam Smith, Nazionalreichthum, c. St., I. p. 113 ed. Garve, p. 109.

다." 이를 통해 더블데이는 가장 잘 먹여진 인민계급들은 사멸하는 반면, 프롤레타리아들은 빠르게 증가하는 현상이라는 것을 설명한다. 과도하게 비옥한 토양에서의 식물들은 열매를 맺지 못하고 비육된 동물들은 새끼를 낳지 못한다. 그 예로 15, 16세기에 잉글랜드의 인구감소가 소용되는데, 이는 노동자들이 당시에 받은 영양이 풍부하고 기름진 음식에서의 과잉의 결과였던 것이다.

팔랑스테르에서 과잉인구를 방지하기 위한 네 가지 수단을 알려 준 푸리에도 비슷한 견해를 지녔다. 종자식물류의 도덕관념, 전체적 실행, 여성의 활력 그리고 섭식 체제다. 좋은 영양 섭취는 가임성에 해가 되며, 여자들은 '강인해야 하는데 이는 바로 약한 이들이 가장 많은 자녀를 낳기 때문이다.'

카를 마르크스도 이 이론의 추종자인 것으로 보이며 물론 그는 이것을 지나가는 말로만 내비친다. "사실상 출생 건과 사망 건의 수량만이 아니라, 가족의 크기도 노동임금의 수준에, 그래서 다양한 노동자 범주들이 가용한 것으로 보유하는 식량의 양에 반비례한다. 자본주의 사회의 이 법칙은 야생인들 혹은 심지어 문명화된 식민인들 중에서도 터무니없는 말로 들릴 것이다. 이는 개체적으로 약하고 많이 쫓기는 동물 종들의 대량의 재생산을 생각나게 한다." 그리고 주석에서 그는 랭(Laing)을 이렇게 인용한다. "모든 세상 사람들이 편안한 정황 중에 있었더라면, 세상은 곧 인구가 감소했을 것이다."[168]

완전히 가난한 자 중에 증가는 흔히 아주 빠르게 진행된다는 것은 부정할 수 없다. 슐레지엔의 오펠른 행정구역에서의 출생률은 1849년에 1:19.97명, 즉 1,997명에 100명이 출생했지만, 작센은 역시 빠른 인구증가를 누리는 곳으로 1840년에서 1849년까지 1:24.46의 출생률이 지배했다. 피르호

---

168 K. Marx, d. K., p. 669.

(Virchow)는 이런 빠른 증가에 관해 이렇게 적는다. "가장 심하게 쇠퇴한 상태의 영국 노동자가 정신이 극도로 피폐해진 가운데 담배와 성교라는 두 향락의 원천만 아는 것처럼, 상부 슐레지엔의 인구는 불과 몇 년 전까지 모른 바람, 모든 노력을 이 두 가지 것에 집중시켰다. 화주를 즐기는 것 그리고 성욕의 만족이 그들에게는 완전히 최고의 것이 되었으며 그 인구가 신체적인 힘과 정신적인 내용 면에서 잃는 것과 마찬가지로 빠르게 숫자가 늘어난 것이 설명된다. 영국으로 이주해 들어온 공장 노동자들에 관해 오래전부터 알려진 것이 그 인구에서 반복되었다."[169]

피르호는 이처럼 낮은 인민계층들의 빠른 증가의 원인을 생리학적 영역에서보다 사회적 영역에서 더 많이 구한다. 새들러-더블데이의 이론을 뒷받침하기 위해 들인 다른 사실들도 사회적 원인으로 소급된다. 잉글랜드의 귀족 가문들이 사멸 추세에 사로잡혔다는 새들러의 주장은 옳은데, 이는 실제로 평균 매년 3~4개의 잉글랜드 귀족 가문이 사멸하기 때문이다. 1611-1819년 중에 753개의 그런 가문이 사멸했다.[170] 이는 영국 귀족 집단에서 차남들이 보통 그들 자신의 '신분에 걸맞은' 생계유지에 충분한 것만큼만 그들의 부친의 소유재산으로부터 받지만, 가족의 생계유지에 충분한 것만큼은 받지 못하는 데서 유래한다. 바로 이 사람들은 그래서 결혼을 드물게 한다. 또한, 귀족 가문은 **남자** 후손이 더 이상 있지 않으면 이미 사멸한 것으로 통한다. 평균적으로 영국 귀족의 결혼은 아주 가임성이 크며 흔히 6, 7, 8 아니 10명의 자녀를 헤아린다.

---

169 Archiv für pathologische Anatomie, II. p. 306, bei Wappäus, allg. Bv. St., I. p. 303.
170 Roscher, Gr. d. N., p. 554.

15, 16세기 영국 인구의 감소는 존재하지도 않았던 노동자들의 아주 좋은 음식보다는 프랑스와의 백 년이 넘게 끈 전쟁, 스코틀랜드와의 영구적 전쟁 그리고 백장미와 홍장미의 30년 내전 탓인 것으로 더 돌려질 수 있겠다. 당시 노동자들의 곤궁을 말해주는 최선의 증거를 노동자들의 끊이지 않는 봉기가 제공해 준다. 당시에 봉건 시종 집단들의 해체, 농민들의 토지로부터의 축출이 시작되었으며 이는 봉건적 토지 소유의 현대적 사유재산권으로의 전환이 수반한 것과 같은 것이다. 이를 통해 무직자들, 부랑자들의 수가 크게 늘어 그들을 단속하는 독자적인 유혈 입법이 행해졌다. 헨리 8세 때만 해도 72,000명의 '크고 작은 도적들'이 처형되었다. 이는 15세기와 16세기의 노동자의 번영하는 형편에 대한 이상한 전조들이다. 엘리자베스 여왕 때의 한 문필가가 우리에게 같은 것을 묘사해 준다. "빵은 온 나라에서 토지가 내놓은 바와 같은 그런 곡식으로 구워진다. 그럼에도 불구하고 귀족집단은 보통 그들 자신의 식탁을 위해 밀을 충분히 조달하는 반면, 그들의 하인들과 가난한 이웃들은 몇몇 백작령에서는 호밀이나 보리로 만족하지 않을 수 없고 품귀의 시기들에서는 심지어 콩, 완두 혹은 메귀리나 그것들의 혼합물 그리고 약간의 도토리로 만든 빵으로 만족해야만 한다. 이런 비참한 먹을거리를 가장 가난한 자들이 가장 먼저 취할 수밖에 없으니 이는 그들이 더 나은 것을 마련할 능력이 가장 적기 때문이다. 나는 그렇다고 해서 이런 극단적인 것을 품귀의 시대에서와 마찬가지로 넘쳐남의 시대에도 볼 수 있다고 말하려고 하는 것은 아니다. 하지만 내가 이것을 말했다면 나는 쉽게 그에 대한 증거를 댈 수 있었을 것이다." 그는 나아가 노동자들과 수공업자들이 "사료용 곡물, 콩류, 완두,

메귀리, 살갈퀴 그리고 납작 완두콩으로 만족하지 않을 수 없다"[171]고 이야기한다.

더블데이는 이처럼 전혀 존재한 적 없는 것을 예로 들었다.

통계는 그것의 지금 수준에서는 아직 이런 점에 관한 해명을 우리에게 제공해 줄 수 없다. 하지만 그 문제를 판가름해 줄 수 없다고 해도 적어도 더블데이의 가설이 개연성을 아주 적게 가진다는 것을 보여줄 수는 있다.

스웨덴에서 1835년에 가족들은 식구 수별로 경제적 형편이 다음과 같이 분포했다.

[172]

분류	A 2명	B 3-5명	C 6-10명	D 11-15명	E 16명 이상	F 합계
독립적이고 그 필요를 넘게 충당할 힘이 있는 가족	3,513	14,114	20,259	4,233	1,461	43,580
충분한 소득을 가진 가족	46,730	190,384	144,571	9,131	793	391,609
타인 지원이 없이는 생계를 유지할 수 없는 가족	32,962	64,531	30,704	1,174	30	129,401
합계	83,205	269,029	195,534	14,538	2,284	564,590

이처럼 자신들의 필요 넘게 충당할 능력이 있는 가족의 총수가 스웨덴에서 모든 가족의 7.71퍼센트에 달한 동안, A의 그런 가족 총수는 단지 4.22퍼센트, B의 그런 가족 총수는 5.24퍼센트에 달한 반면, C의 그런 가족 총수는

171　Carey, Gr. d. S., III. 26.
172　Horn, Bev. St. a. B., I. p. 100.

10.36퍼센트, D은 29.12퍼센트 그리고 식구 수가 16명 이상되는 가족들인 E의 그런 가족 총수는 같은 식구 수를 가진 모든 가족의 64퍼센트에 달했다. 그리고 같은 계급의 1만 가족들마다 꼭 충분한 소득만 가지는 가족들에서는 단 20가족만이 16명 이상의 식구를 가지며, 타인의 지원 없이는 생계를 유지할 수 없는 가족들에서는 같은 재산 수준의 1만 가족마다 단 2가족만이 들어간다. 같은 수의 유복한 가족 중에 335의 가족들이 16명 이상의 식구로 이루어진다! 스웨덴에서 E에 속하는 가족들이 그들의 필요를 충당하는 수준 이상의 유복한 가족 중에 차지하는 비율은 이처럼 궁핍한 가족 중에 차지하는 비율보다 167배가 더 높다!

물론 부자들이 스웨덴에서 가난한 자들보다 167배 더 가임성이 높다고 이로부터 결론짓는 것(가난한 자들의 가임성을 30/129,401, 부자들의 가임성을 1,461/43,580로 본 것은 허점이 많다– 옮긴이)은 매우 위험할 것인데, 이는 가족의 개념이 상당히 막연하기 때문이다. 우리는 나아가서 각 가정마다 얼마나 많은 자녀가 태어났는지가 아니라 얼마나 많이 살아 있는지를 경험하는 것이다. 그러나 가난한 자들에서는 유아사망률이 매우 높은 것으로 알려져 있고 가난한 자들의 자녀들은 부유한 자들의 자녀들보다 그들의 부모를 더 일찍 떠난다. 아무튼, 위의 수치들은 가난한 자들이 부자들보다 가임성이 더 높지 않다는 가정에 충분한 이유를 제공해 준다.

유감스럽게도 이런 방향에서는 다른 나라들로부터는 통계자료가 나와 있지 않다. 그러나 어쨌든 통계는 새들러와 더블데이의 가정(假定)을 지지해 주지 않는다.

자연과학은 결단코 이에 반대되는 이야기를 해 준다.

이미 뷔퐁은 가축들이 야생짐승보다 연중 더 빈번히 짝짓기하고 한 배에 더 많은 새끼를 낳는다고 적었다. 그러나 다윈은 가임성이 먹을거리의 양에 반비례하여 상승하지 **않는다**고 아주 결연하게 발언한다.[173]

규칙적이고 넉넉한 먹이를 구해야 하는 수고 없이 받아먹는 짐승들은 상응하는 야생짐승들보다 더 가임성이 높다. 야생 토끼는 연중 네 배 번식하고 4~8마리의 새끼를 낳는 반면, 길든 토끼는 6-7배 번식하고 매번 4-11마리의 새끼를 낳는다. 산악지대에서 결코 한 마리 넘게 낳지 않는 양들이 저지대의 초원으로 데려오면 흔히 쌍둥이를 낳는다. 고된 생활은 동물들이 임신하는 기간도 늦춘다. 북스코틀랜드 섬들에서는 암소를 네 살이 되기 전에 방임하는 것은 이익이 되지 않는다. 포유동물들과 같은 현상들이 새들에서도 나타난다. 야생 오리는 매년 8-10개의 알을 낳으며, 집오리는 80-100개의 알을 낳는다. 야생 암탉은 연간 단지 6-10개의 알을 낳는다. 이런 결과들은 인공적인 종자선별을 통해 달성된 것이라고 항변할 것이다. 그러나 이런 항변은 흰족제비, 고양이 그리고 개에게는 해당하지 않는데 그놈들의 길들여진 상태에서 높여진 가임성은 종자선별을 통해서가 아니라 단지 유리한 생활조건을 통해서 설명될 수가 있다. 딕슨(Dixon)에 따르면 "좋은 영양 공급은 세심한 돌봄을 야기하고 커다란 온기는 가임 성향을 야기하는데 이는 일정한 정도로 유전되는 것이다."[174]

인간들은 당연히 이 일반적인 규준에서 예외가 되지 않는다. 다윈도 길들여진 종들은 풍부하고 영양 좋은 음식과 고른 생활방식의 결과로 야생 품종들보다 가임성이 더 높다는 법칙을 인간에게 적용한다. "우리는 그래서 일정한

---

[173] Darwin, das Variiren der Thiere und Pflanzen im Zustande der Domestikazion, II. Bd. c. XVI.

[174] Darwin, d. V. d. Th. u. Pfl., II. p. 149.

의미에서 고도로 길들여진 문명화된 인간들은 야생 인간들보다 더 가임성이 높다고 기대해도 좋다. 우리의 길들여진 동물들에서 그런 것처럼 문명화된 민족들의 향상된 가임성은 유전적인 성격이 될 개연성도 있다. 적어도 인간에게서 쌍둥이 출생 성향은 집안 내력이란 것이 알려져 있다."[175]

빈곤을 통해 완전히 기력을 잃은 인민계층들이 유복한 계층들보다 보기에 더 큰 가임성을 누린다면, **이는 이 계층들에서 특별히 특기할 만한 것이 되는, 인구증가에 대한 모든 예방적 반대경향의 완전한 결여를 통해 쉽게 설명된다.** 유복한 계급들의 구성원들은 결혼하기 전에 여러 다른 재산상의 단계들을 거쳐 간다. 스무 살이 된 남자는 결혼을 했다면 곤궁으로 곤두박질했을 것이지만, 그가 서른까지 기다린다면 그때까지 자기 가족과 안락한 정황 속에서 살아갈 그런 생활상의 지위를 쟁취해 놓으리라 희망할 수 있다. 그런 남자는 당연히 결혼을 이 시점까지 미룬다. 그러나 슐레지엔 직조공의 재산상의 형편은 스무 살 때와 육십 살 때와 같아서 그가 도대체 결혼하고자 한다면 결혼을 연기하는 것은 그에게는 맹목적이다. 그래서 그는 일찍 결혼한다. 이런 희망 없음은 피르호가 강조한 기력상실과 결부되어 프롤레타리아의 결혼이 흔히 유복한 사람들의 결혼보다 더 가임성이 높아 보이게 하는 것이다. 여러 프롤레타리아 계층의 높은 가임성은 사회적 현상이지 생리적 현상이 아니다. 동물의 세계에서는 증가에 대한 예방적 장애물이 없어서 생활방식의 개선은 규칙적으로 가임성 향상을 수반하는데, 이는 여기서는 생리적 현상들이 사회적 반대경향에 의해 그 순수한 돌출에서 방해받지 않기 때문이다. 이런 반대경향들을 제거한다면 사회 전체는 지금 이 프롤레타리아 계층들과 마찬가지로 **빠르게 증가할 것이다.**

---

[175] Darwin, die Abstammung des Menschen und die geschlechtliche Zuchtwahl; dtsch v. Carus. Stuttgart 1875, I. p. 58.

사실은 과도하게 풍부한 영양을 섭취하는 동식물이 불임이 된다는 타당한 항변을 내놓지 않는다. 그러한 동식물들은 바로 인공적으로 병적인 상태에 처한 것이다. 그러나 장래에 인간들을 살찌울 의도란 존재하지 않으며 누가 인간다운 생존에 대한 권리가 살찌우기를 촉진하리라 좀처럼 기대할 수 없을 것이므로 더블데이의 이론은 맬서스에 맞선 방어논리로 취해지는 데 적합하지 않다.

캐리는 맬서스에 반대하는 쪽으로 방향 지어진 것 모두를 그 외에는 탐욕적으로 움켜쥐는 자이지만 더블데이의 이론을 도무지 긍정하지 않는다. 알려진 사실과는 반대로 더블데이의 가정에 따른다면 미국 인구의 증가는 가장 느린 증가 중 하나일 수밖에 없을 것이라고 그는 완전히 옳게 적는다.

캐리는 독자적인 이론, "균형을 조절하고, 조화를 유지하며 바라는 좋은 결과를 초래하는" 신체적 법칙이 있다는 이론을 가진다.

모든 과, 목, 속, 종 그리고 개체를 통한 이 '일반적인 생명 법칙'은 다음의 명제들로 주어질 수 있다.

"신경 계통은 생명을 유지하는 힘에 정비례하여 변화한다."

"커다란 뇌를 가진 동물들이 가장 적게 가임성을 가지고 더 작은 뇌를 가진 동물들은 가장 많이 가임성을 가지면서 가임성 정도는 신경 계통의 발달에 반비례하여 변화한다."

"생명을 유지하는 힘 그리고 생식력은 서로 대립하며 이 대립은 상시적으로 균형의 생성에 작용한다."[176]

"이제 상시적인 진보와 궁극적인 문명의 완성을 지켜보면서 그 존재를 우리가 확정하려고 한 스스로를 조정하는 법칙의 작용으로부터 무엇을 기대

176　Carey, Gr. d. S., III. p. 391, p. 393.

할 것이 있는지? 질문하자. 과거의 모든 사실들은 단순한 근육 긴장, 일반적 안정감이 수반하는, 그래서 야생인의 신경 계통을 활동하도록 자극하는 그런 근심에서 해방된 무지한, 고된 노동이 가임성을 촉진하거나 경험으로부터 알려진 최고의 정도로 허락한다는 것, 그리고 이 가임성이 커다란 사망률을 수반한다는 것을 입증한다. 그러나 문명은 자연력으로 인간 노동을 대체함을 추구하므로 미래에는 대중의 생활은 더 이상 힘든 노동의 최고로 저열한 형태들에 종속되지 않을 것이며, 그 필연적 결과는 신체적 역량이 줄어들고 그래서 가임성이 축소되는 것, 혹은 근육 계통으로부터 신경 계통으로의 에너지의 유도가 생식 관계를 억누르는 데 기여하리란 것일 것이다. 이런 방향 중 어떤 방향에서 상태들이 달라질지라도 그러한 결과가 얻어질 수밖에 없다. 그러나 우리가 추구하는 것은 이 상태 중 후자의 것이니 이는 우리의 사회 상태들의 개선이 정신적 활동의 영역을 확장하고 신경 계통을 자극하는 그런 개선이기 때문이다. 사회가 그 자연적인 형태를 취하려 노력할수록 인간의 생계유지에 필요한 생활필수품의 산출과 전환의 노동에서 정신은 더욱더 근육과 연결되며, 이 모든 연결들은 다시 가임성의 축소를 일으키도록, 그리고 인간 생활의 유지를 위한 역량의 향상을 가져오도록 다행스러운 비율로 작용한다. 이에 따라 우리는 여기서 자기 작동적인 법칙을 가지는데 이는 그것이 과거를 설명하는 동안 미래를 미리 알려주어 법칙들을 제공한 위대한 존재의 최고 지혜, 정의 그리고 선에 대한 우리의 표상과 완전히 일치하는 이로움을 가진 목적의 달성을 향해 그것이 어떻게 규칙적으로 그리고 점진적으로 그 길을 가는지를 우리로 하여금 볼 능력이 있게 해 준다."[177]

---

[177] Carey, Gr. d. S., III. p. 396.

캐리는 마음을 사로잡는 뭔가를 지닌 이런 조화 넘치는 이론을 홀로 지니고 있지 않다. A. 스펜서(Spencer)는 그의 《동물의 가임성의 일반 법칙으로부터 연역된 인구 이론 (London, 1852)》에서 같은 것을 상술했다. 현재 물론 과잉인구로의 경향이 있다는 이 점을 스펜서는 인정하지만, 그는 그것의 지속을 부정한다. 전체의 유기적 자연을 통해 생활의 유지를 위한 역량과 번식에 소용되는 역량 간의 대립이 눈에 띈다는 것이다. 문명이 인간의 뇌 및 신경 계통을 점점 더 발달시키는 가운데 인간의 보전 역량을 상승시킨다는 것이다. 같은 정도로 새로운 개체들을 낳을 능력은 감퇴할 수밖에 없으리란 것이다. 적절한 시점에 지구의 완전한 인구와 경작에 따라 인간의 생식력은 최소로, 한 쌍에 의해 단 두 명씩만 출산하는 것으로 밀려난다는 것이다. 급속한 인구증가는 이처럼 그 자신의 결과, 커가는 문화를 통해 제거된다.

최근 시대에 이 이론은 다시 《동물 가임성의 일반 법칙으로부터 유도된 새로운 인구 이론》으로 제출되어 있다. R.T. 트롤(Trall 1877) 박사에 의해 출간된 것이다. 트롤에 의하면 생명은 작용들, 수입과 지출의 등식이다. 생명의 수준은 등식의 변수들에 따른다. 각 인종은 파괴력과 보전력에 종속되어 있다. 종들의 보전 법칙은 파괴력과 보전력의 균형에 의지한다. 트롤은 보전력을 스스로를 보전할 능력과 다른 개체들을 낳을 능력으로 이해한다. 자신의 보전 능력은 번식 능력과 항시 반비례한다. 암컷은 배종세포에서 조정받을 재료를 가지고 수컷은 조정하는 재료를 가진다. 그래서 전자에서는 특별히 영양소, 특히 지방을 모으려는 경향이 주를 이루고 반면에 후자는 신경물질을 암컷보다 더 많이 모은다. 이것은 뇌, 척수, 그리고 정액세포에 포함되어 있다. 뇌와 정액세포 양자는 건강에 해를 가하는 일 없이는 한꺼번에 긴장될 수 없다. 한 형태에서의 더 큰 발달은 다른 형태에서의 더 적은 발달을 야기한다. 척추동물들에서 신경 계통의 발달과 가임성의 정도는 반비례로 달라진다. 이제 인간의 진보는 특별히 지능에서 일어나는 것이며 이는 가임성을 희생 대가로 해서만 가능하므로 가임성은 시간이 가면서 점점 더 감퇴할 것이다. 지능과 함께 뇌의 크기가 커진다는 데 대한 증거로 그는 다양한 인종들의 중위 해골 크기를 댄다.

이것은 오스트레일리아인에게서는 75세제곱인치에 달하고, 아프리카인에게서는 82세제곱인치에 달하며, 말레이인에게서는 86세제곱인치에 달하고, 영국인에게서는 96세제곱인치에 달한다.

이상하게도 오스트레일리아인들은 거의 불임이지만, 영국인들은 상당한 가임성을 누린다. 트롤은 적어도 다른 예들을 선택해야 했을 것이다. 캐리도 코끼리가 가장 가임성이 적으므로 모든 동물 중 가장 재기발랄하다는 가정으로 몰리는 중에 자신의 이론에 상반되는 증거를 스스로 제시한다. 코끼리의 임신 기간은 말하자면 20개월이 넘게 지속된다. 결과적으로 코끼리는 인간보다 훨씬 더 높은 지능을 가질 수밖에 없다! 고래의 임신 기간을 아직 확실히 알지 못하지만 스틴스트럽(Steenstrup)에 따라 판단할 때 21-22개월 지속될 개연성이 있는데 이는 이런 고래에서도 필시 해당할 수밖에 없을 것이다.[178] 마찬가지로 임신 기간 17-18개월로 추산되는 코뿔소는 지능 면에서 인간을 월등히 능가할 수밖에 없을 것이다. 또한 정신적으로 아주 수준이 높은 개가 예를 들어 소보다 훨씬 더 가임성이 높다는 것이 알려져 있다.

다른 한편으로 캐리 자신은 뇌의 화학적 분석이 '바랄 수 있는 것보다 덜 정확하고 결연하게 탐구된다는 것'을 인정해야만 한다.

---

[178] Brehm, Thierleben, Leipzig 1877. III. p. 679.

나에게 이미 위에서 언급된 에두아르트 라이히의 저작 《생리학과 인구학설의 관점에서 고찰된 인간의 번식과 증가》가 도착했을 때 막 본서의 인쇄가 시작되었는데, 그 저작에서는 저자가 말하는 것처럼 '새로운 이론'이 선포된다. 그런데 그 이론은 내 견해에 의하면 적어도 우리의 대상에 관련해서는 캐리가 취한 이론과 한몫에 고려하지 못할 만큼 그것과 구분되지 않는다.

라이히는 이렇게 말한다. "한 민족이 덜 문명화될수록 식량 재고의 상승, 일반적 급양의 개선은, 후손의 수를 더욱더 많이 상승시킬 것이다. 그러나 한 민족이 더 문명화될수록 자손의 질은 양호한 급양을 통해 더욱더 개선될 것이다. 이런 관점에서 토마스 로버트 맬서스의 학설이 아직 고찰된 적이 없다. 그래서 이 학설은 아주 다른 평가를 받고 아주 흔히 오해되는 일이 확실히 벌어진다."

"인구의 증가를 수적으로만이 아니라 질적으로도 이해한다면 맬서스의 이론은 완전히 옳다. 왜냐하면, 맬서스는 한 나라의 인구가 어느 때나 그곳에서 산출되거나 수입된 식량의 수량에 비례한다고 주장하기 때문이다…"

"앞에 있는 것으로부터, 적절하게 영양을 섭취하는 어느 민족이나 그 민족의 문명의 단계가 높을수록 더욱더 질적으로 개선되며 그 대신에 더 적은 대표자들의 수를 내놓는다는 것이 밝혀진다. 그러나 덜 문명화된 민족들에서는 영양 섭취는 민족의 수를 늘린다. 더 문명화된 민족들에서는 이처럼 영양 섭취는 후손의 조성(組成)을 개선한다. 이는 우리가 기초적인 존재로부터 최고로 조직화된 존재로 높이 상승할수록 출산된 자들의 수는 줄어들며 그들의 생명의 강인함과 질은 대체로 증진되고 개선되는 것을 보게 된다는 일반적 자연법칙과 일치한다."(p. 31.)

라이히의 견해는 이러하다.

이 이론이 아무리 기분이 좋다고 해도, 이 이론이 우리의 바람에 완전히 상응하기에 우리가 아무리 기꺼이 이 이론을 받아들이고 싶다고 해도, 우리는 여기서도 이 이론이 전혀 근거 지어져 있지 않다고 공언할 수밖에 없다.

이미 '일반 법칙'은 위에서 든 예가 입증하는 것처럼 존재하지 않는다. 그러나 이 점은 완전히 논외로 하고서도 라이히의 법칙의 통계적 증명은 완전히 실패했다. 그가 의지했을 수 있는 유일한 증명이다. 그 자신의 수치들이 그 증명에 반대한다. 그가 32쪽에서 가져오는 표가 그러하다. 이 표에 의하면 연도별로 결혼한 부부당 자녀들이 다음과 같이 태어났다.

지역 \ 연도	1852 – 54	1855 – 57	1858 – 59
저지오스트리아	3.4	3.9	3.6
고지오스트리아	4.2	4.2	3.4
잘츠부르크	4.6	5.0	4.2
슈타이어마르크	3.7	4.0	3.7
캐른텐	4.1	4.2	3.9
크라인	4.8	4.8	5.2
퀴스텐란트	4.5	4.1	4.9
티롤	5.1	5.1	4.5
뵈멘	4.6	4.5	4.3
매렌	4.7	4.5	4.6
슐레지엔	4.7	4.2	4.7
갈리치엔	4.6	4.3	3.7
부코비나	4.1	4.9	5.1
달마치엔	3.5	4.0	4.6

롬바르다이	4.7	–	4.8
베네치아	4.6	4.4	–
헝가리	4.7	5.0	5.4
바나트	4.1	4.5	5.6
크로아티아/슬로베니아	3.4	3.4	–
지벤뷔르겐	4.3	4.3	4.6
밀리태르그렌체	3.0	3.3	4.1
전체 왕국	4.4	4.4	4.7

이 수치들에 라이히는 다음의 주석을 단다. "우리는 영양이 가장 풍부한 상황에서 살아가며 좋은 기후를 누리며 40세까지 자녀로 남아 있는 민족들이 가장 적은 수의 후손으로 행복해 하는 것을 보게 된다. 이는 독일 민족의 성격을 붙이게 되는 민족들이다. 슬라브 민족들에서는 자녀 수가 올라가고 영양은 본래의 오스트리아 지역들 주민보다 덜 풍부하다."

3개년 평균을 취한다면 독일과 슬라브 땅들로 이루어진 오스트리아 왕국에서의 결혼한 부부당 평균 4.5명의 자녀보다 적게 한편으로 슈타이어마르크는 결혼한 부부당 3.8명, 캐른텐은 4.0명, 저지 오스트리아는 3.6명, 고지 오스트리아는 3.9명, 슐레지엔은 4.3명의 자녀를 가지지만 다른 한편으로 뵈멘은 결혼한 부부당 4.4명, 갈리치엔은 4.2명, 달마치엔은 4.0명, 크로아티아는 4.0명, 슬로베니아는 3.4명 그리고 마찬가지로 밀리태르그렌체는 4.0명의 자녀를 가지는 것을 보게 된다. 슬라브 지방들은 그래서 독일 지방들보다 더 가임성이 높지 않다. 우리는 심지어 마지막으로 거명된 두 순수한 슬라브 땅들은 결혼한 부부당 가장 적은 자녀를 가리켜 보여준다는 것, 이와 달리 티롤은 바로 오스트리아의 가장 적게 혼합된 독일 인구가 있는 곳으로서 말하자면 4.9명으로서 가장 많은 자녀 수를 가리켜 보여준다는 것을 보게 되며, 질에 관련해서는 티롤 사람들은 달마티엔과 변경지방 사람들과 마찬가지로 오스트리아에서 가장 체력이 강한 사람들로 분류될 수 있다.

이처럼 이 수치들이 뭔가를 말할 수 있다면, 이는 문명이 결혼의 가임성에 **아무 영향도 가하지 않는다**는 것일 것이다.

그러나 여기서 제시된 수치들은 라이히의 가장 강한 논거다. 왜냐하면, 이 수치들에서 결론적으로 의도적인 자녀 출산의 억제, 결혼의 연기 등 자녀 수에는 영향을 주지만 가임성에는 영향을 주지 않는 요인들 같은 사회적 상황이 자녀 수에 미치는 영향을 무시해도 과히 큰 잘못을 범하는 것은 아니라고 가정할 수 있기 때문이다.

그러나 물론 이 요인들은 그가 고급 귀족 정치집단 가문들에서의 가임성에 의존하는 다른 대목에서 라이히가 우리에게 제시하는 고타 궁정 연감의 데이터에 따라 계산된 수치들에서는 고려되어야 한다. 그 외에 이 수치들은 이미 오직 적은 수치들에서만 취해진 것이므로 쓸모가 없다. 그것의 정보에 따르면 고위 귀족 정치집단의 각 가정에 평균적으로 태어나는 자녀 수는 다음과 같다. 프랑스 2.7명, 이탈리아 3.0명, 독일 4.8명, 영국 4.9명, 러시아 5.1명. 이 수치들이 얼마나 표준적이지 못한지는 나라 전체에 대한 결혼당 출산 수를 이것과 비교해 보면 알게 된다. 이는 프랑스에서는 3.07명, 이탈리아에서는 4.55명, 영국에서는 3.99명, 러시아에서는 4.38명이다(생존하는 출생자들만 계산함). 우리는 나아가서 작센에서 노르웨이와 그리고 스코틀랜드에서는 포르투갈과 결혼당 같은 출생자 수가 발견된다는 것, 그리고 메클렌부르크는 프랑스 다음으로 결혼당 가장 적은 출생자 수, 말하자면 사산아를 포함하여

3.52명을 보인다는 것을 알게 된다.

   라이히 씨에 따르면 이처럼 메클렌부르크인들은 프랑스인들과 팔짱을 끼고 문명의 선두에서 행진했다.

   라이히 씨는 나아가 프랑스 이 나라에서는 '질외사정 피임법onanisme conjugal'이 아주 널리 퍼져 있다는 것을 보지 않거나 보려고 하지 않으며, 이는 결정적인데, 왜냐하면 프랑스는 앞으로도 계속 그의 주된 받침점으로 있기 때문이다. 그런 속임수가 프랑스에서는 널리 퍼져 있을 수 없다고, 왜냐하면 이것이 신경 계통과 영양 공급을 약화하지만, 프랑스인들은 체력이 강한 사람들이기 때문이라고 그가 생각한다면, 출산을 방지하는 어떤 방법도 해롭게 작용할 수밖에 없다고는 오랫동안 밝혀지지 않았다는 것, 아니 마찬가지로 정당하게 라이히 씨의 사실을 질외사정이 해롭지 않다는 데 대한 증거로 들 수 있다는 것을 나는 적어 둔다. 그 외에도 이 속임수는 적어도 결혼상태에서는 이미 자녀들이 있고 더 이상 자녀들을 낳고자 하지 않을 때 비로소 행해지며, 그래서 후손의 신체적 조성에는 아무런 영향도 미칠 수 없다. 결론적으로 외팅겐이 마찬가지로 성적 속임수를 도외시하면서 프랑스에서의 출생의 적은 수치로부터 이 나라가 타락했고 몰락의 길에 들어섰다고 결론짓는 것은 아주 특기할 만하다. 그 수치들로부터 가장 반대되는 것을 나타낼 수도 있다.

   라이히의 더 많은, 부분적으로 아주 흥미로운 상술(詳述)들은 모두 가임성이 다수의 요인들에 좌우된다는 결과로 이끌어가기 때문에 우리의 대상물과는 아무런 상관도 없어 나는 이를 건너뛸 수가 있다. 그러나 거기서 라이히 자신은 "인간이 완전히 자연에 맞게 살아가고 왕성하게 음식을 섭취하고 명랑한 기분을 가지는 곳 어디에서나 착상된 난자, 배태, 후손의 수가 더 많고 후세의 질이 더 낫다"는 것을 인정할 수밖에 없다. (p. 123.) 이처럼 후세 수의 증가와 그들의 수명의 연장은 방금 들은 상태들이 개입할 때 기대할 수 있다. 그리고 우리가 본 것처럼 너무나도 의심스러울 뿐인 고급의 정신적 도덕적 문명의 기대되는 반작용은 좀처럼 이 결과에 감지 가능한 영향을 미칠 수 없을 것이다.

그러나 모든 것이 그에 반대되는 이야기를 함에도 불구하고 우리가 지능의 증대는 번식 능력을 감퇴시킨다고 가정하고 싶을 때도 인구증가 속도의 저하는 그 결과가 아니다. 캐리 등이 이를 가임성 저하의 자명한 결과로 간주한다면, 그들은 전에처럼 '증가'라는 말의 이중적 의미를 하나의 같은 의미로 사용하는 잘못을 범하는 것이다.

가임성의 저하에서보다 훨씬 더 생생하게 그리고 두드러지게 지능의 진보는 사망률의 저하에서 표출된다. **그런데 인구증가는 출생자 수에 의해서만 아니라 사망 건수에 의해서도 조건 지어진다.** 출생자 수가 일정한 시간 범위에 지금 100이고 사망 건수가 80이라고 가정하자.[179] 지능 증대의 결과로 인간의 가임성은 감퇴하지만 그러면서도 더 높은 정도로 사망률이 감소한다는 것이다. 전자는 주어진 시간 범위에 100에서 50 출생 건으로 떨어지고 후자는 80에서 20 사망 건으로 떨어진다는 것이다. 전자의 경우에 이처럼 일정한 기간에 인구는 20개체만큼, 후자의 경우에는 같은 시간에 30개체만큼 증가한다. 이처럼 캐리가 도래하기를 고대하는 기간에 인구는 가임성 저하에도 불구하고 지능 수준이 낮았을 경우보다 더 빠르게 증가하는 것이 아주 쉽게 가능할 것이다.

여기서도 캐리 자신은 중위 수명의 변동에 관한 무명의 한 문필가의 다음 문장을 인용하면서 자신에 반하는 증거를 제공한다. "16세기 말엽에 모든 출

---

[179] 100건의 출생에 대하여 프로이센에서는 사망 건수 70건, 헝가리를 제외한 오스트리아(치스라이타니엔)에서는 78건, 프랑스에서는 1850-53년에 83건이었다. Kolb St., p. 99, 253, 877을 참조하라.

생자 절반이 5세 미만 나이에 사망했으며, 전체 인구의 평균수명은 겨우 18세였다. 17세기에는 절반이 12세 미만 나이에 사망했다. 그러나 18세기의 처음 60년에는 인구의 절반이 27년 넘게 살았다. 18세기의 마지막 40년에는 인구의 절반이 32년 넘게 살았다. 금세기 초에 인구의 절반이 40년 넘게 살았고 1838년에서 1845년까지는 43년 넘게 살았다. 이 이어지는 기간들에 중위 수명은 이처럼 16세기의 18년에서 최근 보고에 따를 때 43.7년으로 상승했다. '수명의 이런 변동은 개선된 의학, 주택 건축에서의 개선, 거리의 배수 그리고 개선된 의복에 의해 야기되었다.'"[180]

또한 무명(無名)의 출처보다 필시 더 신뢰성 있는 저자들도 지능 증진의 결과로 빠른 수명향상을 확인해 준다. 다른 이들 중에 매콜리(Macaulay)가 그러하다. 그는 1685년에 런던의 23명의 주민 중 한 명 넘게 사망했다고 보고한다. "지금은 수도의 40명의 주민 중 연간 단 한 사람만 사망한다. 19세기 런던과 17세기 런던 간의 건강상의 차이는 평상시의 런던과 콜레라 창궐 시 동안의 런던 간의 차이보다 훨씬 더 크다."[181]

콜프(Kolb)는 수명향상에 관하여 다음과 같이 견해를 표명한다. "물론 아주 불충분한 자료가 노인들의 최고 연령이 여러 세기, 여러 천년기 이래 어지간히 변함없이 있었다는 것, **그렇지만 대체로 고령에 도달하는, 그리고 특별히 위험한 유년기 연령을 지나 생존하는 그런 사람들의 수가 아주 상당하게 늘어났음**을 암시한다. 달리 감지될 수 있는 정황은 이것과 완전히 일치한다. 재산이 별로 없는 자들의 생활상황도 상대적으로 더 나아졌고 이미 개개의 풍년이나 흉년이 어느 정도 수명에 영향을 주는지를 우리가 고려해 본다면 그것의 교훈은 저절

---

180 Carey, Gr. d. S., III. p. 350.
181 Maculay, G. v. Engl., I. p. 311.

로 나온다. 우리는 우리에게 주어진 정보, 프랑스에서 1800-1807년 사이에 태어난 아이들 중 단 45퍼센트만 징집의무 연령에 도달하는 반면, 1822-25년간 태어난 자 중에서는 61퍼센트가 도달한다는 정보의 정당성을 검증할 수 없는 것을 아쉬워한다. 물론 뒤의 시기에 명부들은 전에보다 더 정확히 작성되었다. 그럼에도 불구하고 이미 천연두 전염의 감소가 눈에 띌 수밖에 없었으리란 것이 기대되는데 왜냐하면 거명된 질병은 가령 약자들만이 아니라 흔히 가장 신체가 강건한 자들도 빼앗아갔기 때문이다. 런던에서 2세까지의 유아 사망 건수는 지난 세기 전반기에 매년 9천에서 1만에 달했다. 지난 세기말 그리고 금세기 첫 10년에 이는 단지 5천에서 6천까지에 달했다. 그렇지만 주민 수는 1700년에 674,350명에서 1810년에 1,050,000명으로 늘었다."[182]

파리에서 14세기에 주민 22명당 1명이 사망한 반면
1836년에는 주민 37.79명당 1명이 사망했고
1841년에는 주민 35.93명당 1명이 사망했고
1846년에는 주민 36.85명당 1명이 사망했고
1851년에는 주민 38.18명당 1명이 사망했고
1858년에는 주민 36.50명당 1명이 사망했고
1864년에는 주민 37.70명당 1명이 사망했고
1869년에는 주민 39.20명당 1명이 사망했다.

마르크 데스핀(Marc d'Espine)은 1561-1845년의 제네바에서의 중위 수명이 21.2년에서 42.3년으로 두 배 증가했음을 발견했다.

금세기 범위 안에서는 물론 중위 수명의 상승은 어디서나 증명 가능하지 않다. 정지 상태의 원인은 커다란 프롤레타리아 대중이 늘어남에서, 그리고

---

[182] Kolb, Stat., p. 836.

일반적 국방의무와 개선된 전쟁무기의 결과로 전보다 더 많은 희생을 요구하는 많은 전쟁들에서, 그리고 약자들, 병자들과 어린이들은 흔히 남아 있는데 이들 중에서는 사망률이 높고 바로 가장 강한 남자들을 고향에서 내쫓는 해외이주의 증대에서 찾을 수 있다고 할 수 있겠다.

그러나 해외이주가 미미한 나라인 프랑스에서는, 금세기 중에도 평균수명[183]의 꾸준한 상승이 확인될 수 있다.

평균수명은 다음에 달했다.

1810 – 25년	31.6년	1835 – 40년	34.9년
1825 – 30년	32.7년	1840 – 45년	35.0년
1830 – 35년	33.5년	1845 – 65년	36.4년

이와 달리 프로이센에서는 평균연령은 상승하지 않았을 뿐 아니라 심지어 하락했다. 이는 다음에 달했다.

1816 – 20년	27.57년
1821 – 30년	28.39년
1831 – 40년	28.34년
1841 – 50년	27.23년
1851 – 60년	26.40년

---

183   개연적 수명과 혼동해서는 안 된다.

그러나 부인할 수 없는 것은, 지능의 증대가 증명 가능한 그런 시간 범위들에서 사망 건수의 감소도 증명될 수 있다는 것이다. **역사 시기에서의 인간 족속의 가임성 변동은 이와 달리 증명 가능하지 않다.** 게다가 지능 및 복지상태의 증가와 함께 은밀한 악폐, 매춘 등이 사라지는데, 이것들은 캐리가 맞이하기를 고대한 시기에 발달했을 다수의 번식 능력 있는 싹들을 오늘날 질식시키는 것이다. 캐리-트롤의 이론이 옳았을 경우에도 그것으로부터 결코 진보와 함께 인구성장은 점점 더 완만해질 수밖에 없다는 것이 도출되지는 않았을 것이다. 이와 달리 가임성 감소에도 불구하고 인구성장이 점점 더 빠른 속도로 진행되리란 것은 아주 개연성이 높다.

그러나 번식 능력이 지능의 증가와 함께 감퇴한다는 것은 어떤 것을 통해서도 드러나지 않았다. 어린이들에 대한 성폭력에의 "가장 강한 참여가 사회적 집단 분류에서 **가장 큰 정신적 발달과 가장 적은 신체적 힘을 결합시키는** 그런 계급에서 등장한다"는 파예트에 의해 확인된 사실도 이를 별로 지지하지 않는다.

자유 직종들은 전체 범죄행위에서 단지 5.6퍼센트를 차지한 반면, 그 대표자들의 적은 수에도 불구하고 어린이들에 대한 성폭행 범죄의 12.9퍼센트가 그들로부터 나온다.

게다가 아무런 후손도 누리지 못한 유명인들만큼이나 자녀의 축복을 받은 유명인들도 있다. 몇 사람만 거명하자면 루터의 결혼에서 아들 셋과 딸 셋이 나왔다는 것, 케플러는 두 번째 부인으로부터 일곱의 자녀를 가졌다는 것, 루소는 풍성한 자녀 축복의 결과로 자기 자녀들을 보육원에 보낼 수밖에 없었다는 것, 멜란히톤, 츠빙글리, 셰익스피어 등도 사고능력과 번식 능력이 서로 반비례함을 입증하지 않았다는 것을 유의해야 한다. 위인들은 다른 사람들과 마찬가지로 많은 후손을 가지지만 그들의 후손은 그들에게는 거의 결코 필적하지 못한다. 두뇌의 과도한 발달은 후손의 **수량**이 아닌 **질**의 저하를 일으킬 개연성이 훨씬 더 크다.

캐리는 더블데이-새들러와 같이 비정상적인, 병든 상태를 정상적 상태로 제시하고 두뇌만이 아니라 모든 기관들이 그 가장 가능성이 높은 발달로 인도되면서 인간의 능력들이 완벽하게 펼쳐지기에 도달한 건강한 상태를 비정상적 상태로 칭하는 잘못을 범한다. "과잉인구라는 질병을 방지하는 안전보장은 리카도-맬서스의 저작들에서 다루어지는 인간 짐승, 먹고 마시고 생각하며 단지 인간의 형상을 가지는 존재와 구분되는 그런 참된 인간의 발달에 있다"[184]고 캐리는 생각한다.

캐리가 어떤 괴물을 '참된 인간'으로 상상하는지는 알려지지 않았다.

비정상적 현상들로부터 조화로운 법칙을 구성하는 캐리의 방법에 따를 때, 입증하고자 하는 것을 입증할 수 있다. 그가 기대한 결과들과 마찬가지로 지능의 증가는 다른 결과들도 가질 수 있을 것이다. 사산아 중에 여아들보다 남아들이 훨씬 더 많다는 것은 사실이다. 100명의 사산한 여아마다 134.6명에서 144.9명의 사산한 남아가 나온다. 이는 주로 남아의 머리가 여아의 머리보다 훨씬 더 크고 그래서 출산 시에 남아들이 더 쉽게 손상되는 데서 오는 것이다.[185] 캐리의 이론에 따르면 지능의 증가와 함께 남아의 두개골은 이 증가가 남자의 번식 능력에 대해 바라는 영향력을 행사하려면 훨씬 더 확대되어야 할 것이다. 그래서 점점 더 많은 남아가 그리고 결국 모든 남아가 출생 시에 죽을 것이다. 남자들의 감소는 두 번째 동인에 의해 뒷받침된다. 학자들은 거의 오로지 딸을 낳는다는 알려진 사실을 통해서다. 이제 자연히 캐리의 이상국가에서는 어떤 사람이든 참된 '학자'일 수밖에 없으므로, 즉 가능하면 적게 먹고 마시고 생식하는 사람이고 그래서 참된 인간에 가능한 만큼 가까워지므로 살아 있

---

[184] Carey, Gr. d. S., III. p. 404.
[185] Darwin, d. Abst. d. M. u. d. g. Z., I. p. 320.

는 남아들은 점점 덜 태어날 것이고 결국 오직 그 번식 능력은 0과 같고 그 보전 능력은 무한한 처녀들만으로 세상을 채울 때까지 갈 것이다. 부조화는 사라졌을 것이고 창조의 조화와 아름다움은 뚜렷하게 가시적인 것이 되며, 인간 짐승은 아닐, 짐승의 생식만이 아니라 아무튼 또한 마찬가지로 짐승 같은 먹기와 마시기 습관을 버린 인간에게서 섭리의 길들이 정당화될 것이다.

캐리의 진행방식에 따라 산발적인 병적 현상들로부터 억지로 놀라운 조화를 도출하고자 한다면 그러한 터무니없는 것에 도달할 수 있다. 인간이 자기 두뇌만이 아니라 전체의 기관들을 사용한다면, 전체 기관들도 고루 발달할 것이며, 캐리가 기대한 효과는 등장하지 않을 것이다. 그러나 일방적으로 오직 두뇌만 발달시키고자 한다면 진보 전체는 인류를 홀쭉한 해골의 모둠으로, 소모성 질환에 걸린, 말라비틀어진 학자들과 민가슴의 빈혈을 가진 교양 있는 여자들의 모둠으로 전환시키는 데 있을 것이다. 그럴 때 과잉인구의 위험은 물론 사라졌을 것이지만, 맬서스의 망령을 추방하는 이런 방식이 동의를 기대할 수 있는지는 적어도 아주 문제시된다.

점점 더 넓은 동아리에서의 건강과 행복의 확산에서 진보를 보는 모든 자들은 과잉인구를 방지하는 캐리의 보조수단, 말하자면 각 사람을 불임의 불구자로 전환하는 것을 수용할 수가 없다. 이성적인 사람들은 더구나 유명한 막스 비르트 씨의 가설 같은 가설에 당연히 의지할 수 없다. 그는 거기서 자본이 5퍼센트의 이율에서 20년에 두 배로 늘고 인구는 최악의 경우에 25년에 두 배가 되며 결과적으로 생계수단은 인구에 항시 앞선다고 생각한다. 또 한 사람의 현명한 다니엘은 적어도 자신의 이름을 대지 않을 정도로 영리한 자로서 무명(無名)의 소책자에서 기업가의 수가 인구의 수와 함께 늘어난다면 과잉인구는 두려워할 것이 없다는 견해를 밝힌다. 그런 정신 나간 치기에 반박하기를 원하는 것은 독자들의 건강한 인간 오성을 의심하는 것일 것이다. 그러나 맬서스에 반박하기 위해 어떤 수단에 잘못 손을 대었는지를 보게 된다.

그렇지만 모든 노고가 헛되다. 인간의 증가에 아무 장애물이 대치하지 않는다면 인간은 비상하게 빠르게 증가한다는 불편한 사실에서 벗어나기 위해 아주 신경을 곤두세운다고 해도, 모든 가능한 이론들에 힘껏 매달린다고 해도 이 모든 이론들은 그 이론들에 진지하게 집착하고자 할 경우에 가라앉고 깨어지는 지푸라기다. **하층계급의 형편을 개선하려는 어떠한 시도도 오늘날보다 상당히 더 빠른 그 계급의 증가를 결과로 가질 수밖에 없다는 것은 논란의 여지가 없다. 어느 인간에게든 인간다운 생존에 대한 권리가 보장되면, 이 증가는 이제까지 알려진 대중에서보다 훨씬 더 빠르게 진행되리란 것은 논란의 여지가 없다. 끝으로 복지상태와 지능의 증대는 이 급속한 증가를 점점 더 완만한 증가로 만들리라는 것은 단연코 틀렸다. 복지상태의 성장은 오히려 출생자들의 증가로, 지능의 증대는 사망 건수의 감소로 나타날 것이다. 양자는 인구 운동을 축소하는 대신 가속할 것이다. 저절로 작동하는 이 운동의 조절자가 있다는 가정은 조화추구적 목적론의 엄습으로서 이는 이제까지의 과학 수준에 따를 때 조금도 정당성을 가지지 못하는 것이다.**

제4장 산술급수

 맬서스는 예방적이고 적극적인 장애물이 떨어져 나갈 때 인구증가가 항시 식량 증가보다 더 빠를 수밖에 없다는 그가 기하급수와 산술급수란 그림을 통해 비유하는 것으로 알려진 것에 사회주의 체계들에 대한 그의 항변들을 지탱시킨다. 예방하고 파괴하는 장애물들이 떨어져 나감을 통해 인구증가가 높은 정도로 가속화된다는 것은 반박 불가능하다. 이와 달리 식량은 결코 마찬가지로 빠른 급수로 증가할 수 없을 것이란 가정에 대하여 맬서스는 그의 인구론에서 증거의 그림자도 내놓지 않았다. 그러나 이 가정으로 맬서스의 사회주의 체계 그리고 대체로 프롤레타리아 우호적인 체계에 맞선 항변이 성립하고 이 가정과 맞아떨어진다.
 맬서스 자신은 공산주의적 체계들에 관한 탐구를 다음의 논란으로 시작한다. "우리가 방금 한 것처럼 인간 족속의 과거와 지금의 상태를 우리의 대상과 관련하여 관찰한다면 인간 혹은 사회 완성의 가능성을 다루는, 그리고 인구 원리의 힘을 고려한 문필가들이 그 원리의 작용들에 단지 적은 주의만을 기울이고 일치하여 그것이 초래하는 악을 먼 곳에 위치하는 것으로 간주하는 것에 놀라움을 금할 수 없다. 이 악폐로부터 이끌어낸 결론이 자신의 평등 체계를 전복하는 데 충분하다고 여긴 월러스 씨 자신은 지구 전체가 하나의 정원처럼 경작되어 그 수확을 상승시키는 것이 불가능하기 전에는 이런 원천으로부터 어떤 곤란이 생겨날 수 있다고 믿지 않은 것으로 보인다. **일이 그러하고 어떤 다른 점에서도 탁월한 평등 체계가 실행 가능했더라면 나는 그렇게 쓸모 있는 계획을 실행하기 위한 우리의 열심을 아주 먼 곤란에 대한 전망이 냉각시킬 수 있었을 것이라고는 생각하지 않는다.** 아주 멀리서 우리를 기다리는 악에 대한 치료수단을 오만함 없이 섭리의 지배에 맡길 수 있을 것이다. 그러나 실제로 관련되는 위험은 멀리 있지 않으며 반대로 위협적인 가까이에 있다. 토지 경작이 진보하고, 진보할 어느 때에든지 현재의 순간부터 지구가 엄청난 정원으로 변환될 때까지, 평등이 이뤄진다면 먹을거리의 부족은 느껴질 수 있기를 그만두지 않을 것이다. 매년 수확량을 증가시켜도 헛일일 것이다. 인구는 더 큰 규모로 증가할 것이고 과잉은 도덕적 억제, 악폐나 곤궁의 상시적 혹은 주기적 활동에 의해 필연적인 방식으로 제거된다."[186]

맬서스 자신은 이처럼 인구증가의 적극적이고 예방적인 한계들을 제거하기를 모색하는 모든 체계에 대한 그의 항변이 식량을 인구와 마찬가지로 빠르게 증대시키는 것이 불가능할 때만 유효하다는 것을 인정한다.

그에 대한 증거를 맬서스는 이미 말한 것처럼 그의 인구론에서 내놓지 않았다. 그러나 물론 리카도를 따서 명명된 지대이론은 그것을 제공한다. 리카도는 물론 그 이론의 주창자가 아닌데, 이는 이미 앤더슨, 웨스트 그리고 맬서스도 1815년에 발간된 《지대의 본성과 진보에 관한 연구 (An Inquiry into the nature and progress of rent)》에서 같은 것을 제시했기 때문이지만 그는 이를 가장 예리하게 그리고 가장 명확하게 하나의 체계로 가져갔다.

리카도는 말한다. "지대는 땅의 소출 중에서 토지의 원초적이고 파괴할 수

---

[186] Malthus, essai etc., p. 317, e. St., p. 407.

없는 여러 힘의 활용 대가로 지주에게 지불되는 부분이다. 그러나 그것은 흔히 이자 그리고 자본이득과 혼동되고 평범한 생활 언어에서 그 말은 또한 차지인에 의해 연간 지주에게 지급되는 것을 지칭하는 것으로 사용된다. 같은 평면적 그리고 자연적 비옥도를 가진 두 개의 나란히 놓인 토지재산 중의 하나는 농업용 건물의 쾌적함을 보유하고 게다가 적절하게 배수와 시비(施肥)가 되어 있고 산울타리, 울타리 그리고 담벼락으로 유리하게 구획이 되어 있지만 다른 하나는 이런 이점 중 아무것도 가지지 않았다면 당연히 후자의 활용보다 전자의 활용에 대해 더 많은 보상이 지불되었을 것인데, 그럼에도 불구하고 그 두 경우에서 그 보상을 지대라고 부르는 것이다. 다만 연간 개량된 차지농장을 위해 지급된 돈의 단지 일부만이 원초적이고 파괴할 수 없는 지력(地力)에 대한 대가로 지불되었으리란 것은 명백하다. 다른 부분은 토지의 개량에 그리고 소출의 안전한 보관에 필요한 그런 건물들의 건축에 투하된 자본의 활용 대가로 지불되었을 것이다."

"풍부하고 비옥한 토지가 넘치게 존재하는 지대에 최초로 정착하여 그 토지 중 작은 일부만이 당시 인구를 위한 식량의 재배에 필요하거나 그 인구에게 제공된 자본을 가지고서 경작될 수 있는 경우에는 지대는 없을 것이다. 왜냐하면 토지가 넘치도록 존재하여 그 토지를 경작하려는 욕구만 있으면 누구에게나 주어지는, 주인 없는 토지들이 많이 있을 때는 아무도 토지의 활용 대가로 뭔가를 지불하지 않을 것이기 때문이다."

"무한한 양으로 존재하는 공기와 물 혹은 다른 어떤 자연의 선물 사용에 대해서와 마찬가지로 일반적으로 알려진 수요와 공급의 원칙에 따라 방금 든 이유에서 아무 지대도 지불되지 않는 그런 토지의 활용 대가로, 역시 아무것도 주어질 수 없다. 주어진 수량의 재료를 가지고 대기압의 도움과 증기의 탄력으로 기계들은 작업을 수행할 수 있고 인간 노동을 아주 상당히 단축할 수 있다. 그러나 이 자연적 보조수단의 사용에 대해서는 그것들이 무진장으로 있고 누구에게나 무료로 주어져 있으므로 아무 비용지출도 짊어지지 않는다. 같은 식으로 양조자, 화주(火酒) 양조자, 염색자는 그들의 재화의 산출과 관련하여 공기와 물을 사용하는데, 다만 그것들의 양이 무한정이기에 아무런 가격도 가지지 않는다. 모든 토지가 동일한 특성을 가진다면, 토지의 면적이 무제한이라면, 토지가 일반적으로 같은 조성을 가진다면, 그 토지의 활용에 대해 그 토지가 그 위치를 가지고 완전히 특별한 이익을 줄 경우를 제외하면, 아무런 부담도 야기될 수 없을 것이다. 이에 따르면 단지 토지가 무한한 양과 일반적으로 같은 조성을 가지고 존재하지 않으며, **인구가 증가하면서 더 미약한 조성을 가지거나 덜 이익이 되는 토지가 경작을 위해 취해진다**는 이유에서 지대가 지급된다. 시민 사회의 인구 증가의 결과로 제2급의 토지가 경작을 위해 취해지면서 곧바로 지대는 직접 제1급 토지 위에서 시작되며 이 지대의 액수는 이 두 토지 종류의 차이에 따른다."

"제3급 토지가 경작되면서 제2급 토지의 지대가 시작되며, 그 지대는 앞에서처럼 그 토지들의 산출 능력에서의 차이에 따른다. 그러나 그러면서도 제1급 토지의 지대는 상승할 것인데, 왜냐하면 이는 자본과 노동의 주어진 양에서 내놓는 산출물에서의 차이에 따라 제1급 토지의 지대가 제2급 지대보다 언제나 높을 수밖에 없기 때문이다. 한 나라가 적당한 식량의 수량을 끌어낼 능력을 갖추기 위해 더 미약한 조성을 가진 토지로의 진출을 하도록 강제하는 인구증가의 발걸음마다 어느 더 비옥한 토지의 지대도 상승할 수밖에 없다.

"좋은 토지가 증가하는 인구를 위한 식량의 산출에 필요한 것보다 훨씬 더 많은 양으로 존재하거나 혹은 자본이 수확 감소 없이 무한히 옛 토지에 적용될 수 있다면, 지대의 어떤 상승도 일어날 수 없을 것이다. 왜냐하면, 지대 상승은 예외 없이 노동 추가분의 적용으로부터 생겨나는 상대적으로 더 적은 소출에서 나오기 때문이다."

"지대의 상승은 언제나 한 나라에서의 증대하는 복지 수준과 늘어나는 인구에 적절한 식량을 조달하는 것의 어려움 결과다."[187]

토지 지대의 근거는 사람들이 식량이 인구보다 항시 더 완만하게 증가할 수밖에 없다는 것을 증명하기 위해 제출한 논거다. 이는 이제까지 이를 위해 제출된 유일한 논거이며 존 스튜어트 밀도 인구가 증가하면서 점점 더 열악한 토지가 경작을 위해 취해지며, 따라서 노동력의 증가는 노동 수확의 감소를 야기한다는 가정(假定) 말고 다른 것을 제출할 줄을 모른다.

"토지의 제한된 양과 그것의 제한된 생산성은 생산 증대의 사실적인 한계들"이라고 그는 생각한다.

"그것들이 최종적 한계들임은 언제나 명료하게 인식되었음이 분명하다. 그러나 가장 극단적인 한계는 결코 어디서도 도달되지 않았으니, 이는 식량을 내놓을 능력이 있는 모든 토지가 (농학에서의 어떠한 새로운 진보의 가정도 없이) 더 많은 수확이 그로부터 얻어낼 수 없을 정도로 경작되는 나라는 없기 때문이며, 지표면의 상당 부분이 완전히 미(未)경작 상태로 있기 때문이다. 이 때문에 현재로서는 생산이나 인구의 이런 출처에서 유래한다는 어떠한 제한도 불확정적인 먼 시간에 있으며, 제한을 가하는 원리를 진지한 고려할 실천적 필요가 생길 수 있기 전에 또 한 세대가 흘러야 하리라고 보통 생각해 오고 있고 그러한 가정은 완전히 자연스럽다."

---

[187] Ricardo, Gr. d. V. u. B., p. 40에서 44, 47, 52.

"내 견해에 따르면 이는 오류일 뿐 아니라 가장 심각한 오류로서 인민 경제의 전체 분야에서 발견될 수 있다. 그 문제는 다른 어떤 문제보다 더 중대하고 더 근본적이다. 이는 부유하고 직업활동에 열심인 공동생활체에서 빈곤의 원인의 전체 대상을 포괄한다. 이 논제가 이해되지 못하면 우리의 연구에서 더 계속 진행해 가는 것은 완전히 무의미할 것이다."

"토지의 독특한 상황으로 인한 생산의 제한은 특정한 장소에 움직이지 않고 서 있고 운동을 완전히 중지시키기까지는 운동에 제한을 가하지 않는 벽에 의해 세워지는 장애물과 같지 않다. 우리는 그것을, 가장 극단적인 한계가 도달되기 오래전에 그 압력이 느껴지며, 이 한계에 더 다가갈수록 그것이 더욱더 강하게 느껴짐에도 불구하고 오히려 아직 좀 더 팽팽하게 당겨질 수 없을 정도로 강하게 팽팽하게 당겨지지는 좀처럼 않는 탄력적이고 확장 가능한 띠와 비교할 수 있다."

"농업의 진보에서 별로 앞서 나가지 않은 일정한 단계 후에, 사람들이 어느 정도 열심히 토지경작에 자신을 바치고 이를 위해 어지간한 작업 도구를 사용하면서 곧바로, 농업상의 숙련과 지식의 주어진 상태에서 노동을 늘린다고 해서 산출이 같은 정도로 증대되지 않는다는 것, 노동을 두 배로 늘리는 것이 산출을 두 배로 늘려주지 않는다는 것, 혹은 같은 것을 다른 말로 표현하자면, 산출의 모든 증대는 그 토지에 적용되는 노동의 비례적인 증대보다 더 높은 증대로 획득된다는 것이 그때부터 토지로부터의 생산의 법칙이다."[188]

이 이론은 캐리에게는 당연히 눈엣가시였는데, 이는 그것이 조화에 너무 어긋나기 때문이다. 지대의 이론은 그래서 그의 가장 우선시되는 공격사항 중 하

---

[188] Mill, Gr. d. p. Oek., I., p. 183.

나이며, 그가 이에 대해 그 이론이 심하게 추궁받게끔 하는 입장을 취했다는 것을 인정하지 않을 수 없다. 캐리는 가장 비옥한 토지가 제일 먼저 경작되고 인구가 증가하면서 점점 더 열악한 토지가 공략되어 토지의 수확은 지출된 노동에 비해 항시 감소한다는 리카도의 주장을 확연하게 성공적으로 논박한다.

캐리는 이에 반대되는 주장을 하며 또한 "옛 시대와 근대에 어디서나 토지경작은 더 열악한 토지에서 시작했다는 것 그리고 사람은 오직 인구와 부의 증대를 통해 더 나은 토지를 경작지로 취할 능력을 갖추게 되었다는 것", 그래서 토지경작의 실제 진행은 리카도가 가정하는 진행에 정반대가 된다는 것을 증명한다. 사람은 최선의 토지를 가장 먼저 경작한 것이 아니라 그의 거친 작업 도구들의 도움으로 가장 손쉽게 감당할 수 있었던 토지를 가장 먼저 경작했다. 그는 가벼운 모래땅을 구했고 그 무성한 식생이 그의 모든 노고를 무산시킨 기름진 골짜기를 피했다. 늪지인 골짜기들이 아니라 돌밭인 고지대에서 경작이 출발했다. 정착민이 숙소를 마련하기 위해 그가 석조주택을 지을 수 있기까지 기다리는 동안 통나무집을 짓기로 하게 하는 것과 같은 이유에서 그는 자신의 쟁기를 사용할 수 있는 곳에서 토지경작을 시작하며, 그렇게 해서 그가 쟁기를 사용할 수 없는 곳에서, 열병과 죽음이 그의 시도의 불가피한 결과였을 곳에서 경작을 시작하고 싶었다면 그가 노출되었을 먹을거리 부족을 모면한다. 비옥한 땅에서의 정착이 시도된 모든 알려진 경우들에서 이는 완전히 실패했든지 아니면 단지 완만하게만 진행되었다. 그리고 거듭된 노력 후에야 비로소 그런 정착들은 높이 각광받게 되었다. 이 사실에 관해 그리고 더 열악한 토지에서 시작할 필연성에 관해 확신하고자 하는 독자는 루이지애나와 카옌에 있는 프랑스 식민지의 역사를 참조하고 그것의 거듭되는 실패를 세인트 로렌스강 지대의 식민지들의 꾸준한 진보와 비교해 본다면 그에 대한 증거를 찾아낼 수 있다. 세인트 로렌스강 지대에서는 다른 곳에서 더 나은 토지를 아주 적은 노동으로 취득할 수 있기에 토지가 지금 거의 무가치해진 곳에 수많은 그리고 잘 번창하는 거주지들이 세워졌다. 느리지만 꾸준한, 뉴잉글랜드의 척박한 토지 위에 세워진 식민지들의 성장을 버지니아와 카롤리나의 비옥한 토지 위에서의 거듭 실패한 식민지화 시도들과 비교해 본다면 더 많은 증거를 얻을 것이다. 후자의 토지는 혼자서 작업을 한 인간들에 의해서는 경작 가능한 것으로 만들어질 수 없었다. 그래서 우리는 자유 노동자가 북캐롤리나의 모래땅을 찾아내는 동안 더 부유한 식민자들이 흑인을 구매하고 그들에게 노동을 수행하도록 강제하는 것을 보게 된다. 혼자 살아가도록 제한받는 어떤 사람도 비옥한 토지에서의 개간을 착수하지 않을 것인데, 이는 그가 이 토지로부터 가장 적은 수확을 얻기 때문이다. 세계의 모든 새로운 땅들에서 그러한 토지에서는 부와 인구의 증대와 함께 등장하는 연합 관습의 발생 이전에 노동이 착수되었다면 노동자의 상태는 최악이다. 고지대의 가벼운 토지를 구한 정착자는 그의 노동 수확이 아주 적음에도 불구하고 먹을거리를 얻는다. '디스멀 스웜프 (음침한 늪)'의 비옥한 토지를 개간하는 데 착수했더라면 그는 비옥한 로아노크 섬에 정주한 자들처럼 굶어 죽었을 것이다.[189]

  토지경작이 척박한 토지에서 시작되며 인구가 늘면서 점점 더 비옥한 토지로 진출한다는, 그래서 지출된 노동에 비하여 토지 수확이 점점 더 늘어난다는 자신의 주장을 위해 캐리는 증거자료를 한가득 내놓는다. 그는 이것이 아메리카에서만 아니라 유럽, 그리스, 이탈리아, 프랑스, 영국─세계의 어느 나라에서도 토지경작의 진행방식이었음을 증명한다. 이런 소상한 역사적 증명

---

  189 Carey, Gr. d. S., I., p. 141.

을 반복할 필요는 없으니 이는 적대자들도 캐리가 이 문제에서 옳다는 것을 인정하기 때문이다. **토지경작의 진행에 대한 그의 서술은 견해가 아니라 부정할 수 없는 사실이다.**

토지 지대에 반대하는 것으로 물론 캐리의 서술은 아무것도 입증하지 않는다. 토지 지대는 열악한 토지와 나은 토지 수확의 차이를 통해 형성된다. 더 비옥한 토지가 제공해 주는 이 이익은 지금 최상의 토지가 먼저 취해졌든지 최악의 토지가 먼저 취해졌든지 다양한 품질의 토지 종류가 경작을 위해 취해진 곳 어디에서나 등장할 수밖에 없다. 그래서 캐리는 지대의 발생이 완전히 옳게 동기 지어지는 것이 아니라는 것으로부터 지대가 있지 않다는 결과를 도출한다면 아기를 목욕물과 함께 버리는 것이다.

그는 물론 토지 지대의 현상이 노동만이 가치를 창조할 수 있다는 가치이론과 모순된다고 생각하며, 왜 바로 땅이 모든 다른 것들의 예외가 되는지를 묻는다. 캐리는 물론 땅이 마음대로 증대 가능하지도 않고 어디서나 같은 품질로 존재하지도 않는다는 것을 잊는다. 땅은 그것의 도움으로 노동자가 산물을 산출하는 작업 도구다. 그러나 이미 더 나은 작업 도구의 소유자가 그의 경쟁자들에 비해 가지는 이득이 결코 가치이론과 모순되지 않는다는 것이 증명되어 있다. 사람들이 기계 지대에 대해 말하지 않는다면 이는 더 나은 기계의 소유자에게 생기는 이득이 지속적이지 않다는 것, 경쟁자들도 이 기계를 장만할 수 있기에 그렇다는 것에서 유래한다, 토지의 위치와 품질이 가변적이었다면, 도시에서 10마일 떨어진 토지를 2마일 거리로 가까이 옮긴다면, 어떤 모래땅이든지 부엽토로 전환할 수 있다면, 북쪽을 향한 비탈을 남쪽으로 향한 비탈로 전환할 수 있다면 또한 아무도 토지 지대에 관해 말하지 않았을 것

이다.[190]

 토지지대 이론을 위해 그래서 캐리의 진술은 별 의미가 없다. 이와 달리 그것은 인구법칙을 위해서는 중요하다. 인구증가와 더불어 점점 더 좋은 토지가 경작되는 것, 지출되는 노동력이 두 배로 되는 것은 수확을 두 배 넘게 만드는 것이 참이라면, 인구증가는 어떤 급수로 그 증가가 일어나든지 온갖 수단을 쓰더라도 막을 수 없다는 것이다. 그처럼 캐리도 인구증가는 인간 행복의 증가를 의미한다고 말한다. "어디에서나 우리는 새로운 땅이 활동 중에 놓이고 그 땅의 소유자는 더 커다란 수확을 달성할 능력을 가지는 것처럼 인간의 역량이 세 배, 네 배, 다섯 배 때로는 50배 증대하게 하는 노동의 연합으로의

---

[190] 나는 여기서 내가 알기로 그것을 발견하는 것은 아주 쉽게 떠오르는 것임에도 불구하고 아무도 관찰하지 않은 리카도의 부정확성에 대해 주의를 환기시키지 않을 수 없다. 리카도는 말하자면 최악의 토지 외에 어떤 토지도 지대를 내놓을 수밖에 없다고 생각한다. 이것은 명백히 최악의 토지 수확이 항시 그 참된 가치에 따라, 즉 그것의 생산에 평균적으로 필요한 노동에 따라 지불받는다는 전제조건에서만 가능하다. 최악의 토지 수확은 이 가정에 따르면 필수적 평균 임금 그리고 관습적인 자본이득을 충당해야 한다. 사실들은 이것이 그렇지 않다는 것 그리고 흔히 농민의 지극히 궁핍한 부양에 좀처럼 충분치 않은 토지가 경작된다는 것, 그리고 지극히 긴장된 노동과 지극히 커다란 결핍이 소농장을 채무로부터 지켜주기에 충분치 않다는 것을 가르쳐 준다. 나는 소농장이라고 말하는데, 왜냐하면 대토지 소유에서는 노동임금과 자본이득을 감당하지 못하는 경우는 보통 발생하지 않을 것이기 때문이다. 리카도에게 아무튼 지대 이론의 발달에서 모범으로 어른거렸던 영국과 같은 대토지 소유가 주를 이룬 나라들에서는 물론 최악의 토지 외에 어떤 토지도 지대를 감당할 수 있고, 프랑스와 같이 소농이 있는 나라들에서는 이는 거의 결코 그런 일은 없을 것이다. 스스로 자기 밭을 경작하는 소농에게 토지는 그것이 노임만 충당한다면 아직 충분한 수확을 제공하며 또한 소상공업 경영자는 흔히 그가 통상적인 자본이득을 기대할 수 없을 경우에도 흔히 일을 한다. 쌍방 노동 수확의 가치는 실제로 지출된 노동에 걸맞은 것보다 더 작다. 최악의 토지 외에 어떠한 토지도 이처럼 지대를 내는 것이 아니라 일정한 산물을 산출하는 데 사회적으로 필요한 노동시간보다 더 적게 필요로 하는 토지만이 지대를 내는 것이다.

증대된 경향을 낳는 더 빠른 인구증가를 보게 된다. 왜냐하면 그러한 연합은 그들이 생산력이 더 널리 증대되고 엄청난 자연의 보물이 밝은 데로 끌어내질 수 있도록 매개 역할을 하는 기계장치를 더 빠르게 축적할 동안, 더 완전히 그들의 직접적 필요품들을 더 쉽게 조달할 능력을 그들에게 주기 때문이다. 어디에서나 우리는 인구의 증가와 함께 식량이 더 풍부해지고 더 규칙적이 된다는 것, 의복과 주거는 더 쉽게 달성될 수 있다는 것, 기근과 페스트는 더 드물어진다는 것, 인간의 수명은 연장되고 인간은 더 행복해지고 더 자유로워진다는 것을 보게 된다."[191]

우리는 이런 환호성에 동조하고 캐리의 즐거운 희망을 공유해도 되는가? 물론 그는 인간이 식량이 증산될 수 있는 것보다 더 빠르게 늘어나려는 경향을 가진다는 맬서스의 가정이 틀렸다는 것을 증명했지만, 그는 그렇다고 해서 어디서나 식량은 인간들보다 더 빠르게 늘어나려는 경향을 가진다고 말할 권리가 있는가? 맬서스도 캐리도 둘 다 틀렸고 그 두 사람에게서 '어디서나'라는 말은 잘못된 것이다. 그래서 캐리의 리카도 지대 이론에 대한 수정이 그 자체로 아무리 중대할지라도 이 특수한 경우로 인해 모든 의미를 상실한다. 왜냐하면, 사회문제들이 가장 절박한 나라들, 영국, 프랑스, 벨기에, 독일은 캐리의 단계에서 벗어나 리카도의 단계에 도달했기 때문이다. 최선의 토지는 이 국가들에서는 대체로 이미 경작되고 있고 생산적인 들녘의 큰 확장은 이제 오직 더 열악한 토지의 추가를 통해서만 가능하다. **어디서나** 인구의 증가가 더 비옥한 토지로의 이행을 수반한다고, 인간은 점점 더 나은 작업 도구로 나아가고, 그래서 또한 점점 더 나은 토지로 나아간다고 캐리가 생각한다면, 그는 다른 데서도 그런 것처럼 토지는 임의대로 증대 가능하지 않다는 것, 그래서

191　Carey, Gr. d. S., I. p. 166.

어떤 토지에 대해서든지 더 나은 땅으로 진출해 가기가 불가능해지는 시점이 등장할 수밖에 없다는 것을 통해 다른 작업 도구들과 구분된다는 것을 잊는 것이다. 미국을 위해 인구증가는 이익이며 유럽의 동부 지역을 위해서도 그러하다. 이와 달리 우리 대륙의 서부는 벌써 지출되는 노동의 배가가 수확을 더 이상 배가시키지 않는 단계에 이르렀다.

이처럼 이 나라들에는 인구가 예방적이고 적극적인 장애물의 제거 후에 증가할 것과 마찬가지로 빠르게 식량을 증산할 가능성은 더 이상 없는가? 이 나라들은 이런 장애물의 제거 후에 구제불능으로 과잉인구에 빠졌는가?

그렇다. 하지만 한 나라가 언제 인구가 과잉되는가? 그에 대한 절대적 척도가 있는가?

수렵민이 살아가는 나라는 곧 과잉인구가 된다. 어느 시점을 넘어서는 고난 없이는 그 수렵민이 더 이상 늘어날 수 없는, 노동력의 증가가 수확을 같은 정도로 증대시키지 않는 그런 시점이 즉시 도달된다. "육식을 하는 사람은 자신의 생계를 위해 엄청난 영역을 필요로 하며, 이는 사자와 호랑이가 필요로 하는 것보다 더 넓은 영역인데, 이는 그가 기회가 주어지면 잡아먹지도 않으면서 죽이기 때문이다. 제한된 영역에서의 수렵민은 인구증가를 할 능력이 전혀 없다. 호흡에 불가결한 탄소는 짐승들로부터 취해질 수밖에 없으며, 이 짐승들은 주어진 면적에서는 제한된 수만 살아갈 수 있는 것이다. 짐승들은 식물로부터 자신들의 피와 기관들의 구성 부분을 모으고 그것들을 사냥으로 살아가는 인디언들에게 제공한다. 이 인디언들은 짐승의 수명 동안 그 짐승의 호흡과정을 지탱한 원소를 곁들이지 않으면서 짐승들을 즐겼다. 인디언이 단 한 마리의 짐승과 이와 같은 무게의 녹말을 가지고서 일정 수의 날짜 내내 자신의 생명과 건강을 유지할 수 있었던 반면, 그는 이 시간 동안 필요한 온기를 얻기 위해 다섯 마리의 짐승을 먹어치울 수밖에 없다. 그의 먹을거리는 넘치는 가소성 영양소를 포함하며, 연중 더 긴 부분에서 그 먹을거리에 결여되는 것은 어울리는 호흡수단이다. 그래서 육식하는 사람에게 내재하는 화주(火酒)를 좋아하는 성향이 나온다. 고달프고 힘겨운 사냥에서 인디언은 자신의 사지를 통해 다량의 힘을 사용하지만 이에 따른 효과는 아주 적고 힘의 지출과는 비율이 맞지 않는다"[192]라고 리비히는 말한다.

우리는 이에 상응하게 수렵 민족들이 거주하는 땅덩어리들은 단지 희소한 인구밀도를 가지는 것을 보게 된다. 그처럼 미합중국 북서부의 인디언 한 사람은 793에이커의 땅으로 살아가고 허드슨만 지역에서는 6,500에이커, 파타고니아에서는 12,000~44,000에이커의 땅으로 살아간다.[193]

더 밀도 높은 인구를 허락해 주는 것은 가축사육이지만, 어느 정도 더 빠른 인구증가는 토지경작이 비로소 허락해 준다.

푸아삭(Foissac)에 따르면 토지경작은 유목적 초지경제보다 20~30배의 인간을 같은 면적에서 부양하는 것이며, 후자는 다시 사냥보다 스무 배 많은 인간을 부양하는 것이다.[194]

저열한 생산양식이 지배하는, 그리고 과잉인구로 고생하는 민족은 이처럼 단지 자신들의 인구증가를 중지시킴을 통해서만 그런 것들로부터 해방될 수 있을 뿐 아니라 또한 더 고도의 더 완전한 생산양식으로의 이행을 통해서도 해방될 수 있다.

그리고 이는 수렵으로부터 목축으로의 진보, 목축으로부터 농경으로의 진

---

192 Liebig, Chemische Briefe; Volksausgabe, Leipzig u. Heidelberg 1865, p. 344.

193 Roscher, Nazionalökonomik des Ackerbaues, p. 22.

194 Roscher, N. d. A., p. 53.

보에만 해당하는 것이 아니라 농경 자체 내에서도 해당하는 말이다. 애덤 스미스는 벌써 토지경작의 여러 다른 경영방식들의 생산성이 얼마나 다른지를 인식했고 어떠한 더 완전한 경영방식도 더 많은 수의 사람들을 먹여 살릴 능력을 가진다는 것을 인식했다. 그는 이렇게 생각한다. "노예들에 의해 수행되는 노동은 그것이 그들의 생계비용만 드는 것으로 보임에도 불구하고 근본적으로 모든 노동 중 가장 비싸다. 재산을 취득할 수 없는 사람은 가능한 대로 많이 먹고 가능한 대로 적게 일하는 것 말도 다른 관심을 가질 수도 없다. 그에게 생계수단을 마련해 주는 데 필요한 것보다 그가 더 많이 해야 하는 것은 오직 완력으로 강제되며, 그 자신의 관심을 통해 강제되지 않는다. 곡물 재배가 고대 이탈리아에서 그 운영이 노예들에게 귀속되면서 얼마나 쇠퇴했는지, 그것이 농장주인들에게 얼마나 이익이 없었는지는 플리니우스 그리고 콜루멜라에 의해 묘사되었다. 고대 그리스에서 아리스토텔레스의 시대에 사정은 별로 낫지 않았다. 플라톤이 그의 '법칙들'에서 묘사하는 이상적 공화국에 관해 말하면서, 그는 5천 명의 무위도식자들(공화국의 수호에 필요할 것으로 가정되었던 전사들의 수)을 그들의 부인과 종들과 함께 부양하려면 바빌론 평원과 같은 무한한 넓이와 비옥도를 가진 영역이 필요하다고 생각한다."

"과거 시대의 농노는 점차 현재 프랑스에서 메타이예(분익형 소작농)이란 이름으로 알려진 종류의 차지농이 이어졌다. 라틴어로는 콜로니 파르티아리(coloni partiarii)라고 한다. 영국에서는 이는 오래전에 사라져서 나는 지금 그들에 대한 영국식 명칭을 모른다. 지주는 그들에게 종자, 가축과 농사 도구, 한마디로 소유지의 농사에 필요한 모든 자본을 제공했다. 수확은 지주와 차지농 사이에 균등하게 분배되었지만, 차지농이 소유지를 떠나거나 지주에게 배상하도록 차지농에게 통보되었을 때 자본의 유지에 필요한 것으로 여겨진 공제는 제외한 것이었다."

"그러한 차지농에 의한 농사는 본래 노예들에 의한 농사와 마찬가지로 지주의 비용부담으로 행해지지만 아주 본질적인 차이가 존재한다. 차지농들은 자유인들로서 재산을 취득하고 소유할 수 있는데, 이는 그들이 토지 수확의 특정 몫을 받아서 총수확이 가능한 만큼 커서 그것이 그들의 몫도 될 수 있도록 하는 데 대한 명백한 이해관계를 가지기 때문이다. … 그렇지만 이 후자의 농민 부류도 그들이 수확에 대한 그들의 몫에서 절약한 작은 부분을 가령 더 이상의 토지 개량을 위해 지출할 이해관계는 가질 수 없었는데, 이는 아무것도 지출하지 않은 지주가 절반의 수확을 받았기 때문이다. … 기껏해야 지주에 의해 제공된 자본을 통해서 가능한 것만큼을 토지에서 얻어내는 것이 분익소작농의 관심일 수 있었다. 그러나 결코 그는 자기 자신의 자본의 일부를 거기에 내놓을 이해관계를 가질 수 없었다."

분익소작농에 의한 것보다 더 장기적이고 확고한 계약을 체결하는 자유 소유주나 차지농에 의한 농사가 더 생산적인 모습을 띠었다. "작은 소유주들 다음으로 모든 나라들에서 부유하고 큰 차지농들이 토지경작의 주된 촉진자들이었다."[195]

이 농사방식들 각각 안에서 인구증가에 지어진 한계들은 다르다. **최선의 토지가 이미 경작되고 있는 '오래된' 나라에서조차 더 완전한 농사방식으로의 이행을 통하여 감소하는 토지 수확의 한계에 반작용하는 것이 가능하다.**

그러한 이행의 거대한 예를 제공해 준 것은 대혁명기의 프랑스로서 대혁명

---

[195] Adam Smith, Untersuchung über das Wesen und die Ursachen des Volkswohlstandes, dtsch v. Stöpel, II. p. 151–154, 159, dtsch. v. Garve, II. p. 205 bis 210, 219.

을 통해 프랑스 토지경작에서는 반(半)차지농의 농사 대신에 자유 토지 소유자에 의한 농사가 영위되었다. 이런 진보를 통해 100년에 못 미치는 기간 내에 프랑스의 농업생산은 거의 **네 배로 증대**되는 것이 가능해졌다.

이것은 1억 리터 단위로 평가할 때 다음에 달했다.

[196]

연도 생산물	1789	1815	1848	1872
밀	34	44	70	292
호밀 등	46	44	40	
감자	2	20	100	114
포도주	17	35	40 – 45	50

더 완전한 농사는 몇 년 전에 같은 시기에 메클렌부르크의 곡초식 경작법이 제곱마일당 단지 3,182명의 사람들의 식량만 산출하고 폴란드의 삼포식 농법이 단지 2,229명만을 먹여 살릴 능력이 있던 반면, 벨기에의 윤작농법이 제곱마일당 평균 7,345명의 사람을 위한 식량을 산출한 것을 가능케 한 것이기도 하며, 더 나은 토지가 그렇게 한 것은 아니다.[197]

더 나은 생산양식으로의 이행은 이처럼 과잉인구를 미루는 수단이다. 이는 모든 적극적 예방적 장애물이 제거되어있는 '오래된' 나라들에는 유일한 수단이다.

그러나 지금 이런 질문이 생겨난다. 부양활동공간의 상당한 확장을 제공해

---

196 Kolb, vgl. St., p. 371, 373, 374.
197 Roscher, N. d. A., p. 99.

줄 그런 진보가 오늘날 우리에게 여전히 가능한가? 가능한 최고의 수확을 제공해 주는 것은 자영농의 노동이 아닌가? 현대 국가들에서 노동 생산성의 상당한 확대는 사람들이 희망해 마지않지만, 확정성을 가지고 기대할 수 없는 그런 유례 없는 농업기술의 진보를 통해서 말고 달리 가능한가? 지금의 농사 방식 대신에 더 완전한 농사방식을 등장시키는 것은 오늘날의 과학 수준을 근거로 하여 가능한가?

이것이 질문이다.

농업에서의 생산성 증대는 세 가지 면에서 진행된다. 첫째로 그것은 토지가 함유하는 영양소의 양이 오늘날보다 같은 면적에서 더 많도록 그 조성이 개선될 수 있는 토지에 진행될 수 있다. 둘째로, 개량은 토지가 직간접으로 먹여 살리는 동식물종들이 같은 양의 영양소들로 오늘날 그런 것보다 더 많은 산물을 달성하도록 그 종들에 펼쳐질 수 있다. 끝으로 세 번째로 개량은 노동과정 중의 영양소 손실의, 그래서 인간 및 동물 노동력의 절약과 폐기물의 저감을 통한 감소에 있을 수 있다.

우선 토지를 살펴보자. 토지는 단지 농작물의 입지이기만 한 것이 아니라 또한 농작물을 먹여 살리는 것이다. 토지의 영양 공급 능력은 식물들이 자라날 때 양분이 되는 원소들이 토지에 함유된 양에 의해 조건 지어진다. 그 원소들은 가용성, 혹은 불가용성의 상태로 토지에 존재할 수 있다. 오직 전자의 경우에만 그것들은 식물들에 의해 흡수될 수 있으며, 그래서 식물들의 부양에 소용될 수 있다. 토지의 비옥도는 그래서 우선 가용(可溶)한 상태로 그 안에 함유된 원소들의 양에 의해 정해진다. 그러나 화학적 화합물로 땅에 퍼져 있는 원소들의 양 또한 부양능력에 미치는 영향이 없지 않다. 왜냐하면, 그것들이 점점 더 가용성을 지니게 되면서 수확을 통해 토양에서 취해진 바로 그런 원소들을 대체하기 때문이다. 가용한 상태로 토양에 존재하는 원소들의 양은 토지 수확의 수준을 조건 지으며, 불가용성 상태로 바로 그 토지에 존재하는 원소들의 양은 수확의 **지속기간**을 정한다.

각 식물마다 자신의 부양에 다소간에 필요로 하는 것은 작은 일련의 원소들이다. 그것은 단지 열 네 가지다. 금속인 칼륨, 나트륨, 칼슘, 마그네슘, 철, 망간, 비금속인 탄소, 산소, 인, 황, 염소, 규소, 수소 그리고 질소다. 이 모든 원소들은 식물들에 똑같이 중요하지는 않다고 해도 필요불가결하다. 그래서 합리적 농업의 임무는 토지에 적절한 양의 이 원소들을 유지해 주는 것을 지향한다. 토지가 이것들에서 빈약할 경우에는 토지를 풍요하게 하는 것을 지향하는 것이다. 이는 한편으로 토지에 이 원소들을 가능한 대로 흡수 가능한 형태로 조달함을 통해, 그리고 다른 한편으로는 불용성 형태로 토지에 함유된 원소들을 가용성 형태로 전환함을 통해서 일어나는 일이다. 첫 번째 목적은 시비(施肥)를 통해서 달성되고, 두 번째 목적은 토지경작을 통해서 달성된다. 앞의 범주에는 관개(灌漑)도 속하고 뒤의 범주에는 배수(排水)가 속하는데, 이것들은 물론 이 목적들에 단독으로 기여하지는 않지만, 그러면서 다른 방식으로도 수확의 향상에 영향을 주는 가운데 이것들에 기여한다.

토지에서 수확으로 취해진 영양소의 전량이 토지에 다시 보충되지 않으면 그 토지는 장기적으로는 단지 불용성 원소들의 저장기금을 사용함을 통해서만 같은 수확을 제공할 수 있다. 그것이 더욱 빈번히 반복될수록 이 토지는 더욱더 고갈되며, 이 경우에 토지는 그것을 오래 경작할수록 더욱더 불모상태가 된다. 물론 토지에서 그 모든 불용성 영양소를 빼앗는 데는 결코 도달하지는 않을 것이지만, 가용성 형태로 함유되거나 쉽게 가용적으로 만들어질 수 있는 그런 불용성 영양소들을 취하는 데는 속히 도달한다. 그러한 들판은 고갈되며 휴식이 필요하다. 즉, 경작자는 다시 일정양의 영양소가 풍화작용을 통해 불용성에서 가용성 상태에 도달할 때까지 기다려야 하며, 그 후에 토양의 약탈이 새로이 시작된다. 휴경의 효력은 이에 의존하는데, 이는 토양의 영양소를 풍부하게 만드는 것을 뜻하지 않는다. 이것을 선진적인 경작 단계들에서는 포기하지만, 이는 약탈농법의 후원자로서의 그 해로움 때문이 아니라 그것이 약탈농법을 충분히 빠르게 가능케 하지 않았기 때문이다. 삼포농법에서는 농경지가 세 부분으로 분할되어 하나는 겨울 곡식을 부치고, 다른 하나는 여름 곡식을 부치지만, 세 번째 부분은 휴경지로서 밭갈이만 하고 파종은 하지 않는데 그래서 이 삼포농법은 윤작농법으로 대체된다. 이 윤작농법은 모든 식물이 그 발달에 원소들의 같은 비율이 필요하지 않다는 법칙에 의존한다. 한 토양은 한 식물에 대해서는 이미 고갈되어 있을 수 있는 반면, 다른 식물은 그 위에서 완전히 잘 번성한다. 나아가 다양한 식물들이 심토를 다양하게 착취한다. 자주개자리는 예컨대 뿌리를 깊숙이 내리는데, 이 깊은 곳에 곡식 식물들은 도달할 수가 없다. 그래서 가축을 먹이는 토끼풀을 재배하고, 가축이 내놓는 거름을 곡식 밭에 사용하여 곡식 밭의 수확을 내보내도록 한다면, 이는 휴경이 긴 기간에 행하는 것과 같은 것을 하며, 토양의 저장기금을 쥐어짜는 것이다. 곡식 밭이 제공하는 원소들이 다시 곡식밭에 돌아온다면 물론 윤작농법의 도움으로 토양의 비옥화가 가능할 것인데, 이는 가용성 원소들의 재고가 점점 더 증대될 것이기 때문이다. 그러나 현대 농업에서 곡식밭의 수확은 부분적으로만, 말하자면 짚만 토양으로 보상되며 윤작농법은 삼포식 농법에 비하여 단지 토양 약탈의 가속화만을 의미하는데, 토양은 곡식들이 형성하는, 그래서 인간의 먹을거리로 소용되는 원소들에서 점점 더 빈약해지는 것이다.

현대적 농업은 토양을 더 빈약하게 만들고 일정한 인구수를 부양하는 데 점점 더 부적합하게 만든다. 토양이 비옥해져서 인구증가와 더불어 같은 면적에서 점점 더 많은 수확을 내도록 하려면 현대적 약탈농법 대신에 토양에 그로부터 취해지는 모든 것을 보충해 주는 합리적인 농사가 등장해야 한다. "농부는 오직 비료의 형태로 그가 밭에서 밭의 결실로 취한 것을 그의 밭에 보충해 줌을 통해서만 자신의 농사와 자신의 수확고를 지속적인 것으로 만들고 확보할 수 있다."[198]

약탈농법의 결과들이 지금 이미 표출되지 않는 것은 밭의 비옥도 저하를 당분간 덮어주는 약간의 완화수단을 찾아내었다는 데 그 이유를 가진다. 영국에서의 공업의 확장은 다른 나라들의 공업의 희생대가로만 가능했다. 그럼에도 불구하고 기계들이 종사하는 일손의 수를 늘린다고들 감히 말했다. 그처럼 영국 농업의 오늘날 수확은 다른 나라들의 비옥성 희생 대가로만 가능하다. 영국 농부는 독일로부터 골분을 도입하고 남아메리카로부터 구아노를 도입하고서 그다음 수확 증대를 언급하며 이렇게 말한다. 현대적 농사방법은 밭의 수확을 높인다고. 하지만 그는 이것이 오직 다른 나라들의 비옥성의 희생 대가로 일어난 것이라고 덧붙이기를 잊는다. 하지만 구아노층은 영원히 지속되지 않는다. 그러면 그다음에는 어찌할 것인가?

리비히는 클로버와 감자 농사 그리고 회분 시비의 도입 구아노층의 발견 등과 같은 이런 완화수단에 관하여 이렇게 말한다. "우연한 일들의 결합이 유럽 모든 나라의 주민 수를 이 나라들의 생산능력에 상응하지 않는, 그렇기에 부

---

198 J. v. Liebig, Die Chemie in ihrer Anwendung auf Agrikultur und Fysiologie. Braunschweig 1862. 7. Aufl., I. Theil. der chemische Prozess der Ernährung der Vegetabilien, p. 147.

자연스러운 비율로 높여서 그 수는 **현재의 경작 양상이 같을 때** 오직 두 전제 조건 아래서만 유지될 수 있다.

1. 신적인 기적을 통해 밭들이 몰이해와 무지로 그것들에서 취한 수확능력을 다시 달성할 경우

2. 분뇨 혹은 구아노층이 가령 영국의 탄광지대와 같은 면적으로 발견될 경우"[199]

현대 농화학에 대한 그 공적을 강조할 필요가 내가 없다고 보는 리비히는 이처럼 현대적인 집약적 농업을 '정황상 약탈이고 약탈농법의 마지막 단계'인 것으로서 정죄한다.

그러나 토양의 점증하는 빈곤화에는 농부의 무지만 책임이 있는 것은 아니며 관청, 국가 그리고 자치공동체의 무지도 마찬가지로 책임이 있으니, 이들은 소모된 영양소 보충을 가능케 할 조건들을 제거한다. 이는 인간 분뇨의 몰상식한 취급을 통해 일어나는 일이다.

"영국 대부분의 도시에서 수세식 화장실이 도입된 것은 매년 3백5십만 명의 사람들을 위한 먹을거리의 재산출을 위한 조건이 돌이킬 수 없이 상실되어 간 결과를 가져온다"고 이에 관하여 리비히가 말한다.

"영국이 매년 수입하는 완전히 엄청난 양의 비료의 압도적인 대부분이 다시 하천에서 바다로 흘러가며 이로써 산출된 산물들은 증가한 인구를 부양하기에 충분하지 않다."

"**최악의 것은 모든 유럽 나라들에서 바로 그 자기 제거 과정이 영국에서처럼 대규모로는 아니라고 해도 일어난다는 것이다. 대륙의 대도시들에서 관청들은 매년**

---

[199] Liebig, d. Chemie in ihrer Anw. auf Agr. u. F., I. p. 125.

밭들의 비옥도의 재생과 유지 조건을 농부에게 달성 불가능한 것으로 만들기 위해 거액을 지출한다."[200]

현대의 농업 상황은 이처럼 토양의 비옥화로 이끌지 않을 뿐 아니라 심지어 빈약화로 이끌어 간다. 그래서 인구에 더 큰 부양활동공간을 마련해 주고자 한다면 인간 분뇨의 수집 문제를 만족스럽게 풀어내고 또한 농부들에게 그것을 비료로 사용하도록 능력을 부여해 주는 것이 무조건 필요하다.

리비히는 이 두 가지 사항과 관련하여 자신의 결과들을 탁월하게 요약한다. "매년 자기의 효과적인 영양소들의 한몫을 취하는 곳인 밭의 수확물의 해마다의 감소가 단지 적을 뿐일지라도 그럼에도 불구하고 밭이 거기에 지출된 노동을 더 이상 보상해 주지 않는 한계가 닥친다는 것은 확실하다. 같은 방식으로 규칙적인 보충 시에 수확의 증대는 농부가 밭에서 취한 것보다 더 많은 것을 밭에 제공하지 않는다면 해마다 미미할 수 있을 뿐이지만 여러 해가 지난 후에 그는 자기 돈을 그에게 높을 뿐 아니라 점점 더 높아지는 이자를 가져다주는 저축금고에 집어넣은 경험을 하게 될 것이다. 그의 수확은 일정 시점부터 정규적인 급수로 상승할 수밖에 없으니 이는 밭에서 풍화과정을 통해 존재하는 재고에 매년 효과적인 영양소의 한 몫이 들어가며, 이를 통해 그의 운전자본이 지속적으로 증대해 가기 때문이다. 그가 이 보충분을 타당한 방식으로 제공한다면 그럴 때 비로소 그의 밭의 경작에서의 개량은 지금까지는 단지 그의 손아귀에서의 밭의 약탈을 위한 증진된 수단이던 것이 참된 지속하는 개량이 되며 그의 노동은 참된 번영을 느낀다는 위안이 넘치는 확신을 미래는 그에게 마련해 줄 것이다."

---

200 Liebig, d. Chemie I.i.A. auf d. Agr. etc., I. p. 128, 129.

"인구들이 그들 나름대로 단순한 자연법칙들을 더 상세히 알게 될 것이라면, 그래서 그 법칙들에 유의함이 그들의 장래의 복지를 영구적으로 보장해 준다면, 어떤 실천적인 농부도 비료의 마련 없이 한 나라의 밭들의 수확능력이 재생 가능하다는 보장을 할 능력이 없다는 것, 이런 조달이 외국에 의존할 경우에 수확의 불변함과 상승 그리고 증가해가는 인구의 부양이 인구 스스로 통제할 수 없는 우발적인 사태들에 결부된다는 것을 그들이 물론 안중에 둔다면, 마지막으로 정확한 통계조사가 가장 유리한 경우에서도 해외로부터의 비료의 조달이 비교적 단기간에(반세기 혹은 한 세기 전체는 이런 면에서 아주 짧은 기간이다) 끝날 수밖에 없다는 결과를 내놓을 것이라면, 그들은 국가들의 부와 복지의 유지 그리고 문화와 문명의 진보가 도시들의 하수도 문제의 결정에 달려 있다는 통찰을 얻을 것이다."[201]

이 문제의 만족스러운 해결은 그 이로운 효과를 이중으로 표출할 것이다. 토양의 개량에서만이 아니라 인간을 위한 식량 작물의 재배가 가능한 면적의 확장에서 말이다.

현대적 농업 기업은 대량의 가축 보유 없이 될 수가 없다. 사료 식물은 그 넓게 펼쳐진 뿌리로 지하로부터 영양소를 꺼내며, 그 큰 잎의 발달을 매개로 공기 중으로부터 질소를 꺼낸다. 이 식물들은 시비(施肥)가 되며 그 식물들이 공기와 토양으로부터 끌어낸 원소들은 거름의 형태로 밭으로 돌려보내져서 곡물의 재배에 소용되도록 한다. 가축은 그래서 윤작농법에서는 필요불가결하니 이는 그것이 사료작물이 모은 원소들을 곡물용 식물에 의해 가장 쉽게 소화될 수 있는 상태로 옮기기 때문이다.

---

[201] Liebig, d. Ch. in ihr. Anw. etc., I. p. 152.

베크헤를린(Weckherlin)에 따르면 다양한 토지경작 체계들에서 사료작물과 함께 있어야 하는 토지면적과 인간을 위한 식용작물이 심어져도 좋은 토지면적 간에 토양의 급속한 고갈이 생겨나지 않으려면 다음의 비율이 필요하다.

[202]

분류	판매용 식물 백분율	가축 먹이 백분율	휴경지 백분율
삼포식 체계	28 4/7	57 1/7	14 2/7
홀슈타인 농법	33 1/3	58 1/3	8 1/3
메클렌부르크 농법	37 1/2	50	12 1/2
4포식 윤작농법	50	50	
5포식 윤작농법	50	50	
6포식 윤작농법	57 1/7	42 6/7	
유채밭이 딸린 7포식	45	55	
유채밭 없는 7포식	50	50	
8포식 윤작농법	45.8	54.2	
감자를 사료로 하는 영국식 5포 윤작	40	60	
화주 양조를 하고 술지게미를 사료로 하는 영국식 5포 윤작	50	50	

그래서 어떤 경우에도 오늘날의 농사방식에서는 재배 가능한 토지면적의 40퍼센트 미만이 가축 사료의 산출에 바쳐지지 않는다. 압도적인 수의 경우들에서 50퍼센트 넘게 이 목적에 사용된다. 적합한 비료의 교체를 통해 토양에 항시 그로부터 취한 것을 보충해 준다면 사료작물 재배는 더 없어도 되는

---

202 Zitiert bei Roscher, N. d. A., p. 91.

것이 되며, 가축 수는 최소로 축소될 수 있고 오늘날처럼 사람들보다 가축을 먹이는 데 더 많은 땅이 소용되는 대신 가축을 먹이는 데 정해진 토지면적도 마찬가지로 축소될 수 있다.

합리적인 토지경작은 이처럼 같은 넓이 대비 토지의 수확을 높일 뿐 아니라 또한 지금의 농사방식에서 상당히 더 넓은 면적이 인간을 위해 정해진 먹을거리의 재배로 넘어가게 허락해 준다.

올바른 원칙에 의해 지도받는 시비(施肥)는 토양을 개량하는 가장 중대한 수단이다. 모든 다른 수단들은 이를 단지 당분간만 대체하지만, 지속적으로는 그럴 수 없다. 그러나 물론 그 수단들은 그것과 한꺼번에 사용된다면 합리적 시비의 효과를 상당한 정도로 상승시킨다. 그래서 그것의 사용은 토지 수확의 가능한 최고의 상승을 실현하고자 할 경우에 어디서나 지시된다.

이런 수단 중에는 관개가 시비에 가장 가까이에 있으니, 이는 그것이 신선한, 토양에 함유되지 않은 영양소의 조달을 시비와 마찬가지로 실현하며, 그래서 토양을 비옥하게 하기 때문이다.

물 그 자체는 이미 식물을 위한 먹을거리인데, 왜냐하면 질소를 함유하지 않은 식물구성성분은 오직 탄산과 물로부터만 산출되기 때문이다. 그러나 토양을 비옥하게 하는 것은 물인데, 물이 항시 끌어오는 낯선 구성성분, 녹은 채로 물이 자신 안에 함유하는 광물원소들, 그리고 물이 역학적으로 끌어오는 고운 모래를 통해서 그렇게 하는 것인데, 이는 물이 흘러가는 동안에 그 구성성분들을 재배되는 토지면적 위에 쌓을 수 있게끔 물을 그 위로 인도하지 않는다면 무익하게 바다로 인도되는 구성성분들이다. 여기에 식물의 영양소가 관개용 하수의 형태보다 더 적합한 형태로 조달될 수 없다는 것도 더해진다. 나일 골짜기에서 우리는 지극히 거대한 방식으로 물에 함유된 구성성분들이 토양을 얼마나 비옥하게 할 수 있는지를 보게 된다. 연간 나일강 범람만으로도 이집트가 수천 년 전 이래 그 비옥함의 눈에 띄는 감소 없이 먹을거리를 수출할 수 있도록 가능케 한다.

그러나 이러한 이점에도 불구하고 토양의 비옥화는 보통, 사람들이 관개를 통해 달성하고자 하는 부수적인 목적일 뿐이다. 물은 식물들에게 영양 공급원보다 토양의 용해된 영양소의 전달매체로서 훨씬 더 중요하다. 물에 녹은 상태에서만 이 영양소들은 뿌리에 도달하며 이 뿌리로부터 세포에서 세포로 식물의 가장 외부적인 부분들에 태양열에 의해 올려져서 도달한다. 태양열은 식물의 겉 부분에서 항시적인 증발을 유지하고 그렇게 항상 새로운 물을 그리고 이와 함께 새로운 영양소를 끌어올리는 것이다. 식물들이 이런 식으로 써 버리는 다량의 물은 경탄을 자아내는 것이다. "할레스(Hales)는 해바라기가 매일 1.5kg의 물을 증발시키는 것을 발견했다. 소쉬르(Saussure)에 의하면 그러한 해바라기는 그 생장 기간 동안 적어도 100kg의 물을 받아들인다는 것이다. 훔볼트(Humboldt)는 아메리카 용설란의 진액 유입을 매일 54리터로 추산했다. 크노프(Knop)에 의하면 옥수수는 그 성장 중에 그 무게의 36배를 물로 증발시킨다. 곡식 작물의 물 반납은 매일 150–250g에 달하고, 큰 활엽수의 그것은 25kg까지 달한다. 웅거(Unger)에 따르면 1헥타르의 포도나무 잎들은 138만2500리터의 물을 증발시키고, 1헥타르의 무 밭에서는 180만2500리터, 1헥타르의 초지에서는 299만2500리터, 1헥타르의 숲에서는 활엽수이든 침엽수이든 367만5천리터의 물을 153일의 성장기 동안 증발시킨다."[203]

그러나 식물들은 다량의 물만이 아니라 또한 항시적인 물의 조달이 필요하

---

203 Hamm, die Naturkräfte in ihrer Anwendung auf die Landwirtschaft. München 1876, p. 66.

다. 식물의 뿌리가 더 이상 젖은 토양 구성성분과 접촉되지 않으면서 곧바로 그 식물은 죽는다.

대기침적이 식물 발달의 유지에 필요한 토양 습도를 유지하는 데 언제나 충분하지 않으므로 인위적인 관개를 활용하게 되는데, 그래서 이는 특별히 대기침적의 중단이 빈번하게 일어나는 더 따뜻한 기후에서 빈번하게 생기는 일이다. 더 따뜻한 기후에서 많은 토지가 오직 인위적 관개의 도움으로만 경작이 될 수 있다. 그래서 유럽에서는 대부분의 관개시설이 스페인과 이탈리아에 있다. 특별히 롬바르디아에서 관개시설들은 최고의 완성상태로 발달되었다. 45만 헥타르가 그곳에서 관개되고 있다. 롬바르디아 관개수로 전체의 길이는 7천 km 이상에 달하며, 이는 초당 $428m^3$의 물을 제공한다.[204]

그러나 더 북쪽 지대들에 대해서도 관개시설은 아주 권장할 만하며, 여기서는 습도의 보전과 아울러 거름의 조달이 결정적 동기로서 더 따뜻한 나라들에서보다 훨씬 더 강하게 등장한다. 이 목적 하나에 퇴적 혹은 메우기(colmatage)가 소용되는데, 그 본질은 진흙을 운반하는 흐르는 강이 그 흐름의 유속완화를 통해 그 흙으로 된 구성성분을 가라앉게 강제되는 데 있다. 심지어는 자갈밭인 강둑도 이런 식으로 수확능력을 갖추도록 만들어질 수 있다.

물의 인도와 양수에 값비싼 시설들이 필요한 곳에서도 이런 경우에조차 이익을 내는 관개가 권장된다.

페렐스(Perels)는 이것을, 증기력이 물을 끌어올리는 데 사용되는 두 가지 예에서 보여준다. 바이센펠스의 벵겔스도르프에서 체에(Zehe) 씨의 시설에서는 1869년에 1.5헥타르의 초지가 관개되고 20첸트너[205]의 양호한 마른 재생

---

204 Hamm, Nat. in i. A. auf d. Ldwthschft., p. 86.
205 무게를 나타내는 단위로 1 첸트너는 50kg – 편집자 주

초를 내놓은 반면, 5헥타르의 관개되지는 않은 초지는 바로 그 옆에 붙어 있으면서 질이 안 좋은 6첸트너만 제공해 주었다. 1870년 다시 건초 수확 시도가 7월에 반복되었으며 7.5헥타르가 잘 관개되었다. "비옥하고 습한 여름에도 불구하고 관개되지 않은 초지에 단지 32첸트너의 좋은 재생초가 자란 반면, 관개된 초지 7.5헥타르에서는 480첸트너, 그래서 헥타르당 64첸트너가 자라서, 이에 따르면 전체적으로 240첸트너가 더 수확되었다."

리자(Riesa)에 있는 벨크 남작의 관개시설은 65에이커의 초지를 관개하며 각 에이커는 75첸트너의 건초와 재생초를 내어서 그 값어치는 1⅔탈러[206]다. 재생초 수확 후에 그 초지들은 40마리의 송아지에게 풍부한 풀밭을 제공해 주며, 이 송아지들은 저녁이면 축사에서 단지 짚을 덮고 있게 된다. 목장의 가치는 300탈러로 추산된다. 수확 비용은 공제하고 순수확은 약 5,000탈러인 반면, 예전의 에이커당 수확은 평균 30탈러, 전체로는 그래서 1,950탈러에 달했다. 관개시설과 증기기관을 위한 비용에도 불구하고 수확계산은 예전에 비한 증대된 수확을 보인다.

[207]

지금의 순수확고	5,000탈러
예전의 순수확고	1,950탈러
이자와 감가상각액: 시설 건축 총액의 5%	500탈러
이자와 감가상각액: 기계 사용에 대한 3,000탈러의 10%	300탈러
유지비용(석탄, 임금 등)	500탈러
나머지: 증대된 수확고	1,750탈러

206 유럽에서 15세기에서 19세기까지 통용된 은화. – 편집자 주
207 Emil Perels, die Anwendung der Dampfkraft in der Landwirthschaft, Halle 1872, p. 188ff.

관개의 이점은 아주 눈에 두드러져 보여서 이런 예들은 그것을 보여주는 데 충분했다고 할 수 있겠다. 지금까지 관개를 또한 가장 절실하게 필요로 하는 초지들을 관개하는 데만 한정해 왔으니 풀들은 대부분의 다른 재배작물보다 더 큰 증발능력을 보유하기 때문이다. 그러나 행해진 시도들은 밭들에서도 관개가 이로운 성과를 가짐을 나타내 주었다. 리비히는 한번은 그의 화학 브리프에서 이렇게 말한다. "꽃밭 정원사가 꽃봉오리들에 물을 주는 것처럼 농부가 자기 밭에 적시에 물을 뿌리게 할 수 있다면 모든 식물은 최대의 수확을 낼 것이다."[208] 이 가능성은 인위적 관개의 도움으로 제공된다. 초지의 관개만이 아니라 밭들도 그래서 가능한 최대의 수확을 토양에서 취하고자 한다면 불가피하게 필요하다.

우리는 관개의 가장 주요한 이점이, 각 식물이 그 발달과 유지를 위해서는 일정한 습도가 필요하다는 데 근거를 두는 것을 알아보았다. 그러나 같은 원인에 의존하는 것은 또한 배수시설의 필요성이다. 너무 적은 물만이 아니라 너무 많은 물도 작물의 번성을 침해한다. 흙에 있는 물은 커다란 증발을 통해 토양을 식히며 뿌리를 썩게 하고 영양소의 순환을 늦춘다. 배수는 그래서 가장 중요한 토양개량사업 중 하나다.

원래는 이를 위해 열린 도랑을 팠지만, 이는 최근 시대에는 점점 더 배수관, 즉 설치하기가 더 단순하고 별로 많은 공간을 차지하지 않는 지하수로에 의해 축출된다. 이런 배수관의 가장 탁월한 종류는 구운 진흙으로 만든 관으로 이루어진 관형 배수관으로, 좁은 도랑의 밑바닥에 이것을 정확히 서로 맞추어서 놓고 그다음에 도랑을 다시 메운다. 관들이 단지 나란히 놓여 있기

---

208 Liebig, Chemische Briefe, p. 479.

만 하고 연결되지는 않으므로 이음매를 통해 모이는 물은 관으로 밀려들고 도랑의 바닥은 기울기를 가질 수밖에 없으므로 관을 통해 보내어진다.

배수의 효과는 다채롭지만 각 방면으로 이롭다. 그것은 방죽에 갇힌 물을 빼어내고 이를 통해 뿌리가 썩는 것과 토양의 냉각을 막을 뿐 아니라 겨울에는 심지어 이 토양을 따뜻하게 해 준다. 이 계절에는 지하 3-4피트 깊이의 땅이 표면의 땅보다 더 따뜻하다. 배수관으로부터 올라오는 공기는 그래서 표토의 온도를 높인다.[209] 토양에 존재하는 물의 제거를 통해 배수관 위에 지층에서의 약하지만, 지속적인 공기순환도 행해지고, 이를 통해 토양에 함유된 영양소의 풍화가 촉진되고 용해된 영양소의 합계가 늘어나고, 이로써 수확고가 향상된다. 거기서 배수는 토양습도를 해로울 정도로 줄이지 않고 단지 축축함을 막을 뿐이다. 심지어는 배수의 이익을 관개의 이익과 조합시키는 것이 가능한데, 이는 조달된 물이 배수의 폐쇄를 통해 땅덩어리 안에 유보될 수 있는 페터(Peter)의 초지조성 절차에서 그런 것과 같은 것이다. 이런 조합을 통하여 식물이 필요로 하는 그런 습도가 유지될 수 있으며, 아주 끈질긴 가뭄도 과도한 물기도 식물에 어떤 일을 저지를 수가 없다. 흉작의 커다란 두 원인이 이를 통해 제거된다.[210]

그러나 이런 조합이 없이도 배수는 수확량을 상당히 높이며, 이미 경작된 토지의 총수확을 평균 20-30퍼센트 상승시켰고, 거기서 열린 도랑보다 수리(修理)를 덜 요하며, 토양손실을 전혀 일으키지 않는다. 많은 밭에서 줄기가 자라는 작물과 더 나은 사료작물의 재배는 배수를 통해 비로소 가능해졌다.

시비 그리고 물 대기, 물 빼기와 아울러 토양을 개량하는 네 번째 종류도

---

209 Liebig, d. Chem. in I. Anw. etc., II. Theil, die Naturgesetze des Feldbaues, p. 95.

210 Hamm, d. N. in I. Anw. auf d. L., p. 96.

있다. 이는 토양의 기계적 경작이라는 종류다.

그것의 이점은 두 가지다.

물의 협력으로 물론 영양소가 뿌리로 옮겨가는 것이 성사된다. 다만 영양소는 표토에 묶여 있어 토양의 물로 운반되지 못한다. 뿌리는 이 영양소를 오직 물이 침투한, 그 흡수하는 표면과 닿아 있는 농토 부분에서만 취한다. 양분이 뿌리를 찾아가지 않고 뿌리가 양분을 찾아간다. 그래서 뿌리에 길이 열리고, 또한 영양소가 뿌리에 가능한 대로 가까이에 다가오고, 그래서 가능한 최대로 균일하게 농토에 분산되는 것이 필요하다.

"1세제곱피트의 흙에 있는 2로트(=3만 mg)의 골분은 그 비옥도에 눈에 띄는 영향을 주지 않는다. 그러나 이 인산칼슘 3만 mg은 흙의 모든 부분에 고르게 분포되고 분산되면 이는 120본의 밀의 양분공급에는 충분하다. $100mm^2$(평방밀리미터)의 표면에서의 1만 mg은 같은 시간에 같은 면적의 10mg보다 더 효과적이지 않다. 영양소 함량이 같은 두 밭 중의 하나는 아주 비옥하지만, 다른 밭에서는 식물이 번성하지 못할 수 있다. 전자의 밭에서는 영양분이 다른 밭에서보다 더 많이 그리고 더 고르게 분배되고 분산될 때 그러하다."

"하나의 밭이 그 영양소의 **온전한** 함량에 상응하는 수확을 내놓으려면, 이를 위해서는 가장 가깝고 가장 중대한 조건으로 그 밭의 물리적 조성이 또한 그 지극히 섬세한 뿌리가 영양분이 존재하는 곳에 도달하도록 허락해야만 한다는 조건이 충족되어야 한다. 토양은 그것의 뭉침을 통해 뿌리의 확산을 방해해서는 안 된다. 거세고 무거운 토양이 광물성 영양분을 풍부하게 가지더라도 섬세하고 가는 뿌리를 가진 식물들은 그런 토양에서는 번성하지 못한다."[211]

---

211 Liebig, chemische Briefe, p. 430, 431.

기계적 경작은 토양을 뒤섞으며, 이를 통해 뿌리에 양분을 가능한 만큼 가까이 가져간다. 기계적 경작은 토양을 느슨하게 하고 이를 통해 뿌리들이 양분을 찾아가는 것을 가능케 한다. 그러나 이런 방향에서만 기계적 경작이 토양을 개량하는 것이 아니라 또한 대기가 토양에 미치는 효과를 높이고 풍화작용을 쉽게 하고 이를 통해 식물에 수용 가능한 영양소의 양을 늘림을 통해서도 개량한다. 이는 나아가 그렇지 않으면 지하 심토로부터 뿌리에 닿을 수 없었을 양분을 조달해 줌을 통해서도 이를 일으킨다. 그래서 기계적 경작은 농부의 가장 중요한 일 중 하나다.

삽, 괭이, 써레 그리고 롤러와 아울러 쟁기가 이 목적에 탁월하게 사용된다. 쟁기의 구성은 토지 수확의 수준을 결정하는 데서 충분히 높이 평가될 수 없는 큰 중요성을 띤다. 쟁기 제작의 진보에 농업의 진보가 좌우되는 정도가 높다.

잉글랜드와 플랑드르는 쟁기의 개량에서 경쟁했지만, 마소로 끌어지는 최선의 쟁기는 과학이 원하는 만큼 깊숙이 그리고 그만큼 힘차게 밭갈이를 할 능력이 없다. 심경(深耕)은 집약적 농업의 가장 불가결한 조건 중 하나다. 그러나 축력은 그런 농사에는 충분치 않다. 이는 황소와 말의 힘보다 센 힘이 필요하다. 이것은 증기의 힘이다.

증기토지경작은 과잉인구에 가장 효과적으로 대처하고 토지 수확을 믿을 수 없는 수준으로 상승시킬 그런 것이다. **그것에 미래가 속한다. 아니 그 이상이니, 그것 없이는 행복한 미래는 가능하지 않다.**

물론 증기 쟁기는 특정 상황에서만 활용 가능하며 평지에서 가장 일을 잘 하지만 굴곡진 대지 위에서도 그것을 활용하는 것이 가능하다. 이는 대지의 상당한 난점들이 있어서 큰 돌이 토지에 많이 있고 나무뿌리가 완전히 뽑히지 않은 곳, 늪지의 밭과 아주 작은 필지에서만 어려워진다. 거의 모든 이런 장애물들은 인간에 의해, 다수는 가벼운 노력으로 치워질 수 있다.

이런 것 그리고 높은 장만 비용이 마소로 경작하는 것에 비한 증기경작의 유일한 단점들이다. 이는 증기 토지경작의 강력한 장점에 비하면 안 보이다시피 할 정도로 작은 것이다.

이 분야에서 가장 중요한 권위자 중 한 사람인 페렐스는 증기경작에 관한 단행본 《증기토지경작(베를린 1870)》도 **출간한** 자로서 그것의 장점에 관해 다음과 같이 진술한다. "1. 증기 쟁기의 작업이 마소가 끄는 쟁기의 그것보다 훨씬 더 낫다는 것은 의심할 나위 없으며 어떤 면에서도 논란이 되지 않는다. 물론 이는 흙덩이의 철저한 뒤집음을 일으키는 더 높은 속도에 달려 있다. 토양이 높이 던져져서 흙덩이가 떨어질 때 완전히 분쇄되도록 한다. 가장 뚜렷하게 보이는 것은 젖은 토양의 경작 시의 증기 쟁기의 유리함이다. 여기서 마소가 끄는 쟁기로 작업할 때에는 고랑을 하나씩 판다. 공기, 한기(寒氣) 등의 작용을 돕는 목적으로 토양을 실제로 열어젖히는 것은 말할 바가 못 된다. 증기 쟁기, 무엇보다도 증기 쟁기는 그러한 토양을 가장 완전하게 열어젖힌다. 개개의 흙덩이들은 완전히 서로에게 포개어져서 농토는 거의 빙하 표면의 외관을 얻는다. 여기서 겨울에 아주 추울 때 그리고 차후의 손질 시에 증기 써레를 매개로 토양이 완전히 다른 구조, 훨씬 더 무른 성질을 얻는다는 것은 그러한 농토의 표면적인 검사도 보여주는 것이다."

"증기 쟁기의 질적 작업에 대한 평가를 위해 나아가 쟁기질 된 농토 위를 발로 밟는 것이 역축의 제거로 일체 회피된다는 것을 고려해야 한다. 보통 역축의 발굽이 토양에 어떤 불리한 영향력을 가하는지는 명확히 이해되지 않는다. 쟁기를 끄는 네 마리의 황소는 31cm의 고랑 폭에서 헥타르당 40만 번의 발로 밟음을, 그래서 1㎡당 40번의 밟음을 야기한다. 여기에 또 써레질, 괭이질, 롤러 작업 그리고 파종 시의 밟음도 더해진다. 무거운 역축들의 넓은 발굽은 토양을 거듭하여 반죽하고 눌러 붙여 우리는 더 이상 이러한 취급이 식물의 성장을 가로막지 않는 것을 경탄할 수밖에 없다."

"**증기 쟁기의 더 나은 작업은 더 큰 수확 안정성과 더 큰 수확량으로 말해진다. 이는 증기 쟁기가 여러 해 내내 가동된 곳 어디에서나 증명된다.**"

"2. 증기 경작의 또 하나의 장점은 토지경작을 제때에 시작하고 늦가을 시작 전에 끝낼 수 있다는 데 있다. 추수 직후에, 그래서 대부분의 농장들에서 노동자도 쟁기를 끄는 마소도 가용하지 않은 시기에 밭의 뒤집기를 시작할 능력을 지닌다. 통상적으로 그루터기 밭 쟁기질은 가장 유리한 때가 지나간 후에 비로소, 흔히 오직 노동자들이 너무 나쁜 날씨 때문에 쉬어야 하는 날에 시작된다. 수확 직후에 대기의 이로운 작용에 노출되는 토양은 늦가을까지 폐쇄되어 있을 경우와는 완전히 다른 구조를 취한다는 것은 여기서 더 이상의 상세한 서술을 요하지 않는다."

"3. 증기 쟁기는 경작시기를 연장한다. 즉 가축의 발이 현존하는 습기 때문에 너무 깊숙이 흙 속으로 빠져드는 시기들에 증기 쟁기로 하면 토양이 벌써 완전히 훌륭하게 경작된다. 늦가을에 그렇지 않았으면 노동이 중단되어야 했을 때 증기 쟁기는 여전히 별다른 어려움 없이 작업하여 밭갈이가 겨울이 들어서기 전에 마감될 수 있다. 특히 겨울이 아주 일찍 찾아오는 지역들에서 증기 쟁기의 이런 장점은 고려되어야 마땅하다."[212]

증기 쟁기의 장점들을 더 이상 설명하는 것은 물론 불필요하다. 관개 및 배수와 아울러 그러나 특별히 합리적 시비와 아울러 증기경작이 같은 면적에서

---

[212] Perels, d. Anw. d. D. in d. L., p. 307 ff.

오늘날 평균적으로 그런 것보다 더 높은 수확을 얻기 위한 가장 탁월한 수단임은 확고하다.

그러나 이런 노력과 어떤 두 번째의 노력은 손을 잡고서 같이 갈 수밖에 없다. 같은 양의 영양소로 오늘날 통상적으로 얻어지는 것보다 더 많은 산물을 얻으려는 노력이다. 이는 인간의 필요들에 가능한 만큼 상응하는, 그래서 품종들을 점점 더 개량하여 특정한 목적에 적합하게 만드는 그런 동식물만을 길러내는 체계적 품종개량의 도움으로 가능하다. 이런 개량은 두 가지 방향에서 진행될 수 있다. 첫째로, 인간에게 무익한 기관들은 가능한 만큼 적게 발달하고 반면에 인간에게 유익한 기관들은 완전함의 지극한 한계까지 가져가지는 데 도달하기를 시도해야 한다. 둘째로 그 노력은 해당되는 존재가 가능한 만큼 속히 완전함의 상태에 도달하여 이제까지보다 더 일찍 성숙하게 되는 쪽으로 가야 한다.

두 가지 면에서 체계적 종자선별은 기적을 일으켰다. 예를 들어서 머리는 대부분의 비육용 가축에서는 중요치 않은 것인데, 이는 머리를 거의 전혀 사용할 수 없기 때문이다. 사육되는 돼지의 머리는 틀림없이 아주 축소된다. 머리의 길이는 몸통의 길이에 대해 통상적인 품종에서는 1:6의 비율이고, 사육품종에서는 1:9, 아니 최근에는 1:11의 비율이 된다. 모피도 어금니들처럼 길들어진 품종에서는 야생 품종에서보다 훨씬 덜 발달해 있다. 돼지의 다리에 관해 한 종축업자는 이렇게 말한다. "다리는 바로 그 동물이 배를 땅바닥에 닿게 끌고 다니지 못하도록 할 것보다 더 길 필요가 없다. 다리는 돼지의 가장 유익함이 적은 부분이며, 그래서 우리는 다리에서 몸의 나머지를 지탱하는 데 절대로 필요한 것보다 더 많은 것을 필요로 하지 않는다." 이런 진술을 인용하는 다윈은 이렇게 계속한다. "지금 야생 수퇘지를 어떤 개량된 품종과 비교해 볼 수 있으며 우리는 다리가 어떻게 효과적으로 단축되었는지를 보게 된다."[213]

소에게서 뿔은 완전히 쓸데없는 것이다. 우리는 확실히 뿔 없는 소 품종을 보게 되는데 예를 들어 갤로웨이와 서포크 소 같은 것들로서 이놈들은 100년이나 150년간 뿔 없이 있었다. 그러나 체계적 종자선별의 승리를 이루는 것은 더햄(Durham) 소인데 이는 영국인들에 의해 숏혼(Shorthorn) 소라고도 명명된다. 이는 영국경제학자들이 진정한 우량 가축이라 공언하는 반면 브렘은 이를 "계속된 계획적인 종축의 참으로 혐오스러운 산물"이라 명명한다. 그것의 육류수확은 모든 다른 품종들을 능가하며 개개의 황소들은 (브렘과 피칭거에 따르면 3천 파운드) 3천 kg이 되기가 힘들다는 것이다. 부단히 종축업자들은 이 품종들에 새로운 개량에 착수하려고 노력했다. 그들 중 한 사람은 《어깨 부위의 해부학》에서 이렇게 말한다. "근대의 종축업자들은 케튼 숏혼에서 어깨관절의 뼈에서 흠을 교정하고 어깨의 말단을 목 쪽으로 두고 이를 통해 어깨 뒤의 움푹 들어간 데를 메우는 한에서 상당한 개량을 일으켰다."[214]

그러한 자연 교정을 통해 같은 사료 등의 지출로 이제까지보다 더 많은 육류, 그래서 더 많은 식량이 산출되는 결과에 도달한다. 이런 교정에 속하는 것은 또한 짐승들의 중량 확대도 있다. 내가 황소의 중량을 두 배로 늘린다면 이 증대는 대부분이 육류와 지방에 해당하는 반면 골격은 그 증대에 더 적은 정도로 영향을 받는다. 큰 짐승은 또한 작은 짐승보다 상대적으로 더 적은 양의 먹이가 필요하다. "사료가 충분히 공급되어 모든 것을 먹어치우지 않은 짐승들에서 큰놈은 자기 무게의 1/32, 작은놈은 1/31을 필요했다. 1천 첸트너

213　Darwin, d. Variiren d. Th. u. Pfl., II. p. 261.
214　Zitiert bei Darwin, d. V. d. Th. u. Pfl. II. p. 261.

의 건초당량은 큰 젖소에서는 11그로셴, 작은 젖소에서는 10그로셴을 가져다주었다. 100파운드의 초록 자주개자리는 큰 젖소에서는 5.9크바르트, 작은 젖소에서는 4.4크바르트의 우유를 가져다주었다."[215] 그래서 가축사육의 발달로 가축의 크기도 커졌다. "잉글랜드에서 도축되는 황소의 중간 무게는 1547년경에는 400파운드 미만이었고 제임스 1세 때는 600파운드, 1795년에는 800파운드였다. 양은 동시에 44-46에서 80에서 85파운드로 상승했다. 단지 육류의 중량은 다음과 같았다."

[216]

분류	황소	송아지	양
1710	370파운드	50파운드	28파운드
1845	800파운드	140파운드	80파운드(뼈 포함)

오늘날 잉글랜드 숫양이 시장에 나오는데 이는 육류 무게가 250파운드이고 쇼톤 황소는 지방, 가축 그리고 사지가 2,500파운드가 넘게 나간다. 성체 야생토끼는 3¼파운드가 나가고 잉글랜드 앙고라 토끼는 8-10파운드가 나간다. 아니 18파운드가 나간 한 마리가 전시되었다.[217] 조류에서도 중량의 증가는 개량된 품종에서 눈에 띈다. "우리의 닭들, 칠면조들, 오리들 그리고 거위들에서 지난 몇 년 동안의 꾸준한 중량 증가는 유명하다. 6파운드 나가는 오리가 지금은 일반적이지만, 전에는 4파운드가 중간값이었다."[218]

---

215 Roscher, N. d. A., p. 583.
216 Roscher, N. d. A., p. 91.
217 Darwin, d. V. d. Th. u. Pfl., I. p. 158.
218 Darwin, d. V. d. Th. u. Pfl., II. p. 266.

유사한 성과들을 식물들에서도 달성했다. 예를 들어서 사탕무는 프랑스에서 그것을 재배한 이래 설탕 수확을 거의 두 배 늘렸다. 이는 오직 지극히 세심한 종자선별을 통해서만 야기되었다.

유익한 부분의 발달과 무익한 부분의 위축 그리고 중량의 증대를 향한 노력과 손을 잡고 나란히 진행되는 것은 조숙(早熟)을 향한 노력이다. 이 점에서도 인위적 종자선별은 상당한 성과를 기록하는 바가 있다. 쇼톤들은 하일랜드나 웨일즈의 야생 품종들보다 훨씬 더 일찍 성숙한다. 하일랜드나 웨일즈보다 숏혼에게서 6개월 먼저 영구치 앞니가 난다. "20년 전에 영국 양들은 보통 3-4년에 되어야 비로소 스미스필드 시장에 출시되도록 성숙했지만, 지금은 12개월만 되면 벌써 성숙한다. 지금 2년이 안 된 스코틀랜드 황소가 런던 시장에 나올 때 80-100 스톤의 무게가 나가는데, 전에는 그렇게 되려면 적어도 3½-4년이 걸렸다."[219]

그러한 조숙의 이점은 눈에 띈다. 그렇지 않고 가축이 처음에는 3년이 되어야 비로소 성숙하게 되었고 이제는 1년 안에 성숙하게 되도록 가축을 데려간다면, 같은 시간에 그리고 거의 같은 식료의 지출로 전보다 세 배 더 많은 인구에게 육류를 조달할 수 있다. 그래서 세심한 종축은 부양활동공간의 확장을 크게 뒷받침해 줄 수 있으며, 오늘날 개량된 품종이 아직 별로 확산되어 있지 않고 우리가 아직 품종 완성의 한계에 도달해 있지 않기에 더욱더 그러하다. 이 문제에서 다윈의 목소리가 확실히 결정적인데 그는 이에 관해 다음과 같이 견해를 표명한다. "우리가 근대에 우리의 소와 양 그리고 특별히 우리의 돼지에서 진행된 상당한 개량을 살펴본다면, 우리가 온갖 종류의 우리의 가금류에서

---

219 Roscher, d. V. d. Th. u. Pfl., II. p. 321, 327, 329.

의 지난 몇 년 동안의 경이로운 무게 증가를 보게 된다면, 완성이 이미 도달되어 있다고 주장하는 것은 대담한 일일 것이다."

"체계적 종자선별이 경이로운 결과를 가져왔고 가져올 것이란 데 관해 아무런 의심도 있을 수 없다."

"우리가 일정한 특성들이 변경될 수 있는 극단적인 한계에 도달했을지라도 우리는 그렇게 가정할 좋은 이유를 가지는 것처럼 다수의 경우에서 이 한계에 도달한 것과는 거리가 멀다."[220]

동식물종들의 개량은 이처럼 토양의 개량과 마찬가지로 가능하다. 제3의 가능한 개량은 농업용 집기와 기계들이 가능한 만큼 적게 무익하게 허비되게끔 하는 그 집기들과 기계들의 개량이다.

허비(虛費)는 두 가지일 수 있다. 힘의 낭비와 재료의 낭비다. 그러나 노동력의 공여는 먹을거리의 인수를 통해 다시 보충될 수밖에 없으니 결국 노동력의 허비도 식량의 허비다.

인간 노동력의 절약은 오늘날과 같은 산물을 더 적은 사람 수로, 더 많은 산물을 같은 사람 수로 달성하는 것을 가능케 해 준다. 그러나 동물 노동력의 절약은 또한 가축 수를 축소하고 이로써 사람의 부양에 소용되는 토지면적을 늘리는 것을 가능케 해 준다. 영양소 절약의 이익은 저절로 눈에 띤다.

노동절약적 기계들의 예로는 수확기, 건초를 파 뒤집는 기계 그리고 말이 끄는 회전갈퀴가 해당한다. 예컨대 건초를 파 뒤집는 기계는 그것이 도입되기까지 갈퀴로 건초를 긁어야 했던 20명의 사람이 이제는 다른 방식으로 부양활동공간을 확장하는 것을 돕는 것을 가능케 한다. 거의 모든 다른 기계들이

---

[220] Darwin, d. V. d. Th. u. Pfl., II. p. 321, 327, 329.

노동절약적 기계에 들어갈 수 있으며, 증기식 토지경작이 가지는 위에서 들지 않은 이익 중 하나이기도 한 것은 그것이 가축 수를 줄이는 것을 허용해 준다는 것이다. 그러나 특히 인간 노동력의 절감도 오늘날 기계 도입의 주된 동기여서 사람들이 기계를 우선 노동자 계급에 대한 투쟁수단으로 간주하더라도, 농업 수확량의 증대를 위한 기계의 지극히 커다란 중요성은 거기에 있지 않다. 가능한 수확의 최대치에 도달하는 데 기계의 사용이 불가결할 때, 이는 대부분의 기계들에서 그것들이 가공하는 재료의 절감 덕분으로 돌릴 수 있다. 빻기에서만 해도 얼마나 많은 영양소가 손실되는지, 오늘날 빵을 만드는 방식을 통해, 특히 밀기울이 밀가루와 함께 빵으로 구워지지 않아서 얼마나 많이 손실되는지만 생각해 보라. 이를 통해 곡식에 함유된 영양소의 상당 부분이 인간에게 손실되니 이는 낭비다.

리비히는 이렇게 말한다. "밀은 소화되지 않는 목분을 2퍼센트 넘게 함유하지 않으며 가장 넓은 의미에서의 완전한 제분소는 밀기울을 이 양이 넘게 내놓지 않을 것이다. 그러나 우리의 최선의 제분소들은 여전히 12-20퍼센트(10퍼센트는 거친 밀기울, 7퍼센트는 고운 밀기울 그리고 보릿겨 섞인 보릿가루 3퍼센트)를 내놓으며, 통상적인 제분소들은 밀기울을 25퍼센트까지 내놓으며, 이 밀기울은 밀가루의 가장 영양가 높은 구성성분을 60-70퍼센트 함유한다."

"체질하지 않은 밀가루로 구우면 빵의 부피가 적어도 ⅙~⅕만큼 커지고, 빵의 가격은 (가축 사료로서) 밀기울 가격과 밀가루 가격의 차이만큼 낮아질 수 있다는 것은 분명하다. 밀가루에 대한 추가분으로 밀기울은 부족의 시기들에는 훨씬 더 높은 가치를 가지며, 어떤 다른 영양소로도 대체될 수 없다. 밀가루로부터 밀기울을 분리해 내는 것은 사치에 속하는 일이며, 영양 공급의 목적상 이롭기보다는 해롭다."[221]

우리의 노력은 밀가루에 대한 밀기울의 비율을 줄이거나 아니면 밀기울을 영양 수단으로 이용하는 쪽으로 가야 한다. 제분의 개량이 같은 양의 영양소를 가지고서 사람들을 얼마나 더 많이 부양하는 것을 가능케 하는지는, 17세기에 한 남자의 연간 밀 소비량이 거의 712파운드로 추산됐지만, 오늘날에는 개량된 제분시설에 따라 거의 두 남자가 같은 양으로 그들의 연간 필요를 충당할 수 있다는 사실로부터 간파하게 된다.

그러나 곡식이 제분소에 오기 전에 이미 탈곡에서 탈곡기의 도입으로 상당한 절약이 달성된다. 수작업으로 하는 탈곡은 항시 약 10퍼센트의 알곡 손실을 수반해서 **추수한 것의 10분의 1이 손실되는 반면에 탈곡기는 거의 온전한 순수탈곡을 가능케 한다.** 맥컬록은 영국령 유럽에서만 해도 탈곡기의 일반적 보급이 연간 **2½백만 쿼터**의 추가수확을 보장해 줄 것이라 추산했다. 탈곡기 중에는 증기로 가동되는 탈곡기가 인간이나 짐승의 힘으로 가동되는 손 탈곡기와 권양 탈곡기보다 훨씬 더 완전하다. 증기 탈곡기는 그 작업 동안 알곡을 깨끗이 하고 동시에 알곡들을 크기에 따라 선별한다. 또한 탈곡기는 탈곡을 추수 직후에 노지인 들녘에서 하도록 해 주어서 이를 통해 상하차 시에 생겨나는 알곡 손실이 회피된다.[222]

이득은 추수 시에도 수확기로 달성될 수 있지만, 그 제작 시에 무엇보다도 바로 추수 때에 가장 수요가 많고 그래서 가장 쉽게 높은 임금요구를 제기할 수 있는 인간 노동력을 쓸모없게 만들 것을 유념했다. 그 기계의 가장 주된

---

221 Liebig, Chemische Briefe, p. 334.

222 Perels, die Bedeutung des Maschinenwesens für die Landwirtschaft, p. 26. Roscher, N. d. A., p. 103.

목적은 오늘날 노동에 맞선 자본의 무기로 소용되는 것이다.

이와 달리 파종 시에는 기계의 도움을 받으면 큰 이득이 달성될 수 있다. 인위적 종자선별을 통해 가능한 최대로 완전한 산물을 달성하기 위해 오직 가장 아름답고 가장 무거운 알곡만을 심는다. 로마인들은 파종용 알곡을 손으로 선별하며, 보수적인 농민은 쓰레받기로 키질하여 같은 선별 결과를 얻으려 애쓰는데, 이는 중력의 법칙에 따를 때 자연히 가장 무거운 알곡이 먼저 떨어지고 가장 가벼운 알곡은 가장 멀리 날아가기 때문이다. 훨씬 더 완전하게 이를 달성하는 것은 탈곡 시에 벌써 이 작업을 행하는 증기 탈곡기를 사용하지 않을 경우에는 정곡기다.

종곡을 골라내는 것만이 아니라 파종의 방식도 씨앗의 발아에 큰 영향을 준다. 또한 파종의 합리적 방식을 통해 많은 파종용 씨앗이 절약되는데 이 이득은 너무 적게 평가되어서는 안 된다. 파종작업은 오늘날 기계에 의해 마찬가지로 실행될 수 있는데, 이는 사람보다 그 작업을 훨씬 더 잘 수행한다. 파종은 부분적으로는 흩뿌리기로, 불규칙하게 분배되는 것으로 행해진다. 이는 파종의 가장 불완전하지만, 또한 가장 통상적인 양태다. 그 성공은 상당 부분 파종인의 연습과 숙련에 달려 있다. 더 완전한 것은 줄뿌림 경작으로 씨앗은 끊이지 않는 줄을 이루지만, 가장 완전한 것은 구멍파기 재배로서 거기서 씨앗은 개별 이랑에 줄을 지어 놓인다.

페렐스는 이렇게 말한다. "마지막 방법이 가장 완전하다. 식물의 개별화는 이 식물의 뿌리를 모든 방향으로 뻗을 공간을 준다. 수확은 이를 통해 상당한 만큼 향상된다. 특히 곡물에서 이를 통해 짚의 수확을 위해 이례적으로 유리한 결과들을 달성했다. 유감스럽게도 천공기의 완성은 이미 그것의 포괄적인 사용을 조언할 수 있도록 많이 촉진되는 데 아직은 성공하지 못했다. 비숱한 장점들을 이루는 것이 줄뿌림 재배다. 이것에 필요한 기계의 완성이 이미 아주 앞서 있어서 이것이 농업의 요구사항들을 완전히 충족시킨다는 것을 여기서 지금 말해 두기로 하자. 줄뿌림 재배는 성장 도중 식물들 사이의 토양 경작을 하도록 허락해 준다. 나아가 잡초를 김매기로 제거하고 흙을 느슨하게 하고 뿌리에 풍부한 공기의 유입을 하게 할 능력을 가진다. 그 외에 줄뿌림 재배는 씨앗의 상당한 절약이란 결과를 가지니 그에 상응하는 공간이 존재하면 식물들이 사방으로 뻗어가기 때문이다. 파종하는 면적 안에 빈틈이 많을수록 여러 번의 시도를 통해 확인되는 것처럼 개개의 포기들은 더욱 풍성하게 뻗어 나가기 때문이다. 잘 알려진 줄뿌림 재배자인 아이스바인(Eisbein)은 이에 대해 이렇게 지적한다.

'나는 1861년에 잘 조성된 겨울 무밭에서 20-30포기가 되는 다량의 식물을 발견했고, 마찬가지로 여름 밀이 10-12포기, 여름 보리가 6-10포기가 있는 것을 발견했다. 1860년 초에 나는 줄뿌림과 흩뿌림이 된 메귀리의 식물 개체들이 20-25개가 있는 것을 보았으며, 1857년 빈 박람회에서 나는 65줄기의 보리 개체를 보았다. 그 현상은 식물 생리학이 농업과 연합하여 계속 해명해야 할 일정한 자연법칙에 그 근거를 둔다. 그러는 사이에 우리는 사방으로의 자유로운 확장, 토양 내의 가용성 식물 영양의 풍부한 존재 시에 그리고 빠른 생장을 가로막는 추운 기온에서 우리의 재배식물 거의 모두가 좀처럼 짐작하지 못한 발달을 할 능력을 가진다는 것 등을 안다. 이런 개체로 존재하는 풍부하게 가지를 뻗은 식물들의 종자들은 통상적으로 또한 아주 힘차게 그리고 완전하게 발달해서 그런 식물의 알곡 100알이 빽빽하게 조성된 경작지의 200알이나 300알보다 흔히 더 무게가 나가게 된다.'"

"줄뿌림 재배 시의 종자 절약은 재배비용 자체를 풍부하게 상쇄할 뿐 아니라 또한 줄뿌림 장비의 값도 지극히 짧은 시간 내에 지불되게 한다. 줄뿌림 재배와 구멍파기 재배는 기계의 사용에 의존한다. 대규모 농사에서 수작업은 가능하지 않다. 단지 흩뿌림 파종 시에만 기계가 경쟁하여, 흩뿌림 기계가 수작업과 경쟁하지만 여기서도 여러 해에 걸친 경험은 이미 기계에 유리한 쪽으로 이야기해 주었다."

"아이스바인은 (1866년 이전) 프로이센에서 4,900만 모르겐의 경작지 중 2,000만 모르겐이 줄뿌림되었다면, 이를 통해 **8,032,500첸트너의 인간 식량과 그 외에 2,550,000첸트너의 메귀리가 줄뿌림되었다면, 절약이 확실하게 전망된다는 것, 그리고 이를 통해** 링겐탈에 따를 때 성년에 속하는 사람이 365일에 밭의 산물을 (감자를 제외하고) 445파운드를 소비해 없앴다면 이 절약을 통해 1,805,056명의 사람들이 더 부양될 수 있었으리란 것을 증명한다. 그는 이로부터 전체 지방의 인구가 매년 자신들의 밀가루, (감자 없는) 빵에 대한 필요를 빵의 원료곡물을 재배하기 위해 매년 프로이센에서 경작되는 경작지의 단 ⅔에서 줄뿌림 파종으로 만들어진 이 절약으로부터 충당할 수 있다고 결론을 내린다."

"그러나 말 한 마리가 매일 4메첸 혹은 12½파운드, 그로써 연단 45첸트너의 메귀리를 받아먹을 때, 절약된 2½백만 첸트너의 메귀리로부터 매년 56,666마리의 말을 위한 필요를 쉽게 충당했을 것이다. **이는 줄뿌림 재배의 인민 경제적 의미다.**"[223]

그러한 성공은 단지 전통적인 파종 방식에서의 변화를 통해서만 달성될 수 있다! 유럽 전역에서의 전체적 개량들의 조합된 활용을 통해, 관개시설과 배

---

[223] Perels, Maschinenwesen, p. 15-17, 19.

수시설을 통해, 가축의 품종개량을 통해, 인간과 짐승 노등력의 대체를 통해, 증기의 강력한 도움을 통해, 그 각각이 단독으로 수백만의 사람들을 위해 식량을 창출해 주는 개량들을 통해, 이런 개량들 모두의 도움으로 식량이 인간 족속과 마찬가지로 빠르게, 아니 그보다 빠르게 증대 가능했으리란 것을 누가 감히 부정할 수 있는가?

부양활동공간의 확장은 점진적인, 특정 상황에 따라 증대하는 확장이 아니라 도약적인 것이다. 식량이 인구보다 더 느리게 커가는 시대들이 있지만, 또한 식량이 인구에 선행하는 시대들도 있다. 이는 새로운 농업상의 발명들과 농사 변화들의 시기들이다.

발명들은 있었겠지만, 이것들을 최고로 완전하게 활용하는 농사가 결여된다. 위에서 다룬 모든 개량들은 풍토에 동화된 것과는 거리가 멀고 오직 예외적인 경우들에서 사용되었으며 인민은 그것들에 의해 영향받지 않은 채로 남아 있었다. 그래서 현대적인 농사방식 대신에 이런 개량들의 일반적 도입을 가능케 하고 이를 유리하게 하는 그런 농사방식이 등장해야 한다.

현대적 생산양식에서는 두 종류의 농사가 있으며 이는 대농과 소농이고 그 둘 모두가 토지에 대한 사유재산권의 원리에 기초를 둔다. 농업에서 이 두 농사방식 중 어느 쪽이 우선시되어야 하는가, 이 질문은 정치경제학의 가장 초미의 질문 중 하나이며, 지금까지도 이 질문에 대한 일치된 의견을 달성하는 데 성공하지 못했다. 그러나 이 두 농사방식 중 어느 쪽이 개량을 더 촉진하는지를 질문한다면, 거의 이구동성으로 대농이 이런 점에서는 선호를 받을 만함이 시인된다.

대농 단독으로 개량을 착수하고 기계를 장만하는 데 필요한 자본이 가용한 것으로 존재한다. 근대의 농업 기계 중 소농에서 정착된 유일한 것은 탈곡기이지만 그 가장 완전한 형태를 지닌 탈곡기는 아니다. 증기기관은 오직 대농에게만 접근 가능하지만 모든 기계 중 가장 탁월한 것이다. 물론 기계의 공동 장만을 위한 소농들의 협동조합 결성을 권장하지만, 경험은 협동조합 쪽에 유리한 이야기를 해 주지는 않는다.

페렐스는 농업용 기계에 관한 권위자로서 이렇게 말한다. "나는 일반적으로 기계 협동조합의 별로 대단한 우군은 아니며, 또한 벌써 근대에 아주 빈번하게 권장되는 증기 쟁기 및 자동수확기 협동조합에 반대하는 입장을 공표할 기회를 반복하여 가졌고, **실천은 나의 견해를 거의 언제나 확증해 주었다.**"[224]

연합은 과연 기계의 장만할 수 있게 해주나 그 **사용**을 가능케 해 주는 것은 아니다. 그 사용을 위해서는 큰 농사 자본, 숙달된 노동자 그리고 대체로 일정한 공장식 농사가 필요하다. 많은 양을 해치워야 하는 곳에서만 증기기관이 성공적으로 활용된다. 기관차의 운영은 다음 표가 보여주는 것처럼 기관의 강도가 커지는 것과 같은 정도로 많이 저렴해진다.

	실린더 1개의 기관차									
	4마력			6마력			8마력			10마력		
	Thl	Sgr	Pfg	Thl	Sgr	Pfg	Thl	Sgr	Pfg	Thl	Sgr	Pfg
일 운영비	2	18	–	3	8	9	3	27	7	4	14	11
마력당 일 운영비	–	19	6	–	16	5 ½	–	14	9	–	13	6

224 Perels, Dampfkraft in der Landwirthschaft, p. 150.

	실린더 2개의 기관차							
	10마력			12마력			14마력		
	Thl	Sgr	Pfg	Thl	Sgr	Pfg	Thl	Sgr	Pfg
일 운영비	4	21	–	5	8	1	5	27	9
마력당 일 운영비	–	14	1	–	13	2	–	12	8

* 탈러(Thl): 약 1온스의 은화. 1탈러 = 12그로셴(Sgr), 1그로셴 = 12페니히(Pfg) – 옮긴이)

약한 기관차에 비한 강한 기관차의 이익보다 훨씬 더 큰 것은 기관차에 비한 고정 기계의 이익이다. 기관차는 단지 운송 가능성이란 장점만 보유하는데, 그렇지만 이는 꼰 철사줄 전송의 발명으로 상당히 문제성이 있게 되었다. 꼰 철사줄 이송은 완전히 미미한 동력손실로 추진력을 1천 미터 거리까지 전달할 수 있게 해 주는 것이다. 그러나 안정된 증기솥의 이점을 어떤 협동조합도 마련해 줄 수 없다.

소농이 기계의 장점을 적절하게 활용하지 못하는 것과 마찬가지로 가축의 품종개량도 촉진할 수 없다. 다윈은 성공적인 종축의 필요불가결한 전제조건으로 두 가지를 거명한다. 첫째 품종개량할 품종에서 다수의 개체들이 있어야 한다. 그리고 둘째로 종축업자들 간에 분업이 상당히 추진되고 있어야 한다. "눈에 띄는 구조이탈은 드물게 일어나므로 각 품종의 개량은 이미 지적한 것처럼 대부분 사소한 개체적 차이들에 대한 종자선별의 결과다. 그래서 지극히 엄격한 주의집중, 지극히 예리한 관찰력 그리고 정복할 수 없는 끈기가 필요불가결하다. 또한 개량할 품종의 많은 개체가 길러지는 것이 지극히 중요한데, 왜냐하면 이를 통해 원하는 방향으로의 변이들의 출현에 대한 더 나은 전망을 가질 것이고 불리한 방향으로 달라지는 개체들은 풍부하게 버려지거나 파괴될 수 있기 때문이다."

그리고 다른 대목에서 그는 이렇게 말한다. "분업의 커다란 원리는 종자선별에 관해서 적용되었다. 일정한 구역들에서 황소들의 종축은 아주 제한된 수의 사람들에게 맡겨지는데, 이들은 이런 부분의 작업에 그들의 온전한 주의를 기울임을 통해 해마다 꾸준히 전체 지구(地區)의 일반적 품종을 개량해 주는 부류의 황소들을 제공할 능력을 가진다."[225]

소농은 당연히 가축의 품종개량에 필요한 이런 조건도 저런 조건도 충족시키지 못하지만 심지어는 이미 존재하는 품종을 완전히 활용하지도 못하는데, 이는 그 품종들에 유리한 생활 조건들을 제공할 능력이 없기 때문이다. 그놈들에게 따뜻하고, 청결하고, 밝고 통풍이 잘 되는 축사를 지어줄 수 없으며, 음수통은 불충분하고, 그놈들에게 주는 사료는 열악하고 언제나 고르게 충분하지 않다. 그는 자신의 소유재산이 더 빠르게 증식되도록 짐승들에 권장되는 것보다 더 일찍 번식을 허용하고, 새끼들에게서 너무 일찍 모유를 빼앗는다. 이 모든 절약은 상당 부분이 낭비 행위들이다. 축사가 짐승들에게 어떤 영향을 미치는지를 입증해 주는 것은 같은 양의 무리가 겨울철 4개월 동안 같은 사료를 먹고 들판에서 보호받지 못하고 있을 때 12파운드가 줄어든 반면 측면이 트인 지붕 있는 가건물에 수용한 그런 무리는 4파운드가 줄었고 따뜻한 가건물에 수용한 놈들은 43파운드만큼 늘었다는 사실이다.

---

[225] Darwin, d. V. d. Th. u. Pfl., II. p. 312, 263.

청결도 짐승들의 건강을 증진시킨다. 흔히 목욕시킨 돼지들은 같은 먹이를 줄 때 씻기지 않은 돼지보다 거의 20퍼센트만큼 더 늘어난다.

먹이공급 방식은 당연히 또한 짐승의 건강상태에 영향을 준다. "가축에 대한 고르지 못한 먹이공급은 언제나 낭비가 되는데, 이는 예를 들어 지방(脂肪)의 퇴화가 형성보다 더 빠르게 진행되며 퇴화된 물질은 사료보다 더 가치롭기 때문이다."[226]

이 모든 것을 통해 소농은 사라지며, 소농이 있는 나라들에서 가축 품종들이 결코 최선이 아님을 경험이 가르쳐주면, 우리는 놀라서는 안 된다. 다윈은 이런 현상도 언급했다. 그는 언젠가 마샬을 인용한다. 그가 요크셔의 한 지방에서 자라는 양에 관해 이야기하는 대목이다. "그놈들은 가난한 사람들에 속하고 대부분 작은 무리로 건사되므로 결코 품종개량이 될 수 없다." 그리고 당나귀에 관해서 그는 이렇게 말한다. "당나귀는 잉글랜드에서 색상과 크기에서 상당한 변이를 보인다. 그러나 그놈은 적은 가치를 가지는 짐승이며, **오직 가난한 사람들에 의해서만 사육된다. 그런 결과로 어떤 종자선별도 행해지지 않았으며**, 독특한 품종들이 형성되어 있지 않다. 우리는 우리 당나귀의 낮은 품질을 기후 탓으로 돌려서는 안 되는데, 왜냐하면 인도에서는 당나귀들이 유럽에서보다 심지어 크기가 더 작기 때문이다. 그러나 당나귀에 대하여 종자선별이 사용되면서 곧장 모든 것이 달라진다."[227]

벨기에처럼 고도로 발달한 나라에 관해서도 타어(Thaer)는 많은 점에서 특히 가축 품종의 개량에 관해서 아주 안정되어 있었다고 생각한다.[228] 벨기에

---

226 Roscher, Nationalökonomik des Ackerbaues, p. 104, 565.
227 Darwin, d. V. d. Th. u. Pfl., II. p. 312, 314.
228 Zitiert bei Roscher, N. d. A., p. 94.

에서는 바로 또한 소농이 주를 이룬다.

　가축의 종축과 아울러 부양활동공간에 확장에 또한 중대한 것은 인공적인 어류 배양이다. 그것도 마찬가지로 대기업의 독점물이다.

　하천의 어족 희소화와 마찬가지로 삼림 황폐화도 상당 부분 소농 덕분으로 돌릴 수 있다. 양호한 삼림 조성은 단지 대기업에서만 가능하다는 것은 논란이 되지 않는다. 삼림의 분할은 반드시 약탈농법을 끌어들인다는 것은 아주 일반적으로 인정되어 이 문제를 더 이상 설명할 필요도 없다. 그러나 마찬가지로 알려진 것은 또한 삼림 황폐화의 치명적 결과다. 산비탈로부터 비옥한 흙들이 쓸려 내려가는 것, 수원지, 하천과 강에서의 물의 감소 그리고 홍수의 증가와 확대가 그런 것들이다.

　소농은 이처럼 토양의 악화에 가능한 최대로 기여하며, 부양활동공간의 확대 대신 축소에 기여한다. 심지어는 많은 산울타리, 길, 밭둑, 건물 등을 통해 경작지 면적을 줄이기도 하는데, 이런 것들은 소농이 필요로 하며 소유지의 적지 않은 부분을 이루는 것이다.

　토지 개량, 배수시설, 관개시설 그리고 합리적 시비(施肥)를 소농으로부터 기대하는 것은 생각할 수도 없다. 그가 이를 원했다고 해도 자본 빈곤 때문에 이를 실행하는 것은 그에게 불가능하다. 그러나 그는 전혀 하고자 하지 않는다. 농민은 진보의 친구가 아니기만 한 것이 아니라 심지어 적이다. 진보 일반의 적이고 특별히 농업상의 진보의 적인 것이다.

　이러한 농민의 완강한 보수주의는 그 이유가 너무나도 명확할 따름이다. 어떤 진보이든 진보의 어머니는 분업이다. 소농에서 그러한 어머니가 어찌 가능한가? 농민은 가축사육자인데다 그것도 가금류, 그리고 소, 양, 돼지를 기르는 가축 사육자이면서 정원사이고, 경작자, 어부, 삼림관리인, 엔지니어 등등을 동시에 한다. 그가 어찌 이 분야 중 하나에서만 완전성을 추구하여 이를 계속 완성해 갈 수 있는가? 나아가 농민에게는 학문적 교양을 체득하는 것이 불가능하다. 의무교육이 이미 그에 의해 고된 것으로 느껴지니 이는 어린이들이 농장 운영에 필요불가결하기 때문이다. 이어지는 상급학교의 전문교육을 그는 받지 않는다. 그래서 그는 흔히 올바른 것을 행하지만, 그의 아버지와 할아버지가 마찬가지로 그것을 했고 거기서 성공했다는 것 말고 이에 대한 다른 이유를 댈 줄 모른다. 전통을 통해 성스러운 것이 된 농사방식으로부터 그는 벗어나기가 불가능한데, 이는 그가 자신의 혁신 결과들을 미리 예상할 수 없기 때문이다.

농업과학은 아주 복잡한 현상들과 관계되는 것이어서 그 이론을 바로 실무에 응용해서는 결코 안 되는데, 이는 모든 영향을 미치는 요인들을 고려했는지를 결코 알 수 없기 때문이다. 단 하나의 간과된 요인이 하나의 법칙을 무효는 아니지만, 효력 없는 것으로 만들 수 있다. 농업에서 이는 필시 다른 어떤 학문에서보다 더 그러하다. 어느 지대에 있는 한 농장에 유리한 결과를 가리켜 보여주는 농사방식들도 다른 지대에 있는 다른 농장에는 반대되는 결과를 가리켜 보여준다.

농업과학은 그래서 다른 어떤 과학과도 마찬가지로 이론의 교정수단으로서 실험 없이 나갈 수가 없다.

대농에게 그러한 실험은 쉽사리 가능하다. 그는 실험에 소용될 작은 땅조각 없이도 쉽게 사업을 유지해 나갈 수 있다. 소농은 그렇지 않다. 소농은 그 전체 토지면적이 필요하고, 밭 한 곳의 흉작은 농민을 큰 곤경에 빠뜨릴 수 있다. 그래서 그 소농은 결코 실험하지 않는다. 그는 그럴 자본도 본보기도 보유하지 않는다. 농민은 천생 밭을 그의 선조들이 갈아온 것처럼 갈지 않을 수 없으며 더 나은 농사방식을 도입할 수 없으니, 이는 이런 이행이 그를 확실히 100중 99는 파멸시킬 것이기 때문이다. 농사의 모든 개량은 대토지 소유에서 나오며, 농민에 의해서는 그 개량이 충분히 검증된 후에 비로소 취해졌다. **대농 없이는 농업에서의 진보, 부양활동공간의 확장은 어려울 뿐 아니라 아주 불가능하다.**

그럼에도 불구하고 경제학자들 상당 부분은— 그리고 가장 중요한 이름들이 그중에 들어 있다 —대농에 적대적이고 그것의 더 큰 생산성을 논박한다.

"큰 소유권자는 좋은 농부인 경우가 드물다"고 애덤 스미스가 말한다. "야만적인 제도들을 생겨나게 한 저 무법 시대들(봉건시대)에 큰 소유권자는 자기 영역을 수호하거나 자기 이웃의 영역에 대한 자신의 재판관할권과 권위를 확장하는 일에 충분히 관계했다. 그는 토지의 경작과 개량을 생각할 겨를이 없었다. 그러나 법과 권리의 출현이 그에게 이럴 겨를을 주던 당시에 그에게는 흔히 농업을 영위할 취향이 결여되었고 이에 필요한 능력이 거의 언제나 없었다. 아주 빈번히 그랬듯이 자신의 집과 자신을 위한 지출이 자신의 소득과 같아지거나 아예 이를 넘어서면 그는 경작에 사용할 자본을 가지지 않았다. 그가 좋은 세대주였다면 자신의 연간 절약을 자신의 오래된 소유지의 개량에 사용하는 것보다 새로운 농장 구입에 사용하는 것이 보통 더 이익이 된다는 것을 알았다. 토지 소유를 이익이 되도록 개량하려면 다른 모든 사업경영에서처럼 작은 절약들과 이익들에 대한 정확한 주의가 필요한데, 큰 부를 가진 집안에서 태어나고 교육받은 남자는 천성적으로 절약 성향을 가지더라도 그럴 능력을 가지는 경우가 드물다. 그러한 남자의 처지는 그를 완전히 자연스럽게 그가 필요로 하지 않는 이익을 가져다 주는 지출보다는 사치 지출에 기울도록 만든다. 그의 의복, 그의 여행 용구, 그의 주택 그리고 가구의 우아함은 그가 어린 시절부터 유의하도록 습관을 들인 것들인데, 이런 심성은 그의 소유지의 개량을 해야 할 경우에도 그를 떠나지 않는다. 그는 필시 그 땅이 그의 모든 개량 후에 값어치를 지니는 것보다 열 배가 더 되는 비용을 들여 자신의 집 주위 4~5백 모르겐을 미화하고, 그런 식의 경작에서는 (그리고 다른 경작에 대해서 그는 별로 감각을 가지지 않는다) 자신의 소유지의 단 10분의 1이 가꾸어지기도 전에 파산하게 되리란 것을 발견한다. 대영제국 두 부분에는 봉건 무정부 시대부터 끊임없이 그런 가문들의 손에 남아 있는 거대한 농장 복합체들이 있다. 그러한 농장들의 현재 상태를 그 인근의 소규모 소유권자들의 소유지와 비교해 보라. 그러면 아주 넓은 토지 소유재산이 토지경작에 얼마나 불리한지를 확신하는 데 다른 증거가 필요치 않을 것이다."[229]

시스몽디도 대토지 소유의 벗이 아니다. 그러한 것은 물론 더 커다란 순수확을 제공하지만 이와 달리 총수확은 소농에서 더 크다는 것이다. 소농이 대토지 소유보다 그래서 더 많은 인구를 부양할 능력이 있다는 것이다. 소농은 또한 과잉인구를 가장 많이 방지해준다는 것이다.

시스몽디처럼 대부분의 다른 맬서스주의자들도 작은 농장들도 큰 농장들도 아닌 그 둘의 중간을 원한 그들의 스승과 대비되게 작은 농장의 추종자들이다. 그는 이렇게 생각한다. "소수의 아주 부유한 재산소유자들과 다수의 무산 노동자를 가리켜 보여주는 한 민족은 그 나라의 조력(助力)의 이 원천들과 그 주민의 숙련이 허락하는 한에서는 토양과 공업에서 가능한 가장 큰 수확을 얻어내는 것이 참으로 물리적으로 가능하다. 생산의 가능성이 그 최고도에 도달하는 일이 일어날 수 있다. 그러나 이 가능성이 실현되는 것은 오직 부자 중에서는 그들이 이제까지 보여준 것보다 공산품의 소비를 향한 더 강

---

[229] Adam Smith, Volkswohlstand, übersetzt v. Stöpel, II. p. 149, v. Garve, II. p. 202.

한 성향이 세를 떨친다는 전제조건에서만 현실이 된다. 그 때문에 그 천연적 조력의 원천들을 높은 정도로 펼친 어떤 나라도 토지가 소수의 재산소유자에 속한 나라는 알려지지 않는다. 그 재산소유자들이 아무리 부유하고 세련되었을지라도 그런 나라는 없다. 어디에서나 현실에서 소수의 과도한 부는 다수의 근소한 부가 그러는 것만큼 산물에 대한 수요를 낳지 않았음을 사람들은 지적해 왔다."

"우리는 경험을 통해서 공업적 부는 그러면서도 공업 및 상업 자본 성장의 틀림없는(?) 결과로 중간층이 발달함에 따른 더 나은 분배의 효과임을 안다. 그러나 토지의 분할과 운전자본의 쪼개기가 일정 한계 내에서 부의 성장을 위해 최고의 중요성을 띤다는 것이 참이라면 이 한계를 넘어서 이 두 원인이 부의 증대를 전에는 가속했던 것과 마찬가지로 저지할 수밖에 없다는 것이 그에 못지않게 확실하다. … **땅과 자본의 작은 소유자들의 너무 많은 수는 토지경작에서의 모든 커다란 개량, 상업과 공업에서의 모든 큰 기업들을 불가능하게 만든다.**"[230]

쏜턴(Thornton)은 소토지 소유를 찬성하는데, 이는 이를 통해 농민이 토지로부터 최고로 가능한 수확을 얻어내기 때문이다. 대토지 소유자는 얼마나 완전히 다른가. 그는 자기 소유지의 소출로 살아가지 않는다. 그는 가능한 최고의 총수확이 아니라 최고의 순수확을 추구한다. 흔히 그는 더 저열한 농사방식을 통해 달성된 노동임금의 절약이 수확의 축소를 통해 생겨나는 손실보다 크다면 그런 저열한 농사방식을 사용한다. 쏜턴은 아일랜드와 스코틀랜드에서 양 방목지와 야생동물 공원 사업이 더 이윤이 좋기에 어떻게 경작지를 이런 것들로 전환하는가 하는 알려진 사실을 상기시켜 준다.

---

230 Malthus, Principes d'Economie politique, p. 148.

맬서스주의자 밀도 소토지 소유의 열렬한 투사다. 정치경제학 핸드북에서 대농의 몇 가지 장점들을 열거한 후에 그는 이렇게 생각한다. "이 다양한 이익들은 물론 약간의 중요성을 띨 수밖에 없으나 이에 더해 아주 큰 무게가 두어져야 하는 것으로 보이지는 않는다. 잉글랜드에서 몇 세대 전 이래 작은 땅들에 관해 별로 경험을 가지지 못한다. 아일랜드에서는 이와 달리 경험이 아주 포괄적이며, 그것도 나쁜 행정 아래에서만 아니라 최선의 행정에서도 그러하며, 가장 저명한 아일랜드의 권위자들은 이 문제에 관해 보통 잉글랜드에서 지배적인 견해들에 반대하는 것으로 들릴 수 있다. 예를 들어서 블래커(Blacker) 씨는 가장 경험이 많은 농민이고 아일랜드 북부에서 많은 성공적인 개량을 도입했으며 그의 경험은 주로 그 땅의 가장 잘 경작되지만 그러면서도 가장 많이 분할된 지구에 근거를 둔 그런 사람으로서 5에서 8 혹은 10에이커 미만의 땅을 가진 차지인들은 편안하게 살아가며 거기서 어떠한 큰 규모의 차지인과 마찬가지로 높은 지대를 지불할 수 있다는 의견을 가졌다. 그는 이렇게 말한다. '스스로 쟁기를 끌고 땅을 파는 소규모 차지인이 자신의 농장에서 적합한 윤작을 준수하고 자신의 가축을 집에서 건사한다면 대규모 차지인과 아주 잘 경쟁할 수 있다고, 달리 말하자면 대규모 차지인이 제공할 수 없는 지대를 납부할 수 있다고 굳게 확신한다. 영국의 700~800 에이커의 차지인은 신사 농부(Gentleman Farmer)란 이름으로 알려진 종류의 남자다. 그런 남자는 자신의 승마용 말과 자신의 이륜마차를 가지며, 필시 노동자들을 감독할 청지기도 둠이 틀림없다. 그 자신은 확실히 800에이커의 농장에서의 현재 진행되는 작업을 적절하게 감독할 능력이 없다.' 약간의 다른 지적 다음에 그는 이렇게 덧붙인다. '소규모 차지인이 잘 모르는 모든 그런 공제 외에 커다란 지출이 거름을 먼 거리로 실어 나르고 수확을 다시 들여오는 것과 결부된다. 단 한 마리의 말이 소규모 차지인을 부인과 두 자녀와 아울러 부양할 것보다 더 많은 땅의 수확을 소비한다. 그리고 모든 것보다 더 많은 것을 의미하는 것으로 그 대농은 자신의 노동자들에게 "가서 여러분의 일을 하도록 하시오" 하고 말한다. 그러나 소농이 그들을 세내어 사용할 동기를 가지는 경우 그는 "오시오" 하고 말한다. 누구든 사려깊은 독자라면 이 차이를 확실히 이해할 것이다.'

그리고 다른 대목에서 그는 이렇게 말한다. '모든 관찰자에게 스위스의 한 문필가가 그렇게 명명하는 것처럼 농민적 토지 소유권자의 초인적 열심은 강력한 인상을 준다. 농민의 뜨락들을 가진 한 시골 땅만이라도 본 자들은 항시 바로 이 땅의 주민들을 세상에서 가장 부지런한 자들로 간주한다. 농민층의 처지의 어떤 면에 이런 특출한 근면이 결부되는지를 또한 거의 아무런 의심도 지배하지 않는다. 이는 아서 영(Arthur Young)의 말에 의하면 모래를 금으로 바꾸는 소유권의 마법적인 위력이다.'

플랑드르의 경제에 관한 글은 특별히 지칠 줄 모르는 영리활동이 취약한 조력의 원천, 집기류의 미흡함, 과학 이론에 대한 무지를 압도하고도 남게 하는 수단을 말해준다는 점에서 교훈적이다."[231]

소농에 유리한 논리들은 대체로 정당화된다. 하지만 이 논리들은 **대농**이 아니라 단지 대토지 **소유**를 문제시하는 것들이다. 이 항변들은 임금노동이 자기 노동의 수확을 받게 되는 자의 노동보다 더 비생산적이라는 완전히 옳은 가정에, 그리고 나아가 토지 소유권의 오늘날의 형태는 대농에서 가장 거칠게 드러나는 오용을 허용한다는 것에 의존한다.

---

[231] Mill, Gr. d. p. Oek., I., p. 153, 266, 267.

그래서 부양활동공간을 상당한 만큼 확장하고자 한다면, 대농이 제공하는 기술적 장점들을 소농이 수반하는 정신적 장점들과 결합하는 것이 필요하다. 대농의 능력과 결합한 농민의 바람은 생산의 놀라운 증대란 결과를 가질 수밖에 없다. 그 각각이 별개로 이미 아주 놀랄 만한 것을 성취하는 그런 두 힘의 조합은 지극히 대담한 기대를 앞지르는 결과를 내놓을 수밖에 없다. 그것들의 연합이 마침내 노동자 계급에서의 개선을 오래 지속하는 것으로 만들어 줄 것이다.

노동임금을 노동 수확으로 대체함이 생산의 상승을 야기한다. 공업에서보다 농업에서 더 그러하다. 공업은 죽은 재료들과 관계가 있고, 농업은 유기적 존재와 관계가 있다. 농업에서는 성공이 공업에서보다 훨씬 더 노동자의 경험, 숙련, 세심한 주의, 헌신과 끈기에 의존한다.

그래서 대농이 자유 노동과 결부될 수 있는 형태가 중요하며, 이 형태는 이미 발견되었다. **이는 농촌 노동자들의 단체들에 의한 대농이다.**

노동자 조합에서는 농민적 소유권자에서와 거의 마찬가지로 큰, 노동에 대한 추진력이 지배한다. 그 추진력이 그와 같이 크지 않은 것이 바람직할 것인데, 이는 '초인적 열심'은 결코 인간 족속의 안락함에 속하지 않기 때문이다. 소유권자는 그의 노동의 수확 전체를 받으며, 그러한 협동조합의 조합원은 단지 미미한 부분만을 받는데, 이는 다른 조합원들과 나눠 가져야 하기 때문임이 진실이지만, 이미 이것은 충분하다고 할 수 있겠다. 제조업자의 파트너쉽 시스템은 큰 유익을 가져다준다는 경험을 했지만 여기서 노동자들 사이에 분배되는 것은 단지 노동 수확의 일부일 뿐이다. 조합에서의 감독은 임금 노동자에게서 가능한 감독보다 상당히 우월할 것이다. 각자는 자신의 동지들을 감시할 것인데, 이는 그들의 실수, 그들의 부주의, 그들의 태만이 자기 자신의 손해가 될 것이기 때문이다. 그러한 기적을 일으킬 '주인의 눈'은 그럴 때 무한히 증대될 것이다. 또한, 명예감의 효능은 내세우지 못할 정도로 미약하지 않으며, 영양 공급을 잘 받은, 그러나 과도한 짐을 지지 않은 사람들이 자신 안에서 느끼는 노동 의욕도 그러하다. 그리고 결론적으로 농민적 소유권자에게 농촌 임금 노동자에 앞서 돌출하게 해 주는 것은 전자의 더 큰 세심함과 주의만큼 신체적 긴장에서의 차이는 아니다. 신체적 긴장들은 대부분 기계에 맡겨질 수 있으며 노동부담은 그렇기에 감소할 수 있다. 성공에 대한 그의 관심, 가축과 기계를 아낌, 바람과 날씨에 대한 적절한 유의, 한마디로 기계적으로 관리될 수 없는, 그리고 증대된 관심과 배려가 지출되는 노동량을 늘림 없이도 수확에 심대한 영향력을 행사하는 농업에서의 그런 모든 무수한 실행들의 더 나은 추진이 증대될 수밖에 없다.

  그렇지만 토지경작을 위한 노동자 조합들의 결성은 단지 절반의 조치일 것인데, 왜냐하면 이는 소유권의 오용을 불가능하게 만들지 않겠기 때문이다. 토지는 마음대로 증대될 수 없다. 토지의 경작 방식에 인민 전체의 안녕과 불행이 달려 있다. 그래서 오늘날의 소유권은 전체가 토지의 활용을 그 최선으로 달성할 수 있도록 하는 쪽으로 달라지는 것이 절실하게 요청된다. 맬서스 자신은 현존하는 소유권 관계의 변화 없이는 최고로 가능한 토지 수확은 달성될 수 없음을 시인한다. 그는 이렇게 생각한다. "땅이 내놓을 수 있는 식량의 최대량을 얻도록, 기술, 노동 그리고 근면한 직업활동을 이끄는 것보다 더 어려운 것이 없고 정부의 의지에 덜 따르는 것이 없다. 이제까지 모든 유익한 제도들의 기초였던 **소유권에 손대지 않고 이에 도달할 수는 없을 것이다.**"[232]

---

  232 Malthus, Essai etc., p. 368.

우리가 현대적 소유권 개념의 신성함을 공리(公理)로 간주하지 않으므로 당연히 우리는 최고로 가능한 수확이 도달될 수 없다는 결과에 이르지 않고 토지 소유권 관계의 변혁이 필요하다는 결과에 이른다.

토지경작을 감독하는 제도들은 소유권의 오용을 가로막을 수는 있지만, 최고로 가능한 수확을 달성하는 쪽으로 밀고 갈 수는 없다. 이를 할 수 있는 것은 단 하나의 조치로서 이에 비하면 같은 목적의 모든 조치는 진통제인데, 그 유일한 조치는 이를 통해 국가가 토지를 단지 토지에서 최고의 수확을 끌어낼 수 있고 그럴 의지가 있는 자에 의해 경작되게 할 능력을 부여받는 그런 조치다. 이는 토지에 대한 사유재산권의 제거 그리고 그것의 총재산권으로의 이행이다.[233]

어떤 방식으로 이 조치가 노동자 조합들의 조직과 결부되어야 하는지, 조합들은 토지를 임차할 것인지, 그리고 조합들은 국가와 자치공동체에 대해 어떤 관계로 있어야 하는지를 설명하는 것은 여기서 할 일이 아니다. 이에 관해서는 논란이 될 수 있다. 그러나 오직 토지에 대한 공동소유 그리고 자유로운 조합을 결성한 노동자들에 의한 토지경작으로 현대의 생산양식보다 우월한 그런 생산양식이 창조될 수 있다는 것, 이것은 밀, 라블레이 그리고 다른 이들 같은 부르주아지의 선진적인 경제학자들도 인정하는 바다. 이런 방식만으로, 대토지 소유의 단점들, 소유권의 낭비, 임금노동의 낮은 생산성 등 최근 시기의 농업 과학의 거대한 진보가 아직도 여전히 이례적인 결과를 더 큰 규모로 달성하지 못하게 한 결과를 가진 단점들 없이 대농의 엄청난 장점들을 차지하는 것이 가능하다.

---

[233] 이런 변혁을 요구하는 다른 동기들에 관해서는 W. Liebknecht, zur Grund- und Bodenfrage, Leipzig 1876을 참조하라.

소수의 손에 토지가 점점 더 집중되면서 소유권 오용의 위험이 커진다. 토지의 커 가는 파편화와 함께 토지를 합리적으로 경작하는 것의 불가능함이 커진다. 이런 방향 혹은 저런 방향으로 모든 문화국에서 자본주의적 생산양식의 발달과 함께 소유권관계의 형성이 진행되어 간다. 그래서 이런 나라 중 어디에서도 점점 더 가능한 최대로 큰 토지의 활용 전망은 점점 더 줄어든다.

이처럼 캐리가 생각하기를 인구가 증가하면서 **저절로** 인구를 먹여 살릴 가능성도 늘어난다고 한다면, 이는 결단코 틀린 것이다. 이는 일정한 정황에서는 가능하지만, 결코 토지의 대부분이 이미 점유된 나라들에서는 그렇지 않다. 이런 나라들에서는 인구증가의 적극적이고 예방적인 장애물들의 제거가 오직 부양활동공간을 가능한 최대로 확장하는 선제조치를 취할 경우에만 위험 없이 가능하다. 노동 수확물의 분배를 억압된 계급들에 유리하게 변혁하려는 일체의 시도는 그것이 그러면서 토지의 생산성 증대를 수반하지 않는다면 실패할 수밖에 없다. 토지 생산성 증대 없이는 어떤 제도도 프롤레타리아트의 형편을 장기적으로 향상시킬 능력이 없다. 구빈원, 인민주방, 고아원, 일반적인 누진 소득세, 국가비용으로 어린이들을 교육하는 것, 상속권의 변혁, 아니 심지어 노동에 대한 권리 등은 사실상 진통제로서 그것들이 그러면서도 토지의 생산력 증대를 수반하지 않는다면, 그것들이 단호하게 곤궁을 추방할수록, 이를 짧은 이행기간 후에 일반화하고 후원하는 자들을 후원받는 자들과 마찬가지로 거지로 만드는 쪽으로 더욱 빠르게 이끌 것이다.

그 점에서 맬서스는 사람들이 그에 반대하여 제기한 모든 박애주의적 외침에도 불구하고 결단코 옳지만 그가 그러한 생산력의 증대가 항시 불충분할 수밖에 없다고 주장하는 경우에 결단코 틀렸다. 더 고등한 생산양식으로의 이행을 통해 이를 식량이 일정한 시대를 위해 인구만큼 빠르게만 아니라 심지어 더 빠르게 성장하도록 가져갈 수 있다. 토지 소유권의 변혁과 자유롭게 이성적으로 조직된 노동자에 의한 토지의 경작은 더 완전한 농사로의 그러한 이행을 가능케 해 준다.

이런 이행을 통해 이것만으로도, 행복과 복지를 더 많이 확신시키고자 할수록 더욱 위협적이 되는 과잉인구의 위험은 미루어질 수 있는데, 그런 이행 없이는 사회문제의 만족스러운 해결은 없다.

제5장 예방적 장애물들

맬서스주의의 부정적 측면에 관한 우리 탐구의 결과들을 요약해 보자면, 다음을 알게 된다.

1. 맬서스가 하층계급들의 운명의 어떠한 개선이든 그들의 수의 더 빠른 증가를 수반할 수밖에 없다고 주장할 때 그는 결단코 옳다는 것. 그들의 상승하는 복지상태는 출생자 수를 늘리며, 그들의 상승하는 지능은 사망 건수를 줄인다. 이런 결과를 막을 수 있을 어떤 스스로 작동하는 조정자도 없다.

2. 인구의 경향은 항시 식량 재고가 증대될 수 있는 것보다 더 빠르게 증대되는 쪽으로 간다고 맬서스가 주장할 때 맬서스는 틀렸다는 것을 우리는 알게 된다. 아메리카, 러시아에서 부분적으로는 또한 도나우 동편 나라들에서처럼 아직 넓은 면적이 놀고 있는 '신생' 나라들에서는, 인구의 증가가 상대적으로 점점 더 쉬운 식량 생산을 야기하며, 토지 수확은 지출된 노동보다 더 빠르게 상승한다. 이와 달리 영국, 프랑스, 독일에서처럼 거의 모든 좋은 토지가 이미 경작되고 있는 '오랜' 나라들에서는 물론 토지 수확은 지출된 노동에 비하여 감소한다. 지출된 노동에 비한 토지 수확의 상승은 여기서는 오직 더 고등한 농사방식으로의 이행을 통해서만 가능하다.

이런 명제들로부터 무엇이 도출되는가? 우리는 지난 장에서 이런 결론을 이끌어냈다. 하층계급 운명이 개선되면서 동시에 더 고등한 농사방식으로의 이행이 없다면 유럽에서 과잉인구를 불가피하게 만든다. 이는 옳다. 그러나 이로부터 더 고등한 농사방식으로의 이런 이행을 통해 과잉인구의 위험을 회피한다고 결론을 내리는 것은 아주 성급한 일일 것이다. 이런 이행은 과잉인구의 위험을 **미룰** 수 있으나 **제거할** 수는 없다.

'새로운' 나라, 즉 그 농사방식에 비하여 인구가 희소한 나라에서는 새로이 이주해 오는 어떤 노동자도 득이 되는데, 이는 그가 더 나은 토지로의 이행을 가능케 하고, 노동분업 등을 용이하게 하기 때문이다. 이와 달리 인구가 밀집한 나라에서는 그러한 점진적인 발달은 가능하지 않다. 더 고등한 농사방식으로의 이행은 도약적으로 성사되며, 그것도 마음대로가 아니라 일정한 역사적이고 사회적인 전제조건에서 성사된다. 그러나 역사적 발달은 인구가 증가하기를 추구하는 것만큼 그렇게 거세게 서둘러 진행되지 않으므로, 어떠한 사회형태에서도 조만간에 줄어드는 토지 수확의 법칙이 효력을 나타내기 시작하고 과잉인구의 유령이 떠오르게 되는 시점이 찾아온다. 이는 과거에 대해서와 마찬가지로 미래에 해당하며, 지금 지배적인 방식보다 더 고등한 농업경영 방식으로의 이행은 이 유령을 지금까지의 경영방식이 추방하지 못했던 것과 마찬가지로 영구히 추방하지 못한다. 이제까지 자연적 과잉인구가 어디에서도 지적될 수 없었다면, 이는 현대 사회가 아주 많은 억압적이고 예방적인 경향들을 그 안에 숨기고 있다는 것, 그러한 과잉인구는 등장할 수 없다는 것에서 유래한다. 이런 억압적이고 예방적인 장애물들을 제거하면 그것들은 조만간에 다시 나타날 것이며, 필시 다른 형태로, 그러나 더 무섭지 않은 경우 마찬가지로 무섭게, 필시 더 이상 사회적 법칙이 아니라 자연법칙의 결과로 나타날 것이다. 그러나 이는 그것들을 더 견딜 만한 것으로 만들어주지 않는다. 노동자 계급의 형편을 상당한 만큼 개선하면서도 더 높은 생산양식으로의 동시적 이행이 없든지 아니면 이런 이행을 그러면서도 실행시키든지 그 차이 전체는 **전자의 경우에는 과잉인구가 3년에서 4년 후에 등장하고, 후자의 경우에는 30년에서 40년 후에 등장한다는 데 있다.**

단지 대부분 보통 지질학적 시간 범위 후에 비로소 기대하는 위험, 전통적 견해에 따르면 우리의 가장 먼 후손이 몰두할 수 있지만, 우리에게는 '실천적' 의미가 없다는 위험이 이렇게 가까이에 있다는 것에 관해서만 놀랄지어다. 우리에게 그처럼 실천적 의미가 없다면 물론 과잉인구 문제는 건너뛰고 의사일정으로 넘어가서 그것에 종사하는 것을 약간의 고집 센 이론가들에게 맡길 수 있을 것이다. 그러나 그렇지 않다. 요원한 세기를 살아갈 우리의 후손에게가 아니라, 우리 자녀들에게가 아니라, 바로 우리 자신에게 과잉인구의 위험이 우리가 사회문제의 해결을 감행하면서 곧바로 위협을 가하며, 그대들, 사회개혁자들이 이 위험을 적시에 고려하지 않는다면 그대들에게 화가 있을지어다. 무서운 형상을 띠고 있는 그 위험은 망상 이상의 것이라고 그대들에게 충고할 것이다.

약간의 수치들이 말해진 것을 입증해 줄 수가 있다.

1848년에 일어난, 그리고 자연스럽게 대부분이 1849년의 출산에서 가시적이 되는 임신들을 1841-50년의 기간에 생겨난 10개년 평균과 비교해 본다면 우리는 혁명의 해 동안 이 숫자들의 이례적인 증가를 보게 된다.

국가	1848	1849	1841 – 50 평균
프랑스	1,014,211	1,026,864	1,004,539
프로이센	576,937	691,562	624,549
영국	563,059	578,159	548,874
롬바르디아	197,449	185,676	195,317
보헤미아	154,994	187,398	172,801
벨기에	125,830	139,294	135,651
홀란트	96,617	109,932	104,707
작센	72,362	82,068	74,886

우리는 1849년에 거의 일반적으로 평균을 넘는 상당한 출생 수 증가를 보게 되는데, 이는 대부분이 1848년 2-4분기에서의 임신을 통해 야기된 것이다. 통계학자 조네스(Jonnés)는 그 혁명의 해가 출생자 수를 줄였다고 탓했는데, 이는 1848년에 아주 두드러지게 출생자 수가 적기 때문이다. 그는 바로, 출생이 임신으로부터 세 분기가 분리되는 것이 보통임을 잊는다. 이는 호른(Horn)이 증명한 것처럼 통계학자 디테리치(Dieterici)도 범한 이상한 건망증이다. 출생자 수가 월별로 배열되지 않은 것은 유감이다. 프랑스에서 1848

---

234 Horn, Bev. St. a. B., I. p. 237. 제1차 프랑스 혁명이 출생자 수에 얼마나 영향을 미쳤는지를 우리는 유감스럽게도 알지 못한다. 아무튼 Montgaillard가 이야기하는 것처럼 프랑스에서 1794년 테르미도르 9일 후에 부인 중에서는 임신하는 것이 유행했음이 특징적이다. 이런 유행에 자연스러운 방식으로 부응하지 못할 정도로 불행한 자들은 배를 불룩하게 채워 넣는 복장을 했다. Carlyle, die französische Revoluzion, dtsch. v. Feddersen, Leipzig 1844, III. 366.

년 12월 출생자 수는 2월 혁명의 영향에 관해 최선의 설명을 제공해 줌이 분명할 것이다. 롬바르디아를 제외한 모든 다른 나라들이 1848년에 두드러지게 적은 출생자 수를 보여주는 동안 프랑스에서는 이 해에 출생자 수가 많은 것이 나는 12월 출생자 수 때문이라고 본다. 세부 정보들이 존재하는 나라들이라곤 유감스럽게도 혁명에 직접 가담하지 않은 영국, 벨기에 같은 그런 나라들이다. 그러나 그 나라들은 혁명으로부터 기대된 상황 개선의 영향을 뚜렷히 보여준다. 영국에서는 1849년 출생자 수가 1분기에 153,772명, 2분기에 153,693명에 달했고 반면에 3분기에는 135,223명 그리고 4분기에는 135,471명으로 떨어졌다. 이처럼 1848년 4월에서 6월까지 바로 혁명적 희망의 시기가 임신의 정점(頂點)을 제공한다. 같은 것이 벨기에에서 나타난다. 마지막 두 분기에 출생자 수가 31,222명에서 31,943명이었던 반면 처음 두 분기에는 39,741명과 36,388명이었다.[235]

우리는 물론 다른 나라들에서 비율들이 같을 것이라고 가정해도 좋다.

방금 증명된 출생자 수 증가의 유일한 예외를 제공하는 것은 롬바르디아인데, 이 나라는 엄청난 감소를 가리켜 보여준다. 그런데 이 나라에서 1848년에 적어도 희망에서 승리한 혁명은 지배하지 않았고 끊임없는 전쟁이 지배했다. 그런데 전쟁은 출생자 수를 줄이는 작용을 하고 특히 자국 내에서의 전쟁이 그러하다.

당시에 그리고 또 게다가 일반적으로가 아니고 거의 오직 대도시들에서 사람들이 품은 희망들이 이미 임신의 상당한 증가를 일으키기에 충분했다면, 당시에 품은 희망들이 실현되었다면 그 수치는 드디어 어떻게 상승했을까. 거

---

235 Horn, b. St. a. B., I. p. 242.

의 신체적으로 가능한 만큼 많이 성사되었을 것이다. 평균적으로 60퍼센트가 넘는 인구가 번식 능력이 있고 기껏해야 결혼한 부부의 20퍼센트가 불임이어서 오늘날 유럽에 거주하는 3억 명 중에 적어도 1억 명이 매년 번식하여 연간 5천만 명의 증가를 일으키면서도 사망 건수는 크게 줄어들었다고 가정한다면, 이는 아주 적게 계산하는 것이다. 그리고 이는 생산자들의 증가가 아니라 오랜 시간 단지 소비자들의 증가였을 것인데, 이들은 스스로 아무런 노동능력도 보유하지 않을 뿐 아니라 또한 다량의 타인 노동력을 흡수한다. 더 고등의 농사방식으로 이행함 없이 상승한 필요를 충족시킨다는 것은 생각할 수 없을 것이다.

그러면 이 고등의 농사방식은 얼마나 오래갈 것인가?

캐리도 인구유입은 논외로 하고 유니온의 인구가 30년 남짓한 기간에 오늘날의 유럽 사정과 별로 다르지 않은 사회 사정에서 배증했음[236]을 인정할 수밖에 없다. 그렇지만 오일러는 **12년 남짓한 기간에 인구의 배증이 등장할 수 있다**고 계산했고, 사실이 이를 결코 반박하지 않는다. 다윈은 우리에게 핏케언(Pitcairn) 섬의 주민들에 관해 이야기하는데, 이들은 1856년 6월에 노포크 섬으로 옮겨졌다. 60명의 기혼자와 134명의 자녀이어서 총수는 194명이었다. 그들 중 16명이 1859년에 핏케언 섬으로 돌아갔음에도 불구하고 그들은 1868년 1월까지 300명으로 늘었다.[237] (다윈이 말하는 것처럼 12년 반이 아니라) 11년 반에 노포크 섬의 주민은 194명 중 16명은 이미 떠났고 단지 60명만 성년이었는데 이들은 300명으로 늘었다. 적극적이고 예방적인 장애물이 없어질 때, 3억 명으로부터 24억 명으로의 증가가 확실히 100년에 못 미치는

---

236 Carey, Gr. d. S., III. p. 341.
237 Darwin, Abst. d. M., I. p. 249.

기간에, 필시 심지어 50년에 못 미치는 시간에 등장할 것임을 누가 부정할 수 있는가? 유럽의 인구는 오늘날 3억 명인데 그때가 되면 지금의 지구 전체의 인구(약 12억 명)의 두 배가 될 것이다.

물론 잠시 해외이주가 지속될 수 있다. 하지만 수많은 다른 의구심은 논외로 하고 유럽인들에 유익한 유럽 바깥의 땅들은 사람들이 보통 생각하는 것처럼 그렇게 넓지 않다. 유럽에서 감당이 안 되는 자들을 아마존의 열병이 창궐한 해변, 갠지스의 정글 혹은 세네갈의 늪지로 보내어 그들이 황열병과 이질로 죽도록 해야 하는가? 이런 수단은 맬서스가 제안한 것보다 별로 더 인간적이지 않을 것이다. 그리고 자발적으로는 고향에서 잘 지내는 누구도 국외 이주를 하지 않기 때문에 강제로 추방할 수밖에 없을― 그리고 사회주의는 이를 달성하려고 한다 ―개연성이 최고로 높은 과도한 수의 사람들, 이들이 외국에서 잇달아 죽는 동안, 결국 과잉인구가 끊임없이 그 모든 공포를 가지고서 들이닥치고 우리는 가장 유리한 경우에 다시 사회주의가 나온 출발점인 바로 그 지점에 서기까지 고향에서 줄어드는 토지 수확의 법칙은 점점 더 자신을 존재감 있게 만든다.

무서운 것은 일체의 인간적 감정을 도발할 수밖에 없는 거기서 우리에게 열리는 전망이다. 그렇지만 이 전망은 너무 어둡게 그려진 것이 아니며, 인구법칙이 야기하는 어려움을 약간의 미사여구들로 불식할 수 있다고 믿었다면 이는 치명적인 오류였을 것이다. 물론 이는 혹독한, 잔인한 법칙이지만 그럼에도 불구하고 참된 법칙이다. 자연, 아주 조화롭게 꾸며졌다는 자연은 어디서도 자동적인 조절자를 구비하지 않으며, 사회에서만이 아니라 어디에서나 우리는 생존 투쟁이 경악스런 형태로 있는 것을 본다. 자연에서 '사람이 그의 고통을 가지고서 도달하지 않는 곳'[238] 어디에서나 지배하는 알려진 목가적 평화는 오직 시인의 환상 안에만 존재한다.

사회에서처럼 자연에서도 강자는 약자를 먹고살며, 굶주림과 불의가 사납게 날뛰며, 간계와 폭력이 승리한다. 사회에서처럼 자연에서도 모두를 위해 충당이 되지 않으며, 거기서처럼 여기서도 과도한 숫자의 것들은 거리낌 없이 제거된다.

생존 투쟁을 제거하기를 원하는 것은 결코 달성되지 못할 유토피아다.

우리는 이처럼 자포자기하여 수수방관해야 하는가? 사람을 행복하게 만들어주기를 원하는 것은 정말로 인간에 대한 범죄인가? 매춘과 독신, 질병과 곤궁, 전쟁과 살인 그리고 오늘날 인간 족속 안에서 날뛰는 말할 수 없는 고통이라고 하는 것은 회피할 수 없는 것인가?

인구법칙을 그 전체의 무서운 모습으로 인식하지 않는다면, 그렇다.

하나의 법칙을 명확히 인식했을 때 비로소 그것의 해로운 결과에서 자신을 지킬 수 있다. 전기(電氣)의 법칙들을 알게 되면서 비로소 피뢰침을 발명하는 것이 가능했다. 그래서 자연 전체에서 유효한 인구법칙의 예외를 인간을 위해 늘어놓기 위해 몸부림치는 동안, 과잉인구를 믿지 않는 동안, **과잉인구가 위협한다.**

그러나 또한 그런 동안뿐이다.

생존 투쟁을 물론 제거할 수 없지만, 그것에 다른 형태를 줄 수는 있다. 그 투쟁은 이중적이다. 한편으로는 주변을 둘러싼 자연 전체에 맞선 투쟁이고 다른 한편으로는 자연에서 빼앗을 것을 두고서 하는 투쟁이다. 진보는 오직 더

---

238 "사람이 그의 고통을 가지고 도달하지 않는 곳 어디에서나 세상은 완전하다." 프리드리히 폰 실러의 말– 옮긴이.

많은 힘을 자연에 맞선 투쟁에 집중할 수 있도록 후자의 투쟁을 점점 더 많이 제거하는 데 있다. 우리의 노력은 우리의 동료 인간을 제압하고 그들에게서 그들이 자연에서 빼앗은 것을 빼앗는 쪽으로 가서는 안 되며, 그들과 연합하여 자연을 가능한 만큼 굴레 씌우고 우리에게 유리하게 규율할 수 있도록 하는 것이다. 있지도 않은 **무의식적으로** 작용하는 조절자들에 우리를 맡기는 대신 **의식적으로** 우리에게 유리하도록 작동하는 조절자를 이용하면, 점점 더 독립적이고 점점 더 자유롭고 점점 더 행복해지는 것을 가능케 한다. 오직 이 두 방향에서 진보가 표출된다. 개인들 서로 간의 투쟁 제거를 통해서 아니면 자연에 맞선 새로운 투쟁수단의 발명을 통해서. 전자의 방향에서의 진보는 사회법칙들의 인식을 통해 조건 지어지며, 두 번째 방향에서의 진보는 자연법칙들의 인식을 통해 조건 지어진다. 사회에서 그리고 자연에서 생산 방임(laisser faire)과 유통 방임(laisser aller)은 마찬가지로 해롭고, 거기서처럼 여기서도 의식적 개입이 마찬가지로 지시된다. 사회에서와 마찬가지로 자연에서도 선한 창조자의 잘 고안된 계획은 인식할 수 없으며, 양자를 인간은 자신에게 유리하게 규율할 수 있고, 규율해도 되며 그렇게 해야 한다. 인간은 자연을 다스리는 법칙들과 마찬가지로 사회가 발달해 오면서 따랐던 법칙들을 파기할 수 없다. 하지만 그는 이 법칙도 저 법칙도 활용하고 악용할 수 있다. 그는 자신의 행동 성공을 가능한 만큼 우연에 맡기지 말고 가능한 만큼 미리 타산할 수 있어야 한다.

    그는 날씨의 변덕에서 독립적이 되어 필요에 따라 관개하고 배수한다. 그는 자기 의지에 따라 동물들을 형성하고 자신에게 무익한 그 동물 기관들을 쇠퇴하게 한다. 그는 식량의 증산을 가속하여 식량이 짧은 시간 내에 인구증가에 앞설 수 있게 하면서도 누구도 이를 못마땅해하지 않게 한다. 이제 의식적으로 인구증가를 규율하고 이를 식량 재고에 적응시키는 것은 인간에 덜 걸 맞은 것인가? 인간 정신이 식량의 산술급수를 일시적으로 기하급수로 전환해도 된다면, 그가 인구의 기하급수를 산술급수로 전환하거나 이를 완전히 가로막는 것은 부당한 일일까? 인구법칙과 그것의 가공할 논리적 귀결들을 명확히 인식한 자 누구도 이를 주장하지 않을 것이다.

얼마나 패륜적인가! 하고 사람들이 외칠 것이다. 아는 자연이 마치 아주 완전하여 그러한 개입을 필요치 않은 것으로 만든다는 듯이 자연의 운행에 개입하도록 정해진 것 모두에 반대하여 제기한 바보스러운 외침이다. 오늘날 인구증가의 규제를 패륜적인 것으로 낙인 찍는 이런 제한된 두뇌들은 피뢰침이 천둥 번개가 치는 날씨에 표출되는 신의 단죄를 무효로 하기로 위협하기 때문에 불경한 발명이라고 명명되었는데, 확실히 그 당시에 이 피뢰침에 반대하는 외침에서 또한 일치하는 의견을 가졌을 것이다. 그는 신의 다스림에 개입하는 것을 죄 된 것으로 선언하든지 아니면 자연의 다스림에 개입하는 것을 그런 것으로 선언하든지 구분하지 않으며, 후자의 경우에서는 아주 유물론적인 향내를 풍긴다고 해도 그 둘 다가 목적론의 냄새를 똑같이 강하게 풍긴다. 인구증가에의 개입을 부자연스러운 것으로 기각하는 자는 그가 논리적 일관성을 가지고자 한다면 조리한 음식을 먹는 것과 옷을 입는 것도 부자연스러운 것으로 기각해야만 한다.

완전히 다른 것들인 자연에 역행한다는 개념과 비자연적이라는 개념에 관해 단지 명확히 알기 바란다. 자연에 역행한다는 것은 단지 자연과 조화될 수 없지만, 자연을 우리에게 유리하게 조종하는 것도 말하는 것은 아니다. 자연에 역행하는 성관계는 우리의 신체구조와 모순되는 그런 성관계로서 그래서 물론 선험적으로 허가될 수 없는 것인데, 이는 그것이 건강을, 그리고 이로써 일체의 인간 행복의 전제조건을 침식하기 때문이다.

그렇지만 같은 것이 비자연적인 것 혹은 인위적인 것에 관해 말해지지 않는데 이는 자연에 역행하는 것과 혼동되어서는 안 된다. 의식적으로 산출되는 모든 것은 인위적으로 혹은 비자연적으로 생겨나며 그래서 또한 비자연적이면서도 그 때문에 선험적으로 비난받아야 할 것은 아니다. 오히려 흔히 엄청난 유익을 지닌다. 인간이 자연의 법칙들을 더 의식적으로 인식하고 더 명확히 인식하면서 자연의 지배에 그것을 자기에게 이익이 되게끔 조종하기 위해 개입할수록 그는 더욱 문명화된 것이고 더욱 독립적인 것이고 더욱 행복한 것이다. 인간이 자연에 개입하는 것, 비자연적인 것은 이처럼 비난받을 것이 아닐 뿐 아니라 심지어는 **명령되는데**, 왜냐하면 그것이 일체의 진보 전제조건이기 때문이다.

이제 자연에의 다른 개입들은 최고로 인륜적인 것으로 통하는 동안 이 원리를 일정한 영역에 대해 유효하지 않게 하여 인간의 성생활에의 개입을 패륜적인 것으로 명명하는 것은 완전히 비과학적이다. 너무 급속한 인구증가가 어떻게 저지될 수 있는가 하는 질문은 단지 성적인 문제를 건드린다는 것 때문에 패륜적이라는 것인가? **오히려 바로 인간의 성생활이 문제이기 때문에** 여기서 규율하는 개입이 지시되는데, 이는 먹고 마시는 것 다음으로 인간의 성적 기능들처럼 큰 영향을 그의 건강과 만족에 주는 것은 아무것도 없기 때문이다. 결국, 일단 '육체적 욕망'을 뭔가 불명예스러운 것, 품위를 떨어뜨리는 것으로 간주하는 유대–기독교적 관점, 우리에게 이미 본능이 되어 있어 우리가 이미 더 나은 인식을 얻었을 때조차 오직 힘겹게만 그것에서 벗어날 수 있는 관점에서 해방되자. 끝으로 파두아의 안토니우스에 걸맞은 입장에서 떠나서 고전적 고대의 이교도적 관점으로 향하자. 이는 **전체** 인류를 정당하게 대했고 육신과 뼈를 단지 불멸의 영혼의 거추장스러운 부속물로만 간주하지 않은 관점이다. 인류 전체는 과학의 쟁취물에 대한 권리를 가지며 과학은 인간 전체에 대한 권리를 가지고 과학은 인간의 생활 전체를 자신의 요구에 맞게 규율하며, 그래서 **어디에서도** 이 비자연적인 개입이 패륜적이라고 명명되어서는 **안 된다**.

인륜적이다! 그렇다면 원래 인륜적인 것은 무엇이며, 인륜적이지 않은 것은 무엇인가? 보통 이런 개념들이 마치 아주 명확해서 2 곱하기 2는 4와 같이 명확한 것처럼 사용한다. 그렇지만 그것은 그렇게 간단치 않다.

내가 불가피한 필요성을 가지고 실행할 수밖에 없는 행동에서 인륜도덕이나 패륜은 말이 될 수 없다. 먹고, 마시고, 잠자는 것은 그 자체로 인륜적인 것도 패륜적인 것도 아니다. 이를 일정한 정황에서 착수하는 것이 단지 패륜적일 수 있으니 이는 연기할 수 있기 때문이다. 그러나 그 자체로는 상관없다.

나에게 하나 이상의 행동 간에 선택이 자유로이 주어지는 그런 경우들에서만 인륜도덕이나 패륜이 말이 될 수 있다. 인륜적인 것은 이런 가능한 행동 중에 가능한 인간 행복의 합계를 가능한 최대로 적게 줄이는 그런 행동이다. 다른 행동들은 패륜적이고 그것도 가능한 인간 행복의 합계를 더 많이 줄일수록 더욱더 패륜적이다.

나는 두 경우에서 '**가능한** 인간 행복의 합계를 **줄이는**'이라고 명시적으로 말하고, 가령 '인륜적인 것은 인간 행복의 합계를 늘리는 그런 행동들이고 패륜적인 것은 그것을 줄이는 그런 행동들'이라고는 말하지 않는다. 세계가 목적론적으로 지어져 있었다면 그렇게 이야기할 수 있었을 것이다. 그렇지만 이는 그렇지 않다. 사람들은 흔히 단지 여러 악 중에 선택할 뿐이며 인륜적으로 행동한다는 것은 말하자면 이 경우에 여러 악 중에 가장 작은 악을 선택하는 것이다. 여기서는 인류에 관해 악을 이야기하는 것이고 거인에 관해서는 인류의 한 지체인 한에서만 악이 이야기된다.

이런 인륜도덕의 척도와 당시 지배하는 도덕의 척도는 혼동되어서는 안 되는데, 지배 도덕은 지배계급의 도덕이기 때문이다. 사회 규범에 따르면 **지배계급**의 가능한 행복의 합계를 가능한 최대로 조금 축소하는 그런 행동이 도덕적이다. 이 척도는 자연스럽게 지배계급과 함께 달라진다.

참된 인륜성의 척도는 이와 달리 언제나 동일한 채로 있지만, 그것은 절대적이지 않고 단지 상대적인 척도다. 나는 애초부터 이 행동은 패륜적이고 저 행동은 그렇지 않다고 결코 말할 수 없다. 나는 행동하는 자가 처한 형편에서 가능했던 행동들을 알 경우에 비로소 이 행동을 판단할 수 있다. 나는 나아가 해당하는 자가 자신의 실제로 이행된 행동 그리고 다른 가능한 행동으로부터 어떤 행동을 기대했는지를 알아야 하는데, 왜냐하면 성공을 통해서가 아니라 의도를 통해서 한 행동은 인륜적이 되거나 패륜적이 되기 때문이다. 필시 마치 이 인륜도덕의 척도가 단지 옛 예수회원 도덕의 재탕일 뿐인 것처럼 보인다. "목적이 수단을 성스럽게 만들어준다." 이는 그렇지 않다. 좋은 목적은 어떤 수단이든 성스럽게 만들어주는 것이 아니라 **단 하나의**, 가능한 최선의 수단을 성스럽게 만들어주는 것이다.

이런 척도는 항시 불변하는 것이다. 최대로 가능한 최선이 무엇인지에 대한 우리의 인식만은 달라질 수 있다. 우리의 인식, 특별히 자연에 대한 인식이 클수록, 우리가 우리 행동의 결과를 더 명확히 가늠할 수 있을수록 우리의 인륜적 견해들은 더욱 완전하고, 이는 인류의 행복을 더욱 촉진해 준다.

지능의 증진은 판단의 적절성 말고 다른 면에서도 도덕을 완성해 준다. 이는 일정한 경우들에서 가능한 인간 행복의 합계가 이제까지 알던 수단들을 통해서보다 더 적게 줄어들게 해 주는 새로운 수단과 새로운 출로를 점점 더 많이 보여주어 이런 발견들과 발명들에 따라 완전히 같은 상황에서 그때까지는 그만큼 인륜적인 것으로 통하던 행동이 완전히 정당하게 패륜적인 것으로 통할 수 있다. 예를 들어서 피의 복수는 그것이 적어도 어느 정도는 인신의 안전을 이루어낼 유일한 수단인 나라들에서는 패륜적인 것으로 통할 수 없다. 지능의 성장과 더불어 정돈된 사법체제를 도입하는 데 성공하면서 곧바로 이는 패륜적인 것이 된다. 전쟁도 마찬가지다.

도덕은 그래서 자주 그렇게 주장되는 것처럼 정태적인 것이 아니고 오히려 아주 가변적인 것이다.

이제 얻어진 인륜도덕의 척도로 인구증가를 막도록 제안한 수단을 검증해 보고 그것이 수반하는 악이 오늘날의 사회를 지옥으로 전환하는, 그리고 사회주의가 과연 일순간 몰아낼 수는 있지만 개선된 광포함으로 그 희생 제물을 덮치는 결과만 초래하게 되는 다채로운 형태의 악덕과 곤궁만큼 정말 그렇게 끔찍한 것인지 탐구해 보자. 인구변동의 규율 말고 어떤 무기도 그것을 영구히 제거할 수 없다.

이런 목적으로 제안되고 사용된 수단 중 가장 간단하고 가장 원초적인 것은 성숙한 상태나 미숙한 상태의 태아를 살해하는 것이다. 이교도적인 고대에 이는 전혀 패륜적인 것으로 통하지 않았다. 신생아는 아직 사람이 아니라는 명제에 따라 과잉인구의 결과들을 의식적 인간으로부터 멀리하기 위해 아직 자의식에 도달하지 않은 존재를 죽이는 것을 부도덕하다고 간주하지 않았다. 심지어 아리스토텔레스와 플라톤 같은 자도 과잉인구를 방지하기 위해 부양할 수 없는 아이들을 죽이거나 태아를 꺼내야 한다고 충고했다. 플라톤은 모태 안의 아이들을 짐승들과 같이 본다는 견해를 공공연히 발설했는데도 부정이나 놀라움만이라도 일으킨 일이 없었다. 그리고 이론적으로만 고대 사회가 이런 관점을 품었던 것이 아니고 이를 실천적으로도 일반적으로 효력을 지니게 했다. 어떤 사람도 거기에 패륜적인 점이 있다고 보지 않았고 **이는 패륜적인 것도 아니었다.** 가능한 인간 행복의 합계는 악덕, 곤궁 그리고 독신이 의식을 가진 인간에 필연적으로 들러붙는 때의 지루한 고통을 주는 악을 통해서보다 아직 의식에 도달하지 않은 그리고 그 제거는 한순간의 일인 그런 존재의 제거를 통해 덜 줄어든다.

그렇지만 영아살해와 태아적출은 그것들이 과잉인구를 예방하려는 것과는 다른 이유에서 착수되면서 곧바로 패륜적일 수 있다. **마찬가지로 같은 목적을 덜 폭력적인 방법으로 충족시키는 수단이 있으면서 곧바로 그것들은 패륜적이고 결단코 비난받을 것이 된다.**

오늘날 이미 그러한 수단이 있다.

인류를 이런 길로 인도하는 것은 그래서 우리가 열띠게 추구하는 바일 수밖에 없다. 출생한 아기를 제거하는 대신 출생을 인륜적 방법으로 줄이는 것, 이것이 오늘날 가능한 인구문제에 대한 해결책 중에 유일하게 만족을 주는 것이다. 이미 아버지 밀(Mill)이 이렇게 말했었다. "크나큰 실천적 문제는 출생건수를 제한하는 수단을 찾는 데 있다."

말로는 '도덕적'이라고 하지만 실제로는 아주 부도덕한 금욕은 이런 수단에 들어가지 않는다는 것은 내가 소상하게 논할 필요가 없다. 이는 대체로 제2장에서 설명된 것만을 반복할 수 있을 것이기 때문만이 아니라 이런 맬서스의 제안은 단지 인간의 본성에 관해 아무것도 이해하지 못하는 그런 경제학자들에 의해 더 많이 취해지기 때문이다. 도덕적 금욕의 문제는 오늘날 끝난 것으로 간주할 수 있다.

최근에 비로소 셰플레(Schäffle)라는 가장 중요한 경제학자가 독일 사람으로서 한 의학박사의 《사회과학 개론》을 통해 동기부여를 받아 이런 면에서 의미 있는 방향 전환을 했음을 나는 확인할 수 있다. 이 책은 특히 경제학적인 면에서 싣고 다니는 많은 거추장스러운 짐에도 불구하고 여기서 다루어지는 주제에 관심을 가진 누구에게나 추천될 수 있는 책이다. 바로 이 책은 참으로 인구학을 위해 획기적이 될 전망인데, 이는 최근에 인구학에서 새로운 태도를 보인 자들 거의 모두가 이 흥미로운 책을 읽고 그렇게 하도록 자극을 받은 것이기 때문이다. 고(故) 알베르트 랑게가 이 책을 알게 되지 못한 것이 유감이다. 그가 제시한 암시에 따르면 그는 확실히 지금 또한 셰플레에 의해서도 취해진 방향의 결연한 대표자였을 것이다.

이 사람 본인은 유감스럽게도 완전히 결연하게 진술하지는 않는다. 내게는 마치 그가 세간에 통용되는 제안들로부터 이 장에서 대표된 제안으로의 이행 단계에 처해 있는 듯 생각이 된다. 그는 이 후자의 제안을 비난할 수는 없고 그에게 그것이 심지어 아주 정당하고 근거 있는 것으로 여겨지지만, 그는 감히 그것을 권고하지는 못하며 그래서 스스로 하나의 제안을 하는 것이 중요한 때에 가능한 만큼 눈에 띄지 않게 그쪽을 응시하려고 시도한다. 그가 최근의 저작 《사회라는 몸의 구조와 생명 (튀빙겐 1878)》 제2권에서 우리가 제3장에서 언급한 이론인 인간의 가임성은 인간의 문명에 반비례한다는 것에 아직 의문을 제기하고 그 경향이 맞을 경우라도 이는 아무튼 나중 시대에나 비로소 눈에 띄게 나타날 것으로 생각하는(p. 236 및 260) 반면, 그가 245쪽에서 여전히 결연하게 "과잉인구의 절멸적 결과에 대한 두려움에서 과도한 수의 생존자들이 있는 것을 예방하는 것, 즉 '예방조치' 아니면 실제의 제거, 과도한 수의 억압 그 외에 **제3의 것은 없다,** 이런 맬서스의 딜레마로부터 아무런 면제도 발견되지 않는다"고 말하는 반면, 그가 다른 한편으로 "도덕적 금욕은 나머지 반대경향을 쓸모없이 만들기에 아주 효과적이지도 않고 몹시 나쁜 종류의 부수적 효과들로부터 자유롭지도 않다"고, 그것은 "관철될 수 없다고, 왜냐하면 아주 강한 본능들은 완전히 억압되지 않기 때문이며, 성적인 사랑에 대한 완전한 단념은 대부분의 사람에게 먹을 것과 여가의 부족과 마찬가지로 큰 시련이기 때문이라고"(p. 255), 그리고 금욕의 불가피한 결과로서 질외사정, 남색, 매춘 그리고 성적인 시련이 거명된다고 시인하는 반면, 그리고 그가 더 아래에서 결연히 강조하기를 "결혼의 폐지가 아닌, **인류도덕을 통한 전체 사회에 대한 번식권의 엄청난 책임성에 대한 의식과 더불어 개인적 정조 개념을 충족시키면서 결혼의 가임성에 민족 노동의 생산성 정도로의 제한을 두면서 완전히 성숙한 연령에서부터 결혼을 일반적으로 가능하게 함** … 이는 지극히 크고 지극히 오래된 대중들의 고난으로부터의 인류 해방이 그리고 자연스럽게 배양하는 생존 투쟁의 더 고귀한 방향이 추구될 수밖에 없고 유일하게 발견될 수 있는 방향"(p.264)이라고 하는 반면, 셰플레는 아주 의식적으로 맬서스의 딜레마의 불가피성에 관해 그리고 '도덕적' 제한의 불가능성에 관해 제2권에서 견해를 표명하는 반면, 제3권에서는 사회적 국가가 필연적으로 과잉인구를 수반한다는 비난에 맞서 사회적 국가를 옹호하는 입장에서 아주 낙관적으로 생각한다. "이것의 (사회주의 실천의) 결과는 결혼의 일반적인 지연, 수학 연령의 연장, 생장의 기능 대신 정신적 기능에서의 신경조직의 고도한 발달과 강한 사용, 부도덕하고 욕지기 나는 부수현상 없는 감각성의 축출, '도덕적 제한'일 것이다. 후자의 결과는 인민의 가임성을 정신적으로 긴장된 인간들의 지금의 온건한 가임성으로 축소하는 것, 과잉인구 및 인구 과소화의 해악으로부터 **자유로우며** 똑같이 아주 멀리 거리를 둔 인구수와 인민부양 수단 간의 균형이란 이상에 다가가는 것일 것이다."(p. 504.)

이 무슨 앞뒤가 안 맞는 말인가! 불가피한 맬서스의 딜레마가 조화론자들의 무근거한 이론에 의해 대체된 것이고 도덕적 금욕의 부도덕성에 대한 인식 대신에 바로 제2권에서 그 필연적 결과로 인식되었던 '부도덕하고 욕지기 나는 부수현상' 없는 도덕적 금욕, 도덕적 제한의 권고인 것이고, '완전히 성숙한 연령에서부터 결혼의 가능화' 대신 결혼의 일반적 지연이다!

이것은 어떻게 설명될 수 있는가?

조화로 충만한 이론, 거기에는 지극히 완만한 입증의 시도도 없는, 제2권에서 단지 참고적으로만 가설로 생각된, 많은 장점이 있다는 이론의 가정, 이것은 셰플레만큼 맬서스의 딜레마를 잘 아는 한 사내인 나에게는 그냥 설명이 불가능하다. 도덕적 제한 그리고 혼인연령의 연기 권고는 이렇게 말해도 좋다면 격세유전의 발현, 셰플레의 오래된 좋아하는 제안의 부각 말고 다른 것이 아니다.

"언제나 자기 첫사랑으로 돌아간다네."

그가 자신이 결연한 맬서스주의자임을 고백하는 저작 《자본주의와 사회주의》에서 그는 인구문제를 풀려고 시도했는데, "부분적으로는 자유의지적 무혼, 자유의지적 홀로 된 신분의 촉진을 통해, 부분적으로는 **혼인에서의 가임성**의 제한을 통해, **정당한 의무를 지닌** 강화된 **가족**의 작용을 통해 끝으로 비**혼 출산의 방지**를 통해"(p. 685) 풀려고 한 것이다. 첫 번째 방법은 여성의 해방을 통해 촉진되는 것이고(p. 686), 두 번째 방법은 강요된 미망인 보험, 그리고 의무적인 인구 통계적 평균 자녀 수를 위해, 이를 위해 존재하는 공적인 저당은행제도에서 결혼희망자로부터 확보해야 할 것(p. 695)으로서의 '자녀소유재산'을 통한 것, 마지막 방법은 비혼의 부자관계에 혼인에 의한 부자관계와 같은 의무가 부과됨을 통한 것이다. 이런 제안들, 특히 첫 번째 제안은 셰플레에게는 확실히 효력 있는 것으로 더 이상 통하지 않는 것으로 보이지만, 물론 혼인에서의 가임성을 제한할 수 있다고 믿은 그 제안은 그에게 효력 있는 것으로 통하는 것으로 보인다. 최저 결혼 연령, 가령 남자에게는 25세, 여자에게는 22세 같은 것의 확정이란 제안이다. (p. 689)

이런 제안은 《사회라는 몸의 구조와 생명》에서도 여기저기 암시된다. 물론 좀 앞뒤가 맞지 않는 방식으로 그런 것이다. 제2권의 252쪽에서 그는 결혼금지를 "이것이 모든 결혼희망자에게 동일한 **결혼 연기**로 존재하며 연기되는 기간은 민족적 노동 생산성의 향상 및 감소에 반비례하게 그리고 비례하게 조정될 수 있는" 방식으로 찬성한다. 그러나 더 아래에 가서는 이미 인용된 263쪽의 대목에서 그는 완전히 성숙한 연령부터 결혼의 일반적 가능화를 찬성하는 견해를 밝히며 마찬가지로 262쪽에서는 이렇게 말한다. "인민소득의 더 균등한 분배라는 전제조건— 그 실현이 일반적인 제한 시에는 무한히 용이해질 전제조건이다 —에서 완전한 성적 성숙의 연령에 결혼하는 것은 일반적으로 가능할 것이다. 이 시점 이전의 '기관(器官)의 활동'은 다윈도 가정하는 것처럼 해로우며, **미숙한** 연령에서 자유연애를 막는 것은 성적 결합 연기의 신체적, 도덕적으로 최고로 이로운 결론이다."

셰플레가 어떻게 최저 결혼 연령의 상정을 위한 두 가지 완전히 다른 척도를 제시하는지를 보게 되는데, 하나는 성적인 성숙이고 다른 하나는 민족의 노동 생산성이다. 여기서는 각 개인마다 다르지만, 일반적으로는 항시 불변하는 척도이고, 저기서는 각 개인마다 같지만, 일반적으로는 상시적으로 기복을 보이는 척도인 것이다.

그리고 계속해서 설명해야 할 얼마나 앞뒤가 맞지 않는 일인가. "도덕적 위선, 성병, 비자연적인 죄들이 이처럼 바로 성애(性愛)의 완전한 포기가 추측되는 계층들에서— 숨기지 말라 —불가피한 악으로 등장하며, 사회조직을 통해서, 법과 인륜도덕을 통해서 **모두**가 성적 금욕의 짐을 나누도록 강제되지 않는 동안에는 도덕과 형사 사법은 이를 극복할 수가 없다."(2. B. p. 255, 256.) 이상한 논리다! 금욕의 생리적인 해악은 모두가 금욕하게 되면 곧바로 사라진다.

"외린두르 백작, 나에게 자연의 이 수수께끼를 설명해 주시오!"

오직 하나의 전제조건 아래서 이 모든 불일치가 통합된다. 성적 성숙의 관점에서 요망되는 바와 같은 최저 혼인연령은 민족적 노동 생산성을 통해 요청되는 그것과 맞아떨어진다고 가정한다면 이라는 것이다.

이것을 그는 《자본주의와 사회주의》에서 또한 행했으니 거기서 그는 이미 언급된 것처럼 남자에게는 25세, 여자에게는 22세의 최저 혼인연령을 산정했다. 그러나 그의 최신 저작에서는 어디서도 그렇게 하지 않는데, 그는 이런 혼인연령을 어디서도 거론하지 않으면서도 그것을 전제로 통하게 할 만큼 아주 조심스럽다. 이런 식으로 그는 자신의 전제로부터 완전히 옳은 결론을 도출할 수 있고 이 전제조건에 대한 비판을 회피하는 데 성공한다. 그는 물론 자신이 정통적인 맬서스의 입장을 버린 이래 얼마나 취약한 발판 위에 이 전제조건이 있는지를, 그러나 자신의 수미일관한 논리도 하나의 전제를 버리게 될 때 불일치가 된다는 것을 물론 느꼈다.

셰플레가 남자에게서는 25세, 여자에게서는 22세에 완전한 성숙의 도달이 되는 것으로 보고 이때까지 성적 향유의 완전한 포기가 이롭다고 간주할 때 그가 맞는다고 가정하자. 이것이 오늘날에도 특별히 도시들에서, 그리고 특히나 여성에게서 전혀 해당하지 않는다고 해도, 자연에 부합하는 생활방식, 자극 없는 음식 그리고 야외에서의 넉넉한 운동을 통해 방에만 틀어박혀 있기의 추방으로 그리고 날씨의 영향에 대한 단련과 가벼운 복장에 대한 습관을 통해 성적 성숙이 이 시점까지 미루어질 수 있으리란 것은 가능할 것이다. 이

를 넘어서서는 이는 가능하지 않다. 혼인 연령의 그러한 연기는 그러나 인구증가에 좀처럼 눈에 띄는 영향력을 행사하지 않을 것이다. 여성의 번식 능력은 45세까지 지속하는 것이다!

오늘날 이미 셰플레의 제안은 사망률이 아주 많이 축소되고 불행과 궁핍이 가능한 만큼 제거된 사회에서 비로소 그러하듯 미미한 영향력을 행사할 것이다.

20세 미만의 여자들이— 22세 미만의 여자들에 대해서는 나에게는 아무런 추산도 있지 않다 —인구증가를 얼마나 적게 촉진하는지를 통계를 들여다보면 알 수 있다.

스웨덴에서 1만 건의 출생 중에 출산 여성의 연령 별로 다음과 같은 분포가 되었다.

239

연령층	1776 – 1855년	1850 – 1855년
20세 미만	212	109
20–25세	1,518	1,287
25–30세	2,619	2,687
30–35세	2,620	2,824
35–40세	1,919	2,012
40–45세	945	954
45–50세	164	125
50세 초과	3	2
합계	10,000	10,000

---

239 Wappäus, Allgemeine Bevölkerungsstatistik, II. p. 326.

20-25세 연령의 여성들이 한 출산 중에 2/5가 20-22세의 여성들이 한 것임을 계산한다면, 1만 건의 출산 중에 22세 미만의 전체 여성 중에는 819 내지 624건의 분만 건수를 얻게 된다. 이처럼 셰플레의 제안에 의해 모든 출산의 6-8% 이상은 예방될 수 없을 것이다.

그렇지만 물론 확실한 기초를 제공할 수 있기에는 너무 빈약한 자료이지만 이제까지 제공된 자료들로부터 간파할 수 있는 한에서는 그 제안은 결코 이런 미미한 결과를 초래할 수는 없을 것이다.

괼레르트(Goehlert)는 군주 가문 결혼에 관해 다음과 같은 결혼 건당 신생아 수 데이터를 고타 연감 25년치로부터 도출했다.

240

결혼 시점의 부의 연령	결혼 시점의 모의 연령				남성 가임성
	20세 미만	20 - 25세	26 - 30세	30세 초과	
20세 미만	5.01	3.50	5.00	–	5.00
20-25세	5.33	5.80	4.43	2.33	5.43
26-30세	5.13	4.90	4.60	4.50	4.95
30-35세	4.46	4.44	4.33	3.31	4.36
35-40세	4.75	3.98	4.29	3.17	4.18
40세 초과	4.13	3.47	4.56	3.64	3.78
여성 가임성	5.03	4.80	4.47	3.43	4.81

주어진 수치들을 살펴보면 우리는 20 내지 25세 후에 한 결혼이 조혼보다 결코 적은 자녀를 가리키지 않음을 보게 된다. 그럼에도 불구하고 이 수치들

---

240 Wappäus, Allg. Bvst., II. p. 325.

로부터 결론들을 이끌어내고 싶어 하는 것은 대담한 일일 것이다. 한편으로 괼레르트는 초혼만을 고려했으며, 그중에서도 적어도 두 자녀를 가진 자들만을 고려했다. 이처럼 예를 들어서 조혼이 대부분 불임이라면 이는 주어진 수치로부터는 알아낼 수 없을 것인데, 이는 그런 결혼들은 이 표에서 전혀 받아들여지지 않았기 때문이다. 그런데 가계도 명부로부터의 데이터는 도대체 잘 활용할 수가 없으니, 한편으로는 지배귀족 집단 중에서는 다수 민중과는 완전히 다른 사회적 상황이 지배하고, 사회적 영향들은 여기서는 하층들에서보다 훨씬 더 결정적이기 때문이지만 특별히 그 데이터는 적은 수에 기초를 두는데, 적은 수들은 통계에서는 활용할 수가 없기 때문이다. 오직 많은 수에서만 비정상들이 사라지고 규칙적인 것들이 드러난다.

예컨대 결혼 시에 어머니는 26–30세이고 아버지는 20세 미만인 결혼에서 다섯 명의 자녀를 가진 수는 어떤 종류의 가치를 가지는가? 그 수는 총 10명의 자녀를 가지는 두(!) 건의 결혼에서 취한 것이다.

더 확실한 결과들을 얻을 수 있는 것은 국가가 모든 사람을 군주들처럼 주의를 기울일 만한 자들로 간주하고 모두를 군주들에 관한 것처럼 정확한 장부를 작성할 경우이다. 유감스럽게도 오직 스웨덴 통계만이 우리가 위에서 재수록한 많은 수에 기초하여 신뢰할 수 있지만 단지 문제의 한 측면만을 다루는, 그렇지만 그 대상을 남김없이 다루기에는 한참 모자라는 공적인 데이터를 제공해 준다. 그 외에는 이 점에서 완전히 사적인 연구들에 의존해 있으니 이는 자연스럽게 아무런 신뢰할 수 있는 결과를 가질 수 없는 것이다.

자들러는 이 대상에 관해 심도 있는 연구들을 했다. 주의 깊은 케틀레는 이를 예리하게 재검토했고 다음과 같은 결론들에 도달했다. 1. 너무 일찍 한 결혼은 불임을 촉진하며 거기서 태어난 자녀들은 낮은 생존확률을 가진다. 2. 불임은 논의로 하고 혼인연령은 **이것이 남자에게서는 대략 33세, 여자에게서는 26세를 넘지 않는 동안에는** 결혼한 부부의 가임성에 아무런 영향도 주지 않는다. 이 연령 후에는 낳을 수 있는 자녀 수는 줄어든다. 3. 이어 따르면 개연성 있는 인간 수명의 동시적 고려 아래에서 남자 측에서는 33세 이전, 여자 측에서는 26세 이전에 한 결혼이 가장 가임성이 높다고 결론지을 수 있다. 4. 결혼한 부부의 상대적 연령을 고려한다면, 다른 점에서는 동일한 정황 아래서 남자가 여자만큼 적어도 나이를 먹었거나 나이를 더 먹었으면서도 부인보다 나이를 많이 더 먹지는 않은 그런 결혼이 가장 가임성이 높은 것으로 드러난다[241]

이런 결과들에 따른다면 이처럼 셰플레의 제안은 **가임성의 최고로 가능한 정도로의 상승** 말고 다른 결과를 가지지 않을 것이다. 톹임성을 돕는 조혼은 제거되고 최고의 가임성을 보이는 연령에 결혼을 하게 되며, 누구나 결혼 최저연령 경과 후에 즉시 우리와 셰플레가 전제한 사회 상황에서 결혼할 것이므로 남자의 연령과 여자의 연령의 비율도 가임성을 가장 강하게 촉진하는 바로 그런 비율일 것이다. 셰플레의 제안이 성공을 거두려면 결혼 연령의 최저선은 이처럼 달성된 성숙 시점 훨씬 너머로, 아무튼 33세 내지 26세 너머로 미루어져야 할 것이다. 그러면 우리는 이미 헤게비쉬가 결혼 연령 확정의 불가피한 결과로 인식한 것 그리고 그가 독특한 방식으로 이렇게 표현하는 것에 도달한다. "딜레마는 이것이다:인구증가를 불변으로 유지하려는 사업이 모두에 의해 영위되지만 그럴 때 결혼의 생산력 전체에 자유로운 운신공간이 허락되어서는 안 되며, 그럴 때 평균적으로 결혼 건마다 세 자녀가 넘게 나오는 일이 좀처럼 있어서는 안 되고, 따라서 **여자들과 월경이 끊어지기 불과 몇 해 전에 비**

---

241 Quetelet, de l'homme, II. p. 65 bei Wappäus, ɛllg. Bvst., II. p. 325.

로소 결혼하는 데 따라야 한다. 그리고 여자들은 그럴 때 비로소 결혼하는 것이 마음에 내켜야 한다. (이른 때에 결합한 부부가 응분의 몫을 달성한 후에 비인간적으로 부부간의 교합을 멀리하거나 이 교합을 부자연스럽게 무력하고 무해하게 행하는 것은 제외하고) 아니면 모두에 의해 추진되지 않고 단지 몇 사람만 결혼하고 다른 사람들은 놀아야 한다."[242]

헤게비쉬는 여기서 그 딜레마를 완전히 타당하게 제시했다. 그러나 우리는 이로부터 셰플레 같은 남자가 다른 점에서는 논리적 귀결로부터 겁내어 뒷걸음치지 않는 사람이면서도 왜 여기서 고작 그가 그렇지 않으면 불가피하게 끌어내야 했을 그런 논리적 귀결을 끌어내지 않기 위해, 단지 그 자신이 그 자체로 아무런 항변을 할 수 없는 유일한 제안, **피임**, 부부간의 교합이 무력해지게 하는 방법의 제안을 할 필요가 없게 하도록 비일관성과 대충하기의 그물에 걸려드는지 간파하게 된다. 그는 이미 많은 이들이 처한 것과 같은, 이 책의 많은 독자들도 처할 그런 형편에 처한다. 다른 모든 제안들을 그는 불가능한 것으로 공언할 수밖에 없으며, 그의 이성은 그에게 악폐와 곤궁에서 벗어날 어떤 다른 길도 다시 악폐와 곤궁으로 돌아오게 이끈다는 것을 인정하지 않을 수 없게 하며, 그러면서도 그는 유일하게 가능한 출로로 향하는 것을 하지 못하는데, 이는 그의 감정이 이에 거부반응을 일으키기 때문이다.

아니면 피임 그 자체에 반대하여 뭔가 다른 것을 들이밀 수 있는가? 아무도 그렇게 못한다. 셰플레도 못한다. 그는 그것을 비난하지 못하면서도 수용하려고도 하지 않는다. 그렇게 그는 그 문제를 미결 상태로 두는데 이는 물론 아주 영리한 일이다. 물론 그는 피임에 반대하는 세 가지 중대한 이유를 대는데, 그렇

---

242 Malthus, über d. Bev., übersetzt v. Hegewisch, IV. 4. Kap.

지만 이 이유는 순전히 사회적 성격의 것이며, 대부분 그러하듯이 예방 그 자체를 반대하는 것은 아니고, **첫 번째와 세 번째 이유는 단지 오늘날의 사회에서의 그것의 활용에 반대할 뿐**이며, 두 번째 이유는 그것과 꼭 연관되지는 않는 요구에 반대하는 것이다. 그는 단지 "**인구감소의 위험**, 더 주저 없는 피임이라는 규율 자체를 위한 결혼의 **필요성**, 끝으로 또한 이 문제와 **민족 소득의 분배**와의, 인민 경제의 전체 조직과의 연관성"[243]을 강조하는 것뿐이다.

이런 항변들이 피임 그 자체가 아니라 일정한 상황에서의 그것의 활용에 반대하는 것임을 그는 그다음에 스스로 상술한다. 우리는 그의 이 점들에 관한 전체의 아주 흥미로운 상술을 재현하지 못하고 결정적인 명제들만 제시할 수 있는 것을 아쉬워할 수밖에 없다. 그의 항변들은 아주 새롭고 동시에 아주 심오하고 상세하여 우리에게 피임을 이제까지 행해지는 것과는 다른 면에서도 살펴보도록 자극할 뿐 아니라 또한 우리에게 약간의 파덕에 관한 경구들로 그 문제를 제거할 수 있다고 믿는 통상적인 외치는 자들과 달리 셰플레는 얼마나 그 문제를 지극히 주의 깊고 지극히 심도 있는 연구를 할 가치가 있다고 보는지도 보여준다.

그는 이 점을 한번은 이렇게 명시적으로 강조한다. "옛날부터 예방의 문제에 지극히 절박하게 매달려 오고 있다고 생각해야 할 것이다. 그런데 주목할 만한 방식으로 이런 근본 문제를 피했다. 사람들은 오늘날까지 이 문제를 완전히 예리하게 제기하고 사회적 곤궁의 참된 원인을 대면하여 보기를 감행하는 자들을 조롱하고 이단시한다. 이와 달리 그 문제를 **회피하려고** 하는 수단인 일련의 전체 문장들과 진통제들이 고안되어 있으니 무자비한 인구법칙의 인정에 대치하는

---

[243] Schäffle, Bau u. L. d. s. K., II. p. 260.

격정과 계급 이익이 이 법칙의 작용을 알지 못하게 하기를 원하기 때문이다."[244]

맞는 말이다. 아주 맞는 말이다. 셰플레 자신이 제3권에서 이 말을 잊고 그 문제를 진통제를 통해 회피하고자 시도하는 것은 애석한 일이다.

셰플레의 피임에 반대하는 세 가지 항변 중에 첫 번째와 세 번째 것은 본래 서로에 결합된다. 인구 과소화의 위험이 **"동시에 더 나은 인민소득의 분배에 배려가 되지 않을 경우에는"** 정말로, 고도로 위협이 된다고 그는 생각한다. (p. 260) 그에 대한 이유는 세 번째 점에서 알려진다. "불균등한 국민소득 분배 시에는 지극히 강한 충동 중 하나의 실행에 대한 도덕적 포기는 **단지** 가난한 자들에만 닥치는 일이고 **그들에게 완전히** 닥치는 일이다. 바로 그렇기에 대중에 관해서는 금욕이 전혀 행해지지 않든지 아니면 일반적으로 부도덕한 예방행위가 조장될 것이다. 오직 금욕의 부담이 고르게 분산될 경우, 즉 각 쌍마다 적당한 자식 수에 도달할 수 있을 때만 모두가 자발적으로 단념하거나 완전한 성적 성숙 이전에 혼인하거나 하지 않도록 하는 규정을 받아들이는 것을 생각할 수 있다. 그럴 때만 그들이 혼인에서 부양 가능한 후세 수로 자녀 수를 제한하는 것을 생각할 수 있으며, 과도한 수의 자녀 출산을 전체에 반하는 가장 커다란 범죄의 하나로서 이에 반대하는 인륜도덕이 수천 년 전부터 난봉, 매춘 그리고 부자연스러운 악폐가 대처되는 것보다 마땅히 훨씬 더 강하게 대처할 것이라는 것이 생각될 수 있다."(p. 264) 이런 항변은 이처럼 피임보다는 현대사회를 더 겨냥하는 것이며, 그것은 무정부적인 생산양식이 인구의 규율을 물품 산출의 규율과 마찬가지로 가능하지 않게 한다는 것, 바로 이것이 항시 과잉생산과 경제적 경색 사이에 요동하는 것처럼 과잉인구와 인구 과소화 사이에 요

---

[244] Schäffle, a. a. O., p. 269.

동할 수밖에 없다는 것, 인구 변동의 규율은 오직 "동시에 **사회적 물품생산과 사회적 소득분배의 양호한 적절한 조직**이 추구되고 실행될 경우"에만 가능하다는 것 말고 다른 이야기를 하는 것이 아니다. (p. 264)

나는 나의 탐구들에서 사회문제의 만족스러운 해결은 인구의 규율 없이 가능하지 않다는 결과에 도달했다. 셰플레는 이에 반해서 인구의 규율은 이 사회문제 해결 없이 가능하지 않음을 입증한다. 이 두 결과가 결합하여 사회문제의 해결과 인구의 규율은 서로 간에 상호 조건을 지어준다는, 하나는 다른 하나 없이는 불가능하다는, 그래서 **인구문제**는 **사회문제**와 마찬가지로 사회학자들의 주의를 끌 만하다고 하는 결과를 낳는다. 셰플레의 결과들은 나의 결과에 상충되는 것이 아니라 이를 보완해 준다.

세 번째 항변은 위에서 언급된 알려지지 않은 〈사회과학〉을 쓴 의학적인 저자의 특별 요청인, **결혼의 폐지**에 가해진다. 그 대상은 본 저작의 틀이 허용하기에는 너무 중대하고 더 심도 있는 취급을 받을 만한 것이기에 나는 여기서는 셰플레의 견해와 그 의사의 견해 중 누구의 견해가 더 정당하냐 하는 것을 탐구하는 데 들어가지는 않으며, 다만 내 소견으로는 결혼을 폐지해야 하든 말아야 하든 그 문제는 가령 프랑스 혁명 동안 신의 폐지 문제처럼 완전히 한가한 문제라는 것만 지적하고자 한다. **사회제도**로서의 결혼은 도입되지도 폐지되지도 않으며 국가가 그것의 유지를 위해 강제력을 행사해야 할지 말지 문제일 수 있다. 국가가 전에 종교의 유지를 위해 강제력을 행사했고, 부분적으로는 아직도 행사하는 것처럼 말이다. 이 질문은 물론 시급한 것과 마찬가지로 진지한 질문이다. 그러나 피임의 질문과는 별로 상관이 없다. 한편으로 무명의 의사는 본래 결혼의 '폐지'를 전혀 요구하지 않으며, 미혼자들을 위해 해당자들이 사회에서 누리는 존중에 미치는 해로운 결과 없는 혼외 성교의 가능성을 요구한다. 다른 한편으로 셰플레 자신은 결혼이 피임을 통해 배제되지 않음을 인정하며 심지어는 이렇게 주장한다. "결혼은 바로 피임 시에 집단 억제와 인륜도덕적 존엄의 대전제다." … "결혼한 부부에게 두 가지 가장 강한 회피동기, 장기적인 양육 부담과 미래를 위한 염려가 가장 완전하게 효과를 띠기에, 오직 결혼에서만 찬양되는 피임 혹은 맬서스의 금욕이 **한편으로 과잉 인구에 제한을 둘 수 있으며**, 다른 한편으로 결혼 성관계의 지속 시에 증가는 쉽게 인구 과소화로 변질되지 않으니 이는 지속적으로 결합한 부부에게는 일시적인 결합을 위한 것 이상의 바람, 즉 사회의 영양 공급 상태에 따라 허용되고 부양 가능한 자녀 평균 수를 달성하려는, 그래서 허용되지 않는 부양식구 수의 한계 너머까지 예방을 행하지 않는다는 바람이 있기 때문이다. 결혼을 하게 되면 '피임'은 후손의 부담에 대한 기피에 의해 크게 떠밀리지 않으면서 해로운 번식을 방지하기에 충분히 자극된다는 것이 생각될 수 있는 일이다. 피임이 성충동의 완화가 아니라 자녀와 가족의 복지 상태에 소용될 때 그 절차에서 도덕적 감정에 거슬리는 것이 가장 쉽사리 경감된다는 것에 관해서는 침묵하기로 한다."(p. 262.)

이는 셰플레가 피임에 대해 제기할 수 있는 것으로서 항변이라고 한다면 유일한 항변들이다. 그렇게 말하는 것은 그것들이 오히려 피임 활용의 유익한 성공을 위해 필요한 전제조건들의 분별일 뿐이기 때문이다. 이것들과 다른 항변들은 말해진 것처럼, 있지 않으며, 이로써 우리는 피임을 우리가 선택할 수밖에 없는 악 중 가장 작은 악으로 취해야 할 저항할 수 없는 필요성으로 떠밀린다.

그 문제는 더 이상 피임이 사용되어야 할까 하는 것일 수 없으며 그보다는 단지 **언제** 그것이 사용될지 그리고 이런 성교의 **어떤 종류**를 우리가 선택해야 할지 하는 것이다. 왜냐하면, 그것의 다양한 방법들이 있기 때문이며, 유감스럽게도 오늘날 가장 빈번하게— 사람들이 생각하는 것보다 빈번하게 —사용되는 것은 바로 결정적으로 해로운 방법인데, 과학보다는 실무관행이 이제까지 피임을 담당했고 그래서 자연스럽게 가장 쉽게 떠오르는 방법에 손을 대었다는 것을 고려한다면 이는 놀랄 일이 아니다. 과학이 그 문제에 더 심도 있게 매달린다면 틀림없이 오늘날 알려진 것보다 혐오감을 덜 일으킬 예방적 수단을 발견하게 될 것이지만 이 분야에서 더 이상의 진보가 가능하지 않을 때도, 이는 생각할 수 없기는 하지만, 이런 경우에도 저울은 결단코 피임 편으로 기울 수밖에 없으니, 왜냐하면 오늘날 벌써 미미한 불쾌감을 야기하고 완전히 무해한, 예컨대 라치보르스키 절차 같은 방법을 사람들이 알기 때문이다.[245]

---

[245] "기술적인 것"에 관해서는 《사회과학 개론》이란 책을 참조하라. 예컨대 로데리히 헬만(Roderich Hellmann) 박사의 피상적인 편집으로 《성적 자유에 관하여, 인간 행복의 향상을 위한 철학적 시론 (Berlin 1878)》, 에서 행해진 것과 같은 제안들이 결연히 물리쳐졌으니 이런 제안들에서는 저자가 항문성교(paedicare), 구음(irrumare), 구강성교(cunnilingere), 수음(masturbare)(!), 남색(Sodomie), 여성동성애(Tribadie) 같은 정신과 신체를 파괴하는 반자연적인 성관계를 권고하는 뻔뻔스러움 말고 아무런 새로운 점도 없다. 예방적 성관계의 그러한 소묘들은 결코 충분히 낙인 찍힐 수 없으니, 이는 그것들이 인구법칙에서 나오는 위험들을 명확히 인식한 사회주의자들의 진지한, 높은 인륜도덕적이고 과학적 확신에 의존하는 노력들과 동일한 것으로 더 깊이 탐구하지 않는 자에게 여겨지기에 단지 너무 적합할 뿐이기 때문이며, 그것들이 이런 노력들을 바로 참된 휴머니스트들의 눈에, 이들이 아주 편견이 없는 사람들일지라도 불신하게 하는 데 너무나도 기여할 뿐이기 때문이다. 헬만 씨가 제안한 성 충동 만족의 양태들을 권고하는 것이 아니라 제거하는 것이 피임을 찬성하는 사회주의자들의 의도다. 왜냐하면 이런 만족 방식들은 자연적이건 인위적이건 과잉인구가 수반하는 치명적인 결과들에 함께 속하며, 그래서 산업문명의 계속 확산과 함께 경악스럽게 커 가기 때문이다. 피임은 그것들을 제거하며 그것들과는 같은 의미가 아닐 뿐 아니라 심지어 적대적이다.

우리가 인구문제에 대한 온전한 인식에 도달하면 곧바로 우리에게 피임이 불가항력적 필연성을 가지고서 우리를 몰고 간다. 우리는 오늘의 과학 수준에서 인구를 규율할 다른 수단을 알지 못하며 그것을 수용할 수밖에 없으니, 이는 언젠가 먼 미래에 그 대신에 놓일 수 있는 개연성은 아니라 해도 가능성이나마 있는 것을 믿을 수 없기 때문이다. 피임과 아울러 과잉인구의 고통에서 벗어날 또 한 가지 길이 있을 것이다. **우리의 생활양식의 상응하는 변경을 통한 인간 족속의 가임성에 의식적으로 초래된 축소다.**

인구문제의 이 해결책은 이 해결책이 그 자체로 별로 문제성 있지 않다면 모든 해결책 중에 결단코 가장 이롭고 가장 만족스러울 것이다.

그런 해결책이 아무리 개연성이 없더라도, 그것을 선험적으로 거명하지 않는다는 것은 불가능한 일이다.

많은 동물 종들 그리고 식물 종들에서도 먹을거리와 생활양식에서의 변경이 그들의 건강의 가시적인 저해 없이 가임성에 영향을 미친다는 것은 알려진 사실이다. 다윈은 이렇게 말한다. "재생산 체계는 이례적인 정도로 (우리는 왜 그런지 모른다) 달라진 생활 조건들에 대해 예민하다는 것이 증명될 수 있다. 이 민감성은 이로운 결과로도 악한 결과로도 이끈다. 아주 사소한 변경들이 대부분 혹은 모든 유기체의 건강, 생명력 그리고 가임성을 향상시키는 반면, 다른 변경사항들에 관해서는 그것들이 다수의 동물들을 불임으로 만든다는 것이 알려져 있다."[246]

이에 대한 가장 잘 알려진 예를 인도의 코끼리가 제공해 주는데, 이는 길든

---

[246] 다윈, 인간의 유래, I. p. 247. 그의 저작 "길들임 상태에서의 동식물의 변이" II. B. c. XVIII.,에서 다윈은 이 주제에 심도 있게 매달리며 여기서 든 사실들도 이 장에서 취한 것이다.

상태에서 암컷이 숲들을 돌아다닐 수 있는 곳인 아바에서 말고는 번식하지 않는다. 같은 경우가 인도 사람들에 의해 길들여지는 맥(貘)에서도 등장한다. 그놈들의 가임성은 그 건강의 저하가 눈에 띄는 일 없이 줄어든다. 같은 것을 앵무새들에서도 볼 수 있는데, 이는 사로잡힌 상태에서 건강하고 힘찬 상태로 있는 동물이다. 길들여진 동물들에서도 생활양식에서의 변화는 동시에 가임성에서의 변화도 유발한다. 야생동물들에서보다는 그런 일은 드문데, 이는 야생동물들이 변화하는 조건들에 더 높은 정도로 노출되었고 그래서 그러한 조건들에 익숙해졌기 때문일 개연성이 있음에도 불구하고 그러하다. 그렇지만 적도 지방의 코르디예라스 산맥의 뜨거운 골짜기에 사는 양들은 완전히 가임성이 있지는 않으며, 축사에서 건조된 사료로 사육되고 그리고서 초지로 데려가진 암말들은 처음에는 번식하지 않았다.

적어도 피임보다 더 큰 불쾌감을 유발하지 않는, 그리고 그것의 많은 형태와 마찬가지로 인간의 안녕을 저해하지 않는 그러나 그러면서도 이 형태들과 마찬가지로 출산을 충분한 정도로 축소할 능력이 있는, 인간의 생활양식과 먹을거리에서의 변화를 초래할 수 있을지를 탐구하는 것은 이제 생리학자들의 일일 것이다. 라이히(Reich)는 이렇게 말하면서 이를 적어도 부분적으로는 가능한 것으로 간주한다. "인간의 성생활은 이제까지 전개된 것에 따른다면 적지 않은 부분이 식단의 도움으로 규율될 수 있을 것이며, 그것도 생식 충동이 정상적인 정도가 넘게 상승하지 않고 가임성도 제한되지 않도록, 그리고 다시 인위적으로 향상되지 않도록 하는 방식으로 규율될 수 있을 것이다. 이런 일은 다른 것 중에서도 단순한 주로 식물성 먹을거리의 영향을 통해, 알콜

음료의 절제와 자극적인 양념의 절제를 통해 일어난다."[247]

그렇지만 이런 방식으로 이로운 결과에 도달할 것인지는 아주 의심스럽다. 과학이 오늘날 성적 시스템과 생식에서의 사태 진행에 관해 가지는 빈약한 지식에서 그 질문은 무조건 부정되지는 않음에도 불구하고 그렇다. 길들여진 동물들과 마찬가지로 문명화된 인종들도 생활양식의 경미한 변화에 상당히 둔감하며, 그래서 그들의 가임성의 감소는 생활 조건의 변화가 아주 커서 피임보다 더 많은 폐해를 낳는 경우 외에는 등장하지 않을 것이다. 게다가 오늘날에도 이미 가임성의 감소가 규칙적으로 건강의 저하를 수반하는 많은 동물 종들을 사람들이 알고 있으며, 가임성 감소가 다른 동물 종들에서도 눈에 띄게 드러나지 않더라도 적어도 그들에게서 가임성의 감소가 안녕의 저해를 수반하지 않는다는 것은 아직 확인되지 않는다. 오히려 종의 작은 가임성과 그 종의 안녕이 서로 조화 불가능함을 모든 것이 시사해 준다. 문명화된 민족들과의 접촉의 결과로, 그래서 그들의 생활양식의 변화 결과로 불임이 된 그런 모든 야생 인종들은 규칙적으로 그러면서 그들의 건강도 잃었다.

그래서 피임은 과잉인구에서 벗어나기 위한 모든 가능한 수단 중에 가장 작은 악을 수반하며 가장 인륜적인 그런 수단일 개연성이 있다. 어떠한 새로운 발견도 이 영역에서 더 이상 행해지지 않을 경우조차, 오늘날 알려진 피임의 실행방식이 정말로 유일하게 가능한 방식일 경우에, 그럴 때조차 인구법칙에서 생겨나는 난점들의 그 방식에 의한 해결책은 만족스러운 것으로 거명될 수밖에 없을 것이다. 다만 가능한 인간적 행복의 합계가 무서운, 전체 인류를 독살하는 악으로, 과잉인구를 필연적으로 수반하는 악을 통해서보다 예컨대 라치보르스키의 절차가 수

---

247 E. Reich, d. Fortpflanzung, u. Vermehrg. d. Menschen, p. 56.

반하는 작은 불쾌함을 통해 무한히 더 적게 감소되는 것이 아닌지를 진지하게 질문하라. 다만 출산의 '비자연적인' 축소를 거부할 경우 사회주의적 낙원이 결국 무엇이 될 수밖에 없는지를 명료하게 마음속에 그려보라. 짧은 이행기 후에 토지수확 감소의 법칙은 점점 더 민감하게 감지될 수 있는 것이 되고, 점점 더 많은 일손과 시간이 토지경작에 할애되고, 공업, 예술과 학문에서 빼내어져 결국에는 어떤 노동력이든, 어떤 노동시간이든 농업에 바쳐질 수밖에 없다. 그리고 점차 인간정신이 자연에서 빼앗은 것을 자연이 되찾음에 따라, 밀이 말하는 것처럼 정말로 인류가 개미탑 혹은 바벨탑 위에 두는 모든 것이 상실된 후에 과잉인구는 그것의 모든 경악스러운 결과들을 가지고서 닥칠 것이며, 유럽을 오늘날 욕보이는 그런 공포스러운 것들의 공연무대로 만들 것이다.

하지만 아니다. 그렇게는 되지 않을 것이고, 그렇게 될 수 없다. 사회주의는 자신의 존속 보증을 자신 안에 지닌다. 사회주의가 확산시킬 행복은 새로운 곤궁으로의 이행이 아닌, 점점 더 큰 행복으로의 이행일 것이다. 열악한 형편에서 태어난 인간은 아무튼 일정한 정도까지 그 형편에서 만족을 느끼지만, 더 나은 형편에서 태어났고 더 열악한 형편으로 전락할 위험에 처한 사람은 그렇지 않다. 단지 얼마 안 되는 사람들만 사회에서 성공하려고 이례적인 노력을 하지만 이미 비상한 정도의 나태와 무관심은 지극히 위력적인 저항 없이는 더 열악한 생활 형편으로 떨어지게 하는 데 알맞다. 거의 어느 누구나 이런 운명에서 벗어나려는 지극히 필사적인 시도를 할 것이다. 인간처럼 사회도 마찬가지다. 현대적 생산양식의 악에 대해 사람들은 이미 아주 무디어져서 많은 이들에게, 특히 그 악을 자기 소견으로 알지 못하는 이들에게 이 악은 선입견이 10배로 커 보이게 만드는 피임의 악에 견주어 적은 것으로 여겨진다. 이 선입견의 힘은 아주 커서 오늘날 인위적으로 창출된 과잉인구의 폐해가 훨씬 더 크다는 것을 인정하는 자들조차 피임의 활용이 비난받을 것으로 여겨지게 한다. 그러나 매춘과 독신, 전쟁과 전염병, 기근과 곤궁이 일상적 현상들에 속하지 않는 사회는 인구증가를 의식적으로 규율하든지, 아니면 이런 악 중 하나를 자신에게 받아들이든지 하는 양자택일에 직면할 것이며, 확실히 첫 번째 출구를 선택할 것이다. 그 사회는 그렇게 할 것이고 그렇게 할 수밖에 없다. 사회주의적 방향으로의 사회 변혁은 피임의 수용을, 그리고 자신의 존재 보증을 필연적으로 수반하며, 이 새로운 사회에서 이것은 단지 또 하나의 시대적 문제일 뿐이다. 그러나 그것을 더 일찍 붙잡을수록, 궁핍을 통해 인구증가를 규제하는 쪽으로 강제되지 않을수록 진보와 인류의 행복을 위해서는 더욱더 낫다. 어디에서나, 혁명가 중에서도 보게 되는 보수적인 두뇌들이 아무리 이에 반대하여 고함을 치더라도 단지 언제가 문제일 뿐, 할지 말지는 문제가 아니다.

 오늘날의 과학의 수준에서는 이미 말해진 것처럼 더 이상 인구증가의 규제가 인륜도덕적인지의 여부가 문제가 아니라 단지 **그 규제의 어떤 방식이 가장 인륜도덕적인가** 하는 것만이 문제다. **이 질문은** 인구문제가 귀착하는 곳이며, 이 문제는 그 해결책이 사회문제의 일체의 유익한 논의의 전제조건인 그런 문제다. 모든 휴머니스트들, 무엇보다도 모든 사회주의자들은 그래서 **이 질문**에 대한 대답을 추구할 의무를 가진다. 과학, 무엇보다도 생리학에 이 질문의 탐구를 하도록 촉구할 의무를 가진다. 다른 어떤 영역도 지금까지 인구법칙 그리고 바로 이 법칙으로부터 생겨나는 난점들의 제거만큼 생리학에 의해 등한시된 것은 없다. 그러나 생리학은 그 판가름이 인류 전체를 위해 아주 중대한 결과들을 가지는 한 문제에 몰두해야 한다. 그렇지만 그 대상이 패륜이란 욕설로부터 해방되기 전에 이 일이 일어나리라 기대할 수 없다. 선입견과 무지가 그런 욕설을 그 대상에 가해 온 것이다. **이것은 우리가** 타조의 정책에 따라서, 과잉인구는 그 모든 경악스러움을 가지고서도 우리가 그것을 보고 싶지 않다면 우리를 위협하지 못한다고 믿는 대신에 **온갖 수단을 가지고서 달성하고자 노력해야 하는 것이다.** 인구 이론에 대한 이제까지의 득이 되지 않는 부정은 적어도 사회주의 측으로부터는 결코 적합하지 않으니, 이는 그 인구이론이 사회주의와 주로 조화 불가능한 것이 아니기 때문이다.[248]

인구법칙이 담고 있는 커다란 진리가 사회주의에 반대하여 왕성하게 활용되었더라도 이는 생존 투쟁으로부터도 사회주의에 불리하고 맨체스터 이론에 유리한 모든 가능한 결론들을 도출한 것처럼 그 법칙으로부터 사회주의와는 반드시 연결되지 않는 결과들을 이끌어내었기 때문이다. 나는 그렇다고 해서 우리가 맬서스주의자가 되어야 한다고 말하고자 하지 않는다. 왜냐하면, 맬서스에서 얻게 되는 교훈은 주로 그가 이미 그에 앞서 알려진 생리학적 진리로부터 잘못된 경제학적 결과들을 이끌어내었다는 데 있기 때문이다. 그것들 안에 포함된 일말의 진리 때문이 아니라 그의 이런 오류 때문에 부르주아지와 그들의 과학이 그를 신격화했다. 그러나 우리는 이런 일말의 진리를 오류들과

---

[248] 이는 최근의 마르세유에서 열린 사회주의 노동자 대회에서 회원들에 행한 신맬서스주의자 리가(Liga)의 연설이 입증해 주는 것이다. London E. C.의 Stonecutter Street, Ferrington street, 28의 이 맬서스주의 연맹은 그 목적으로 이런 것을 내세운다. "1. 인구문제에 대한 공적 토론에 대한 일체의 처벌 제거를 위해 노력하며, 그와 같은 토론이 민법에 따른 범죄로서 소추되는 것을 불가능하게 하는 법적 정의(定義)를 쟁취한다." 영국에서 사실상 일어난 경우인데, 인민의 인륜도덕을 피임이 권고된 한 서적의 발행을 통해 훼손했다는 이유로 고소되고 유죄판결된 브래들래프(Bradlaugh)와 베전트(Besant) 부인에 대한 소송에서 있었던 경우다. "2. 온갖 가능한 수단으로 언민에게서 인구법칙, 그 결과들, 그리고 인간의 생활양식과 도덕에 대한 그것의 영향에 대한 지식을 확산시키고자 한다."

함께 내던져 버려서는 안 된다. 우리는 전에처럼 이후에도 맬서스의 경제학적 가르침의 반대자임에 변함이 없으나 우리의 감정이 인구법칙에 반대하여 곤두서더라도 그가 의지하는 인구법칙을 옳은 것으로 인정하지 않을 수 없다. 앞으로 그것을 요술로 사라지게 하고 자연법칙들과 사회법칙들을 자기들 바람에 따라 구성하는 달갑지 않은 과제는 조화의 사도들만의 것으로 남아 있게 하라. 하지만 이 법칙들을 편견 없이 인식하고 그 인식으로부터 그 법칙들을 무해하게 만들 수단을 창출하며, 사회에서만이 아니라 자연에서도 조화가 **무의식적으로는** 결코 등장하지 않으므로 **의식적으로** 조화를 만들어내는 것은 더 존엄한 임무다.

감정과 선입견은 물론 과학의 이런 요청에 상충할 따름이지만, 선입견에 따르지 말고 어디서나 무자비하게 이것과 싸우라는 것은 사회주의의 과제다. 그래서 우리는 부단히 그리고 모든 곳에서 인구증가의 규제 문제를 해명해야 하며, 정말로 과학적인, 즉 가령 유식한 것이 아니라 발달 능력이 있고 반(反)교리적인 사회주의를 섬기는 어떤 잡지이든 그 문제의 탐구를 자극해야 하고, 그 결과가 인간 족속의 진보와 행복의 조건을 마련해 주는 이런 논의를 방해하거나 곤란하게 하려고 애쓰는 누구든지 인류에 대한 범죄자로 낙인찍어야 한다. 우리에게 거는 조화라는 속임수를 통해 그 문제를 감추고 싶어 하는 그리고 그 문제의 논의가 아주 쓸모없다는 것을 증명하고자 하는 모든 이들이 이를 행하지만, 훨씬 더 많이 그렇게 하는 자들은 그 문제를 애초부터 패덕한 것으로 비난하면서 약간의 값싼 비분강개의 문장들로 일체의 해설을 기피하는 자들이다.

허망한 시작이다! 인구변동 규율의 문제는 세상에서 치워질 **수 없으니**, 왜냐하면 몇몇 사람들의 변덕이 아니라 자연이 그 문제를 제기한 것이기 때문이다. 우리에게 악폐와 곤궁이냐 아니면 인구 변동의 규제냐 하는 양자택일의 선택지를 제기하는 것은 자연이지 사회가 아니다.

　그래서 우리의 의무는 한편으로 그 문제에 대해 유일하게 만족을 주는 해결책에 반대하여 지배하는 선입견을 흩어버리고, 다른 한편으로 성적 시스템과 그것의 기능들에 관한 현재의 지식 확장에 노력하는 것이다. **그렇지만 여자도 생리학의 완성에 협력하게 될 때에야 비로소 그 둘은 상당한 정도로 가능하다.** 인구법칙이 일으키는 난점들의 제거에 관한 질문이 이제까지 악의 성적인 뿌리에 직언한 대답들을 별로 얻지 못한 것 그리고 올바른 길에 선 얼마 안 되는 대답들이 아직 그 길에서 결국 도달하게 될 목표에 관해 불확실하다는 것의 원인을 과학의 이 분야로부터 여성을 이제까지 근심스럽게 떼어놓은 정황에 대부분 돌릴 수 있다. 인구를 규율할 제안된 수단들 대부분에 대해 타당하게 제기할 수 있는 유일한 비난은 그것들의 효능이 어떠한 의문에도 영향받지 않게 우뚝 서 있는 것은 아니라는 것이다. 이는 이제까지 남자들간 성생활에 관한 과학적 연구들을 하여 그 연구들이 당연히 일정한 일방성의 문제로 고통을 받을 수밖에 없었다는 데서 유래한다. 유독 여성에게 접근 가능한 아주 많은 경험이 있으니, 이는 자기 자신에 대한 그리고 같은 성의 타인들에 대한 경험들로서, 그것들에 대한 지식 없이는 우리가 여자의 성생활에 관해 그릴 수 있는 상이 항시 단지 아주 모호한 채로 있을 수밖에 없다. 여성을 생리학에 친숙하게 만드는 것은 그래서 더 이상 폐쇄해 두어서는 안 되는 요구다.

　여성을 위하여 가능한 모든 자연적 직업들을 발견해 왔다. 곧 여성의 자연적 직업을 여성이 남편의 부인으로서 가정경제의 굴레어 말과 같이 묶일 수 있도록 세탁부, 요리사, 침모에서 쉽사리 보게 된다. 아니면 여성의 자연적인 작업을 남자들에게 삶을 꾸며 주는 데서 보며 여자가 프랑스어를 말하게 하고, 피아노를 수리하게 하고, 그림을 그리고 춤추고 노래하는 것을 배우게 한다. 잘해야 여자에게 유식한 외관을 주며 여자에게 수학과 물리학, 문학사와 심리학을 공부하도록 하지만 그것이 자신의 계속 수련을 쌓아가기 위한 확고한 토대로서 도움이 될 수 있게 하는 철저한 것은 결코 아니며 모든 것을 단지 피상적으로만 하는 것이어서 모든 것에 참견할 수 있도록 하는 정도다. 그리고 여자는 끝으로 적당하게 훈련을 받으며 그리고는 남성세계에 의장마로서 선보여져서 남자들이 기뻐하도록 그 재주를 피우도록 하는 것이다. 그러나 여자를 그의 실제적, 자연적인 직업인 것, 이왕 그러한 것에 관해 이야기하고자 한다면, **어머니란 직업**을 수행하도록 교육하는 것은 누구도 생각하지 않는다. 여자가 그런 어머니로서 어떤 의무들을 가지는지, 출산 전과 후에 어떻게 처신할지, 자녀를 어떻게 먹이고, 입히고 교육해야 하는지, 인체와 인체의 기능들에 관해 여자는 자격 없는 자로부터 말고는 아무것도 경험하지 못한다. 여자의 운명과 미래 세대의 운명을 우연이나 노파들의 어리석은 충고들에 맡긴다. 처녀가 생리학에 관해 아무것도 배우지 못하고 자기 자신에 대해, 그리고 있을 수도 있는 후손에 대해 가지는 의무에 관해서 아주 무지한 상태로 있도록 하는 것만을 근심스럽게 도모하는 것이다. 왜인가? 순수함이라는 아름다운 이름으로 지칭하는 이 무지가 남자에게는 여자를 더 탐스럽게 여겨지게 하기 때문이다. 이런 얼빠진 멋에 미래 세대의 건강과 행복이 희생 제물로 바쳐진다. 여자가 오늘날 그 머리에 그의 건강이 그러는 중에 시련을 겪도록 할 정도로 가득 채워 넣는 쓸모없는 잡동사니 대신 무엇보다도 인체와 그 기능을 잘 알게 되기 전까지는 건강한 청년층은 기대할 수가 없다. 그리고 또한 그럴 때야 비로소 인구의 규율에 반대하는 선입견의 소멸과 이 문제의 만족스러운 궁극적 해결을 생각할 수 있다.

사회문제들이 얼마나 긴밀하게 서로 엮여 있는지, 하나는 다른 하나 없이 일방적으로 얼마나 해결될 수 없는지를 보게 된다. 여기서는 조금씩 수선하기와 고치기가 다른 영역들에서보다 덜 적절하다. 성관계들의 질서, 여성 해방, 토지문제의 해결 등 모든 것이 공업 노동자 문제가 판가름이 나고서야 비로소 매달릴 필요가 있는 사치 문제가 아니다. 후자의 해결책은 전자의 해결책 없이는 전혀 가능하지 않으며, 그것들 모두가 마찬가지로 중대하다.

물론 약간의 맬서스주의자들은 사회의 변혁을 통한 이 모든 문제의 동시적 해결이 필요치 않다고 생각한다. 그 문제들은 인구변동의 규율이 실행되었다면 곧바로 저절로 만족스럽게 풀렸으리란 것이다. 이는 틀린 이야기다. **사회의 변혁만으로 오늘날 인구의 10분의 9에게 고통스러운 생존을 이어가도록 벌을 주는 곤궁과 악폐를 소멸할 수 있다. 그러나 피임을 통해 가장 인륜적으로 성사될 개연성이 가장 높은 그런 인구변동의 규제만이 이 악들이 재현되는 것을 막을 수 있다.**

피임은 도덕적 금욕이 그럴 능력이 없는 것과 마찬가지로 프롤레타리아트를 제거할 수 없으니, 이는 그 프롤레타리아트가 자연적인 과잉인구에 의해 유발된 것이 아니기 때문이다. 아일랜드와 동인도에서 빈곤을 낳는 것은 과잉인구가 아니며, 이는 오히려 역사적 발달의 과정에서 여러 번 이 나라들의 사회적 형태 조성에 개입한 잔혹한 폭력의 결과다. 그러나 현대의 문화국가들에서 빈곤은 그 나라들에서 인간 노동력이 장기적으로 항시 필요에 상응하는 양으로 존재한다는 독특성이 내재하는 상품이란 것을 통해 유발된다. 그 노동력의 가격은 그 가치를 지속적으로 능가할 수 없으니 노동임금의 그러한 인상은 항시 불변자본과 가변자본의 비율을 후자에게 불리하게 변동시키기 때문이다. 이것이 그리고 제2차적으로는 그 가치가 유럽 노동력의 가치보다 덜한 비(非)유럽 노동력의 예비가 임금을 항시 생계 최저수준에 놓이게 한다. 노동자 수의 축소는— 도덕적 금욕을 통해 야기되든 아니면 피임에 의해 야기되든 — 그래서 노동자 계급을 향상해 줄 수 없다. 도덕적 금욕에 의한 공급의 감축은 노동자 계급에게 아무런 이로움도 주지 못할 뿐 아니라 개인에게는 심지어 결단코 해롭다. 성적 금욕은 자연에 역행하는 다른 어떤 죄들이나 그런 것처럼 너무 끔찍하게 복수를 가할 뿐인 부자연스러운 생활양식이다. 노동자가 피임을 통해 가정의 악폐에서 자유로운 상태를 유지한다면, 이는 그 개인에게 이로울 수 있다. 그러나 또한 그런 습관이 일반화되지 않는 동안만 그럴 뿐이다. 프랑스에서 피임은 상당한 정도로 보급되어 있으나 우리는 그것이 그곳에서 조금도 사회문제를 그 해결을 향해 이끌지 못해온 것을 보게 된다. 인구증가의 제한을 **통해서는** 인류의 만족과 건강은 획득될 수 없다. 그러나 그것들은 이런 제한 **없이는** 또한 획득될 수 없다.

악폐와 곤궁이 우리에게서 과잉인구를 통해 유발되는 것이 아니라고 해도 그런 것들은 과잉인구를 막는다. 악폐와 곤궁 그리고 그것들에 대한 두려움을 제거한다면, 이를 통해 과잉인구의 위험을 마법처럼 지펴내는 것이다. 사람들이 물론 바랄 수 있는 것과 같은 과잉인구에 대한 자동적 조절자는 있지 않다. 증진되는 복지 상태와 커 가는 지능은 저절로 인구증가를 축소하지도 않고 저절로 식량을 이제까지보다 더 빠른 속도로 증산되게 하지도 않는다. 그러나 조화로운, 자동적인 인구 및 식량 증대의 조정자가 존재하지 않는다고 해도, 인간 정신에게는 의식적으로 사용할 그런 조정자를 창조하는 것이 가능하다. 이런 의식적인 개입 없이 생겨나는 것보다 식량을 더 빠르게 증산하고 또한 인구를 더 완만하게 늘어나게 하는 것이 인간 정신에는 가능하다. 앞의 것은 더 완전한 생산양식으로의 이행을 통해, 뒤의 것은 출산의 축소를 통해 가능하다. 앞의 것— 더 고급의 경영방식으로의 이행 —은 오직 일정한 시대에만, 그리고 일정한 한계 내에서만 가능하다. 그래서 이것은 과잉 인구가 되는 것을 미룰 수 있지만 불가능하게 만들 수는 없다. 후자의 결과는 오직 성생활의 규율을 통해서만 도달할 수 있다. 그러나 어떻게 이것이 행해져야 할지의 질문은 길고 고된 준비작업 없이는 풀릴 수 없으며, 또한 이 해결책의 일반적 실행이 기대될 수 있으면서 곧바로 풀릴 수는 없으므로, 이미 이런 이유에서— 마찬가지로 중대한 다른 이유는 논외로 하고 —무엇보다도 첫 번째 조정자로 하여금 토지문제의 해결을 통해 일하도록 만들어서 다른 조정자가 그의 온전한 힘을 펼치게 할 시간을 벌도록 하기를 모색할 수밖에 없다.

선입견 없이 초연하게 사실을 검증하는 누구든지, 적어도 그가 사회주의적 입장에서 출발하여 논리적으로 일관되게 진행해 간다면, 맬서스의 이론에 대해 이런 입장에 도달할 것이다. 이제까지 사회주의자들이 애착심을 가지고 인구법칙에 대해 취해 온 입장은 앞뒤가 안 맞았으니, 이는 낙관적이고 목적론적이기 때문이다.

사회주의는 바로 하나의 경제학파 이상의 것이다, 그것은 비관적 세계관과 낙관적 세계관 사이에 올바른 중간을 유지하는 세계관이다.

비관주의자는 보통 예리한 관찰자다. 그는 세계의 고통을 있는 그대로 보며, 흔히 또한 약간 검은 것도 보는데, 모두의 모두에 대한 투쟁도 보지만 이것이 언젠가 변화된 것을 보리란 것에는 절망한다. 그는 인류를 행복하게 만들어주는 문제를 해결 불가능한 것으로 간주한다.

낙관론자는 다르다. 그는 대체로 형편없는 관찰자이며, 세계의 고통, 만인의 만인에 대한 투쟁은 가능한 만큼 적게 보며, 이 적은 것이 그에게는 단지 예외로 여겨진다. 그는 지금의 상태에 개입하는 것이 전혀 필요하다고 간주하지 않는다. 그는 인류를 행복하게 만들어주는 문제를 대부분 해결된 것으로 간주한다. 결여된 것은 그러기 전에 저절로 찾아오리란 것이다.

사회주의자는 이 둘에 맞선다. 비관론자와 같이 그도 보통 좋은 관찰자이며, 비관론자처럼 그도 세계의 고통을 어떤 미화하는 외투 없이 바라보고 만인에 대한 만인의 가차 없는 투쟁을 본다. 그도 변화의 필요성을 인식하지만, 그 가능성을 의심하지 않는다. 그는 만인에 대한 만인의 투쟁을 만인을 위한 만인의 투쟁으로 변화시키는 것이 가능하다고 본다. 그는 인류를 행복하게 만들어주는 문제를 아직 풀린 것으로 간주하지 않지만 풀릴 수 있다고, 자연과 사회의 법칙들에 대한 인식을 통해 풀릴 수 있다고 간주한다.

낙관론자는 신 혹은 자신의 행운을 신뢰한다. 비관론자는 아무것도 신뢰하지 않는다. 사회주의자는 인류를 신뢰한다.

낙관론자는 목적론, 선한 섭리의 지배를 믿을 수 있지만 일관된 사회주의자는 결코 그럴 수 없다. 목적 의식적인 사회주의가 목적론에 맞서 대치한다면, 그리고 그런 사회주의가 역학적 세계관을 대표한다면 이는 단순한 변덕이 아니다. 그런 사회주의는 사회에서와 마찬가지로 자연에서도 조화를 구하지 않으며 인간이 단독으로 인간의 적이라고, 언젠가 자본주의적 생산양식이 제거되면 힘든 작업에서 벗어나 쉴 수 있다고 상상해서는 안 된다. 끊임없이 자연의 힘들이 인간을 괴롭히며 끊임없이 인간은 그 힘들과 투쟁해야 하며, 끊임없이 그것들에서 자신의 생활을 쟁취해 내야 한다. 생존 투쟁은 우리가 살아가는 세상만큼 오래 지속될 것이며, 아무것도 그것을 제거할 수 없다. 우리는 단지 만인에 대한 만인의 투쟁을 만인을 위한 만인의 투쟁으로 변화시켜 단합된 힘으로 과학의 검을 들고서 어떤 전투에서든 적을 더 쉽게 정복할 수 있도록 할 수 있다.

우리는 맬서스의 이론에 대해서도 이런 입장을 취할 수밖에 없다. 우리는 조화의 사도들에게서 맬서스에게 맞서는 무기를 빌려서 존재하지도 않는 신비적인 자연질서를 도와달라고 불러서는 안 된다. 사회에서와 마찬가지로 자연에서도 모든 것이 완전하지는 않다. 흔히 우리는 하나의 악을 **선택할 수밖에 없으며**, 오직 어떤 것이 더 작은 악이냐 하는 것만이 문제다. 지금의 과학 수준에서는 피임이 과잉인구를 필연적으로 낳고 절망이 가득한 생존 투쟁의 형태로 나타나는 다른 악들보다 훨씬 더 작은 악임을 부인할 수 없다. **피임을 수용하는 것은 그래서 인륜도덕의 계명인데 이는 그것이 기아와 전염병, 전쟁과 살인, 매독과 매춘보다 더 인륜적이기 때문이다.** 그러나 우리는 비관론자가 아니라 사회주의자들이므로 일관성 있게 인간정신에 대한 끊임없는 탐구로 이것을 오늘날 이미 다른 더 작은 악과 달리 점점 더 눈에 띄지 않게 만드는 데 성공할 것을 기대해도 된다. 그러나 인구문제는 저절로, 조화론적인 방법으로 절대 풀리지 않을 것이다. 기나긴, 고된 작업, 지칠 줄 모르는 탐구만이 이런 목표로 이끌어 줄 수 있다. **그러나 이 문제는 결코 완전히 만족스럽게는 응답이 될 수는 없으며 인간은 완전히 조금의 예방조치도 없이 처벌을 받지 않으면서 결코 그의 자연적 충동들에 자신을 바칠 수는 없을 것이다. 왜냐하면 생존 투쟁은 항구적이기 때문이다.**

끝에 도달했다.

많은 사람에게 나의 연구 결과는 마음에 들지 않을 것이다. 그들에게는 충분히 위안이 넘치는 것으로 여겨지지 않을 것이다. 그런 이들에게 나는 다만 기도서나 바스티아의 《경제적 조화들》을 구매하라고 충고할 수 있을 뿐이다. 그와 같이 위안을 필요로 하는 사람들에게는 뭔가 쓸모 있는 점이 있다. 그러면서 이 양반들이 과학에는 해를 끼치는 일 없이 있을 수 있다. 과학은 상처를 내든 위로해 주든 현혹되지 않고 추구해야 할 단 하나의 목표를 가지는데, 이는 진리다.

"최근 몇 년간 이제 맬서스주의가 다시 논의되기 시작한다. 이는 러시아에서 '인구증가'에 관한 내 책의 번역판 출간에 착수한다는, 일 년 전에 내가 통보받은 사실과 관련 있다. 친구들은 나더러 그 책 머리말을 쓰기고 요구했다. 이런 소식은 나의 망설임을 정복했다. 나의 옛 책을 새로 출판하고 나의 새로운 관점을 머리말에서 그냥 암시한다는 것은 의미없는 일이었을 것이다. 나는 깊이 있게 들어간 것은 아니지만 나의 관점에 기초를 마련하고 최소한 오해를 받지 않도록 그 관점을 상세히 서술해야 했다. 그래서 본고의 작성에 이르게 되었다.

독자는 내가 한때 수정주의자였다는 것을 그 발생사에서 알 수 있다. 마르크스주의에 관해 아무 것도 이해 못한 젊고 설익은 녀석으로서 나는 마르크스주의를 수정하는 것이 극히 중대한 과업이라고 여겼다.

이런 순진한 단계를 지나 벌써 나는 훌쩍 컸다. 그러나 나의 첫 번째 글과 나의 가장 최근의 이 글 사이에 있는 일체의 차이에도 불구하고 지금의 글도 그리고 30년 전의 글도 마르크스와 엥겔스가 남겨 놓은 공백을 메우려고 노력하는 한에서는 이 둘이 서로 만난다."

- 《자연과 사회에서의 증식과 발달》, 1910, 머리말 중.

제2권

자연과 사회에서의 증식과 발달

- 1910년 -

머리말

다음의 글에서 나는 학술 문헌상의 나의 젊은 시절 첫사랑으로 돌아간다. 이는 내 첫 책의 주제였던 인구문제를 말한다.

마르크스주의로 오기 전에 나는 다윈주의에 끌렸으며, 마르크스를 아직 냉정하게, 아니 거부감을 가지고 대하면서 다윈주의를 불같은 열정으로 공부했다. 내가 라이프치히의 《폴크스슈타트(인민의 나라)》지에 1875년 9월 10월, '짐마코스'라는 가명으로 발표한 〈두뇌노동자의 입장에서 고찰한 사회문제〉라는 첫 번째 연재물은 완전히 비마르크스주의적이다. 다윈과 아울러 당시에 나를 사로잡았던 것은 특히 버클(Buckle)이었다.

같은 때 빈의 노이슈타트의 《글라이히하이트(평등)》지에서는 내가 쓴 〈다윈과 사회주의〉에 관한 연재기사가 나왔으며, 《폴크스슈타트》지는 이를 11월, 12월에 재수록했다. 두 논고는 다윈주의와 사회주의를 서로 일치시키려는 같은 노력에서 나왔다. 이 기사들의 첫 번째 것에서 나는 다윈주의자로서 무시할 수 없었던 맬서스주의도 다루었다. 그러나 나는 사회주의적 비판의 전통적 방식으로 이를 퇴짜놓았다. 그러나 내가 다윈주의에 깊이 들어갈수록 인구문제에서 통상적 사회주의적 관점은 내게 더욱 충분치 못했다. 애초에 나는 내가 찾던 것을 알베르트 랑게(Albert Lange)에게서 발견했다. 그의 《노동자문제(Arbeiterfrage)》는 70년대에 당내에서 큰 명성을 누렸다. 철학자이자 정치가로서 랑게는 물론 나를 만족시킬 수 없었다. 내가 바로 당시에 뷔히너 (Büchner)류의 열광적 유물론자였으며 동시에 고도로 반란적인 생각을 가졌다는 사정이 벌써 그와 대립을 했다. 바리케이드에서의 투쟁, 파리 코뮌 식의 봉기, 그러나 물론 성공적인 결말을 보는 봉기가 나의 극히 뜨거운 갈망의 대상이었다. 평화주의적인 칸트적 윤리학자 랑게의 글이 부르주아적 관점에 아주 많은 양보를 한 제3판으로 처음 내게 알려져서 더욱더 나는 그를 따를 수가 없었다.

그러나 내가 그에게 동의해야 했던 것은 사회주의에는 인구 이론이 결여 됐다는 것, 사회주의는 맬서스주의에 아무런 독자적 이론을 내세울 것이 없다는 것이다. 마르크스와 엥겔스의 글도 마찬가지이지만 내가 인구 이론에 관해 사회주의적인 글들에서 발견한 것은 부분적으로는 내 질문에 대답하지 못했고 부분적으로는 내게 흡족하지 못하거나 아예 거짓된 것으로 여겨졌다. 다원주의의 기초로서 맬서스주의는 나에게는 항변할 수 없는 진리가 되었고 사회주의 이론에 의한 그것의 폄하는 내 눈에는 큰 실수로 여겨졌다. 나는 이제 자력으로 우리의 이론에 있는 결함을 메우고 맬서스주의와 씨름하려고 했다. 당연히 나는 그것을 경제이론으로서는 배격했다. 그것이 나를 설득했더라면 나는 사회주의자가 아닌 채로 있었을 것이다.

그러나 다윈주의자로서 나는 과잉인구의 경향성을 유기체적 자연에서 인정했다. 그래서 위에서 언급한 '사회의 진보에 인구증가가 미치는 영향'에 관한 책이 나왔다. 1878년 연초에 나는 그것을 완성하여 원고를 브라운슈바이그의 W. 브라케(Bracke)에게 보냈으며, 그는 이를 아주 호의적으로 받아들였고, 당시에 회델(Hödel)과 노블링(Nobling)의 총격 사건이 독일에서의 일체의 공식적인 사회주의 문헌에 종말을 가져온 결과를 초래하지 않았다면 물론 출판했을 것이다. 그것은 내가 출판사를 찾기 전 1879년 가을까지 미루어졌고 1880년 1월 빈에서 출판되었으며 곧바로 독일에서는 판금되었다.

그 직후에 나는 마르크스와 엥겔스와 개인적으로 접촉하는 상황에 이르게 되었다. 뒤링에 반대하는 엥겔스의 책은 나에게 이미 큰 인상을 주었다. 나는 이제 마르크스주의를 더 잘 파악하기 시작했고, 간신히 그것의 완전한 이해에 도달하기 시작했다. 1882년에 나는 이미 마르크스주의의 선전과 활용을 위한 잡지 《노이예 차이트》의 창간하는 데까지 나갔다.

개명(開明)의 이런 과정은 인구문제에 대한 나의 견해에 미치는 반작용이 없이 있을 수 없었다. 가령, 나는 그것을 단순히 포기하고 이미 존재하는 다른 견해를 전수받는 따위의 일은 아니었다. 나는 전에처럼 그 후에도 나를 완전히 만족시킨 견해를 발견하지 못했다. 그러나 나의 다윈주의에 관한 그리고 이와 더불어 인구법칙에 관한 관점은 내가 그것들을 새로 획득된 방법론적 통찰에 힘입어 탐구하면서 약간의 변경을 겪었다. 점차 나는 내가 이 책에서 대표하는 그런 관점에 가까스로 도달했다.

내가 그것에 도달한 것은 약 20년이 걸린 것일 수 있는데, 그럼에도 불구하고 나는 언제까지나 그것을 공개적으로 펼치기를 주저했다. 물론 나는 내가 인구문제에서 아직도 나의 옛 관점을 견지하고 있는지를 편지로 질문받는 일이 흔했다. 당연히 나는 경제학 문헌에서 계속하여 맬서스주의자에 속하는 것으로 지칭되어 나의 새로운 관점을 설명할 동기가 없지 않았다.

내가 그 일을 망설였다면, 이는 맬서스주의의 문제가 그 실천적 관심을 상실했고 나에게는 다른 작업이 점점 더 절실한 것으로 여겨졌기 때문이다. 당시에는 또한 그리고 주된 이유로 내가 생물학적 문제에서의 문외한으로서 자신의 견해를 전개한 저작을 들고 공중 앞에 나가기가 두려웠던 것이다. 나는 언제나 한번은 깊이 있는 생물학 공부를 할 시간을 내기를 희망했다. 그러나 그런 시간은 올 기미가 보이지 않았다.

최근 몇 년간 이제 맬서스주의가 다시 논의되기 시작한다. 이는 러시아에서 '인구증가'에 관한 내 책의 번역판 출간에 착수한다는, 일 년 전에 내가 통보받은 사실과 관련 있다. 친구들은 나더러 그 책 머리말을 쓰라고 요구했다. 이런 소식은 나의 망설임을 정복했다. 나의 옛 책을 새로 출판하고 나의 새로운 관점을 머리말에서 그냥 암시한다는 것은 의미 없는 일이었을 것이다. 나는 깊이 있게 들어간 것은 아니지만, 나의 관점에 기초를 마련하고 최소한 오해를 받지 않도록 그 관점을 상세히 서술해야 했다. 그래서 이 글의 작성에 이르게 되었다.

독자는 내가 한때 수정주의자였다는 것을 그 발생사에서 알 수 있다. 마르크스주의에 관해 아무것도 이해 못 한 젊고 설익은 녀석으로서 나는 마르크스주의를 수정하는 것이 극히 중대한 과업이라고 여겼다.

이런 순진한 단계를 지나 벌써 나는 훌쩍 컸다. 그러나 나의 첫 번째 글과 나의 가장 최근의 이 글 사이에 있는 일체의 차이에도 불구하고 지금의 글도 그리고 30년 전의 글도 마르크스와 엥겔스가 남겨 놓은 공백을 메우려고 노력하는 한에서는 이 둘이 서로 만난다.

그런 한에서 그리고 또한 서술 방식과 영역에 따라, 본 저작은 윤리학에 관한 나의 소책자의 짝을 이룬다. 이 소책자와 마찬가지로 나는 사회적 현상과 자연적 현상 간의 일치, 그러나 이로써 또한 사회현상의 독특성을 제시하고자 시도한다. 이는 사회현상을 자유의지의 산물로서 자연법칙성의 틀로부터 빼어내고자 하는 정신과학의 대변자들과도, 또한 사회적 유기체의 독특성을 오해하고 식물적, 동물적 유기체를 지배하는 법칙의 인식으로 사회생활의 문제를 푸는 데 충분하다고 믿는 자연과학의 대변자들과도 다르다.

나의 과업에 합당하도록 나는 유기적 생명 발달의 시초에서부터 그 발달 과정의 가장 외적인 결과에까지 탐구를 펼친다. 그리하여 이는 자연과 사회에서의 인구법칙만 다루는 것이 아니라 모든 나의 저작에 기초가 되는 세계상도 보여준다.

베를린 프리데나우, 1910년 3월
_ 카를 카우츠키

제1장 과잉인구와 인구감소의 두려움

수십 년간 맬서스주의는 완전히 죽은 것으로 보였다. 그러나 몇 년 전부터 다시 유행되고 있다.

지난 세기의 마지막 사반세기까지 그것은 부르주아 사고를 지배했다. 아니 70년대에는 신맬서스주의로 특별한 열기를 띠었다.

맬서스주의는 인간이 그리고 유기체들이 대체로 부양활동공간보다 빠르게 증가하는 경향을 가진다는 것, 악폐와 곤궁은 과잉인구의 작용이며, 인간이 영리한 제한 수단과 도덕적 금욕을 통해 그 증가를 제한할 때 비로소 사라질 수 있다는 것의 가르침을 제시한다. 신맬서스주의자 다수는 정통 맬서스주의자들처럼 악폐와 곤궁을 과잉인구로부터, 혹은 최소한 오직 그로부터만 도출하지 않고 사회적 상황으로부터도 도출한다는 점에서 정통 맬서스주의자들과 구분된다. 그러나 그들은 사회적 상황의 개선이 다산성의 제한에 수반되지 않으면 일체의 사회적 상황의 개선은 전망이 없다고 선언했다. 그렇지 않으면 일반적 복지에서 생겨나는 인구의 급속한 증가는 이 복지를 금방 일반적 곤궁으로 바꿀 것이기 때문이라는 것이다.

신맬서스주의와 정통 맬서스주의 간의 또 하나 강력한 차이는 정통 맬서스주의가 가난한 사람들만 과잉인구에 책임이 있다고 보고 오직 이들에게만 완전한 성적 금욕을 통해, 독신으로 살기를 결심하며 이에 대처할 의무를 지웠다는 것이다. 이와 달리 신맬서스주의자들은 성적 쾌락의 금욕이 아닌 피임 수단을 쓰면서 너무 많은 자녀의 출산 방지를 요구했다. 그들은 독신의 폐해를 극히 날카롭게 강조했다.

정통 맬서스주의는 처음부터 줄곧 노동자에게 적대적 태도를 띠어왔다. 그럼에도 불구하고 사실이 아주 강력하게 그 주의를 대변하는 것으로 보여서, 그 주의는 물론 흔히 아주 본의 아니게 프롤레타리아트에게 시종 적대적으로 대하지 않는 사람들에 의해서도, 아니 아예 프롤레타리아트의 대의를 위한 투사들에 의해서도 인정되었다.

이에 많이 기여한 것이 공업국들에서의 출생자 수의 꾸준한 증대, 그리고 자본주의적 발달을 하는 수출하는 나라들에서, 특히 19세기의 70년대에 들어서까지의 식량 가격 상승인데 이 상승은 인구의 증가 그리고 이로부터 생겨난 점점 더 열악한 토지를 경작할 필요에 근거를 두었다. 그러나 맬서스주의 위에 직접 성립된 다윈주의의 출현도 다윈주의에 열광한 집단들에서 맬서스주의에 공감을 일으키는 쪽으로 작용했다. 그래서 프랑스 혁명에 맞선 극히 음침한 반동에서 탄생한 맬서스 목사의 가르침을 바로 자유사상가와 민주주의자들에게서 인기 있게 만드는 쪽으로 작용한 것이다. 다윈주의를 전면에 내세운 사회주의자들도 이제 맬서스주의에 의미가 있음을 인정했다. 알베르트 랑게가 그렇다. 그는 다음과 같은 의견을 가졌다.

"인구문제는 사회문제의 알파와 오메가다. 이는 다양한 견해가 있지 않고 오직 통찰의 여러 단계가 있을 뿐인 몇 안 되는 사항 중 하나다. 인구문제의 인식과 함께 비로소 사회 악과 그 원천에 대한 이해가 시작되며 인구법칙의 변경과 더불어 비로소 사회악의 마지막 흔적이 사라질 수 있다."(F. A. Lange, J. St. Mill의 사회문제에 대한 견해 그리고 캐리가 말하는 사회과학

의 변혁이라고 하는 것. Duisburg 1866, S.24)

그러나 1880년대에 맬서스주의는 경제 학설로서 의미를 급속히 상실했다. 이는 물론 주로는 한편으로 식량 가격의 급속한 하락에 원인을 돌릴 수 있다. 이는 농업 국가들과의 교통수단 개선의 결과였다. 다른 한편으로는 또한 지난 수십 년간 오랜 공업 국가들에서의 출생빈도의 꾸준한 하락에 원인을 돌릴 수 있다.

연간 인구 만 명당 출생자 수는 다음과 같았다.

국가 / 연도	영국	벨기에	프랑스
1846–1850	328	290	267
1851–1855	339	290	261
1856–1860	344	316	266
1861–1865	351	318	267
1866–1870	353	322	259
1871–1875	355	326	255
1876–1880	354	320	253
1881–1885	335	309	247
1886–1890	314	294	231
1891–1895	305	291	224
1896–1900	292	290	220
1901–1905	281	277	213
1906	270	257	205
1907	263	–	197

프랑스에서는 1866년에서 1870년까지의 5개년간 출생자 수의 감소가 시작되었다. 영국과 벨기에에서는 10개년 뒤에야 시작되었다. 그때까지는 이 두 공업 국가에서 출생자 수는 증가한다.

지금의 독일 제국 영역도 같은 현상을 보여준다. 그곳에서 매년 거주자 1만 명 당 출생자 수는 다음과 같았다.

연도	만 명당 출생자 수	연도	만 명당 출생자 수
1851–1860	368	1902	362
1861–1870	388	1903	349
1871–1880	407	1904	352
1881–1890	382	1905	340
1891–1900	374	1906	341
1901	369	1907	332

이처럼 80년대 무렵까지 출생자 수의 꾸준한 상승이 있었고 이는 1876년에 정점에 달했다. 그해에는 주민 1만 명당 426명이 출생했다. 그 후로 급속한 감소가 일어났다.

특이해 보이는 것은 독일에서 유대인들에게 이런 감소가 가장 두드러지게 나타났다는 점이다. '볼프의 인구법칙과 유대인 인구문제'에 관한 R. 바서만의 〈사회과학회보〉 기사에 따르면, 프로이센에서는 주민 1만 명당 출생수는 다음과 같았다.

연도	기독교인	유대인
1885	377	271
1890	366	238
1895	369	214
1900	363	195
1905	335	176
1906	337	182
1907	330	171

 이 현상은 예전에는 유대인들이 기독교인보다 더 많은 출산 수를 보여주었으므로 더욱더 괄목할 만하다. 1820년부터 1830년까지 결혼 건당 프로이센에서는 4.3의 출산이 일어났고, 유대인에게는 5.2의 출산이 일어났다.

 바서만이 프로이센의 유대인에게만 아니라 바이에른과 헤센에서도 증명하는 출산 수 급감은 가령 종족의 특성이 아니라 그들이 속하는 상인, 변호사, 의사 등의 인구 계층의 특성이다.

 1906년에 프로이센에서는 결혼 건당 평균 4의 출산이 일어났다. 변호사, 의사, 예술가, 군 장교 등에서는 2.5였지만, 자영농에서는 6.8이었다.

 인구의 몇 계층이 출산 수의 감소에 기여했다고 할 수 있더라도 이 감소 자체는 지난 세기 80년대 이래 자본주의 국가들의 일반적 현상을 이룬다.

 이 현상은 유럽에서만 두드러진 것이 아니라 미합중국과 오스트레일리아에서도 그러하다.

 미합중국에서는 출생은 등록되지 않는다. 5세 이하 자녀 수는 15세에서 45세까지 여성 1,000명당 다음과 같다.

연도	미합중국 5세 이하 자녀 수
1860	634
1870	572
1880	559
1890	485
1900	474

우리는 이 수치를 파울 몸베르트(Paul Mombert)의 《독일에서의 인구 운동에 관한 연구(1907)》에서 발견하는데, 그는 또한 오스트레일리아의 사태 전개를 표시하는 다음의 표도 제시한다. 15세에서 45세까지의 결혼한 여성 1만 명에 합법적 출산은 다음과 같았다.

연도	뉴사우스웨일즈	빅토리아	퀸즐랜드	뉴질랜드
1881	3,363	2,984	3,162	3,122
1891	2,887	2,977	3,277	2,757
1901	2,353	2,286	2,540	2,401

감소는 바로 인구가 희소한 오스트레일리아 지역에서 두드러진다.

그러나 80년대 이래 다윈주의와 '유물론'은 부르주아 지식사회에 대한 영향력을 점점 더 상실했다. 부르주아 지식사회는 '윤리적' 아니 '신비적'이 되었다. 이 모두가 그들에게 인구문제에 관한 관심이 사라지도록 작용했다.

그러나 이미 서두에서 언급한 것처럼 몇 년 전부터 인구문제가 또다시 전면에 등장한다. 이에는 물론 수년 전부터 지속되어 노동계급의 형편을 현저하게 악화시키는 물가고를 나타내는 식량 가격의 새로운 상승이 일부 원인을 제공할 수 있다.

독일 제국 통계 계간지에 따르면 예를 들어 베를린에서 100kg에 대한 마르크 단위 평균 가격은 다음과 같았다.

연도	감자	버터	쇠고기	돼지고기	밀가루
1894	37.1	206.1	118.9	101.8	19.0
1899	37.6	215.5	115.9	94.8	22.0
1909	49.9	241.6	131.6	133.6	31.2

이 꾸준한, 아니 계속 커가는 등귀는 계급대립의 첨예화를 일으키고, 이는 부르주아 집단 내에서 사회적 곤경의 원인을 부르주아 사회가 아니라 자본이 책임지는 것이 아닌 자연에서 찾을 필요를 일깨운다. 끝으로 농경 국가들에서의 강력한 이주의 발생도 그런 쪽으로 작용했을 수 있다.

옛 산업국들에서의 산업 자본주의의 확장은 세계 시장의 꾸준한 확장을 전제로 한다. 즉 세계 시장에 지금까지 닫혀 있던 지역으로의 대중교통의 근대적 수단의 꾸준한 진출을 전제로 하는 것이다. 그곳에서는 토착 산업은 파괴되고, 농업생산은 상품생산으로 만들어지고, 이 상품생산은 가능한 최대로 많은 토지 산물의 잉여를 시장을 위해 생산하고, 토지를 일찍 고갈시키는 약탈농법에 의해 가능한 최소의 노동력으로 가능한 최대의 것을 토양으로부터 빼앗기를 추구한다.

이 모두가 오랜 농업국들에서 일으키는 결과는 그곳에서 점점 더 많은 노동력이 쓸모없어지게 하는 것이다. 새로이 창출된 교통수단은 자본주의적 산업의 산물이 농업지역으로 유출되는 것을 가능하게 하는데, 이는 이제 과잉 노동력이 농업지역으로부터 자본주의적 산업국가들로 유출되는 수단이 되기도 한다. 강력한 이주운동이 등장하여 이는 마치 농업지역이 포화상태고 인구가 과밀하여 더 이상 그 인구를 먹여 살릴 능력이 없는 듯한 인상을 일으킨다. 식량을 반출하는 바로 이 지역이 말이다. 여기서 반복되는 것은, 이미 지난 세기의 40년대에 아일랜드에서 일어났던 일일 뿐인데, 아일랜드 역시 과잉인구였고 대량으로 이주자들을 내보냈으면서도 동시에 식량을 수출했다는 것이다! 그리고 이 과정은 오늘날에도 여전히 진행된다. 아일랜드에서는 주민 수가 다음과 같았다.

연도	아일랜드 주민 수
1801	5,395,000
1841	8,197,000
1901	4,459,000
1908	4,363,000

인구는 오늘날 지난 세기 초보다 적다. 이는 그 정점에 도달한 1841년 이래 거의 반쯤 줄었다. 그런데도 아일랜드는 여전히 '인구과잉'이고, 그 나라 젊은 이들은 여전히 국외로 나가고 이와 아울러 식량을, 특히 버터와 비육용 가축을 영국으로 보낸다. 아일랜드에서는 다음과 같았다.

분류	1871	1901	1908	증가(+) 또는 감소(−) 1871 − 1908
사람	5,412,000	4,459,000	4,363,000	(−) 1,049,000
소	4,157,000	4,672,000	4,792,000	(+) 640,000

영국에서 토마스 모어의 시대에 그의 표현에 따를 때 사람들이 양에게 잡아먹혔다면, 오늘날의 아일랜드에서는 평화로운 황소와 암소가 사람을 잡아먹는 짐승으로 탈바꿈한다! 이 역시 자본주의적 생산양식의 기적이다!

국외 이주는 오늘날 공업국이 아닌 농업국으로부터 가장 거세다. 유럽의 국외 이주 통계는 이를 보여주는 데는 별로 쓸모가 없으니, 이는 여러 나라의 조사형태가 달라서 그 수치들이 서로 비교가 가능하지 않기 때문이다.

미합중국으로의 이주 통계가 이주 운동의 한 부분만을 나타내기는 하지만 이를 취하여 본다면, 우리가 발견하는 것은 1901년부터 1908년까지 유럽으로부터 미합중국으로 6,555,000명이 이주했다는 것이다. 나라별로는 다음과 같다.

국가	미합중국 이민자
오스트리아-헝가리	1,716,000
이탈리아	1,647,000
러시아	1,290,000
다른 유럽의 농업국들[1]	1,087,000
합계	5,740,000
유럽의 공업국들[2]	815,000

거기서 고려할 점은 공업국들에서는 국외 이주에 강한 국내유입이 대응한다는 점이다. 그처럼 대영제국과 아일랜드에서는 1905년에 262,077명의 (별도로 계수되지 않은 아일랜드인을 포함하여 전체 제국으로부터) 국외 이주자

---

[1] 아일랜드, 네덜란드, 덴마크, 노르웨이, 스웨덴, 스페인, 포르투갈, 루마니아, 발칸 나라들
[2] 영국, 스코틀랜드, 독일, 프랑스, 벨기에, 스위스.

가 있었던 반면, 유럽 국가들로부터 74,386명의 유입자들이 영국에 머물려고 생각하여 입국하고서 떠나지 않았으며, 205,193명의 유입자들이 유럽 바깥의 나라들로부터 왔다. 그중에는 고향으로 돌아온 122,712명의 영국인들이 있었다.

프랑스로부터는 국외 이주는 최소다. 반면에 프랑스에는 1백만 명이 넘는 외국인들이 거주한다.

독일로부터의 독일인 국외 이주자 수는 1881년에 221,000명, 1891년에 그래도 120,000명, 1907년엔 적지만 그래도 31,700명, 1908년에는 겨우 19,900명에 달했다. 반면에 1905년에 1백만 명이 넘는 외국인이 독일 제국에 있었다. (1,029,000명이었다가, 1900년에 비로소 779,000명이 된다. 1890년에는 509,000명이 외국 출생자였다.) 1905년 이래 국외 이주자들과 아울러 바다 건너 독일로 오는 국내유입자들도 최소한 부분적으로는 계수되기 시작한다. 1908년에 브레머 로이드와 함부르크-아메리카 라인만 독일로 오는 217,000명의 이민을 수송했으며, 그중에는 북미로부터 오는 135,000명이 있었다.

일반적으로 말할 수 있는 것은 오랜 농업국에서 (새로 정착지가 된 나라가 아니라) 식량의 유출이 사람의 유출과 보조를 맞추지만, 식량을 수입하는 산업국가들로부터의 국외 이주는 국내유입 때문에 점점 더 추월 된다는 것이다. 사람들이 '과잉인구'라고 부르는 것은 이처럼 잉여식량을 생산하는 나라들에서 증가한다. 그런데 그런 나라들의 인구 과잉은 산업국들에서는 임금을 내리누르는 압력으로 느껴진다.

이 모두가 최근에 인구문제가 다시금 전면에 등장하고 더 열띠게 토론되게 한다.

예전과 같이 다시금 급속한 인구증가는 일체의 기술 발달에도 불구하고 대중의 복지상태가 향상되지 않는다면 이에 대한 책임을 지게 된다. 그리하여 좀바르트는 그의 책 《사회주의와 사회문제》의 1908년 판 (Jena, 6. Auflage)에서 이렇게 적는다.

"추가로 고려할 점은 **인구가** 지난 세기에 그랬던 것처럼 **아주 미친 듯이 증가하면** 생산력이 아무리 상승해도 복지 면에서는 아주 조금밖에 개인에게 보탬이 되지 않는다는 것이다. 프랑스, 이탈리아, 영국, 오스트리아-헝가리, 러시아의 유럽 나라들과 미합중국에는 1800년에 153백만 명의 사람들이 살았지만, 1900년에는 398백만 명이 살았다." (S. 89.)

1905년에는 아돌프 바그너의 70회 생일에 《아돌프 바그너 칠순기념논집》이 나왔다. 그 저작이 포함하는 10편의 독일 논문들 중에 하스바흐(Hasbach)와 디첼(Dietzel)의 논문 두 편이 맬서스를 다룬다.

하인리히 디첼은 〈맬서스 학설을 둘러싼 논쟁〉에 관한 그의 탐구에서 이런 결론에 도달한다. "맬서스는 모든 핵심적인 면에서 옳은 입장을 취한다." W. 하스바흐는 맬서스 이전의 인구 이론의 역사에 대한 공헌작업을 하며, 이는 맬서스에 대한 경의(敬意)로 끝을 맺는다. 그에 의해 그의 선행자들의 '다양한 사상경향들'이 '절충적으로가 아니라 창조적으로' 정리되었다는 것이다.

같은 해에 밴티히(Waentig) 교수는 토마스 로버트 맬서스의 〈인구법칙에 관한 시론〉의 새로운 독일어 번역(Jena 1905)을 내놓는다. 발행인은 서론에서 이렇게 적었다.

"우리가 별로 덕스럽지 못한 표현으로 '고전적'이라고 칭하는 습관이 있는 경제학의 풍성한 결실을 맺은 초창기의 기념비적 저작 중에 **맬서스의 저작만큼** 한 세기 내내 계속되는 괴롭히는 비판을 **잘 견디어낸** 것도 **없다**. 왜냐하면,

그에게 가용한 자료의 부족에 부분적으로 물론 기인하는 그의 방법의 부정확성, 그리고 그의 인구증가 원리의 정식화에 대한 일체의 의구심에도 불구하고 그의 학설은 핵심에서 건재하기 때문이다. '우리의 경험이 미치는 한에서, 인구는 주어진 경제적 및 사회적 조직에 의해 제공된 부양수단을 넘어서 증가하는 경향을 가진다'는 것이다. 그렇다. 이것이 지금까지의 경제학 전체의, 가장 부동의, 그리고 가장 중대한 자연법칙으로 간주되어야 할 것이다."
(S. IV.)

다른 한편, 많은 나라에서 출생의 감소는 이미 사망의 감소를 따라잡았다. 이는 인구증가의 완만화, 아니 개중에는 완전한 중단을 가져오기도 한다. 인구감소의 두려움이 떠오르고 인구문제는 맬서스주의에 대치된 관점에서 타오르게 된다.

우리 마르크스주의자들도 다시금 '가장 흔들림 없는' 그리고 '가장 중대한' '전체 경제학의 자연법칙'을 더 상세히 고찰할 때가 되었다.

제2장 자연과 사회

　우리는 경제학자들이 맬서스의 인구법칙을 자신들의 경제이론의 초석(礎石)이라 공언하는 것을 보았다. 그런데 동시에 바로 이 법칙은 자연과학이 유기체의 운동과 발달의 법칙을 추적하는 한에서는 근대 자연과학의 초석이 되었다. 이는 그래서 경제학과 생물학의 초석이다. 양자는 거기서 일치하는 것으로 보인다.

　사실상, 먼저 자연의 개체수 법칙에 관해 눈뜨지 않으면 인간 사회의 인구법칙을 알 수가 없다. 그러나 거꾸로, 인간 사회의 인구법칙을 파악하는 데 자연의 개체수 법칙을 파악한 것으로는 충분하지 않다. 자연법칙의 인식은 우리에게 사회법칙의 인식도 열어주는 것이 결코 아니다. 이는 마치 사회가 자연 바깥에 혹은 자연 위에 있는 것처럼, 자유의지 설이나 공간, 시간, 인과성 바깥에 있는 윤리학의 추종자들이 오해하듯이 그렇게 이해되어서는 안 된다. 사회는 단지 자연의 특수한 조각으로서 특수한 법칙을 지니며, 이 역시 자연법칙이라고 부르려면 부를 수 있는데, 본질상 자연법칙과 다르지 않은 때문이다. 이 둘은 가령 하나는 역사적이고 다른 하나는 영원하다는 것으로 구분되지 않는다. 어떤 자연법칙도 조건 없고 모든 조건에서 타당하다는 의미에서 영원하다고 지칭될 수가 없다. 어느 자연법칙이든 특정한 조건 아래서만 작동한다. 예를 들어서 유기체 세계의 법칙들은 그 조건들이 주어진 곳, 일정한 양의 물, 공기, 빛, 온기 등이 있는 곳에서만 가시적으로 작동한다. 그러나 무기체적 성격의 극히 단순한 법칙들로 우리에게 가장 중대한 것으로 통하는 것들, 가령 중력의 법칙에 관해서도 우리는 우리의 세계 시스템의 알려진 조건들에서만 그 효력을 주장할 수 있다.

다른 한편으로, 사회법칙들도 같은 조건들을 주면 완전히 같은 방식으로 어디서나 어느 때나 작용한다는 의미에서 자연법칙처럼 보편적으로 타당하고 보편적이라고 칭할 수 있다.

자연과 사회의 차이는 가령 인간이 사회를 변화시킬 수 있고, 자연은 변화시킬 수 없다는 데 있지 않다. 사회도 자연도 그 인간에 대하여 압도적 위력을 가진 존재로 상대하며, 그 법칙으로부터 인간은 벗어날 수 없다. 다른 한편, 그는 여기서나 거기서나 그 법칙들을, 그것들이 효력을 발휘하는 조건을 인식하고 이 조건들을 변경시킬 능력이 있는 한에서는, 자신에게 유리하게 이용할 수 있다. 그렇다. 인간은 사회법칙의 조건들보다 자연법칙의 조건들을 훨씬 일찍 인식하고 사회법칙보다 자연법칙을 더 일찍 이용하기에 이르렀다. 사회적 조건들의 변화는 그 자체가 인간이 완수하는 자연 조건 변화의 결과일 뿐이다.

하지만 인간이 자연에 대한 지배의 진전에 의한 기술 발달의 과정에서 자연에 이룰 수 있는 변화가 인간에게 아무리 위력적일지라도, 그가 이런 식으로 변화시키는 것은 언제나 자연의 한 없이 작은 조각일 뿐이다. 그렇다. 인간의 인식에 열린 분야, 그리고 이와 더불어 자연의 개념은 공간, 시간적으로 인간에 의해 실제로 지배를 받는 그 작은 조각보다 훨씬 빠르게 확장된다고 말할 수 있다. 이 후자의 작은 조각은 인식된 자연의 영역이자 그의 영향을 받지 않은 상태로 남는 시간·공간적 영역에 비해 점점 더 상대적으로 작아진다. 그래서 개별 인간만 아니라 전체 인류에 대해서도 인류가 보게 되는 자연 조건들은 변경이 안 되는 것으로 여겨진다.

사회, 즉 인간들의 공동생활 및 상호작용의 형태에서는 완전히 다르다. 우주에 비하여 인간에게 지배받는 자연의 조각이 볼품없이 작지만, 인류 자체에 비해서는 그것은 아주 위력적이다. 그리고 이 조각이 빠르게 확장할수록, 인간에 의한 자연 조건의 지배가 커 갈수록, 인간들의 공동생활과 상호작용의 형태도, 사회적 조건들도 그리고 이와 아울러 당대에 작용하는 사회법칙들도 빠르게 달라진다. 기술 발달이 무한히 작은, 아니 우리 인식 영역의 확장에 비하여 상대적으로 점점 더 작아지는 자연의 조각만 장악해도, 그것은 언제나 사회 전체를 장악하고 그 조건과 법칙들을 완전히 뒤바꾼다. 그리고 기술 발달이 빠르게 진행될수록, 사회적 변화도 빠르고 이와 자연의 외관상 요지부동함의 대립도 더욱 두드러진다. 그래서 사회는 자연에 비하여 점점 더 변화 가능한 것으로 나타나고 사회의 법칙은 역사적인 것으로, 자연의 법칙은 영원한 것으로 통한다.

이런 의미에서 사회법칙은 자연법칙과 구분되는 것으로 볼 수 있다. 그리고 그러한 구분을 통해서만 우리는 당대의 사회적 형태와 그 발달경향에 대한 이해에 도달한다. 그런데 이는 언제나 단순한 절차는 아니다. 기존 사회형태의 옹호자에게는 모든 사상은 단지 일시적, 역사적 범주를 이룬다는 점에서 견디기 어렵다. 그들은 그래서 사회에서 근본적으로 나머지 자연과 같이 동일한 법칙의 부동성을 찾으려고 시도한다. 그러는 가운데서 그들은 인간과 자연과의 관계가 여러 사회적 관계의 기초라는 데서 지지를 받는다. 인간들이 함께 일하고 서로를 위하여 일한다면, 이들은 특정한 물건들이 필요하므로 그렇게 하는 것이다. 그리고, 그들이 서로를 위하여 함께 일하는 방식은 그들이 특정한 사물을 일에서 사용하는 방식에 달려 있다. 일하는 인간의 사물에 대한 관계인 기술은 소비하는 인간의 그가 사용하는 사물에 대한 관계처럼 명백히 노동과정에 있는 인간 서로 간 관계인 경제와 다른 것이다. 오직 후자만이 사회적 관계이고, 전자는 그렇지 않다. 그런데 이 두 종류의 관계는 밀접하게 서로 연관된다. 그것들을 서로 혼동하는 것만큼 쉬운 일도 없다. 그렇게 되면, 사회법칙을 자연법칙처럼, 역사적 법칙을 영원한 법칙처럼 보이게 하는 경우가 된다.

  상품생산을 특징짓는 상품교환을 예로 들어보자. 그것은 일정 조건에서 등장하는, 인간들의 서로를 위한 노동방식을 의미한다. 농민이 자기 곡식을, 재단사가 자기 저고리를 시장에 가져가서 이 상품들을 거기서 교환한다면, 농민은 재단사를 위해, 그리고 재단사는 농민을 위해 일한 것이 된다. 그러나 농민에게는 재단사의 노동이 아니라 저고리가 관심사다. 재단사가 저고리를 어떻게 조달하는지, 노동으로 생산하든, 하늘에서 떨어진 것이든 농민에게는 상관없다. 저고리에 들어가는 노동이 아니라 저고리의 특성, 그것이 보온을 해주는지, 맵시가 나는지, 한마디로 그의 필요를 충족시켜 주는지가 관심이다. 그리고 재단사도 곡식에 대하여 같은 것을 느낀다. 이 곡식은 그에게 노동 산물이 아니라 식량으로서 관심 대상이다. 이처럼 상품교환을 인간들의 다소 자연적인 필요에서 그리고 그 상품의 물질적 특성에서, 인간과 사물의 관계에서 규명하는 것이 우선 떠오른다. 그러나 상품교환에서 설명해야 할 것은 특수한 **사회적** 관계, 인간과 인간의 관계다. 인간들의 자연적 필요 그리고 상품의 물질적 특성은 교환관계의 동기가 되나, 특수한 현상을 조금도 설명하지 않는다. 그 산물의 생산수단이 달라진다고 해서 산물에 대한 인간들의 자연적 필요와 그 물질적 특성은 조금도 달라질 필요가 없으며, 인간과 사물의 관계도 이런 점에서 동일할 수 있지만, 인간들의 협동과 서로를 위한 노동의 방식은 아주 달라질 수 있다. 재단사가 자기 자신의 곡식을 농사짓든, 그가 이를 저고리를 대가로 교환하여 얻든, 가령 농민을 채무자로 만들어서 대가 없이 곡식을 내게 강제하든 혹은 농민과 재단사가 협동조합의 구성원이 되어서 조합에 자기 산물을 가져오고 조합은 각자에게 필요한 것을 제공하든, 곡식의 영양 가치와 그에 대한 필요는 달라짐이 없다. 인간들의 필요와 그 물건들의 물질적 특성에 관한 어떠한 지혜를 누가 최선으로 제공해 주더라도, 이 모든 다양한 사회적 관계들에 관하여 나는 조금도 경험하지 못한다.

 그처럼 자본도 임금 노동자의 자본가를 위한 노동으로부터 나오는 사회적 관계, 인간 간의 관계로서 파악할 수 있을 뿐이다. 그러나 그것은 인간의 특정 사물, 생산수단에 대한 관계, 그 물질적 특성 위에 그 관계가 기초를 두는 관계로 너무나 쉽게 이해될 뿐이다. 그리고 인간이 노동하기 위해 생산수단을 가지는 것이 자연적 필요성이므로 이제 자본가의 노동자에 대한 특수한 일시적, 역사적 관계가 쉽게 모든 노동의 자연적 필요조건이 된다.

 인간 중의 사회적 여러 관계는 결국 인간들의 자연적 필요와 그 자연적 필요를 충족시켜 줄 수 있는 사물의 물질적 특성에 의존한다. 자연에 대한 인식은 이처럼 물론 사회에 대한 인식을 의미하지 않지만, 그 **전제**를 이룬다. 아주 흔히 사회적 현상의 연구자는 자신의 활동에서 아주 일반적인 자연과학적 관점으로 만족할 수가 있다. 예를 들어 가치이론을 전개하는 데는 각각의 필요품이 인간에게 어떻게 작용하는지를 알 필요는 결코 없다. 각 상품은 인간의 필요를 충족시킬 능력을 갖춤이 분명하다는 일반적 가정이 문제의 자연과학적 측면을 해소하는 데 충분하다. 그와 같이 밀과 호밀을 혹은 암소, 황소와 구별할 줄도 모르는 많은 이들도 황소를 보기만 해도 즉시 그 종자와 그의 특수한 장단점을 알아보는 다른 사람보다 지대(地代)에 대한 더 깊은 이해에 도달하기도 한다.

반면에, 예를 들어 자본주의의 발달과 자본주의가 노동자에 대하여 드러내 놓는 경향, 배운 노동자가 못 배운 노동자, 여성, 어린이에 의해 밀려나는 것 등에 대해 이해하는 데는 기술의 발달도 아는 것이 아주 필요하다. 이를 더 많이 파악할수록 이에 의해 조건 지워진 인간 서로 간의 경제적 관계들이 더 잘 파악된다.

그런데 어떤 사회 분야도 사회의 인구법칙에서만큼 자연법칙의 인식이 중요하지 않다. 거기서는 유기체 증식의 법칙들이 바람직한 만큼 자연과학적으로 잘 규명되어 있지 않다. 여기서 경제학자들과 사회학자들은 자연법칙을 단순히 전제하는 데 만족할 수 없고 오히려 이 법칙의 탐구에 몸소 참여해야 한다. 자연과학 분야의 문외한에게는 썩 달가운 처지가 아니다. 그러나 우리 경제학자들과 사회학자들에게 고무적일 수도 있는 상황은 여기서는 지금까지 자연과학이 경제학에 자극을 줄 뿐 아니라 그 반대의 상황도 있었던 경계영역이 존재한다는 것이다. 경제적 과정의 관찰로부터 얻어진 견해가 자연과학에 아주 크게 영향을 준 것이다.

윤리학의 영역에서처럼 인구법칙의 영역에서도 오늘날 사전에 다윈주의와 대결하지 않으면 명확한 입장정립에 도달하는 것이 불가능하다. 그러나 그것의 이론적 기초는 맬서스주의에서 나왔다. 경제학자로서 자연과학의 영역으로 서슴없이 들어가는 것은 무모한 모험으로 비추어질 수 있으나 나는 거기서 다른 경제학자들, 그중에서도 맬서스 자신의 발자취를 따라가며, 특히 이들이 낯선 영역으로 밀반출한 것을 밝혀내는 건 값있는 일이다.

제3장 부양활동공간

맬서스는 지금까지 인류가 행복으로 전진하는 데 방해가 된 원인은 무엇이 있는가 하는 질문으로 인구법칙에 관한 자신의 책을 시작한다. 그는 이 질문을 빠짐없이 다루지 않고 '인간의 본질과 밀접하게 결부된' 중대한 것만 탐구하려고 한다. 그다음 그는 이렇게 상술한다.

"내가 염두에 두는 원인은 생명체에게 마련되는 식량의 크기를 훨씬 넘게 증식하는 모든 생명체가 가진 지속적 경향이다."

"동식물 왕국에서 자연은 생명의 씨앗을 헤픈 손으로 뿌렸지만, 장소 및 식량은 그 씨앗을 자라게 하는 데 필요한 것인데 이에 대해서는 비교적 인색하게 다루었다. 이 지구가 포함하는 생명의 싹들이 자유롭게 만개할 수 있다면, 그것들은 몇천 년이 흐르면서 수백만 개의 세계를 채울 것이다. 그러나 영역상의 궁핍이 그것들을 한계 내에 묶어, 모든 존재는 이 자연법칙에 종속된다. 식물과 동물은 이 제한을 가하는 법칙에 순종하며, 인간도 어떠한 이성의 수고에 의해서도 이로부터 벗어날 수 없다."

"식물과 이성 없는 동물에게서는 대상의 설명은 아주 간단하다. 그들은 모두 자신들의 종을 번식하려는 강력한 본능의 충동을 받으며 이 본능은 그 작용에서 후세를 위한 분별에 관한 어떠한 배려에 의해서도 제한을 받지 않는다. 이처럼 언제나 자유가 있는 곳에서는 증식력이 활동하며 그 지나친 결과는 나중에 공간과 영양에서의 부족에 의해 억압된다."

"개체수 증가의 결정적 장해는 그래서 불가피하게 개체수와 식량이 증가하게 되는 불균등한 비율에서 생겨나는 **영양부족**인 듯하다. 그러나 이 후자의 장해는 실제의 기근의 경우들에서 그런 것을 제외하면 결코 직접적이지 않다."

"직접적 장해는 식량 부족에서 생겨나는 것으로 보이는 모든 관습과 질병, 그리고 이 부족과는 독립적인 정신적 또는 신체적 성격의 모든 원인으로 몸을 이른 시기에 약화시키거나 파괴하려 의도하는 원인에 있다고 말할 수 있다."

이런 설을 다윈이 받아들였다. 그의 자서전에서 기록하듯이 그는 1838년에 맬서스의 책을 읽었다. 생존을 둘러싼 투쟁에 관해 그는 이렇게 말한다.

"이는 강화된 힘으로 전체 동식물 왕국으로 옮겨진 맬서스의 학설이다."(종의 기원 제3장)

그런가 하면 다윈의 견해와 맬서스의 견해 사이에는 강력한 차이가 있으며, 이는 벌써 맬서스의 출발점이 자본주의적 사회의 현상이었고, 그는 이것을 유기체의 세계 전체에서 재발견한다고 생각했지만, 다윈은 물론 그가 살던 사회를 통해서도 그의 생각에서 무의식적으로 영향을 받았지만, 그의 관찰을 우선은 거의 전적으로 인간보다 낮은 위치의 유기체들에 대해서 했기 때문이다. 그리고 상이한 출발점에서부터 역시 상이한 결과가 생겨난다. 둘 다가 유기체들의 무한한 증식 경향을 확인한다면, 다윈은 이것으로 자신이 관찰한 생명체가 점점 더 높은 형태로 올라가는 것을 근거 지은 반면, 맬서스는 자신이 관찰한 프롤레타리아트의 곤궁과 타락으로의 몰락에 대한 근거로 삼았다. 그리고 무한한 증식 경향으로부터 다윈은 개체들을 위협하는 극히 다양한 위험에 맞선 생존을 둘러싼 투쟁에서 가장 유능한 개체의 선별을 설명한다. 한 종(種)의 개체들은 서로 싸워야 할 뿐 아니라 주변의 자연, 예를 들면 기후에 의한 보편적 위협에 맞서, 그리고 다른 종의 개체에 의한 위협, 예를 들면 육식동물에 의한 초식동물에 가해지는 위협에 맞서서도 싸워야 한다. 그러나 맬서스는 증식 경향에서 생겨나는 한 형태의 투쟁, 한 종의 모든 개체의 먹이공간인 '부양활동공간'을 둘러싼 서로의 투쟁만을 본다.

맬서스의 법칙은 다윈주의를 통해 그 확증과 강화를 달성했을 것이라고 하는 주장이 있다. 사실상 양자는 아주 다르며, 유기체의 무한한 증식능력의 인정에서만 일치한다. 그러나 '자연과학'에 의해 인정되는 자연법칙으로서 경제학에서 제시되는 것은 사실상 오늘날에도 인구법칙의 맬서스적 견해이지 다원적 견해는 아니다.

여기서 우리가 다루어야 하는 것은 다윈적 견해가 아니라 맬서스적 견해다. 우선은 동식물의 세계에 대한 그것의 타당성을 다루어야 한다. 우리는 특히 인간에 대한 고려는 하지 않고 동식물에 대하여 그들의 증식의 법칙 자체를 특정하여 탐구해야 한다. 인간, 그리고 또한 인간에게 영향을 받는 범위의 동식물, 예를 들어 가축이나 보호받는 야생동물에 관해서는 우선은 논하지 않고, 완전한 야생상태에 있는 동식물만을 논하게 된다.

이런 야생 동식물에 대해서는 자연 선별의 다윈적 개체수 법칙이 타당하다면, 이로써 본래는 맬서스의 인구법칙의 부적합함이 설명된다. 왜냐하면, 같은 증식 경향이 고무적인 동시에 억압적으로 작용할 수 없으며, 더 높은 수준으로의 모든 발달의 가장 강력한 충동인 동시에 가장 강력한 제동장치일 수 없기 때문이다. 그 점에서 맬서스는 아주 옳은 말을 한다. 유기체의 종들에게는 자신의 부양활동공간을 넘어서 발달하는 경향이 있어서 결국 이에는 영양부족만이 반격을 가한다면, 이 경향은 개체들의 약화와 신체적 피폐화로 이어짐이 분명하다. 물론 맬서스는 그가 염두에 둔 프롤레타리아트를 참작하여 인간에 대해서만 강조하여 주장한다. 그러나 그가 인간과 다른 유기체 간의 증식 경향에 대해 아무런 구별을 하지 않으므로, 그런 경향의 열화적 작용은 모든 유기체 종들이 맬서스가 묘사하는 방식으로 실제로 존속한다면 이들 모두에게 해당함이 분명하다.

그러나 실제로 유기체 본성의 퇴화에 대해서는 논의될 수 없다. 이런 가정(假定)은 아주 터무니없고 일체의 사실과 맞지 않아서 이에 관해 한마디도 할 가치가 없다. 그런데 이로써 근본적으로는 유기체가 일정한 한계 너머로 증식하는 것을 막는 것은 영양부족이며, 유기체들은 항상 이 한계 너머로 증식하려고 노력한다는 맬서스의 견해도 이미 반박된다.

지속적인 영양부족, 지속적인 영양실조는 자연 상태의 동물계에서는 근대 프롤레타리아트와 같은 방식의 대중 현상으로는 어디서도 좀처럼 관찰되지 않는다. 부양활동공간이 지속적으로 그리고 어디서나 너무 비좁았었다면 어디서나 끊임없이 같은 종의 개체 간에 이 활동공간을 둘러싼 치열한 투쟁이 일어났을 것이다. 그러나 실제로 그러한 투쟁은 극히 드물게 관찰된다. 아프리카의 스텝 지대에는 같은 종의 동물들만이 아니라 얼룩말, 타조, 영양, 가젤, 기린 등 다양한 종이 서로 평화롭게 풀을 뜯는다.— 그들이 침입해 오는 백인들에 의해 박멸되기 전에는 풀을 뜯었다. —그들은 충분히 먹이를 발견했었을 것이다. 그들 중 강자가 약자를 몰아내고 싶은 생각이 떠오르지 않았기 때문이다.

맬서스의 인구법칙을 인간 아래에 있는 하등의 유기체들 세계로 옮기는 것은 개별 동식물 개체나 한 쌍의 증식 자체만을 관찰했기 때문에 있을 수 있었다. 그리고 거기서 논란의 여지 없이 드러나는 것은 각 개체는 1:2:4:8:16 등과 같이 기하급수로 증식하고 그래서 자신의 부양활동공간을 넘어가는 경향을 가진다는 것이다.

그러나 과학에서 특정한 탐구 목적물에 대해 특정 현상들을 고립화하여 그 자체만을 관찰하는 것이 필요하다고 해도, 잊어서는 안 될 것은 이런 관찰 방식은 각각의 현상이 오직 더 큰 전체의 일부분이며 이 전체와의 관련에서만 파악될 수 있는 저 현상들의 충분한 이해에 도달하기에는 충분하지 못하다는 것이다. 우리에게 이를 보여주는 것은 예컨대 경제학에서 가치이론이다. 개별 교환행위 자체만을 관찰하면, 확실히 그 안에서 상품들이 그 안에 함유된 노동량의 크기에 따라 무조건 교환된다는 것이 확인될 수 없다. 극히 다양한 일련의 고려들 전체가 각 특정 경우에서의 교환관계를 정해줄 것이다. 우리가 개별 교환 진행을 확장된 상품의 생산 및 재생산과정의 토막으로 간주한다면, 사정이 다르다. 어떤 직조자가 그에게 6일의 노동력이 들어간 한 필의 아마포를 가지고 시장에 오고, 도공은 3일이 들어간 도자기를 가지고 오면, 도공이 아마포에 대하여 더 적은 필요를 가지고 직조자는 도자기에 대하여 큰 필요를 가지면, 직조자는 3일의 노동 산물인 도자기에 대해 6일의 노동 산물인 한 필의 아마포를 내놓는 일이 물론 일어날 수도 있다. 그러나 이런 일이 정기적으로 그리고 항상 되풀이되면 도공들은 자신의 노동에 대해 직조자보다 두 배로 많은 수입을 얻을 것이다. 사회 안에 직업선택과 생산의 자유가 있다면 ─그리고 이는 가치법칙의 무제한적 효력 발생의 전제다─ 직조자는 도예로 전환하거나 최소한 자신의 후손들을 그리로 보낼 것이며, 직조자와 이들의 산물의 수효는 떨어지고, 도공들의 수효는 상승하여 그들이 자신들의 산물에서 동일한 노동량을 서로에 대해 교환하게 되기까지 하게 된다.

마르크스의 가치법칙처럼 맬서스의 인구법칙도 개체 표본 하나나 한 쌍의 증식을 고립적으로가 아니라 유기체 생명 전체와의 연관 속에서 관찰한다면 다른 명성을 얻는다. 단 맬서스에게서는 마르크스와 반대다. 마르크스에게서는 개별 현상에 관하여 입증할 수 없다고, 아니 거짓이라고 여겨지는 것이 전체적 맥락에 의해 필연적인 것으로 제시된다. 맬서스에게서는 반대로 연관 속에서는 근거 없는 가정으로 제시되는 것이 고립적으로 볼 때 명백한 사실로 여겨진다.

맬서스는 유기체들을 단지 먹이 결핍자들로 본다. 그러나 동시에 몸 전체이든 몇 부분이든 산물, 잎, 열매, 알 등이든 다른 유기체들을 위한 먹이 제공자가 아닌 유기체는 별로 없다. 한 측면에서 먹이 필요의 엄청난 증식의 경향으로 여겨지는 것이 다른 측면에서는 먹이의 엄청난 증가의 경향으로 등장한다. 그리고 동물 유기체가 그 부양활동공간의 한계에까지 확장되는 경향을 보인다면, 그 유기체는 이로써 그의 먹이를 이루는 다른 식물이나 동물 유기체의 증식을 극도로 제한하는 경향을 보여주는 것이다.

맬서스주의자들은 유기체들이 부양활동공간의 제약이 그들에게 존재하지 않을 때 어떤 엄청난 방식으로 증식했을 것인지를 우리에게 설명해 주는 데 지치지 않는다. 그들은 어떤 엄청난 방식으로 유기체들이 날이면 날마다 식량으로 제거되는지를 언급하지 않는다.

그에 관한 아주 생생한 데이터를 A. 서덜랜드(Sutherland)가 도덕적 본능의 기원에 관한 그의 책, 《도덕적 본능의 기원과 발달》(The origin and growth of the moral instinct, London 1898)에서 우리에게 제공한다.

"지구상에서 매 시각마다 진행되는 생명 파괴의 형상을 어느 정도라도 떠올리는 것은 극히 활발한 상상력의 범위를 넘어선다. 매년 브리튼 제도 주위에서 잡히는 청어의 수만 해도 전체 인류의 수만큼 많다. 그러나 그것들 각각이 작은 물고기와 갑각류를 여러 달에 걸쳐 먹어서 성장한 것이다. 한 무더기에서 무작위적으로 청어를 취하여 보면, 그 각각에서 20에서 70마리의 작은 동물들을 발견할 것이다. 각각이 반년에 걸쳐 오직 그런 작은 동물 하나를 하루에 먹고 자랐다고 가정하면 영국의 청어 어획량은 인류의 수의 180배가 넘는 생명체의 연간 소멸을 포괄할 것이다."

"그러나 인간이 물고기를 죽이는 것은 엄청난 총량에서는 사소한 부분이다. 만새기(Pomatomus saltatrix)[3]는 흔히 한 끼에 청어 천 마리를 먹으며, 개중에는 그런 물고기 떼가 여러 주에 걸쳐 청어만 먹고 사는 일도 있다. 베어드(Baird) 교수는 만새기 한 마리에 하루 청어 10마리씩만 먹는다면, 백억 마리가 만새기에 의해서만 매일 소비된다고 추산한다. 그는 북아메리카 연안의 다른 물고기들에 의해 매년 3조 마리의 청어가 잡아먹히며, 이는 모든 바다에서 이 종(種) 중에서 매년 잡아먹히는 것의 4분의 1 미만이라고 계산한다."

"그리고 이 강력한 제거작업은 물에만 국한되지 않는다. 숲과 초지들, 나무 없는 습지와 울창한 숲이 이런 불운의 증인이 된다. 한 마리의 올빼미가 연간 평균 2,000마리의 쥐를 잡아먹는다. 렌즈(Lenz)는 매 한 마리가 1년에 1천 마리가 넘는 새를 없애는 것으로 추산하며, 그는 5마리의 말똥가리 한 가족이 매년 적어도 5만 마리의 설치류를 잡아먹고, 매 1마리가 1년간의 식사로 2,000에서 3,000마리의 개구리나 다른 작은 동물을 섭취한다고 생각한다."

"하등동물의 제거 앞에서는 우리의 환상이 완전히 망연자실하여 바라만 볼 뿐이다. … 브렘(Brehm)은 세 마리의 곤줄박이 한 가족이 연간 1백만 마리의 유충을 어렵지 않게 먹을 수 있는 것 같다는 관찰을 인용한다. … 고세(Gosse)가 미국에서 행한 관찰이 하나의 추산에 확실한 기초를 제공한다면, 작은 새 한 마리는 연간 25만 마리의 곤충을 먹어야 생명을 유지한다. 이처럼

---

3 만새기(Goldmakrele)의 학명은 Coryphaena hippurus이고 Pomatomus saltatrix는 파란농어의 학명이다. – 옮긴이

매시간 생명을 잃는 곤충의 수가 지구상에서 살아가는 사람들의 전체 수보다 천 배 많다고 말한다면, 이는 터무니 없는 저평가다."(S. 20 bis 24.)

그리고 이런 '일반적 제거 사태(沙汰)'를 보고는 서덜랜드는 다음과 같은 질문에 도달한다. 도대체 유기체 한 종(種)이 어떻게 살아남는 데 성공하는가?

거기서 그는 잡아먹힌 유기체의 제거만을 염두에 두었다. 그러나 온갖 종류의 불쾌한 것, 습기나 한발, 추위나 더위, 범람, 폭풍, 눈사태 등에 의해 얼마나 많이 죽어가는가!

서덜랜드가 언급하듯이 사실상 이런 제거의 '사태' 속에서 유기체들이 연명하는 데는 단 두 종류만이 있다. 하나는 절멸시키는 영향들에 맞선 방어를 보장하는 특성들의 발달. 또는 엄청난 다산성이다. 일체의 보호장치에도 불구하고 종(種)을 파괴하는 영향들에 의해 그들의 대열에 난 일체의 틈을 메우기에 번식력이 충분한 유기체 종들만 살아남을 수 있다. 다른 많은 유기체 특성들처럼 커다란 다산성도 생존을 둘러싼 투쟁에서 무기가 된다. 이는 위협받는 유기체의 생존에는 불가결하다. 그러나 한 종(種)의 유기체의 커다란 다산성은 그 종을 위협하는 유기체, 즉 그 종을 먹고 사는 다른 유기체들의 생존에도 마찬가지로 불가결하다. 맬서스에게 부양활동공간 너머로 성장하려는 경향으로 나타나는 것은 실상은 부양활동공간을 이루는 경향이다. 자연에서 일반적으로 두 자녀 시스템이 지배했다면, 동물 유기체들은 먹고 살 것이 곧 없어졌을 것이다. 자기 돈을 이자를 낳도록 투자하기를 두려워하는 구두쇠가 자기 자본을 잠식하여 먹고 살면서 그것이 사라지는 것을 보아야 하는 것처럼 어느 종(種)이든 먹이가 되는 유기체들을 속히 감소시키고 결국 박멸시킬 수밖에 없을 것이다. 맬서스의 견해에 따를 때 최대의 부양활동공간을 확보해 주는 것이었을 두 자녀 시스템은 그것이 자연의 보편적 법칙이 되었더라면 모든 동식물 생명체를 불가능하게 만들었을 것이다. 맬서스에게 자연에서의 곤궁의 큰 원인으로 여겨지는 엄청난 다산성은 반대로 모든 생명과 모든 생의 기쁨의 전제조건이다.

유기체적 자연의 보편적 법칙으로서 맬서스의 인구법칙은 난센스다. 각 종의 부양활동공간은 물론 가장 먼 경계선으로 그 너머에서는 증식할 수가 없다. 그러나 자연에서는 제거하는 힘들이 하도 엄청나서 맬서스와 그의 추종자들이 모든 유기체 종들의 상태로 생각하는 상태에 꾸준히 처해 있는 유기체 종은 필시 없을 것이며, 필시 어떤 종도 끊임없이 자신의 부양활동공간 너머로 증식하는 경향을 보이지 않을 것이다. **일시적으로는** 물론 많은 종들이 여기저기서 이 활동공간의 경계선에 도달하는 일이 곧잘 일어나지만, 거기서 원인은 대부분 자신의 종이 너무 급속한 증식에서 찾아지기보다는 상황에 따라 그 종의 먹이가 되는 종들의 증식이 방해받거나 제거가 증가한 데서 찾을 수 있다. 흉작, 가뭄 같은 것들로 인해서 말이다.

필시 지속적인 법칙으로서 맬서스의 법칙은 **몇 개의** 동식물종에서는 들어맞을 것 같다. 그러나 확실히 그렇지도 않다. 오직 잡아먹기만 하고 잡아먹히지 않는 그런 동물들만 이 법칙에 따를 것이라고 가정할 수도 있겠다. 예를 들어서 거대한 후피동물[4]인 코끼리, 코뿔소, 거대한 육식동물로 가령 사자와 호랑이 같은 것들이다. 이미 언급한 것처럼 우리는 여기서 언제나 오직 인간이 무기와 도구로 침입하지 않은 자연 상태만을 염두에 둔다. 그런 한에서는 언급된 동물들은 어떤 천적에게도 접근 가능하지 않은 것으로 간주할 수 있다. 그런데도 우리는 그들에게서 과잉 개체수 같은 것은 찾아보지 못한다.

---

4 후피동물은 근대 시기에 가죽이 두꺼운 대형 포유류를 분류한 구식 분류이다. 현재는 사용하지 않는다. – 편집자 주

브렘은 코끼리에 관하여 이렇게 적는다.

"야생 코끼리는 영리함보다는 우둔함을 나타낸다. 그의 정신적 능력은 꾀에는 좀처럼 미치지 못한다. **그를 둘러싸고 그를 먹여주는 부유한 자연이 지력을 경주할 필요성에서 그를 벗어나게 해 주기 때문이다.**"

"… 그들의 숲의 풍요가 매우 커서 그들은 본래 궁핍을 겪어본 적이 없다. 그들은 계속해서 먹이가 풍부하게 있는 장소에서 살기 때문에 탐식도 안 하고 탐욕도 없는 것처럼 보인다."(Tierleben, 2. Auflage, 3. Band, S. 477, 480.)

이처럼 그들에게서도 자신들의 부양활동공간 경계선 너머로 증식하려는 경향을 가진다는 것을 알아볼 것도 없다.

그런데 그들이 이런 경향을 보였더라면 그 궁극적 결과는 어떤 것이었을까?

코끼리의 수가 백 년마다 두 배로 늘어난다고 가정하자. 오늘날 코끼리 수가 10만 마리에 달한다면, 1500년 후에는 이미 지구상의 사람보다 많은 16억 마리가 넘게 있을 것이다. 이 수에 도달하기 한참 전에 열대 숲의 코끼리들은 그들의 부양활동공간의 한계에 도달해야 했을 것이다.

그러나 그들에게 부양활동공간인 것, 열대 숲의 식생(植生)은 다른 동물들 다수에게도 그러하다. 코끼리들이 증식할수록 숲의 최강의 거주자로서 그들은 나머지 동물들을 몰아내야 했을 것이다. 그들이 부양활동공간의 한계에 도달했다면, 즉 그들이 매년 숲에서 섭취 가능한 것으로 자라나는 것 모두를 먹어치웠다면, 같은 먹이를 먹는 다른 모든 동물의 생존은 불가능하게 되었을 것이다. 그러나 그들과 함께 그 생존이 불가능해진 동물들을 먹고 사는 육식 동물에게도 그렇게 될 것이다.

이제 열대 숲 자체가 이 포식자의 강력한 무리의 쇄도에 견딜 수 있을까? 코끼리는 잎과 열매만 먹는 것이 아니라 풀, 덤불, 나무의 뿌리도 파먹는다.

코끼리가 엄청나게 번식했다면, 결국 모든 숲의 식물, 아니 모든 풀의 성장을 불가능하게 만들었을 것이다. 예를 들어 지중해의 산간지대에서 염소와 양의 과도한 방목으로 그랬던 것처럼 말이다. 스페인, 이탈리아, 달마티아, 그리스, 소아시아의 나무도 없는 돌투성이 황무지는 숲을 황폐화하는 과도한 수의 동물들이 어떻게 결국 유기체 생명의 모든 조건을 불가능하게 만들 수 있는지를 증언해 준다. 인간의 개입으로 야기된 염소와 양의 '과잉 개체수'보다 더 강력하게 작용했을 것이 코끼리의 과잉 개체수다. 그 코끼리들이 먼저 다른 숲에서 그들의 증식으로 모든 식량을 빼앗은 다음에는 그들은 결국 자신들에게 먹이로 소용되는 한에서 모든 식물 성장의 박멸을 초래하고, 이로써 그들 자신의 생존도 불가능하게 만들었을 것이다. 그들의 멸종 후에 여기저기서 연명하는 빈약한 유기적 나머지 생명체들로부터 새로운 유기체 발달이 시작될 수 있었을 것이다.

거의 모든 유기 생명체가 이따금 겪는 절멸, 이는 유기체 세계가 실제로 맬서스의 법칙에 지배를 받고 모두가 부양활동 공간의 한계에까지 증식하며 오직 먹이 부족에 의해서만 증식이 방해를 받는 경향을 보인다면, 불가피한 필연일 것이다.

다윈주의자들은 이 법칙으로부터 유기체들의 부양활동공간을 둘러싼 서로의 상시적인 투쟁의 필연성을 도출해 낸다. 그로부터 최강자가 승리자로 두드러져 나오고 연명을 하여 번식해 간다는 것이다. 이를 통해 끊임없이 더 완전한 형태로의 발달이 성취되리라. 그러나 그들은 거기서 다시금 각각의 유기체 종(種)을 그 자체만 관찰하고 각각의 종 내에서 가장 완벽하고 가장 강한 **개체**가 연명하고 다른 개체들을 이긴다는 것만 보는 잘못을 범한다. 그러나 우리가 유기체 세계를 **전체적**으로 관찰한다면, 맬서스의 법칙은 다양한 종(種)

들 서로 간의 부양활동 공간을 둘러싼 투쟁에서 더 강한 종이 더 약한 종을 몰아내기를, 같은 부양활동공간 내에서 결국 최강의 한 종만이 남아 다른 모든 유기체 종들의 생존을 불가능하게 만들고, 그 종이 먹이로 삼는 종들까지도 그렇게 만들어서 이로써 스스로 무덤을 파게 되기까지 하도록 이끌어 감이 분명하다.

맬서스의 인구법칙에 기초를 둔다면 다원적 견해의 논리적 귀결은 모든 종 안에서 더 높은 형태로의 발달이 아니라 이런 것이다. 이 결과는 일체의 사실과 모순되며, 그래서 그 토대의 유지 불가능성이 보인다.

유기체들이 예외 없이 계속해서 그리고 어디서나 그 부양활동공간 너머로 증식하는 경향을 가진다는 것. 그들이 오직 먹이 부족에 의해서만 방해를 받는다는 것은 맞지 않다. 우리는 오히려 유기체의 개별 종(種) 안에서 그리고 상이한 종들 서로 간의 관계에서 개체들과 종을 유지하는 힘과 그들을 파괴하는 힘 간 균형의 달성과 보전의 경향을 본다.

제4장 자연에서의 균형

 자연에는 종(種)을 유지하는 힘과 종을 파괴하는 힘 간의 균형 상태를 향한 계속된 경향을 관찰할 수 있다고 말한다면, 이는 자신의 창조에서 모든 부분들의 놀라운 조화를 이룬 전지(全知)적 창조자에 관한 옛 노래의 변종처럼, 처음 듣기에 다소 신비적으로 들린다. 그러나 우리가 지구 생명의 초창기에 번식력과 제거력이 어떻게 작용했었던 것인지를 상상하려 시도하면, 그 놀라움은 초자연적 성격을 잃는다.

 오늘날 알려진 가장 단순한 유기체는 세포들이다. 더 단순한 것들은 아직 발견되지 않았지만, 우리는 그 세포들에 대해 더 단순한 것들이 선행하는데 이들은 오늘날 더 이상 존재하지 않거나 아주 현미경으로 볼 정도로 작아서 우리의 관찰 능력의 범위를 지금껏 벗어나 있는 세포핵 없는 단순한 단백질 알갱이 같은 것이라고 가정할 온갖 이유를 가진다. 먹이 섭취와 번식의 형태와 방식에서 오늘날 알려진 유기체 중 가장 단순한 것인 아메바가 그것들에 가장 근접할 것이다. 아메바는 어떻게 번식하는가? 분열에 의해서다. 이는 아무튼 최초의 번식방식이다.

 그러한 알갱이는 주변 환경으로부터 일정한 물질을 끌어당기고 병합하여 몸뚱이가 더 이상 버티지 못하게 클 때까지 먹이를 섭취하며 자란다. 그리고 나서는 두 부분으로 쪼개진다. 여기서 번식은 먹이 조달의 결과다. 그 정도가 번식의 정도도 정확하게 규정한다. 양자는 같은 추세로 수행된다. 어느 쪽도 다른 쪽을 추월할 조금의 경향도 보이지 않는다. 그런데 무엇을 통해 먹이 조달이 정해지는가?

지구상에서 생명체 기원의 방식별로 처음에는 두 경우가 가능했다.

첫째로 **자연발생**(Urzeugung)을 가정할 수 있다. 이는 일정한 화학적 조건에서 살아 있지 않은 무기물로부터, 가량 시안 화합물로부터 생겨나는 살아 있는 유기물의 형성이다. 이는 점점 더 복잡해지고 운동성을 가져 균형으로부터 점점 더 쉽게 벗어나서는 점점 더 쉽게 균형을 되찾고 이를 완전히 잃어버리지는 않기를 반복하며 결합하는 화합물의 이 운동성이 우리가 생명이라고 부르는 것을 이루기까지 한다. 그런데 둘째로 가정할 수 있는 것은, 최초로 지구상의 살아 있는 물질이 사실 다른 천체에서 유래되어 우주 공간을 떠돌고, 추위와 그 밖의 생명을 파괴하는 영향들에 맞서 보호된 싹으로부터 생겨난다는 것이다. 이는 물론 자연발생의 가정(假定)에 놓여 있는 난점이 뒤로 밀쳐진 것뿐일 것이다.

첫째의 경우에서 우리가 가정해야 하는 것은 그 존재의 조건들이 주어진 곳 어디서나 원형체가 생겨난다는 것, 그들은 형성되는 시간에 땅이나 바다 — 그들은 먼저 물에서 형성되었던 것이다 — 가 제공하는 부양활동공간 전체를 금방 가득 채운다는 것이다. 둘째의 경우에서 가능한 것은, 생명의 시초가 땅에 도달해 약간의 작은 싹을 이룬다는 것, 그 부양활동공간은 그들에게 부합하는 것보다 훨씬 더 크다는 것이다. 그러한 단순 유기체들의 증식은 상응하는 먹이 조달이 있을 때는 비상하게 쉽게 일어난다. 스펜서는 자신의 《생물학 원리》 제2판에 대한 각주에서 이렇게 언급한다.

"에두아르드 클라인 박사는 1898년 6월 2일 왕립연구원(Royal

Institution) 강연에서 1㎤의 영양액 안의 246마리의 박테리아가 24시간이 지나면서 2천만 마리로 증식할 수 있었을 것이라고 주장했다. 이는 3일이 지난 끝에는 한 개체의 후손으로 537,367,797,000,000마리, 그래서 537조 마리가 될 것이다."(Principles of Biology, 1899, S. 443.)

이 경우에서도 우리는 그래서 부양활동공간이 극히 짧은 시간 내에 완전히 점령되리라고 가정해도 좋다. 그때부터 원생체의 더 이상의 수효 증가는 외적인 조건들, 물의 양과 온도, 화학적 조성이 같은 상태일 경우 배제된다. 이미 존재하는 원생체 중 하나가 죽을 때만 그의 물질은 다른 이미 존재하는 원생체에게 새로운 먹이를 제공하는 물질을 이루며, 이로써 성장과 증식을 가능하게 한다.

이 단계에서 유기체는 단 한 종(種)만이 있으며, 이 종이 자신의 전체 부양활동공간을 채우고 그들의 증식은 크기 증대에 이어 오직 분할이나 분열을 통해서만 진행된다. 그때 유기체들의 제거와 같은 종의 다른 개체를 위한 **먹이 조달**은 같은 크기이며, 번식은 완전히 이에 의존한다. **세 현상 모두 여기서는 같은 템포로 진행한다.** 종을 보전하는 인자와 종을 파괴하는 인자 사이의 균형이 이 단계에서는 시종(始終) 아무런 놀라울 것도 없고 비밀스러울 것도 없으며 자연 조건에 의해 주어지고 불가피하다.

발달이 계속 진행되면서 점점 더 많은 중간 마디가 그 과정에 등장하여 세 현상 서로 간의 직접적 의존성은 점점 더 상실되어 간다. 이에 짝을 이루는 것이 유기체들 서로 간의 차이다. 각각의 종(種)의 부양활동공간은 점점 더 다채로워진다. 각 종(種)은 자신의 부양활동공간을 점점 더 많은 다른 종들과 나누어야 한다. 마찬가지로 제거하는 힘들도 점점 더 다채로워진다. 결국, 증식의 조건들은 점점 더 다양해지고 변화무쌍한 모양을 띤다. 그 예로 부모 개체들의 만남, 수정이 있고, 모체에 수정된 알을 보관하고 보호하며, 출생, 수유, 독립하기까지 양육한다!

거기서 먹이 조달, 증식, 제거는 서로 간에 점점 더 독립적이 되는 경향을 얻으며, 이 조건들 각각은 다른 조건들과의 연관성 없이 발달하는 경향을 얻는다. 그러나 근본적으로 유기체들 전체를 단일체로 간주한다면, 제거, 먹이 조달, 증식의 옛 균형은 결코 지속적으로 교란될 수 없으며, 개별 유기체 내의 지체(肢體)들의 균형과 마찬가지로 항상 다시 관철될 수밖에 없다. (수역을 포함하여) 지표면의 유기체에 먹이를 공급할 능력이 있는 부분은 주어진 조건에서는 주어진 크기로서 더 확장되지 않는다. 이로써 부양활동공간 전체가 주어진다. 유기체들의 증식은, 전체적으로는 지금도 동시적인 제거가 허락하는 만큼만 진행될 수 있다. 오늘날도 어느 한 종의 먹이 조달은 다른 종의 제거에서 나온다.

그러나 유기체들의 개별 종들이 그 균형을 깨뜨리는 경향을 발달시켰다면, 언제나 다시금 그러한 교란에 반작용하는 반대경향이 등장함이 분명하다. 자신의 생물학에서 그런 식의 균형 잡는 경향을 탐구한 것은 특히 허버트 스펜서였다. 서덜랜드도 자신의 이미 언급된 저작물에서 다소 다루었다.

이미 1852년에 스펜서는 《웨스트민스터 리뷰Westminster Review》지에 〈동물적 다산성의 일반 법칙에서 도출된 인구이론〉이란 제목의 소논문을 발표했으며, 거기서 그는 다음의 명제를 근거 지웠다.

"어느 한 종(種)이 존속하는 동안에는 그 종을 제거하는 힘과 그 종을 유지하는 힘이 계속 균형적인 경향을 가진다는 것이 분명하다."

그는 1867년에 나온 《생물학 원리》의 제2권에 있는 〈증식의 법칙〉에 관한 부에서 동일한 사고 경로를 밟아갔다. 새로운 판(版)을 그는 1899년에 내놓았으며, 그때는 당연히 이 세대에서의 자연과학의 강력한 격변에 상응하여 상당한 변경을 해야 했다. 그럼에도 불구하고 그는 머리말에서 이렇게 말할 수 있었다.

"내가 증식 법칙에 관한 제6부에서 이끌어 낸 결론들은 내가 알기로는 논란이 되지 않았다."

지난 세기 중 나온 자연과학 이론으로서 그 같은 말이 될 수 있을 것은 별로 많지 않다고 할 수 있겠다.

스펜서는 한 개체가 쏟을 능력이 있는 힘의 양은 정해진 크기라는 가정에서 출발한다. 그렇다면, 그 개체가 자신의 생명 유지에 닳은 것을 필요로 할수록 그중에서 그만큼 적은 것을 번식을 위해 사용할 수 있을 것이며, 그 역도 참이다.

"그래서 **개체화**(Individuation)와 **번식**은 반드시 대립적 현상들이다. 우리가 개체화라는 표현 하에 개체의 생명이 실현되고 보전되는 모든 현상을 한데 모으고 다른 한편으로 번식이라는 말의 의미를 새로운 개체의 출산과 양육에 기여하는 모든 과정을 포함하도록 확장한다면, 우리가 즉시 인식하게 되는 것은 이 두 과정이 서로 근본적으로 대립한다는 것이다. 나머지 사정은 같다고 하고, 그리하여 주변의 조건들, 날씨, 먹이, 적 같은 것들이 변함없이 존속한다고 가정한다면, 개체 발달의 정도가 더 높아질 때마다 종의 증식 정도는 필연적으로 낮아지며 그 역도 참이다. 크기에서의 발달, 구조의 복잡함이나 자기 운동성에서의 발달은 다산성에서의 퇴보를 야기하는 조건이 되며, 다산성에서의 발달은 크기, 구조의 복잡성 또는 자기 운동성에서의 퇴보에 조건을 제공한다."(Principles of Biology, II, S. 430. London 1899. 초판은 Vetter의 훌륭한 독일어 번역판으로 존재한다. Stuttgart 1877.)

이 법칙이 유기체 세계에서 균형의 보전이 되도록 작용함이 분명하다는 것은 명확하다. 이는 일반적으로 더 고등의 그리고 더 강한 동물이 더 하등의 더 약한 동물과 식물을 먹이로 삼으면서 이들보다 더 천천히 증식한다는 것을 뜻한다. 한 마리 동물이 두려워해야 할 적이 더 적을수록, 그 적들로부터 도망칠 능력이 더 많을수록 통상적으로 더 천천히 증식할 것이다. 코끼리가 가장 늦어서 그 임신 기간은 20개월 이상에 달하며, 20년에서 24년에 걸쳐 성장한다. 이와 우리가 위에서 말한 박테리아의 번식 능력을 비교해 보라. 스펜서는 식물계에서 비슷한 상황을 언급한다. 거기서는 "떡갈나무는 수백 년의 생애 중에 버섯이 단 하룻밤에 포자를 생산하는 것만큼 많은 도토리를 생산하지 않는다."(S. 459.)

당연히 '개체화'와 다산성 간의 대립은 자연에서 극히 다채로운 발현 형태를 취한다. 모든 고등 유기체에는 극히 다양한 인자들이 극히 다양한 서로 교차하는 경향을 만들면서 작용하여, 그 원리가 언제나 명확하게 인식될 수 있지 않다. 그러나 결국 그것은 언제고 다시 터져 나온다.

그 원리의 관철에서 중요한 차이를 일으키는 몇 가지 계기들만 여기서 들어보자. 스펜서는 이미 말했듯이 한 개체가 성취할 힘의 지출이 주어진 크기라는 것, 그래서 후세의 생산과 부양을 위한 모든 추가 활동은 개체의 유지와 완성을 위해 가용한 상태의 힘을 줄이며, 그 반대도 참이라는 것에서 출발한다.

이제 개체가 후세의 생산과 양육을 위해 지출하는 힘의 합이 주어진 크기라고 한다면, 양육을 위한 지출이 많을수록 생식 기능을 위한 지출은 더욱 적어야 한다. 그 반대도 참이다. 개체가 그 후세의 부양과 양육에 더욱 많은 힘을 써야 할수록, 그에게는 새로운 싹의 생산을 위해서는 더욱 적은 힘이 남아 있게 된다.

후세를 위해 더 이상 챙기지 않는 물고기는 재생산 일에 가용한 힘의 전체 양을 알과 정액을 생산하는 데 쓸 수 있다. 그 물고기들은 엄청난 양의 알과 정액을 생산한다. 반면에 후세를 돌보는 그런 물고기의 알의 수는 훨씬 적다.

"아무런 보호도 없이 배출되는 수백만 개의 알을 낳는 대구에 대하여 우리는 해마(海馬: hippocamus)나 실고기(syngnathus)를 대비시킬 수 있다. 이 물고기들은 몇 안 되지만 비교적 큰 알을 낳아서 수컷이 꼬리에 달린 주머니에 넣고 다니거나, 자기 살갖에 있는 반구형(半球形) 구덩이에 담고 있다. 아니면 우리는 더 주목할 만한 종인 아리우스(Arius) 그리고 아주 특별히 아리우스 보아케이(Arius Boakeii)를 언급할 수 있다. 이는 길이가 6에서 7인치가 되는 작은 물고기로서 지름이 5에서 10 밀리미터인 10개에서 12개의 알을 낳으며 수놈이 부화가 될 때까지 입안에 이 알들을 보관한다."(Spencer, a. a. O., S. 435.)

큰 가시고기는 둥지를 만들고 새끼를 부화 후에도 한동안 보호하는 것으로 알려져 있다. 그 물고기는 60개에서 80개의 알만 낳는다. (Brehm, a. a. O. VIII, S. 91) 반면에 대구는 6백만 개, 철갑상어는 3백만에서 7백만 개를 낳는다. 물론 후자의 물고기는 자비롭게도 극히 일부분만 그로부터 새끼를 만들고 알 대부분이 알젓(Kaviar)이 된다. 비록 평민을 위한 것은 아니지만 '부양활동공간'이 되는 것이다.

어떤 동물이 자신의 알이나 새끼를 스스로 맡거나 맡을 수 있는지, 장기간 이들을 돌보아야 할지 아니면 돌볼 능력이 있는지는 당연히 자기 판단에 달린 것은 아니다. 그의 생활양식은 거기서 큰 역할을 한다. 예를 들어서 포유동물 중에 열린 들판에서 풀을 뜯는 것과 때로는 몸을 숨길 능력이 있는 다른 포유동물과 비교해 보자. 전자의 예로 쓰일 수 있는 것은 야생말이나 들소다. 이놈들은 새끼들을 어디에도 숨길 줄 몰라서 새끼들은 야수에게 희생되지 않으려면 언제나 무리 중에 남아 있어야 한다. 그런데 무리는 먹이를 찾아 언제나 거듭 장소를 바꾸어야 한다. 풀밭은 금방 풀이 다 뜯긴다. 새끼는 뒤처지지 않으려면, 출생한 후 곧바로 무리와 함께 걸을 줄 알아야 한다. 그런 동물들이 새끼를 양육할 수 있으려면, 이 새끼들이 세상에 태어나면서 벌써 고도로 발달해 있어야 한다. 이는 언급된 종(種)들에서 그리고 대체로 발굽을 가진 동물들이 실제로도 그러하다.

체류장소, 생활양식 혹은 작은 덩치 때문에 새끼들을 굴이나 은신처에 숨길 능력을 갖춘 포유동물들은 다르다. 그 새끼는 완성된 방식으로 세상에 태어날 필요가 없다. 여러 주, 심지어 여러 달을 스스로 운신하거나 보지 못할 수도 있다. 어미는 먹이를 구하기 위해 여러 시간을 새끼를 방치해도 되며, 적들은 새끼를 쉽게 발견하지 못할 것이다.

후자 종의 동물들은 다른 조건이 같은 상황에서는, 예컨대 조직이 복잡한 정도가 같을 경우에, 첫 번째 종류의 동물처럼 임신 기간이 길 필요가 없다. 임신 기간이 길수록 어미의 힘에 대한 요구도 크다. 그래서 새끼의 수는 그만큼 적다.

말, 소, 사슴 같은 것들은 새끼 한 마리씩만 낳는다. 반면에 암사자는 두 마리의 새끼를 낳는다. 그놈들은 울창한 숲이나 구덩이에 숨긴다. "임신한 들고양이는 산욕기에 있을 버려진 오소리굴이나 여우굴, 바위틈 또는 속이 빈 나무를 골라 다섯에서 여섯 마리의 새끼를 낳는데, 이 새끼들은 앞을 못 보는 상태로 태어나고 집고양이 새끼와 닮았다."(Brehm, a. a. O. I, S. 454.)

생활양식이 새끼들이 출생했을 때의 발달 정도와 새끼 수에 미치는 영향은 우리가 산토끼와 집토끼처럼 가까운 관계의 두 종을 비교해 보면 두드러지게 나타난다. 산토끼는 열린 들판에 살고, 집토끼는 지하의 굴에 산다.

산토끼 암컷은 산욕을 위해 땅에서 단순한 움푹 들어간 곳을 택한다. 새끼들은 곧장 안전과 먹이에 신경을 써야 한다. 그들은 "눈을 뜨고 이미 몸이 갖추어져서 태어난다."(Brehm.)

반면에 집토끼는 태어날 때 눈이 보이지 않는다. 굴에 있으면서 어미가 또 새끼를 낳을 때까지 어미 젖을 먹는다. 산토끼는 일 년에 네 번 새끼를 낳고 처음에는 한 마리에서 두 마리, 다음에는 세 마리에서 다섯 마리, 다다음에 세 마리, 마지막 네 번째에는 다시 한 마리에서 두 마리를 낳는다. 반면에 집토끼는 일 년에 일곱 번에서 여덟 번을 낳고, 매번 네 마리에서 열두 마리의 새끼를 낳는다.

유기체의 체격에서 유사성이 큰데도 그런 차이는 오직 생활양식에서 비롯될 수 있다. 물론 열린 들판에서 태어나 거기서 계속 자립해야 하는 새끼가 은신처에서 태어난 새끼보다 더 고도로 발달해 있어야 한다는 사실에서만은 아니다. 여기서 고려되는 사정은 산토끼의 생활양식이 개체의 보전에 더 큰 힘의 지출을 요하여 번식을 위해서는 집토끼보다 적은 잉여만이 남는다는 것이다. 집토끼는 온종일 굴속에 앉아 있고, 밤에도 위험한 일이 닥치면 숨을 수 있도록 굴 근처에 있는 경우가 많다. 결코, 먼 길을 가지 않는다. 반면에 산토끼는 불안하고 날렵하게 여기저기 헤매며, 극히 미약한 위험 신호에도 날쌘 다리를 입증할 채비가 되어 있다.

도롱뇽을 가지고서 한 실험을 통해 여기서 상술한 것이 독특하게 예시된다. "산도롱뇽이 새끼를 훨씬 오래 배므로 평균 두 마리만을 낳는 반면, 불도롱뇽은 새끼를 아직 발달을 안 한 상태로 물에 내놓아서 한 번에 약 70마리를 낳을 수 있다. 생활 조건의 적절한 변경을 통해 산도롱뇽이 새끼를 이른 시기에 물에 배출하게 강제하는 데 성공했다. 다른 한편, 불도롱뇽에게는 새끼를 더 오래 배도록 유도하는 것이 가능했다. 하나의 결과는 산도롱뇽이 이제 훨씬 더 많은 새끼를 배었는가 하면, 불도롱뇽에게는 한 배의 새끼 수가 급격히 줄었다는 것이다."(Dr. C. Thesing, Naturwissenschaftliche Übersicht, „Vorwärts", 1. Januar.)

힘의 지출의 차이는 물론, 큰 동물의 다른 조건이 같은 상황에서 더 작은 동물보다 다산성이 덜한 데 대한 가장 중대한 이유 중 하나이기도 하다.

"어느 동물의 무게는 크기의 세제곱에 비례하여 늘어나지만, 그의 힘은 크기의 제곱 비율로만 커질 수 있다는 법칙이 있다. 이에 상응하게 어느 큰 동물이 낼 수 있는 속력은 작은 동물이 같은 속력을 낼 때보다 그 중량에 비하여 현저히 더 많은 물질을 소비할 것을 요한다."(Spencer, a. a. O., S. 434. 이 법칙을 그는 자신의 생물학 제1권, 46문단에서 전개한다.)

세 마리의 동물이 체격의 비례가 같으면서 크기에서는 1:2:3의 관계라면, 그들의 힘의 비율은 1:4:9의 비율일 수 있을 것이지만, 중량의 비율은 1:8:27일 것이다. 세 마리 중에 가장 큰 놈의 힘은 그들 중 가장 작은놈의 힘보다 9배가 우월하지만, 그의 중량은 27배가 된다. 동물의 몸집이 클수록 그의 힘 중에서 이에 따라 운신(運身)을 해 가는 데 더 많은 힘을 지출해야 하고, 번식의 목적을 위해 남아도는 잉여의 힘은 더욱 적다.

당연히 이런 비교는 지금까지 사용된 어느 비교나 마찬가지지만 언제나 같은 사정의 전제 하에서 타당하다. 번식을 위해 남는 여분의 힘은 큰 동물에게서는 위의 법칙에도 불구하고 작은 동물보다 클 수가 있으니, 이는 큰 동물이 생활양식과 먹이를 구하는 방식상 많은 운동을 할 필요가 없는 반면에 작은 동물은 아주 거센 운동을 필요로 한다면 그러하다.

몸무게가 그 힘보다 빠르게 증가한다는 법칙은 어떠한 동물 종도 일정한 크기를 넘을 수 없다는 것의 조건이 된다. 어떤 동물도 그 무게가 운신할 수 없게끔 많이 나가도록 커져서는 안 되며, 먹이를 구하고 적을 물리칠 정도로 활동성을 보전해야 할 뿐 아니라 그 종(種)을 파괴하는 경향과 그 종을 보전하는 경향 간의 균형을 잡기 위해 충분히 많은 새끼를 출생시킬 힘도 남아 있어야 한다.

그러나 일정한 무게를 움직여 가는 데 필요한 힘의 지출은 모든 상황에서 같지 않다. 그것은 물에서 헤엄치는 동물에게 가장 작고, 굳은 땅 위에서 움직이는 그런 동물에게는 더 크고, 공중에서 움직여 가는 동물에게 가장 크다. 이에 맞게끔 동물 중 가장 거대한 것은 바다에서 찾아볼 수 있다. 향유고래는 몸 둘레 12m에 신장 30m까지 자란다. 반면, 코끼리에게서는 신장 4m, 키는 3에서 4m에 달한다. 새들에게서는 크기가 훨씬 작다.

그러나 새들은 크기가 커지면 다른 동물들보다 더 큰 힘이 필요하다는 이유로 이들에게서 크기의 증가와 번식 능력의 감소 간의 관계가 아주 강하게 드러난다.

알바트로스, 가장 긴 날개를 가진 이 나는 거물은 한 개 넘게 알을 낳는 경우가 드물다.

"백 개 이상의 둥지를 조사해 본 결과 코르닉(Cornick)은 한 둥지에서만 알 두 개가 있는 것을 발견했다."(Brehm, Tierleben, Vögel, III, S. 564.)

"맹금목에서는 크기가 서로 차이가 나기는 하지만, 생활양식에서는 모두 마찬가지로 활발한 많은 종이 있으며, 여기서 작은 새들은 항상 큰 새들보다 더 많은 수의 후세를 낳는다. 독수리는 보통 2개, 많은 경우 3개의 알을 낳고 단 한 개만 낳기도 한다. 솔개미와 매로 내려가면, 그 수는 2개에서 3개로 그리고 3개에서 4개로 늘어나며, 조롱이(Astur nisus)를 보면, 3개에서 5개가 통상적인 수다. 비슷한 것을 우리는 올빼미에게도 발견한다. 수리부엉이(Bubo maximus)는 2개에서 3개의 알을 낳는 반면, 비교적 작은 보통의 황갈색올빼미(Syrnium aluco)는 항상 4개에서 5개의 알을 낳는다. 우리가 더 작은 새에게로, 예컨대 굴뚝새와 박새에게로 내려가 본다면, 우리는 8, 10, 12개 심지어는 15개까지의 알을 발견하며, 많은 경우 연간 두 번 부화하기도 한다. 우리에게 최상의 설명을 해 주는 사례 중 하나는 제비과다. 제비 중에서는 생활양식이나 먹이를 구하는 방식에서 작은 차이만 있거나 차이가 없기 때문이다. 갈색제비(Hirundo riparia)는 모든 제비 중 월등하게 가장 작은데 이는 4개에서 6개의 알을 낳고, 일 년에 두 번 부화한다. 보통의 흰털발제비(Chelidon urbica)는 좀 더 큰데 4개에서 5개의 알을 낳고, 칼새(Cypselus apus)는 더 큰데, 이는 단 두 개의 알만 낳는다."(Spencer, a. a. O., S. 470, 471.)

비상(飛翔)이 어떠한 힘의 지출을 요하는지, 그리고 그것이 번식 능력을 얼마나 억압하는지는 같은 강(綱)의 나는 동물과 날지 않는 동물의 비교에서 볼 수 있다. 포유동물 중에 박쥐는 가장 작은 것 중 하나다. 보통의 박쥐는 신장이 겨우 7에서 8cm밖에 안 된다. 그럼에도 불구하고 연간 새끼 한 마리만을 낳는다. 가령 커다란 붉은 사슴과 같은 수다.

다른 한편, 새 중에서 가장 크고 날지 못해서 그 크기에 도달한 타조와 그의 강(綱)의 나는 동류들을 비교해 본다면, 타조가 그것 중 대부분을 다산성에서 월등히 압도한다. 타조는 15개에서 20개의 알을 낳는다. 굴뚝새보다도 많이.

그러나 이는 비상(飛翔)에 필요한 더 큰 힘의 지출 탓으로만 돌릴 것은 아니다. 여기 또 다른 뭔가가 고려된다. 지상(地上)의 열린 들판에서 돌아다니며 거기서 새끼나 알을 낳는 동물과 둥지나 굴속에서 새끼를 양육하는 동물 간의 차이는 임신하지 않고 수유하지도 않은 새들에게서는 포유동물과 완전히 다르게 작용한다. 포유동물과 다르게 새들에게서는 바로 유소류(留巢類)들이 이소류(離巢類)보다 더 적은 새끼를 양육한다. 스펜서는 일 년에 두 번, 두 마리씩만 새끼를 키우는 산비둘기와 연간 10에서 15마리를 키우는 자고새와의 차이를 언급한다. 그 차이는 물론 자고새에게는 번식 활동이 알을 낳고 부화하는 것으로 끝난다는 것에서 비롯한다. 새끼들이 알에서 깨고 나오자마자 그놈들은 스스로 먹이를 구하고 부모에게 더 이상의 힘의 지출을 요하지 않는다. 반면에 날지 못하는 새끼를 둥지에서 돌보는 날아다니는 새들은 새끼들을 위해 먹이를 구하여 가져와야 한다. 이는 엄청난 힘의 지출로서 새끼 수가 너무 많으면 부모의 힘의 여분이 곧 동이 날 것이다.

너무 다산적인 부모 쌍은 이런 상황에서는 깐 새끼들을 키우지 못하며, 자신들의 과도한 다산성을 상속시킬 전망을 가지지 못한다.

둥지 안에 있는 날지 못하는 새를 키우는 것이 요하는 힘의 지출에 특징적인 것은 또한, 이 일에서 보통 양친이 같은 헌신성을 가지고서 활동한다는 사실이다. 그 일을 처리하는 데는 개체의 힘만으로는 충분치 못할 것이다. 반면에 포유동물에게서는 아비는 보통 새끼를 아주 조금만 돌본다. 그런데 우리는 주금류(走禽類), 예를 들어 순계류(鶉鷄類)에게서도 같은 것을 발견한다. 타조에게서는 물론 새끼를 까는 약간의 일을 주로 맡는 것은 아비로서, 그 일을 그냥 팽개치지 않는다는 것이 주목할 만하다.

유기체의 증식이 그 생존의 다양한 조건에서 얼마나 다채로운 형태를 취할 수 있는지를 보게 된다. 그런데 이런 다양한 양태들은 모두가 같은 법칙의 발로다. 즉 주어진 상황에서 한 유기체의 힘의 비축량은 주어진 크기라는 것,

증식을 위한 힘의 지출은 개체의 보전을 위한 힘의 지출과 합하여 그 합계를 넘어설 수 없다는 것, 그래서 하나의 인자의 어떠한 확장도 다른 인자를 축소할 수밖에 없으며, 그 반대도 성립한다는 것이다.

그런데 한 유기체가 쓸 수 있는 힘의 지출이 주어진 상황에서 주어진 크기라면 이 크기는 상황에 따라서 달라지며, 어느 개체나 어느 종의 다산성도 개체의 보전을 위한 힘의 지출이 동일할 때, 혹은 보전을 위한 지출과 증식을 위한 지출 간의 비율이 동일할 때 상황에 따라 달라질 수 있다.

한 유기체에 새 힘을 조달하는 힘의 원천이 더 풍부하게 흐를수록, 다른 점에서는 동일한 상황에서 그의 다산성은 더욱 크다. 이러한 힘의 원천에 속하는 것이 온기 (햇볕), 또 무엇보다도 먹이다. 먹이의 조달이 풍부할수록 다산성이 더욱 크다. 이런 견해에 거의 동시에 이른 것이 허버트 스펜서와 다윈으로서 다윈은 이에 관해 '길들임의 상태에 있는 동식물의 변이'에 관한 그의 책에서 다룬다. 그들의 주된 논지를 이루는 사실은 가축이 보통 그의 야생 선조보다 더 큰 다산성을 발달시킨다는 것이다. 물론 여기서 규칙적이고 풍부한 먹이 공급의 작용과 아울러 가축들은 먹이를 찾을 필요가 없고 마련된 먹이를 얻는다는 사정도 간과되어서는 안 된다. 이것이 그들에게 큰 힘의 지출을 절약해 준다. 그러나 식물들에서는 이는 고려되지 않으니, 식물들에서는 풍부한 거름 주기가 결실의 수확에 미치는 영향이 두드러지게 드러난다.

다윈은 이렇게 생각한다. "많은 경우에 돼지와 집토끼 등에서, 그리고 그 씨앗 때문에 귀하게 여기는 식물처럼, 다산성이 더 높은 개체를 직접 선별하여 번식시키는 것은 그들의 다산성을 크게 증진했을 개연성이 있다. 모든 경우에 이는 더 다산성 높은 개체들에 의해 생산된 더 많은 후손이 그렇지 않은 후손들보다 더 오래 살아남았을 개연성이 크기 때문에 물론 간접적으로 일어났을 수도 있다. 그러나 고양이, 흰족제비, 개에게서 그리고 당근, 양배추, 아스파라거스같이 그 다산성 때문에 귀히 여김을 받지 않은 식물들에서는 종자선별은 하위적 역할만 했을 수 있다. 그리고 그들의 다산성의 증대는 그들이 오래 생존해 온 유리한 생활 조건에 그 공을 돌려야 한다."(Das Variieren der Tiere und Pflanzen, deutsch von Carus, II, S. 130, Stuttgart 1873.)

주목할 만한 것은 또한 스펜서가 언급한 사실로서 벌과 개미에게서 알에서 깨고 나온 암컷 유충이 불임의 암컷 일꾼이 될지 가임의 암컷이 될지는 먹이의 양에 좌우된다는 것이다.

오스트레일리아의 새들에 관해 굴드(Gould)는 이렇게 언급한다.

"그놈들은 언제나 곤충이 덜 자란 연초에는 알을 조금만 낳지만, 곤충 먹이의 양이 풍부해진 나중에 가서는 알을 많이 낳는다."

연중 여러 번 새끼를 가지는 유럽의 동물들에서도 비슷한 관찰을 할 수 있다. 위에서(367쪽) 산토끼에 관하여 말한 것을 상기해 보라. 첫 번(3월)에는 한 마리나 두 마리를 낳고, 두 번째에는 세 마리에서 다섯 마리, 세 번째에는 세 마리, 그리고 네 번째(8월)에는 다시 한 마리에서 두 마리의 새끼를 낳는다고 했다. 실험이 보여주는 것도 마찬가지로 부실하게 영양 공급을 받은 동물에게서는 다산성이 떨어진다는 것이다.

"뀌에노(Cuénot)는 두 배의 색소결핍 쥐들을 키웠다. 한 배는 다채로운 먹이로 잘 먹였고, 다른 한 배는 빵조각만 빈약하게 먹였다. 잘 먹인 개체들은 빈약하게 먹인 것들보다 한 배에 더 많은 새끼를 낳았다."(Th. H. Morgan, Experimentalle Zoologie, 1909, S. 454.)

그러나 사람들은 인간에서는 프롤레타리아가 유복한 계급보다 훨씬 다산이고, 나아가 비육 동물은 불임이 되고 식물에서도 과도하게 풍부한 비료를 주면 비슷한 상황이 일어난다고 항변해 왔다.

　인간에 관해서는 우리는 나중에 이야기할 것이다. 그러나 동물들에서는 과도한 지방의 축적을 야기하는 과도한 영양은 병적인 교란을 유발하고 이 중에는 재생산 시스템도 망가진다는 사정이 있다. 재생산 시스템은 고도로 민감한 성질을 띠어서 그 유기체가 낯선 상황에 노출되면 쉽게 망가진다. 이에 대해서는 다윈이 수많은 예를 든다. 이는 또한 붙잡힌 상태의 수많은 동물들이 왜 불임이 되고 가축으로서 사육되지 못하는지에 대한 원인의 하나이기도 하다.

　식물은 씨앗을 통한 번식이 증식의 유일한 방법이 아니라는 것 때문에 사정이 더 복잡하다. 식물들은 햇가지, 괴경, 구근에 번식을 위한 또 다른 기관(器官)을 가지며 이것들은 씨앗의 형성이 빈약해질 때에 더욱 풍부하게 번성한다. 씨앗을 생산하는 데까지 아직 도달하지 못한 수많은 식물이 있을 뿐 아니라 씨앗 생산의 특성을 버리도록 인위적으로 만들어진 것이면서도 극히 풍부하게 증식하는 그런 식물들도 있다.

　이런 언급은 다른 조건이 같은 상황에서 유기체의 증식은 힘의 조달, 그래서 먹이의 조달도 풍부할수록 더욱 풍부하게 일어난다는 법칙을 시종 반박하지 않는다. 그 힘의 조달이 과도한 상태에 도달하여 그 반대로 돌변하여 힘의 원인으로부터 무기력, 질병의 원인이 되지 않는 한 그렇다는 것이다.

　이 모든 인자는 극히 다채로운 방식으로 유기체 세계에 영향을 미치지만 같은 원리에서 생겨나고 같은 방향으로 작용한다. 개체들의 제거와 증식 간의 균형은 원래 있었고, 있을 수밖에 없었던 것으로서 상황의 다채로움이 증가하면서 우리가 지금 위에서 묘사한 경향, 종을 보전하는 힘의 합계가 종을 멸절시키는 힘의 합계와 균형을 이루도록 작용하는 경향에 의해 언제나 다시금 관철된다.

그럼에도 불구하고 때로는 유기체의 특정 종들이 장기간 이 균형에서 벗어나는 것도 생각할 수 있는 경우일 것이다. 그 결과는 어떻게 될까?

그들의 증식이 너무 천천히 진행되어 그것이 해마다 극히 다양한 적대 분자들이 내는 틈을 다시 메울 능력이 없다면 이 종은 결국 사멸할 수밖에 없다.

매년의 증식이 지속적으로 매년의 제거보다 큰 종(種)들에게서는 일이 그렇게 단순하지 않다. 그 종들이 부양활동공간의 가장 바깥의 경계선까지 증식하고 그곳에서 맬서스가 가정하듯이 지속적인 먹이 부족을 직간접적으로 유발하는 황폐화에 사로잡히는 경우가 발생하는가?

개체수가 과도하게 되는 경향을 띠는 종(種)이 다른 종의 먹이가 되는 종이라면, 이 종은 더 급속한 증식으로 후자 종의 부양활동공간을 확장하며, 이로써 그들의 증식을 촉진한다. 후자의 종은 이제 더 풍부하게 먹이를 공급받고 먹이를 구하는 데 힘을 덜 소모하여 이들도 더 급속히 번식하는 것이다. 여기서의 잉여는 저기서의 잉여를 곧바로 다시 줄일 것이며, 위협적인 과잉 개체수가 등장하지 않도록 해 줄 것이다.

과잉 개체수가 되는 경향을 띠는 종이 오직 잡아먹기만 하고 잡아먹히지는 않는 종에 속한다면, 그 종은 기존의 먹이의 양을 나누어 취해야 하는 자신의 구성원 수의 증가에 의해서만이 아니라 먹이 양의 감소에 의해서도 먹이 부족을 일으킬 것이다. 왜냐하면, '과잉 개체수'는 여기서 그 종에 의해 먹이로 소용되는 동식물이 연간 생장할 수 있는 것보다 더 많이 잡아먹히는 방식으로 표출될 수밖에 없기 때문이다. 과도한 증식은 한편으로는 상시적인 감소를 의미하고 다른 한편으로는 부양활동공간의 계속된 제한을 의미한다. 그럼으로써 높은 다산성에도 불구하고 과도한 개체수의 상태에 사로잡힌 동물 종이 자신의 먹이를 다 없애고 스스로도 사멸하는 운명에 처하게 될 때까지 계속 감소하게 된다.

그러나 거기서 동물을 먹고 사는 종과 식물을 먹고 사는 종 간에 구분할 필요가 있다. 전자의 종에서는 먹이의 희소성 증가는 먹이가 되는 동물이 적어질 뿐 아니라 겁이 더 많아지고 더 널리 흩어지고 더 잘 도망치게 되어 이들을 포획하는 데 점점 더 많은 노력이 필요해지는 것에서 표출된다. 먹이가 희소해짐에 의한 이런 포획노력의 증대는 해당하는 육식동물의 다산성을 감축시키고 이런 식으로 이들의 과잉 개체수에 반작용할 수 있다.

천적이 없는 거대한 초식동물에게서는 사안이 그렇게 호의적이지 않다. 우리는 그런 경우를 이미 위에서 코끼리와 관련하여 다룬 바 있다. 여기서는 과도한 다산성은 그러한 동물의 부양활동공간을 이루는 전체 영역이 모든 큰 몸집의 동물들에 일시적으로 거주 불가능하게 되고 그런 동물들의 모든 종이 거기서 사멸하는 결과를 가져올 수 있다.

이 다양한 경우들 어느 것에서도 노래의 끝맺음은 언제나 같을 수밖에 없다. 그것은 그 증식이 유기체들의 보전과 제거 간의 균형에 적응하지 않으려 하는 모든 종이 사멸한다는 것이다.

유기체의 개별 종들 내에서의 개체들의 선별만이 있는 것이 아니라 이 종들 중에서의 선별도 있다. 그렇다. 가능할 수 있는 것은 아예 유기체들의 여러 **시스템** 중의 선별이다. 이 시스템들 각각 안에는 유기체의 모든 종이 이런저런 방식으로 서로 간에 연관을 맺고 있다. 파괴와 보전 간의 원래의 균형으로부터의 지속적인 이탈이 자리 잡으려고 하면 이는 적응하지 않는 개체, 종, 그리고 종들 시스템의 근절(根絕)에 의하여 조만간 다시 지양된다. 오직 적응하는 것만이 보전될 수 있다. 이는 증식능력에도 해당하고, 유기체들의 다른 어떤 특성에도 해당한다. 그런데 부양활동공간의 한계를 넘어가려고 하는 증식능력은 적응적이지 않으며, 그런 한계로부터 거리를 두고 있어서 개체들의 가장 완전한 발달이 가능해지도록 하고, 개별 종에 대하여 이로써 또한 종들의 전체에 대하여 보전과 증식 간의 균형이 지속해서 보전되도록 하는 증식능력이 적응적이다.

제5장 자연에서의 혁명과 정지상태

우리가 유기체들의 제거와 증식 간의 균형에 관하여 이야기할 때 이는 당연히 고정된 상태로 이해할 것이 아니라 다소간의 크기를 가진 기복(起伏)을 이루며 관철되는 경향, 그 **평균**은 균형 상태를 이루는 그런 경향으로 이해할 것이다. 그 스스로가 또는 그 먹이가 되는 유기체들이 그 증식과 제거에서 변화하는 외부 영향, 가령 날씨의 영향에 강하게 좌우되는 그런 종들에서 기복 운동은 더 클 것이다. 생활 조건이 더 균일한 다른 종들에서는 균형 상태도 더 작은 진자운동을 보일 것이다. 서덜랜드는 이런 종들의 두 극단적 경우를 언급한다. 남아메리카의 팜파스에서는 몇 번 온화한 여름이 이어지면 쥐들이 대량으로 번식한다. 그에 따라 천적의 수도 증가하여 곧 쥐의 과잉 상태를 끝낸다. 이로써 다시 쥐를 먹고 사는 포식자의 증식이 억제되고, 그들의 수가 줄어들며, 새로 온화한 여름이 찾아오면, 쥐들은 당장 자신들의 새로운 증가를 방해할 수 있을 몇 안 되는 천적만을 발견한다.

다른 한편으로 관찰되어 온 것은, 왜가리 떼, 가령 50마리가 한 지역에서 모일 때 그들의 수가 해마다 일정하게 유지된다는 것이다. 마찬가지로 제비들도 어느 해나 한 지역에서 같은 수의 쌍으로 출현하는 것 같다.

이 경우든 저 경우든, 외적 조건이 여러 세대가 이어지는 동안 존속하는 일반적인 평균적 수준으로 변함이 없을 때는 개별 종들에서의 다산성의 정도도 균형 상태를 유지하는 정도로, 그리고 선행하는 장기간의 상호 적응 과정과 적응하지 않는 것과 적응능력이 없는 것의 박멸의 과정의 궁극적 결과인 정도로 고정될 것이다. 그런 다산성 정도는 유기체의 다른 특성들처럼 유전될 것이며, 또한 외적 조건들이 달라지더라도 최소한 어느 시간 동안은 변함없는 상태로 있는 경향을 가질 것이다.

더 긴 시간에 걸쳐— 우리는 여기서 지질학적 기간을 생각한다 —동일한 상태로 있는 외적 조건들에서 유기체의 다양한 종들이 상호 균형의 상태에 도달하고, 이 균형이 유전되는 특성들에 기초를 둔다면, 그것을 낳은 조건들이 지속되는 동안은 이 균형은 어떠한 더 이상의 발달도 배제한다. 일단 유기체의 모든 종들이 서로 지구의, 즉 땅의 상태에 의해 주어진 조건들에 최상으로 적응해 있으면 곧 어떤 더 이상의 발달이 더 필요하고 가능하겠는가?

맬서스에게 토대를 둔 다윈주의자들은 먹이를 둘러싼 개체 간의 투쟁, 오직 가장 완벽한 것들만 살아남고 번식하게 되는 투쟁을 불러일으키는 먹이 부족에서 결코 쉼이 없는 발달의 끊임 없이 작용하는 추진력을 본다. 그러나 우리는 상시적 현상으로서의 그러한 먹이 부족이 유기체들의 완성이 아니라 퇴화 그리고 궁극적인 파멸을 의미하리란 것을 보았다.

살아 있는 자연에서의 균형이라는 우리의 가정은 발달학설이 그러한 균형의 시간 동안에는 발달도 가능하기 어려운 것으로 보이게 한다면 결코 발달학설과 융합 불가능하지 않다. 균형은 같은 외적 조건들의 끊임없는 반복을 전제로 한다. 이는 그런 조건들의 작은 기복을 배제하지 않는다. 그러나 모든 지속적인 근원적인 외적 조건의 변경은 유기체들의 균형을 교란할 수밖에 없고, 여기서는 개체수 감소 저기서는 과잉 개체수를 초래하며, 균형 상태에서 정상인 정도를 넘는 생존을 둘러싼 투쟁의 첨예화를 초래할 수밖에 없는데,

이는 개체들과 종들의 서로에 대한 관계에서의 난폭한 격랑으로서 결국 새로운 조건들이 장기간 지속적으로 유지될 때 새로운 종들과 이들의 서로 간의 새로운 관계가 자리 잡기까지 계속될 것이다. 이는 조화(調和)는 결코 아니라 할지라도 새로운 균형 상태로서, 다시 새로운 강력한 외적 조건의 변경이 생기기까지 길게 유지된다.

지속적으로 개별 대륙들, 아니 지구 전체의 외관과 기후적 그리고 그 밖의 상황들을 변경시키는 그러한 변동은 빙하기, 대륙과 해저 지반의 융기와 침하, 해류, 지축의 변경 등이다.

그런 식의 변동이 때로 일어난다는 것을 우리는 안다. 그런 변동은 동물과 식물에 새로운 생활 조건을 가져올 수밖에 없으며, 이미 새로운 화학적 기타 자극, 추위의 증가, 한발, 새로운 식량, 새로운 종, 이 종이 사용할 기관(器官) 등을 통해 유기체들에 다르게 영향을 미친다. 많은 생물에게 그들의 지금까지의 서식지는 거주 불가능하게 되어, 달아나야 하며, 다른 도피자들과 새로운 지대에 몰려들어 그곳에서 치열한 투쟁을 하고, 새로운 선별이 일어나게 하며, 거기서 그들은 또한 새로운 교배(交配)에 도달하여 이것이 새로운 종들을 만들 수 있다.

그 과정의 끝에 다른, 변화된 조건에 더 잘 적응한 유기체적 세계가 존재하게 될 것이다.

그런데 결국 종(種)의 변경을 초래하는 것은 외적 조건의 변경과 그에 대한 적응만이라면 다음과 같은 의문이 생겨난다. 이런 변경이 점점 더 높은 형태들로의 발달이기도 하게 만드는 것은 어떤 정황인가?

이런 의문에 물론 다음과 같은 반문으로 대답할 수밖에 없다. 어떤 형태가 더 높은 형태인가? 명백히 말해서 그 부분들의 다채로움이 더 크고, 그 기관

(器官)들의 분업이 더 많이 진전된 것이다. 우리 지구(地球)의 외적 조성(組成)에서 다채로움의 증가가 일어나면 유기체들과 그 기관들의 다채로움이 커졌다고 선언된다.

당연히 지구 표면의 역사를 완전히 확정성을 가지고 기술하는 것은 불가능하다. 그러나 최초의 유기체들이 형성되던 시기에 지구 표면의 상황은 오늘날보다 많이 단순했다는 가정(假定)을 뒷받침해 주는 것이 아주 많다. 다양한 데이터에서 결론을 내릴 수 있는 것은 발달의 진행은 다음과 같았다는 것이다. 처음에는 큰 융기도 깊은 침강도 없었다고 가정해도 좋다. 수량(水量)은 아직 작았고 얕은 바다를 이루었고 이로부터 필시 아무런 융기도 일어나지 않았다. 극히 많은 수량이 아직 증기 형태로 짙은 구름을 이루어 수역(水域) 위에 머물렀고 햇빛을 통과시키지 않았다. 그러나 지구의 내부는 온기를 충분히 제공했고, 바다는 어디서나 균일하게 따뜻하게 되었고 다양한 지역의 태양과의 위치는 아직은 기후에 아무 영향을 주지 않았다. 그런 상황에서 생겨난 최초의 유기체들은 어디서나 동일한 조건을 발견했고, 이 조건이 이 유기체 중 하나의 모든 지체에 같은 식으로 작용했다.

지구의 수축과 냉각이 진행되면서 그 표면이 더욱 주름지게 되고, 거대한 융기와 침강이 일어나고 바다와 육지 간, 깊은 바다와 얕은 바다 간의 차이가 생겨남에 따라 이는 달라졌다. 그런데 냉각이 진행되면서 대기도 점점 더 많은 수증기를 방출하여 이는 비로 내려서 바다의 수량이 늘어났고 동시에 대기도 맑아졌으며, 햇빛이 지구에 도달하게 했다. 줄어든 내부의 지구 온기가 두꺼워진 지각을 뚫고 나오는 양이 줄수록 이런 것들이 이제 더욱 두드러지게 작용했다. 따뜻한 낮과 서늘한 밤의 차이, 그리고 극지방 쪽으로 가면서 여름과 겨울의 차이, 열대지방과 극지방의 차이가 만들어졌다. 이는 이미 상황을 크게 다채롭게 만들었다. 원래의 단순한 유기체 중에 옛 상황 가운데 남아 있어서 이에 잘 적응한 것들은 달라지지 않았다. 발달의 초기에 가령 해저에 사는 것들이 그랬다. 그러나 새로운 상황으로 옮겨지거나 몰림을 당한 모든 것들은 그 상황에 적응하지 않으면 멸망할 수밖에 없었다. 이 적응은 부분적으로는 새로운 자극의 작용으로 직접 이루어질 수 있었다. 원래의 형태들을 새로운 조건에서 생존할 수 있게 만드는 데 이것이 충분하지 않은 경우에는 그들 중 수십억이 수십만 년간을 계속해서 새로운 환경에 도달하여 거기서 멸망했을지도 모른다. 그러다가 결국 새로운 변종이 출현하여 새로운 조건들에 걸맞게 자라났고 연명(延命)했고 이제 급속히 늘어났다. 그렇게 옛 종(種)들로부터 새로운 종들이 만들어졌으나 이는 역시 유지가 된 옛 종과 병행한 것이다.

발달은 옛날의 단순한 유기체들이 사멸하고 새로운 고등의 유기체들에 의해 쫓겨나는 식으로 진행하지 않는다. 옛 유기체들에 새로운 유기체들이 더해지고 그래서 유기체 생명계가 더 다채롭게 형성된다.

해저에서 빛없이, 강력한 산소조달 없이, 언제나 변함없는 온도에서 발달했던 것은 바다 수면에 도달하여 거기서 햇볕과 강한 산소조달, 변동하는 기온을 발견했다면 변함없이 연명할 수 없었다.

이런 강한 자극은 유기체들의 외면에는 내면과 완전히 다르게 닥쳤을 수밖에 없다. 이는 양자 간 분업을 일으켰다. 바다와 육지의 경계에 파도, 밀물과 썰물로 도달한 유기체들에는 자극이 더 강하게 되었다. 거기서 유기체들의 외면이 더욱 강하게 필요해졌다.

물의 강하가 육지 위에 흐르는 수역을 이루면서 상황의 다채로움이 상승했다. 이 하천이 수천 년 수백만 년이 흐르면서 육지를 침식했고, 육지의 소금을 녹여 바다로 보냈다. 민물과 짠물의 차이가 시작되었다.

어떤 유기체들이 물과 육지의 경계를 넘어가서 육지에 의해 주어진 조건에 적응하기 시작하면서 더 강한 구별이 생겨났다. 육지에서는 더위와 추위, 폭풍과 고요, 여름과 겨울의 구별이 물에서보다 훨씬 두드러질 뿐 아니라 거기에 습윤과 건조 등 간의 새로운 구별도 더해진다.

그리고 동시에 육지는 점점 더 다양한 형상을 이룬다. 낮은 평지와 높은 산간지대가 이루어지고, 산간지대는 또 남면에서는 북면과 다른 조건을 가진다. 모래사막과 늪지대, 갈라진 틈새가 많은 바위들과 부드러운 진흙 등등.

그러나 한 유기체의 외적 조건 중에는 서식지로서의 지표면 상황만이 있는 것이 아니다. 외적 조건에 속하는 것은 또한 먹이다. 이는 처음에는 마찬가지로 단조로웠다. 원래는 거의 어디서나 아주 상당히 같은 혼합물을 담고 있었을지도 모르는 물이었다. 산소, 온기, 빛의 조달도 당시에는 미미한 다양성을 보였을 것이다. 우리는 이미 바닷물과 민물과의 구분, 깊은 바다와 얕은 바다와의 차이가 공기, 빛 그리고 온기의 조달에서의 다양성을 가지고서 어떻게 형성되었는지를 언급했다. 그런 차이들은 식물이 육지에 정착하자 곧 식물에 더 중요하게 된다. 모든 땅마다 그들에게 다른 먹이를 제공한다. 그리고 더욱 다양한 지층이 극히 다양한 조건에서 형성되고, 켜켜로 쌓이고, 다시 밀려나고, 주름이 지어지고, 패이고, 극히 현란하게 어우러질수록 토양의 조성은 점점 더 다채로워진다.

토양 위에서 살아가는 식물에게 토양이 거주지인 것처럼 먹이이기도 하지만, 무기물을 흡수하지 않고 먹이를 다른 유기체에서 끌어와서 자신에게 완전히 혹은 부분적으로 병합하는 유기체들이 형성되자 곧 달라졌다. 그런 유기체들 중 작은 부분만이 자유로운 운동 기관(器官)도 없고 그래서 의식과 의지도 없이 토양과 합체된 상태에 머문다.

풍부한 먹이 비축량을 이루는 원생물체와 식물이 충분히 존재하자 곧바로 이 비축량으로부터 무기물질의 병합을 통해 될 수 있는 것보다 더 고도의 새로운 힘을 끌어내는 유기체들을 위한 토양이 주어진다. 나에게는 생명이나 의식의 수수께끼를 풀려는 의도는 없다. '영영 우리는 알지 못할 것이다(Ignorabimus)'를 주장하고 싶지는 않지만, 나는 그래도 '우리는 모른다(Ignoramus)'는 것을 고백할 수밖에 없다.

그러나 여기서 우리가 풀어야 할 과제를 위하여 동물이 어떻게 원생물체로부터 형성되었는지, 자의적 운동, 의식, 바람을 발달시켰는지를 묘사할 필요는 없다. 아무튼, 이런 발달의 토대는 유기적 생명의 일정한 다채로움이다. 그런데 토양, 기후, 식물 생장의 상황이 다채로울수록 이 다양한 상황에 적응해야 했던 동물계도 더욱 다채로웠을 수밖에 없다. 동물을 먹고 사는 동물들이 형성되면서 다채성은 더 높아졌다. 이제 다채로운 동물들만 다채로운 식물에 적응하고 이 식물들이 다시 그들 나름대로 다채로운 동물들에 적응해야 했던, 그래서 다채로움을 더 높였던 것만이 아니라 다채로운 동물들도 다른 다채로운 동물들에 적응해야 했다. 어느 유기체든지 외적 조건의 결과일 뿐이기만 한 것이 아니다. 그 자체가 다시 다른 유기체들을 위해 외적 조건의 한 조각을 이룬다.

이 모든 영향을 고려한다면, 점점 더 고등의, 즉 점점 더 복잡한 유기체로의 끊임없는 발달은 어떠한 경이로움의 외관도 잃어버린다. 결국, 그것은 우리의 지구 위에서 그리고 그 안에서 진행되는 순전한 역학적(力學的) 변화에 기인한다.

이런 인식이 옳다면 발달론과 마르크스주의 간의 모든 통일성도 성립하고, 인간 관념의 발달은 유기체 일반의 발달과 같이 그의 생활의 변동하는 물적,

즉 외적 조건의 적응으로 완수된다. 아니, 유물론적 역사관은 발달론과 마찬가지로 자신의 영역들을 위해— 여기서는 인간 사회와 인간들의 관념, 저기서는 유기체들의 조직 —무기체의 세계를 포함해서 전체 세계의 일반 법칙인 것만을 증언해 줄 뿐이다. 각 몸의 형태들은 그의 주변 환경의 조건들에 의해 정해진다.

그리고 인간 사회의 발달에서처럼 우리는 유기체 세계의 발달에서도 급격한 변동의 시기, 그리고 정지상태의 시기, 균형의 시기, 혁명적 시기와 보수적 시기를 구분해야 한다. 첫 번의 시기에서는 유기체들이 새로운 상황에 적응하는 것이 가장 중대한 계기가 되어 유기체들은 다윈이 이렇게 말하듯이 신축적이 된다.

"외적 조건들의 변경은 그것이 재생산 시스템에 작용하기 때문에 가장 많이 영향받은 생물체들의 조직이 신축적이 되는 결과를 가질 개연성이 있다."(종의 기원, S. 15.)

반면에 획득된 특성— 그리고 개별 유기체들을 다른 유기체와 구별해 주는 모든 특성은 결국 획득된 것이다 —이 유전이 되는 지속적인 종족 성격으로 고착되는 것은 상시로 같은 외적 생활환경이 양친에게 영향을 준 것처럼 자식들에게도 영향을 주어 양친으로부터 물려받은 특성이 자식들에게 더 확고히 뿌리를 내리는 시기에만 있을 수 있다.

유전(遺傳)은 유기체와 외부세계 간의 관계가 장기간에 걸쳐 본질상 변함이 없는 시기에만 종을 확정하는 계기가 될 수 있다.

물론 자연에서는 지표면에서 아무것도 절대로 변화하지 않는 시기가 있고, 아무것도 옛 그대로 남아 있지 않은 시기가 있다는 식으로 날카로운 구분을 할 수는 없으며, 그래서 어떤 시기는 전적으로 유전의 시기이고 다른 어떤 시기는 적응의 시기일 뿐이라고 말할 수도 없다. 그와 같이 사회에도 절대적 정지상태의 시기가 있지 않으며, 다른 한편으로 가장 급진적인 혁명도 기존의 모든 것을 뒤엎을 수는 없다. 그럼에도 불구하고 사회의 역사에서 혁명적 시기와 보수적 시기를 사람들은 구분하며 같은 구분을 적절히 가미(加味)하여 지구의 역사에서도 할 수 있다. 지표면의 변동이 광범위하고 심하여 전체 종(種)들에게 새로운 생활 조건을 창조하며, 적응의 힘이 전체 종들에게 장기간에 걸쳐 유전의 힘을 압도하도록 하는 시기다. 그리고 다른 한편으로는 지표면의 끊이지 않는 변동이 아주 사소하고 국지적 성격만을 띠어서 적응의 힘이 기껏해야 일부 유기체들의 일시적인 개별 변동을 불러일으키지만, 전체 종들에게서 유전의 힘을 몰아낼 능력이 없는 시기로서 종들은 개별적인 변이에도 전체적으로는 변함없이 유지되는 시기다.

지구 전체의 강력한 혁명적 시기이며 가장 최근의 것은 제3기였다. 이 시기는 거대한 산맥들을 형성했고, 지표면과 그 유기체 생명계의 다양성을 최고로 상승시켰으며, 포유동물계를 오늘의 형태로 창조해 낸 시기다. 이 시기에 인간이 나온다.

그 이래로 물론 수많은 생물체가 사멸했지만, 새로운 생물체가 좀처럼 더해지지 않았다. 가령 인간 자신이 비로소 거주지이자 '부양활동공간', 그래서 전제조건 '환경'이 되는 그런 기생 생물체인 다양한 촌충류와 이, 임질(淋疾)을 유발하는 임균 같은 것들 외에는 이렇다 할 새로운 생물체는 없다. 이 안락한 생활을 하는 유기체들은 인간 뒤에 비로소 생겨났을 개연성이 있다. 우리가 아니라 그들이 '창조의 왕관'이 된다.

순간적으로 우리는 명백히 새로운 종의 발달에 관해서라면 보수적인 시기에 살고 있다. 외적 생활 조건들은 전반적으로 수천 년 전부터 변함이 없으며, 그래서 종(種)들도 변함이 없는 것으로 나타나고 발달은 사회에 국한되는 것 같으며, 자연과 다르게 오직 사회만 역사 그리고 역사적 범주들을 가지는 것으로 보인다. 우리가 유기체 세계에서 발달을 확인하고자 한다면, 지질학의 도움을 받아 수십만 년 그리고 수백만 년 묵은 유적들을 오늘날의 종들과 비교해야 한다.

"암석층에서처럼 우리는 열린 자연에서도 동물의 돌변을 직접 관찰할 수 없다. 게다가 우리는 너무 짧게 산다. 그렇다. 오래전에 멸망한 민족들이 만든 일정 동물들에 관한 완전히 사실적인 기록이 있더라도 우리는 이 동물들과 같은 동물 종의 오늘날의 대표 동물들 간의 구분을 좀처럼 찾아내지 못할 것이다. 왜냐하면, 지구의 역사로 볼 때 세계의 6천 년 역사가 무엇이란 말인가! 지구 역사의 개별 시대들이 수십만 년씩 되는 것이다. 돌변은 6천 년 안에 우리의 눈에 띄기에는 너무나 점진적으로 진행된다."(Konrad Günther, Vom Urtier zum Menschen, 1909, S. 6.)

이처럼 6천 년 전부터 오늘날 살아 있는 유기체들은 (몇몇 예외는 있지만) 눈에 띌 만치 달라지지 않았지만, 생존을 둘러싼 투쟁으로 생긴 변화들은 어떤 개체들에 다른 개체들에 대한 눈에 띄는 우위를 부여하는 식인 것 같다! 수명이 짧은 동물들이 역사적 시간 내에서 수백 수천 세대에 걸쳐 계속 축적이 되어도, 아직 가시적으로 드러나지 않을 만큼 미세한 변동은 어디서도 이를 타고난 개체가 살아남는다는 것을 밝혀 줄 수 없다! 새로운 종들이 발달한다면, 진행의 템포는 빠를 수밖에 없다. 역사적 시간 내에서 종들의 불변함은 오직 그들의 생존 조건이 이 시대에 아무런 심각한 변화를 겪지 않았다는 것 그리고 지구의 역사에서도 사회의 역사에서처럼 혁명적 시대만이 아니라 조용한 시대도 있다는 것을 통해서만 설명이 된다.

우리가 지금의 시대에서 종들의 불변함을 가정하더라도,— 이는 당연히 모든 상황에서의 불변함과는 다른 것이다 —이는 그렇다고 해서 생존을 둘러싼 투쟁과 가장 적응을 잘하는 자의 선별이 끊임없이 작용하지 않음을 말하는 것이어서는 안 된다. 그러나 변함없는 생활 조건이 장기간 계속되는 가운데 일단 모든 유기체 종들이 이 생활 조건에, 그리고 서로 간에 최선으로 적응해 오면서, 곧바로 생존을 둘러싼 투쟁은 오직 적합하지 못한 변종들이 제외되고 어느 아종(亞種)이든 그들의 수행능력의 정점에 머물고 있지만 획득된 형질도 고착되게끔 작용할 수 있을 뿐이다.

역사적 시간 내의 새로운 종의 형성의 몇 안 되는 예 중 하나는 마데이라 제도의 포르토 산투 섬의 집토끼들인데, 이들은 그곳에 1419년에 풀어져 그 후손들은 아주 많이 달라져서 새로운 종으로 간주될 정도다. 그런데 우리의 눈앞에서 펼쳐진 이런 발달은 생활 조건의 변화, 이 경우에는 인위적인 변화의 결과이지, 변화되지 않은 생활 조건에서 먹이 부족에 따른 생존을 둘러싼 투쟁의 결과가 아니다. 그리고 이 예가 보여주는 것은 새로운 종들이 얼마나 빠르게 형성될 수 있는가 하는 것, 거기에 한량없는 시간이 필요한 것이 아니라는 것이다.

주목할 만한 것은 또한 다음과 같은 것으로서 다윈이 전해주는 것이다. 1861년에 그는 포르토 산투 집토끼 표본 두 개체를 탐구했는데, 이들은 막 런던의 동물원으로 보내진 것이다. 이들의 귀와 꼬리에서 다른 집토끼들이 보여주지 않는 색상을 확인했다. 4년 뒤에 그에게는 두 표본 개체 중 하나가 죽어서 보내졌다. 그가 발견한 것은 그놈에게서 이 신체 부위의 색상이 집토끼들의 정상적 색상에 벌써 상당히 가까워졌다는 것이다. "영국의 풍토 속에서 그래서 이 개체 집토끼는 거의 4년 만에 (그 종의) 모피의 고유한 색상을 회복

했던 것이다."(Das Variieren der Tiere und Pflanzen, I., S. 125.)

역사적 시간 내에서의 종들의 불변함은 유기체들의 부양활동공간보다 더 빠르게 증식하는, 끊임없이 효력을 나타내는 경향이 유기체 발달의 추진력이라고 우리가 가정한다면 설명이 안 되는 채로 남는다. 새로운 종들을 창조하는 것이 외적 생활 조건의 가끔 있는 변동이라는 것 그리고 점점 더 복잡해지고 점점 더 고등의 유기체가 출현하게 하는 것은 이 생활 조건의 다채로움의 증가라는 것을 가정한다면 이 난점은 사라진다.

이런 가정은 다윈주의가 맬서스주의 위에 근거를 둘 때 생겨나는 다른 난점도 제거해 준다. 다윈주의는 생명체의 끊임없는 발달, 하등 유기체와 병행한 고등 유기체의 끊임없는 출현만이 아니라 고등 유기체에 의한 하등 유기체의 축출도 전제로 한다. 그러면 하등의 유기체가 왜 여전히 보전되며 고등의 유기체에 의해 완전히 박멸되지 않는지, 가령 오늘날 열등한 인종들이 유럽인들, 다윈주의에 근거를 두면서 열등한 유기체의 고도로 발달한 유기체에 의한 제거를 요구하는 자연적 필연성을 따른다고 강변하는 유럽인들에 의해 행해지는 방식으로 박멸되지 않는지 설명할 수가 없다. 과학은 열등한 종족을 보존하는 것을 금해야 한다고 우리의 식민정책가들이 주장한다. '과학'의 이런 주장과 다르게 우리는 가장 단순한 유기체들이 가장 고등의 유기체들과 아울러 존속하는 것을 본다. 고등의 유기체는 외적 생활 조건의 진행하는 다채로움 덕분에 생겨났다고 우리가 가정한다면 열등한 유기체의 보전은 저절로 설명된다. 고등의 유기체들은 그렇다면 열등한 유기체들에 닥선 투쟁에서 이들의 축출에 의해서가 아니라 이들에 편입됨으로 생겨난다. 그러는 중에 여러 곳에서 옛 생활 조건에 새로운 생활 조건이 더해지고, 이는 개별 종들에 변화의 영향을 미치는 것이다. 옛 생활 조건들이 변함이 없는 곳에서 그리고 그런 한에서는 이 생활 조건들에 수천 년간 가장 잘 적응한 옛 유기체들도 보존된다. 옛날의 단순한 유기 생명체의 존속 자체는 자기 자신보다 더 단순한 유기체를 먹고 사는, 새로 출현하는 생물체를 위한 생활 조건들의 하나가 된다.

예전의 종들은 그중에서 발달했고 또 그에 적응했던 생활 조건이 중단되면 그때야 사멸할 것이다. 이는 당연히 일어날 수 있는 일이다. 그처럼 확실히 원생물체들이 그 안에서 생겨났던 많은 생활 조건이 중단되었다. 예를 들어 공기 중의 이산화탄소 함량과 해수의 온도는 퍽 낮아졌다. 그러나 다른 한편, 새로운 유기 생물체들의 출현도 많은 옛 유기 생물체들의 생활 조건을 제거할 것이다. 이런저런 방식으로 쓰러지는 것은 언제나 최하등 생물체는 아니다. 사멸한 '대홍수 이전' 동물들은 그 유체(遺體)가 오늘날 우리의 놀라움을 일으키는데 모든 공룡, 대 포유류, 마스토돈들이 모두 그들 시대의 최고로 발달한 형태에 속했다.

그러나 단순한 유기체와 아울러 점점 더 다채롭고 고등의 유기체들이 생겨나도록 하는 것이 지구상에서의 생활 조건의 진보하는 다채로움이라는 것만으로도, 이는 지구상에서 고등 유기체로의 진보가 지구 자신의 냉각 및 수축 과정을 통해 그 표면 위에 상황의 증가하는 다채로움을 만들기를 중지하자마자 끝날 수밖에 없다는 말도 된다.

그런데 어떤 주어진 시점에서부터 지구는 그 다채로움을 정말로 상실하기 시작할 수밖에 없으며, 그 표면에서의 상황도 점점 더 단조로운 모양이 될 수밖에 없다. 이는 두 거대한 힘의 역학관계에 따라 두 가지 방식으로 일어날 수 있다. 지구의 얼굴을 정해주는, 18세기의 언어로 말한다면 화성활동(Plutonismus)과 수성활동(Neptunismus)이라 부를 수 있는 두 거대한 힘의 역학관계를 말한다.

물론 당시와 같은 방식 그대로 두 힘의 작용을 떠올려서는 안 된다. 화산분출에 의한 것보다 지구의 수축과정에 의한 융기와 침강이 훨씬 덜 일어난다. 수축과정은 지구의 얼굴에 주름을 그려주는데, 이는 우리에게 높은 산맥으로 나타나며 이곳에서는 일부분을 솟아오르게 하고 저곳에서는 일부분을 가라앉게 하여, 때로는 여러 대륙 전체를 수천 년에 걸쳐 미세하게 융기하거나 가라앉게 만드는 것이다. 그러나 물은 끊임없이 모든 불균등한 데를 균형 잡아 주고 모든 치솟은 곳을 깎아내리고, 모든 가라앉은 데를 이 치솟은 곳을 깎은 산물들, 자갈, 모래, 진흙으로 채우는 노력을 한다.

지구 수축의 융기시키는 힘과 물의 깎는 힘, 두 힘 모두 약해지는 경향이 있다. 지표면의 물의 양은 점점 더 줄어들 수밖에 없다. 지각이 두꺼워질수록 그리고 지각이 냉각될수록 물이 다시 기화하거나 솟구치게 되지 않고 스며들 수 있는 영역이 커진다. 그럴수록 물은 지구 내부로 깊이 들어가고 그럴수록 지표면의 물의 양은 줄어든다.

그러나 지구가 더 많이 냉각되고 지각이 더 두꺼워지면서 지구의 수축 및 주름 잡히는 속도와 정도는 작아질 수밖에 없다.

지구의 표면 형상에 결정적으로 될 것은 이제 '수성(水成)적' 힘과 '화성(火成)적' 힘 중 어느 쪽이 더 빠르게 줄어드느냐 하는 것이다. 물의 평준화시키는 힘이 새로운 융기층을 쌓아 올리는 힘보다 우위를 차지하면, 지구는 점점 더 평평하게 되고, 대양은 점점 더 얕아져서 결국 지구 전체가 오늘날 자위더르해를 가진 홀란트처럼 보이게 될 것이다. 이것이 일단 끝나고 바다가 완전히 마르면, 건조한 황무지만 남게 될 수밖에 없다. 그러면 마지막 생물체는 얼음 속에서 얼어 죽지 않고 먼지 구덩이에서 목말라 죽을 것이다.

그러나 물이 높은 곳들을 쌓아올리는 힘들을 압도하는 중량의 우위를 얻지 못하고, 산간지대를 깎아내지도 못한 채 지구의 사타구니로 결국 스며드는 것도 가능하다. 산악지대는 그러는 중에 오늘날보다 더 높아질 수도 있다. 그런 상태를 우리에게 보여주는 것 중 하나가 달이다.

발달 진행의 첫 번째 경우에서는 두 번째 경우와 완전히 다르지만 두 경우에 모두 생활 조건과 유기적 생명체의 단조로움이 증가하는 쪽으로 같은 경향을 띤다. 유기체들이 한 종씩 사라질 수밖에 없는데, 이들의 생활 조건이 하나씩 중단되기 때문이다. 이로써 사라진 유기체를 먹이로 삼았던 종들도 멸망할 수밖에 없다. 아니면 그들은 먹이를 단순화할 것이다. 먹이가 되는 동물이나 식물 중에서의 선택 가짓수가 적어졌기 때문이다. 먹이가 덜 다채로워질수록 먹이를 찾고, 이를 포획하고 소화시키는 기관들도 더 단순해진다. 유기생물체 전체만 점점 더 단순해지는 것이 아니라 생존한 유기체 중에서도 여러 기관(器官)들이 지속적으로 사용하지 않거나 더 일면적인 사용으로 쇠약해지거나 더 단순하게 될 것이다.

맬서스주의 위에 세워진 다윈주의의 결론은 유기체들이 먹이를 둘러싼 투쟁을 통해 점점 더 고등의 형태로 발달해 간다는 가정이다. 이러한 상승은 위에서 기술한 지구 생명의 단계에서도 모든 생명체가 물의 부족으로 지구상에서 불가능하게 되기까지 계속될 수밖에 없으리란 것이다.

생명체의 발달의 상승하는 가지에 하강하는 가지도 대응하는가 혹은 그 상승하는 가지는 끊임없이 정점까지 커가다가 말라죽는가 하는 질문은 당연히 우리를 별로 흥분시킬 필요가 없다. 필시 완전히 다른 일이 벌어져서 가령 어느 아름다운 날에 항성이 우리의 태양계에 뛰어들어 태양계를 가스들로 분해하고 아레니우스(Arrhenius)의 견해를 빌린다면, 이 가스들이 전체 과정을 다시 시작할 것이다.

그러나 우리가 이미 지구 유기체 발달의 정점에 도달해 있고 기존의 유기체들보다 더 고등의 유기체 종은 더 이상 나오지 않을 가능성이 존재한다. 아니 아예 우리가 이미 지구상의 생명의 증가하는 단조성의 초창기에 들어온 것은 아닌가 하는 질문을 던질 수도 있을 것이다.

이는 물론 개연성은 없다. 홍적세 이래로도 더 고등의 새로운 종이 생기지 않았지만 수많은 종들, 코끼리, 무소, 메갈로케로스, 굴오소리, 동굴사자, 대포유류, 아르마딜로속 동물 등이 사라졌고, 아직도 우리 눈앞에서 보전의 온갖 시도에도 불구하고 오록스(Auerochsen), 고라니, 산양 같은 많은 종들이 사라졌다고 해도, 그래도 그들이 지표면의 자연 조건의 증가하는 단조성의 희생 제물이라고 가정하기는 어려울 것이다. 그런 식으로 지구상의 자연 조건의 다양성이 자연적 원인으로 인해 감소하는 것에 관해서는 조금의 징후도 발견할 수 없다. 물론 우리는 수천 년 전 이래로 진행되고 있는 운동이 지구상의 생활 조건을 점점 더 단조롭게 만드는 경향을 지닌다는 것을 발견하지만, 그 운동을 일으키는 힘은 물이 아닌 인간의 평준화시키는 힘이다.

제6장 산술적 급수와 감소하는 토지 수확

인간이 있음으로써 자연의 무대에 새로운 인자가 등장한다. 이는 인간의 기술(技術)이다. 자유롭게 움직이는 동물은 식물보다 우월하다. 식물은 땅 조각이 그 부양활동공간이 되어 거기에 싹이 나고, 거기서 자라난다. 동물은 소수의 하등 종들을 제외한다면 먹이를 찾아가고, 불리한 영역을 유리한 영역과 교체한다. 그러나 전체가 지닌 식량의 양을 늘릴 능력은 없다.

이 능력은 오직 인간에게만 주어져 있다. 동물이 식물보다 우월한 것처럼 마찬가지로 인간은 이로써 동물보다 우월하다. 인구법칙의 새로운 토대가 인간에게 주어지며, 그 법칙 자체가 이제 인간에 의하여 인간에 대하여 변경이 된다.

이는 맬서스도 간파한다. 그럼에도 불구하고 그는 근본적으로 그렇다고 해서 그의 인구법칙에서 달라지는 것은 아무것도 없다고 생각한다. 물론 인간은 자신의 부양활동공간을 점점 더 확장할 능력이 있다는 점에서 동물과 구별된다. 그러나 이는 인간에게 아무런 득이 되지 못한다. 자신의 부양활동공간 경계를 넘어 증식하려는 그의 노력은 언제나 다시 넓혀진 경계선마저 넘어서려고 노력할 것이기 때문이다.

일련의 관찰과 계산으로부터 그는 고난과 곤궁 또는 자의적인 번식의 제한이 증식을 막지 않는다면 어느 나라의 인구는 25년 만에 두 배로 늘어난다는 결론을 이끌어낸다. 반면에 그는 토지의 수확이 25년 이내에 오늘날 생산하는 것보다 그만큼 많이 증가할 수 있다는 것은 배제한다.

어떤 나라가 오늘날 1천만 명을 먹여 살릴 능력이 있다면, 그 나라가 25년 후에 또 그만큼 많은 사람을 먹여 살릴 수 있게 되는 것이 가능하고, 또 25년 후에는 다시 1천만 명을 더 먹여 살리고 그런 식으로 계속 가는 것이 가능하다고 간주한다면 이는 그에게 아주 유리한 가정으로 여겨진다. 그러나 거기서 인구는 25년마다 두 배로 늘어나는 경향을 보인다.

원래의 인구가 1천만 명에 달한다고 가정한다면, 이는 다음과 같은 증가세를 보인다.

분류	식량	인구
1년	10	10
25년	20	20
50년	30	40
75년	40	80
100년	50	160

식량은 **산술**급수라고 부르는, 이어지는 각 항이 같은 액수를 선행하는 항의 액수에 **더해서** 얻어지는 연속으로 증가하는 경향을 보인다. 반면에 인구는 **기하학적** 급수로 증가하는 경향을 보인다. 이는 이어지는 항마다 같은 수를 선행하는 항에 **곱하여** 얻어진다. 첫 번째 열과 두 번째 열의 차이는 점점 더 벌어지고 식량 부족은 점점 더 심해져서 황폐화하는 결과가 다시 균형을 이루기까지 계속될 수밖에 없다. 그런 결과에 대한 두려움이 이를 사전에 달성하지 않는다면 말이다. 맬서스에 따를 때 기술 진보는 자연에서 상시 지배하는 곤궁이 인류 안에서도 언제나 변함없이 있는 것 말고 아무것도 달성하지

못한다. 단지 다행스러운 차이가 있다면 자연 상태에서 각 종(種)의 그리고 그 종의 특수한 곤궁의 영역은 변함이 없이 유지되지만, 인간종의 증가와 함께 인간 곤궁의 영역은 계속 확장을 경험한다는 것이다.

물론 인간과 동물 간에 또 두 번째 차이도 있다. 인간은 자기 자신에 대한 주인이고, 자신의 욕망과 격정을 자제하고 이를 통해 자신의 증식을 제한할 수 있다. 이는 프롤레타리아의 단계를 벗어나는 유일한 길인데, 맬서스에 따르면 전체 자연이 이 프롤레타리아단계에 끼어 있다. 기술이 인간에게 더 높은 수준의 복지를 가져다줄 수 있는 것이 아니며, 사회변혁이 그럴 수 있는 것도 아니고 오직 윤리가 그럴 수 있다. 사회에 제공되는 산물의 증가도 분배의 변경도 아니고 오직 가난한 자들이 후세의 생산을 포기함인데, 이는 비상하게 저렴하고 즉시로 누구에게나 적용 가능하며, 부유한 이들에게는 희생을 조금도 부과하지 않는 절차다.

맬서스의 인구법칙의 인간에 대한 적용은 산술급수와 기하급수 간의 대립이란 이해와는 다른 이해를 감소하는 토지 수확의 법칙이란 형태로 얻는다. 이는 그것을 지탱해 주는 맬서스의 법칙 자체처럼 부르주아 경제학에게는 마찬가지로 '돌이킬 수 없는 기본진리'가 되었다. 그래서 에두아르트 다비드도 '사회주의와 농업'에 관한 그의 책에서 마르크스가 유감스럽게도 간과한 '토지 수확법칙 근저에 있는 **위대한 진리**'에 관하여 이야기한다. 미국의 한계효용이론가인 존 베이츠 클라크(John Bates Clark)는 이 법칙을 산업에 도입하여 그 기초 위에서 '자연적' 노동임금의 법칙을 전개한다. 자연적 노동임금은 어느 사업체에서 아직 활용될 수 있는 마지막으로 추가되는 노동의 산물과 같다. (The Distribution of Wealth, 1899)

이 마지막의 추가 노동이 무엇을 의미하는지는 곧 살펴볼 것이다.

감소하는 토지 수확의 학설은 이렇게 주장한다.

어떤 필지에 적용된 일정 노동량이 연간 일정한 수확을 가져다주고 있는데, 이제 다음 해에 첫 번째의 노동량과 더불어 두 번째의 같은 양의 노동이 (직접 또는 생산수단, 예를 들어 비료로서 간접으로) 거기에 사용된다면, 두 번째의 추가 노동량의 수확은 첫 번째 노동량의 수확만큼 크지 않을 것이다. 세 번째의 노동량은 더 작을 것이다. 이런 식으로 계속 감소한다. 10명의 노동자의 일정액 수확에서 출발해 보자. 이들은 일정한 필지를 경작하며, 필요로 하는 모든 생산수단을 조달한다. 이제 이들의 수확이 100에 달한다고 가정하자. 그러면 이 법칙에 따를 때 노동이 계속 추가될 때마다 수확량은 다음과 같이 나타날 것이다.

노동자 수	총수확량	마지막 추가 노동의 수확량
10	100	100
20	180	80
30	240	60
40	280	40
50	300	20

다섯 명으로 된 한 가족이 자신들의 부양에 일정한 연간 수확량이 필요하다고 가정하자. 그러면 다음과 같은 것을 보게 된다.

노동자 수	식량 조달 가능 가족 수	마지막으로 추가되는 10명의 노동자가 식량 조달을 하는 가족 수
10	20	20
20	36	16

30	48	12
40	54	8
50	58	4

이처럼 인구가 증가할수록 그 인구증가가 만들어내는 식량의 증가는 점점 작아지며, 농업인구가 비농업인구를 위해 달성하는 잉여는 점점 작아진다. 비농업인구가 처음에는 총인구의 절반에 달할 수 있다면, 우리의 예에서 농업인구가 다섯 배 될 때 비농업인구는 총인구의 대략 6분의 1(4/25)로 깎인다. 농업인구는 10가족에서 50가족으로 늘어나고 비농업인구는 10가족에서 8가족으로 줄어든다. 첫 번째의 10명의 노동자가 20가족을 위한 식량을 생산한다면, 마지막 10명의 노동자는 4가족을 위한 식량밖에 생산하지 못한다. 증가하는 인구에 비하여 식량의 양은 절대적으로는 늘어나더라도 점점 줄어든다.

같은 경향은 다음의 형태로도 드러날 수 있다. 우선 가장 풍부한 수확을 내는 가장 비옥한 토지가 경작된다. 인구가 늘어나면, 같은 노동지출로 더 적은 수확을 내는 더 열악한 토지도 경작되어야 한다. 이런 식으로 계속되어 간다.

이 법칙은 경제이론의 발달에 아주 중요했다. 이에 기초를 두는 것이 리카도가 창시한 **차액지대**의 법칙이다. 그런데 **사회적** 상황의 규명에 의미를 지닐 수 있는 것은, 이를 **자연적** 상황의 규명에 이용하려고 하면 아주 잘못된 쪽으로 이끌어 갈 수 있다.

우리는 이미 일반적으로 인간적인, 상품가치를 형성하는 노동과 특수한, 필요가치를 형성하는 노동 간의 차이를 언급한 바 있다. 두 상품생산자가 서로 간에 산물을 교환함으로써 들어가는 사회적 관계를 내가 설명하고자 한다면, 나는 그들의 노동을 일반적으로 인간적인 노동으로 간주해야 한다. 각자가 자신의 산물에 지출한 노동의 양만이 양자의 교환관계를 위해 고려된다.

그런데 교환관계들의 수는 무한히 확장될 수 있는 것으로 상상할 수 있다. 사회에서의 직업의 분업은 이론적으로 한계가 없다. 이로써 나는 일반적으로 인간적인 노동의 수량도 인간 사회에서 인간 사회 자체와 마찬가지로 무한히 크다고 상상할 수 있다.

내가 지대(地代)를 설명하고자 한다면 나는 일반적으로 인간적인 노동으로 소급해 가야 한다. 왜냐하면, 그것은 상품생산에 고유한 사회적 관계를 나타내기 때문이다. 이는 지주와 다른 사회 구성원과의 관계다. 지대는 토지에서 나오는 것이 아니라 토지 산물의 가치와 가격에서 나오며, 판매가격의 생산가격에 대한, 즉 평균이윤만큼 증액된 생산비용에 대한 초과 때문에 형성되기 때문이다.

내가 지대와 토지에 적용된 노동의 양 간의 관계를 설명하고자 한다면, 나는 이 노동의 양을 임의의 크기로 크게 상상할 수가 있다. 차액지대에 대해서는 같은 양의 노동이— 가치법칙의 전제에서 벗어나 —서로 다른 비옥도를 가진 토지에 병렬적으로 사용되거나 같은 토지에 뒤이어서 사용될 때 같지 않은 양의 산물을 내놓는다는 것이 결정적이다. 지대는 같은 양의 노동이 더 나은 토지에 혹은 같은 토지 위에서의 더 유리한 사용에서 내놓는, 아직은 이윤을 보면서 경작이 될 수 있는 더 열악한 토지에서의 노동의 결과에 대한, 혹은 같은 토지 위에서의 아직은 이윤을 가져다주는 가장 덜 유리한 사용에 대한 초과분에 의해 형성된다. 여기서는 최상의 토지가 먼저 경작되든 혹은 최악의 토지가 먼저 경작되든 혹은 가령 중간 품질의 토지가 먼저 경작되고, 다음으로 여기서는 더 나쁜 토지로 넘어가고 저기서는 더 나은 토지로 넘어가든 상관이 없다. 마찬가지로 먼저 사용된 노동량이 가장 풍부한 수확을 내든, 나중에 추가된 노동이 상대적으로 수확량이 높든 상관이 없다.

우리에게 여기서 더 이상 관심사가 아닌 지대와 관련해서가 아니라, 토지가 산출할 수 있는 **식량**의 양과 관련해서 노동이 토지에 미치는 작용을 고찰한다면 사정은 전혀 다르다.

여기서는 특수한 상품생산에 고유한 사회적 관계의 규명이 아니라 모든 형태의 사회와 생산에 공통인 인간과 자연 간의 관계가 관심사다. 여기서 우리는 더 이상 일반적으로 인간적인 노동을 말할 수 없다.― 이는 상품생산 바깥에서는 아무 의미가 없는 개념이다 ―오직 쟁기질, 씨뿌리기, 풀베기, 탈곡 등의 개별적인 특정한 노동에 관해서만 말할 수 있다.

그런데 우리가 노동을 그런 식으로 파악하자 곧 우리가 보게 되는 것은 특정한 노동을 토지에 적용할 때마다 특정한 전제조건을 가진다는 것이다. 우리는 물론 일반적으로 인간적인 노동을 염두에 둔다면, 무조건 토지에 적용된 노동이 두 배, 세 배, 네 배가 된다고 가정할 수 있다. 그러나 우리가 쟁기질, 파종, 풀베기, 탈곡 등의 노동을 언제든 두 배나 세 배 등으로 늘릴 수 있으리라고 말하는 것은 난센스일 것이다

쟁기질 자체가 이미 일정한 전제조건을 요한다. 숲에서는 쟁기질을 할 수가 없다. 인간이 원시림을 개간할 수 있게 해 주는 도구를 소유하지 못하던 동안에는 평평한 초지에서만 경작할 수 있었는데, 그곳은 언제나 최상으로 비옥한 토지가 되지는 않았다. 그래서 캐리(Carey)는 이미 인류가 경작을 최상의 토지가 아니라 그보다는 아주 빈약한 토지에서 시작하며, 인구증가와 기술의 개선을 거치면서 비로소 개간, 배수(排水) 시설 등을 통해 점점 더 나은 토지로 진행한다는 것을 타당하게 언급했다.

그러나 주어진 필지를 취하여 여기서 노동지출의 끊임 없는 증가가 어떻게

작용할 수밖에 없는지를 관찰해보자. 이러한 증가는 두 종류로 이해할 수 있다. 하나는 생산과정 상의 기술이 동일한 상태에서 노동의 증가, 또 하나는 기술이 불완전한 형태에서 완전한 상태로 이행함에 의한 노동지출의 증가다. 이 두 진행 과정은 정확히 구분해 두어야 한다.

이제 우선 주어진 기술을 가지고서 하는 농사를 생각해 보자. 가령 한 사람을 필요로 하는 쟁기 한 대가 있다면, 두 번째 사람을 배치하는 것은 쟁기의 일의 증가에 조금도 보태주는 바가 없다. 필시 한 대의 쟁기 대신 두 대를 사용하는 것이 유리할 것이다. 그러면 밭갈이를 더 빠르게 마치고 더 일찍 파종할 수 있다. 이는 단지 주어진 경영방식과 기술에서는 한 대의 쟁기가 농사를 완벽히 짓는 데 불충분하다는 것뿐이다. 이것은 지금 세 번째의 쟁기가 수확을 더 올려줄 수 있으리란 것을 결코 입증해 주지 않는다.

두 대의 쟁기로 충분하다면, 세 번째 쟁기를 추가하는 것은 아무런 득이 될 것이 없다.

그리고 밭갈이가 된 평지 전체에 씨를 뿌리는 데 파종인 한 사람으로 충분하다면, 두 번째 파종인은 완전히 쓸모없을 것이다.

추수하는 데 네 명이 일하고 있다면, 다섯 번째 사람, 한 명이 추가되면 유리할 수 있다. 수확물은 더 빨리 곳간에 모이고 그럼으로써 날씨의 피해를 피하게 된다. 그러나 여기서도 입증해 주는 것은 네 명으로도 완전히 충분하지는 않다는 것, 농사의 완성을 위해서는 다섯 명이 필요하다는 것뿐이다. 그러나 완성에 요구되는 최대 수치에 도달하면, 더 이상의 노동 추가는 무익하다. 그것은 상대적으로 감소는 할지라도 추가적인 수확을 가져다주는 것이 아니라 전혀 수확을 가져다 주지 않는 것이다.

거름을 주거나 가축에게 먹이를 줄 때도 어디서나 그러하다. 특정 거름은 최대의 시비량이 있어서 그것을 넘어서 추가하면 낭비가 되고, 직접 피해를 주는 일도 있다. 거름의 양이 이 최대치에 못 미치면, 이는 불충분하게 작용한다.

제공되는 양이 움직일 수 있는 폭은 가축의 먹이에서는 거름보다 더 좁게 설정된다. 불충분하게 먹이를 먹은 가축은 쇠약해지고, 많은 경우 아무런 수확도 내지 않는다. 가축에게 너무 많은 먹이를 주면, 가축이 이를 거부하든지, 아니면 먹더라도 충분히 소화하지 못하여 상당 부분이 소화되지 못한 채 배출된다. 최악의 경우에는 먹이의 과도한 공급은 병을 일으킬 수도 있다.

거기서도 일정량을 넘게 노동 (또는 노동의 산물)을 추가하는 것은 어느 것이나 손해는 아니라 해도 순전한 낭비로 작용한다.

모든 경영방식은 일정량의 노동자, 또한 일정한 인구밀도를 전제로 하며 이것 없이는 완전하게 활용될 수가 없다. 그러나 일정한 최대치를 넘어서게 되면 추가 노동자를 더 이상 성공적으로 활용하지 못하고, 일정한 군중을 주어진 들판에서 그 이상으로 먹여 살리는 것도 하지 못한다.

감소하는 토지 수확의 법칙과 맬서스의 인구법칙을 결합하는 경제학자들은 거기서 물론 일정한 경영방식의 틀에서의 노동의 추가보다는 꾸준히 더 높은 경영방식으로의 진보, 예컨대, 배수(排水)시설, 관개시설, 초지경제로부터 축사(畜舍)경제로의 이행, 휴한지를 윤작으로 대체하는 것 등에 의한 진보를 염두에 둔다. 그러나 여기서도 특정한 경영방식 내에서 해당하는 것과 같은 것이 해당된다. 일체의 개선, 일체의 기술적 진보에는 일정량의 노동이 필요하다. 여기서도 그 양은 당연히 완전히 고정된 것일 필요는 없다. 그러나 언제나 그것 없이는 이런 개선이 결코 실행 가능하지 못하게 되는 최소의 노동량이 존재하며, 더 이상의 노동 추가가 불필요한 최대량도 존재한다. 이 최대량과 최소량은 흔히 아주 좁은 한계 내에서 움직인다.

그러나 개선활동에 필요한 노동량과 그 개선이 일으키는 추가수확의 크기는 결코 서로 간에 고정된 비율을 유지하지 않는다. 새로운 결실(結實)의 종류의 도입으로 조금의 노동 추가 없이도 어느 농지의 수확은 크게 상승할 수 있다. 기계는 그것이 노동을 절약해 주는 경우, 같은 산물을 더 적은 노동으로, 또는 더 많은 산물을 같은 노동으로 얻게 해 주는 경우에만 도입된다.

이처럼 하등의 경영방식 대신 등장하는 고등의 경영방식이 그 선행자보다 더 많은 노동량을 활용한다는 것은 결코 전제되지 않는다.

그런데 필요한 노동량 자체는 두 가지 형태로 등장한다. 직접적인 살아 있는 노동과 그리고 간접적인 지나간 노동인 생산수단의 생산에 투여된 노동으로 등장하는 것이다. 그러한 생산수단은 무한히 많은 노동을 절약해 줄 수 있고, 노동의 생산성을 현저히 높여 줄 수 있지만, 그것의 생산에는 상당한 노동지출이 필요할 수 있다. 관개시설, 특히 덥고 건조한 지대에서 필요한 관개시설을 예로 들어보자. 모든 시설은 흔히 엄청난 노동지출을 필요로 한다. 그것이 일단 완공이 되면 유지에는 적은 노동밖에 들지 않는다. 그러나 그 토지가 내는 산물의 양은 관개를 통해 엄청나게 상승할 수 있다. 아니, 다분히 새로운 시설이 토지경작을 비로소 가능하게 하기도 한다.

더 고등의 경영방식으로의 이행은 이처럼 일시적으로 새로운 추가 노동의 대규모 도입을 요구할 수도 있다. 그것이 완수되면, 농업의 계속적인 진행에서 현저히 줄어든 노동력으로 더 많이 산물을 생산할 수 있다.

이에 따르면 농업에서 경영방식의 변경으로 요구되는 노동량은 토지면적에 비례하여 달라지는 크기이며 결코 모든 상황에서 증가하는 크기는 아니다. 그것은 수확이 증가하는 동시에 떨어질 수도 있다. 그러나 다양한 시기에 농업진보를 통해 농업 노동자 수와 경작 토지면적의 규모 사이의 관계가 어떤 형태를 취하든지, 일반적으로 노동지출보다 산물은 증가할 것이며, 농업의 진보는 고등의 경영방식이 선행 경영방식보다 더 많은 산물을 내놓는다는 데 있다.

경작(耕作)에서의 진보가 경작면적의 확장에 의존하는 한에서 다분히 열악한 토지로부터 비옥한 토지로 진행해 가는 것이지 그 반대방향은 아니라면, 그것은 통상적으로 더 고등의 경영방식으로의 이행인 한에서도 농업노동이 점점 더 생산적이 되는 방식, 주어진 들판에서의 주어진 경작방식에서 요구되는 노동량이 얼마이든, 같은 토지에서 내는 잉여가 점점 더 커지는 방식으로 진행된다.

그와 반대되는 인상은 자본주의적 생산양식의 진행 과정에서 식량 가격이 상승하는 경향을 보이기에 나타난다. 물론 그 경향은 중단되기도 한다. 그러나 물가의 상승은 결코 노동지출의 상승을 의미할 필요는 없다. 어느 상품의 가격은 그 상품의 가치와 돈을 이루는 상품, 오늘날은 금(金)의 가치와의 비율이다. 금 획득의 방식이 식량 생산의 방식보다 빠르게 개선되면 식량의 가격은 식량이 전보다 더 적은 노동지출로 생산되더라도 상승할 것이다. 물론 식량 가격이 상승하는 동시에 공산품의 가격은 하락할 수 있다. 이는 금 획득에서의 노동의 생산성이 농업에서보다 빠르게 상승하지만, 공업에서보다는 천천히 상승하는 데서 비롯하는 것이다.

끝으로 언급할 것은 토지 소유는 독점의 성격을 지녀서, 이는 토지 산물의 가격을 그 생산가격보다, 아니 그 가치보다도 더 높이는 것을 가능하게 해 준다는 것이다. 이는 독점의 성격이 강하게 형성될수록 더욱더 성공적으로 그렇게 된다. 농업노동의 생산성은 향상하는데도 불구하고 이런 독점적 성격은 커질 수 있고, 이로써 토지 산물의 가격이 상승할 수 있다.

농업노동의 생산성이 상승한다는 것을 우리는 농업인구가 전체 인구에서 점점 더 적은 부분을 이룬다는 것에서 간파한다. 감소하는 토지 수확의 법칙이 옳다면, 그리고 모든 농촌 노동자가 생산하는 잉여가 감소한다면, 그것으로 먹고 사는 인구수도 감소할 수밖에 없을 것이다. 그것과 반대의 현상이 지난 세기에는 들어맞았다. 식량을 도입하는 유럽의 공업국들에서만 아니라 매년 엄청난 식량을 수출하는 미합중국에서도 그러하다.

미합중국에서 도시인구(주민 8,000명 이상이 사는 지역)는 1870년에 8백만으로 3천9백만인 총인구의 21퍼센트에 달했다. 그러나 1900년에는 2천5백만으로서 7천5백만인 총인구의 33퍼센트였다. 동시에 밀의 수출은 5천 4백만 부셸로부터 1억 8천 6백만 부셸로, 면화의 수출은 3백만 발렌에서 7백만 발렌으로 늘어났다.

물론, 농촌 노동자에 약간의 농업에 종사하는 도시 노동자들을 더해야 한다. 그러나 그 수는 사소하다. 그리고 바로 농업 장비와 기계를 만드는 공업에서 자본 집중화와 노동 절약이 급속한 진보를 이룬다. 미합중국에서 1870년에는 2,076개 공장이 그러한 장비와 기계를 만들었는데, 1900년에는 715개 공장만이, 1905년에는 648개의 공장만이 만들었다. 그 노동자 수는 동시에 25,249명(1870)에서 46,582명으로(1900), 그리고 47,394명(1905)으로 늘어났다. 그 사업체들에서 사용된 자본은 3천 5백만 달러(1870)에서부터 1억 6천만 달러(1900)로, 그리고 2억 달러(1905)로 늘어났다. 노동력의 수를 본다면, 이는 잘해야 새 발의 피라는 것을 알 수 있다. 거기서 농업 기계의 수출은 전혀 고려되지 않았다.

이처럼 농촌인구는 60퍼센트가 증가한 동시에 도시인구는 212퍼센트가 증가했고, 면화수출은 133퍼센트가 늘어났고, 밀의 수출은 244퍼센트가 늘어났다.

이는 꼭 감소하는 토지 수확의 법칙을 확증해 주는 것 같지 않다.

하지만 그렇다고 해서 지난 30년간에 실행된 것이 지금 계속해서 더 진행되리란 것은 아니다. 우리는 기술 진보에도 불구하고 상대적으로만이 아니라 절대적으로 토지 수확이 감소하도록 이끌어갈 수 있는 다양한 종류의 경향들을 알게 될 것이다.

그러나 토지 수확의 증가도 반드시 인류의 부양활동공간 증대를 의미하지 않는다. 부양활동공간은 모든 상황에서 그리고 영원히 언제까지나 증대 가능한 것이 아니다.

우리는 특정의 경영방식에서 그것이 필요로 하는 노동자 수가 그것이 생산하는 산물의 양이나 마찬가지로 주어진다는 것을 살펴보았다. 같은 경영방식의 토대에서는 부양활동공간의 확장은 경작지의 확장이 가능한 만큼만 진행될 수 있다. 그러나 하등의 경영방식으로부터 고등의 경영방식으로의 이행은 결코 더 많은 노동의 단순한 추가만으로 가능하지 않으며, 언제나 특정한 전제조건과 결부되고, 이 전제조건이 들어설 때 비로소 일어날 수 있다. 이 전제조건이 결여되고 기존의 경작 가능 토지가 이미 완전히 경작된 경우에는 부양활동공간의 확장은 불가능한 상태로 있으며, 그에 대한 필요가 여전히 강할 수도 있다.

그러나 고등의 경영방식으로의 이행이 들어서면, 이는 물론 통상적으로 노동 생산성의 증대, 일정한 노동이 일정한 토지면적에서 끌어내는 산물의 증대, 그리고 그 노동이 생산하는 자신의 유지비용을 넘는 잉여의 증대를 의미하지만, 반드시 특정 토지면적이 내놓는 산물의 증대를 의미하지는 않는다. 기술 진보는 토지 수확이 상승하는 것일 필요는 없다. 같은 수확량이 더 적은 노동지출로 달성되는 형태로 표출될 수도 있다. 아니, 지출되는 노동량이 더 강하게 감소하는 경우에는 기술 진보가 토지 수확의 감소를 가져오는 것도 생각할 수 있다.

그런데 노동지출은 각 경영방식에 대해서 우리가 살펴본 바와 같이 주어진 것이다. 합목적 최대치를 넘는 노동 추가는 아무것도 달성하지 못한다. 관련자들이 사회에서의 지식과 기술의 일반적 진보와 연관되는 농업에서의 기술 진보를 생산되는 식량의 양의 증대에 활용하고자 하는지, 아니면 사용되는 노동량의 감소에 활용하고자 하는지, 이는 이들의 의지에 달린 것은 아니다.

농업의 기술 진보는 물론 지출된 노동의 유지비용을 넘어 내놓는 잉여의 증대로, 그래서 비농업인구의 부양을 위해 존재하는 식량의 양의 증대 또는 농업인구의 노동부담 감소로 표출된다. 그러나 농업의 진보는 결코 모든 상황에서 총인구의 부양활동공간 확장을 초래할 필요는 없다.

이 활동공간의 확장은 이처럼 계속된 완화의 방향으로든 가속화의 방향으로든 결코 동질적인 과정이 아니다. 그것은 최고로 불규칙한 과정으로서 어떤 때에는 장시간, 수 세기 동안, 심지어 수천 년간 완전히 중단되고 후퇴할 수도 있고, 그다음에 갑자기 미친 속도로 내달릴 수도 있다.

그리고 그 속도와 마찬가지로 그 방향도 아주 가변적이다. 그것은 인구증가와 함께 개인에게 돌아가는 식량의 양이 감소하는 쪽으로 반드시 가는 것은 아니다. 우리는 각 경영방식에 대하여 그것을 넘어서는 추가적 노동을 더 이상 성공적으로 활용할 수 없는 노동력의 최대치만 유효한 것이 아니라 그 아래로는 경영방식이 영위될 수 없거나 합리적으로 영위될 수 없는 노동력의 최소치도 존재한다는 것을 살펴보았다. 노동력의 특정 최소치는 더 높은 수준의 경영형태로의 그 당시의 상승에 필요한 전제조건이기도 하다. 어느 나라의 농업은 그래서 노동력 부족을 겪을 수 있으며, 인구증가는 그 사업체들을 더 완벽하게 형성하고 이들이 그 최대의 능률을 발휘하게 하는 수단을 제공한다. 부양활동공간은 여기서 불변하는 경영방식에서 인구증가와 함께 확장되지만, 경작면적이 반드시 확장될 필요는 없다. 마찬가지로 증가하는 인구는 상황에 따라 더 고등의 경영방식으로의 이행을 가능하게 하고 이로써 부양활동공간의 확장을 비로소 가능하게 할 수 있다.

끝으로 어떤 방식으로 농업이 산출하는, 커 가는 잉여가 사용되는지는 부양활동공간의 증대에 상관이 없지 않다. 식량으로 농업 생산수단의 발명자와 생산자가 부양될 때는 살인 기계의 발명자, 생산자나 궁정의 시종들을 부양할 경우와는 완전히 다르게 잉여가 농업에 반작용할 것이다.

그래서 부양활동공간의 형성과 확장은 산술급수와 감소하는 토지 수확의 법칙이 가정하게 하는 것처럼 그리 단순하고 직선적인 항상적 과정은 아니다. 그것은 다른 역사적 시기마다 아주 다른, 극히 다양한 조건들에 좌우된다. 그래서 사회의 모든 특정 형태에 대하여 특수하게 탐구되어야 한다.

그러한 탐구는 본 작업의 틀 바깥의 일이다. 여기서는 그 확인만 하면 된다.

역사적 상황 일체의 변경에서, 그리고 부양활동공간 일체의 확장과 수축에서 일반적 경향으로서 확장이 거듭하여 관철된다.

우리는 그것의 근거를 곧 알게 될 것이다.

제7장 부양활동공간의 확장

　인간의 기원(起源)과 인간 문화의 시초에 관하여 우리는 추측만 제시할 수 있을 뿐이다. 그러나 우리는 인간이 주로 열대 원시림의 나무들 위에서 살던 원숭이 종류의 선조들에서 갈라져 나왔다고 가정할 온갖 이유를 가진다.

　숲들을 듬성듬성하게 하고, 나무의 생장을 점차 위축시키고, 수풀 사이에 풀밭이 생겨나게 하여, 원인(猿人)들이 더 많이 땅으로 옮겨가고 열매를 따 먹는 것에 더 많은 육식이 결합되게 한 것은 필시 원인(猿人)들이 살던 원시림으로 가득한 지역에서의 기후 변동이었을 것이다. 이는 원인이 더욱 빠른 속도로 땅 위에서 움직여 가지 않을 수 없게 했다. 두 손과 직립 자세의 가능성은 그를 한편으로 그가 붙잡을 수 없던 잘 달아나는 야생동물에게 돌이나 나뭇가지 같은 발사체를 날려 보내어 이런 식으로 그 동물을 쓰러뜨릴 위치에 놓아 주었고, 다른 한편으로는 그런 무기로 평야에서는 나무 위에서만큼 쉽게 피할 수 없던 육식동물로부터 자신을 방어할 수 있는 위치에 놓아 주었다.

　무기와 도구 덕분에 수상(樹上) 생활로부터 초원(草原) 생활로의 점진적 이행은 가령 원숭이의 네 손이 다시 달리기 위한 네 발로 바뀌게 유도하지 않았다. 생활 조건상의 더 큰 다채로움에 의해서 열린 들판에서 육식하는 지상(地上) 생활이 숲의 나무 위에서 주로 과일을 먹으면서 사는 생활에 더해짐으로써 예전의 모든 분업이 일어난 것처럼, 한 동물 유기체의 기관(器官)들의 이런 위대한 분업이 시작되었다. 이 분업은 손과 발의 분업이었다. 뒤의 말단 지체들은 이제 거의 전적으로 땅 위에서의 진행에 바쳐지며, 앞의 말단 지체들은 거의 전적으로 먹이를 붙잡고 잡아당기는 데 바쳐진다. 그러나 이 일에만 바쳐진 것은 아니다. 손은 또한 먹이의 획득을 쉽게 해 주는 물건, 생산수단의 붙잡음과 합목적적 사용에도 필요하다. 그리고 머지않아 자기 자신의 몸의 기관들을 확대하고 강화하기 위해 사용하는 그런 물건들의 합목적적 정비에도 필요하다. 인간이 휘두르는 몽둥이는 그의 팔을 연장해 주고 그의 타격의 힘을 키워 준다. 그가 달아나는 야생동물에게 던지는 창이나 날카로운 돌은 야수의 다리의 도약하는 힘을 대신해 준다. 그가 쓰러진 동물을 찢거나 뿌리를 찾아 땅을 파는 데 이용하는 그 돌은 열매를 먹는 수상 생활을 하는 종들에게는 없어진 발톱을 대신해 준다.

　원인이 더 이상 나뭇가지와 돌 또는 뼈를 있는 그대로 이용하는 데 만족하지 못하자, 부싯돌로는 아주 쉽게 될 수 있는 것으로서 돌을 다른 돌과 부딪쳐서 날카로운 돌로 만들었다. 그리고 나뭇가지와 돌을 사용하여 합목적적으로 모양을 낼 줄 알게 되자 곧바로 인간됨이 시작된다. 이는 생산수단의 생산이고 기술의 전승 행진으로서 인간에게 결국 거인의 팔과 다리를 제공하고 지금은 독수리의 날개를 제공하며, 그의 목소리를 순식간에 지구를 둘러서 보내 주며, 가장 멀고 가장 작은 것에 그의 눈을 열어주는 것이다.

　물론 처음에는 그 전승 행진은 무한히 어려웠고 결코 폭풍처럼 몰아치는 것이 아니었다. 그러나 이미 기술의 영역에서 그 첫 번째 성과는 인간에게 더 성공적으로 야수로부터 자신을 지키고 더 쉽게 먹을거리를 약탈하게 해 주었다. 거기서 무기와 생산수단은 하나였다. 원시인은 자신의 식량을 생산하지 않았고 모으거나 약탈했다. 거기서 그는 다채로운 싸움들을 이겨내야 했다. 인간이 언제나 생산자였던 것이 아니다. 항시 그는 투사였다.

　인간이 무기를 생산하고 사용하기를 배우게 되자 곧바로 자신의 부양활동공간을 현저하게 확장할 수 있었다. 그는 자신보다 강한 야수에게 당하는 것을 두려워할 필요 없이 보호해 주는 나무숲의 숙소에서 더 멀리 벗어나도 되었다. 그는 이제 먹을거리의 부족을 겪을 염려 없이 나무가 빈약한 스텝 지대에도 과감히 나갈 수 있었다. 인간은 결코 순전한 채식가였던 적이 없는 잡식성이었다. 원숭이들도 딱정벌레, 구더기, 새알, 심지어 그들이 잡아챈 어린 새도 먹이로 마다하지 않는다. 그러나 더 몸집이 크고 빠르게 달리는 츠식의 길짐승을 잡아 죽이는 것은 원시인이 보통 할 수 없는 일이었다. 그러기에는 자기 팔의 힘을 키워주고 팔의 작용범위를 확장해 주는 무기가 필요했다.

　몸집이 큰 포유동물을 잡는 것은 인간에게 늘어난 먹을거리만 아니라 의복도 제공했다. 이는 다시 그의 부양활동공간을 확장해 주는 수단이었다. 그는 이제 추운 지방에도, 해발 고도가 높은 지방에도 그리고 더위와 추위가 교대하는 극단적 기후를 가진 땅덩어리에도 과감히 나갈 수 있었다. 거기서 불을 발견하면서 또 뒷받침을 받았다. 이는 무기의 발명과 원시림으로부터 초원으로의 인간의 진출을 위한 전제가 되었다. 항시 습한 원시림이 아니라 때에 따라 건조한 나무를 구할 수 있었던 장소에서만 인공적으로 불을 피우는 것이 처음에는 성공할 수 있었다.

　부양활동공간의 더 이상의 확장을 가져온 것은 어로(漁撈)였다. 어로와 사냥, 털가죽의 사용, 동물의 지방으로 불을 지속시키는 연료로 삼는 것은 인간이 예전에는 열대 원시림에 한정되어 있었던 상태에서 결국 식물의 생장 지역을 넘어 극지방으로 진출하고, 이곳도 자신의 부양활동공간에 병합할 수 있게 해 준다.

이 모두는 아직 상당히 낮은 발달 단계에서 인간에게 성취되었다

그런데 이런 부양활동공간의 상시적 확장은 무엇을 의미했는가? 인간이 몰려들어 가고자 했던 곳 어디서나 그들은 증식과 제거 간의 균형 상태에 있는 유기체 세계를 발견했다. 인간의 진입은 다름 아닌 이 균형의 교란을 의미했다. 그러나 균형은 대체로 어떤 형태로든 다시 확립되었다. 인간의 새로운 지방으로의 진출은 그곳에서 인간에게 식용이 가능한 동물에게 새로운 제거의 원천이 생긴 것을 의미했으며, 이 동물의 증식 능력은 이 상황에 적응하지 못했다. 인간이 두 번째의 반(反)경향을 수반하지 않았더라면 이는 그 동물들의 박멸을 가져올 수밖에 없었을 것이다. 그 반(反) 경향이란 야수― 더 제대로 말해서 ―다른 야수를 몰아냄, 그중에서도 완전한 박멸인데, 이 야수들은 그때까지는 그 동물들을 격감시켜 왔던 것이다. 야수를 몰아냄은 다른 야생 동물이 이로 인하여 자연 상태에서보다 더 높은 정도로 증식하는 것이 도움을 받을 정도로 진행될 수 있었다. 그러나 언제나 인간들의 부양활동공간 확장은 당시에 그에게 해로운 다른 동물들의 수와 부양활동공간의 제한에 의한 것과 다른 방식으로 일어나지 않았다.

이런 식의 부양활동공간 확장은 명백히 산술적 급수의 한계 안에 포함되지도 않고, 감소하는 토지 수확의 법칙에도 묶이지 않는다. 그것은 완전히 무기 기술의 종류와 그 발달의 신속성에 좌우되는데, 이 발달은 수천 년을 가만히 있다가 갑자기 어떤 놀라운 발견을 통해서든 큰 발걸음을 내디딜 수가 있다.

부양활동공간의 새로운 확장 방식은 가축사육의 부상(浮上)과 함께 발달했다. 수렵민족들은 어린 짐승들을 붙잡아서 놀이 동무로 사용하기 위해 길들이기를 좋아한다. 이 역시 사람들이 흔히 우리에게 장담하는 것처럼 그들이 결코 언제나 자신들의 부양활동공간의 극단적인 한계에 있지 않았다는 것을

입증해 준다. 붙잡힌 상태의 그런 동물들이 가임(可妊)이고 인간에게 어떤 쓸모이든 제공했다면, 거기서 충분한 먹이가 근처에 있었다면, 그는 결국 그러한 동물의 거대한 무리를 보유하고 그것을 먹을거리의 원천으로 삼아 나갈 수 있었다.

이는 인간에게 힘에서 큰 이득을 제공했다. 그는 야생동물을 찾아서 흔히 길고 고된 방랑을 하며, 쫓아가야 했다. 그러다 그놈을 발견하면 많은 경우 싸워야 했으며, 그 과정에서 그 자신이 다치거나 죽는 일도 있었다.

그러나 가축은 언제나 근처에 있다. 가축은 주인을 신뢰하고, 쉽게 반항하지 않는다. 반면 주인은 가축을 돌연 결박하고 죽일 수가 있다.

그러나 이는 사냥에 비한 가축사육의 유일한 장점은 아니다. 사냥꾼이 언제나 잘 달아나는 어느 특정 지대에 묶여 있지 않은 야생동물을 자신의 생계 유지에 필요한 만큼 많이 잡는 것을 확신할 수 있으려면, 그 새끼들이 자신과 식구의 배고픔을 해결하기에 충분한 마릿수보다 훨씬 더 많은 야생동물이 있어야 한다. 그러나 그가 사육하는 가축 떼는 어느 부분이든 다 그에게 제공된다. 그리고 그에게만 제공된다. 그가 사냥하는 야생동물은 그가 박멸시킬 수 없었던 모든 야수들과 나누어야 한다. 가축 떼로부터는 그 야수들을 물리칠 수가 있다. 그리고 이 가축 떼는 그에게 먹을거리 그 자체로서 혹은 그의 가축 집단의 번식을 위해 쓸모 있는 놈들만 포함한다. 그의 가축 어느 놈도 그놈을 인간의 목적에 쓰이도록 만드는 데 요구되는 시간 경과를 넘어 더 오래 먹이를 제공받을 필요가 없다. 나아가 야생동물은 죽은 후에 이처럼 단 한 번 인간에게 소용되기에 적합할 뿐이다. 가축은 여러 번에 걸쳐, 매일 반복되는 기능수행, 가령 털, 알, 젖 등의 제공을 통해 인간에게 쓸모 있게 될 수 있다.

사냥할 무기의 발명이, 인간이 열대 골짜기의 원시림에서부터 지구상의 전역으로 퍼져나서 이 땅들을 자신의 부양활동공간으로 만드는 것을 가능하게 한다면, 가축사육으로의 이행(移行)은 인간이 같은 들판에서 더 많은 먹을거리를 자신을 위해 생산하고, 이런 방식으로 새로운 영역을 차지할 것 없이 자신의 부양활동공간을 확장하는 것을 가능하게 해 준다. 그런데 가축사육은 동시에 인간이 사냥꾼으로서 자신의 먹을거리 획득에 지출해야 하는 힘의 크기도 줄여 준다. 가축사육은 인간에게 자신의 정신적 능력과 자신의 기술을 발달시킬 더 많은 여가와 더 많은 기회를 만들어주며, 이는 일정 영역이 제공해 주는 먹을거리의 양의 증대가 그곳에 거주하고 서로 교류하고 서로 자극을 주고받으며 탐구와 발견을 공동으로 영위하는 인간 집단을 증식시키는 것을 통해 또 촉진된다.

그러나 물론 늘어나는 여가와 작업 도구 및 무기의 기술 향상은 전쟁 수행의 가능성과 이로 인한 황폐화와 그에 대한 계기도 증대시킨다. 수렵단계에서 이 계기가 배고픔과 개별적인 선호되는 부양활동공간들을 둘러싼 투쟁에 의해서만 주어진다면, 지금은 재산의 축적이 시작되고, 처음에 이는 가축이다. (라틴어에서 재산 peculium이라는 말은 가축 pecus라는 말과 연관되며 마찬가지로 영어에서 재산 chattel이란 말은 가축 cattle이란 말과 연관된다.) 재산과 함께 재산의 불평등이 처음에는 여러 유목 집단들 간에 형성되며, 가난한 자들과 부자들 간의 최초 투쟁이 시작되고, 그것도 가난한 무리들이 부자들에게서 절도나 무력 약탈을 통해 이들의 부를 빼앗으려고 하는 형태로 시작된다. 여러 민족의 재산의 불평등은 모든 전쟁의, 그리고 전쟁과 전쟁 준비를 통해 일어난 식량과 식량의 생산에 쓰일 수 있었을 노동력 낭비의 최종 원인이다. 기술의 진보는 재산의 민족적 불평등을 키우고, 여러 민족의 확장을 키우고, 전쟁 도구의 확대, 가격상승 그리고 성능을 키운다. 이 모두가 전쟁과 전쟁 준비의 확대와 황폐화 작용을 점점 더 상승시키고, 이렇게 하여 부양활동공간의 확장에 소용되어야 했을 기술 진보를, 거듭 더 높은 규모로 먹을거리와 노동력의 초토화, 부양활동공간의 제한 수단으로 변질시킨다. 사냥꾼에게는 전쟁 준비가 필요 없다. 그가 늑대와 곰 또는 표범과 사자와 맞서 싸우고, 들소와 사슴을 잡을 때 사용하는 무기가 그에게 사냥터를 둘러싼 인간들에 맞선 투쟁에서도 도움이 된다. 가축사육을 하는 유목민도 이미 자신의 생산방식을 통해 자신의 전쟁 방식에 맞게 무장이 되고 훈련을 갖춘다. 이 둘은 전쟁 준비를 하느라고 식량의 획득에 더 쓸모 있게 돌릴 만한 시간을 좀처럼 잃어버리지 않는다. 그들의 투쟁의 결과는 흔히 오직 몇 사람의 부상자들, 죽는 이들도 있고, 가축을 빼앗기는 것, 필시 또한 약간의 털가죽과 양탄자를 빼앗기는 것이다. 많은 사람과 재물이 거기서 파괴되지 않는다. 물론 그 결과는 엄청난 유목민 무리가 부유한 경작민들이나 아예 거대 도시들을 약탈하려고 결집하는 곳에서는 더 나쁘게 된다. 하지만 이런 유목민적 전쟁 수행의 '더 완성된' 단계에 대해서는 여기서 말하지 않는다. 사냥꾼이 사냥꾼과 또는 유목민이 유목민과 싸울 때는 사안이 더 무해하다.

현대의 문화인은 수년간 일체의 식량 획득은 도외시한 채 전쟁 준비를 해야 하고, 수많은 지도자들이 전쟁에 전 생애를 바쳐야 하고, 수십만 아니 수백만의 노동자들이 현대의 전쟁에 투입될 경우 수십만의 인명을 살상하고 더 많은 사람의 신체를 훼손하고, 번영하는 나라 전체를 황량한 황무지로 바꿀 황폐화의 도구를 만드는 데만 종사한다. 이 모두가 '부양활동공간의 확장'의 현대적 방식들에 속하며, 거기에는 전쟁을 낳는 극히 다산성이 높은 어미인 식민정책도 소용되는 것 같다.

그러나 유목적인 가축사육 단계에서는 전쟁에 의한 부양활동공간의 확장은 별로 억제되지 않는다. 근본적으로 그런 식의 부양활동공간 확장은 사냥의 진보에 의한 그것의 확장과 같은 것을 의미한다. 특정 동물 종의 수와 부양활동공간의 제한이 그것이다. 이제는 이는 더 이상 육식동물만이 아니라 목초지에 적합한 모든 지대에서 가축들에게서 물러나야 하는 초식 야생동물에도 해당한다.

부양활동공간의 더 이상의 확장은 사냥과 가축사육과 아울러 점차 발달하는 **식용식물**의 재배로 이루어진다. 열대 원시림에서 그러한 재배는 물론 불필요하다. 그 원시림은 유인원(類人猿)에게 충분한 먹이를 제공했다. 원시림의 식물 재배는 인류의 초기에도 불가능했다. 그것은 야생 식생의 번창 때문에 억제되었을 것이다. 그것은 수렵 및 가축사육 단계에서 육식의 보완물로 필요하게 되었다. 육식은 그 자체만으로는 인간에게 충분하지 못했다. 인간의 위는 육식동물의 위가 아니고 극히 다양한 식품 종류에 대한 일체의 적응능력을 갖추고서도 항상 식물성 식품을 갈망한다. 에스키모도 전적으로 육식만으로는 살지 않고 그와 더불어 장과(漿果)와 뿌리 종류의 먹을거리를 찾는다.

사냥에 내재하는 성공의 불확실성은 식물성 먹을거리에 의한 육식의 보완으로 몰고 간 또 하나의 사정이었다. 식물성 먹을거리가 초원(草原)에서 드물수록 인공적인 재배로 드문 식물을 증식할 필요가 더욱 생겨날 수밖에 없었다. 필시 처음에는 먹지 못하는 식물인 '잡초', 식용식물이 대량으로 자라는 곳에서 이 식물을 무성하게 뒤덮을 위협을 가한 잡초를 뽑는 것만 가지고서 했을 것이다. 초원에서는 인공적 재배가 잘 뿌리를 내릴 수 있었던 반면에 원시림에서는 불가능했다.

식물 재배는 한 장소에서의 장기간 체류를 전제로 했다. 그것은 어류나 야생동물이 풍부하거나 목초지로 적합한 장소가 많은 지점에서만 발달할 수 있었다. 다른 한편으로 사냥과 가축사육은 식물의 재배가 수확을 많이 내게 된 것과 같은 정도로 후퇴할 수 있었다. 야생동물에 대한 추적 건수나 가축의 수는 적어질 수 있었으며 이는 다시 한 장소에 장기간 머물 수 있게 해 주었다. 그리하여 경작을 통해 떠돌아다니는 인간은 점점 더 정주형이 되었다. 인간의 주거는 더 대규모가 되고, 더 부동성이 되고, 그러나 또한 더 넓어졌다. 이는 결국 인간을 흙에 완전히 매어놓았다.

인간들이 경작에 도달하는 데는 반드시 가축사육의 단계를 통과해야 하는 것은 아니다. 우리는 이미 수렵단계에도 일정한 식물 재배가 발달하는 것을 살펴보았다. 어디에서나 가축사육의 조건이 주어진 것은 아니었다. 아메리카는 산발적이고 빈약한 기미를 보였을 뿐이다. 황소와 말 사육이 충분한 동력을 제공한 곳에서만 쟁기 경작이 발달할 수 있었고, 이는 더 큰 잉여를 내었다.

식물 재배를 통해서 인간의 부양활동공간은 다시 엄청나게 확장되었다. 가축사육처럼 같은 면적이 이제 이전보다 더 많은 식량을 제공하는 방식이었다. 육식을 하면서 인간은 식물에 잠재해 있는 힘들을 공급받는다. 물론 식물보다 더 압축된 형태로 공급받는다. 그러나 동물이 먹는 것 모두가 육질, 지방, 젖으로 가공되는 것은 아니다. 동물이 소화하는 먹이의 훨씬 더 많은 부분은 그 동물의 생명과정 보전에 사용된다. 그 동물은 인간을 위해서가 아니라 어차피 자기 자신을 위해 존재하는 것이다. 인간의 입장에서는 인간이 야생동물을 사냥하거나 가축에게 풀을 뜯기던 곳에 식용작물을 재배한다면 낭비된 가축 먹이의 이 모든 부분이 그에게 직접적인 먹을거리로 전환된다.

로셔(Roscher)에 의해 인용된 저자 푸아삭(Foissac)은 경작이 유목적 가축사육보다 같은 면적의 땅에서 20배에서 30배가 더 많은 인간을 먹여 살리며,

가축사육은 사냥보다 20배 더 많은 인간을 먹여 살린다고 추정한다. 이는 당연히 아주 개략적인 비교일 뿐이다. 왜냐하면 사냥, 가축사육, 경작은 다양한 상황에서 아주 다양한 먹거리의 원천을 나타낼 수 있기 때문이다.

프리드리히 라첼(Friedrich Ratzel)에 따르면, 1천㎢당 환경이나 토양에 따라 사람을 먹여 살리는 숫자는 다음과 같다.

환경이나 토양 상황	인원 수
북방의 척박한 지방에서의 수렵 및 어로 민족에서는	2명에서 5명
부시맨과 오스트레일리아인 같은 스텝 지대의 수렵 민족에서는	2명에서 9명
인도인과 다야크인 같은 약간의 경작을 하는 수렵민족에서는	170명에서 700명
북아메리카와 폴리네시아의 어로민족에서는	700명에서 1,770명
목축 유목민에서는	1,770명까지
아프리카 내륙과 동남아시아의 약간의 수공예를 하는 경작인들에서는	1,700명에서 5,300명
기원전(紀元前)의 북부 인도 게르만 경작인들과 가축사육자들에서는	5,000명에서 12,000명
열대의 경작을 하는 반 유목민에서는	3,400명에서 8,900명
열대의 경작을 하는 어로민족에서는	8,900명까지
신대륙의 혹은 기후상으로 불리한 유럽에서의 유럽식 경작에서는	8,900명까지
기원전 400년에서 300년까지의 그리스, 1200년에서 1500년까지의 중부유럽같이 삼포식 농장을 가진 중남부 유럽의 나라들, 도시 체제의 초기 그리고 상당한 삼림 상태에서는	17,700명에서 26,600명
1600년에서 1850년 사이의 중부유럽의 경작 지대에서는	26,000명에서 35,000명
남유럽의 순수 경작지대에서는	70,000명까지
인도, 자바, 중국의 오늘날의 더 나은 경작지대에서는	177,000명

이 수치는 부양활동공간이 경작으로 얼마나 많이 늘어나는지를 알게 해 주는 데 충분하다.

그런데 우리는 지금 사람이 거주하지 않는 땅들을 어떻게 이해해야 하는지를 안다. 그런 땅들은 예를 들어 절대 거주가 불가능한 극지에 있는 것 같은 지방들 외에는 한마디로 없다. 인간은 몰려들 수 있었던 곳에는 몰려들어 갔다. 거주가 안 된 곳, 빈 땅이라 누구에게나 제공되는 곳은 아직 원시적인 식량 획득 방식이 보전되어 오고 그 인구밀도가 그 방식에 적응된 땅일 뿐이다. 원주민 인구를 더 높은 수준의 식량 획득 방식으로 이끌지 않으면서 외관상으로 '거주가 안 된' 땅덩어리를 점령한다면 이는 그때까지 충분했던 그곳 주민의 부양활동공간을 축소하고 인구 일부를 아사(餓死)의 형벌에 처하는 것이다.

원주민 인구의 수탈, 그리고 수렵 또는 가축사육에서 경작으로의 이행은 당연히 같은 것을 의미하는 개념이 아니다. 그와 달리 더 집약적인 토지경작의 지식과 수단을 원시 민족들에게 장만해 주는 것은 인류애만이 아닌 합목적성의 이유에서도 이를 인류 부양활동공간의 확장에 더 유익한 종류로 간주할 수 있다.

아무튼, 경작으로의 이행이 인류가 이제까지 할 능력이 있던 저 활동공간의 가장 강력한 확장을 뜻한다는 것은 아무 의심할 바가 없다. 그런데 그것은 인간 수효의 엄청난 증식을 가능하게 한 것만이 아니다. 지금은 경작에 종사하는 노동자들이 생산하는 자기 부양비용을 넘는 잉여도 아주 크게 되었다.

이는 농민이 유목민보다 생계유지수단의 획득과는 다른 일에 할애할 수 있는 시간을 더 많이 얻게 작용한다. 놀이나 의복과 주거의 치장 또는 자신의 작업 도구와 장비의 개선 같은 것이다. 농민은 이 모두를 스스로 처리할 수 있었지만, 다른 사람들에게 후자 종류의 노동을 맡기고 그 대가로 자신의 식량과 원료의 잉여분을 제공해도 되었다. 이를 통해 식량과 원료의 생산에서 해방되어 이 계급은 생산수단, 주거의 생산과 그런 것들의 설치, 의복 재료와 의복 그리고 장식의 생산에 몰두하고 거기서 더 높은 숙련을 얻을 수 있었다. 그때까지는 오직 성별 분업이거나 연령계층의 분업이던 분업이 이제 다른 직업들의 분업이 되었다. 농업의 잉여가 커질수록, 그리고 그러한 잉여를 생산하는 한 지방의 사람들의 수가 많아질수록, 그 지역이 생산한 잉여의 합계가 그렇게 해서 커질수록 수공예가 하나씩 농업으로부터 갈라져 나왔다.

장인(匠人)들은 농민과 같이 살 수 있었다. 그렇게 인도의 촌락 자치공동체는 자치공동체 관리(官吏)로서 한 사람의 대장장이, 한 사람의 목수, 한 사람의 도공을 고용했다. 그러나 하나의 마을이란 협소한 틀 내에서는 장인들은 언제나 충분한 일감을 발견하지는 못했을 것이다. 이들이 한 중심지에서 결탁하여 그로부터 여러 마을에 필요한 것을 공급할 수 있었다면 더 합목적적이었다. 토지경작의 개선에 따라서 평야에 인구가 더 많아질수록 더 많은 장인이 중심지에 모일 수 있었다. 시장을 가진 농촌 도시가 형성되었고, 그곳에서는 주위 지역의 농민들이 자신들의 식량과 원료의 잉여분을 공산품과 교환하기 위해 모여들었다. 이를 통하여 이 잉여물은 저 산물들처럼 상품이 되었다.

유리한 교통로, 예를 들어 수운이 가능한 물길 근처 도시들은 또 수많은 다른 도시와 지역들의 산물 교환을 위한 중심지가 될 수 있었다. 그 도시들은 상업도시, 대도시로 성장했다.

이런 교환 경제에서 농민과 장인이 자유인이자 동등한 사람으로서 서로 상대했다. 그들 중 누구도 다른 사람을 위해 무료 노동을 하도록 강제를 받지 않아서 교환 시에 동등한 노동량의 산물들을 서로 일치시키고 모든 상품에 그 가치에 따라 값을 지불하는 경향이 존재했다면, 착취자도 피착취자도 없었다. 농민과 장인 양측이 복지상의 이득을 보았다. 이런 상태는 소시민적 민주주의의 이상(理想)이다. 그것은 작기는 하지만 안락하고 사랑스러운 목가(牧歌)다. 그러나 다른 이상들과 함께 이 이상도 오직 드물게만 실현된다는 불행한 특성을 공유한다.

농민은 유복하게 된다. 그러나 같은 정도로 그는 방어능력을 상실한다. 사냥꾼과 유목민에게는 무기가 가장 중대한 생산수단이고 무기의 사용은 항상 필요하다. 사냥꾼만이 아니라 유목민도, 아니 유목민이 사냥꾼보다 더더욱 풀을 뜯는 가축떼를 숨어 기다리는 야수에 맞서 싸워야 한다. 또한, 유목민은 항상 고집 센 황소와 수말에게 자신의 의지를 강제하고 그놈들을 궁지에 몰아넣는 기백과 힘을 발달시켜야 한다.

농민의 노동은 자신의 농장에서 사냥과 가축사육이 경작으로 축출될수록 더욱더 수동적인 땅과 저항 없는 식물에 대한 투쟁으로 넘어간다. 아직 돌보는 약간의 가축은 밀접하고 인적인, 즉 친근한 관계에 들어가며, 가족의 일원이 된다. 야수들은 그의 경쟁자가 되기를 그만둔다. 이 야수들은 초식 야생동물 중에서 그의 파종을 위협하는 멧돼지, 사슴, 노루, 산토끼를 처리하면서 농민의 조력자가 되기도 한다. 농민과 그의 가축은 낮에는 트인 들판에서, 밤에는 견고한 집과 축사에서 거대한 야수를 별로 두려워할 필요가 없고 숲에는 더 이상 농민이 구할 것이 별로 없다. 원시인에게 아주 믿을만한 머물 곳이고 보호를 해 주는 도피처였으며 사냥꾼에게도 그런 곳이 되었던 것은 농민에게는 낯선 영역, 끔찍한 괴물의 출몰장소가 되었다. 숲 자체는, 야수의 영역으로서 토지경작의 확장과 더불어 점점 더 밀려났다. 농민에게는 무기를 마련하고, 무기 사용을 연습할 시간과 필요성이 점점 더 없어져 갔다. 무기는 그에게 사치 장비가 되어 그것으로 할 줄 아는 것이 별로 없었다.

　이러한 무방비성의 상승은 복지의 상승과 나란히 간 것인데, 이는 농민의 불행이 되었다. 농민이 자기 자신보다 더 무력(武力)을 갖춘 이웃을 마주친 경우에 그 농민은 정복당하고 약탈당하고, 노예화되었다. 이런 일은 극히 다양한 형태로 일어날 수 있었다. 가령 두 지역이 서로 부딪쳤다. 한 지역은 산간지역으로서 경작은 발달시키기가 덜 용이하고, 사냥과 가축사육이 큰 역할을 하며 농민은 무력을 보유했고, 또 한 지역은 비옥한 계곡이지만 초지가 없고 광범위한 벌목으로 사냥터도 없어서 농민은 전적으로 경작으로 먹고 산다. 거칠고 척박한 땅의 농민에게는 비옥한 지역으로의 출정(出征)을 감행하여 이 지역을 약탈하지만 또한 거기서 노동력을 가져오려는 생각이 쉽게 든다. 바로 농민 가족에게 집에서 노동을 경감해 줄 노예들이다. 노예들이 많고 잉여의 합계가 컸던 경우에는 이로써 주인의 가족은 농업노동에서 완전히 벗어나 전적으로 전쟁에 몰두할 가능성이 주어질 수 있었다. 이들의 노동자가 전적으로 노예들이었다면 전쟁은 주인 가족에게 이런 식으로 유익하게 되었다. 아니 결국 이들의 생산양식의 불가결한 기초가 되었다.

　그러나 더 거친 지역의 농민들이 더 비옥한 지역으로 이주해서 그곳의 농민들을 이들의 주거지에 그냥 두면서, 이들을 낯선 사업체에서의 노예로 만드는 것이 아니라 자기 자신의 사업체에서 잉여물을 공물(貢物)로 지정된 주인에게 납부할 의무를 진 농노로 만드는 방식으로 이곳의 잉여를 가지고 먹고 살기를 선호한 일도 있을 수 있었다.

　끝으로 농민들이 적대적인 이웃으로부터 스스로를 지키기 위해 자신들의 대열에서 가장 무예에 능한 자에게 군역(軍役)을 위한 무장을 하고 준비를 하도록 맡기고, 그 대가로 이들에게 자신들의 잉여에서 재원을 제공하는 일도 생길 수 있었다. 그럴 때 이런 호전적 농민들은 조만간에 자신의 동지들을 복종시키거나 착취할 힘을 얻었다.

농민이 농민과 경계선을 둔 것이 아니라 유목민이 경작 농민과 경계선을 이룬 곳에서도 비슷하게 일이 진행되었다. 전자는 아프리카에서 더 많았고, 후자의 경우는 아시아에서 더 많았다.

끝으로 도시가 농촌을 굴복시킬 힘을 얻는 쪽으로 갈 수도 있었다. 거대 상업도시의 그런 식의 지배적인 위치는 특히 지중해 연안에서 발달했다.

농민을 노예화하는 하나의 방식이 다른 방식으로 교체되기도 하고, 보완되거나 복잡해지는 일도 있다. 예를 들어서 이집트에서는 착취와 억압의 아프리카적, 아시아적 그리고 그리스적 방식들이 유익한 만남을 이루었다.

이러한 착취하는 귀족집단의 부상(浮上) 과정이 어떤 형태를 취할 수 있었든지, 모든 경우에 그 결과는 경작에 의한 부양활동공간의 확장이 착취와 노예화를 위한 활동공간의 확장이 되었다는 것이다.

자연의 거친 상태 때문에 경작 노동이 작은 잉여밖에 달성하지 못했지만, 생활 조건이 인구의 방어능력을 수반했으며 그 땅의 성질이 외적의 침입을 어렵게 한 지방들에서는 이런 경우는 극히 적었다. 그러한 인구가 자신의 지방에서 벗어나지 않았고, 스스로가 착취하는 귀족집단이 되지 않았으며, 이들의 이웃이 이들로부터 자신을 방어할 만큼 충분히 강했지만, 이들을 굴복시킬 수 있을 정도로는 강하지 못했다면 그곳에서 노동하는 인구에게 이들이 아무와도 나눌 필요가 없었던 그들 노동의 잉여 전체가 남게 되었다.

그러나 비옥한 지방에서 문화 수준이 높아질수록 농민 착취는 커졌다. 이로부터 민중은 가난한 나라에서 가장 유복하고, 부유한 나라에서 가장 궁핍하다는 말이 나온다.

농민의 형편은 영주들이 거친 농촌 융커[5]로 남아 있으면서 농촌에서 그들의 소농들 틈에서 거주하고 이들의 잉여 산물을 자신들의 동료와 현물로 먹어치우는 곳에서 가장 좋았다. 사냥, 폭음, 그리고 초야권(初夜權)도 혹은 또 연달아 여러 밤의 권리도 지배의 주된 유흥이었다. 농민은 거기서 신체적으로 그리고 정신적으로도 학대를 받을 수 있지만, 경제적으로는 대체로 별로 시달리지 않았다. 왜냐하면, 그가 저 유흥을 위해 제공해야 했던 산물들과 노동력의 수효는 제한되었기 때문이다. 사냥은 영주가 아주 많은 야생동물을 사냥감으로 보유하기 위해 농민에게 야생동물을 괴롭히거나 몰아내는 것을 금할 경우에는 농민의 농사에 상황에 따라 해롭게 될 수 있었다. 그러나 저 야만적 풍습의 단계에 대체로 야생동물군은 부족하지 않으며, 융커는 농민에게 사냥을 통해 도움이 되기도 한다.

융커가 도시의 산물들에 취미를 들여 도시와의 상업교역에 들어가거나 도시로 들어갈 때 문제가 달라진다. 농촌에서는 융커가 쓸모없는 존재다. 그는 자신 농민의 공물(貢物)이 현물로 또는 돈이 되는 물건으로 도시에 도착할 가능성이 있는 경우에는 도시에서 아주 잘 살 수 있다. 그는 그곳에서 도시 장인들과 기술자들의 산물이나 상인들을 통해 수입된 외국의 산물들과 그 농산물을 교환한다. 이로써 지배귀족과 궁정의 사치가 시작되며, 이는 한계를 모르고 기술과 교통 일체의 진보로 상승된다. 장인들은 흔히 이 사치품에서 축복을 발견한다. 사치품이 '사람들 발밑에 돈을' 갖다 바친다는 것이다. 실제로 그것은 장인들에게 당장의 돈벌이 기회가 **늘어난** 것은 아니고 단지 돈벌이의 기회가 **달라진** 것을 의미한다. 전이나 후나 장인들이 자신의 산물로 교환하는 대상은

---

5 융커: 근대 독일, 동프로이센의 보수적인 지주 귀족층을 이르던 말 – 편집자 주

농민의 잉여 산물이다. 그러나 그 대가로 그들에게서 공산품을 가져가는 것은 더 이상 농민이 아니라 그들의 착취자들이다. 그들은 이렇게 하여 더 이상 농민이 아니라 착취자들을 위해 생산을 해야 한다. 물론 그들은 이 사람들을 동등한 신분은 아니지만, 자유인으로서 상대할 수 있다. 귀족들은 농민처럼 장인의 피를, 특히 국세(國稅)의 형태로 뽑을 힘을 얻는다. 그리하여 장인들도 공동 생활체의 영주들을 위해 무보수 노동을 수행해야 한다. 농민에 대한 착취에 장인에 대한 착취가 짝을 이룬다.

이는 착취자들의 증대해 가는 사치가 '사람들 발밑에 돈을' 가져다주는 방식이다. 사치의 증대는 개별 장인의 처지를 그의 노동 산물에서 그의 몫의 축소를 통해 악화시킨다. 그러나 거기서 그것은 물론 장인들을 위한 돈벌이 기회, 그리고 이들의 '부양활동공간'을 늘려줄 수가 있는데, 이는 귀족들이 그들의 농민에게서 이들이 수공예 산물과 교환했었을 남아도는 것을 빼앗을 뿐 아니라 농민이 자신의 소비에 필요로 하는 필수품까지 빼앗아 이제 그것이 수공업 산물과의 교환을 위해 자유롭게 되는 한에서 그러하다.

농민의 착취가 증가할수록, 농민은 새로운 생산수단을 장인으로부터 구입할 능력이 없어진다. 농민의 농사 개선은 막히고 결국 쇠퇴하기 시작한다. 그러나 그가 내는 공물(貢物)은 줄어들지 않고 오히려 수공예 사치품 생산과 사치품 상업이 발달하고, 귀족들의 '필요'가 커질수록 늘어난다. 이제는 가장 필수적인 것까지 절약할 것이 요구된다. 농민과 그의 가축은 굶주리고, 곧이어 그에게는 밭갈이에 쓰고, 자녀에게 젖을 제공하고, 자기 밭에 퇴비를 공급할 가축이 부족해진다. 자녀들은 죽거나 비실비실해진다. 퇴비를 주지 않고, 밭갈이가 잘 안 된 밭에서는 흉작이 점점 더 빈번해진다. 농촌은 인구가 희소해지고, 가난해지고, 황무지가 되며, 그 부양활동공간은 최소로 떨어졌다.

그래서 우리는 이제 문화의 진보와 함께 경작으로의 이행 이래 새로운 인자(因子)가 떠오르는 것을 본다. 이는 많은 경우에 전쟁보다 더 강력하게 부양활동공간의 개발을 막으며, 아예 직접 그 반대로 전락시키는 것이다. 이는 **인구 중 노동하는 대중의 착취**다.

거대 제국 전체가 위에 기술한 사태 전개에서 때로는 완전한 멸망에 빠지게 된다. 그 가장 거대한 예는 카이사르 시대의 로마 제국이다. 그러나 이런 전개는 고대에만 한정된 것이 아니다. 프랑스는 대혁명이 궁정 및 성직 귀족집단의 채찍에서 민중들을 해방하여 단번에 자신의 부양활동공간을 비상히 확장하기까지 18세기에 같은 모습을 보여주었다. 오늘날 과도한 착취에 의한 늘어나는 농업 멸망의 같은 과정이 스페인, 인도, 러시아에서 진행된다. 그런 곳에서도 오직 착취자들을 쫓아내는 것만이 기근을 다스리고, 부양활동공간을 확장하며, '과잉인구'로 나타나는 그런 상태를 종식할 수 있다.

그러나 농업 퇴조의 시기에도 적어도 한동안은 자연에 대한 지식과 기술이 도시들에서 성장할 수 있다. 농업 자체는 파괴할 수 없는 것으로 드러난다. 농업이 어디서든 붕괴하면 그렇게 생겨난 공간에 사방에서 매이지 않은 농민 또는 반(半)유목민이 밀려 들어와 새로이 경작을 재개한다. 그러한 인구이동에 의한 것보다 더 신속하게 치료가 일어나는 것은 노예화된 자들이 착취의 멍에를 벗어버리고 스스로 자유 농민으로서 농업의 갱신 작업에 착수하는 데 성공하는 경우다.

당시 농업이 몰락한 후에 부활을 일으키는 것이 인구이동이든 혁명이든, 이는 도시들에서 일어나는 기술적, 과학적 진보 덕분에 항상 선행하는 시기, 농업의 싹들이 생겨난 토대보다 더 높은 수준의 과학적, 기술적 토대 위에서 일어난다. 그리하여 경작은 항시적인 전진을 보여준다. 물론 직선형이 아닌 물결

형으로서 때로 아주 밑으로 떨어지지만, 결국에는 다시 그 이전의 정점(頂點)을 다시 넘어서는 것이다.

이런 등락(騰落)에서 부양활동공간은 때로 아주 좁아질 수 있다. 그것은 다시 단번에, 예를 들어 혁명을 통하여 그 가장 급속한 확장을 가능하게 하고 초래하는 조건에 들어갈 수 있다.

항시적인 산술급수나 투입된 노동에 비하여 감소하는 토지 수확은 사냥이나 유목적 가축사육에서처럼 경작에서도 별로 눈에 띄지 않는다.

그러나 물론 경작에서도 사냥이나 가축사육에서와 마찬가지로 인간 부양활동공간의 확장은 본질상 다른 유기체들의 부양활동공간 축소와 다른 것을 의미하지 않는다. 기껏해야 가령 관개시설이 설치되어 예전에 도대체 아무것도 자라지 못하던 곳에 식물을 재배할 수 있게 해 주는 그러한 개선이 예외를 이룬다.

경작은 가축을 먹이는 초지를 밭에 의하여 몰아내는 것을 뜻한다. 밭 위에는 압도적인 부분이 인간을 위한 식량이 재배되는 것이다. 그러나 야생초지는 가축만을 먹인 것이 아니다. 가축떼가 다른 초지로 이동했다면, 야생동물들이 그 자리에 들어오는 것을 막을 수 없다. 그 야생동물을 잡아먹고 야수들도 살았으며, 이 야수들은 인간이 아무리 망을 보았다고 해도 길들인 동물떼로부터도 한 입 가득하게 여러 번 많은 양과 송아지를 잡아갔다.

밭이 초지를 몰아낸다면, 이 모든 동물에게서 부양활동공간이 제거되며, 경작이 넘겨받는 다수의 가축은 예외다.

그러나 경작은 우리가 살펴본 것처럼 수공예의 진보도 가능하게 한다. 수공예는 이제 경작자에게 숲을 벌목할 도구만 제공하는 것이 아니다. 이는 불을 놓아서도 할 수 있는 일이다. 숲의 토지를 집약적 경작에 적합하게 만들 도구도 제공해 준다.

경작자는 이제 숲을 몰아내고 새로운 경작지를 만드는 데 성공한다. 이로써 부양활동공간의 확장할 강력한 수단이 생겼다. 그러나 이는 숲 위에서, 그 밑에서 숲으로 먹고사는 나무들과 근처 동물들의 부양활동공간 축소를 의미한다.

인간이 배수(排水)작업을 통해 늪지를 말릴 힘과 능력을 달성하는 경우에 이도 같은 방향으로 작용한다. 이곳에서 자라며, 기어 다니고 헤엄치는 모든 것은 이로써 몰락하거나 적어도 달아날 수밖에 없게 된다.

인간의 부양활동공간 확장은 이처럼 거의 언제나 다른 유기체 동식물의 부양활동공간 축소와 같은 의미다. 식민정책이 일으키는 바처럼 다른 인간들의 부양활동공간 축소를 의미하는 일도 드물지 않다.

그러나 이는 인간이 끊임없이 자연에서 지배하는 균형에 교란을 일으키며 개입하는 것을 의미한다.

| 제8장 **자연에서의 균형의 교란**

자연에는 개체들을 제거하는 인자와 이들을 증식시키는 인자들 간의 균형 생성과 보전을 향한 경향이 존재한다는 것을 알아보았다. 인간이 어떤 종들을 그들의 증식이 맞추어서 적응되도록 하는 제거 수준보다 더 강한 제거에 노출시키고, 다른 종들에 대해서는 이들을 제거하는 계기들을 자연에서 지배하는 정도 아래로 축소하는 가운데 이 균형에 개입한다. 더 강한 제거하는 힘들에 적응한 그들이 번식은 이제 매년 사멸하는 것들을 대체하도록 요구되는 양을 넘는 잉여를 제공한다. 이에 의존하는 것이 경작과 가축사육의 확산이다.

그러나 자연에는 유기체 개체들과 종들은 고립적으로 존재하지 않는다. 그들 간에 극히 다채로운, 극히 긴밀한 연관이 지배한다. 인간은 다른 유기체들이 많은 경우에 시종 그의 의도에 맞지 않는 방식으로 영향받지 않게 하면서 어느 유기체를 증식시키거나 다른 유기체를 감소시킬 수가 없다.

우리는 거기서 오직 인간과 자연 간의 여러 관계만 안중에 두고, 인간과 인간 사이의 사회적인 여러 관계는 보지 않으며, 그래서 사회적 작용을 통해 일어난, 예를 들어 인간에 유익한, 그 보전이 인간에게 중요한, 가령 아프리카의 코끼리의, 이윤 추구를 통해 초래된 박멸이나 극지방의 모피동물의 박멸 등, 동물 종의 제거 같은 일체의 영향들을 도외시한다. 이는 결코 문화진보의 일반적 현상이 아니라 자본주의적 생산양식의 '정당하지는' 못하지만 그래도 하나의 특성이다. 공산제적 사회 상태에서, 또한 봉건적 사회 상태에서 미래를 위한 배려는 더 강하게 형성되었다. 약탈농법이 영위되는 경우 이는 나중의 세대에 대한 배려 없이 긁어모을 것을 필요에서가 아니라 그 결과에 대한 무지에서 생겨난다.

이윤추구욕에서 나온 이런 제거와 마찬가지로 여기서는 영양, 들소, 사슴, 얼룩말, 기린, 하마 등 유익한 또는 적어도 무해한 동물의 제거도 논외로 한다. 이들은 먹을거리의 조달 목적에 소용되는 것이 아니라 따분한 무위도식자의 오락에 소용되는 동물들로서, 이들에게 새로운 감흥과 이례적인 전리품을 마련해 주어, 그들의 허영심이 이를 자랑할 수 있다. 그런 요소들은 자본주의 사회의 특징인 것만은 아니다. 고도의 착취가 다수의 건달을 만들어내는 곳 어디서나 존재한다. 자본주의 사회가 이전의 여러 착취 사회들과 구분되게 하는 특징은, 오직 그 탁월한 무위도식자들에게 들어보지 못한 고도의 기술로 만드는 완성도가 극히 높은 섬멸 수단을 마련해 주어, 그런 수단이 이들의 도살 수공업을 대기업으로 설립해 주고, 불과 몇 년이 안 되어 한 대륙의 거대한 동물 종 전체, 예를 들어 아메리카의 들소 같은 것을 완전히 없앨 수 있다는 것이다.

이런 모든 섬멸 작용에 관해서는 여기서 나는 이야기하지 않으며, 오직 부양활동공간의 확장을 향한 노력이나 무조건 노동 절약을 향한 더 강력한 노력을 대동하는 작용에 관해서만 이야기한다.

배려심 없는 스포츠맨이나 이윤욕에 불타는 자본가들의 무분별한 미친 짓이 문제시되지 않을 때도, 문화의 진보가 인간이 기꺼이 보전하고 싶은 개별 동식물종들을 몰아내거나 완전히 박멸할 수 있다.

예를 들어 지저귀는 새들의 수는 그들이 보전되는 곳에서도 줄어드는 일이 많다. 농업의 진보는 이들의 최상의 보금자리인 살아 있는 산울타리들이나 속이 빈 나무들을 없애서 번식할 기회를 없앤다.

한편에서의 섬멸은 다른 편에서 그때까지 지금 섬멸된 또는 줄어든 동물 종의 먹이로 소용되었던 동식물종에서 과잉 개체수를 향한 경향을 유발한다. 그와 같이 지저귀는 새의 감소가 곤충, 흔히 해충의 증식을 어떻게 일으키는지 알려져 있다.

몸집이 작은 육식동물들의 박멸을 통하여 인간은 설치류 동물의 증식을 촉진하는데, 이들의 엄청난 번식력은 천적들의 세계에 적응되어 있다. 사람들이 이 천적들의 세계의 개체수를 줄이면 그 먹이가 되는 동물들의 과잉 개체수를 촉진하는 것이다.

자연에 균형을 향한 경향이 지배한다면 인간은 한편에서는 개체수 축소의 경향과 또 한편에서는 과잉 개체수의 경향을 자연에 점점 더 많이 가져온다. 인간의 문화가 발을 들이는 곳에서는 우연이 아직 인간의 문화를 그냥 놔두고 있는 한에서 자연에서 균형이 유지된다면 이는 점점 더 우연한 일이 된다.

다윈은 유기체들 서로 간의 밀접한 연관성을 보여주는 아름다운 한 예를 제시한다. 그것은 한 유기체의 증식이나 감소가 어떻게 다른 유기체도 증식시키거나 감소시키는지를 보여준다. 그러나 그에 못지않게 보여주는 것은 문화가 여기서는 개체수 과소화를 통해, 저기서는 과잉개체수를 통해 균형을 대체한다는 것이다. 다윈은 이렇게 적는다.

"한 지대에서 서로 싸워야 하는 유기체 간의 상호 제약이 얼마나 복잡하고 의외인지가 드러나는 많은 예가 제시된다. 나는 한 예만 들려고 하는데, 이는 그 단순성에도 불구하고 내 흥미를 끌어온 것이다. 내가 풍부한 탐구의 기회를 가졌던 스태퍼드셔의 한 친척 농장에는 거대한 극도로 척박한 황무지가 있었다. 지금까지 어느 한 사람의 손도 닿지 않은 곳이었다. 그런데 그런 똑같은 성상의 황무지 수백 에이커가 25년 전 이래 울타리가 쳐지고 유럽 소나무가 재배되었다. 나무가 심어진 부분의 원래의 식생(植生)에서의 변화는 지극히 두드러진 것이어서 한 조각의 땅에서 전혀 다른 땅으로 옮겨갈 때 보통 알아차리게 되는 것보다 더했다. 황무지 식물들 가운데서의 수적인 비율이 완전히 달라졌을 뿐 아니라 갈대와 그 밖의 풀들 말고도 열두 종의 나무도 생겨났다. 이것들은 황무지에서 찾아볼 수 없던 것들이다. 곤충들에게 미치는 효과는 더 컸을 수밖에 없는데, 나무에는 여섯 종의 곤충을 잡아먹는 새들이 아주 흔했고, 이 새들은 그 황무지에서는 보이지 않았던 것인데, 그런 새들의 두 가지에서 세 가지 그곳에 날아들었던 것이다. 우리는 여기서 울타리 치기를 통해 가축이 접근하지 못하게 한 것 말고, 달리 아무 일도 일어나지 않았는데도 하나의 나무종의 도입이 얼마나 큰 결과를 초래하는가를 주목했다."

"울타리 치기가 얼마나 중대한 요소인지를 나는 서레이에 있는 판햄 근처에서 명확히 보았다. 이곳에는 넓은 황무지가 있었고 멀리 떨어진 언덕 위에 오래된 유럽 소나무군이 몇 개 있었다. 지난 수십 년간 상당한 구간에 걸쳐 울타리가 쳐졌고 이 울타리 안에서는 씨앗이 저절로 뿌려져서 어린 유럽 소나무 한 무리가 돋아났는데, 서로 너무 빽빽하게 몰려 있어서 그것들 모두가 다 살 수는 없을 정도였다. 이 어린 그루들이 씨가 뿌려진 것도 아니고 심어진 것도 아니라는 것을 확인한 후, 그 수에 매우 놀라서 나는 곧바로 여러 전망지점에 가서 울타리가 쳐지지 않은 황무지 수백 에이커를 내다보았다. 하지만 나는 심어진 늙은 소나무 군집 외에는 문자 그대로 단 한 그루의 유럽 소나무도 찾아볼 수가 없었다. 하지만 열린 황무지의 식물들 사이를 더 세심히 살펴보았을 때 나는 묘목들과 작은 나무들이 다수 있는 것을 보았지만, 그것들은 계속해서 가축떼에게 뜯어먹혔다. 오래된 나무 군에서 수백 야드 떨어진 1제곱 야드의 지점에서 나는 32개의 뜯어 먹힌 작은 나무들을 확인했다. 그중 하나는 26개의 나이테를 가졌는데, 수년 내내 황무지의 식물들 위로 솟아오르려 시도했지만 허사였다. 이처럼 그 땅이 울타리가 쳐지자마자 기운찬 어린 유럽 소나무들로 빽빽이 덮인 것은 놀라운 일이 아니다. 그런데도 그 황무지는 극도로 척박하고 넓어서 그렇게 가축이 몰려들어 먹이를 찾는 데 성공한다고는 아무도 믿지 않았을 것이다."(종의 기원, S. 92, 93.)

우리는 여기서 단순한 목장만 하더라도 어떻게 일련의 식물을 박멸시키고, 이 식물과 더불어 일련의 곤충에게서, 또 곤충을 잡아먹는 새들에게서 부양활동공간을 축소시켜 일정 면적 위의 유기체 종들의 수를 줄이거나 그곳의 모습을 더 단조롭게 만드는 쪽으로 가게 되는지를 본다. 경작은 이런 효과를 무한히 더 높은 정도로 가진다.

그런데 다윈이 제시한 두 번째 경우는 우리에게 인간의 개입이 자연에서의 균형을 어떻게 교란하고 그 균형 대신에 개체수 과소화나 과잉 개체수의 경향을 일으키는지도 보여준다.

자연 상태에서는 유럽 소나무의 증식과 유럽 소나무의 묘목을 먹고 사는 동물들이 균형을 유지한다. 그들은 서로 균형을 유지해야만 한다. 유럽 소나무들이 그들을 먹는 동물들보다 빠르게 증식하면 이 동물들은 전보다 더 많은 어린 소나무를 먹을 것이고, 더 풍부하게 먹이를 공급받아 먹이를 구하는 데 덜 움직이게 되고 그래서 더 많은 힘을 새끼의 출산과 수유에 쓰도록 남기게 된다. 그러나 유럽 소나무들이 이를 먹는 동물들보다 더 천천히 증식하면, 유럽 소나무들은 단순히 박멸된다. 충분히 급속하게 증식하는 유럽 소나무종들만이 남아날 것이다.

여기에 인간이 등장하면 이야기가 달라진다. 인간은 자연의 다채로움에 단조로움을 가져오려고 한다. 한 조각의 땅을 오직 특별한 목적에만 바치려고 한다. 이 경우에서는 유럽 소나무나 소들을 키운다는 것이다. 전자의 경우에 어린 유럽 소나무를 파괴할 위협이 되는 모든 요소가 배제된다. 이 요소들의 존재에 적응된 유럽 소나무들의 번식 능력은 그런 요소들이 없어진다고 해서 축소되지 않는다. 전과 다름없이 같은 수의 씨앗을 땅에 뿌리며 이 씨앗들이 이제는 모두 싹이 터서 자라나 과잉 개체수의 상태를 부른다. 한 그루는 다른 수많은 나무를 질식시킨 후에야 뻗어 나갈 수 있는 것이며, 이는 우리에게 빈번하게 자연에서의 맬서스의 법칙의 타당성에 대한 증거로 제시되는 것이다. 사실상 이는 인간에 의한 자연의 균형 교란에 대한 증거일 뿐이다.

다윈에 의해 제시된 다른 대안은 소나무가 아닌 소가 관심사인 대안이다. 인간은 가축의 증식을 침해할 수도 있을 모든 육식동물을 제거하며, 이를 통해서 가축이 자신의 부양활동공간의 한계까지 풀밭 위에서 먹이를 얻게 되는 만큼 증식하도록 해 준다. 이를 통해 전통적 처방에 따라 소들의 생존을 둘러싼 투쟁과 그중에서의 적합하지 못한 놈의 멸망에 이르기 한참 전에, 이런 상태는 먹이가 되는 모든 식물, 충분히 신속하게 증식하지 못하거나 그 재생산 기관이 소의 주둥이로부터 보호받지 못한 모든 식물의 박멸을 초래한다.

인간이 자신의 기술을 통해 자연에서 일으키는 균형의 교란은 지표면에서의 그 형상 또는 그 기후의 거대한 변동— 빙하시대, 대륙의 융기와 침강 등—에 의해 만들어지는 교란과 병행하게 될 수도 있다. 변동의 이런 종류나 저런 종류 모두 어떤 유기체들에서는 개체수 과소화를, 다른 유기체들에서는 과잉개체수를 초래한다. 그러나 양자 사이에는 크나큰 차이가 있다. 지표면에서의 자연 변동은 더 큰 지대를 포괄하는 것으로서 언제나 천천히 이루어지며, 길게 지속되는 휴지(休止)의 시기로 마감되며, 이 시기에 개체들, 변종들, 여러 종들, 유기체 종들의 체계가 서로에게 적응하여 과소 개체수와 과잉 개체수의 기복(起伏)으로부터 균형 상태에 도달하기까지 계속해 간다. 여러 종의 모든 특성이, 그들의 번식 능력도 이 균형의 보전에 적응되며, 새로운 상태가 오래 불변인 상태를 지속할수록, 점점 더 공고화되고 유전적 특성이 되어 간다.

반면에 인간의 기술은 쉼이 없다.

세기(世紀)를 단위로 해서 볼 때도 지표면은 인간이 경작활동을 하는 곳에서는 끊임없는 변동에 휘말리는 것으로 나타난다. 그렇게 짧은 시간 내에 동식물 전체가 새로운 상태에 적응한다는 것은 불가능하다. 인간이 자연을 변경할 때, 자연의 균형은 항상 같은 정도 그리고 같은 비율은 아니지만, 끊임없이 교란된다. 인간에 의한 자연 지배의 증가와 함께 균형 교란의 경향도 커간다.

그러나 유기체 생명은 그러한 균형이 없이는 오래 존속할 수 없다. 자연에서 균형이 교란된 후에 항상 다시 관철되는 이유는 어떤 미스터리도 아니고 이런 불가능성에 있다. 인간이 자연에 그럴 시간을 주지 않으므로 인간 스스로가 균형을 다시 이루는 일에 착수하지 않으면, 인간은 식량의 증산을 위해 결국 유기체 생명을 회복 불가능하게 만들 것이다. 인간에게 부양활동공간을 둘러싼 자연과의 투쟁으로 여겨지는 노동의 큰 부분이자 끊임없이 커 가는 부분은, 자연에 가한 폭력의 결과일 뿐이다. 예를 들어 애벌레, 생쥐, 쥐를 초토화할 정도로 과잉 개체수에 대처하려는 노력이 그러하다. 인간에 의해 초래된 균형의 교란은 인간이 그 교란에 속수무책이면서 그것이 인간의 생존조건을 위협하는 그런 것인 경우도 있는데, 예를 들어 영국인들이 오스트레일리아로 들여온 집토끼의 증식이 그런 것이다. 오스트레일리아는 집토끼를 섬멸하는 요소들이 없어서 이제 겨우 인간에 의해 수입되거나 만들어져야만 한다. 인간이 인위적으로 초래한 자연 균형의 교란과 지표면의 냉각이나 다른 강력한, 가령 우주적 변화에 따라 지표면에서의 변동으로 스스로 등장하는 그런 교란 사이의 또 다른 차이는 더 중대하다.

지금까지는 그러한 지표면의 변동은 항상 그 상황의 증가하는 다양성과 유기체 종들의 증가하는 다양성과 손을 잡고 진행되었다. 몇몇 종이 그러한 변동의 과정에서 개체수가 과소하게 되거나 멸종했더라도 더 많은, 더 다양한, 더 고등의 새로운 종들이 그 대신에 등장했다.

그러나 자신의 부양활동공간 확장을 위한 인간의 개입은 우리가 살펴본 바처럼 새로운 종에 의해 기존의 종을 대체하는 것이 아니었다. 기존의 종의 박멸, 그리고 자연에서의 다양성의 끊임 없는 축소를 의미했다. 여러 상황에서 그러는 가운데 기존의 **개체들**의 수가 증가할 수도 있다. 예를 들어 지금까지 유기체적 생명이 불가능했던 건조한 사막에서의 관개로 그럴 수 있다. 기존의 **종들**의 수의 증가는 거기서는 절대 달성되지 않는다. 대부분의 이 수는 기술의 진보로 줄어든다.

이런 일이 목초지 운영과 경작 때문에 일어난다는 것을 이미 보여준 바 있다. 지극히 다양한 수목의 종들이 야생에서 서로 얽혀 자라는 경작되지 않은 숲과 행진하는 병사들처럼 줄지어 심어진, 모두 나이도 같고 키도 같은 한 종자만 담고 있는 숲과 비교해 보라. 그리고 이 후자의 숲, 그래도 나무들 곁에 온갖 덤불과 풀도 보유하는 이 숲을 다시 경작지, 어떠한 돌멩이도 어떠한 잡초도 거기서 제거되고 같은 종의 줄기들만이 줄지어 자라는 경작지를 비교해 보라.

경작 내에서도 물론 어떤 지대에서 재배되는 식물 종들의 가짓수는 때로 증가한다. 기술 진보는 식량 작물과 더불어 실을 만드는 섬유나 염료를 제공하는 특용 작물도 재배되게 했다. 그렇게 해서 도대체 땅 위에 생겨나는 식물 종들의 가짓수가 늘어난 것은 아니다. 이 식물들은 이미 존재했다. 그러나 농업에 의해 재배되는 식물 종들의 가짓수는 이런 방식으로 늘었고 마찬가지로 이 종들의 개체수도 늘었다.

그러나 기술은 점점 더 그러한 식물을 공장이나 실험실에서 인위적으로 훨씬 적은 힘의 지출로 생산하려고 노력한다. 왜냐하면, 공장의 생산과정은 인간이 필요로 하는 산물만 생산하고 그 전체의 힘을 거기에만 사용하는 반면에, 자연에서의 생산과정은 식물의 생명과정을 위해, 그리고 인간의 기술적 목적에 무의미한 식물 부분의 육성을 위해 힘의 상당량을 사용하기 때문이다.

그리하여 서양꼭두서니, 대청(大靑), 인디고는 화학공업의 산물들에 의해 밀려난다. 마찬가지로 비단, 면화, 삼 같은 동식물성 방적 재료를 인공 제품으로 여러 목적을 위해 대체하려는 시도도 하고 있다.

다른 한편으로 말의 동력에는 증기, 전기, 끝으로 휘발유의 동력이 점점 더 강력해지는 경쟁자로서 대립한다. 얼마가 더 있으면, 말은 농업에서 서양꼭두서니와 대청과 마찬가지로 대체될 것이다!

토지경작 기술이 변모할수록 단순성과 단조로움이 자유로운 자연에서, 무한한 유기체의 다양성 대신 더욱더 등장한다.

물론 인간은 사육하고 재배하는 동식물종을 변화시키고 그것들을 인공적 품종개량으로 자신의 목적에 적응시키고자 노력한다. 인간이 특정한 평지(平地)에서 통일할 수 있는 같은 종의 개체들의 수가 클수록 더욱더 그렇게 할 수 있다. 그럴수록 그 밭의 몇몇을 특수한 목적으로 돌려서 그 밭에 분업이 생겨나게 할 수 있다. 그렇게 해서 여러 동식물종의 다양성 대신에 같은 종의 다수 개체가 들어서며 이는 가능해진다. 또한 품종개량 자체는 인간이 개별 유기체 내의 다양성을 축소하거나 그 유기체의 기관과 그 기관들 기능의 자연적 균형을 교란해 가면서 그것 중에 자신에게 쓸데없는 것들을 위축시키고, 그가 가치를 두는 다른 것들을 일방적으로 발달시켜 감을 통해 일어날 수 있다. 가령 다리나 머리 부분을 희생시켜 가며 살이나 젖의 수확량을 높이는 것이다.

고등동물의 가장 복잡한 기관은 뇌다. 더 높은 수준의 발달은 특히 뇌의 구조와 기능의 더 큰 다양성에서 보인다. 그러나 살, 젖, 비계가 여러 상황에서 정신을 만들 능력이 있더라도 정신은 결코 살, 젖, 비계를 만들지 않는다. 정신은 그것들의 생산에는 무익한 것으로 아니 아예 해로운 것으로 여겨지는데, 이는 살, 젖, 비계가 인간을 위해 생산되고 축적되어야 할 때 정신 활동이 그 동물의 이익을 위해 흡수하기 때문이다.

먹을거리로 소용되는 가축의 사육에서는 그 가축의 지능에는 아무런 비중도 두어지지 않으며, 그 가축을 키우는 데서 이는 가능한 최대로 위축된다. 어떠한 위험도 가축을 위협하지 않고 가축에게 관찰이나 사고(思考)를 하게 강제하지 않는다. 먹이를 구하느라 정신을 집중하는 것도 필요하지 않다. 많은 가축에게서 정신적 흥분의 강력한 원인은 거세(去勢)를 통해 근원적으로 제거된다. 그리하여 이 동물들은 점점 더 어리석어져 간다.

오직 인간에게 먹을거리로서가 아니라 노동의 보조자로서 소용되는 가축들은 거기서 지능이 필요하여 외관으로는 문명에 병합됨으로 인해 정신적 능력에 손상을 받지 않았고 이를 아예 어느 정도 향상했을 것이지만, 이런 향상은 그다지 개연성이 없다.

일반적으로 가축의 다양한 종자들은 더 완전한 유기체, 더 다양하고 조화로운 신체구조를 보여주는 유기체로의 상향 발달이 아니라, 소수의 예외는 있지만, 퇴보를 의미한다.

살아 있는 자연의 몰락, 지구 표면에서 여러 관계의 다양성이 퇴보하기 시작하는 시점부터 시작될 수밖에 없는 이 몰락은 인간의 기술이 자연을 지배하는 데 성공하는 한에서는 이미 오늘날 인간에 의해 도입된 것이다.

제9장 전염병과 삼림 황폐화

인간은 끊임없이 자신의 노동을 더욱 생산적으로 만들려고 노력해 왔는데, 이는 자연에 점점 더 큰 일률성을 가져오려는 노력일 뿐이다. 그러나 거기서 인간은 때에 따라 그가 뛰어넘을 능력이 없는 한계에 부딪친다.

예를 들어 동식물을 인위적 품종개량을 통해 유익하다고 여겨지는 특성들을 가장 두드러지게 몸에 지니는 동식물의 표본들을 증식시키는 방식으로 더욱 생산적으로 만들려고 노력한다.

그러나 개별 개체들과 유기체 종들 서로 간의 관계에서처럼 한 유기체의 개별 부위들과 기능들의 관계에서도 필수적인 균형이 있어서 이는 아무런 지장 없이 깨질 수 없다. 물론 이는 고정된 것이 아닌 탄력적인 인자(因子)이지만, 마음대로 오래 계속될 수 있는 인자가 아니다.

단편적인 품종개량이 결국 어떻게 작용할 수 있는지에 대하여 다윈이 전해주는 단 하나의 예를 들어보자.

"요크셔의 한 지방에서 농부들은 정기적으로 큰 뒷다리를 가진 소들을 골라 종축으로 써서 결국 그들이 더치버톡드(Dutchbuttocked)라고 부르는 종자가 나왔다. 송아지의 뒷다리가 기괴하게 큰 것은 흔히 소에게 치명적이었으며, 이 소들은 매년 송아지 시기에 죽어갔다."(Das Variieren der Tiere usw., II, S. 9.)

곡물 종은 인간에게 줄기가 아닌 이삭만 의미가 있다. 이삭이 무거울수록, 줄기가 약할수록 들판에서 인간을 위한 양식의 수확은 크다. 그런데 이삭이 가느다란 줄기에 비해 너무 무거우면, 줄기를 휘어지게 하고 땅바닥에 눕혀서 썩어가게 하여 인간을 위한 수확이 상실된다. 이처럼 줄기를 희생으로 이삭을 확대하는 것은 한계가 있다.

자연 상태에서 유기체는 스스로에게 소용되며, 자기 목적이다. 이에 그의 모든 기관(器官)이 적응된다. 가장 잘 연명하고 번식하는 것은 언제나 가장 저항력이 강한 표본이다. 문명상태에서 동식물 유기체는 스스로에게 소용되지 않고 인간에게 소용되며, 인간은 항상 가장 저항력이 강한 것이 아니라 자신의 목적에 가장 부합하는 것을 번식시킨다. 그리고 그것들의 생활은 역시 그 유기체가 수천 년간의 사육을 통해 적응된 조건에서가 아니라 이에서 벗어나 인간에게 가장 유익한 특성들의 발달을 조장하는 조건에서 영위된다. 그러면 그럴수록 그 유기체는 해로운 영향에 놓인다. 인간은 그 유기체를 몸집이 큰 천적으로부터 해방하며 미생물적 천적 떼를 그 유기체로부터 멀리 떼어놓는 것이 아니라, 사육 동식물의 인공적인 품종개량과 비자연적인 생활 조건을 통해 이 미생물들의 활동을 촉진해 준다. 이 동식물들이 '개량'될수록 더 쉽사리 병에 걸리는 일이 많으며, 더 쉽게 병으로 죽는다. 여기서도 다시금 인간은 문화의 발달이 진행해 감에 따라 점점 더 많은 노동을 자신이 초래하는 자연에서 교란된 균형의 결과를 제거하거나 감시하는데 지출해야만 한다.

다른 방식으로의 균형의 교란은 지나치게 추진된 숲의 개간이 초래하는 결과로 벌을 받는다. 이런 개간은 부양활동공간의 확장에 필요하며, 여러 상황에서 과도한 토양의 습기를 없앤다든지, 기후를 개선한다든지 하는 인간에게 유리한 다른 결과들을 초래할 수도 있다. 그러나 숲이 필요불가결한 지대들도 있다. 산간지대에서는 숲이 바위 언덕 위에 유기질 흙 덮개를 이루고 굳게 하며, 골짜기들을 눈사태로부터 막아주고 때에 따라 다량으로 쏟아진 빗물의 아주 급격한 유출을 막아준다. 또한 산간지대 하부 평야의 경작지가 홍수와 돌무더기로 황폐해지는 것을 방지하거나 제한하는 데 필요하다. 해안에서는 또 숲이 모래가 해변으로부터 내륙으로 날아드는 것을 막는 데 필요하게 될 수 있다. 여기서나 저기서나 숲이 밀려나는 것은 조만간에 경작지, 부양활동공간의 증가가 아닌 축소를 의미한다. 독일의 동해(발트해)안에는 과거에 무성한 숲이 덮여 있었으며, 그 보호 아래에서 수많은 마을이 번창했다. 숲들이 사라진 곳에 그 대신 모래언덕이 들어섰고 이는 매년 점점 더 내륙으로 진행하여 경작지를 파묻었다.

"수많은 측량에 따르면 해안의 이동사구는 매년 평균 10m 정도 전진한다. 쿠리셰 네룽(비스툴라 사구 –편집자)에서는 다음의 마을들이 자연의 위력 앞에 사그라져야 했다: 라텐발트, 알트쿤젠, 프레덴, 노이필코펜, 알트니덴, 카르바헨, 노이 운트 알트네겔른. 이 마을들은 몰락한 마을들로 칭해진다."(Professor A. Schwappach, Wald= und Forstwirtschaft. Der Mensch und die Erde, III, S. 278.)

슈바파흐(Schwappach) 교수가 여기서 '자연의 위력'이라고 표현하는 것은 인간이 자신의 근시안적 삼림파괴로 초래하는 자연의 균형 교란이다.

숲은 모래 해변을 묶어 두는 데 필요한 것과 마찬가지로 차가운 폭풍이 지나가는 지대에서도 필요하다. 이는 폭풍의 광분을 깨뜨리고 인간의 경작에 유리한 조건을 보장해 주는 보호구역을 제공한다.

끝으로 숲은 연중 장기간 건기가 나타나는 덥고 건조한 지대에서 지표면의 말라붙음과 과도한 가열에 대처하는 데, 강우량을 더 균등하게 하고 수원(水

源)이 말라붙는 것을 방지하는 저수지를 만드는 데 불가결하다.

이런 종류의 모든 지대에서는 숲의 축출을 통해 토지경작의 촉진 대신 심각한 손해가 초래되지 않도록 하려면 벌목은 극히 세심하게 진행되어야만 한다. 이런 손해는 전혀 다시 보상될 수 없는 것일 수도 있고 엄청난 노동지출로만 보상될 수 있는 것일 수도 있다. 왜냐하면 숲의 어린 새순은 숲의 보호에서 싹이 트고 성장하기 때문이다. 새순은 이런 자연적 조건에 적응되어 있다. 인간이 새순에서 이런 보호장치를 빼앗으면 많은 경우에 아예 자라날 능력이 없어진다. 이처럼 아이슬란드는 한때 거대한 삼림들을 지녔다. 그러나 사람들이 삼림을 베어 버렸고 따라서 오늘날에는 사나운 폭풍우로 인해 더 이상 어떤 나무도 자라지 못한다.

바위 언덕처럼 건조하고 뜨거운 지대에서도 재삼림화는 야계(野溪)의 건설, 저수지의 설치 등의 거대한 기술건축물 없이는 아주 어렵거나 많은 경우 불가능하다. 재삼림화의 거대한 장애물은 농업에 있다. 농업은 재삼림화를 다시 고지대로 보내고자 한다. 이런 완전히 척박한 지대는 겨우 양과 염소 몇 마리에게 초지를 보장해 줄 수 있을 뿐이며, 이 초지는 옛날로부터 보전되어 온 큰 나무 둘레에서 싹을 틔우고 뿌리를 내리려고 하는 모든 어린나무의 가차없는 제거를 뜻할 뿐이다.

석회암 지대처럼 산악지형, 겨울철의 북풍한설, 뜨겁고 건조한 여름 그리고 목장까지 극히 다양한 장애물들이 모여 있는 곳에서 재삼림화는 최악의 상태에 처한다.

지중해, 발트해, 아이슬란드의 여러 지대들의 경종을 울리는 예들에도 불구하고 벌목이 북쪽 지대, 노르웨이, 스웨덴, 북부 러시아, 시베리아에서도 남러시아, 보스니아, 루마니아 그리고 미합중국 같은 덥고 건조한 땅에서처럼 활발하게 계속된다.

내가 이 몇 줄을 막 다 썼을 때, 나는 《코스모스》에서 크벨레(Quelle) 박사가 베를린지학회(Berliner Gesellschaft für Erdkunde)에서 했던 강연에 따른, 스페인의 시에라 네바다에 관한 다음의 기사를 발견한다.

"참나무와 주목(朱木)을 풍부하게 심은 아라비아인 시대에 산간지대는 극히 아름다운 숲의 자태를 뽐냈다. 그 이래로 아주 많은 숲이 제거되었는데도 어떤 숲도 더 이상 가꾸어지지 않았으며, 남은 숲의 황폐화는 거침없이 계속 진행한다. 숯 굽는 사람들과 염소떼가 숲을 제거하는 데 경쟁하며, 목자들과 숯장이들이 산간에서 만나게 되는 거의 유일한 사람들이기도 하다. 산간지대에는 그 산기슭에도 인구가 희소할 뿐이다."(Kosmos, Handweiser für Naturfreunde, Heft 11, Stuttgart 1909.)

숲이 경작지만큼 인간 생활의 보전을 위해서도 필요하다는 인식, 그 최소한은 보장되어 남아 있어야 한다는 인식은 이미 중세의 마지막 몇 세기의 독일에서 떠오르기 시작했다. 그러나 지중해의 로마와 그리스 문화의 나라들에서 이런 인식이 생겨난 것 같지는 않다. 그곳에서는 많은 땔나무를 요하지 않았고, 건축양식은 석재의 활용으로 자리잡혀 있었기 때문이다.

독일에서는 오래전부터 촌락과 도시의 목조가옥들 그리고 긴 겨울 땔감의 필요성이 숲의 보전을 고려하지 않을 수 없었는데, 특히 광산지대의 숲은 아주 위태로웠다. 그곳에서는 광석을 녹이는 데 다량의 목재가 소모됐기 때문이다. 이미 13, 14세기에 삼림보호를 위한 삼림명령이 생겨나서 15, 16세기에는 일반적인 것이 되었다.

연료 및 건축 목적을 위한 거대한 목재 재고량의 필요성은 석탄 연소의 등장, 단순 주택용에서도 석조 또는 벽돌조의 약진, 그리고 여러 용도를 위하여 철로 목재를 대체하는 것, 예를 들어 목선(木船)을 철선(鐵船)으로 대체하는 것과 함께 사라졌다.

다른 한편으로 바로 자본주의의 시대가 숲을 죽이는 힘으로 작용한다. 이 시대는 목재를 점점 더 다른 재료로 대체하려고 노력한다면, 그 자체가 옛날에는 알려지지 않던 목재의 새로운 용도를 가져왔다. 철도는 그 횡목으로 엄청난 양의 목재를 사용하며, 나무로 만든 종이 신문은 수많은 숲의 무덤이 된다. 거기서 자본주의는 자신의 값싼 대중교통 수단을 통해 예전에 운하, 하천 그리고 해안이 유리한 교통기회를 제공한 경우 외에 목재의 사용을 지방의 국지적인 용도 외에는 불가능하게 했던 여러 장애물들을 극복한다. 이 수상 교통수단들이 역시 처음으로 숲의 황폐화가 주는 축복을 맛보아 왔다. 달마티아의 불모화는 베네치아인들이 그 무성한 참나무 숲들을 선박 건조를 위한 재료를 얻기 위해 박멸시켰기 때문이다. 목재를 띄워 보낼 수 있는 하천이 없는 내륙은 그러한 황폐화에서 벗어났다. 오늘날에는 어떠한 산간지대도 더 이상 목재 투기꾼들로부터 안전하지 못하다.

목재 자체가 점점 더 투기 대상물이 된다. 그러나 규칙적인 목재 키우기는 자본주의적 경제의 조건과 모순되며 이와 조화되지 않는다. 마르크스는 이에 관해 이렇게 말한다.

"긴 생산시간(상대적으로 작은 노동시간의 크기를 포함하여), 그래서 회전기간의 길이는 숲을 가꾸는 일을 불리한 사적인, 자본주의적인 사업 분야로 만든다. 이는 개별자본가들 대신에 조합을 이루는 자본가가 등장하더라도 본질상 사적 사업이다. 농경과 공업의 발달은 대체로 예로부터 숲들의 파괴에 아주 적극적인 것으로 드러나서, 이에 견주어 그 발달이 숲들의 보전과 생산을 위해 행한 일은 완전히 무시해도 좋은 크기가 된다."(Kapital, II, S. 287.)

숲을 가꾸는 자는 숲이 커질 때 어떤 종류의 상황이 될 것인지, 그것이 이윤을 내줄 것인지, 누구에게 내줄 것인지에 대해 역시 극히 불분명한 짐작도 하지 못한다. 그렇게 장기적 변동에 우리의 불안으로 가득한 시대가 관여하지 않는다. 자본주의적 사업은 숲의 목재를 구매하고 판매하는 것이지 그것을 양성(養成)하는 것이 아니다. 합리적 삼림경제는 점점 더 사치품이 되어 부자 중 최고의 부자들만 이를 영위할 수 있다. 특히 자신의 토지 소유를 개인적, 가변적인 것이 아니라 신탁 유증에서 그런 것처럼 양도 불가능한 가족소유로 간주하는 그런 부자들만이 할 수 있다. 이와 동시에 삼림경제는 발달된 자본주의 아래에서는 점점 더 국가의 일이 되어간다. 국가가 숲을 보호하지 않는 한, 그것은 자본에 의해 속수무책으로 황폐해진다. 국가가 숲을 보호해야 한다면, 국가 자신이 사치를 부릴 수 있고 부유해야 한다. 현재 자신의 위치를 미래 세대들의 희생으로, 증가하는 부채로 유지할 수 있는 이탈리아, 오스트리아, 러시아 같은 국가는 숲을 보호할 수 없다. 예를 들어 러시아처럼 국가가 파산에 다가갈수록 숲을 더욱 위태롭게 하며, 토양과 기후의 여러 관계가 농업을 위하여 숲을 생존조건으로 삼는다면 이와 함께 또한 자국의 농업을 위태롭게 한다.

오늘날의 숲의 파괴 속도는 영국에서의 재삼림화에 관한 앙케트 조사의 일부 결과들로 잘 묘사된다.

마게리슨(Margerison) 씨는 이렇게 설명한다. "목재부족(timber famine)에 관해 이야기할 때는 과장되게 표현을 하지만, 세상이 목재 부족에 직면하고 있다는 데는 의심할 것이 없다. … 문명화된 세계는 키우는 것보다 더 많은 목재를 사용한다."

슐리히트(Schlicht) 교수는 "지난 수년간 벌목량은 생장량을 1억3백만 세제곱피트를 초과했음"을 확인해 주었다. 1907년에 미합중국 농업국은 〈미합중국의 목재 비축〉이란 제목의 문서를 발간했다. 그 안에는 다음과 같은 내용이 있다. "현재의 연간 목재 소비량은 모든 형태에서 우리 숲들의 연간 생장량보다 세 배에서 네 배가 많다. 미합중국의 인구는 1880년에서 1900년까지 52퍼센트가 늘어났지만, 목재 취득량은 94퍼센트만큼 늘어났다." 마찬가지로 1907년에 미합중국 정부는 〈경성 목재 비축량의 소멸〉이란 문서를 발간했다. 거기서는 16년 후 이런 종류의 목재 비축량이 고갈될 것이라고 공언이 되어 있다.

1905년에 몽레알의 독일 총영사 슈렉(Schreck)은 캐나다의 삼림 상황을 조사했고, 그에 관한 보고서를 발간했다. 그는 얼마 전까지만 해도 가장 가치가 높은 목재를 제공하던 웨이머스 소나무의 최상 품종이 사라졌으며, 경성 목재는 거의 완전히 박멸되었다는 것을 언급한다. 캐나다는 그런 경성 목재를 더 이상 수출하지 않고 오히려 벚나무, 밤나무, 단풍나무, 참나무, 호두나무 목재 수백만 세제곱피트를 수입한다. (Second report on Afforestration of the Royal Commission on Coast Erosion and Afforestration, S. 10 und 11. London 1909.)

몇몇 지대에서 조금의 합리적 삼림관리에 비한다면, 가장 큰 삼림지대에서의 이런 정신 나간 삼림파괴가 웬 말인가!

경작의 증대가 아주 흔히 부양활동공간의 확장 대신 축소를 가져온다면, 군비와 전쟁에 의한 부담과 초토화의 증대 그리고 노동자 계급 착취의 증대처럼 삼림파괴의 증대가 그에 못지않게 그 일에 가담하고 있다.

제10장 과학과 노동

숲의 보전은 인간에게 신체적 이유로 필요하다. 그러나 인간은 신체적 필요만 아니라 정신적 필요도 가진다. 여기서 당연히 '정신적'이란 말은 신비적으로 이해되어서는 안 된다.

바람과 인식의 힘을 만들어낼 능력은 신체의 자유로운 운동의 힘을 일으킬 능력의 필요한 보완물로서 동물 유기체에서 발달해 왔다. 우리는 이미 고등 동물들의 상승해 가는 다양성이 어떤 방식으로 저 정신적 힘을 만들어내는 기관들과 그 중추부를 가지는 신경들에서 그 정점(頂點)을 발견하는지를 언급한 바 있다. 인간의 정신은 우리가 아는 세계의 가장 다양한 현상이다. 그런데 그것이 발달하려면 그 주변 환경의 커다란 다양성이 필요하다. 허파에 신선한 공기가, 위에 영양 좋은 음식이, 다리의 근육에는 가고, 달리고, 뛰어 오를 기회를 주는 것과 마찬가지로 그것은 정신적 기능을 생산하는 기관들에는 생활필수품이다. 자연의 다양성으로부터 정신이 태어나며, 다양성 안에서 제자리를 찾으며 연명하는 것이 생존 투쟁에서 그의 과제가 되었다. 주변 환경, 감각적 인상, 과제의 일률성은 그의 죽음이다.

문화의 초창기에 경제 발달은 인간 현존의 다양성을 증진하고 이로써 인간 정신에 만족과 더 높은 차원으로의 발달을 마련해 주는 쪽으로 작용한다. 물론 기술 진보의 결과는 처음부터 많은 종류의 생명체가 밀려나고 결국 박멸되는 식으로 행해지는 자연의 단순화다. 그러나 이는 원시인의 역량이 아직 미약할 때에는 지극히 미미하고 정신에 미치는 효과에서는 인간에게 접근 가능한 영역이 점점 확장되어 이로써 인간에게 점점 더 다양해지는 것을 통해 벌충되고도 남는다.

원시인은 열대의 원시림으로 활동무대가 제한되었으며, 그 안에서는 일 년 내내 과일들이 익고, 계절의 차이는 적으며, 밤낮의 온도 차도 크지 않았다. 사냥꾼으로서 인간은 전 세계에 극지방을 넘어서까지 여름과 겨울, 낮과 밤이 첨예한 차이를 나타내는 지대들로 퍼져 간다. 그런 곳에서는 철마다 생활방식과 먹을거리를 바꾸는 것이 타당하다. 그 밖에도 그는 사냥꾼으로서 열매를, 숨어 있지 않고 달아나지 않는 식량인 열매를 모아들이는 것 이상의 일을 먹고 살기 위해 해야 한다. 이제는 지능이 높은 동물들을 꾀로 이기고, 이들의 습성을 연구하고, 이들의 정신적 흥분을 알아내고, 이를 이용하는 것이 할 만한 일이다. 강한 동물들을 때려눕히고, 위험에 맞선 의지를 단련하는 것이 할 만한 일이다. 그런데 사냥꾼의 무기와 함께 전리품이나 사냥터를 둘러싼 전쟁이 생겨나고, 이로써 자신의 의지와 지능과 대등한 동류(同類)들과의 투쟁이 생겨나며, 이는 오직 극도의 힘겨루기를 통해서만 극복이 될 수 있다.

유목민에게는 행동의 다양성이 더 높아진다. 물론 그가 주로 상대하는 동물의 세계는 사냥꾼의 세계보다 더 일률적이고 더 자기 뜻대로 할 수가 있다. 그러나 동물의 세계는 자신들의 다리를 통해서 그의 다리의 힘을 강하게 해 주고, 더 빠르게 해 준다. 말과 낙타는 그가 빠르게 먼 거리를 주파할 수 있게 해 준다. 황소는 끄는 짐승으로서 그의 가재도구 전체를 주인이 원하는 곳으로 초지가 계속되는 한에서는 끌고 간다. 바로 동물들에 대한 지배가 유목민을 사냥꾼보다 특정한 지대로부터 더 독립적으로 만들어 준다. 사냥꾼은 사냥에 성공하려면 모든 길과 모든 막다른 골목, 야생동물의 모든 습성과 물먹는 곳, 그리고 도피처를 숙지해야만 한다. 그가 구역을 바꾸게 되면 운 좋은 사냥의 이 모든 전제조건을 잃어버린다. 물론 그는 이 안에서 끊임없이 돌아다니면서 가장 먼 구석을 샅샅이 살피며, 한 장소에 오래 머물지 않는다. 그럼에도 불구하고 그는 그에게 맡겨진 구역에 매달리고 이곳을 잘 떠나지 않는다. 유목민은 자신의 체류 장소 선택에서 더 자유롭고, 그래서 극히 다양한 지리적 조건, 극히 다양한 민족, 극히 다양한 문화를 더 잘 알 수 있다. 유목민의 정신은 이를 통해 강하게 자극받는다.

같은 일이 바다의 거주자들에게도 이들의 조선(造船) 기술이 해안에서 더 멀리 갈 수 있을 정도로 발달하게 되자 곧바로 일어난다. 이는 초기에는 바다의 많은 섬에 의해 촉진된다. 영원히 움직이고 영원히 달라지는 바다의 변화무쌍함이 먼 해안으로의 항해자를 기다리는 달라지는 광경에 덧붙여진다.

그러나 민중에게 환경의 다양성 증대는 기술의 발전과 생계수단의 진보로 끝난다. 이제부터 노동하는 대중에게 발명들의 진보는 생활의 일률성 증대를 뜻하며, 이는 점점 더 이들에게 영향력을 행사한다. 농민은 더 이상 유목민이나 선원처럼 여기저기 떠돌 수 없으며, 흙에 매인다. 그는 길들지 않은 바다와도, 다양한 야생동물이나 다수의 반(半) 야생동물들과도 상대하지 않고 오직 단순한 기능들만 수행해야 할 몇 마리의 가축들만 상대한다. 그의 주된 일은 저항하지 않는 땅을 경작하고 식물의 생장을 일으키고 뒷바라지하며, 결국 결실을 보관하는 것이다. 매년 언제나 성공하지는 않으나 같은 규칙성을 가지고서 이어지는 일들이다. 동물들에 대한 전쟁도, 인간에 대한 전쟁도 그에게는 더 이상 생계수단이기를 중지한다. 사냥꾼, 유목민, 해적에게— 그리고 선원과 해적은 처음에는 하나였다 —생활요소인 것이 그에게는 원치 않는 방해물이다.

　장인(匠人)의 노동은 더 단순해진다. 농민은 그래도 여러 가지 일을 하고 자기 자신의 복잡한 법칙을 가지는 여러 유기체를 상대한다. 철마다 달마다 날씨가 달라질 때마다 그는 새로운 할 일이 있다. 이런 모든 것은 장인에게는 없다. 그는 날씨가 좋으나 궂으나 여름이나 겨울이나 매일 같은 작업장에서 매일 같은 방식으로 죽은 재료를 가지고 노동한다.

　그런데도 그의 수작업은 산물마다 달라질 수밖에 없다. 그는 아주 여러 가지 산물을 만들고, 각각의 산물에서 처음부터 완성까지 극히 다양한 작업들이 필요하다.

　이마저 공장 노동자에는 없다. 그는 일 년 내내 같은 부분을 만들든지 아니면 아예 같은 부분에 같은 수작업을 한다.

　기술 진보에 의한 단조성은 최고도로 올라갔다. 인간의 정신에 노동이 일정하게 영향을 미치는 한에서, 그 정신은 유목체제에서부터 점점 더 마비되고 죽임을 당하며, 그때부터 농민으로부터 공장 노동자로 내리막길을 간다.

　생존을 둘러싼 투쟁의 민중 정신 고양의 정점을 우리는 유목민과 선원집단에서 보게 된다. 그렇다고 해서 모든 유목민이나 선원들이 그 정점에 도달한다는 말은 아니고, 오직 이 단계가 유리한 상황에서 그에 도달할 조건을 제공했다는 말이다. 아라비아의 베두인들은 동방에서 시가(詩歌) 분야에서 가장 섬세한 예술비평가로, 그리고 최고의 문법학자로 통했고 오늘날 아직도 그렇게 통한다.

　"아랍어는 가장 좋은 소리가 나는 것은 아니지만, 세계에서 가장 풍부하고, 표현력이 가장 뛰어나고 가장 우아한 언어 중 하나다. … 이 언어는 아라비아인들의 시가를 위한 가장 완벽한 도구가 되었다. 말과 시는 아라비아 사람에게는 특히 소중할 뿐 아니라 그의 가슴 자체의 일부이기도 하다. 세상에 아라비아 사람들처럼 표현의 순수성과 우아함에 일상적 생활에서도 그렇게 비교가 안 될 정도의 가치를 부여하는 민족이 없듯이 또한 어디서도 기껏해야 아테네의 전성기를 예외로 하면 시가 거의 같은 방식으로 민족 전체의 일반적 관심의 대상이고, 사안인 경우는 없다. 어느 정도의 중요성을 가진 어떤 일도 이 시에 반영된다. 일상생활의 여러 생겨나는 일들이 매 순간 언제나 거듭하여 자유로운 남자의 자기감정, 그의 관찰과 성찰, 그의 비애에 표현을 부여할 기회를 시에 제공한다. 그리고 누구나 시를 짓고 누구나 남의 시를 이해하고 평가할 능력이 있는 곳에서 시가(詩歌)는 취미가 될 뿐 아니라 어느 정도는 민중생활의 진수(眞髓)가 된다."(Aug. Müller, Der Islam, 1885, I, S. 37.)

호메로스의 시가 일반적으로 알려져 있다. 이는 민중예술의 정점을 의미하며 이때부터는 퇴락하기만 한다.

그렇지만 기술 진보의 정신을 퇴보시키는 영향을 미치는 것은 오직 다수 민중의 노동 조건에 대해서만 해당이 된다. 우리는 농민적 정착생활 그리고 노동의 일률성이 상승하는 시기가 시작되던 때 무렵 어떻게 노동의 생산성이 상당한 잉여를 생산하여 더 많은 수의 인간을 노동의 착취자로 먹여 살릴 수 있을 정도로 커지는지를 살펴보았다.

이 착취자들이 크라우트융커[6]로 남아 있는 한, 그들은 정신생활의 고양에, 여러 관계와 인상들의 더 큰 다양성에 좀처럼 기여하지 않는다. 기껏해야 그들은 사냥과 전쟁을 통해 커지는 단조로움에 대처하지만, 그렇다고 해서 어떠한 새로운, 그때까지 알려지지 않은 계기에 생명을 불어넣지 않는다. 사냥은

---

6 크라우트융커: Kraut(양배추) + Junker(융커) 양배추 귀족, 시골 귀족으로 해석함 – 편집자 주

그들에게는 더 이상 생존 투쟁에서의 필수가 아니라 사치일 뿐이다. 사냥은 더 이상 정신의 온 힘을 고무하지 않고 그 성공이 무의미한, 특별한 이해력이 없이도 추구될 수 있는 놀이가 된다.

이 융커들이 노동에서 더욱 해방될수록, 오직 향락으로 존속하며 아주 적은 향락물들의 층계만을 지니기에 그들의 생존은 더욱 단조로워진다. 전쟁은 그들에게는 많은 경우 노예와 전리품을 취하기 위해서만이 아니라 질식시키는 생존의 따분함에서 벗어나기 위한 필요물이 된다.

도시에서는 사정이 다르다.

거대한 인구가 도시에 모여 자기들이 사용하기 위해서만 아니라 수많은 농촌인구가 사용하도록 공산품을 제조한다. 진행되어 가는 분업은 여기서 가능해지며, 이는 한 직업 내의 노동을 점점 더 단조롭게 만들지만, 직업의 수를 늘리고 더 다양하게 만든다. 직업의 다양성에 계급의 다양성이 더해진다. 착취자들은 도시에 함께 있는 것을 가장 좋아한다. 도시는 공업 덕분에 다양한 즐길 거리를 제공할 수 있기 때문이다. 사치의 부각은 도시에서 직업의 다양성을 더 크게 해 준다. 이것이 해외무역도 가장 많이 촉진해 준다. 상인은 유목민, 그리고 반은 어부였고 반은 해적이었던 원초적 선원의 생활을 계속한다. 그는 어부나 해적보다 자기 고향으로부터 더욱 독립적이 되고, 일 년 내내 객지에 있으면서 육지로, 바다로 돌아다니고 농부들과 가축사육자, 어부, 사냥꾼에게서 자기 식량을 구할 수 있다. 전 세계는 그에게 열려 있고 그의 안목은 그 이전이나 그 이외의 사람들의 안목보다 훨씬 다양하다. 농민의 그것은 이에 의해 영향받지 않는다. 그는 자기의 좁은 테두리에 머문다. 그러나 도시인들의 안목은 착취자만이 아니라 장인의 그것도 상인들의 보고와 그들이 가져오는 제품들에 의해 어느 정도 확장된다. 이는 수공예의 증대하는 단조로움에 어느 정도 대처를 해 준다. 장인의 정신은 대도시에서는 촌락에서와는 완전히 다른 자극을 경험한다.

그렇더라도 장인에게는 상인들의 여행에서 생겨나는 여러 인상의 다양성을 특별히 자신에게 작용하게 할 시간과 기회가 없다. 상인들 자신에게 세계의 다양성에 관심을 끌게 하는 것은 특히 그것의 활용을 통해 얻어지는 이윤이다. 도시의 귀족들은 다르다. 이들은 자신들의 착취 기술을 통해 점점 더 생계유지의 고달픔에서 벗어나고 점점 더 많은 자유 시간을 얻어서 이를 단순한 오락에 보낼 수 있다. 먼저 그들은 농촌 생활의 오락, 특히 사냥에 도시의 오락을 추가한다. 이는 수공예와 상업을 통해 매개될 수 있는 것이다. 그러나 도시의 오락이 촌의 오락보다 더 다양하다고 해도, 그 역시 한계가 있고, 시간이 지나면 단조로워진다. 활발한 정신의 소유자들은 오락의 단조로움에서 더 큰 다양성을 갈망한다. 그러나 그들은 다양성만을 갈구하는 것이 아니다. 정신은 생존을 둘러싼 투쟁에서 끊임없는 변화, 여러 인상들의 다채로운 다양성에만 익숙해져 있는 것이 아니다. 다양성이 그를 혼란에 빠지게 하지 않게 하려면, 그 유기체에 목적 부합적인, 즉 일관적 행동을 할 수 있게 하려면, 정신은 이 다양성에 통일성도 집어넣을 수 있어야 한다. 그렇게 작용하는 정신만이 생존을 둘러싼 투쟁에서 그 유기체를 돕는다.

도시의 제반 상황이 직업 및 계급분화로 인해 복잡하게 되고 다른 한편으로 상인들이 점점 더 다채로운 소식들과 먼 나라의 자연과 사람들의 점점 더 다양한 산물을 가져오는 만큼 도시의 귀족계층에서도 일체의 생계노동에서 해방되고, 전통적 오락에 만족하지 못하여 이 모든 다양한 요소들의 취합, 여러 자체적 탐구들에 의한 보고서들의 보완 그리고 그것들을 정리 정돈하여 단일한 그림을 만드는 데서 새로운 취미를 추구하는 분자들이 생겨난다. 동물과 자연인의 정신이 언제나 그들의 활동범위의 제한된 공간에서의 여러 감각이 동시에 받아들인 여러 인상들의 다양함에 통일성을 부여해야 할 뿐이라면, 이제는 **개인적** 경험의 시공간적 제약을 점점 더 뛰어넘고 이를 통해 점점 더 **세계상**(世界像)으로 여겨지는 통일된 상을 그려내는 것이 중요해진다.

이렇게 해서 여기에 향락과 노동의 원천이 창조되는데. 그 다양성은 결코 마르지 않고 점점 더 풍부하게 흐르며 그래서 인간 정신을 항시 만족하게 한다. 우리의 감각이 주는 상(像)의 다양성은 한계가 있다. 생존을 둘러싼 투쟁에서 여러 인상들의 다양성은 일정한 기술 발달 수준에서부터는 점점 더 작아진다. 그러나 세계상은 한계를 모르고 점점 더 확장된다. 이는 기술과 경제를 촉진하며, 물적 노동을 점점 더 단조롭게, 그리고 정신을 죽이는 성격을 띠게 만드는 이것들은 나름대로 거듭해서 세계상을 확장할, 우리의 인상들의 다양성을 상승시킬, 그리고 우리의 정신을 점점 더 높이 발달시킬 새로운 수단을 제공한다.

글의 발명은 거기서 강력한 한 걸음의 전진이다. 특이점을 말로 전달하는 것은 이미 수렵 시대에도, 더구나 유목 시대에는 일상생활이 주는 여러 인상의 다양성을 높여주는 수단이었다. 입에서 입으로 전달하는 것은 수천km 먼 곳에서 또는 수백 년 전에 관찰된 사건들과 현상들을 도도해 줄 수 있었다. 그러한 보도의 진실성은 흔히 놀라운 것이다. 그러나 결코 피할 수 없는 것은 주관적 요소가 그 보도에 끼어든다는 것인데, 이는 그 브도가 더 많은 사람들의 머리와 입을 거쳐 갈수록, 원천에서 멀리 떨어져 갈수록 사소한 변경사항들이 축적됨으로써 더욱 부풀려진다. 그리고 거기서 기억은 역시 점점 약해지고 결국에는 완전히 사라진다.

그러나 글로 전달하는 것에서는 첫 번째 보도자의 주관적 성격만이 효력을 나타낼 수 있다. 글로 적힌 것은 변함없이 보전되며, 그것이 적힌 면이나 수단의 재료와 마찬가지로 오래 보전된다. 글이 있음으로써 우리에게 전해져 내려오는 햇수의 범위가 점점 더 확장되고 이로써 세계상도 공간적 시간적으로 확장된다.

  기술이 발달할수록 그리고 기술이 경제를 빠르게 변혁시킬수록 세계상도 더욱 강력하게 확장된다. 경제생활 전체에 혁명을 일으키고 산업 노동을 어느 때보다 단순하고 단조롭게 만든 지난 수십 년간 세계상이 수립되는 토대가 되는 사실들의 다양성은 혼돈(Chaos)에 통일성을 가져오기가 거의 불가능할 정도로 빠른 속도로 성장한다. 망원경, 분광분석, 사진술은 우리에게 **지극히 먼** 세상들을 점점 더 가까이 가져오고, 현미경은 극미(極微)의 짐작하지 못한 세계를 우리에게 열어준다. 지각을 파고든 광산, 운하나 철도 시설은 지질학이 **지극히 먼** 과거를 우리 앞에 되살리도록 허락해 준다. 물리학자와 화학자의 실험실은 라듐을 가지고 우리에게 원자 저 너머의 완전히 새로운 물질세계로 난 창문을 열어주었다.

  과학의 진보가 기술적 발달과 경제적 발달의 결과라면, 과학의 진보는 다시 기술과 경제의 발달에 영향을 주고, 눈 깜짝할 새에 점점 더 이것들에 기반을 부여한다. 때에 따라서는 그런 식의 진보가 노동과 경제적 활동의 증가하는 단조로움을 중단시킬 능력이 있으나 이는 오직 더 큰 영역으로의 그 단조로움의 확장을 예비해 두는 것뿐이다. 철도를 통해 낯선 땅덩어리에 더 많은 영역을 열어젖히는 것은 수많은 여행자에게 편안하게 자신의 안목을 확장하게 해 주고, 낯선 자연, 낯선 민족들을 알게 되도록 허락해 주는데, 예를 들어 아프리카에서는 오늘날 이미 북쪽에서부터 하르툼 지나서까지, 남쪽에서부터 잠베지의 빅토리아 폭포까지 사치 대열을 이루어 진출할 수 있게 해 준다. 그러나 우리의 지평의 이런 확장은 곧바로, 하르툼에서도 그리고 빅토리아 폭포에서도 유럽에서와 같은 철도, 공장, 호텔과 호텔 종업원들을 발견할 수 있게, 그리고 원주민들도 유럽인들과 같은 옷을 입게 몰아간다. 더 큰 평준화와 더 큰 단조로움이 항상 진보하는 기술의 열쇠 말이다.

다른 한편으로 경제 발달의 진행은 과학의 추구에 불리하게 작용할 수도 있다. 과학은 자신의 기력과 취미를 모든 오락 중 최고의 것, 그리고 가장 오래가는 것인 과학탐구에 쏟을 만큼 물적 노동의 짐을 벗어난 계급이 필요하다. 그러나 이런 짐을 벗음이 일체의 물적 노동과 일체의 투쟁으로부터의 지속적인 해방, 단지 즐기는 생활로의 지속적인 한정을 가져온다면, 그런 식의 기생적 귀족계층은 결국 일체의 신체적, 정신적 기력을 잃고, 이와 함께 새로운 인상들과 정신적 향락에 대한 일체의 취향과 충동도 잃는다. 고단하고 회의적이 된 이 계층은 일체의 오락을 단념하고 일체의 세속적인 것을 불신하고 과학을 퇴락시킨다. 그런 시기에 기독교가 생겨났다.

여기서 다시 우리는 발달이 직선으로 진행하지 않고 끊임없이 상승과 하강을 이루며 변증법적으로 진행한다는 것을 보게 된다.

끝으로 주목해야 할 것은 어느 계급의 탐구자들이 그리는 세계상이 그들의 사회에서의 위치에 아주 강하게 영향을 받으며, 또 반대로 이 위치에 반작용도 가한다는 것이다. 그것은 우리가 받아들이는 모든 인상의 통일적 취합과 정리를 향한 노력에서 생겨난다. 그런데 거기 속하는 것은 자연이 주는 인상들만이 아니라 사회가 주는 인상들도 있으며, 후자의 인상들은 세계상에서 역시 자리를 잡게 될 과거에 대한 그리고 현재의 다른 계급들에 대한 각 계급의 다른 입장에 따라 여러 계급마다 다르게 된다. 자연과 사회는 하나의 통일적인 상으로 융합되어야 한다. 우리가 그중 하나에서 발견하는 여러 법칙은 다른 하나의 분야에서 우리의 관점과 탐구에 영향을 주고, 그 반대도 성립한다. 그러나 거기서 특히 도시인에게는 사회가 자연보다 가깝다. 그는 사회로부터 첫 번째의 극히 강한 그리고 가장 지속력 있는 인상들을 받는다. 그리고 그는 사회로부터 이미 세계상을 받아들인 후 비로소 자연의 탐구에 착수한다.

어느 계급이든지 이처럼 자신의 독특한 세계상을 발달시키는데, 이는 그 시대의 자연과학적으로 알려진 사실에 의해서만이 아니라 오히려 훨씬 더 자신들의 사회에서 위치에 의해 정해진다. 이런 의미에서 부르주아적 과학이나 프롤레타리아적 과학을 말할 수 있다. 프롤레타리아적 화학이나 물리학이 있을 것이라는 데 대하여 조롱하는 현명한 사람들이 있다. 그들의 지혜는 과학의 한 조각을 과학으로, 통일적 세계상 전체로 간주하는 편협성이다. 그중의 각 부분은 다른 부분과 필연적 연관성을 지니고 있다.

몇몇 조각들은 여기서나 저기서나 같은 것일 수 있다. 프롤레타리아 주택의 몇 개의 벽돌이 군주의 궁전을 짓는 데 쓰인 벽돌들과 완전히 같은 종류일 수 있는 것처럼 말이다. 그러나 여기의 전체 구조는 저기와는 완전히 다르며, 전체 구조의 조각으로서 같은 벽돌이라도 저기서는 여기서와 완전히 다른 구실을 한다.

야생동물이나 가축에게 그의 인식이 그러하듯이, 과학, 즉 자신의 감각적 경험을 통해서만이 아니라 여러 사람의 경험의 취합을 통해 얻은 세계상은 그 세계상을 탄생시킨 계급과 세계 안에서 자리 잡을 뿐 아니라 연명해 갈 수단으로도 필요하다.

각자가 특별한 세계관을 발달시켜 온 두 계급이 서로 투쟁에 빠져들면 그 투쟁은 두 세계관의 투쟁이 된다. 다른 한편으로 계급투쟁은 새롭게 떠오르는 계급이 옛 세계관에 대한 투쟁에서 새로운 세계관을 발달시킬 동기가 된다. 이 계급은 이 세계관을 세우는 데 새로 알려진 모든 사실을 활용한다. 대대로 한 곳에 정착해 사는 계급은 일체의 새로 떠오르는 경험을 무시하고 동일한 투쟁에서 전래해 온 세계관을 고수하려는 경향을 얻게 된다.

게다가 상승 노력을 하는 공격적인 정복 계급에서는 그 생활 조건과 투쟁 조건을 통해 비판의 무자비성과 분투의 대담함이 주어진 것 너머로 새로이 발달하게 된다. 정치적 경제적 실천에서만이 아니라 세계상에 관한 사고(思考)에서도 그렇다. 그리고 사회적 실천에서보다 먼저 새로운 계급은 사고에서의 혁명적 대담함을 발달시키는데, 이는 힘과 권력을 얻기 전에도 거기서 긍정적 결과에 도달할 수가 있기 때문이다.

보수적 계급은 자신들의 기존 위치를 지켜야 하므로 일체의 발본적 혁신, 일체의 급진적 변혁을 혐오하면서 대담하고 포괄적인 사고를 하지 못하는 무능력도 점점 더 발달시킨다. 그러한 사고는 그들에게는 미미해지고 척박해지는데, 진보가 그들의 계급적 처지를 위협하지 않는 영역에도 그러하다. 이는 또한 새로운 사실이 그러한 새로운 세계관을 아주 강하게 요구할 때도 새로이 발달하는 계급에 의해 위협을 받는 지배계급이 새로운 세계관을 발달시키지 못하도록, 그렇게 작용한다. 이 계급은 자신들의 예리한 감각 전체를 새로운 사실들을 재해석하여 이것들이 낡은 세계상에 맞아 들어가게 하는 데 바치거나 일체의 과학에 절망하여 인식의 불가능성, 회의주의를 설파할 것이다.

그러나 일부 착취계급의 과학에 대한 관계가 지금까지 역사발달의 과정에서 어떻게 형성되었든, 과학은 언제나 착취자들의 특권임에 변함이 없었다. 그들의 극히 귀중한 특권으로서 그들의 지배권의 가장 확실한 주춧돌이 되어주었고, 그들에게 가장 지속력이 큰 향락들을 제공했지만, 이 특권을 그들은 극히 미미하게 평가했고 극히 드물게 활용했으며 그에 대하여 또한 극히 미미하게 부러움을 샀고 극히 미미하게 적대시되었다. 농민과 장인은 과학을 손아귀에 넣으려고 하지 않는다. 과학은 그들에게는 뭔가 보통 사람에게는 도달할 수 없는 것, 오직 신의 은총을 받은 정신의 소유자들에게만 통하는 신적인 무엇으로 여겨지거나 쓸데없는 책 속의 지식, 실생활에는 완전히 무의미하고 아니 해롭기까지 한 지식으로 여겨진다. 세상과는 동떨어진 공상가들만 만들어내기 때문이란 것이다. 이는 속물 집단의 관점으로서 오늘날 반유대주의에서 세를 떨치지만, 다른 소부르주아적 관점들과 같이 사회민주주의 안으로도 여기저기서 이론의 경멸로서 도입된 것이다.

  농민과 장인은 자신들의 경영방식에 기초를 두는 생산양식에서 과학이 그들에게는 접근하기 어려운 것으로 남을 수밖에 없는 한에서는 옳다. 물론 그들은 자신들의 노동을 벌써 고통으로 받아들인다. 이는 오디세이나 노르만 바이킹족의 사냥꾼, 유목민, 그리고 원시 해적들 같은 이들과는 다른 것이다. 이들에게 생계수단의 획득은 최고의 기쁨이었다. 사냥만이 아니라 말을 길들이고 빙빙 돌리는 것이나 활을 가지고 해전을 하는 것이 전부 그랬다. 인간이 순종하지 않았기 때문에 낙원에서 추방되어 얼굴에 땀을 흘려야 밥을 먹을 수 있는 형벌에 처했다는 전설을 사막의 베두인들이 아닌 유대인들이 만들어냈을 수 있다. 지극히 무거운 형벌로서의 노동이라는 견해는 순전히 농민적인 것이었다. 그러나 마찬가지로 노동을 영원히 피할 수 없이 효력을 지니는 신의 형벌로 보는 견해도 그러했다. 농민과 장인은 자신들의 사업체에서 수행하는 노동량이 아니라 그들에게 지워지는 공조(貢租)를 줄이려고 한다. 이는 그들이 먼저 자신들의 사업의 산물을 스스로 손에 넣어서 이를 통해 자기 사업체에서의 노동의 크기에 관심을 둔다는 데서 비롯된다. 노동량이 많을수록 산물의 양도 많다. 산물이 그들을 노동에 묶어놓는다.

프롤레타리아는 다르다. 자기 노동의 산물은 그의 주인에게 돌아간다. 그는 지급되는 일당을 번다. 근로 시간이 짧을수록 그에게는 좋지만, 자본가에게는 불리하다. 온갖 강압으로 자본가는 근로 시간을 수공예가 지배적이던 시대에 존재한 근로 시간의 한계를 훨씬 넘어 연장하려고 한다. 왜냐하면 장인은 자신을 위해 노동하지만, 제품에 아무리 관심이 있어도 자신을 과로로 쓰러지게 하려고 하지 않기 때문이다. 그러나 자본가에게는 자기 노동자의 멸망은 걱정거리가 아니다.

근로 시간의 연장은 노동의 단조로움 증가와 함께 나란히 갈수록 더욱 살인적으로 작용하고, 더 괴롭게 받아들여진다. 농민과 장인의 근로 시간이 사냥꾼과 유목민의 근로 시간에 비해 부담으로 여겨진다면, 공장 노동자들의 근로 시간에 비하면 쾌락으로 여겨진다. 공장노동이 아직 프롤레타리아트의 봉기를 통해 강력히 제한되지 않은 곳에서 활기찬 농민 기질과 수공예를 공장노동과 비교한다면 말이다.

그러나 이런 봉기는 조만간에 어디서나 일어나며, 이는 때로 산업 자본의 방종이 노동자 계급의 신체적 퇴보를, 그래서 나라의 퇴보를 의미한다는 자산 계급 자체의 여러 계층의 인식에서 지지를 받기도 한다.

한 걸음씩 노동자 계급은 일정한 근로 시간의 단축을 달성하여 이는 그들에게 하루의 몇 시간을 스스로 주인이 될 수 있게 해 준다. 노동이 단조롭고 정신을 죽이는 성격을 띨수록 이제 자유 시간에 인상들의 다양성을 추구할 필요가 더욱 커진다. 이는 정신 나간 유흥들로 쉽게 이어져서 시간, 기력, 돈이 낭비된다. 그러나 노동자의 얇은 돈지갑을 가지고서는 이 유흥들 자체가 어느 정도 활기 있는 정신을 만족시키기에는 너무 단조롭다.

노동자의 내적 강박을 이제 과학의 대중화 수단도 상당히 커졌다는, 산업

자본주의의 견고화와 밀접한 관계에 있는 사실이 설명해 준다. 한편으로 상품교환은 이제 경제활동 전체를 지배하는 사실이다. 이로써 읽기와 쓰기의 지식은 예전에는 상인들과 학자들에게만 필요했으나 이제는 누구에게나 필요한 것이 된다. 다른 한편으로 대중의 읽기 능력과 함께 읽을거리의 대량생산이 발달하고 대량생산과 함께 읽을거리가 점점 더 저렴해지기도 한다.

그리하여 프롤레타리아에게는 최소한 과학의 결과물 중 일부는 접근이 가능해지는데, 이는 산업자본주의의 발흥 때까지는 어느 노동자도 가까이 갈 수 없던 지성(至聖)의 장소였다.

끝으로 이제는 역사상 처음으로 사회가 과학에 따라 완전히 그 영역에 끌어들여졌다. 사회적인 여러 관계가 언제나 인간에게 영향을 미쳤고 이들의 세계상을 정했었다 해도, 자본주의적 생산양식의 발생 때까지는 사회의 움직임에서 일정한 규칙을 발견하는 것에 성공하지 못했다.

이제는 사회의 과학적 탐구가 빛나는 발달을 하는 일이 일어났다. 그런데 새로운 과학이 상속받은 재산과 확고한 관점들을 가지고서 이 과학을 대하는 낡은 계급보다 하나의 새로운 계급, 그 과학과 더불어 상승 운동을 하는 계급에 점점 더 많이 도움이 되듯이 이번에도 그랬다. 사회에 관한 새로운 과학은 프롤레타리아의 계급투쟁의 풍부한 무기고가 되었다.

그리하여 페르디난트 라살레(Lassalle)가 선언한 동맹, 과학(이는 교수들을 말하는 것이 아니다)과 노동자의 동맹이 형성되었다.

농민과 장인들과는 전혀 다르게 프롤레타리아트는 과학을 장악하고자 한다. 우선은 자기의 적에 대항한 투쟁의 수단으로서, 그러나 동시에 자기 노동의 단조로움에 대응하고, 자신의 가난하고 일률적인 삶에 다양성의 자극을 도입할 수단, 노동하면서 푸대접을 받고 마비된 자기의 정신에 만족과 활력을 가져다줄 수단으로서 말이다.

지금까지 억압받은 노동하는 계급들은 더 많은 빵, 더 많은 물질적 향락을 얻기 위해 투쟁했다. 근대의 프롤레타리아트는 세계사에서 착취하는 계급의 과학에 대한 특권을 억압적인 것으로 인식하고 이를 깨뜨리기 위해 지극히 열성적으로 투쟁하는 최초의 노동하는 계급이다.

근대 프롤레타리아트가 싸워서 얻으려 하는 계급투쟁의 내용은 사람들이 즐겨 말하듯 단순한 **배고픔의 문제**가 되는 것과는 거리가 멀 뿐 아니라 그것은 지금까지 계급투쟁이 그랬던 것보다 훨씬 더 **과학**의 특권에 대항한 투쟁이다. 투쟁하는 프롤레타리아트에게 맬서스주의자들이 그렇게 믿는 것처럼 '부양활동공간'의 확장, **식량**의 양의 증대만이 중요한 것이 아니라 정신노동을 위한 여가의 증대 역시 그보다 더 많이 중요하다.

그래서 노동의 생산성을 최고로 상승시키는 것이 프롤레타리아트의 이익이 된다. 이는 소부르주아적, 그리고 수공업적 사업체의 토양에서는 가능하지 않다. 프롤레타리아트는 대기업의 가능한 최대한의 확장, 그래서 물론 노동의 단조로움의 증대를 향해 노력해야 하지만 동시에 자신의 정신 활동의 무궁한 다양성을 위한 여가를 얻기 위해 노동시간의 가능한 최대의 단축을 향해 노력해야 한다.

이런 강박은 아주 강력하여 미래에는 사회가 가용한 것으로 보유하는 전체의 노동력이 식량 생산에 투입될 수도 있으리란 가능성은 완전히 배제된다는 데 변함이 없다.

제11장 예술과 자연

과학은 물적 노동의 증가하는 단조로움에 대처하고 정신에 인간의 타고난 성향이 열망하는 활동의 다양성을 제공할 유일한 수단이 아니다. 다른 수단은 예술이며, 이는 훨씬 오래된 수단이고 옛날부터 과학보다 훨씬 더 넓은 범위의 집단들에 접근 가능했다.

노동의 생산성이 늘어나고 인간에게 생활의 필수품을 넘어 생산하거나 늘어난 여가를 얻도록, 시간을 많이 줄수록 그는 자신의 생산력을 필요한 식량을 생산하는 데만이 아니라 그에게 더 강력하고 더 다채로운 흥분을 마련해 줄 기호품의 생산에도 활용한다. 그중에서도 지극히 원시적인 것은 알코올과 니코틴처럼 배나 코를 통과해 가는 것이다. 다른 더 섬세한, 즉 더 다양한 기호품은 정신을 몰두하게 하는 것, 일상생활이 정신에 주는 것보다 더 다양한 음조, 색상, 형태, 감정, 운명을 정신에 작용시키는 것이다. 이미 동물계도 이런 종류의 기호에 대한 취향을 보인다. 《조소지》(彫塑誌: Zeitschrift für Plastik: Wien 1885)의 〈예술과 문화〉라는 제목의 연재기사에서 나는 이 주제에 관하여 이런 말도 했다.

"여러 원숭이 종들은 강력한 발성 기관을 보유하여 이를 여러 시간이 걸리는 콘서트를 열어서 즐기는 데 사용한다. 긴팔원숭이 종들, 포효 원숭이가 그렇고, 또 필시 수컷이 울음주머니를 갖고 가공할 만한 소리를 즐기는 고

릴라와 오랑우탄도 그럴 것이다. … 다윈의 아들 프랜시스 다윈은 런던 동물원에서 밝고 음악적인 음조로 노래하는 긴팔원숭이를 관찰했다. … 새비지(Savage)는 검은 침팬지 무리가 자주 모여서 일종의 콘서트를 위해 작대기로 소리가 울리는 나무를 때린다는 것을 우리에게 보고한다 그렇기에 북은 최초의 악기였다. 우리는 북이 여러 야만인에게 퍼져 있는 것을 발견한다. 이는 여성이 자신의 허벅다리에 팽팽히 잡아맨 캥거루 가죽으로 된 북을 치는 오스트레일리아에서 가장 단순한 형태로 되어 있다. 그런가 하면 음악을 즐기는 것은 인간이 이른 시기에 더 정교한 악기를 만들도록 동기를 부여했다. 라르떼(Lartet)는 달리는 짐승의 뼈와 뿔조각으로 만든 두 대의 피리를 묘사했다. 이는 동굴 속에서 부싯돌로 만든 도구들, 오늘날에는 멸종한 동물들의 잔해들과 함께 발견되었다."

목조물, 뼈에 파서 그린 상징, 벽화들도 이 시기의 것으로 발견되었다. 그리고 확실히 그 시대 사람들은 모험담, 전설, 이야기를 알았다. 그에 관한 아무 흔적도 남아 있지 않다. 말로 전해졌기 때문이다. 그러나 우리는 그러한 것들을 오늘날 상당히 열등한 민족들에게서 발견한다. 풍부한 시가, 우아한 우화와 이야기들을 예를 들어서 호텐토트인들이 보여줄 것이 있다.

예술적 감정은 문화의 산물이 아니다. 그것은 인간이 타고난 것이다. 그것은 다채로움을 즐기는 데만 있지 않다. 음악은 소리와 결부되는 것으로 알려졌지만, 소리의 다채로움은 아주 오랫동안 꼭 음악의 형태로 존재하는 것은 아니다. 고물상도 예술작품은 아니다.

우리가 이미 살펴본 것처럼 인간의 정신이 타고난 것은 다양성에 대한 욕구만이 아니라 다양성이 그 안에 집약되는 그림의 통일성에 대한 충동도 있다. 인간이 자신의 지극히 강한 예술적 인상들을 길어내는 자연 자체에서 그는 어디서나 여러 힘의 균형을 또는 오히려 거듭해서 새로이 교란된 균형의 끊임없는 재생을 향한 경향을 발견한다. 유기체들의 체계에서처럼 개별 유기체에서도 각 부분은 전체의 균형 생성에 불가결하며, 각 부분은 전체 과정에서 자신의 역할을 한다. 그와 같이 역시 모든 세부 사항들이 그 안에서 함께 전체를 이루면서 각각은 균형 상태 또는 교란된 균형 상태의 재생을 향한 운동을 나타내는 결과에 기여하는 그런 다양성만이 예술적 인상을 불러일으킨다.

다양성에서 그리고 균형의 유지나 달성을 향해 서로에게 작용하는 부분들의 필연적 연관성에서 자연에 따른 예술작품이 형성된다. 그러나 자연은 아무런 목적도 가지지 않는 반면에, 그것은 의식적 행위의 결과인 모든 것이 그렇듯이 어떤 목적에 사용된다는 것에 의해 자연과는 구별된다. 유기체들의 체계와 같이 유기체에서의 균형의 보전이나 끊임없는 재현은 자연의 목적이 아니라 결과로서 그것 없이는 자연이 있을 수조차 없을 것이며, 존속할 수 없을 것이다. 의식(意識)을 타고난 유기체들은 존재하기 때문에만 존재하는 것이 아니다. 그들은 존재하기를 원하고, 자신들의 온갖 힘을 발달시키고 펼치기를 원하며, 이 목적에 맞게 목적들을 세운다. 예술가도 그렇게 한다. 그는 마찬가지로 특정한 효과를 달성하려고 한다. 예술을 위한 예술마저 무목적적 예술이 아니다. 그것은 공중(公衆)에게 작용하려는 목적만이 아니라 예술가 자신에게 작용하려는 목적도 지닌다. 이런 식으로 예술을 위한 예술(l'art pour l'art)을 추구한 최초의 예술가들은 필시 텅 빈 나무통을 북으로 두드린 저 검은 침팬지들이었던 것 같다. 이는 명백히 청중을 즐겁게 하기 위한 것이 아니라 자신들이 즐기기 위해서였을 뿐이다.

그러나 이미 동물 세계에는 대부분의 예술적 공연이, 예를 들어 지저귀는 새의 사랑 노래가 다른 것들에 영향을 주려고 계산된 것인데, 사회적인 인간에 있어서도 이는 그러하다. 그런데 사회생활이 다양해질수록 예술가가 **다른 사람들**에게 행사하려고 하는, 그리고 실제로 행사하는 작용도, 그래서 그의 사회적 작용도 다채로워진다. 어떤 효과를 그가 달성하고자 하는지는 역시 당장은 그에게 달렸다고 해도 그는 사회의 산물이다. 그리고 그가 실제로 달성하는 효과는 마찬가지로 사회의 조건들에 달려 있다.

예술가가 자신의 목적과 관련하여 그가 그 안에서 살고 있는 사회에 의해 조건 지어진다면, 다른 한편으로 그의 사회를 움직이는 여러 목적 중에서 선택하는 것은 그의 자유다. 예술적 취급을 할 수 없는 인간의 목적은 좀처럼 없을 것이다. 예술가는 종교와 마찬가지로 호색(好色)에서 소용될 수 있고, 연모(戀慕)와 마찬가지로 정치에도, 즐거운 향락과 마찬가지로 투쟁에도, 단념과 마찬가지로 승리에도 소용될 수 있다.

그 **목적**과 관련해서 그런 것처럼 예술가는 기법과 관련해서도 사회에 의존한다. 하지만, 예술의 본질에 속하는 다양성이 그 예술가가 이용하는 **수단**의 다양성에서 찾아질 수 있다고 믿으려 한다면 이는 잘못일 것이다. 그것은 그 예술가가 목표로 삼는 **효과**의 다양성에만 있다. 하이네의 노래 네 줄이 펠릭스 단(Felix Dahn)의 네 권짜리 소설보다 더 많은 예술을 펼칠 수 있고 더 깊고 다양한 효과를 일으킬 수 있다. 가령 뵈클린(Böcklin)의 연필로 한 스케치가 우리의 공상을 최고로 다채로이 일으킬 수 있지만, 베르너(A. v. Werner)가 세심하게 연주하는 리젠슈바르테는 필시 우리를 일 분도 집중하게 하지 못할 것이다.

예술은 자연보다 단순한 수단에 의해 자연이 가진 다양성의 인상(印象)에 도달하려고 애쓴다. 목적의 설정에서처럼 수단의 단순화에서도 예술은 기술 및 경제와 만난다. 그렇지만 예술은 그것들의 반대편이 된다. 사람들은 흔히 자연과 예술 간의 대립에 관하여 이야기하지만, 예술은 자연과 뗄 수 없이 결부된다. 오직 자연의 토양에서만 예술은 거듭하여 새로운 힘을 길어낼 수 있다. 물론 자연이라는 말은 그것의 총체로 이해되어야 하며, 그래서 인간 정신도 그에 포함된다. 이 인간 정신은 자연의 최고로 다채로운 산물로서 우리 예술의 가장 탁월한 최고의 소재인 것과 마찬가지로 우리에게 자연의 정점(頂點)이 되는 것이다. 정신적 생명의 묘사에서도 예술은 자연을 추구하고 자연으로부터 배워야 한다. 사회가 정신의 활동에 편리의 포장을 씌우고 이 활동을 이를 통해 단조롭고 부자연스럽게 만든다면, 예술가의 과제는 정신의 자연적 특성을 발견하고 그 특성이 자유롭게 펼쳐지게 되는 상황으로 우리를 인도하는 데 있다.

언제나 우리는 예술의 근원으로서의 자연을 만난다. 반면에 자연의 영역은 기술과 경제가 단순화와 평준화를 추구하면서 시작되는 곳에서 끝난다. 경제가 지배하고 기술을 최고로 펼쳐지게 만드는 곳에서 예술은 중단된다.

우리는 예를 들어 직물산업의 현대적 기계의 엄청난 생산성을 찬양한다. 그러나 이 산업은 온갖 민족 복장들이 대중의 똑같은 일률적 복장으로 대체되는 조건에서만 굴러갈 수 있다. 옛날에 야생인은 자기 옷을 스스로 만들어야 해서, 그가 잡은 야생동물의 가죽을 스스로 무두질하고 그것을 스스로 재단해야 했다. 그는 그 옷을 곰 발톱, 멧돼지 이빨로 알록달록한 깃털과 온갖 모피로 치장하는 것도 좋아했다. 누구나 다르게 옷을 만들었다. 이는 많은 노동이 들었지만, 복장의 무한한 다양성이 생겨났다. 기성복 산업에서 나오는 그리고 야생인들과 야만인들에게서 그들의 민족 복장을 몰아내는 바지와 저고리는 훨씬 적은 노동이 든다. 그러나 예술적 효과는 거기서는 없어진다.

독특한 예술작품도 현대 경제 그리고 이 경제의 노동 생산성 수단들 가운데 고난을 받는다. 고딕양식의 매력 중 하나는 그 건축물의 부분들 각각의 개성화에 있다. 각각의 기둥머리, 각각의 낙수홈 주둥이가 그 자체로 예술작품이어서 한 예술가에 의해 그의 생각에 따라 만들어졌지만, 전체의 계획에 따라 자리 잡았다. 사람들이 오늘날에도 더 지을 필요가 있다고 보는 대부분의 고딕양식 성당들에서는 이 모든 부분은 몇 개의 본에 따라 만들어진다. 옛날 성당이— 반드시 신실하지만은 않은, 흔히 최고로 해학적이고 신랄한 유의 —그 모티브의 충만함에 의해 매력이 있는 것만큼 그런 식의 새로운 성당들은 무미건조하고 지루하다.

예술과 경제 간의 이런 대립에도 불구하고 경제적 진보와 함께 예술적 필요도 성장하며, 바로 이에 의해 성장한다.

유물론적 역사관이 경제 발달은 모든 사회 발달의 추진력이며, 경제 발달이 궁극적으로 정신생활의 모든 변동을 규정한다고 말한다면, 이는 정신의 활동이 단지 피동적으로 경제가 유발하는 모든 인상을 반영하는 것에 불과하고, 마치 경제가 모든 정신생활의 유일한 이유라는 식으로 이해되어서는 안 된다. 경제는 단지 온갖 정신생활의 달라짐의 유일한 이유일 뿐이고, 이런 변동은 경제에서 실행되는 모든 **변경**을 정신이 기계적으로 쫓아가는 것에만 있지 않다. 정신생활을 경제생활의 **반사**(反射: Reflex)라고 칭했다면, 이는 별로 좋은 표현이 아니다. 물론 인간은 시를 짓고 철학을 할 수 있기 전에 먼저 생활해야 한다. 생활필수품에 대한 염려, 생산의 필요가 언제나 관철되며, 우리의 바람과 생각도 규정한다. 그러나 그렇다고 해서 정신이 물적 생활의 필요에 언제나 기꺼이 순응한다거나 정신이 이에 맞서 항거하려고 하지 않는다는 말은 아니다. 왜냐하면 우리가 살펴보았듯이 정신이 타고난 필요들은 생산의 필요와는 모순을 이루기 때문이다. 그리하여 예술가와 사상가의 정신 그리고 예술적으로나 과학적으로 관심이 있는 인간의 정신은 경제의 필요들에 대하여 모순으로, 항거로 응답하기가 쉽다. 그러나 항거는 경제의 명령에 복종하는 것에 못지않게 경제에 의해 정해지며, 경제에 대항하는 항거가 의미를 갖게 될지 그리고 어느 정도나 그럴지도 결국에는 경제의 필요에 달려 있다. 경제에의 적응만이 아니라 경제에 대한 투쟁도 경제적으로 정해진다.

입센은 그의 소부르주아적 환경에서만 이해되어야 한다고 말한다면, 이는 그가 소부르주아적 상황에서 튀어나오는 생각에 순순히 적응했다는 말이 아니다. 그는 오히려 소부르주아적 편협성과 단조로움의 한계를 뛰어넘으려고 격렬히 노력했다.

그러나 그가 그렇게 했다는 것과 어떻게 그렇게 했는지는 그가 그 작용에 맞섰던 바로 그 경제적 상황에 의해 정해졌다. 그의 문학적 성공은 그와 마찬가지로 수천 명이 동일한 소부르주아적 편협성과 단조로움 속에서 고통을 겪었다는 사정 덕분이다. 그러나 문학적 성공은 아직 실천적 성공이 아니다. 그는 그런 실천적 성공을 소부르주아적 생산양식을 다른 더 높은 생산양식으로 교체하는 데 도움을 주었을 때만 거둘 수 있었을 것이다. 그러나 그가 이 더 높은 생산양식과 그것의 필요들과 과제들을 파악하지 못했으므로 그는 자신의 사고에서의 온갖 반대에도 불구하고 소부르주아 체제의 내부에 머물렀고 이 체제를 부정하는 대응만 했지 적극적인 극복의 대응은 할 수 없었다.

경제가 정주생활의 시초부터 발달해 갈수록 경제의 필요와 예술의 필요 간에, 경제적 감수성을 가진 인간과 예술적 감수성을 가진 인간 간에 대립이 더욱 상승한다. 그럴수록 경제적 노동에서의 단조로움이 더 커지고, 이 증대하는 단조로움에 예술의 다채로움으로 대응하려는 인간의 필요도 더 커진다.

농민적 농업과 수공예에서의 착취의 발달은 농민과 장인에게서 그들의 노동의 증대하는 생산성이 그들에게 가져다주었을 예술적 생산을 위한 여가와 수단을 빼앗았다. 이 여가와 수단은 점점 더 착취자들에게로 흘러갔다. 그럼에도 불구하고 농민과 장인은 과학으로부터 배제된 것만큼은 예술로부터 배제되지 않았다. 거대한 장치가 필요치 않은 아주 단순한 예술양식들이 있으며, 여름이 농민에게 어떠한 무거운 노동의 짐을 지웠더라도 겨울은 농민에게 언제나 풍부한 여가를 주었다. 옛날이야기와 모험담은 그들에게 긴 밤도 짧게 만들었다. 심지어 노래는 노동할 때 도움이 됐다. 게다가 온갖 자수와 목각으로 옷과 집을 꾸밀 시간도 있었다.

농민에 못지않게 장인은 셀 수도 없이 많은 휴일에 자유 시간을 낼 줄 알았다. 휴일에는 술이 센 마이스터와 직인(職人)들 중에서는 술을 즐기는 것이 큰 역할을 했다. 그에 못지않게 의복 장식하기, 노래, 춤도 있었다. 많은 장인들이 자기의 노동을 통해 예술가까지도 되었다. 끝으로 부자들의 사치는 공공연한 것이었다. 사치는 권력의 표시로서 자랑스럽게 전시되었다. 그것은 또한 거대한 공공건물에도 기꺼이 활용되었다. 착취자들도 자신에게 흘러와 늘어가는 부(富)에 대하여 향락보다 더 나은 용도를 알지 못했다. 과학적 작업에 활용하는 용도는 소수 엘리트의 정신에만 떠올랐다. 사람과 집과 도시를 예술적인 조형물로 장식하는 용도는 도시 귀족집단의 일반적 과제가 되었다. 그 시대에 사회생활이 공적인 것일수록 축제일에 전체 도시인구에 주어지는 예술 감상의 충만성은 그만큼 커지고, 일체의 계급분화에도 불구하고 일정한 일반적이고 통일적인 예술 감각이 다수 인구를 관통하고 당시에 특정한 양식 감각이 된 것으로서 더 많이 그 생명을 이어 갈 수 있었다.

자본주의와 함께 예술에는 새로운 시대가 찾아왔다. 그때까지 상인과 대금업자라는 인물의 모습을 띠고서 단지 사회의 보완물로서 부자들의 사치욕과 낭비를 이용하고 온갖 일시적인 궁핍한 처지를 이용하던 자본이 이제 전체 생산과정을 장악하고, 사회의 기초이자 지배자가 된다. 자본의 고유한 축적을 향한 탐욕은 그때까지는 멸시받는 소유욕으로 통했던 것으로서 큰 착취자들에게는 우습게, 그리고 작은 피착취자들에게는 저주받을 만한 것으로 여겨졌던 이것이 이제 전체 사회생활의 추진력이 된다. 축적이 더 이상 상업과 대금업에만 아니라 생산에도 소용되므로 이는 기술을 지극히 강력하게 변혁시킨다. 그런데 착취자의 과제는 이제 더 이상 향락이 아니라 축적, 즉 부르주아 경제학자들이 말하듯이 절약, '단념'이 된다. 그리고 자본주의적 생산양식의 초기에는 자본주의적 산업인들에게서 정말로 절약을 말할 수 있었다. 이제 사치는 기피되고 예술은 죄스러운 경박함으로 낙인찍힌다. 그러다가 착취의 증대와 함께 산업 자본가들 내에서도 다시 사치가 생겨나지만 당장에는 축적의 계명을 어기는 것으로서 은밀하게 행해졌다. 물론 결국에는 자본가 계급에 의한 착취의 총계가 엄청난 수준으로 상승하여 로마 제정 시대 초기에서나 비슷한 것을 찾아볼 수 있는 광적인 사치가 생겨난다. 그러나 동시에 위협적인 혁명적 프롤레타리아트가 솟아오른다. 이들은 사람들의 두려움의 대상이며, 사치를 부리는 화려함으로 사람들을 유혹하려 하지 않는다.

사치는 주로 공중(公衆)에게 은폐된 상태로 있으며 이로써 이 사치의 일부가 되는 예술도 그러하다.

이런 식으로 공공 예술이 점점 더 사라지도록 작용하는 바로 이 축적은 기술의 혁신을 통하여 노동을 삭막한 단조로움으로 전락시키고, 노동시간을 무한정 연장하며 축제 일수를 극도로 줄인다.

예배를 진행하는 가톨릭교회는 보편적인, 인구 전체에게 접근 가능한 예술 기관이었으며, 오늘에도 어느 정도는 그렇다. 새로운 자본주의와 함께 부상하는 개신교적 예배는 모든 예술적 다채로움을 상실했고, 공장과 같은 단조로운 분위기를 풍긴다.

그리고 거기서 대도시들은 엄청나게 성장하여 프롤레타리아트에게 모든 아름다움과 모든 미적 감수성의 영원한 원천인 자연으로의 통로를 점점 더 끊고, 프롤레타리아트는 점점 더 자신의 거주구역의 침침한 삭막함에 한정된다.

인구의 다수가 예술에 대한 이해력과 통일적인 양식 감각을 상실해 가는 것은 놀라운 일이 아니다. 그러나 자본주의적 착취자들은 그러한 것을 결코 자신의 집단을 위해 발달시킬 능력이 없다. 왜냐하면 그들은 예전의 귀족계층들처럼 그 안에서 여러 세기 전부터 향락의 모든 능력이 상속되고 세대에서 세대로 정교해지는 닫힌 계층을 이루지 않기 때문이다. 영구적 변혁에 휘말려 자본주의적 생산양식은 경제적 지배자의 어떠한 지속력 있는 종족도 생겨나게 하지 않으며, 성공적인 화폐 군주들의 자식들과 손자들을 집어삼키고 새로운 벼락 출세자들을 그들 대신에 발탁한다. 로스차일드가처럼 오래 지속되는 왕조는 예외다. 거대한 착취자들의 이런 영구적인 인적 교체는 프롤레타리아트를 자신의 처지에 만족하도록 할 것이다. 마치 프롤레타리아트가 착취라는 **사실**이 아니라 착취자인 **인간들**에게 책임을 지우려고 했다는 듯이 말이다!

예술적 이해력은 벼락 출세자들에게는 이런 상황에서 말할 것이 없다. 그들은 유명한 이름들에 의해 현혹된다. 예술가와 시인 중에 유명하지 않은 자는 들어보지 못하던 것, 관능적인 것을 통해 돋보이려고 시도해야 한다. 그래서 시대의 몰취향, 지향의 급속한 교체, 극단을 향한 끊임없는 추구가 나타난다.

그러나 예술 감상에서 배제된 프롤레타리아 대중에게서는 동시에 그들의 현존이 삭막할수록, 그들에게 주어지는 물적 향락이 빈약하고 단조로울수록 더욱더 예술을 향한 뜨거운 갈망이 깨어난다.

현실적으로 이 갈망은 그렇게 쉽게 효과를 발휘하지 못한다. 당장에 지극히 원초적인 생계, 의식주의 개선을 둘러싼 투쟁과 노동부담의 제한을 둘러싼 투쟁이 노동자들의 온 힘을 소모한다. 그러다가 이 투쟁 자체에서 투쟁을 더 합목적적이고 더 성공적으로 만드는 것을 돕는 과학에 관한 관심, 그래서 우선 프롤레타리아의 입장과 부르주아의 입장 간의 대립이 가장 첨예하고도 직접적으로 발현되는 과학의 분야에 관한 관심이 깨어난다. 그러나 프롤레타리아트의 정신이 이 투쟁으로 점점 더 단련될수록, 거기서 그의 안목이 넓어질수록, 그는 자기 계급투쟁의 실천적 이익을 넘어서 과학을 그 자체로 점점 더 열망한다. 그리고 같은 정도로 그의 안에는 예술적 욕구, 그리고 이 욕구를 표현해 주어야 한다는 요구와 표현할 힘이 자란다.

그러나 거기서 하나의 부르주아적 예술을 능가하는 특수한 프롤레타리아적 예술이 반드시 발달하는 것은 아니다. 부르주아지에게서 예술 감각을 점점 더 말살하거나 오히려 점점 더 불안하게 이리저리 깜박거리게 하는 것은 특정한 상황이지만, 같은 종류의 상황이 프롤레타리아트에게서도 예술 감각을 억지한다.

그래서 부르주아적 예술을 능가할 프롤레타리아적 예술은 필시 기대할 것이 못 된다. 프롤레타리아트가 아니라 프롤레타리아트의 지양으로부터 새로운 예술의 시대가 싹 틀 수밖에 없다.

그러나 프롤레타리아적 예술 충동이 당장 반드시 새롭고 더 높은 수준의 예술의 기초를 놓는 쪽으로 이끌어갈 것이 아니라면, 그 충동이 필시 오늘 부르주아지가 독점하는 예술에의 참여 확대를 향한 노력으로 만족해야 할 것이라면, 그것은 어떤 경우에도 프롤레타리아트가 힘을 획득하는 것과 같은 정도로 기존의 생산력 중에 점점 더 큰 부분이 예술적 창작에 쓰일 수 있게 되고 또 사회의 구성원 누구에게나 예술적 활동이나 예술적 향락에 활용하도록 자유로운 상태로 남는 여가가 확대되는 쪽으로 작용해 갈 것이다.

과학을 향한 욕구처럼 예술을 향한 욕구도 현대 프롤레타리아에게 장인과 농민과는 다르게 부양활동공간의 확장을 위하여 사회에게 가용한 것으로 주어지는 시간과 힘을 축소하도록 몰고 간다. 이는 식량을 위한 사회적 생산력의 절대적 축소를 일으킬 필요는 없는데 이는 이런 사태 전개가 인간 노동의 생산력을 점점 더 향상하는 기술 진보와 극히 밀접하게 결부되기 때문이다. 진보하는 기술로부터 예술과 과학의 대중화를 향한 그리고 여가의 증가를 향한 강박의 심화도 생겨난다. 이 기술은 그 자체로는 노동의 증가하는 단조로움과 정신의 황폐화를 의미하기에 비로소 그 강박을 만족시키는 것을 가능하게 하면서도 또한 불가결한 것이 되게 한다.

그런데 예술 감상은 자연감상을 없어도 되는 것으로 만들지 않으며, 오히려 자연감상을 야기하는 조건을 이룬다. 자연의 다양성을 남김없이 재현하는 것은 예술이 할 수 있는 일이 아니다. 예술은 이를 극히 단순하게 이용할 수 있을 뿐이며, 그에 대한 대용품을 제공할 수 있을 뿐이다. 예술이 거듭하여 자연으로부터 길어 올리는 일을 하는 곳에서만 그 예술은 자신의 최선을 행할 수 있다. 예술로부터만 배우는 예술, 그것이 최고의 예술이든 고대 예술이든, 그런 예술은 다양성을 잃어버리고 고정된 틀에 갇히며, 인습적이 되고— 예술작품에는 최악으로서 —지루하게 된다.

우리에게 예술이 마련해 주는 가장 큰 향락은 물적 노동의 단조로움을 저지해 주는 향락만이 아니라 우리에게 자연의 다양성을 더 잘 파악하게 해 주는 향락도 있다. 예술가가 보통 사람과 차이가 나는 점은 보통 사람보다 더 많이 보고 들으며, 더 섬세하게 느끼고, 자연의 다양성, 그러나 또한 그 다양성 안의 일치를 더 잘 발견해 내고 이를 살려낼 줄을 알아서 우리가 이를 그와 함께 느끼고 그와 함께 자연에서 이를 다시 발견하는 것을 배우도록 한다는 점이다. 그런 식으로 젊은 예술가도 늙은 거장(巨匠)들을 공부해야 한다. 이는 이들을 베끼기 위한 것이 아니라 이들을 통해 자연을 더 잘 파악하는 법을 배우기 위한 것이다.

예술은 자연과의 끊임없는 접촉이 없이는 고사한다. 예술이 자연을 대체하지 못함은 과학도 자기 자신으로부터가 아니라 오직 외부 세계의 관찰과 우리의 감각에 접근이 가능한 관찰 범위의 끊임 없는 확장으로부터만 끊임없는 진보를 할 힘을 길어 올리는 것과 마찬가지다.

자연에서 누구에게나 접근 가능한 물체 중에 가장 다채로운 것은 인간의 정신 말고는 숲이다. 경제적으로 설치된 목재공장이 아니라 생존을 둘러싼 투쟁에서 서로를 몰아내고, 싸우고, 서로에게 조건을 제공하는 지극히 다양한 동식물 유기체의 눈부신 교체가 이루어지는 원시림 말이다.

물론 바다는 그 영구적인 교체로, 고산지대는 그 빙하로, 그 경치로, 그리고 다채로운 모습들을 가진 좁은 골짜기로 충분한 것을 제공한다. 그러나 그것들에 누구나 일상적으로 접근하지 못한다. 숲은 모든 사람의 영역에 들여놓아질 수 있고, 누구나 그로부터 힘과 삶의 의욕을 들이마신다.

농민들에게 숲은 적대적 세력으로 등장한다. 그가 자신의 산물을 끌어낼 경작 면적의 축소요인으로서, 그에게서 씨뿌리기에 지장을 주는 온갖 해로운 동물들의 도피처로서 말이다. 농민은 기껏해야 눈사태와 모래언덕에 대한 방풍림으로만 숲의 구실을 인정한다. 대개 농민으로부터 갈라져 나온 장인 역시 오랫동안 숲에 대한 거부감 아니면 적어도 무관심을 지닌다. 대도시와 단조로움을 지닌 대공업이 비로소 노동자 계급 안에 숲에 대한 동경을 일깨운다. 이는 동시에 숲의 황폐화가 진행되어 갈수록 더욱더 불안에 찬 것이 되는 동경이다.

그러나 착취하는 계급들은 숲에 열광하는 데 대도시와 대공업이 필요하지 않았다. 숲의 다채로움은 예술보다도 더 많이 그리고 더 먼저 존재의 단조로움에 맞서는 수단으로서 항시 이들을 유혹해 왔다. 물론 맹목적 살상으로서의 사치 수렵에는 사냥과 유목시대의 생존 조건을 오래전에 벗어난 현대의 문화인이 보기에 혐오스러운 뭔가가 있다. 그러나 몰이 사냥의 무식한 도살 이상의 것을 의미하는 사냥 형태도 있는데, 이는 자연의 다양성에 대한 지극히 집중적인 공부를 요하는 형태로서 단지 산책하는 사람이나 관광객이 아닌 예술가만이 추구하는 것과 같은 것이다.

숲의 보전 또는 쉽게 접근이 가능한 성들 근처의 공원에 의하여 삼림을 복제하는 것은 옛날부터 거대한 착취자들의 특별한 취미였으며 오늘에도 그러하다. 오랜 문화국들에서 숲이 아직 완전히 제거되지 않았다면, 우리는 이에 대하여 늘어나는 착취와 이와 더불어 늘어나는 사치에 적지않이 감사한다. 이 사치의 분야에서는 그것의 확장과 그 성격이 경제의 법칙들에 좌우되기는 해도 이 법칙들이 완전히 통하지는 않는 것이다.

그렇다. 숲을 경제의 대상물로서 가장 심하게 위협하고 해치는 자본주의적 생산양식의 한가운데서 숲은 사치대상물로서 새로운 영역을 획득할 수 있다. 옛날에 스코틀랜드에서 실행되던 것을 오늘날 오스트리아 알프스의 여러 지대에서 관찰할 수가 있는데, 인간의 경작활동이 사냥터에 의해 밀려난다는 것이다. 이는 몇몇 개인의 사치 활동으로서 사회의 필요에는 조금의 배려도 하지 않는 것이므로 그것은 대체로 사회에게는 최고로 부당한 방식으로 행해진다. 한 곳에서 그 지대의 번창에 불가결한 삼림지대가 무자비하게 베어지는가 하면, 다른 곳에서는 경작지가 기후에도 경작에도 조금도 보탬이 되지 않거나 오직 인구의 심미적 욕구에만 보탬이 되는 것으로서 숲으로 탈바꿈한다. 왜냐하면 그 과정이 흔히 숲이 필요한 모든 인구 중심지에서 흔히 먼 곳에서 행해지기 때문이다.

그 과정이 대체로 기존의 엄청난 삼림지대를 늘리며, 일 년에 몇 날을 그곳에서 시간을 죽이고자 하는 지체 높은 한량들과 그의 기생자들을 제외하고는 그 삼림지대에서 즐거워할 수 있을 모든 사람을 그 영역에서 제거한다.

이런 형태로 진행되어 숲들의 증가는 확실히 프롤레타리아의 필요에서 나오는 것이 아니다. 그렇다고 해서 경제적 고려 때문에 명해지지 않은 삼림지 전체의 어떠한 확장에도 반대하고 숲에 대하여 오직 경제적 관점만 통하게 하는 것은 잘못일 것이다.

이런 경제적 고려 그리고 신체적 고려와 아울러 점점 더 큰 힘과 의미를 얻는 것은 또한 심미적 고려로서 문화인이 거주하는 곳 어디서나 이 문화인을 위하여 예술 및 경제와 아울러 자연의 연장된 조각의 마련이나 획득을, 그리고 특히 건강한 숲을 열망하는 고려다.

이것도 부양활동공간이 결코 인구 그리고 이들의 노동의 생산력이 향상되는 것과 같은 정도로 확장되지 않게 작용하는, 우리가 이미 언급한 바 있는 여러 다른 계기 중 하나의 계기다. 이런 요소들이 증가하여 부양활동공간을 확장하려고 할수록 또한 여러 시대에 아주 다양하고 또 아주 다양하게 작용하는 수많은 강력한 부양활동공간의 축소를 향한 경향들도 생겨난다. 그 경향들은 상시로 언제나 같은 방향으로 전개되는 것이 아니며, 기술 진보보다 일정치 않다. 그 경향들이 다양할수록 그것들을 더욱더 서로 교차하고, 여기서는 서로를 강화하고 저기서는 서로 방해가 된다. 아주 복잡한 역사적 과정으로부터 부양활동공간에 대하여 당대에 생겨나는 실제적인 최종결과가 단순히 기술에, 인간과 자연의 관계에 의존하는 것보다 결국 더 많이 사회에 인간 서로의 관계에 의존한다는 것, 부양활동공간은 점점 더 역사적 변수가 되고 점점 덜 자연적 변수가 된다는 것은 이상한 일이 아니다.

제12장 자연인의 기하급수

　부양활동공간의 확장보다 본질적으로 더 단순한 과정은 인간의 증식인 것 같다. 인간의 번식에는 기술이 개입하지 않는다. 알을 인공적으로 부화시키는 방식을 인간은 아직 포유동물의 세계에 가져올 수가 없다. 물론 엥겔스는 언젠가 이런 생각을 표명했다. "'인간 자신의 출산, 그 종족의 번식'은 최종적으로 역사를 규정하는 것으로서 직접적 생명 생산의 일부다."(그의 《가족 등의 기원》 초판 서문)

　그러나 그는 이 발언을 결코 되풀이하지 않았고 이에 이어지는 결론을 제시하지도 않았다. 그 발언은 사실상 성립할 수 없었고, 생산이란 말을 가지고 한 단순한 장난이다. 식량의 생산과 인간의 생산은 본질적으로 다른 두 과정이다. 하나는 기술과 함께 끊임없이 달라지고 이로써 사회 발달의 토대를 이룬다. '인간의 출산'은 순전한 자연적 과정으로서 기술에 의해 지금까지는 적어도 조금의 변경도 겪지 않는다. 그래서 그것은 어떤 역사적 변동도 초래할 수가 없다. 모든 유기체의 생명에서처럼 인간의 생명에서 번식 과정이 아주 강력한 역할을 한다면, 수태에서 출산까지의 이 과정의 기술은 사회 발달 과정에서 달라지지 않는다. 그래서 그것은 사회 변동에 아무런 영향도 주지 못하는 채로 있다. 엥겔스가 자연적 번식 과정의 변동으로 표현하는 것, 가족과 결혼 형태의 변화는 사회적 여러 관계에서의 변동이고, 사회 발달의 결과이지 추진동력은 아니며, 번식기술의 변동에서 생겨나는 것이 아니라 식량 생산 기술의 변동에서 생겨난다. 식량이란 말을 가장 넓은 의미로 취한다면, 이런 식의 생산 변동은 최종적으로 일체의 사회 변동을 일으키고 '역사를 규정하는' 유일한 변동이다.

그러나 그렇다고 해서 인간 번식의 규모가 언제나 변함없는 상수라는 말은 아니다. 가족과 결혼이 어떤 형태를 취할지라도 수태, 임신, 출산은 달라지지 않더라도, 여러 경제적 관계들의 변동은 인간의 번식과 증식 속도에 아주 크게 영향을 준다. 인간의 생산은 식량의 생산과 동격이 아닌, 식량 생산의 방식에 의존하는 인자다. 그러나 맬서스주의자들이 상상하는 것처럼 단순한 방식에서 그런 것은 아니다.

원인(猿人)에 관해, 그리고 그들의 다산성에 관해 우리는 지금까지 아무것도 모른다. 그러나 전체의 유기체적 자연에서 종의 보전력과 종의 파괴력 간 균형의 관철 경향이 존재한다는 나의 가정이 옳다면, 그 경향은 원인(猿人)에게서도 지배했을 수밖에 없다. 우리는 다른 모든 유기체처럼 인간의 조상도 그럴 조건이 주어진 곳 어디서나 하등의 유기체로부터 발달했다는 것, 그래서 인간의 조상은 처음부터 다수로 등장했다는 것을 가정할 수도 있다. 이 수는 새로운 동물 종을 만든 혁명적 지구의 시기에는 처음에 아주 기복이 심했을 수 있으며, 결국에는 증식하는 힘과 파괴하는 힘 사이의 균형이 자리 잡았고, 새로운 종의 새로운 생활 조건에 대한 적응은 다산성에서도 완전한 적응이 될 수밖에 없었다. 그때부터는 원인(猿人)의 종에는 같은 수에서의 보전의 경향이 지배했다.

원인이 인간이 되어 생산수단과 무기를 생산하기 시작하자 곧바로 균형이 깨질 수밖에 없었다. 우리는 원인이 이를 통해 전체 유기체 세계의 균형을 어떻게 교란했는지를 살펴보았다. 그 자신의 증식 균형이 그에 영향받지 않은 채로 남아 있었다면 이는 놀라운 일이었을 것이다.

처음에 우리는 물론, 그의 번식 속도가 달라지지 않는 경향을 보였다고 가정할 수도 있다.

유전되게 된 모든 획득된 특성이 외적인 상황 변화 시에 즉시 달라지는 것이 아니며, 일정하며 많은 경우에 전반적으로 큰 완강함을 보인다.

번식의 속도가 같은 상태로 변함이 없었다면 기술의 진보는 종의 증식이 종의 파괴에 대한 우위를 차지하여 땅 위의 인간을 수 세기, 수천 년이 흐르는 동안 점점 더 늘리게끔 이끌어 갔을 수밖에 없다. 특히 무기 기술의 진보가 이런 방향으로 작용할 수밖에 없었던 것은 야수(野獸)가 옛날에 무기가 없는 인간 중에서 벌였던 초토화를 막아주었기 때문이다.

인간들의 사망률을 낮춘 바로 이 기술 진보가 이들에게 원인(猿人)이 거주할 수 없었던 새로운 지대를 찾아내고 그곳에 거주할 수 있게 해 주었다.

이런 식으로 인간이 점점 더 지구 전체를 소유하는 것이 가능해졌다. 동시적으로 가속화된 인간의 증식 없이 기술 진보에 의한 부양활동공간의 확장만으로는 그런 일을 일으키지 못했을 것이다. 인간의 더 급속한 증식과 인간의 부양활동공간의 확장이라는 두 인자는 기술 진보라는 같은 원천에서 비롯했다. 그러나 기술은 두 인자 각자에게 다르게 영향을 줄 수 있었다. 그 둘은 반드시 같은 속도로 발달한 것은 아니다. 하나가 다른 하나를 능가할 수 있었다. 이 단계에서 이미 때때로 맬서스가 모든 유기체의 지속성 있는 상태라고 이를 상상하는 의미에서 과잉인구가 생겨나는 것이 가능했다. 지속적인 식량 부족과 싸워야 했던 과잉인구 말이다. 이 단계에서 몇몇 종족들은 강한 인구증가와 이로부터 따라오는 식량 부족에 의해 이주해 나가 그 선조들이 차지했던 것보다 불리한 지대를 찾아갈 수밖에 없게 되었을 수 있다. 결국 극지방 안에서 그리고 열대 모래사막 안에서 극히 불모의 황량한 지대들도 사람이 거주했을 수 있다. 이는 가능하지만, 필연적이지는 않고 결코 개연적이지도 않다. 때에 따라 여러 곳에서 과잉인구와 식량 부족이 일어났다면, 이는 이주를 하기보다는 오히려 사냥터를 둘러싼 치열한 전쟁을 일으켰을 수가 있으며 이에 의해 인구가 급감했을 것이다. 그러한 이주는 사람들이 보통 자신들의 처지를 개선할 수 있다고 믿은 곳에서 결행했을 것이다. 그들은 불모의 지대로부터 비옥한 지대로 이주했다. 그 반대 방향의 이주는 그들이 훨씬 강한 세력에 의해 강제로 쫓겨날 때만 했다. 원시시대에 여러 인종 간에 세력관계의 그런 식의 격차를 가정할 아무런 이유도 우리는 가지지 못한다.

오늘날 인간들이 삭막한 불모의 황무지에 살고 있으면서 강제로 옮겨진 것이 아니라 그곳에서 완전히 원주민 인구로서 정착해 있는 경우에, 우리는 그 원인을 기후 상황의 변동에서 찾아야 한다. 그린란드에 관해 그리고 시베리아에 관해 우리는 그 땅들이 옛날에는 훨씬 따뜻한 기후를 지녔다는 것을 알며, 아프리카의 모래사막은 예전에는 더 풍성한 숲으로 되어 있었다. 지금 수단에서 사하라가 해가 갈수록 어떻게 늘어나는지를 직접 관찰할 수가 있다. 지구상에서의 인구증가는 지금 그러한 사막의 주민들을 이 사막으로 몰아넣었던 것이 아니라 생활 조건이 점점 더 악화하면서 그들이 자신들을 거주지를 빠져나가는 것을 막았을 뿐이었다고 할 수 있겠다. 사방에서 그들은 주어진 생산양식에 온갖 더 유리한 위치의 땅들에 이미 인구가 충분히 있으며, 이 인구는 자신의 영역에 이웃이 밀고 들어오는 것을 막기에 충분히 강하다는 것을 발견했다.

그러나 인구의 증가가 지구 전체에 인간이 거주하도록 강제했든, 아니면 이를 가능하게 했을 뿐이든, 아무튼 지구 전역의 인간 정착은 원숭이를 닮은 조상들에게서 그랬던 것보다 더 급속한 인간의 증식을 전제로 한다.

그럼에도 불구하고 그 증식은 아주 완만한 증식이었을 뿐일 것이다. 지구 전체의 인구 과정은 원시인은 빠르게 만들어 낼 수 없었던 그런 인간의 극히 다양한 상황에 대한 적응능력, 발견과 발명의 양, 특히 불의 발견을 전제로 한다. 그것의 진행 속도는 무궁히 느린 것이었을 수 있다. 근대의 발견물은 어느 것이나 우리가 인간의 인간됨에 소요된 것으로 보아야 할 시간 범위를 점점 더 먼 옛날로 밀어낸다.

그러나 무기의 발명이 먹을거리를 구하는 것을 아주 크게 유리하게 해 준 후에 인류의 증식을 다시 가로막은 것은 결코 반드시 먹을거리의 부족이었던 것은 아니다. 이 발명품이 더 완성되고 그 효과를 나타내며, 그것은 인간이 초식하던 원시림에서 벗어나게 하고 사냥터로 인도하며, 그곳에서 인간이 주로 야생동물을 먹을거리로 삼아야 했던 것과 같은 정도로 인간의 생활양식은 달라져야 했다. 무기와 함께 인간은 야수의 신체기관을 획득하였으며 이제 야수의 생활양식과 식습관도 취해야 했던 반면에 그의 유기체는 식물 먹을거리의 획득과 가공에 적응되어 있었다. 이는 그 유기체에 완전히 강압적인 요구를 제기했다. 그가 원시림에서 부유하고 아늑하게 식물을 먹고 살았을 개연성이 있다면,— 우리가 오늘날의 원숭이로부터 그의 상태에 관하여 결론을 내려도 좋다면 그렇다는 것이다 —그는 이제 자신의 배고픔을 잠재울 수 있는 뭔가를 붙잡고 싶다면, 살아서 잘 도망가는 사냥감을 추적해야 했고, 온갖 근육과 감각을 흔히 하루 종일 극도로 긴장시켜야 했다. 이 배고픔은 얼마나 고통스러웠겠는가! 모든 야수는 먹이 조달의 불확실성 때문에 놀라우리만큼 긴 시간을 굶을 능력을 발달시켜 왔다. 보통 풍성한 식탁을 대하는 초식동물들에 이런 능력은 대체로 없다. 초식동물의 위를 가진 야생인은 이제 야수와 같은 방식에 따라 때에 따른 배고픔에 익숙해져야 했다. 결국 그에게 이는 어느 정도 달성이 되었지만, 야수에게처럼 완전하게 되지는 않았다. 그래서 인류의 역사가 가르쳐주는 식인풍습 대부분은 이 시기에 해당한다.

이러한 들어보지 못한 긴장과 궁핍에는 번식 시스템도 영향받지 않을 수 없었다. 야생인이 생존을 둘러싼 투쟁에 더 많은 힘을 소모해야 할수록 그에게는 번식을 위한 힘이 더욱 적게 남았다.

먹이의 획득을 위해 적은 힘을 쓰는 초식성 원숭이에게는 일반적으로 관능성이 두드러진다고 관찰자들에 의해 꼽힌다. 마찬가지로 수렵민족들에서는 빈번하게 그들의 성적인 냉담함이 지적된다.

그리하여 로버트슨(Robertson)은 이렇게 말한다.

"아메리카인들에게 제1의 자연본능의 강도는 놀라울 정도로 낯설고 알려지지 않았다. 신세계 전체에서 원주민들은 냉담하고 무덤덤한 방식으로 아내를 만난다."(W. Robertson, Geschichte von Amerika, deutsch von J. F. Schiller, I, S. 335, 1801.)

그 이유는 종족의 독특성에 있지 않고 생활양식에 있다는 것을 로버트슨은 곧바로 이야기한다.

"토양의 비옥함, 기후의 온화함 또는 더 큰 문화의 진보 때문에 더 많고 풍성한 먹을거리를 가지고 야생인들의 생활방식의 고달픔을 덜 느끼는 아메리카의 지방들에서는 양성 서로 간의 동물적 애착이 더 불타게 된다는 것이 눈에 띈다."(S. 339.)

타키투스처럼 카이사르도 게르만 젊은이들의 정절(貞節)에 관하여 보고한다.

물론 남성들의 성적 냉담함이 반드시 증식에 해가 되는 것은 아니다. 포유동물에서 수컷이 번식에 기여하는 바는 극히 사소하다. 수컷이 자기 짝과 일 년에 두 번의 짝짓기를 하든 이백 번을 하든 암컷이 그의 생애에서 낳는 새끼 수에는 완전히 상관이 없을 수 있다. 물고기처럼 알을 낳고 알을 어미의 유기체 바깥에서 비로소 수정시키는 동물에게서는 번식의 필요를 위한 수컷 유기체의 지출이 암컷 유기체의 그것만큼 클 수가 있고, 사정에 따라서는 더 크기도 하다. 그 관계는 알이 어미의 유기체 안에서 수정되어 어미의 유기체로부터 어느 정도 크기로 발달한 다음에 비로소 내보내져 부화되는 동물에게서는 암컷에게 불리하게 바뀐다. 포유동물에게서는 암컷은 훨씬 더 큰 힘을 번식을 위해 지출하지만, 수컷의 힘의 지출은 최소가 된다. 끝으로 인간에게서는 번식을 위한 여성의 힘의 지출은 남성의 그것에 비하여 모든 동물 중에서 월등한 최대가 된다. 몸집이 더 큰 소수의 동물들만 인간 여성의 임신 기간보다 더 긴 임신 기간을 가진다. 인간 여성은 몸집에 비해서 모든 동물 중에 가장 긴 임신 기간을 가진다. 어떤 동물도 자신의 새끼에게 그렇게 오랜 기간 수유하지 않는다. 말과 코끼리처럼 더 긴 임신 기간을 가지는 다른 동물들은 새끼가 태어난 직후에 네 개의 다리로 길 수 있게 자란 새끼를 낳는다. 사람 아기는 땅 위에서 걸어갈 수 있기까지 한 해가 필요하며, 그때가 되어서도 이 운동은 아직 말할 것이 못 된다. 더 멀리 이동할 일이 있다면 아직은 엄마한테 업혀서 가야 한다. 열 살 이전에 그 아이는 역시 극히 원시적인 상태에 있기에 자신의 생계를 혼자서 추구할 수 있는 데에는 못 미친다. 최고로 복잡한 유기체의 양육이 요하는 힘의 지출이 초래하는 모든 늘어난 비용은 거의 전적으로 엄마에게 부담된다. 그래서 특정한 생산양식이 허락해 주는 다산성의 정도는 엄마에게 달려 있다. 인간 다산성의 역사는 여성 노동의 역사다.

수렵 생활은 그 엄청난 힘의 지출로 여성에게 번식 기능을 위해 많은 힘을 남기게 하지 않았다는 것이 명확하다. 암사자가 수사자와 동행하듯 여성이 모든 사냥 대열에 남성과 동행했더라면 그 여성은 완전히 쓰러졌을 것이다. 식물성 음식에 적응된, 그에 상승하는 번식방식을 가진 여성의 유기체는 이런 일을 감당하지 못했다. 여성은 때에 따라서 남성에게서 벗어나야 했다. 분업은 불가피하게 되었다. 사냥은 남성의 영역이 되었고 물고기 잡이도 마찬가지였으며, 이를 하기 위한 무기와 작업 도구의 제작도 그랬다. 창과 활 등만이 아니라 배도 마찬가지였다. 여성들은 야영지에 남아 있었고 사냥꾼은 자기의 포획물을 그리로 가져왔다. 여성들은 아이들을 돌보고 풀씨, 장과와 뿌리를 모으는 일, 가죽으로 보금자리와 옷을 만드는 일이 맡겨졌고, 불을 피우는 방법이 발명되자 곧 불을 피우는 일 등이 맡겨졌다.

브라질의 싱구 인디언에 관해 슈타이넨(Steinen)은 이렇게 말한다.

"우리의 인디언들에 관해서 유혈 사냥과 평온한 토지경작의 병행이 아주 잘 설명되는 아주 간단한 이유가 있다. 이를 단적으로 표현하자면 이렇다. 남성이 먹이를 사냥했고 그동안에 여성은 밭 경작을 발명했다. … 남성은 더 용감하고 더 민첩하며, 그에게는 사냥과 무기를 쓰는 일이 할 일이다. 그래서 사냥과 어로가 아직 중대한 역할을 하던 경우에 분업이 생겨난 한에서는 여성은 나머지 식량의 조달, 운반과 조리에 종사해야 한다. 분업은 결코 자의에서 나온 것이 아니라 자연적 상황에서 나온 것이지만, 남성이 자기 일터에서 독자적인 지식을 얻어내듯이 여성이 자신들의 일터에서 **독자적인** 지식을 얻어낸다는 결과를 가지는데, 이 점은 충분히 평가되지 않았다."(Karl v. d. Steinen, Unter den Naturvölkern Brasiliens, S. 206, 1897.)

확실히 남성과 여성 간의 노동 분화는 자의적인 것이 아니다. 하지만 그것은 남성이 더 용감하고 민첩하다는 바로 그 사정에서 생겨났을까? 이 분야에서 정말로 성(性) 차이가 있었다면, 이는 분업의 원인보다는 결과로 간주해야 할 것이다. 여성들도 그럴 계기가 있는 경우에는 남성만큼 용감하고 민첩할 수 있다. 아무튼 여성을 남성과 구분해 주는 것은 번식에서의 이들의 기능이다. 이 아주 중대한 인자를 폰 덴 슈타이넨은 여기서 이상하게 완전히 잊는다.

우리가 전설과 역사에서 **아마존 여성들**에 관해 들을 때 이들이 처녀라고 하는 것은 명백히 우연이 아니다. 임신하거나 젖을 먹이는 아마존 여성은 너무 열악한 형편에 있을 것이다.

분업은 종족의 보존에 대한 배려에서 필수불가결했다. 분업은 여성이 수렵 생활의 조건에서 임신, 수유, 아기를 보는 일을 견디는 것을 비로소 가능하게 해 주었다. 그러나 이는 결코 여성이 짐을 상당히 벗는 것을 의미하지 않았다. 여성은 개별적 사냥 대열에서는 해방되었지만, 사냥터가 고갈되어 다른 먼 곳의 사냥터를 찾아 야영지를 교체해야 했던 경우에는 뒤에 남아 있을 수 없었다. 그리고 야영에서의 노동은 늘어났다. 기술 진보는 특히 남성이 아닌 여성의 노동분야를 늘렸다. 이는 풀밭의 개간, 도예, 천막의 수리, 저장물— 부르주아 경제학자들이 말한다면 '자본'—의 수집을 가져왔다. 유감스럽게도 여성은 이 자본을 이자를 받도록 은행에 예금할 수 없었고, 이주 시에 아직은 장거리 행진을 할 능력이 없던 아이들을 함께 끌고 다녀야 했다. '자본'과 함께 이들의 짐도 커졌다. 우선 여성은 장성하여 노동하는 짐승이 되었고, 남성은 사냥하고 전쟁하는 황야의 주인이 되었다. 물론 남성은 무기가 가져다준 지배권을 얻은 대가로 흔히 배고픔을 겪어야 했다. 그러나 결코 그 대가로 그를 질식시키는 노동부담을 지지 않았다. 사냥과 전쟁은 남성들에게 즐거움이었다.

임신 및 수유의 긴장과 결부된 노동부담은 야생인 여성을 일찍 늙게 했다.

흔히 25세에 이미 할머니가 되고, 30세가 되면 건강하고 생존 능력 있는 아기를 낳을 능력을 거의 갖추지 못했다.

그러나 짧은 젊음의 시기에도 그들의 출산능력은 제한되었다. 날것이나 반쯤 익힌 고기조각과 뿌리는 어린 아기에게 결코 맞는 음식이 아니다. 그리고 이런 식량도 항상 있지는 않았다. 어린아이는 야수처럼 해가 되는 일 없이 성인보다 배고픔을 오래 견디지 못한다. 그들은 손 닿는 데 있는 유일하고 규칙적인 영양 공급원을 엄마의 가슴에서 발견했다. 그래서 젖을 먹는 기간이 가능한 최대로 길게 연장되었다. 이는 야생인들에게서는 보통 3년에서 4년 지속된다. 그리하여 수렵민족에서는 자녀 수가 적다. 생활 조건이 이들에게 불리하게 조금만 바뀌어도 이들이 사멸하도록 하기에 충분하다.

계속되는 동종교배가 증가하는 불임성의 원인이 될 수도 있었다.

이미 다윈은 동식물의 변종들에 관한 그의 책에서 가축사육자들이 동종교배의 해로움에 관해 가진 신념을 언급했다.

"그것의 나쁜 결과는 신체적 힘, 크기 그리고 가임성의 상실이다."(II, S. 164.)

바이스만(Weismann)과 그의 뒤에 구아이타(Guaita)가 생쥐들을 가지고 한 실험을 통해 동종교배는 불임이 증가한다는 결과를 얻어냈다. 그는 36세대 동안 생쥐들이 동종교배로 짝짓기하게 했다. 1번 세대에서 10번 세대 사이에 출산 건당 평균 새끼 수는 6.1에 달했다. 그때부터는 이는 현저하게 떨어졌다. 35번째 세대와 36번째 세대에서는 그것은 겨우 2.9가 되었다.

다른 연구자 리체마 보스(Ritzema Bos)는 쥐를 30대에 걸쳐 동종교배시켰다. 그는 다음을 발견했다.

분류	1887	1888	1889	1890	1891	1892
출산 건당 평균 새끼 수	7 1/2	7 1/7	7 12/17	6 21/36	4 7/12	3 1/5
불임 결합의 수	0	2.63	5.55	17.39	50	41.18
새끼 사망 백분율	3.9	4.4	5.0	36.7	36.4	45.5

일련의 세대 전체를 통하여 동종교배의 결과는 좀처럼 눈에 띄지 않다가 그다음에는 비약적으로 상승하는 것을 볼 수 있다. (이에 관하여 Th. H. Morgan, Experimentelle Zoologie, 동종교배에 관한 제12장을 참조하라)

원시인의 작은 사회는 동종교배 때문에 심하게 위협받았다.

동물의 단계에서는 그 위험이 작았다. 짐승의 떼는 다분히 굳게 폐쇄된 상태로 존재하지 않는다. 초식동물의 경우는 보통 먹이 과잉이 아주 커서 먹이를 구하는 장소를 둘러싼 싸움은 필요하지 않다. 모든 동류(同類), 아니 모든 풀밭의 동류(同類)는 거기서 사회적 동물들에 환영받는다. 예를 들어 아메리카의 들소들은 철과 상황에 따라 10마리에서 50마리씩 모여 살았지만, 수천 마리씩 뭉치기도 한다. 남아프리카의 초원에서는 물론 타조, 누, 얼룩말 등이 큰 무리를 이루어 같이 풀을 뜯어 먹었다.

그러나 코끼리, 영양 같은 사회적 발굽동물들은 예외이다. 그들은 폐쇄된 사회를 이룬다. 그 구성원들은 보통 암컷과 어린 수컷들뿐이다. 암컷만이 거기서 사회적이다. 수컷들은 성장하자마자 곧 그 무리 중에서 배제되며, 짝짓기 때에만 암컷과 짝짓기를 위해 혼자서 또는 작은 무리로 뭉쳐서 떠돌아다닌다. 사슴들도 암컷들은 경험 많은 암사슴의 지도에 새끼들과 무리를 지어 산다. 약한 성체 수사슴들도 마찬가지로 특별한 무리를 지어서 살지만, 최고로 강한 사슴들은 교미기까지 홀로 살다가 암컷을 차지하기 위해 싸운다.

이 모두가 동종교배를 막아준다.

물론 원인(猿人)의 사회생활도 이런 어떠한 방식으로 영위되었을 것이다. 필시 원인은 폐쇄된 사회를 이루지 않았을 것이며, 상황의 요구에 따라 때로는 더 큰 무리로 결집하기도 하고 다시 흩어지기도 하는 느슨한 무리를 이루어 살았을 것이다. 인간이 유인원을 괴롭히므로 유인원의 사회적 관습은 오늘날 탐구하기 어렵다. 쫓기는 동물 종들은 자신들의 사회적 습관을 쉽게 잃어버린다. 예를 들어 비버처럼 고독하게 사는 것을 통해 추격에서 더 잘 벗어날 수 있는 경우에는 고독한 은둔자가 된다.

필시 새비지(Savage)가 보고하는 것은 유인원의 옛 관습에 부합하고, 물론 어느 정도는 원인(猿人)의 그것에도 부합할 것이다.

"침팬지는 다섯 마리, 기껏해야 열 마리 넘게 같이 있는 일이 드물어서 이들이 군집 생활을 한다고 말할 수는 없다. 아주 훌륭한 보증에 근거하여 나는 그들이 때에 따라서 더 많은 수가 놀기 위해 모인다고 주장할 수도 있다. 나의 보고자 중 한 사람은 어떤 기회에 한번은 50마리 이상이 환성을 지르고 외치면서, 늙은 나무 둥우리를 북처럼 치며 즐기는 것을 보았노라고 확언한다. 그들은 인간의 체류장소를 가능한 대로 피한다."(Brehms, Tierleben, I, S. 70.에서 인용)

결론적 명제는 침팬지들이 인간에 의해 받는 쫓김을 입증해 주며, 이는 그들이 왜 겨우 작은 무리를 이루어 함께 사는지를 설명해 준다. 그러나 그들이 그럼에도 불구하고 때로는 더 큰 수로 모이는 것은 그들의 사교적 충동이 무리에 한정되지 않으며, 외부 종족도 그들에게는 적이 아니라는 것을 입증해 준다. 서로 다른 무리의 구성원들 간의 짝짓기는 때로는 쉽게 일어날 수 있었다.

아무튼 우리는 사회적 동물 중 어느 것이든 인간 자신이 그의 추적을 통해 짝짓기가 그 안에서 진행될 수 있는 범위를 극도로 좁혀 온 곳에서 외에는 그 존속에서 동종교배로 위협을 받는다는 데 대한 조금의 자료로 가지고 있지 않다. 예컨대 이미 오래전부터 오록스들은 오직 몇백 마리만이 브옐로프예쉬(Bjelowjesch) 숲에서 이처럼 계속 동종교배를 하면서 살아간다. 이는 그들을 불임으로 만든다.

순간적으로 헤아린 숫자는 758마리다. 쿨라긴이 오록스의 생물학에 관한 한 강연에서— 1910년 1월의 러시아 자연연구자 12차 대회에서 —전한 바처럼 세심한 보호에서 불구하고 그들은 40년 전부터 더 이상 늘어나지 않았다.

그들의 가임성은 아주 작아서, 브렘은 이미 수십 년 전에 그들의 멸종을 예견했다.

"1829년에 258마리의 암소가 93마리만이 출산했다. 나머지 165마리 중 대부분은 불임이었고, 소수는 너무 어렸다. 여기에 유럽들소의 멸종의 원인의 하나가 발견될 수도 있겠다."(Brehm, a. a. O., III, S. 393.)

이는 또한 인간이 자연에 침입함으로써 균형의 교란, 과잉 개체수와 개체수 과소화를 흔히 자기의 의지에 반하여 불러일으킨다는 위에서 설명된 사실에 대한 하나의 증거다. 오록스들은 극히 세심하게 보존되지만, 그들은 멸종할 위험이 있다. 여기서 오록스들에게 몇백 마리로 줄어들게 작용한 것이 인간에게도 그가 사냥꾼이 되고 초식동물의 사회적 습관들을 야수의 생활양식과 결합하면서 들어올 수밖에 없었다. 인간은 이로써 그 안에서 자신의 짝짓기가 행해지는 범위를 좁혔다.

물론 남자와 여자 간 분업으로 남자들이 일시적으로 장기간 여자들과 떨어져 지내는 일이 초래되었다. 그러나 **경제적으로** 양측은 동시에 그만큼 더 긴밀하게 서로에게 연결되었다. 분업은 서로를 위해 노동하는 것을 의미하며, 참여하는 인자들의 서로에 대한 상호 의존성을 의미한다.

분업 이전에는 성년이 된 개인 누구도 생계유지와 관련하여 다른 이에게 의존하지 않았었다. 야수를 막는 일에는 힘을 합쳤을 수도 있지만, 생계유지 수단의 획득에는 그러지 않았다. 각자는 자기가 필요로 하는 열매들과 또 다른 식량을 찾아내었다. 이제 이는 달라졌다. 생계유지의 원천이 불규칙해졌다. 어떤 때는 남성이 이를 제공해야 했고, 어떤 때는 여성이 해야 했다. 여성들은 특히 식물성장이 막혔을 때는 잡은 야생동물에서 몫을 얻지 않으면 살 수가 없었으며, 남성들은 고기만 먹고 살 수 없었다. 그리고 여성의 기술이 향상될수록, 여성들이 옷과 천막을 만들고, 저장물을 많이 모을수록, 불의 역할이 커질수록 여성의 노동에 대한 남성의 의존성도 커졌다. 여성의 노동부담이 커졌지만, 같은 정도로 이들의 사회적 중요성도 커졌다. 이들의 증가하는 노동부담이 이들을 노예로도 프롤레타리아로도 만들지 않았다. 이들은 자신들의 노동분야에서, 그리고 자신들의 생산수단에 대하여 주인들이었다. 그리고 남성들은 그들을 동등한 권리를 가진 자들로서 존중했다. 더 높은 문화가 비로소 여성을 도구로, 상품으로 그리고 결국 남성의 사치수단으로 격하시켰다.

분업이 늘어나면서 기술도 진보하여 종족의 남성과 여성이 점점 더 서로 간에 긴밀하게 묶이게 되었다. 그러나 종족과 종족 간의 대립이 커졌다. 초식동물들은 풀밭을 놓고 서로 타협할 수 있다. 거기서 각자 먹이를 충분히 먹는다. 야수들은 서로 더 쉽게 걸림돌이 되고 포획물을 놓고 더 쉽게 싸움을 벌인다. 거기서 사냥터에 대한 충분한 지식은 사냥의 성공을 위한 요건이다. 한번 획득된 영역을 유지하는 것, 다른 사냥꾼을 거기서 몰아내는 것이 이제 중대한 과제가 된다. 외부자는 이제 적이 되었다. 종족이 안을 향해 더 굳게 뭉치게 되자 동시에 바깥을 향한 폐쇄가 생겨났다. 종족은 폐쇄된 사회가 되었고, 짝짓기는 그 범위로 한정되었다.

이 범위가 점점 좁아졌고, 또 가능한 경우로서 동종교배의 효과가 다른 강한 반대경향에 의해 지양되지 않았다면, 이 효과는 시간이 지나면서 점점 더 효력을 나타내어 불임을 초래하고 이로써 그 종족들의 사멸을 초래할 수밖에 없었다. 과잉인구가 아니라 인구 과소화를 초래한 것이다.

이를 저지하는 것이 물론 이제 생겨난 결혼 제한의 과제였다.

그렇게 말해도 된다면 원인(猿人)의 결혼 형태에 관하여 우리는 사회적 여러 관계처럼 별로 알지 못하며, 원숭이를 참조하는 것이 우리에게 추측을 위한 근거를 제공해 주지 못하는 것은 거기서 우리는 양성 간의 아주 다양한 관계들을 발견하기 때문이다. 한 마리의 강한 수컷이 그의 무리의 암컷들과의 성교(性交)에 대한 독점권을 차지하고 모든 경쟁자들을 재갈을 물리는 방식으로 행해지는 일부다처제, 장, 단기간 개별 쌍들의 더 긴밀한 결합 형태인 일부일처제, 무리의 수컷 개체들이 모든 암컷과 무차별적으로 교접하는 난혼제가 다 있다.

원시인이 그의 인간됨의 문턱에 도달했을 때의 사회적 여러 관계에 관한 특정한 상상을 할 다른 근거로 원숭이들에게 있는 여러 관계에서 원용하는 것과 아울러 우리를 도와줄 수 있는 것도 여기서는 소용이 없으며, 이는 원시인이 처했을 수밖에 없는 생활 조건에서 나오는 결론이다. 위에서 언급된 성적 관계의 세 형태 각각이 우리가 이에 대하여 가정해야 할 생활 조건들과 동일한 정도로 조화될 수 있다. 필시 그렇기 때문에 이 형태 중 어느 것도 보편적이고, 지속적인 효력을 달성하지 못했을 것이고, 세 형태 모두 병행하여 전해 내려오고, 거기서 상황에 따라 어떤 때는 이것이 다른 때는 저것이 우세했을 것이다.

우리는 이런 상태를 성관계의 어떤 특정 형태도 사회적 이익과 관점에 의해 금지되지 않았다는 의미에서 자유로운 사랑의 상태라고 부를 수가 있다. 그러나 각자가 성적인 영역에서 자신의 취향을 언제나 제지를 받지 않고 자유로이 펼칠 수 있다는 의미에서는 사랑은 좀처럼 자유가 아니었다. 수컷 개체들 서로 간의 힘의 관계와 그들의 투쟁의 성공이 여성에 대한 그들의 관계에 결정적인 것이었을 것이다. 적어도 원숭이들에서는 한 마리 암컷을, 또는 여러 암컷을 둘러싼 투쟁들이 일어난다.

인간이 사냥꾼으로 발달하고, 인간의 사회들이 폐쇄 사회가 되고 동종교배가 그 사회에 영향을 미치기 시작되자 곧바로 상황이 달라진다. 성관계의 형성은 이제 사회에 무관한 하나의 사적인 일이기를 중단한다. 특정한 결혼 결합 형태에 따른 불임과 퇴화가 이제 인간 사회들을 위협한다. 인간 사회는 그러한 결합 형태에 빗장을 걸 온갖 이유를 가진다.

인간이 동종교배의 해로운 결과에 대한 지식에 그리고 마찬가지로 장성한 인간과 어린 세대나 늙은 세대의 인간과의 성적 결합의 해로움에 대한 지식에도 어떻게 도달했는지, 그가 그러한 지식에 도대체 도달한 것인지, 아니면 근친혼에 대한 거부감이 그에게 본능적으로 발달한 것인지에 관해 당연히 추측만을 할 수 있을 뿐이다.[7] 동종교배와 불임 및 퇴화 간의 상관성은 확실히 발견해 내기가 어렵지만, 혈연적 교류가 동종교배로 열등화된 종족에게 미치는 긍정적 영향은 발견해 내기가 아주 쉽다.

다윈은 이렇게 말한다.

---

7 나는 그에 관하여 나의 다음 기사에서 더 상세히 다루었다. Kannibalische Ethik, „Neue Zeit", XXV1, S. 866 ff.

"가까운 동종교배가 오래 계속된 데 따른 나쁜 결과는 교류의 좋은 영향만큼 쉽게 증명할 수 없다. 왜냐하면 악화는 점진적인 것이기 때문이다."(Variieren der Tiere und Pflanzen, II, S. 164.)

어디서든 그 연관성이 발견되고 대책을 생각나게 하기까지 수천 년이 경과했고, 수천 개의 종족들이 그사이에 동종교배로 몰락했을 수 있다. 이것이 성공하자마자 동종교배를 막는 방비를 한 종족들은 점점 다른 종족들에 대한 우위를 달성했을 것이 분명하다.

이런 일이 아주 늦게 생겨났을 수도 있지만, 이는 오늘날의 자연 민족 중 가장 열등한 민족이 처해 있는 단계에 앞선 어느 단계에 성취되었음이 틀림없다. 이 자연민족들 모두 이미 종족 내에서 결혼 제한과 근친 간 혼인 결합을 방지하는 특정한 사회적 조직들을 두고 있다. 사회는 이에 지극히 강한 관심을 가진다. 결혼 금기는 도덕적 감정에 의해 개인에 대한 사회의 요구로 받아들여지며, 지극히 강력하게 관철된다. 이 감정은 그때까지는 순전히 본능적인 것이지만 성적 영역에서는 당장 특정한 요구의 수용에 도달한 것 같다. 그때부터 오늘까지 성적인 것은 도덕적인 것의 주된 영역이며, 이로써 당연히 또한 부도덕의 주된 영역으로 남아 있다. 사람이 부도덕성을 말할 때 먼저 성적 도덕률의 침해를 생각하게 된다.

이로써 새로운 강력한 힘이 동물 세계에는 없는 것으로서 번식 분야에서 생겨난다. 이는 후세의 양육에 이로운 상황, 그리고 활기차고 사회에 이로운 후세를 기대하게 하는 상황에서만 번식을 해야 한다는 도덕률이다.

번식이, 엥겔스가 쓰는 말로 하자면 '인간 생산'이 사회적 이익 아래에 적응하고 복종해야 한다는 것은 근본적으로 따질 때 성생활의 모든 도덕적 관점들의 내용이다. 이는 여성들에 의하여 가장 강력하게 느껴진다. 일단은 여성들의 사회적 감성이 대체로 더 강하기 때문이다. 우리는 동물 세계에서 어떻게 암컷들이 특히 사회를 이루며 사회에 적응하는 반면, 수컷들은 훨씬 더 고립된, '개인주의', '개성의 실현' 쪽을 지향하는지를 보았다. 하지만, 이는 또한 여성이 번식 때문에 완전히 다른 방식으로 사로잡히며, 후세를 위한 배려가 남성보다는 여성을 훨씬 더 많이 사로잡기 때문이기도 하다. 게다가 이 두 이유는 극히 밀접한 연관성을 가지고 있다. 동물 사회는 확실히 자기의 개성에 관한 관심보다는 훨씬 더 후세에 관한 관심에서 생겨난다.

당연히 사회의 이익은 달라지며 이와 함께 사회가 성적 영역에 제기할 필요가 있는 바로 그 요구들도 달라진다. 그러나 도덕적 요구를 만들어 낸 조건들이 없어지더라도 그 도덕적 요구는 고착되고 유지된다는 것이 도덕적 요구의 본질에 속한다. 그 기원(起源)에서는 사회의 이익에 소용되던 것이 진행 과정에서 개인에게만이 아니라 사회 자체에도 맹목적으로, 아니 해롭게 될 수 있으며, 어디서도 성적 영역에서만큼 이것이 더 해당되는 곳은 없다.

그러나 합목적이든 맹목적이든 어떤 경우에든 도덕성은 인구증식을 여기서는 방해하고 저기서는 촉진하는 쪽으로 작용해 왔다.

우선은 그것은 아무튼 근친 간의 성적 결합의 금지를 통해 촉진하는 쪽으로 작용해 왔다.

기술 발달도 일정 수준부터는 마찬가지로 촉진하는 작용을 했다.

제13장 문명의 기하급수

가축사육의 발달은 여성의 노동부담을 줄이고 번식이 여성들에게 덜 고생스럽게 되도록 하는 상황으로 여성들을 데려간다. 짐을 끄는 짐승이 여성의 조수가 되어 여성은 자기 자신의 부담 중 일부를 그 짐승에게 넘긴다. 이주 시에 여성은 더 이상 생계유지 수단과 어린아이를 끌고 갈 필요가 없다. 여성 자신이 거기서 말이나 낙타를 타고, 소달구지를 타고 갔다. 식량 조달은 규칙적으로 된다. 동물들은 젖을 제공하고 이를 통해 수유기를 단축하는 것이 가능하다.

수작업으로 하는 고달픈 경작 대신에 쟁기에 의한 경작이 생겨나자마자 여성은 그 이상의 경감(輕減)을 보게 된다. 말을 길들이고 거느리는 것처럼 소를 길들이고 거느리는 것도 남자들의 일이며, 이와 함께 쟁기질도 그러하다. 밭의 노동은 여성의 일이 되기를 중단한다.

이주생활의 모든 고달픔에 제한을 두고 때때로 천막을 치고 다시 걷는 노동에서 여성을 해방하는 정주생활에 의해서도 여성은 그에 못지않게 득을 본다. 한번 세워진 집은 더 이상의 노동을 요하지 않는다. 집을 짓는 일은 점점 더 남자들의 몫이 된다. 이는 아마도 숲에서의 노동이 그들의 소관이기 때문일 것이다. 사냥이 점점 더 쇠퇴하면서 그 대신 집을 짓고 땔감으로 쓸 목재를 구하는 일이 많아진다.

가축떼, 축사(畜舍), 정원, 이와 아울러, 어린이들이 야외에서 여기저기서 뛰놀지 않은 한에서는 어린이 놀이방도 이제 여성 활동의 주된 분야가 된다. 그것들은 여성의 힘을 일정하게 펼치도록 하기에 충분히 많은 일들이지만, 여성을 과도하게 부려 먹을 만큼 광범위하지는 않다. 그들에게는 이제 번식을 위한 힘이 더 많이 남는다. 그리고 동시에 노동은 더 생산적이 되고, 어린이들에게 충분한 음식을 가져다주는 생산의 잉여가 커진다. 노동의 이러한 생산성은 이제 집 안에서 노예를 활용하는 것을 유리하게 한다. 노예는 이제 자기의 생계비용을 넘는 잉여를 생산하는 것이다. 가정노예가 발달할 때 주부는 일체의 어려운 노동에서 벗어나, 자녀를 낳고 키우는 일이 주부의 가장 중대한 노동이 되며, 주부는 이 일을 위해 대부분의 힘을 쓴다.

이 단계의 다산성은 엄청나게 늘어난다. 가장 두드러진 예 중 하나는 남아프리카에서 카파르인과 부르인이 풍부한 잉여를 생산하는 경제의 층위에서 유목적 가축사육과 정착적 경작의 경계에서 살았고, 이들 곁에 호텐토트인들이 사냥꾼으로서 또한 부르인의 노예로서 살던 시대다. 호텐토트인의 다산성은 아주 낮았고, 부르인과 카파르인의 다산성은 아주 컸다.

17세기 말에 남아프리카를 방문한 보고자 배로(Barrow)는 이렇게 전한다. "호텐토트인들은 세 자녀 이상을 가지는 경우가 드물며 많은 여성들이 불임이다." 그러나 부르인에 관해서는 이렇게 보고한다. "한 가정에 6, 7명의 자녀는 아주 적은 수로 간주된다. 12명에서 20명도 전혀 특별한 것이 아니다." 그리고 카파르인에 관한 보고는 이렇다. "그들은 특별히 다산인 것 같다. 쌍둥이가 혼자 태어나는 것과 비슷한 빈도로 나오며, 한 여성이 세 아기를 한 번에 낳아도 이것이 드문 일이 아니라고 이야기한다."

자신의 생물학(II, S. 533) 책에 이 증언을 인용하는 허버트 스펜서는 또한 프랑스계 캐나다인들도 언급한다. 이들의 농민 가족에서는 8명에서 16명의 자녀가 보통 자녀 수이고, 이들에게서 많은 여성이 자녀를 25명도 낳는다는 것이다. 이런 예들에서 본다면, 이런 높은 다산성은 특정한 인종이 아니라 특정한 생산양식과 결부된다. 카파르인은 부르인과 비슷한 경제 층위에 있으면서 다산성도 같다. 프랑스인 농민은 캐나다에서는 프랑스에서와 완전히 다른 증가 수치를 가진다.

독일이 민족이동 전 그리고 그 수 세기 동안 처음에는 로마 제국에 맞서 그다음에는 그 제국 안으로 고갈됨 없이 민족의 인파를 하나씩 보낼 수 있었다는 것을 오직 극히 큰 다산성만이 이해하게 해 준다. 라인에서부터 엘베까지의 지경은 당시에 주민이 백만 명도 채 안 되었는데도 최소한 5천만 명의 주민을 가진 로마 제국을 이겼다. (Delbrück의 "Geschichte der Kriegskunst", II, S. 35 참조. 델브뤼크는 제정시대 로마 제국의 인구를 9천만 명으로 어림잡는다. S. 223. 이런 가정은 내게는 맞지 않는 것으로 보인다) 게르만인들의 다산성과 마찬가지로 놀라운 것이 아라비아인들의 다산성인 것 같다. 이들은 이슬람 창시에서부터 한 세기 만에 스페인에서 인도에 걸친 지역에 엄청난 수의 사람들을 공급할 수 있었다.

그러나 농민 가족의 유복한 상태와 여성이 과도한 노동의 부담에서 벗어남은 오래 가지 않는다. 양자(兩者)는 유목적 축산경제 내에서 발달하고 농민적 정착생활의 초기에도 유지된다. 그러나 우리는 이미 이와 함께 계급사회와 노동자 계급의 착취, 처음에는 농촌 노동자의 착취가 어떻게 발달하는지를 안다. 농민은 수많은 노예의 주인으로 올라서거나 아니면 지주를 위하여 부역노동을 해야 하는 농노로까지 전락한다. 이 경우나 저 경우나 실제로 땅을 경작하는 자에게는 고된 노동과 유복한 상태의 축소를 의미하는데, 이는 자기 가족의 극히 빈약한 생계유지비용을 넘는 잉여가 착취자에게 인도되어야 하기 때문이다.

이로써 소농 가족의 다산성은 다시 떨어지는 경향을 띠게 된다. 그런데도 농민 가정에는 보통 충분하고 규칙적인 식량 공급 수단이 남아 있으며, 그럼으로써 수렵단계에서 다산성을 흔히 아주 낮게 억누르던 인자들이 분쇄된다. 야수들에 의한 인간 생명의 위협은 이제는 점점 더 없어지고 영주들은 대체로 무력(武力)의 특권을 가지고서 전쟁의 위험과 전리품도 독차지하는 자들이다.

그리하여 농민 가족은 이 단계에서 여전히 식량만이 아니라 사람의 잉여도 생산한다. 노예경제는 다르다. 노예들은 아주 마지못해서 불량하게 일을 하여 노예를— 사치수단으로서가 아니라 생산수단으로서 —활용하는 것은 노예의 규칙적 증식을 배제하는 상황에서만 이익이 된다. 여자 노예가 잉여를 생산하려면, 아이를 키우기가 몹시 어려울 정도로 자신과 아이를 위해 시간을 보내지 못하고 힘들게 노동해야 한다. 여자 노예의 임신은 거기서 그 여자 노예가 영주의 쾌락을 위하여 있는 사치 노예로서 그의 임신을 그가 자신의 특권으로 취하는 경우가 아니라면 영주에게는 대체로 자신에게 마땅히 돌아가야 할 노동력의 갈취로, 위반으로 여겨진다. 노동하는 노예를 양성하는 것은 거의 결코 대가를 받지 못한다. 생산양식으로서의 노예제는 장기적으로는 끊임없는 노예 약탈의 토대 위에서만 가능한데, 이 자체가 다시 이웃 민족들에게 농민 경제가 있는 것을 전제로 하는 것이다. 이웃 민족들의 인구증가가 노동력의 잉여를 생산하면, 이를 그들에게서 빼앗아 올 수가 있다. 노예경제가 이웃 지역들에서도 자유 농민을 박멸하거나 유목적 가축사육의 경계선에서 아직 멀리 떨어지지 않은 그런 지역들에서 특히 그런 것처럼 약탈에 저항할 줄 아는 무장능력 있는 자유 농민을 마주친 경우에 옛 토대 위에서의 생산의 지속적 영위는 불가능하게 된다. 이를 집어내던지는 데 성공하지 못하면 사회는 완전한 인구 과소화를 향해 가게 된다.

농민 경제가 인간의 잉여를 제공하고, 농민 경제로부터 잉여의 인간들이 위에서 언급한 노예사냥을 통해 빼앗아지지 않을 때는 '과잉인구'를 처분하는 극히 다양한 방식이 형성될 수 있다. 어떤 경우에는 숲, 초지, 늪을 없애는 대가로 한 **농민적 농장들의 신설**, 경작지의 증가를 통하여 해결한다. 이 과정이 국민적 과정으로부터 국제적 과정으로 옮겨진 것이 농민 이주, 농민적 농장의 신설, 그리고 타국의, 아직 경작자들에 의해 완전히 차지되지 않은 땅에서 숲, 초지, 늪을 없애는 대가로 경작지를 취득하는 일이다. 끝으로 역사적 발달에 고도로 의미심장하게 되는 농민적 노동력 잉여에 대한 방출 통로가 있다. 이는 **도시체제**로서, 이것은 농촌으로부터의 끊임없는 유입 없이는 생겨나지도 번성하지도 못한다.

농민적 다산성이 낳는 잉여 인간들의 수용을 위한 그러한 가능성이 언제나 제공되지는 않는다. 농민적 다산성에는 **사유재산**이라는 새로운 한계가 형성된다.

농민적 농장에서 가용한 것으로 보유하는 수단을 가지고 있어야만 여성은 농촌에서 자녀를 충분히 먹이고 장성시킬 수 있다는 전망을 가진다. 농민적 농장들의 수가 제한되어 있고, 이것들이 확장될 수 없고 잉여의 인간들이 다른 쪽으로 처분될 수 없다면, 농민 처녀들에게는 결혼과 함께 바로 농장의 소유를 취득할 때까지 결혼을 미루어야 한다는 요구가 생겨난다. 그러한 소유 없이는 결혼은 피해지고, 마찬가지로 출산도 피해진다. 사실상 무산자들의 자녀는 이런 상황에서 고달프다. 이제는 도덕적 의분이 혼외정사에 극렬하게 반대하는데, 적어도 여성들에게서 그러하다. 그렇지만 이제 혼외정사를 아주 강하게 유발하는 상황이 결혼 연령을 뒤로 미루거나 아예 많은 처녀가 지속적으로 독신 상태로 있도록 하는 판결을 내리면서 생겨난다.

그러한 상황에서 다수 잉여 분자들을 기다리는 것은 달가운 운명이 아니다. 세심한 부모는 자녀를 그런 운명에서 벗어나게 하려고 노력하며, 그러는 가운데 이런 부모는 나중에 자산소유자로 만들 수 있는 것보다 더 많은 자녀를 세상에 내보내지 않기를 꾀한다. 자녀 수는 인위적으로 제한된다. 아무튼 부부가 모든 성교를 끊는 방식은 극히 드물다. 이는 부부의 친밀한 동거 생활에서는 너무 가혹한 시험이었을 것이다. 보통은 임신을 방지하거나, 아이가 들어선 경우에는 인위적인 조산(早産)을 통해 그 결과를 제거하는 수단과 방식을 활용하는 식으로 제한이 관철된다. 그러한 수단은 당연히 지금도 혼외의 성적 향유에 빠진 자신과 자신의 만일의 경우의 아이를 위한 주어진 상황에서의 아주 파멸적인 결과를 피하려고 하는 처녀들에 의해 기꺼이 활용된다.

인위적으로 조산을 일으키는 수단의 활용은 태곳적부터 있었다. 우리는 이를 수렵민족들에서도 발견한다. 거기서는 아기들은 엄마에게 아주 큰 짐이라서 그런 아기들 다수를 동시에 아예 돌보지 못할 수도 있었다. 엄마가 아직 한 아기에게 젖을 먹이고 둘째 아기를 세 살이나 네 살까지 같이 등에 업어야 하는데 임신했다고 느껴지면, 그 엄마는 절망에 빠졌다. 이를 벗어나기 위해 흔히 신생아는 살해되었다. 이는 그 단계에 가뜩이나 낮은 여성의 평균 다산성에서 수렵민족의 증가를 더 제한할 수밖에 없던 관행이었다. 아이를 낳기 한참 전에 조산을 유도했다면 이는 명백히 덜 잔인했고 여성의 힘을 더 크게 아껴 준 것을 뜻했다.

이런 관습들은 다시 여성들이 과잉 노동의 짐에서 벗어나고 다수의 아기를 나란히 돌볼 가능성을 얻게 되면서 곧바로 폐지된다. 그러나 농민 경제가 그 인간 잉여에 대한 배출구를 더 이상 찾지 못하는 상황이 들어서고 유산자(有產者)와 무산자 간의 차이가 드러나고 결혼이 유산자들의 독점물이 되면서 다시 낙태가 생겨난다. 이 낙태에 이미 존재하던 임신 회피 방법들이 더해진다.

이 단계의 농민적 도덕은 맬서스주의를 받아들인 도덕이고, 맬서스주의가 설파하는 도덕이다. 가진 자들만이 결혼해야 하고 그들만이 아이를 출산해야 하고, 그것도 아이에게 재산을 마련해 줄 수 있는 것보다 더 많이 출산해서는 안 된다는 것이다. 그러면 모든 무산자들과 무산자들의 모든 곤궁이 사라지리란 것이다. 이런 도덕은 맬서스 자신과 같이 맬서스주의자 중에 귀족적으로 생각하는 자들만이 설파하는 것이 아니라 존 스튜어트 밀 같은 민주주의자들도 마찬가지로 설파한다. 이 단계의 농민은 그렇기에 그들의 이상적 인간이기도 하고, 농민 경제는 이상적 경제다. 이는 결혼과 관련하여 과잉인구와 궁핍을 없애는 데 불가결한 저 '영리한 관습'을 낳기 때문이다.

《정치 경제학 원리》에서 존 스튜어트 밀은 농민 경제가 인구증가에 미치는 영향을 탐구하고 농민 경제는 인구증가를 막으며 이를 통해 최고로 이롭게 작용한다는 결론에 도달한다. 그는 토지 소유에 관한 그의 탐구의 결과로서 "다른 어떠한 기존의 농업 방식도 인구의 생계활동, 지력, 절제, 사리분별에 그렇게 좋은 영향을 가지지 않으며, 일반적으로도 그들 인구수의 무분별한 증가에 아주 잘 대처한다는 것, 그래서 전체적으로 볼 때 현재의 교육 상태에서 다른 어떤 방식도 인구의 도덕적, 신체적 번영에 그렇게 유리한 것이 없다"고 적는다. (2. Buch, 7. Kapitel, § 5.)

맬서스주의는 이 단계의 농민 경제로부터 흘러나오는 기술적, 지적, 그리고 도덕적 제한성을 자연법칙으로 격상한 것에 불과하다. 그렇기는 하나 농민 경제의 이 제한성 자체는 모든 상황이 아니라 일정한 상황에서만 고유하다. 이처럼 밀 역시 위에서 언급된 장(章)에서 농민 경제가 강한 인구증가에 유리하다고 보는 관찰자들과 공방을 벌이지 않을 수 없다. 하나는 다른 하나와 똑같이 옳다. 농민 경제는 꼭 단독으로 존재하지도 않고 전체의 한 조각, 점점 더 복잡해지는, 농민 경제가 기술적으로 같은 단계에 있는 곳에서는 자신의 성격과 함께 농민 경제 자체의 성격도 변화시키는 사회의 한 조각을 이룰 뿐이다. 우리가 잊어서는 안 될 것은 기술적 상황과 사회적 상황은 아주 긴밀히 서로 연관되지만, 결코 같은 것을 의미하지는 않는다는 것이다.

우리는 벌써 농민적 경제가 제공할 능력을 지닌 인간의 잉여가 사회 발달에 얼마나 중대한 역할을 하는지를 언급했으며, 특히 도시로 들어가서 그곳에서 공산품을 생산하여 도시의 장터에 농민이 가져온 잉여 식량과 원재료와 교환하는 그 잉여 인간들이 발달에 지극히 큰 의미로 쓰이게 된다는 것을 언급했다. 도시들에서의 분업은 농민이 자신의 농장에서 필요로 하는 집기와 도구들을 농민 자신이 할 수 있는 것보다 수공예가 훨씬 더 완전하게 생산할 수 있도록 해 준다. 그래서 수공예는 농민적 노동의 생산성을 향상한다. 또 한편으로 그것은 분업 덕분에 농민이 필요로 하는 개인적 소비 목적의, 예를 들어 옷 같은 공산품을 더 적은 노동으로 생산할 수 있다. 농민이 그것들을 그 가치대로, 즉 그것들에 쓰인 노동시간에 따라 자신이 노동이 토지에서 얻어낸 산물과 교환하게 되면 그는 노동을 절약하게 된다. 그가 이 공산품을 스스로 생산하기를 그만두고 이를 도시 공업으로부터 구매하면 그는 노동력을 절약하여 이를 토지 산물의 획득에 돌릴 수가 있다. 그때부터 농업 기술의 진보, 그리고 이와 더불어 농민에 의해 이미 완전히 점유된 토지에서의 부양활동공간의 확장을 좌우하는 것은 도시 공업의 계속된 발달이다. 농업의 미래는 이제 도시 공업에 의존한다.

그러나 이 상태가 농업의 발달을 위해 제공하는 가능성은 이제 작은 부분만이 현실이 된다. 우리는 농민의 잉여물들이 점점 더 약탈적 귀족집단에 의해 그리고 그들의 다양한 추종자들에 의해 착복된다는 것, 그 잉여물들은 점점 농민의 생산수단과 소비수단 구입에는 덜 쓰이고, 거대한 착취자들과 이들의 기생자들의 사치수단 구입에 더 쓰이게 된다는 것을 알아보았다. 착취는 농업의 기술 진보를 늦출 뿐 아니라 완전히 중단시킬 정도로 아니 퇴보로 전환시킬 정도로 크게 될 수 있다.

18세기에 프랑스 농업이 봉건적 억압에서 쇠퇴하면서 그 시대의 프랑스 경제학자들인 중농학파들은 사실상 수공예가 아니라 농업만을 생산적인 것으로 간주했으며, 이는 당시의 상황을 본다면 어느 정도 타당했다. 공업은 당시에 결국 거의 전적으로 봉건적 착취자들의 사치에 소용되었으며, 농촌의 노동하는 대중에게는 조금의 것만을 제공해 주었다. 농촌의 노동하는 대중이 생산한 잉여물 전체가 거의 아무런 반대급부 없이 도시로 들어갔다. 중농주의적 관점은 자본주의적 농업이 공업으로부터 아주 상당한 반대급부를 얻은 영국을 제외하고는 유럽 전체에서 지배적인 것이 되었다.

농업의 진보가 도시 공업의 수준과 특성에 좌우된다면 도시 공업의 진보는 농업이 제공하는 토지 산물 잉여의 수준과 특성에 좌우된다. 그 잉여물로 도시인구를 먹여 살리는 농촌지대에서 일정한 정지상태가 시작되었다면, 농지의 수와 농지가 제공하는 잉여물의 수준이 늘어날 수 없다면, 이 잉여물을 먹고 사는 인구도 증가하지 않는다. 농민 인구의 정체상태에는 그러면 도시인구의 정체상태도 대응한다. 동업조합들은 그러한 상황에서는 배타적이 되고 신입 회원의 입회를 어렵게 하며, 농촌 출신의 장인에게는 그러지 않아도 당연한 농민적 결혼 도덕이 도시도 지배한다. 농민의 딸처럼 수공예 마이스터의 딸도 재산 소유자, 마이스터와만 결혼할 수 있다. 직인(職人)에게는 결혼이 금지되고 마이스터가 되는 것은 점점 더 뒤로 늦추어지고 어려워진다. 그러나 장인의 결혼생활 안에서는 수공예의 전성기 동안에는 자녀 수의 인위적 제한이 통용되지 않는다. 이를 막은 것이 이미 도시에서의 엄청난 유아사망률이다. 당시에 도시에서는 아직 위생 개념이 알려지지 않았고 밀집한 인구가 살인적인 상황에서 살고 있었다. 농촌으로부터의 끊임없는 유입이 없이는 중세의 어떤 도시도 급속히 사멸했을 것이다. 이 유입의 상시적 필요성은 이제 농촌에서 후세를 제한하는 것을 쓸데없는 것으로 만들었다.

농민층과 수공예 집단이 인구의 핵심을 이루었다. 이들 위에는 일부는 호전적 성질의, 일부는 지적인 성질의 소수의 착취자들, 토지 귀족계층과 교회가 있었다. 이들 아래에는 수적으로 크게 불어나지만, 처음에는 생산 활동에 무의미한 숫자의 무산자들이 모여들었는데, 이들은 거대한 착취자들에 의해 병졸, 하인, 노리개로 구매되거나 룸펜[8] 프롤레타리아로서 자선 또는 가끔의 서비스 제공으로 살아간 자들이다.

상층도 하층처럼 극히 다양한 방식으로 나누어지고, 이 하위계층들 각각이 다시 자신들의 특수한 사회적 상황에 따라 특수한 유형의 인구증가를 발달시킨다. 예를 들어 가톨릭 성직자 계층에서의 교회 재산 보장에 관한 관심이 독신의 요구를 낳는다면, 개신교는 교회 재산의 몰수와 함께 이 요구를 불필요한 것으로 만들고 개신교 성직자 계층은 자신들의 부류를 강하게 번식시킨다.

모든 개별 인구 계층이 역사의 과정에서 발달시키는 아주 다양한 증식 경향들 모두에 깊이 파고드는 것은 우리의 작업의 틀을 넘어서는 일일 것이다.

---

8 룸펜(Lumpen): 사회 최하층인 빈민, 부랑자, 창녀 등을 일컫는 말 −편집자 주

특별히 우리에게 관심 있는 두 계층, 자본가들과 프롤레타리아트에 대해서 몇 마디 말만 하기로 하자.

자본은 그것을 소유하는 자 안에 축적과 집중화를 향한 강박을 발달시킨다. 자본주의적 생산양식의 특징이 되는 경쟁에서 항상 대자본이 소자본을 이긴다. 그러므로 자기의 자본을 확장하는 것은 모든 자본가의 과제다. 그 수단을 제공하는 것이 결혼이다. 물론 두 자본 소유자의 결혼만이 그렇다. 이는 두 자본이 지속해서 연합하고 그 두 자본을 인수할 수 있는 상속인을 낳는 것을 가능하게 해 준다. 그러나 결혼이 상속인을 너무 많이 낳으면 낭패다! 그러면 그것은 자본 결합의 수단으로부터 자본 분할의 수단이 된다. 거기서 다음과 같은 것이 그래서 다시 요구된다. 결혼에서 '영리한 관습'을 발달시키고 자녀 수를 가능한 최대로 제한할 것.

이는 대체로 자본주의적 여성의 개인적 바람과도 부합한다. 그런 여성은 이 집단에서 어떤 노동으로부터도 면제되어 단지 향락만을 하도록 교육을 받는다. 신체적 움직임의 부족이 그녀를 약하게 만든다. 규율과 성실한 정신노동의 부족은 그녀에게 가용한 수단들이 충분할 때 무한한 향락 추구를 낳으며 이를 통해 그녀는 농민 여성이 자신의 노동 때문에 기력이 소진되는 것보다 더 많이 기력이 소진되기 쉽다. 이 모두는 그런 여성의 번식력을 위축시킨다. 그녀는 여러 자녀를 출산할 경우에 때 이르게 늙게 될 것을 두려워한다. 그녀가 가임 상태에 있는 것으로 드러나면, 그녀는 기꺼이 임신을 막을 수단을 이용하며, 현대 과학과 기술이 거기서 그녀를 크게 도와준다.

아직도 혈통의 순수성에 집착하는 상층 귀족집단에서는 이런 증식 방해 요소들에 또한 동종교배에 의한 불임의 위험이 추가되는데, 이는 자본가들이 가문 간 결혼을 통해 가족 재산을 결합하려고 시도한다면 자본가 왕조에서도 등장하는 일이다. 간통이 바로 이 최고의 집단 안에서 큰 역할을 하지 않았더라도 그들은 신체적으로 이미 완전히 쇠퇴했을 것이다. 경제적으로만 아니라 신체적으로도 그들은 프롤레타리아트에게 많은 신세를 진다.

이런 모든 이유에서 부자들의 결혼은 보통 별로 다자녀가 못 되고, 그들 중 다수는 불임이다.

프롤레타리아트의 결혼은 그렇지 않다.

무산자들의 대다수는 물론 독신이나, 만일에 얻어진 혼외 자녀도 가능한 최대로 부인할 운명에 처한다. 남의 가정에 받아들여진 모든 이들, 예를 들어 남녀 시종들이 그러하다. 다른 이들은 직업의 종류상으로 부인을 책임지는 것을 방해받는데, 예를 들어 병졸이 그러하다.

사람들이 이들의 결혼 상황보다 덜 관심을 두는 것이 룸펜 프롤레타리아들과 룸펜 프롤레타리아트의 문턱에 있는 소시민들의 결혼 상황이다. 이 계층들은 정해진 숙소도 없고 음식이 제공되는 곳도 불확실한 상황에서 수렵하는 야생인의 상황을 다시 재현하는 것으로 보인다. 많은 부르주아 경제학자들이 이런 견해를 가진다. 예를 들어서 뷔혀(Bücher) 교수님은 원시인을 완전히 불쌍한 프롤레타리아로 그린다. 라이프치히에 있는 그의 선배인 빌헬름 로셔(Wilhelm Roscher) 교수는 양자를 서로 인상적으로 등치시켰으며, '원시림의 병약한 프롤레타리아'에 관하여 이야기했는데, 그 '귀여운 로셔의 도깨비'를 마르크스는 이미 적절하게 조롱했다. (Kapital, 2. Auflage, I, S. 638, Note 71.) 사실상 야만인들에게는 병약함이란 말이 없다. 살아가고 사냥감을 잡아내야 하는 기법과 방식은 야만인의 힘에 지극히 큰 요구를 제기한다. 그들은 병약한 개인을 오래 살도록 두지 않는 집중력을 쏟아 생존을 둘러싼 투쟁을 해야 한다.

그러나 룸펜 프롤레타리아는 자기 생활의 필수품을 위해 싸울 필요가 없고 그 때문에 지극히 큰 힘을 쏟을 필요가 없다. 구걸은 힘을 요하지 않는다. 병약함과 신체 장애는 동정심을 자극하여 구걸을 도와준다. 그런 것들은 룸펜 프롤레타리아트 생존의 원천이 된다.

병약함과 마찬가지로 사냥을 하는 야생인에게는 프롤레타리아 신분도 없다. 그는 프롤레타리아로서 살지 않고 원시림의 절대 지배자로서 살며, 거기서 그는 최고위의 피조물이어서 손아귀에 들어오는 것이 그에게 속하며, 그 모두를 차지하고 또 차지해도 된다. 원시림에 대한 그의 지배는 최고로 고생스럽지만 기쁨으로 가득하고 자신의 힘에 대한 느낌을 고조시키는 활동이다. 그리고 야생인의 아내도 노동의 짐을 지는데도 불구하고 프롤레타리아 여성이 아니고 자신의 생산수단과 산물에 대한 여주인으로서 착취자를 위해서가 아니라 자기 자신과 자기 자녀와 자신의 사회를 위해서 이 산물을 마련하고, 그 대가로 사회로부터 다양한 산물들을 받는다.

그러나 룸펜 프롤레타리아는 그가 사는 지대에서 가장 비천한 피조물이다. 아무것도 그에게 속하지 않고, 그가 마주치는 그 무엇도 차지해서는 안 된다. 지극히 큰 풍요가 그의 앞에 쌓인다. 그러나 그것에 손을 대서는 안 되며 굶주린 채로 이를 바라보아야 한다. 그는 그에게 던져지는 쓰레기를 고맙게 받아가야 한다. 그가 생명을 연장해 가는 방식은 사람이 생각할 수 있는 가장 굴욕적이고 불쌍한 방식이다.

그러나 야생인들과 프롤레타리아에게는 한 가지의 공통점이 있다. 근친상간에 대한 주의를 제외한다면 자기 동류 중에 자신의 배필을 고르는 데서 아무런 사회적 제약도 이들을 방해하지 않는다는 것이다. 무차별한 성교는 룸펜 프롤레타리아에게서는 더구나 그의 주거사정에 의해 촉진된다. 궁핍은 이 프롤레타리아들을 대량으로 뒤범벅 상태로 남녀가 빽빽이 밀집되어 거주해야 하는 소굴로 몰아넣는다.

그러나 성교의 용이성에서의 대등함으로부터 동일한 다산성이 나오지 않는다. 룸펜 프롤레타리아에게서는 야생인처럼 생활 조건에 의해 다산성이 제한을 받지도 않고 자기 시대의 사회 상류계급에서처럼 재산소유 때문에 제한을 받지도 않는다. 그의 생존은 가엾은 것이지만 이미 언급했듯이 특별한 긴장도 큰 힘의 지출도 일으키는 것이 아니다. 다른 한편으로 그에게는 유복한 사람들에게 있는, 그들의 증식에 대처해 주는 수단과 마찬가지로 동기도 결여된다.

임신을 막아주는 섬세한 방법들은 그에게 알려지지 않았다. 인위적 조산이나 영아살해는 아예 형법으로 금지됐는데, 그렇다고 해서 형법과 대립할 이유는 없었다. 자녀들이 그의 처지를 악화시키는 것이 아니기 때문이다. 질병이나 마찬가지로 자녀들도 동정심에 지극히 강력한 호소력을 지니므로 선행으로 먹고사는 그의 벌이를 도와준다.

프롤레타리아적 생존은 자녀의 양육에 별로 이롭지 못하다. 유아사망률은 프롤레타리아트에게서 특별히 높다. 그러나 물론 그것은 자녀를 낳는 데는 유리하다.

프롤레타리아의 다산성과 부자들의 불임 간의 대조는 많은 관찰자들의 눈에 띈다. 그것은 우리가 위에서 말한 가정(假定), 즉 풍부한 영양은 증식을 막으며 빈약한 영양이 이를 촉진한다는 가정을 만들어내었는데, 이는 특히 사회주의 측으로부터 채택되어 맬서스에 대항하는 주된 논거로 활용되었다. 그에게 대응하여 주장된 것은 바로 곤궁이 다산성을 상승시킨다는 것, 일반적 복지상태는 이를 끌어내리는 최선의 수단이라는 것이다. 그러나 이런 관점은 지지가 될 수 없다. 수렵민족의 작은 다산성과 더 높은 단계에 있는 유목적 가축사육자들 그리고 풍부한 자연 가운데서 착취를 당하지 않는 자유 농민의 과도한 다산성의 비교는 동물들에서의 경험이 가르쳐 주는 것을 확인해 줄 뿐인데, 이는 풍부한 영양은 유기체 전체를 강화해 주는 상황, 신선한 공기에서의 충분한 운동도 포함한 상황에서 다산성을 낮추지 않고 최고로 자극한다는 것이다. 프롤레타리아의 다산성과 부자들의 다산성 간의 차이는 영양상의 차이가 아니라 다양한 **사회적** 조건으로부터 생겨나는 일련의 계기들, 더 풍부한 영양 때문이 아니라 더 풍부한 영양에도 **불구하고**, 부자들이 받는 자녀의 축복을 프롤레타리아의 그것보다 더 축소하는 계기들에 기인한다.

우리는 지금까지 룸펜 프롤레타리아에 관해서만 이야기했다. **노동하는** 프롤레타리아들은 대중 현상으로서 사회의 성격을 규정하는 전형으로서, 교통수단의 변혁과 대량 원거리 교통의 도래의 결과인 자본주의적 대공업과 함께 비로소 등장한다.

도시인구는 그 영양 공급과 생산 활동을 위해 평야로부터의 식량과 원재료의 규칙적 조달에 의존한다. 도시인구가 먹을거리와 원재료의 주요 수량을 취해 오는 영역이 얼마나 멀리 미칠 수 있는지는 교통수단의 상태에 좌우된다. 그리고 이 영역의 농촌인구가 주어진 생산의 수단과 방식으로 산출할 수 있는 잉여물의 양에 좌우되는 것이 도시인구의 크기다. 그래서 중세의 도시는 대체로 작았고 성장하지 않았는데, 이는 교통수단이 완성되지 않았기 때문이다. 성벽 내에서 사망률이 높았을 때 도시는 과소 인구가 되지 않으려면 농촌으로부터의 끊임없는 유입에 의존했다. 또한 이를 위하여 도시는 오직 작은 인구를 가진 작은 영역에만 의존해야 했는데, 이는 예를 들어 전염병이 돌면 실패하는 일도 있었다. 그래서 도시의 인구수는 때에 따라 줄어들기도 한다. 예를 들어 취리히는 그 인구변동이 교회기록부로 전해져 오는 도시로서 하나의 예시를 해 준다. 다음과 같이 집계되었다.

연도	주민 수	연도	주민 수
1357	12,375	1467	4,713
1374	11,050	1529	5,687
1410	10,570	1588	8,649

예외를 이룬 것은 몇몇 항구 도시들뿐이다. 수상 교통은 일찍이 다량의 식량을 먼 거리로 보낼 수 있게 해 주었다. 해상무역의 여러 집하장은 그래서 경제적으로 토지 산물의 큰 액수의 잉여물을 조달하고 큰 인구를 가능하게 해 준 넓은 농촌 지역을 배경으로 했다. 중세와 근세 초에 런던, 파리(당시에 작은 바다 배들이 도달 가능했다), 리스본, 콘스탄티노플이 그러했다.

15세기부터 대양 범선항해의 발달은 해운으로 접근이 가능한 유럽의 상업 및 공업 도시들에 식량과 원재료 잉여물을 제공하는 농촌 지역을 크게 확장했다. 세계의 모든 연안 지역들이 이 도시들에 열렸으며, 세계 시장이 창설되었다.

더 강력하게 작용한 것은 19세기의 철도체제의 발생과 확장이다. 이제는 해운으로 접근이 안 되는 여러 도시과 공업국들도 농업국들로부터 세계 시장에 유입된 잉여물들을 취하여 공업을 발달시킬 수 있었다. 또 한편으로 이제 그런 잉여물을 제공하는 농촌 지역은 세계의 연안 국가들에 한정된 상태로 있지 않았다. 여러 대륙의 전체 덩어리가 이제 빠른 진행 속도로 세계 시장에 포함되어 간다.

공업지대들에 제공되는 식량과 원재료 잉여물의 총계는 이제 엄청나게 커지며, 이로써 그런 곳들의 공업인구와 공업생산도 그러하다. 공업생산은 대량생산이 되지만, 농민 경제와 수공예에서 생겨난 생산수단의 사유재산권에 기초를 둔 생산으로서 자본주의적 생산이 된다.

식량과 원재료 잉여물을 공업지대에 보내주는 농촌지대와 함께 노동력 잉여를 만들어서 공업에 제공하는 지대도 확장된다. 흔히 이는 아주 폭력적인 방식으로 일어났다. 왜냐하면, 농민의 잉여물을 가치법칙에 따라 공업의 같은 크기의 노동의 산물과 교환하는 것보다 그 잉여물을 강탈하거나 쥐어짜는 것이 더 이익이 크기 때문이다. 이는 공업국들이 생산 기술에서만이 아니라 전쟁 기술에서도 농촌지대들보다 우위를 점할수록 더욱더 쉽게 진행된다. 농촌지대들이 자신이 생산하는 잉여물을 더 많이 빼앗길수록 자신의 영역에서 먹여 살릴 수 있는 사람 수는 더욱 줄어든다. 이런 지대들의 부양활동공간은 인위적으로 축소되며, 예를 들어 아일랜드와 동인도가 명확하게 보여주는 것처럼 인위적인 과잉인구가 만들어진다. 남아도는 인구는 이주해 나가야 한다. 이들은 자신들이 식량으로 먹고 살고 원재료로서 가공해야 하는 토지 산물의 빼앗긴 잉여물이 간 것과 같은 길로 공업지대로 들어간다. 잉여물을 차지하고 이를 통해 부를 획득한 착취자들과 강탈자들은 이제 이런 식으로 이를 대량생산에 이용하고 공업자본으로 전환할 가능성이 주어지면 자신들의 무산 상태로 인해 자신을 팔고 대량생산에 종사할 수밖에 없는 노동력도 발견한다.

그리하여 공업에서의 다수 프롤레타리아트가 생겨난다. 그것을 창출하는 과정은 15세기에 유럽의 대양 연안국들에서 해양 범선항해술의 발달로 시작된다. 그 과정은 19세기에는 보편적인 세계과정이 되어 오늘날에도 진행되며, 자본주의적 생산양식이 존속하는 한에서는 계속될 것이다. 아니 필시 이렇게 말하는 것이 더 나을 것이다. 이 과정이 완전한 힘을 발휘하여 진행해 갈 수 있는 한 자본주의적 생산양식이 존속할 수 있다고. 그것은 더 이상 그 초창기의 잔혹한 형태를 계속 띠지 않는다. 자본의 경제적 우세(優勢)가 자신의 착취를 보장하기에 충분한 경우 자본은 자신의 전쟁수단의 기술적 우세를 통해 자신의 착취를 뒷받침하기를 포기한다. 순진한 심성을 가진 이들에게는 그래서 이런 자본의 경제적 우세의 증대가 계급대립의 완화와 자본주의의 평화로운 공동(空洞)화로 여겨진다. 실제로 자본주의는 무장한 세력의 잔혹한 무력의 호소를 필요하지 않는 곳에서 가장 강하다.

이런 상황에서 현대의 공업 프롤레타리아트가 생겨난다. 이는 공업국들에서는 점점 더 인구의 다수를 이루지만, 그 반대인 농촌 국가들에서는 농촌 프롤레타리아와 소농의 점점 더 빈곤화되는 다수가 모이며, 이들에게는 자신들의 소유재산이 그런 소유재산을 가지고 있는 한에서는 저주가 되고 이들을 노예화하고 착취하는 수단이 되어, 이들은 이주를 통해 가능하기만 하면 이를 피해 달아나려고 노력한다. 아일랜드, 러시아, 이탈리아, 스페인, 헝가리, 루마니아, 유럽주 터키 그리고 아시아주 터키, 이집트, 동인도, 중국, 그리고 일본에서 그러하다.

농촌 프롤레타리아트의 그런 지역들에서의 생활 조건 그리고 이와 함께 증식 경향은 점점 더 룸펜 프롤레타리아트의 그런 것들과 닮아가며, 농촌 프롤레타리아트는 룸펜 프롤레타리아트로 전락할 위험에 처한다. 그러나 공업 프롤레타리아트의 생활 조건은 부분적으로 이들을 배출하는 원천인 룸펜 프롤레타리아트의 그것보다 점점 더 상승하는 경향을 띤다. 룸펜 프롤레타리아트는 아주 기생적이고, 공업 프롤레타리아트는 아주 필요불가결하다. 상승해 가는 부와 나라의 힘이 이제 기반을 두는 곳은 농민층이나 수공예 집단이 아니라 공업 프롤레타리아트이며, 이는 점점 더 공업 프롤레타리아에게 의식이 되고 그의 자존감을 강화하고 그의 주장들을 증대시킨다. 소심하고 겁 많은 걸인으로부터 대담하고 불굴의 의지를 지닌 투사가 된다.

여기서 우선 우리에게 관심사가 되는 인자인 다산성은 공업 프롤레타리아에게서는 룸펜 프롤레타리아와 다른 조건에 놓인다. 새로운 인자가 이제 등장한다. **여성의 가족 바깥에서의 직업노동**이다.

우리는 포유동물에게서는 나머지 다른 동물들보다, 그리고 인간에게서는 나머지 다른 포유류보다 어떻게 힘의 지출 중 월등하게 큰 부분이 여성에게서는 종자의 번식을 위해 배당되는지, 그리고 어떻게 이미 원시적 수렵인 단계에 양성의 분업을 가져와서 남성을 바깥 적대적 생활로 몰아내고 여성을 아이들과 가축 떼에 묶어 놓는지를 살펴보았다.

이런 분업은 자본주의적 생산양식에까지 변함없이 유지되며, 기껏해야 많은 여성층에서는 그들의 남편이나 아버지들이 행하는 착취가 그 여성들을 도대체 일체의 노동으로부터, 그래서 분업으로부터도 면제해 주는 것을 통해서나 깨어진다.

남편과 아내 간 분업, 그리고 아내가 가계— 물론 주택이 없는 경우도 흔하다—라고 부르는 것에 한정되는 것은 우선은 결코 개별 여성이 개별 가계에 고립됨을 의미하지 않았다. 무리의 여성들은 함께 노동했고, 자기 자녀들을 함께 키웠다. 그러나 천막 대신에 가옥이 등장하고, 특히 토지에 대한 사유재산권이 발달할수록 마을은 개별 가계운영으로 더욱 쪼개어지고 개별 가계는 점점 더 작아진다. 거기서 기술의 발달과 함께 가계에 제기되는 필요사항들이 커진다. 가계는 그 필요들을 충족시키기에는 점점 더 불충분하게 되며, 가계의 기능들이 하나씩 떼어내 져서 다시 사회적 노동으로 넘어가지만, 이는 더 이상 가계 안에서의 사회적 노동이 아닌 가계 바깥에서의 특수한 직업노동을 나타낸다. 자본주의적 기술은 개별 가계의 노동을 줄이고 당장은 아직 자본주의적으로 착취당하기는 하더라도 사회적인 노동으로 이를 대체하는 일에 특별히 강하다.

이로써 여성의 노동력은 점점 더 가계 밖에서의 노동을 위해 풀려난다.

자본주의는 여성의 노동을 자신의 착취영역에 병합하기 위해 이런 사태 전개를 활용한다. 그러나 가장 필요한 것과 가장 유익한 것도 프롤레타리아트를 저열화하고 억누르는 형태로 추진하는 것이 자본주의의 본질에 부합한다. 이는 기계와 여성 노동에 해당하는 경우다. 자본주의는 탐욕스럽게 열매가 익기도 전에 나무에서 따낸다. 자본주의는 여성에게 사적 가계를 위한 노동의 축소를 통해 영리 노동을 할 여가를 확보해 주는 것보다 더 성급하게 남성 임금을 깎아내려 여성을 영리 노동을 하도록 강제한다. 자본주의적 발달은 여성에게는 가사노동을 영리 노동으로 교체하는 것보다는 가사노동을 영리 노동만큼 늘리는 것을 더 의미하며, 이런 영리 노동이 또한 가능한 최대한으로 확장되는 것이다.

그래서 프롤레타리아 여성에게 자본주의는 지극히 혹독한 과잉 노동의 시대를 뜻한다. 이는 프롤레타리아 여성의 다산성에 결정적으로 불리하게 작용할 수밖에 없다. 그러나 아직 산업 프롤레타리아트는 여러 세대에 걸쳐 자신의 독자적인 후세를 충원하는 계급이 아니며, 그런 계급이 될 전망은 없다. 반대로 자본주의적 생산양식이 오래 존속할수록, 교통 체제가 발달할수록 계속 새로운 농민적 분자들, 아직은 농민적 다산성을 보유하고 있는 이 분자들을 가져다주는 농촌으로부터의 유입이 더욱 커진다. 우리는 참으로 농민적 경제가 어디에서나 강력한 자연적 다산성을 발달시키며, 이는 오직 특정한 사회적 조건에서만 인위적 수단을 통해, 특히 무산자들에게 결혼을 어렵게 함을 통해 위축되는 것을 보아 왔다.

이런 결혼을 어렵게 만드는 것은 산업 프롤레타리아에게는 해당이 안 되는

데, 재산에 대한 고려가 룸펜 프롤레타리아나 마찬가지로 그에게도 제약을 가하지 않기 때문이다. 그는 아무런 재산소유도 기대할 것이 없다. 일정한 재산에 도달할 때까지 결혼을 미루는 것은 허황할 것이다. 그는 소득을 재산으로부터가 아니라 자신의 노동력 판매로부터 이끌어내며 그가 아직 성적으로 성숙하게 되기 전에 그는 이 노동력을 판매할 수 있고 또 판매해야 한다. 그는 일찍이 경제적으로 독립하여 또한 자기를 더 이상 부양하지 않는, 그래서 자기의 인생살이에 아무것도 참견할 수 없는 자기 가족으로부터도 독립하게 된다. 이는 남자 청년들에게처럼 처녀들에게도 해당한다. 이들이 이른 시기에 서로 만나 아이를 낳는 것은 놀라운 일이 아니다.

영국에서 결혼 시의 평균 연령은 1884, 1885년에 다음과 같았다.

직업	신랑	신부
광부	24.06	22.46
직물노동자	24.38	23.43
제화공과 재단사	24.92	24.31
다른 장인	25.35	23.70
일용노동자	25.56	23.66
점원 및 보조 기계원	26.25	24.43
소매상 및 점원	26.67	24.22
소작인	29.23	26.91
고등 직업군 및 무직 금리생활자	31.22	26.40

몸베르트(Mombert)는 이미 언급된 《독일에서의 인구의 움직임에 관한 연구》(S. 92)에서 다음과 같은 베르티용(Bertillon)의 표를 발표한다. 20세가

넘는 미혼 남성과 15세가 넘는 미혼여성 1만 명 중에 결혼 건수는 다음과 같았다.

구역 구분	파리 1886 – 1895 양성 합산	베를린 1886 – 1895 양성 합산	빈 1891 – 1897	
			남성	여성
아주 빈곤	291	440	901	670
빈곤	279	444	806	527
유복	247	303	840	489
아주 유복	245	265	716	407
부유	210	260	566	287
아주 부유	211	205	434	191
평균	254	318	730	191

빈곤의 정도가 높아지면서 결혼을 하기가 어떻게 쉬워지는지를 보게 된다.

거기서 생각할 점은 프롤레타리아에게 있어서 결혼 생활은 보통 법적인 결혼보다 먼저 시작된다는 점이다.

여성이 성교를 일찍 시작할수록 아이를 낳을 수 있는 기간은 더욱 길어지고 그의 다산성도 더 커진다.

"던컨 씨는 가장 큰 다산성은 20세에서 24세 사이에 결혼하는 여성에게서 발견되며, 여성의 생애구간에서 그에 근접하는 유일한 구간은 15세에서 19세까지의 구간이라는 것, 24세가 넘어서 결혼하는 여성은 단연 다산성이 떨어진다는 것 등의 결과에 도달한다."(J. B. Haycraft, Natürliche Auslese und Rassenvererbung, S. 174, 1895.)

프롤레타리아 여성이 아직 농민적 단계에 가까이 있을수록 그는 더욱더 그에 상응하는 다산성을 발달시킬 것이다. 그가 야생인의 아내처럼 아기에게 수년간 젖을 먹이고 여기저기 끌고 다녀야 하지 않는 만큼 더욱더 그럴 것이다. 자본주의는 모유의 대용물과 엄마의 돌봄의 대용물로서 탁아소를 제공해 준다. 그리하여 그에게는 번식을 위한 힘의 지출이 야생인의 아내의 그것에 비하여 현저히 줄어든다

물론 그 여자의 영리 노동은 야생인의 노동에 비하여 훨씬 불리한 상황에서 행해진다. 야만인들은 밤낮으로 신선한 공기를 쐬며, 이들의 노동은 최고로 변화무쌍하다. 공장에서의 여성의 영리 노동은 존재하는 노동 중 가장 단조롭고 일터는 침실처럼 항시 불충분하게 환기가 된다. 거기서 식사는 물론 야생인의 식사보다 규칙적이지만 커피와 감자가 아닌 상당 부분 야생동물 고기로 이루어지는 야생인의 식사보다 훨씬 미흡하다.

그러나 이 모두가 당장에 일으키는 결과는 프롤레타리아 여성이 빨리 늙고 일찍 죽는다는 것이고, 이것은 그 여성이 그 전에 수많은 자녀를 세상에 낳아 보내지 못하게 막지는 않는다. 프롤레타리아적 생존 조건은 애초에 프롤레타리아 여성들의 다산성을 제한한다기보다는 사망률을 높인다.

인위적인 출산제한이 농민층과 소시민층으로부터 임금 노동자 집단에게로 파고든 두 자녀 시스템의 나라 프랑스에서도 프롤레타리아적 인구증가와 부르주아적 인구증가 간의 대립은 점점 더 명확하게 드러난다.

골트슈타인(J. Goldstein)은 〈프랑스에서의 인구문제와 직업분화〉에 관한 글에서 이미 언급된 베르티용의 통계를 인용한다. 베르티용은 파리의 20개 구(區)를 그 주민의 생활 수준과 15세에서 50세 사이의 여성 천 명당 연간

출산 수에 따라 집단화했다. 가난한 구역에는 당연히 거의 가난한 사람들만 산다. 그러나 부유한 구역에는 부자들만 사는 게 아니라 이들과 아울러 가난한 사람들도 충분한 수가 사는데 이는 그림을 좀 흐릿하게 만드는 것으로서 그렇지 않았더라면 아마도 더 현저한 차이를 보였을 것이다.

베르티용에 따르면 출생 수는 다음과 같았다.

구(區)	여성 1,000명당 출생 수
아주 가난	108
출생 수 100(몽마르트르)에서 116(므닐몽땅)까지 5개 구	
가난	95
출생 수 93(뽀빵꾸르)에서 99(옵세르바뚜아르)까지 3개 구	
유복함	72
출생 수 69(쌩 로랑)에서 78(오뗄드빌)까지 5개 구	
아주 유복	65
출생 수 63(부르스)에서 65(뤽상부르)까지 2개 구	
부유	53
출생 수 47(오뻬라)에서 57(빨레부르봉)까지 4개 구	
아주 부유	34
1개 구(엘리제)	

프롤레타리아 구역은 이처럼 가장 부유한 구역보다 출생빈도가 세 배 이상 높다. 가장 부유한 구역에서는 물론 낮은 혼인상의 다산성이 적은 출생 수의 유일한 원인이 아닐 수도 있을 것이다. 독신의 운명에 처한 많은 수의 하녀 집

단이 확실히 역시 이에 기여했을 것이다. 가장 가난한 구역에서는 천 가구당 50명의 하인이 있지만, 가장 부유한 구역에는 870명이 있다.

마찬가지로 특징적인 것은 1861년에서 1895년 사이의 인구증가를 표시하는 이 글의 다른 통계다. 이에 따르면 인구의 자연적 운동은 다음과 같았다. (+: 증가 / −: 감소)

시기	프랑스 전체	노르 및 빠드깔레 도(道)
1861 – 1865	+ 716,000	+ 91,000
1876 – 1880	+ 532,000	+ 109,000
1881 – 1885	+ 469,000	+ 111,000
1886 – 1890	+ 201,000	+ 102,000
1891 – 1895	− 1,400	+ 103,000

프랑스의 인구증가에서 두 도가 차지하는 몫은 이처럼 점점 더 커진다. 그것은 1861년에서 1865년의 5년간 13퍼센트에 달하여 1할보다 좀 높았고 1886년에서 1890년간에는 이미 51퍼센트로서 절반이 넘었으며, 그다음 5년간에는 총인구에 10만 명 이상을 추가했지만 총인구는 동시에 1,400명이 줄어서 두 도를 제외한다면 10만 명 이상이 줄어든 것이다. 그런데 거명된 두 도는 프랑스 대공업의 중심지로서, 프랑스의 직물 및 철강산업과 광업 그리고 이와 함께 대공업 **프롤레타리아트**와 프랑스 **사회주의**의 중심지다. 노르 (Département du Nord)에서만 우리 당은 1902년에 6만 표를 얻었고, 1906년에는 106,000표를 얻었는데 이는 거의 50퍼센트의 증가에 해당한다. 인구만 그곳에서 급속히 증가하는 것이 아니라 사회주의자들의 수도 그러하다.

그러나 프롤레타리아트 내에서도 급속한 인구증가가 상시적인 법칙으로 되어 있지는 않다. 우리는 서두에서 일반적으로 지난 30년간 자본주의 나라들에서의 출생 수는 후퇴하고 있다는 것을 보았다. 이는 프롤레타리아트에게도 해당한다. 그리하여 예를 들어 영국의 상조기금인 하츠 오브 오크(Hearts of Oak)는 1904년에 회원 수가 272,244명이었는데, 산후조리비용을 지급해야 하는 건수가 꾸준히 줄어들었다. 회원 천 명당 그러한 지급 건수는 다음과 같았다.

연도	산후조리비용 지급 건수	연도	산후조리비용 지급 건수
1866 – 1870	226	1886 – 1890	176
1871 – 1875	230	1891 – 1895	150
1876 – 1880	243	1896 – 1900	138
1881 – 1885	217	1900 – 1904	120

여기서도 하락이 1881년부터 시작된다.

이런 사실을 보고서, 맬서스의 인구법칙에 대하여 부르주아 경제학에서 다른 하나의 인구법칙을 제출하는 하나의 새로운 경향이 생겨났다. 과잉인구는 궁핍의 결과라는 것이다. 자본주의 사회는 복지와 문화의 꾸준한 증대를 낳는다. 그리고 복지와 문화가 수준이 높아질수록 출생 수는 줄어든다. 출생 수의 후퇴는 그래서 우리가 전 세계 중 최선의 세계에서 살고 있음을 뜻한다는 것이다.

모든 시대에 타당해야 할 이 새로운 인구법칙은 유감스럽게도 30년간의 경험에만 근거를 둔다는 단점을 지닌다. 1880년까지는 그 효과에 관해 아무것도 감지되지 않았다. 그때까지 자본주의적 생산양식은 복지와 문화를 증진하지 않았는가? 지난 30년간에 갑자기 그 반대로 돌았는가?

'복지와 문화'라는 일반적인 통속적 문구에 만족하는 대신에 우리는 프롤레타리아트에서도 출생 수의 후퇴를 일으킨 어떤 특수한 사정이 지난 세대에 생겨났는지를 자문(自問)해 보아야 할 것이다.

특히 모든 관찰자가 마주치는 하나의 인자가 우리에게 다가오는데, 이는 '복지 그리고 문화'와는 상관이 없는 것이다. 임신 방지 수단을 찾아내려는 **과학**과 **기술**의 노력이다. 그때까지는 출생 건수의 제한 수단은 다분히 지극히 원시적이었고 흔히 지극히 잔혹했으며, 역겹고 해로운 종류의 것이었는데, 70년대부터 비로소 완전히 무해하며 역겹지도 불쾌하지도 않은 제한 수단이 있게 되고, 공장식으로 생산되며, 점점 더 보편적으로 구할 수 있게 된다.

그러나 그러한 수단들의 존재는 그에 대한 필요가 높아지지 않았다면 출생 건수의 후퇴를 일으키기에 충분하지 않았을 것이다.

거기서 특히 소부르주아 집단에서도 바로 80년대부터 거대한 진전을 이루는 **여성 노동**의 확산이라는 크나큰 사실을 들 수 있다. 여성의 직업노동에 의한 가족의 해체는 물론 우리가 본 것처럼 어느 때보다도 더 여성을 자립하게 하며 여성에게 남성과의 합법적, 비합법적 결합에 들어가는 것을 쉽게 해 주지만, 하루 종일 자녀들에게서 떨어져 있어서, 이들을 더 이상 스스로 맡아 키우지 못하고 남에게 맡겨야 해서 자녀의 양육을 여성에게 어렵게 한다. 노동하는 여성은 적은 자녀를 가질수록 그만큼 더 형편이 낫다.

이 모든 것에 **대도시**의 성장이 더해진다. 농촌에서 그리고 소도시에서도 아이들을 쉽게 키울 수가 있다. 아이들이 많을수록 그들은 서로를 더 많이 키워 줄 수 있다. 큰 아이들이 작은 아이들을 말이다. 그들은 열린 자연에서 거칠게 뛰어놀 기회를 가지며, 그들의 활기는 마을 생활의 단조로움에 신선한 기분전환을 가져다준다. 대도시는 다르다. 돈이 별로 없는 자들의 자녀는 좁은 방안에 가두어져 이들의 활발함이 자신들과 이들의 주변 어른들에게 고역이 되고, 이들의 존재는 가족에게 달갑지 않은 짓누르는 짐이 된다. 자녀가 적으면 적을수록 낫다.

대도시의 성장, 피임수단의 완성 및 보급과 결부된 **여성 노동**의 증가, 이것이 80년대부터의 출생 건수의 후퇴의 주원인이었을 수 있다. 아마도 이런 방향으로 작용하는 또 다른 인자가 적어도 유럽 대륙에는 있을 것이다. 1866년과 1870년 전쟁들의 결과인 **보편적 군역**(軍役)으로의 이행인데, 이는 도처에서 모든 무장이 가능한 청년을 수년간 막사와 이와 결탁한 **성매매** 장소로 데려가고, 그렇게 해서 인구 중에 성병을 퍼뜨리는 강력한 수단이 된다. 대도시의 증가도 성매매와 성병의 증가를 의미한다.

이 모두가 지난 세대 중에 자본주의 국가들에서 특히 강하게 부상하고 지난 세대를 특징짓는 인자들이다. 우리는 이런 것들에 주로 출생 건수 후퇴의 원인을 돌려도 된다. 그런 것들이 꼭 '복지와 문화'의 증대로 불릴 수 있지는 않을 것이다.

그래서 그런 것들로부터 과잉인구를 불가능하게 만들기 위해 복지와 문화를 확산해야 한다고 결론을 내리면 안 된다. 하지만 다른 한편으로 문화가 인류를 인구 과소화로 위협할 것을 염려할 필요도 없다. 다만, 위에서 언급된 인자들이 작용하는 동안에는 자본주의적 생산양식의 진행은 자본주의적 민족들을 인구의 정체상태로 위협하는 반면, 농경 민족들은 쉽게 급속히 증가한다고 말할 수 있다. 제정 로마 시대처럼 지금도 다시금 야만족들의 넘치는 다산성이 불임의 문화 민족들에 위협이 될 수 있다.

이 또한 자본주의적 생산양식에는 재앙을 예고하는 것으로서 지평선에서 떠오르는 대립들의 하나다.

아무튼 우리는 탐구의 결과로써 한 민족의 증가와 마찬가지로 한 계급의 증가는 모든 상황에서 같은 강도와 같은 방식으로 작용하는 경향을 보이지 않는다는 것을 확인할 수 있다. 이미 자연적 다산성이 달라지는 생활 조건과 더불어 극히 심하게 달라진다. 사회 발달의 진행에서 이에 추가되는 것이 사회적 성격의 다양한 영향들, 인구증가에 때로는 억제적으로, 때로는 촉진적으로 영향을 주는 도덕적, 경제적 요구들이다. 거기서 우리는 출생빈도를 규정하는 인자들만을 고찰한 것이다. 그러나 실제 증식의 모습에는 또한 사망률도 상당히 영향을 주며, 사망률 역시 다시 사회적 상황들에 의해 지극히 심하게 영향을 받는데, 이는 더 이상의 증거가 필요하지 않은 것이다. 어떤 사회적 시기이든, 어떤 민족이든, 어떤 지대, 어떤 계급이든 그에 따라 자기 증식의 특수한 조건과 속도를 가진다.

다른 한편으로 우리는 부양활동공간의 확장도 직선 운동을 나타내지 않으며, 극히 다양한 변천을 겪는다는 것을 알았다. 그리고 부양활동공간의 확장 경향과 인구증가 경향이라는 두 경향은 결코 반드시 평행선을 이루며 발달하는 것은 아니며, 동시에 어긋나는 방향을 따를 수도 있다. 물론 오래도록은 그럴 수 없다. 왜냐하면 장기적으로 하나의 인자는 다른 인자에 의존하기 때문이다. 인간은 식량 없이 살 수 없다. 그러나 인간 자신이 식량을 생산하는 자다. 식량 없이는 인간이 없고, 인간이 없이는 식량의 생산이 없다.

이 모든 다채로운 가능성을 볼 때, 인간에게 모든 상황에서 관철되는 유일한 보편적인 인구법칙을 가정하는 것은 맞지 않다. 어느 사회적 유형이든 오히려 자신의 특수한 인구법칙, 단순한 보편적 자연 조건에서가 아니라 극히 가변적인 사회적 조건에서 나오며 그래서 흔히 아주 복잡한 종류의 것인 인구법칙을 가진다.

제14장 농업과 자본주의

　인구증가의 경향이 부양활동공간의 확장 가능성과 마찬가지로 변화하고 극히 다양한 조건들에 의존하는 변수라면, 이 크기가 우리가 아직 전혀 모르는 사회, 우리가 그 경제적 토대의 극히 일반적인 윤곽만을 어느 정도 확실하게 그릴 수 있는 사회에서 이 변수가 어떤 모습일지를 미리 말하기는 당연히 어렵다.

　그러나 노련한 고양이가 생쥐를 놓치지 않는 것처럼 웬만큼 괜찮은 사회주의자라면 예언을 그만두지 못한다. 그가 현재 상황에 만족하기는 불가능하다. 그는 현재 저 너머 미래로 시선을 향해야 하며, 자신의 현재 작업은 이 미래를 향한 것이다. 그리고 그가 현재에 수행해야 하는 작은 작업의 개별적으로 쪼개진 부분들은 모두가 하나의 공통적인 크고 원대한 목표에 맞추어지고, 그 목표에 복종하고 적응될 때, 이를 통해서만 통일성, 힘과 고귀함을 얻는다.

　물론 현재의 작업이 효과적으로 결실을 거두려면 이 목표는 너무 멀리 잡혀서는 안 된다. 마르크스주의적 예언을 비웃는 바로 그 사회주의자들은 오백 년 후 사회주의의 도래를 예언하는 바로 그 사회주의자들이다. 우리의 예언은 그렇게 무모하지 않다. **오백 년** 후에 무엇이 될지 우리에게 관심사가 전혀 아니며 우리가 전혀 알 수 없는 일이다. 그때 사람들은 프롤레타리아트의 해방이란 문제와는 전혀 다른 문제를 해결해야 할 것이며, 그들에게 사회주의는 가령 십자군들이 그것을 차지하기 위해 피 흘려 싸웠던 성배(聖杯)의 소유가 우리에게 그런 것과 마찬가지로 순전히 학술적인 논제일 것이다.

그러나 그때그때 여정이 본래 어디로 가는 것인지에 관해 숙고함이 없이 오직 다음 걸음에만 관심을 가진 것이 무미건조한 현실정치의 승리를 가져온다고 여길지라도 우리의 적들은 이미 그들 자신이 우리에게 내세우는 예언, 그리고 우리가 미래에 골몰하지 않을 수 없게 강압하는 수단이 되는 예언들을 통해 우리가 예언하도록 동기를 부여할 것이다. 우리의 적들은 우리의 현재 작업의 결과가 최고로 파멸적이라고 주장한다. 우리의 현재 작업을 보장하고자 하는 자는 편협함에 실천 행동의 극치가 있음을 볼지라도 그 결과를 명확히 파악하려고 애써야 한다.

우리가 마주치게 되는 가장 중대한 항변 중 하나는, 노동자 계급의 해방은 곤궁을 지속적으로 제거하는 쪽으로 인도할 수 없으며 오직 이 곤궁을 최고로 짧은 시간 후에 보편적으로 만드는 쪽으로 인도할 뿐이라는 것이다.

사회주의가 노동자 계급에 확산시킬 복지가 커질수록 인구증가는 이들의 부양활동공간을 넘어서 급속도로 된다는 것이다.

이에 대하여 우리 탐구의 지금까지의 결과에 따라 사회주의가 이런 결과를 초래할 수밖에 없다는 것은 완전히 증명되지 않은 것이라고 간단히 대답할 수 있을 것이다. 사회주의 사회에서 인구증가는 반드시 부양활동공간의 가능한 확장 속도보다 훨씬 더 빠른 속도를 취한다는 가정(假定)을 하도록 강제하는 것은 없고, 어느 사회형태이든 특수한 인구법칙을 가지며, 사회주의 사회의 인구법칙은 아직 확고히 존재하지 않는다고.

이런 대답은 걸고넘어질 여지가 없겠지만 꼭 아주 승리를 장담하는 성격의 것은 아니다. 이는 자기 연구실에서 미래에 관해 숙고하지만, 현재의 문제는 자신에게 완전히 만족스럽게 풀린 것으로 아는 학자는 만족하게 할 수 있다. 이 대답은 독한 싸움을 해 나가는 투사를 만족시키지 못한다. 투쟁의 대가가 의심스러운 것인 채로 있다면 그가 어떻게 필요한 힘과 필요한 의기(意氣)를 불러일으키겠는가! 사회주의는 불가피하게 파멸로 가게 된다는 우리 적들의 주장에 대하여 이는 결코 확정된 것이 아니라는 선언만으로 대응하는 것은 충분하지 못하다. 우리는 원하든 원하지 않든, 다시 한 번 '예언'을 하고 사회주의 사회에서 부양활동공간의 확장과 인구증가의 조건에 관해 뭔가 더 확정된 결과를 얻어내는 것이 가능하지 않은지 실험을 해야 한다.

부양활동공간과 관련하여 이는 가장 먼저 가능할 것이 틀림없다. 사회의 하부구조, 경제적 기초의 형성은 상부구조의 형성보다 훨씬 더 단순하고 투명하고 그래서 미래로 더 멀리 그 결과를 추적할 수 있다.

우리는 부양활동공간의 더 이상의 확장이 어느 때나 같은 방식으로 가능하지 않다는 결론에 도달했다. 이는 수백 년간 상황에 따라서는 수천 년간이나 완전히 불가능하다가 갑자기 급속한 증대를 할 수 있게 되어 여러 세대 동안 온갖 가능한 인구증가를 일으킬 수가 있다.

우리가 이제 농업의 계속된 발달의 오늘날 조건을 관찰한다면, **기술**에 주목하느냐 **경제**에 주목하느냐에 따라 아주 다른 결론에 도달하게 된다. 기술은 곧 이미 언급한 것처럼 인간에 의한 자연력의 지배 정도이고, 경제는 곧 생산— 이 단어를 가장 넓은 의미에서 볼 때 —과정에 참여하는 인간들이 이 과정을 추진해 가도록 서로 맺는 여러 관계다. 우리는 여기서 다시금 기술과 경제 간 구분이 얼마나 불가결한지에 대한 한 예를 얻는다.

농업의 기술은 지극히 급속한 진보 일로에 있다. 기계체제와 농업용 건축물과 개량 기술만 아니라 유기체의 생활 조건에 대한 과학적 지식도 그러하다. 매년 놀라운 진보가 생겨나서 그것의 활용은 농업노동의 생산성을 엄청나게 높여 주는 것이 분명하다.

그러나 이러한 **응용**은 결코 발명과 발견의 급속한 진행고- 같은 보조를 맞추지 않는다. 공업에서와는 완전히 다르게 농업에서 우리는 진보된 기술이 생산과정을 아주 천천히 머뭇거리며 불완전하게만 장악하는 것을 보게 된다. 노동의 **가능한** 생산성과 **실제** 생산성 간 차이는 농업에서 점점 더 커진다. 이런 의미에서 농업은 온갖 진보에도 불구하고 점점 더 후진적이 된다. 절대적으로가 아니라 자연과학과 기술의 상태에 비하여 상대적으로 그렇다는 것이다.

이는 많은 사람이 그렇게 믿듯이 농업노동의 성격 자체에 관련된 것이 아니라 자본주의가 농업에서 초래하는 경제적 관계들에 관련된 것이다. 여기서는 자연법칙이 아니라 사회법칙이 자리 잡고 있다. 농업의 증가하는 기술적 후진성에 책임 있는 것은 **토지와 임금노동에 대한 사유재산권**이다.

우리는 이미 농민 계층의 발달 과정에서 귀족 통치 집단이 어떻게 생겨나는지를 알고 있다. 이들과 함께 국가권력이 생겨난다. 귀족 통치 집단과 국가권력은 농촌에서 노동하는 인구의 잉여물로부터 가능한 최대로 많은 것을 빼앗아 차지하며 이를 통해 농업의 기술적 완성을 막고 때에 따라서는 후퇴로 전환하게 한다.

봉건제의 마지막 시기도 그런 식의 몰락을 초래했다. 프랑스에서 대혁명을 통해 성취된 봉건제의 극복은 농업의 급속한 부흥을 가져왔다. 그러나 곧바로 농촌노동 착취의 새로운 시대가 시작된다. 지금 자본주의적 상품생산의 시대 속에서 이 착취의 기초가 되는 것은 상품생산과 뗄 수 없이 결합한 생산수단과 토지에 관한 사유재산권이다. 더 이상 농촌 사람은 부역노동과 현물 공조를 이행할 필요가 없지만, **지대를 돈으로** 내야 한다. 이는 차지 시스템에서 명백히 드러난다. 차지인은 토지 소유자에게 그의 토지를 경작할 허가에 대한 대가로 소작료를 지불해야 하며, 이는 차지인이나 그의 임금 노동자의 노동이 임금과 이용된 자본의 전통적 이윤 지급을 넘게 내놓는 잉여물 전체를 포함한다. 이 소작료는 척박하거나 불리한 토지보다 비옥하거나 유리한 위치의 토지에서 더 높다. 생산비용이 변함없는 가운데 토지 산물의 가격이 상승하면 이는 더 늘어난다.

  이런 식으로 어떤 나라의 차지인들이 매년 지주에게 납부하는 거액의 돈은 농업의 개량에 활용되는 대신 낭비가 되거나 산업증권에 투자된다. 그러나 차지 시스템은 농업으로부터 그 생산력의 증강에 쓰일 수 있는 풍부한 수단을 빼앗을 뿐 아니라 이 생산력의 증강을 향한 동기도 마비시킨다.

  자본주의적 산업에서 생산력의 발달을 향한 주된 동기를 제공하는 것은 사업가가 자기 사업체의 기술을 평균적인 정도를 넘게 개선함으로써 올리는 초과이윤이다. 농업에서는 차지계약의 체결 시에 사업체가 평균 이윤율을 넘게 제공할 수 있는 모든 초과이윤이 지대로 간주되어 토지 소유자에게 돌아간다. 그래서 차지인은 거액의 경비를 들여 개선사업을 추진해도 그 이익이 차지계약의 갱신 때 그가 아니라 토지 소유자에게 돌아가므로 진행할 이유가 없다. 농업을 몸소 영위하는 토지 소유자의 경우에는 사정이 낫겠다고 생각할 수도 있겠다. 물론 거기서는 지대는 농부에게 남고 마찬가지로 있을 수 있는 모든 초과이윤도 그에게 남는다. 그러나 사실상 여기서, 다른 형태를 띠고 더 숨겨져 있기는 하지만 마찬가지로 토지에 대한 사유재산권이 기술 발달을 저지하는 작용을 한다. 지대가 여기서는 당장 농부에게 남게 된다는 것은 맞다. 그러나 다음번의 소유 변경 때까지만이며, 소유 변경은 늦어도 지금까지의 소유자의 사망으로 생길 수밖에 없다. 프로이센 주에서는 연간 필지들의 6퍼센트가 (지난 10년간에는 거의 규칙적으로 6.6퍼센트가) 소유자를 바꾸어서 각 필지의 평균으로는 15년마다가 된다. 새로운 농부는 소유권 취득시에 공동상속인의 상속지분이나 구입한 재산의 전체 '가액'을 지불해야 한다. 그런데 이른바 이 가액이란 자본화된 지대에 불과하다. 지대가 상승할수록 같은 이자율에서 새로운 농부가 자신의 농장 취득에 지불해야 하는 금액은 높아진다. 그는 이를 여러 가지 방식으로 지불할 수 있다. 필요한 현금을 보유하여 이를 기존의 소유자에게 낼 수도 있다. 그러면 그는 농장의 시설과 개량에 지출해야 할 자본 총액을 그 액수만큼 축소하는 것이다. 그런데 이는 예외적인 경우다. 대체로 그는 충분한 자금을 보유하지 못하여, 저당을 잡히고 이제 매년 대금업자나 은행에 저당이자의 형태로 지대를 납부하고 대금업자나 은행이 이제 실제 지주 행세를 하여 지대가 올라갈수록 농업에서 그만큼 더 많은 돈을 연간 짜낸다. 지대를 오르게 하는 토지 산물의 가격상승은 언제나 일시적으로 농부들의 형편이 나아지는 것을 의미할 뿐이다. 첫 번의 소유 변경 시에 이는 그 반대로 전환된다.

상승하는 지대는 토지 소유자의 자영(自營)에서는 농업에 더 부담으로 작용하는데, 이는 소유 변경 시에 재산의 '가액'으로 **당장의** 지대만이 아니라 앞으로 **기대되는** 지대도 계산에 넣어지기 때문이다. 모든 예상이 되는 초과이윤이 이 계산에서 벌써 선취(先取)된다. 그와 같이 구매금액의 이자지불은 흔히 지대가 실제로 만들어 주는 것보다 더 많은 것을 요구하여 구매자는 기대된 가격상승이 곧 실현되지 않을 때는 정말 곤경에 빠질 수 있다. 공업에서는 기술 발달의 강한 박차가 되는 초과이윤이 이처럼 농업에서는 차지 시스템에서만 아니라 자영의 경우에도 지대와 뒤섞여서 사업에 해를 주고 그 기술 발달을 저해하는 경향을 띤다.

또 다른 방식으로 농업에서는 사유재산권이 기술 진흥을 마비시킨다. 우리는 모든 경영방식에서 어떻게 개별 업체의 특정한 크기가 가장 생산적인 크기로 제시되는지를 알았다. 여기서도 기술과 경제 간의 차이가 드러난다. 자본, 즉 생산수단에 대한 사유재산에 의하여 실현되는 임금노동 착취관계들의 확장은 끝없이 계속될 수 있고 거기서 항상 더 큰 자본이 더 작은 자본보다 우위에 서게 될 것이다. 그러나 각각의 개별 업체에는 크기의 최대한도가 있어서 그것을 넘어서는 생산성을 떨어뜨림이 없이 확장할 수가 없다. 이 크기는 여러 생산분야와 여러 시대에 아주 다르며, 어디서나 기술이 진보함에 따라 커지는 경향을 띤다. 적어도 **개별 업체에 의해 생산되는 제품의 양**과 그 업체에 의해 이용되는 **불변자본**(원재료, 기계 등)의 양과 관련해서 그러하다. 그러나 **고용된 노동자** 수에 관련해서 항상 그런 것은 아니며, 더구나 취해진 **토지면적**과 관련해서는 그렇지 않다.

어느 사회가 기존의 생산수단을 가지고 달성할 수 있는 생산성의 최대치에 도달하려면, 모든 업체가 당시 생산분야의 기술 수준에 의해 합목적적으로 주어지는 최대 규모를 달성하도록 배려해야 한다.

이는 생산수단에 대한 사유재산권의 토대에 기반을 두는 자본주의적 생산양식에서는 어디서도 보편적으로 관철될 수 없다. 물론 최대 규모를 초과하는 것의 목적 불부합성이 드러날 때는 어디서도 최대 규모를 지속적으로 넘어서게 되지는 않을 것이다. 그러나 어느 사업가가 자기의 업체가 최대의 생산성을 발달시킬 수 있기에는 너무 작다는 것을 아는 것은 그에게 조금도 도움이 되지 못한다. 그에게 자본이 없다면, 그는 이를 확대할 수가 없다.

이는 왜 자본주의적 생산양식에서 이론적으로 당시에 달성이 가능한 최대의 노동 생산성이 결코 실제로 달성되지 않는지, 왜 다수의 아니 압도적 다수의 업체가 이 생산성의 한계 아래에 머물고 있고, 적지 않은 수의 업체가 완전히 불충분한지 그 이유 중 하나다. 자본주의적 생산양식이 기술의 진보를 아무리 힘차게 고무하더라도 이는 기술 진보에 결코 완전히 효력을 발휘하게 할 수가 없다.

그러나 이는 공업에서보다 농업에서 훨씬 더하다. 농업어서는 자본의 축적이 공업에서보다 훨씬 천천히 진행되면서 동시에 개량사업의 추진 동기가 더 적다는 이유만이 아니라 토지에 대한 사유재산권이 개별 업체의 일체 확장에 공업에서와는 완전히 다른 제약을 가하기 때문이기도 하다. 토지는 농업에서 주된 생산수단이며, 사업체의 크기는 물론 오직 토지면적에만 달린 것은 아니지만 높은 정도로 이에 달려 있다. 지금 업체의 면적이 더 높은 차원의 사업 형태로 이행하는 데서 너무 큰 것으로 판명되는 곳에서는 이를 줄이기가 확실히 아주 쉽다. 그러나 그 반대의 경우는 더 어려우며, 더 빈번히 필요해지는 것은 이런 경우다. 오직 최대의 사업체만이 약간의 외곽 필지들을 내놓는 경향을 보이기도 한다. 대부분의 업체에서 실천가들은, 실천적 농부 중에 최고로 실천적인 사람으로 행세하면서 최소의 사업체에 대한 찬가를 부르는 저 박사들과는 완전히 다른 견해를 가진다. 진짜 실천가들은 자신들의 사업체를 가능한 최대로 크게 만들기 위하여 토지에 대한 진정한 굶주림을 발달시킨다. 그러나 토지는 가령 기계처럼 마음대로 늘릴 수가 없다. 자기 사업체의 토지면적을 농촌 사람은 오직 이웃을 희생시켜서만 확장할 수가 있는데, 이 이웃도 모두 자신의 토지 소유 확장을 향한 같은 경향을 지니며 모두가 사유재산권 덕분에 자기 흙덩이에 굳게 정착하여 파산하지 않는 동안은 이로부터 벗어날 필요가 없다.

토지면적의 확장에 의한 사업체의 개선은 거기서 대체로 넘을 수 없는 장애물을 맞이한다. 그래도 덜 어려울 것 같은 사업체 면적의 단지 더 목적 부합적인 조성도 흔히 역사적으로 전래한 필지의 분할에서, 그리고 소유자 교체로 거듭거듭 반복되는 그러한 필지들의 극히 다양한 위치에서의 혼합에서 어려운 장애물을 대한다.

사유재산권에서 나오는 이런 모든 장애요인에 또 **임금노동**에서 생겨나는 장애요인이 덧붙여진다.

가장 원초적인 종류의 노동은 **협동조합적** 노동이다. 인류의 발생 초기에 있을법한 고립된 원시인 로빈슨은 현대 부르주아적 견해의 발명품이다. 오직 사회적 노동을 통해 타인과의 협동을 통해 원시인은 목숨을 유지하고 발달할 수 있었다.

최초 인간들의 무기가 덜 무서운 것일수록 이들은 함정을 파서, 또는 곰과 들소에 맞서서 몇 사람은 전면에 버티고 서고 다른 사람들은 뒤에서부터 공격할 때만 견딜 수 있는 전면적 투쟁을 통해서, 끝으로 어떤 사람들은 숨어서 기다리고 다른 사람들은 숨어 있는 사람들 쪽으로 야생동물을 몰아가는 가운데 극히 잘 달아나는 야생동물을 붙잡게 되는 몰이사냥을 통해서, 거대한 야수와 발굽동물들을 잡기 위해 더욱더 힘을 합쳐야 했다.

그리고 사냥과 마찬가지로 가계도 원래 사회적이었다. 여성들은 자신들의 다양한 과제를 서로 뒷받침해 주어야만 감당할 수 있었다.

유목 단계에서도 우리는 남성들의 노동과 마찬가지로 가계도 사회적이었던 것을 발견하게 된다. 혼자만으로는 가축떼를 한데 모으고 다양한 적들에 맞서 지키기가 불가능했다.

그에 못지않게 우리는 경작의 초기에도 협동조합적 가계(家計)와 협동조합적 남성노동을 발견하게 된다. 오늘날 농업이 그 전체 성격상 협동조합적 경영에 맞지 않는다고 주장하는 농업 이론가들이 있다면, 이는 단지 그들이 사고나 지식에서처럼 감정상으로도 상품생산의 사회 너머를 보지 못함을 증명해 줄 뿐이다. 유럽의 여러 부분에서도 예를 들어 남슬라브 민족들에서 19세기에 **주거협동조합**이 농촌 사업체의 형태로서 주를 이루었다. 최고령자의 지도하에 일련의 형제들이 거기서 자녀, 손자·손녀들과 함께 공동 가계와 공동 농업을 영위하는 협동조합을 이루었다.

노동의 한 형태에 관하여 이것이 인간성의 형태에 가장 부합한다고 주장할 수 있다면, 이는 고도로 발달한 상품생산의 발흥 때까지 보편적으로 지배력을 가지고 그 존재가 수십만 년 거슬러 올라갈 수도 있는 협동조합적 형태였을 것이다.

그러나 상품생산 그리고 이와 결부된 생산수단의 사유재산권과 함께 협동조합적 노동은 그 토양을 상실한다. 오직 두 형태의 노동만이 거기서 지속적으로 존재할 수 있다. 생산수단의 소유자 자신이 노동하는 경우가 그 하나다. 사유재산제도의 지배에서는 이들은 최소의 사업체에서 고립된 노동자로서만 그렇게 할 수 있다. 더 큰 사업체는 이런 소유형태에서는 생산수단의 소유자와 **아울러**, 혹은 사업체 크기상 가능할 때는 그의 공동노동 **없이**, 노동자들이 어떤 종류의 강제를 통해서든 그를 위해 일하게 만들어지는 식으로만 가능하다. 이런 강제노동자들의 노동은 당연히 그 노동자들이 자신들의 부양비용을 넘어서 그를 위해 잉여 생산물을 생산할 때만 그 소유자에게 이익이 된다. 그는 그래서 이 잉여를 온갖 수단으로 쥐어짜 내려고 애쓴다. 자본주의적 생산양식에서는 자기 자신의 노동력 말고는 아무런 다른 상품도 시장에 가져올 것이 없는 무산 노동자들의 궁핍한 처지에서부터 그 소유자에게 필요한 강제권력이 생겨난다.

　이 생산양식의 틀 속에서 생산협동조합들이 결성되거나 예전부터 유지되어 온 경우에도 그것들은 지속적인 존속을 할 수가 없다. 개인들의 생산수단에 대한 사유재산권은 계속해서 관철되며 잠시 후에는 어김없이 협동조합 내부에서 생산수단의 소유자들과 무산 노동자 간의 분열이 등장한다.

　이런 분열의 원인은 다양할 수가 있다. 어떤 사람들의 행운과 다른 사람들의 불행, 성격 차이. 여기는 인색한 금욕주의자, 저기는 경솔한 쾌락주의자. 여기는 무자비한 이기주의자, 저기는 마음씨 좋고 남을 잘 믿는 이타주의자. 정신적 또는 신체적 힘의 차이 등등. 분열 자체는 불가피하게 시작된다. 부르주아 사상에서 생각하듯 모든 사회의 자연법칙으로서가 아니라 발달한 상품생산의 냉혹한 법칙으로서 말이다. 사회주의적 생산이 도대체 불가능하다는 것이 이를 통해 드러나는 것이 아니라 상품생산의 토대 위에서의 사회주의적 생산의 불가능성이 드러나는 것이다.

　상품생산이 농업에 많이 침투할수록 농업은 원래의 협동조합적 생산을 폐지한다. 원래 농업 협동조합 자체가 제공하던 공산품은 이제 도시 수공업에 의하여 더 적은 노동지출로 더 완벽하게 조달된다. 이로써 농업 협동조합에서 노동력은 쓸모없어진다. 다른 한편으로 도시 수공업은 각 사람의 성인(成人)이 자신의 주인이 되는 사업체의 상(像)을 제공한다. 이는 농업 협동조합 내의 동생들을 유인하여 형의 지배체제에서 벗어나 도시에서 출세하려고 애쓰게 한다.

　상품생산은 생산자가 산물과 생산수단을 자유롭게 처분할 수 있는 것을 필수로 한다. 우선 도시 수공업에서 그렇다. 농민이 시장을 위하여 생산할수록, 그와 도시 수공업과의 접촉이 긴밀해질수록, 그의 산물 중에서 자기 집에서 소비되는 것이 적을수록, 그의 산물이 화폐의 형태를 취하여 협동조합의 장(長)에 의해 보유되고 관리될수록 이 조합의 장은 자신을 가산(家産)의 관리자만이 아니라 소유주라고 느끼며, 그는 어린 형제자매들이 가정에 남아 있는 한에서 그들을 가산에 대한 아무런 권리도 주어지지 않는 임금 노동자로 더욱 격하시킨다. 이제 그가 자신의 사업체에 데리고 있는 어린 형제자매들은 더 이상 결혼도 해서는 안 된다. 합법적 상속인을 낳는 것은 그의 독점권이 된다.

이런 농민적 대기업은 이제 귀족들의 대기업과 비슷해진다. 귀족들은 자신들의 기업을 애초부터 노예나 농노 등 강제 노동자들로 운영했다. 이런 종류의 강제 노동 대신에 봉건 귀족들의 사업체에서도 조만간 노동력의 무산자적 성격이 대중적 현상이 되자마자 임금노동이 등장한다.

농민적 대기업은 농민과 그의 아내만으로 수행할 수 있는 것보다 더 많은 노동이 필요한 가축사육이 지배하는 곳에서 가장 쉽게 유지된다. 사람들이 서로 멀리 떨어져 살고, 농가가 흔히 몇 시간 거리나 서로 떨어져 있어서 거의 전적으로 자급자족하는 산간 골짜기에서 말이다.

곡식 재배가 커다란 잉여물을 거두고 그 안에서 서로가 도울 수 있는 마을들에 쉽게 결속하는, 높은 인구밀도가 가능한 비옥한 평지에서는 농촌 협동조합의 해체는 임금노동을 하는 대기업으로 반드시 이어지지 않는다. 농사를 짓는 데는 특히 오직 표면적으로만 밭갈이가 되고 쟁기는 큰 겨리 짐승들을 요하지 않는 지대와 시대에는 한 사람으로 근근이 살아가기에 충분하다. 잘하건 잘못하건 거기서 소 한 마리가 쟁기를 끌 수 있다. 큰 가축을 사육하는 것은 단 한 쌍의 성인 남녀 노동력만 있는 농장에서는 가능하기가 힘들다. 그러나 이는 또한 발달된 상품생산 단계에서는 필요하지 않다. 가축을 사육하는 대농은 소농의 곡식 잉여물과 자신의 가축 잉여물을 교환할 수 있다. 소농은 당연히 거기서 자신의 큰 가축 보유를 쟁기질이나 젖을 짜는 데 필요한 한두 마리로 한정해야 한다. 그는 육식을 가능한 최대한으로 줄여야 한다.

이는 자본주의 사회에서 농업에 가장 널리 퍼질 수 있는 오직 두 사업 형태이다. 임금 노동자들을 두고 대기업을 하든지, 개별 농민이 자신과 아내 그리고 자녀들의 힘으로 운영하는 영세농이든지. 협동조합적 기업은 예외로 한정되는 데 변함이 없다.

영세농이 현대 과학과 기술의 모든 수단을 장악하는 것은 애초에 배제된다. 과학은 소농에게 아예 말할 것도 없으며, 좋은 학교교육도 좀처럼 없다. 소농의 경영은 그 소유자의 노동력에 가장 크게 매달린다. 소농은 톱니바퀴가 멈추지 않게 하려면 지칠 줄 모르게 일해야 한다. 주거협동조합의 농민이 향락을 즐기는 사람으로서 과도하게 애쓰기를 좋아하지 않았다면, 이제 소농은 모든 역축(役畜) 중에서 가장 쉼이 없는 역축이 된다. 농민적 소기업이 그 소유자들과 후세들에게 강제로 이끌어내어 결국 제2의 천성으로 만드는 노동 의욕, 바로 그것 때문에 소농은 항상 부르주아 경제학의 귀염둥이였다. 물론 봉건적 착취방식이 극복된 곳 어디서나 그것이 쉽게 발달시키는 정치적으로 반동적인 사고 때문에도 그에 못지않게 그랬다.

소농은 자신의 농사에서 자녀들을 절실히 필요로 한다. 자녀들은 상급학교에 갈 시간도 없고 그보다도 아예 돈이 없다. 그리고 어느 한 자녀가 이 모든 것에도 불구하고 그런 상급학교에 가서 뭔가를 배울 행운과 기력을 충분히 가진 경우에 그 자녀는 자신의 지식을 실천하고 배운 자들 다수의 생계 수준과 같은 수준의 생계를 이룰 조금의 기회도 찾을 수 없는 소농의 경제에서는 잃어버린 아이가 된다.

지극히 원시적인 분업도 단 한 쌍의 남녀가 있는 업체에서는 불가능하다. 한 마리의 큰 가축만이 집에 있는 경우에 그 가축에게도 그러한 분업은 배제된다.

기계를 장만하기에는 대부분 돈이 없다. 농민은 자기 농사의 작은 규모를 그것이 합리적인 사업규모라고 생각해서 선택하는 것이 아니라 이는 그의 빈곤의 결과다. 그에게 일단 돈을 절약하는 것이 성공한다면, 그의 첫째로 하는 일은 더 많은 땅을 사는 것이다. 자기 농사를 주어진 토지면적에서 **개선하는** 것이 아니라 자기 농사를 **확장하는** 것이 그의 첫 번째 관심이다. 그는 영세농의 토대 위에서는 어떠한 합리적 경영도 가능하지 않다는 것을 어차피 안다. 대부분의 그리고 최선의 기계들이 소농의 틀에서는 이용할 수 없다. 이 틀에서 완전히 활용되고 그 전체 능률을 펼칠 수 있을 기계는 거의 하나도 없다.

농업에서 소농 기업은 어떠한 기술적 진보에도 가장 강력한 장애요인인 것으로 나타난다. 이 경영방식이 오래 존속할수록, 그리고 사회에서 기술과 과학의 진보가 빠르게 진행될수록 농업에서 **가능한** 생산력 수준과 **실제** 생산력 수준 간의 차이는 더 벌어질 수밖에 없다.

그러나 다른 대안인 임금노동은 농업에서는 기술 진보에 별로 더 유리하지 않다.

노동이 단조로워지는 정도만큼 그것은 더욱 더 지겨운 것이 되어간다. 경작의 초창기에는 많은 노동들이 생존의 향락에 속했다면 그러한 노동의 가짓수와 범위는 물적 생산의 분야에서는 사회 진보와 함께 눈에 띄게 줄어든다. 이 분야에서 점점 더 가장 효과적인 노동의 자극수단은 그것의 산물이 된다. 그런데 노동의 이 산물은 협동조합적 기업이 유지되지 못할 때는, 노동자가 생산수단의 소유자여서 소농으로 있는 곳에서만 노동자에게 남아 있다.

소농 업체는 이로써 노동을 할 동기를 보유하지만, 또한 작업 도구와 유용 가축을 절약하고 아끼며, 원재료와 보조물자의 인색한 사용을 할 동기도 보유하는데, 이는 남의 업체에서의, 대기업에서의 노동에서는 (협동조합적 노동이 불가능할 경우) 없는 것이고 강제노동, 예를 들어서 노예 및 농노의 노동, 그러나 임금 노동자의 노동에서는 가장 그러하다. 그런데 기술적 진보는 자본가에 의해 오늘날 기술 진보가 **노동**을 절약해 줄 곳에— 자본가는 몸소 일하지 않고 그의 피착취자들의 노동시간은 그에게 상관없는 일이다. —도입되지 않고, 그것이 **이윤**을 가져올 곳에 도입된다. 자기 자신의 업체에서의 노동은 남의 업체에서의 노동보다 노동자로부터 더 많은 그리고 더 나은 노동을 뽑아낸다. 남의 업체에서의 노동이 자기 자신의 업체에서의 노동을 몰아내려면 그것은 기술적으로 어느 정도만이 아니라 훨씬 완성도가 높은 일을 수행할 수 있어야 한다. 기술적 우위는 거기서 경제적 우위를 아직 의미하지 않는다. 기술적 혁신의 도입은 이를 통해 아주 늦어진다. 이 또한 왜 자본주의적 생산양식에서 전체의 사회적 노동의 실제 생산성이 언제나 기술적으로 가능한 생산성에 뒤처지며 뒤처질 수밖에 없는가에 대한 이유 중의 하나다.

이런 장애요인은 농업과 같이 공업에서도 작용하지만, 농업에서 훨씬 더 높은 정도로 작용한다. 공업 사업체에서는 노동은 좁은 공간에 몰려서 행해진다. 노동자는 보통 한 장소에서 한 가지 작업에만 매달린다. 이 모두는 그의 감독을 쉽게 해 준다. 다른 한편, 특정한 노동의 성과는 곧바로 정확하게 측정 가능한 형태인 몇 미터의 실, 몇 톤의 석탄 등으로 나타나는 일이 많다.

거기서는 도급 임금제를 통해 더 **빠른** 노동을 하도록 박차를 가하고, 특정 노동자나 노동자 집단의 결함 있는 노동을 쉽게 찾아낼 수 있는데, 이는 자본가에게 지극히 이익이 되는 상벌 시스템을 채택할 동기를 제공한다.

농업에서는 노동이 넓은 면적에 확장되고, 노동자는 노동과 노동장소를 빈번히 바꾼다. 이로 인해 그를 감독하기는 어려워지고 비용이 많이 들게 된다. 가령 추수나 타작 때같이 드물게만 특정 노동의 성과가 정확히 측정할 수 있게 나타난다. 도급 임금 그리고 유사한 더 빠른 노동을 하게 동기를 부여하는 수단이나 결함 있는 노동을 방지하는 수단은 그래서 농업에서는 공업에서보다 훨씬 적게 사용된다.

거기에 또 하나의 다른 방해하는 계기가 덧붙여진다. 기술 진보, 특히 기계의 활용은 물론 노동을 단순화하는 경향을 띠지만, 이는 다수의 고용된 노동자들에게만 해당된다. 이들과 아울러 기술 진보는 일련의 지적인 교육받은 노동력도 필요로 한다. 공업 도시에는 그런 분자들이 다수 존재한다. 그들은 평야 지대에서는 부족하고 거기서는 점점 더 없어진다.

도시와 농촌에서 자본주의적 생산양식과 함께 소기업 소유자의 노동 의욕과 대기업 소유자에 의한 노동자 혹사가 커진다. 도시와 농촌에서 노동시간의 연장을 향한 노력이 커가며, 또는 이것이 가능하지 않으면 노동의 강도 증가를 향한 노력이 커 간다. 그러나 여러 도시에서는 노동자들이 단결하여 자본의 이러한 재촉을 물리치고 노동시간을 단축하고 삶의 향유를 위한 시간을 얻을 힘을 가장 쉽사리 획득한다.

도시는 또한 이를 위한 극히 다양한 수단을 제공한다. 정치적 투쟁, 과학적 또는 예술적 전시 수단 등 고상한 향유 수단도 있지만 물론 온갖 저속한 것들도 제공한다.

고립되고 감시받기 쉬운 농촌 노동자에게는 자신의 노동시간을 단축하기가 훨씬 더 어렵고, 자신의 자유 시간을 천편일률적인 생활을 푸는 기분전환에 사용하기가 더욱더 어렵다. 성당과 술집 외에는 어느 것도 좀처럼 그의 생존의 우울함을 좀처럼 깨뜨려 주지 않는다. 정치 집회는 거의 불가능하며, 손에 넣을 수 있는 문헌은 극히 빈약하고 예술적 공연은 거의 없거나 잘해야 몇 년마다 한 번 며칠 동안의 싸구려 공연밖에 없다. 물론 자연은 그에게 가까이 있지만, 모든 것은 배워야 할 터이고 향유하는 것도 마찬가지다. 가령 도시인들만이 자연의 아름다움에 대한 감각을 가지란 법은 없다. 자연은 자신의 다채로움을 공부할 기회를 가지는 누구나 매혹한다. 예술가와 도시의 자연 예찬자만 아니라 사냥꾼, 알프스의 주민, 선원 등 직업상 열린 자연에 대한 끊임없고 주의 깊은 공부가 필요한 사람들도 마찬가지다. 경작자에게는 이는 조금만 해당이 된다. 낮에 그를 빨아들이는 것은 노동이고 밤에는 자연에서 보이는 것이 없다. 농촌 사람은 감상적(感傷的)인 월광 예찬자가 되지 못한다.

열린 자연에 가깝다는 것은 이처럼 거의 모든 사회적 기호품이나 도시가 아주 풍부하게 펼치는 자극제와 기분전환의 결여에 대하여 농촌 사람에게 보상해 주지 못한다.

도시에 대한 열망이 커 가고 교통수단의 개선과 함께 우리가 보았듯이 중세에 이미 시작된 도시로의 이주가 늘어나는 것이 놀라운 일이 아니다.

이는 출세에 대한 더 큰 전망, 운신의 더 큰 자유만 제공하는 것이 아니라 노동에서는 아니지만 노동 바깥에서의 더 큰 기분전환도 제공한다. 융커들이, 농촌 사람들의 '향락 추구'가 이농(離農)의 상당한 원인이 된다고 본다면, 이는 썩 틀린 생각은 아니다. 그러나 생활의 즐김을 향한 필요를 저주로 보려면 농촌 사람들이 역축(役畜)에 불과하며, 역축 이상이 되고자 할 권리가 없다는 것을 융커들과 같이 자명한 것으로 간주해야 한다.

평야 지대의 가난한 주민 중에 바로 최선의, 가장 정력적이고 가장 지적인 사람들이 도시로 이주하는데, 당연히 소유재산 때문에 곤란을 가장 적게 받는 이들이 가장 쉽게 이주한다. 이는 농촌에서의 사회주의 선전의 가장 큰 장애물이지만, 새로운 기술 진보 도입의 큰 장애물이기도 하다. 그 활용을 가능하게 만드는 데 요망되는 교육받은 노동자들이 없다면 발명들이 무슨 소용인가!

임금 노동자들이 이주해 나가는 것을 막으려고 대농들은 노동자들에게 작은 땅을 팔아넘기거나 임대 형태로 넘겨서 이들을 인위적으로 흙에 묶어 놓으려고 시도한다. 그와 같이 농촌에서는 기술적으로는 완전히 미흡하지만 식량 잉여물과 대기업에 가용한 잉여 노동력을 만들어 낼 목적에 쓰이는 영세 업체들도 대기업에 의해 창출된다.

농촌에 남아 있는 임금 노동자들 자신이 작은 땅을 갖고 싶어 한다. 노동자에게 최악의 채찍은 시장의 등락이다. 그에게 품귀를 가져오는 식량 시장의 등락 그리고 더구나 임금 노동자에는 가장 심한 악인 실업으로 그를 위협하는 노동시장의 등락이 그렇다. 노동자가 그에게 가장 중대한 식량인 가령 감자와 염소젖을 보장해 주는 텃밭을 가지고 있으면, 그는 이런 등락의 상황에서도 안정감을 가진다. 그는 실업처럼 물가상승도 쉽게 견딜 수 있다. 그는 지대 때문에 그런 텃밭을 갈망하는 것이 아니다. 그는 결코 이윤을 청구하지 않으며, 심지어 그의 수확이 거기 사용된 노동에 대한 임금을 대신해 줄 것조차 요구하지 않는다. 그의 노동력은 아내와 자녀들로서 이들에게 그는 아무것도 지불하지 않으며, 그의 경제적 안정과 더 큰 독립성이 그에게는 희생의 값어치가 있어 보인다. 그와 같이 그는, 임금을 지불해야 하고 괜찮은 이윤을 내고자 하는 자본가라면 같은 면적의 토지에 대해 동의하지 않을 금액을 자기 텃밭을 위해 지불할 용의가 있다.

자기 토지재산에서 작은 몇 필지를 떼어 임금 노동자에 팔거나 임대하는 대토지 소유자는 이렇게 해서 이중의 사업을 한다. 그는 임금 노동자를 흙에 묶어 놓을 뿐 아니라 또한 이로부터 자본화된 지대 액수보다 훨씬 더 비싼 값을 받아낸다.

그와 같이 오늘날에도 바로 대기업이 있는 지구(地區)에서 대기업의 장려와 후원으로 기술적으로는 보잘것없이 설비를 갖추고 어느 정도 높은 생산성을 올리는 것도 할 수가 없는 새로운 영세 업체들이 거듭해서 생겨나지만, 동시에 주로 소기업이 있는 영역에서 소기업은 사유재산권이 행사하는 제약으로 그대로 유지되고 흔히 분할상속에 의해 더욱더 파편화된다.

이 모든 기술적 발달에 적대적인 토지와 임금노동에 대한 사유재산권의 영향은 오늘날 결국 자본주의적 경쟁에서 솟아나는 증대하는 군비에 의해 더 강화된다.

전쟁과 군비는 항상 생산력의 발달에 장애가 되었다. 이 장애는 현대적 교통체제와 자연력에 대한 인간의 지배와 함께 커진다. 대량생산의 동기 및 수단과 함께 대량살상의 그것들도 커지며, 그렇지 않았다면 소비수단이나 생산수단을 창출할 수 있었을 여러 힘의 낭비도 커진다. 생산 전체적으로 본다면, 생산력의 증대는 군사주의와 해군력증강정책(Marinismus)에 의해 점점 더 큰 정도로 방해를 받는다. 그러나 그 가운데서 모든 생산분야가 같은 정도로 시달림을 받는 것이 아니다. 군대와 함대에 대한 조달자로서 기능하는 많은 분야, 특히 철강산업은 이를 통해 그 생산력을 높일 수 있다. 그러나 그 가운데서 그만큼 더 시달림을 받는 다른 산업분야의 희생의 대가로 그러는 것뿐이다. 농업보다 더 시달리는 분야는 없다. 공업은 노동력 부족을 겪지는 않지만 농업은 그렇다. 군사주의는 이 부족을 상승시킨다. 그리고 증가하는 지대 부담에 전비 부담이 더해지고, 모든 절약분은 상승하는 토지가격, 임차료와 저당이자만이 아니라 상승하는 조세에도 바쳐진다면, 농부들에게서의 자본의 축적은 이를 통해 촉진되지 않는다.

지배계급이 농민과 토지 소유자층을 도시의 혁명적 프롤레타리아트의 높아지는 밀물에 대한 균형추로 보고 그래서 이들에게 도시의 희생을 대가로 모든 가능한 혜택과 특권으로 후원하려고 한다고 해서 사정이 더 나아지지 않는다. **토지 소유자층**, 즉 실제의 지대 수익자는 그가 임대인이든 저당권자이든 거기서 비대하게 살찔 수 있고, 농업기술은 기껏해야 일시적으로 이를 통해 덕을 본다. 여기서도 다시 기술과 경제 간의 차이가 드러난다.

토지 소유자층의 경제적 장려로 생각되는 것이 결국에는 거듭하여 농업의 기술적 발달의 장애요인이 된다. 이 모든 특권은 바로 농업에서의 기술적 진보를 막는 그런 상황을 인위적으로 뒷받침하는 것 말고 다른 목적을 가지지 않는다. 이는 기술적으로 후진적인 소농이 그렇지 않았다면 버틸 수 없었을 지대에서 유지되고 활기를 찾는 것을 뜻하거나 아니면 오직 일시적으로만 농부들에게 그리고 이들의 사업체 개선에 소용되고 조만간 이들의 착취자들, 토지임대인과 저당권자들에게 더 높은 소득을 가져다줄 지대의 상승을 뜻한다.

그럼에도 불구하고 농부들은 착취자들이 자신들의 경제적 우세를 이들에 대하여 완전히 활용하기에는 공업국들에서 지배계급에 너무 중대한 계급이다. 또 다른 한편으로 자연과학과 기술의 진보는 오랜 문화국들에서 이 과학과 기술이 생산되는 지대에 밀집하여 사는 인구에게 완전히 차단된 채로 있을 수 있기에는 너무 강력하다.

농업의 기술적 진보는 위에서 언급한 인자들에 의해 저지되며, 가능한 생산성과 실제 생산성 간의 격차는 끊임없이 벌어지지만 자본주의적 공업국들에서 그 진보는 이에 의해 보통 폐지되는 것이 아니라 단지 늦추어질 뿐이다.

농업국에서는 공업국에서와 다르다. 농업국들을 두 큰 집단으로 나눌 수 있으며, 그중 한 집단은 해외의 앵글로색슨 공동생활체인 미합중국, 캐나다, 오스트레일리아로 대표되고, 다른 집단은 동방의 독재체제 국가들인 러시아, 터키, 페르시아, 인도, 중국으로 대표되며 전래하는 독재체제에서 벗어나는 일에 막 사로잡혀 있다.

첫째 유형의 국가들은 그 발견과 개척 시에 수렵과 지극히 원시적인 토지경작을 벗어나지 못한 인구가 살던 땅 위에 세워진 식민지들이다. 현대적 기술에 기초한 쟁기경작의 도입은 거기서 엄청난 기술 진보를 의미한다. 농업은 처음에는 토지와 임금노동에 대한 사유재산권에 의해 저지당하지 않으므로 그만큼 더 빠르게 번창할 수 있다. 토지의 원래 소유자들인 원주민은 권리가 없는 것으로 간주되고 수탈을 당하여 새로운 국가들의 토지는 처음에는 소유자가 없었으며, 토지가 넘치도록 존재하여 이민해 온 농부들에 의한 몇 필지의 소유취득은 아직 독점을 창설하지 않는다. 지대도 없고 의미 있는 토지가격도 없으며, 농부는 자기 사업체의 시설에 가진 돈 전체를 사용할 수가 있다.

농업에서의 임금노동은 이런 조건에서 좀처럼 가능하지 않은데, 이는 건강한 사람이라면 누구나 조금의 자금을 가지고서 자기 사업체를 쉽게 시작할 수 있기 때문이다. 그래서 대기업도 불가능한데, 이는 상품생산이 지배하기 때문이다. 그러나 바로 이런 토대 위에서, 농민 경제가 아직 자기 필요를 위한 생산의 전통에 갇혀서 최고로 다면적일 수밖에 없는 모국에서보다 식민지에서의 소기업은 더 높은 수준의 기술적 기초를 달성할 수 있다. 식민지에서는 농촌 사람이 곧바로 판매를 위해 생산할 수 있고, 자기 사업체를 어느 특정한 전문분야, 가령 밀재배에 일면적으로 맞출 수가 있고, 이를 통해 생산수단을 절약하고, 자신의 노동력을 더 잘 활용할 수 있다.

그러나 유럽에서의 농민적 경제의 다면성은 오직 부분적으로만 원래 본질적으로 그 소유자의 가족이 소비하던 모든 것을 스스로 생산하는 것을 목표로 했던 사정 탓으로 돌려진다. 또 부분적으로 이 다면성은 사업체의 지속적인 계속 운영의 조건을 창출하고 윤작, 퇴비의 생산 등에 의해 토지의 고갈을 방지하기 위한 필요성에 의해 만들어진다.

이는 식민지에서의 농장에서는 처음에는 필요하지 않은데 이는 아주 풍부한 토지가 존재하기 때문이다. 토지가 어느 지점에서 수확을 더 이상 내지 않으면 농민은 바로 개간할 다음 지점을 찾는다. 그는 그래서 반은 유목민이다.

그러나 이렇게 해서 이 경제는 급속히 토양을 고갈시키는 순전한 약탈농법이 된다.

토양고갈은 아낌없는 삼림 황폐화와 나란히 가므로 그만큼 더욱 파멸적이 된다.

미합중국에서 이미 때에 따라 동부 연안의 다수 오래된 주들에서 농업 사업체의 수는 줄어든다. 다음과 같이 계수되었다.

분류	연도	인구	농장 수	경작 가능 면적 (에이커)
메인주	1880	648,936	64,309	3,484,908
	1890	661,086	62,013	3,044,666
	1900	694,466	59,299	2,386,889
메사추세츠주	1880	1,783,085	38,406	2,128,311
	1890	2,230,934	34,374	1,657,024
	1900	2,805,346	37,715	1,292,132

뉴햄프셔주	1880	346,991	32,101	2,308,112
	1890	376,530	29,151	1,727,387
	1900	411,588	29,324	1,076,879
뉴욕주	1880	5,082,871	241,058	17,717,862
	1890	5,997,853	226,223	16,389,380
	1900	7,268,894	226,720	15,599,906
버몬트주	1880	332,286	35,522	3,286,461
	1890	332,422	32,573	2,655,943
	1900	343,641	33,104	2,126,624

이 모든 주에서 인구는 늘어나지만, 농장 수는 줄어들고 더구나 경지면적은 후퇴한다. 서부에서는 물론 농장들이 급속히 늘어나지만 동시에 사정없는 삼림 황폐화가 진행된다. 미합중국에서 연평균 110,000 평방킬로미터의 삼림이 제거된다고 계산이 된 바 있는데, 이는 그 나라 전체 토지면적의 백 분의 일이 넘는다.(Oppel, Natur und Arbeit, 1904, II, S. 82)

이런 광적인 삼림경제로 인한 최악의 우려가 소리를 높이게 되는 것도 놀라운 일이 아니다. 그러나 자본주의적 이윤욕에 대한 이론적 우려가 할 수 있는 것이 무엇인가!

우리는 위에서 이미 급속한 삼림 황폐화의 진행에 대한 약간의 증거를 제시한 바 있다. (S.116) 이는 우리가 더 아래의 수치들과 마찬가지로 공식적인 미국 통계에서 취한 다음의 수치에 의해 보충된다. 목재 생산량은 천 제곱피트

단위로 다음에 달했다.[9]

연도	1880	1890	1900	1907
목재 생산량	18,087,000	23,495,000	34,781,000	40,256,000

이와 같이 27년 만에 목재 획득량은 두 배 이상이 되었다.

당연히 그런 식의 약탈경제는 토지를 급속히 고갈시키고 아직 소유 취득이 되지 않은 토지의 여분이 사라지는 정도로 그것 자체의 계속 진행을 불가능하게 할 수밖에 없다. 미합중국에서 이미 여러 곡식의 재배, 특히 밀의 재배는 한계에 부딪혔다.

연도	밀 재배 면적(에이커)	수확량(부셸)
1866	15,424,000	152,000,000
1876	27,627,000	289,357,000
1886	36,806,000	457,218,000
1891	39,916,000	611,780,000
1895	34,047,000	467,103,000
1899	44,593,000	547,304,000
1901	49,464,000	748,460,000
1908	47,557,000	644,602,000

9 우리가 이 수치들을 취해 온 1908년에 대한 Statistical Abstract of the United States는 목재(Lumber)를 'M피트' 단위로 계산하며, 표시한다. 이는 "천 피트를 의미하며, 이는 널빤지 단위로서 이 단위의 1피트는 길이 1피트, 넓이 1피트 그리고 1인치 이하의 두께를 말한다"고 하는 정보를 제공한다.

이처럼 내전 후의 1866년에서부터 1891년까지 첫 번째 사반세기에는 꾸준히 급속히 증가했고, 다음 10년간에는 증가속도가 늦추어졌으며, 간혹 후퇴하기도 했다. 1901년부터는 정체상태다. 최근 1909년의 수확량은 이례적으로 좋았으며 1908년보다 많은 8천만 부셸을 달성했지만 1901년의 수확량보다는 2400만 부셸이 적다.

최근 몇 년간 젖소를 제외하고 소도 같은 현상을 보인다. 다음과 같이 계수된다.

연월일	젖소	다른 소	합계
1885년 1월 1일	13,905,000	29,867,000	43,772,000
1901년 1월 1일	16,834,000	45,500,000	62,334,000
1907년 1월 1일	20,968,000	51,566,000	72,534,000
1908년 1월 1일	21,149,000	50,073,000	71,222,000
1909년 1월 1일	21,711,000	49,379,000	71,090,000
1910년 1월 1일	21,801,000	47,279,000	69,080,000

이와 같이 1907년부터는 소들의 증가가 없을뿐더러 아예 감소하기까지 한다. 약탈농법은 이미 그 효과를 발휘하기 시작하는 것을 보게 된다.

미국 농업은 지금까지의 방식으로는 더 이상 경영될 수 없으며, 조방적 유목적 약탈농법이 아직 존속하는 경우에 이를 더 이상은 유지할 수 없으며, 지력(地力)의 보전과 증대에 유의하는 집약적 토착적 경작을 보편적으로 실행해야만 한다. 다분히 그 단초가 만들어졌다. 그런데 이로써 미국 농업은 유럽에서와 비슷한 조건에 빠진다. 그리고 동시에 이제는 토지에 대한 사유재산권,

지대, 그리고 마지못해 일하는 임금노동을 하는 대기업이냐 아니면 지식도 없이 고등 기술도 없이 하는 영세기업이냐의 양자택일 등 장애요인들도 효과를 나타내기 시작한다.

이것이 농민에게 어떻게 작용하는지를 차지 시스템의 급속한 증가가 보여준다. 미합중국의 농장 중에서는 다음과 같이 경영 주체별로 나누어진다.

주체별	1880	1890	1900
소유자	74.5퍼센트	71.6퍼센트	64.7퍼센트
차지인	25.5퍼센트	28.4퍼센트	35.3퍼센트

유럽인 정착촌과 그다음에는 철도에 의한 야생동물들이 사는 땅들의 개척은 이처럼 처음에는 부양활동공간의 엄청난 확장을 뜻하지만, 자본주의적 상품생산의 지배에서는 극히 무자비한 약탈농법의 형태를 취하여 이 땅들의 원초적 비옥성을 급속히 고갈시키고 짧은 이행단계 후에는 그 농업에도 유럽에서와 동일한, 아니 약탈농법과 삼림 황폐화에 따라 쉽사리 더 불리한 입지를 만들어준다.

두 번째, 동방적 유형의 농경 국가들에서의 농업에서는 상황이 더 나쁘다. 이 나라들은 이미 농민적 경제를 발달시켰지만 흔히 토지에 대한 촌락의 공동소유권을 보전하는 후진적인 농민적 경제다.

이 나라들에서는 자본주의가 처음에는 자기 사용을 위한 농민적 공업과 농민적 생산의 제거인자로 등장한다. 자본주의는 이들이 일면적으로 단지 토지 산물만 생산하고 가내 공업은 포기하도록 강제한다. 그것은 이들이 자신들의 산물을 시장에서 판매하고 공산품을 거기서 구입하도록 강제한다. 그것은 거기서 극히 다양한 수단을 사용하지만, 특히 식민지들에서는 그 주민들에게 직접 부과하고, '독립' 국가들에서는 부과 후에 그 명목적 지배자들, 이들이 차르, 술탄, 천자(天子) 혹은 어떻게 불리든 이들을 통한 국채로부터 갈취시키는 **화폐 조세**를 통해서 작용한다.

산업자본주의의 확장 그리고 이와 함께 산업자본주의의 생존력은 농경 국가들이 그것의 공산품과의 교환으로 조달하는 식량 및 원재료 잉여물이 끊임없이 늘어나는 것에 의존한다. 이 잉여물을 증대시키는 데는 임금노동 체제에서 잉여가치의 확대 방식이 절대적 잉여가치의 확대와 상대적 잉여가치의 확대로 둘이 있는 것처럼 두 가지 방식이 있다.

잉여가치와 잉여 산물을 기술적 개선의 도입으로 노동의 생산성을 높임으로써 상승시킬 수가 있다. 공업의 강력한 기술 진보는 이 방식에 의존한다. 그러나 이미 공업국들의 농업에서는 이는 우리가 살펴본 바처럼 공업에서보다 훨씬 덜 효과적이다. 순수하게 혹은 지배적으로 농경국이면서 자본에 의해 재갈이 물려진 나라들에서는 더욱 덜 효과적이다. 물론 이 방식은 완전히 무시되지 않는다― 우리는 예를 들어 이집트에서의 영국인들의 강력한 관개시설을 기억한다 ―그러나 일반적으로 다른 방식이 선호된다. 이는 같은 노동이 더 많은 산물을 내도록 함으로써 잉여 산물이나 잉여가치를 상승시키는 것이 아니라 노동자들로부터 지불되지 않은 노동을 더 많이 벗겨냄으로써 상승시키는 방식으로서, 임금노동이 있는 나라들에서는 노동시간의 연장이나 집약화 그리고 실질임금― 언제나 화폐임금은 아닌 ―의 인하로 달성되는 것이다. 농경 국가들에서는 이와 아울러 또 하나의 방식이 고려되는데, 이는 특히 조세의 인상 그리고 농부의 채무 증가 그리고 이로써 그의 채무 이자를 증가시키는 것이다.

이런 모든 절대적 잉여 산물의 인상 방식은 상대적 잉여 산물의 증대 방식보다 훨씬 편리하고 저렴하고 신속하게 효과를 나타낸다. 물론 이 방식은 모든 생산력의 두 원천인 노동자들과 토지의 힘의, 시간이 앞당겨진 고갈과 결국 완전한 파멸을 가져온다. 그러나 자본주의적 생산양식은 인간들이 영구적으로 일할 수 있다고 믿는 생산양식에 속하지도 않고 그렇다고 개인들이 전체를 위해 일한다고 느끼는 생산양식에도 속하지 않는다. 거기서는 각자가 자신을 위하여 보편적 경쟁 가운데 있으며, 각자는 공동의 전리품으로부터 자신을 위해 가능한 많은 것을, 그것도 가능한 만큼 신속히 뜯어내는 데만 관심을 가진다. 왜냐하면 일체의 기술적, 사회적 상황은 끊임없는 변혁에 휩쓸리며, 오직 오늘만 확실하기 때문이다. 이는 보편적, 상시적 약탈농법의 적합한 생산양식이다.

공업국들에서 땅과 사람들의 이 파멸화 경향이 완전히 관철되지 않고 점점 더 강한 저항을 만나는 것은 프롤레타리아트의 봉기 덕분이다. 프롤레타리아트의 계급투쟁 없이는 산업자본은 현대 공업국들을 이미 완전히 거덜 내고 파멸시켰을 것이다. 프롤레타리아트의 저항이 더 활기찰수록 자본주의의 파괴적 약탈농법의 경향이 축소될 뿐 아니라 자본주의는 또한 잉여가치 향상의 다른 방식, 기술 진보로 인간 노동의 생산력을 증진시키는 방식을 쓰도록 더욱 추궁받는다. 그렇게 초래되는 기술적 혁명은 자본주의 역사에서 가장 빛나는 면이다. 그러나 그것의 가장 강력한 동기를 이루는 것은 프롤레타리아트의 계급투쟁이다.

사람들은 우리 사회민주주의자들이 계급증오만 부채질할 줄 알았지 긍정적 정책을 추진할 줄은 모른다고 비난한다. 실제로는 누구도 프롤레타리아트의 계급투쟁을 더욱 통일적으로 더욱 활력 있게 더욱 성공적으로 만들려고 애쓰는 자들보다 더 많이 더 성공적으로 긍정적 정책을 추진하지 않는다. 이 계급투쟁 없이는 오늘날 이미 어떤 문화도 더 이상 가능하지 않을 것이다.

동방적 유형의 농경 국가들에는 지금까지 계급투쟁을 통해 전국에서의 자본주의적 착취에 제한을 가할 정도로 강한 산업 프롤레타리아트가 없으며, 이와 함께 자본주의가 자신의 약탈농법 정책을 자유로이 전개하는 데 대한 지극히 강력한 저지력도 없고 노동의 생산성을 비용이 많이 들고 오랜 시간이 걸리는 기술적 개선을 통해 증대시킬 지극히 강한 동기도 없다. 거기서는 절대적 잉여가치의 방식인 첫 번째 방식이 상대적 잉여가치의 방식인 뒤의 방식보다 훨씬 더 우위를 차지한다. 거기서는 자본주의는 멈추지 않는 토지의 그리고 다분히 또한 인구의 상대적일 뿐 아니라 절대적인 빈곤화로 가게 된다.

제15장 농업과 사회주의

자본주의가 농업의 발달을 가로막는 모든 강력한 장애물들은 자본주의의 극복을 통해 제거된다. 토지에 대한 사유재산권 그리고 거대한 정복 및 갈취 정책이 그런 것들이다. 이로써 농업의 가능한 생산력과 실제의 생산력 간의 오늘날 이미 아주 높고 점점 더 상승해 가는 대립을 극복할 가능성이 생겨나며, 농업에서 이론적 자연지식과 실무적 기술의 상태가 이미 제공해 주는, 그리고 프롤레타리아트에 의한 정치권력의 획득 시에는 확실히 더 높은 정도로 제공해 줄, 모든 엄청난 생산력을 발달시킬 가능성이 생겨난다. 왜냐하면 과학과 기술은 멈추지 않기 때문이다.

그러나 프롤레타리아트에 의한 자본주의의 극복은 이로써 농업의 생산력을 농업에 그 발흥의 수단을 제공해 주어야 할 공업의 생산력이 허락해 주는 만큼 최고로 빠르게 만개시킬 **가능성**만 제공해 주는 것은 아니다. 이는 또한 이 농업의 발흥을 가능한 최대로 가속할 **필요성**도 수반하는데, 이는 승리한 프롤레타리아트가 인구에게 달성이 가능한 식량과 여가의 총계를 증대하려고 온갖 수단으로 시도해야 하기 때문이다.

우리가 이를 상세히 설명하기 전에 한 가지 가능한 오해를 예방하기로 하자. 우리는 승리한 프롤레타리아트의 체제가 토지에 대한 사유재산권의 폐지를 가져올 것이라고 언급했다. 이는 오직 우리가 이 폐지가 결국 프롤레타리아트의 승리와 함께 시작되는 발달 과정에서 들어설 것을 기다려야 한다는 식으로 파악되어야 한다. 이는 결코 우리가 프롤레타리아트가 권력을 잡자마자 곧바로 모든 농민을 수탈하거나 이들의 땅을 몰수하는 데 이 권력을 사용해야 한다는 말이 아니다.

사회민주주의에서는 아무도 그렇게 생각하지 않는다. 그러나 이것만으로는 그런 식의 수탈이 일어나지 않으리란 데 대한 아무런 보장도 되지 못할 것이다. 우리는 우리 생각을 말할 수 있을 뿐, 우리 중 누가 프롤레타리아트의 승리를 경험할지, 어떤 조건에서 그것이 찾아올지, 어떤 관점들이 승리자들을 이끌게 될지를 알 수 없다. 그러나 오늘을 살고 있는 사회민주주의자들의 바람과 희망 말고 다른 하나의 인자가 있는데, 이는 농민층의 수탈이 일어나지 않으리란 데 대한 훨씬 더 나은 보장을 제공해 주는 인자로서 그것은 이런 수탈이 프롤레타리아트의 이익에 부합하지 않을 뿐 아니라 오히려 대립한다는 간단한 사실이다.

승리한 프롤레타리아트는 식량 생산이 교란을 받지 않고 계속되어 가도록 신경을 쓸 온갖 이유가 있다. 농민 수탈은 이 생산분야 전체를 극심한 무질서에 빠뜨리고 새로운 체제를 기근으로 위협할 것이다. 농민은 그렇게 걱정하지 않아도 된다. 이미 극히 간단한 분별력을 가진 규정이 이미 쓸데없이 그렇게 강한 인구 계층을 적으로 만들지 말라고 명한다는 것을 완전히 도외시하더라도 그들의 경제적 필요불가결성은 어떠한 수탈도 막아줄 것이다.

소농들은 사회주의의 승리를 통해 아무것도 잃지 않을 것이며, 이익만을 볼 수 있다. 이를 통해서 비로소 커져가는 군비와 전쟁 위협을 낳는 자본주의 국가들의 대립이 제거될 것이다. 또한, 무장해제와 아주 뜨겁게 열망하는 영구 평화의 조건이 창출될 것이다. 이를 통해 농민만큼 크게 부담에서 벗어나는 사람은 없을 것이다. 왜냐하면 다른 어떤 인구 계층도 농민만큼 군사주의 체제 아래서 심하게 시달리지 않기 때문이다.

그러나 승리한 프롤레타리아트는 농민을 그의 사업체의 보완작업에서 지원해 주고, 농민에게 비료, 역축, 개량된 작업 도구를 손에 넣을 수 있게 해 주고, 이를 통해 그의 산물의 양을 높여줄 수단과 이해관심도 가지게 될 것이다.

이것이 소농적 생산양식의 새로운 공고화를 가져오지 않으리라고 우리가 기대한다면, 이는 우리가 극히 큰 부담 감면과 지원이 농민 소기업에게 현대적 기술 전체를 가장 큰 범위에서 활용할 수 있게 만들어 줄 능력은 없으며, 그래서 소농들은 조만간 사회주의적 생산양식이 공고화되자마자 스스로 **자발적으로** 그들에게 더 이상의 사회적 상승에 질곡이 될 자신들의 사업 형태를 벗어날 것이라고 가정하는 데서 나오는 것이다. 사회주의 사회는 이들에게 더 높은 사업 방식으로의 이행에서 도움을 줄 온갖 이유를 가지는데, 이는 그 사회가 식량과 원재료의 증산이 필요하며 그래서 거기에 극히 강한 관심을 가지고 있기 때문이다.

이런 전환과정은 또 다른 방식으로 가속화될 것이다.

사회주의 체제는 소농만이 아니라 농업의 수많은 임금 노동자와도 상대해야 한다. 이 체제는 임금 노동자를 일 시키는 사업체들에 어떤 입장을 취할 것인가?

한사코 농민적 사업체를 찬양하는 자들은 농촌의 임금 노동자들이 토지에 대한 사유재산권의 진정한 열광자들이며, 영세농이 되는 것보다 더 열망하는 것은 아무것도 없다고 가정한다. 사회 혁명은 그들에게는 대기업의 분할 그리고 그로부터 형성되는 소기업을 지금까지의 임금 노동자들에게 분배하는 것과 같은 의미라는 것이다.

오늘날 아직도 많은 임금 노동자들이 그렇게 생각한다는 것은 의심의 여지가 없다. 이 욕구는 여러 지역에서 토지의 분할이 진행되는 것에 대한 여러 이유 중 하나가 되며, 바로 작은 분할지에 대해 지불하는 높은 가격의 이유 중 하나가 된다. 그러나 물가인상과 실업이 프롤레타리아를 위협하는 오늘에도 이미 자기 토지 소유는 더 이상 예전만큼 농촌 노동자들에게 위력적인 마술을 부리지 못한다. 우리는 농민의 자녀들도 자기 텃밭을 계속 가꾸기보다는 도시로 나가 농민적 생존의 단조로움에서 벗어나기를 선호하는 것을 알고 있다.

그런데 사회주의 사회에서는 사회가 소농에게도 아무리 많은 것을 제공할지라도 산업 노동자의 형편이 소농의 형편보다 훨씬 낫다는 걸 의심할 수 없게 될 것이다.

오늘날 노동자 계급의 일반적 열망은 더 많은 먹을 것, 더 나은 주거와 의복만이 아니라 현대적 대량생산의 단조로운 노동의 축소, 더 많은 여가와 자유를 향하기도 한다. 여가는 오늘날 고기와 빵 못지않게 필요불가결한 생활수단이다.

생산량이 상승하고 동시에 노동시간이 현저히 단축되려면 지극히 생산적인 생산수단만을 사용하고 일체의 덜 생산적인 것들을 가능한 최대한으로 퇴장시키는 것이 불가피하다. 이는 공업에서는 조금의 어려움도 일으키지 않을 것이다. 농업에서만이 아니라 여기서도 아직 수많은 최고로 비합리적이고 흔히 아주 기생적인 소기업들이 있다. 이들은 자본주의 내에서 사라지지 않으며, 대기업의 승승장구하는 진출에도 불구하고, 아니 그것을 통해 수적으로 늘어나는 경향을 띤다. 왜냐하면 그들은 점점 더 대기업이 실업자로 만드는 산업예비군의 발현 형태, 생존의 도피처가 되어 가기 때문이다. 이 영세 업체들의 대다수는 생산에 아무런 지장도 일으킴 없이 단번에 폐지될 수 있으며, 대기업에서 최선의 노동 조건, 풍부한 임금과 고용의 안정성이 눈짓을 하는 순간에 폐지될 것이다. 가령 가장 생산적인 사업체에서 노동자 수를 세 배로 만들어 하루 3교대를 하고 순번마다 5시간 노동제를 하고 여름철 3개월간은 2교대로 하며, 세 번째 팀은 한 달간 휴가를 보내게 해서 사업체 내의 모든 노동자가 아주 긴 휴가를 얻도록 한다면, 소규모 장인(匠人)과 소상인 중 누가 그런 사업체에서 노동자로 있기를 원하지 않겠으며, 누가 아직도 소기업의 구제 처방을 다루고 싶겠는가? 상업과 공업에서 소기업은 극히 고통 없는 방식으로 지금까지 보기에는 '자립적인' 모든 소규모 장인과 가게 주인들이 우호적인 안도의 숨을 쉬는 가운데 사라질 것이다.

그러나 공업이 그런 모양을 취하게 될 때는 그에 못지않게 노동자들도 농촌으로부터 공업으로 몰려들 것인데, 지금까지의 임금 노동자들뿐 아니라 자립적 소농들도 그럴 것인데, 이들은 이제 일체의 소유권열광주의와 작별하고 자신의 소유권 대신 아주 훌륭한 생활을 교환으로 받을 수 있다면 이를 아쉬워하지 않을 것이다.

소규모 상인, 점포 주인, 장인들이 사회를 위해서는 무의미한 자신들의 사업체를 포기하고 최고로 생산적인 공업과 무역의 대기업에서 노동력의 수를 늘리는 것이 아주 바람직해질지라도, 거기에 농업인구가 농촌에서 공업으로 대량 이동하는 것이 더해질 때는 이는 새로운 체제에 아주 위험해질 것이다. 농촌의 임금 노동자들이 자기 사업체를 갖게 되어도, 이 위험을 막지 못할 것이다.

사회주의 체제는 그럴 개연성이 있듯이 농업 사업체를 가능한 최대로 매력적이게 만드는 데 애초부터 착수하지는 않더라도, 곧 이농(離農)으로 인해 그런 일을 하지 않을 수 없게 될 것이다.

그러나 이는 공업에서보다는 농업에서 덜 단순하다. 공업에서는 자본주의적 발달이 이미 기술적으로 최고로 완성된 사업체를 만든다. 새로운 사회주의 사회는 공업에서 먼저 새로운 더 높은 수준의 사업체를 창설할 과제를 가지기보다는 시대에 뒤떨어진 사업체를 정지시키고 노동력을 완전한 업체에 집중시킬 과제를 가진다.

농업에서는 오늘날의 기술과 지식의 수준에서 달성될 수 있을 것의 최대가 그 안에서 달성되는, 완벽하다고 표현해도 좋은 업체가 소수에 불과하다. 그리고 이 소수의 업체는 토지 산물에 대한 사회적 필요를 충당하기에는 한참 못 미칠 것이다. 농업 전체를 새로 조직하고 더 높은 단계로 올리는 것이 요구될 것이다. 여기서 경제 발달은 사회주의를 위해 사전작업을 조금밖에 하지 않았으며, 사회주의는 자신의 기술적 기초를 자본주의가 도시에서 발달시킨 자연 인식과 기술의 도움으로 비로소 스스로 창출해야 할 것이다. 사회주의가 솟아날 토대가 될 자본주의에 의한 도시 공업의 기술적 변혁은 사회주의에 농업을 기술적으로 변혁시킬 수단을 제공할 수 있으며 그렇게 할 것이다.

무엇보다도 농업에 가능한 최대의 생산성을 보장해 주려면 개별 업체들에 제공된 모든 수단을 가장 완벽하게 활용할 수 있게 해 주는 최대 규모를 가지게 하는 것이 중대한 일일 것이다. 이 최대 규모는 모든 지대와 사업의 종류에 다 같을 수 없을 것이고, 모든 시대에 같을 수도 없을 것이다. 더 큰 업체가 모든 상황에서 더 작은 업체보다 우월하다고 마르크스주의가 절대 주장하지 않음을 우리는 이미 안다. 마르크스주의는 자본에 관해서 그런 주장을 하는 것이지 업체에 관해서 그런 주장을 하지 않는다.

그러나 좀처럼 가정할 수 없는 것은, 언제 어디서든 어떠한 거대 산업분야에서 한 쌍 부부의 자영업체 규모가 가장 합리적인 최대 크기라거나 아니면 어느 정도 능률이 좋은 크기로서 고려될 수 있다는 것이다. 이것이 오늘날 어느 정도까지 가능하다고 해도 이는 노동자가 한 마리의 역축이며 오직 자신의 노동에만 헌신한다는 것이 부르주아의 머릿속에는 자명한 것으로 통하기 때문에만 그러하다. 농촌인구 대중이 여가를 자신들에게 필요불가결한 생활수단으로 간주하기 시작하는 순간 소농적 가족기업은 그 생존력을 상실한다.

분업과 마찬가지로 소농적 가족기업은 교대근무를 허락하지 않거나 아예 장시간 노동을 쉬는 것인 휴일을 허락하지 않는다. 끊임없이 날마다 아침부터 밤중까지 영세농과 그의 배우자는 고생을 해야 하며, 아무도 그들을 거기서 해방해주지 않는다.

그의 영세 업체와 아울러 거대한 농업생산 협동조합이 생겨나서 그 안에서 가령 연초(年初), 여름 그리고 가을 동안에서는 각 5시간씩의 3교대로 일을 하고 겨울철 석 달 동안은 2교대로 하면서 매달 한 조는 휴일을 가진다면 거기서 소농이 그 곁에서 지금 일부 사회주의자들이 우리에게 설교하는 것인 농민적 가족기업의 영광의 복음을 읊조릴 것이라고 누가 믿으려 하겠는가? 그는 생산협동조합의 조합원이 되려고 모든 것을 바칠 것이다.

그리하여 토지에 대한 사유재산권은 폐지될 것이다. 먼저는 대기업들에 대해서 그다음으로는 어떠한 강제도 없이 대기업으로 넘어가는 소기업들에 대해서도 그럴 것이다.

농업에 대한 다소 큰 생산협동조합들의 조직화 그리고 이들의 노동시간의 삭감으로는 당연히 아직 충분하지 않을 것이다. 이 협동조합들이 최대의 완성도를 달성하려면 지적이고 과학적으로 교양을 쌓은 노동력이 농촌으로 가야 하며, 농촌에서의 노동이 정신적으로 활발하고 교육받은 사람들에게 견딜만한 것이 되어야 한다. 더 나은 상급 학교들이 거기 세워져야 하고 도서관, 독서실, 사교용 예술 감상 장소들이 세워져야 한다. 그러면 평야 지대에서도 성당과 예배에 대한 욕구가 사라질 것이다.

당연히 새로운 기업들은 현대과학과 기술의 온갖 보조수단으로 최선을 다해 시설을 갖추어야 하며, 이는 다시 일부는 증기에 의해, 일부는 수력 시설에 의해 전달될 수많은 동력의 조달을 요한다. 이런 동력 시설들이 완전히 활용되려면 공업과 농업의 결합이 필요한데, 이는 농업에 1년 내내 같은 규모로 동력이 있어야 하는 것이 아니기 때문이다. 이는 인간의 힘에도 해당한다. 인간의 힘 역시 농업 기업과 아울러 공업 기업의 존재 시에는 더 고르게 고용될 수 있다.

평야 지대로 사회적 노동의 생산성 향상에 도움이 되는 공업을 이전하는 것은 산업 노동자처럼 농촌 노동자의 정신적 필요에도 부합할 것이다. 산업 노동자들은 이를 통해서 자연과 더 쉽게 결합하게 되고, 농촌 노동자들에게는 농촌에서 인구의 밀집화와 함께 더 다채로운 사교활동 그리고 예술과 과학에서의 자유로운 향유와 생산 가능성이 증진될 것이다.

사회주의가 이런 식으로 일으키는 것은 농업의 강력한 변혁일 것이다. 그것은 토지 산물의 생산만 증가시키지 않을 것이며, 그보다 훨씬 더 농업인구를 위해 그들의 여가의 규모를 키울 것이고, 그들은 오늘날 짐을 지는 짐승이지만 이로부터 자유로운 인간으로 될 것이다.

도처에서 이러한 농업의 변혁은 철저한 것이 될 것이다. 그러나 공업국들에서보다 원시적 농경 국가들에서 사회주의의 변혁적 작용은 더욱 거대하게 등장할 것이다. 왜냐하면 거기서는 노동의 실제 생산성과 가능한 생산성 간의 차이가 훨씬 더 크고, 실제 생산성으로부터 가능한 생산성으로의 도약은 그래서 훨씬 더 강력할 것이기 때문이다.

자본주의 사회만큼이나 사회주의 사회도 농업이 제공하는 토지 산물의 잉여물을 늘리려고 시도해야 한다. 그러나 더 이상 절대적 잉여 산물의 생산방식은 안 되고, 상대적 잉여 산물의 생산방식만을 활용할 수 있다. 사회주의 사회는 농경 국가의 주민들을 그들에게 부담을 지우고 그들을 파멸시키는 자본주의적 착취로부터 해방해 이들의 농업에 새로운 생명을 불어넣고, 현대적 지식과 현대적 기술의 조달을 통해 이들의 농업을 최고의 완성 단계에 올려놓는다.

그렇게 하는 데는 어떠한 식민정책도, 정복도, 강제도 필요하지 않다. 생산량을 증대하고 노동을 절약할 수단은 누구나 기꺼이 받아들인다. 후진적인 민족들은 현대적 생산수단이 그들에게 착취와 노예화의 수단으로서 생기는 곳에서만 이에 반대로 돌아선다. 어떠한 강제이든 그것을 폐지하는 것이야말로 농경 국가들에서 현대적 생산수단에 신속한 통로를 열어주는 첫 번째 전제조건이다. 사회주의 사회에서는 농경 국가들 내에서의 현대적 생산방식의 확산은, 공업 국가들의 공업이 필요한 생산 보조수단과 자신의 교통수단을 장만하며, 농경 국가들에서 인구의 정신적 교양이 이 생산 보조수단의 이용에 요구되는 수준에 도달하는 것과 같은 속도로 진행될 수 있다. 우리는 두 번째 인자가 첫 번째 인자보다 늦게 진보할 것이라고 가정할 아무런 이유가 없다.

어떠한 지혜로운 현실 정치가의 우월한 총명함이든지 여기서도 다시 나의 '공상'을 이런 언급으로 조롱하고 싶을 것이다. 사회주의 사회는 원시림을 경작하도록 무조건 콩고의 흑인에게 증기 쟁기를 제공하리라는 것을 내가 기대했다고 말이다.

그러한 고매한 비평가들은 여기서 우선 고려되는 농경 국가들에는 현대적 지식이 오늘날 아직 완전히 알려지지 않은 나라들, 스페인과 아일랜드, 헝가리, 루마니아, 러시아와 남이탈리아, 발칸반도 나라들, 소아시아, 페르시아, 이집트, 동인도 아메리카 대륙의 열대와 아열대 나라들이 속한다는 것을 생각할지도 모른다. 이 모든 나라들에서 경작 가능한 평지들을 현대적 생산성 수준으로 올리는 것이 성공할 때까지, 오직 여기서는 모든 배수시설이, 저기서는 관개시설이 완성되고, 어디서는 삼림의 조성이, 다른 데서는 원시림의 벌채가 그리고 최선의 생산 보조수단과 풍부한 동력을 가지고서 그곳들에서 일반적으로 시설을 갖추는 일이 완수되기까지, 우리가 그 정도가 되기까지는 물론 콩고의 흑인에게도 증기 쟁기의 활용을 위한 조건을 만들어 주는 데 충분할 어느 정도의 시간이 흐를 것이다. 그때까지 그런 것이 존재하고, 더 성능이 좋고 더 간단한 장비가 그것을 축출하지 않았을 것이라면 말이다. 아무튼 바로 콩고의 흑인들에게서 농경 지대에 증기 쟁기의 확산을 가지고 시작할 필요는 조금도 없다.

사회주의 사회에서 농업의 변혁과 현대화의 엄청난 과정의 속도는 공업이 농업을 위해 제공할 수 있는 생산 보조수단의 양에 달려 있다. 오늘날 대도시의 전쟁체제 확장에 소용되는 금속산업과 광업 노동력의 최대 부분은 그때가 되면 농업을 위하여 건축물, 기계, 작업 도구를 마련해 주는 데 활용될 것이다. 산업 프롤레타리아트의 승리는 결국 농업에 가장 많이 득이 될 것이며, 농업인구에게 더 높은 수준의 생존을 가져다줄 것이다.

자본주의는 특히 19세기에 전적으로 공업과 교통을 변혁시켰다. 사회주의는 희망하기로는 20세기의 대부분이 사회주의에 속하면 좋겠는데, 공업보다는 훨씬 더 농업을 변혁해야 한다.

사회민주주의에 농업에 대한 적대성 또는 무관심만이라도 가졌다는 혐의를 뒤집어씌우는 것은 정신 나간 일이다. 우리의 적개심은 농업이 아니라 무위도식하는 토지 소유자들과 대부 자본가들에 의해 착복되는 지대를 향하는 것이 합당하다. 우리는 소농계층에 반대하지 않지만, 물론 농촌 노동자들에게 소농의 생존이 이들의 궁극적 목표가 되어야 한다고 설득하고 싶어 하는 자들을 반대한다. 그들은 온 힘을 다해 그렇게 되도록 노력하고 온 힘을 모아야 한다는 것이다. 이는 그들에게 영구적 부역노동을 최종목표로 삼도록 요구하는 것이지만 또한 현재의 그들의 착취자들에 대한 그들의 저항력도 내려놓기를 요구하는 것이다. 왜냐하면 그들의 가장 효과적인 무기는 이주(移住)를 통해 노동을 그만두겠다고 협박하는 것인데, 그들이 흙에 매이자마자 그들은 이 무기를 팽개치는 것이기 때문이다.

프롤레타리아트의 승리로 시작되어야 할, 공업에 의한 농업 변혁의 과정은 아주 거대한 과정이어서 그리 쉽게 종결될 수 없다. 아니 결코 늦추어지게 될 수 없다. 그 속도는 우선 첫째로 공업에 쓸 수 있게 제공되는 노동력의 양에 달려 있다. 이 양이 빠르게 증가할수록 농업의 생산력도 빠르게 발달한다. 오늘날 이미 경작되고 있는 세계의 경작면적이 확대되지 않더라도, 위생적 기술적, 심미적 고려가 숲을 전체적으로 희생시키는 대가로 경작 면적을 계속 확장하는 것을 허락하지 않더라도, 숲이 저기서 잃는 것을 여기서 얻더라도, 그리고 여가를 향한 강박이 필요한 노동을 위한 일반적 노동시간을 지금의 규모보다 한참 아래로 줄이더라도 그럴 때도 생활수단 생산은 급속히 증가할 것이다. 왜냐하면 농업노동의 오늘날 이미 가능한 생산성에 비하여 그것의 실제 생산성은 오래된 자본주의적 공업국들을 제외하면 거의 모든 나라에서 아직 빈약하기 때문이다. 농업노동의 실제 생산성과 가능한 생산성 간의 이 차이가 없어지지 않는 동안은 공업에 더해지는 모든 새로운 노동력은 농업을 위한 생산력의 증대, 농업의 생산성과 농업의 잉여물, 그래서 또한 부양활동공간의 증가를 의미할 수 있을 것이다. 이것이 어떻게 더 확장될지는 약간의 암시만이 있을 뿐이다.

아무도 독일의 농업이 완성의 수준에 있다고 주장하고 싶지 않을 것이다. 최근 발간된 〈독일 농업이 감소하는 토지 수확의 법칙의 압력을 받고 있는가〉 하는 질문에 대한 탐구에서 저자 린바르크 박사(J. Rynbark)는 다음과 같은 말로 결론을 맺는다.

"땅과 사람들을 알아보고, 또 인공비료 한 톨도 뿌려지지 않고, 할아버지 때부터 같은 곡식과 같은 감자 종자가 재배되고, 경작 장비는 빈약하고, 토지경작은 엉성하고, 똥거름 관리, 윤작 그 밖의 기술적 경제적 조치들은 합리성 측면에서 아쉬움을 많이 남기는 농가들이, 아니 커다란 농장들이 얼마나 많은지 아는 자라면, **독일 농업이 전체적으로 일체의 진보에도 불구하고 더 큰 수확은 오직 비할 수 없이 더 높은 비용을 들여야만 달성될 수 있는 지점에 아직 도달하지 못했다**는 데 대하여 명확히 안다."(Zeitschrift für Sozialwissenschaft, S. 445, 1909.)

같은 이야기가 영국에도 해당한다.

"영국 농부에 관하여 이야기가 되는 것은, 그가 좋은 가축 사육자이지만 본래의 경작에서는 완전히 시대에 맞게 진보하지 못했으며, 인공비료의 사용에서는 아직 별로 경험이 없다는 것이다. 이는 물론 부분적으로는 농업 교육의 후진성에서 비롯되나, 또한 개량사업을 한 것이 충분하게 보상을 받지 못하게 하는 짧고 불안정한 차지계약과도 관련이 있을 수 있을 것이다."(Ad. Mayer, Über den Erfolg der Reform der Pachtgesetzgebung in England, Zeitschrift für Sozialwissenschaft, S. 660, 1909.)

유럽의 농업이 얼마나 뒤떨어졌는지, 그것이 아직 기술 진보를 얼마나 적게 자기 것으로 삼았는지를 우리에게 입증해 주는 것으로는 자이들(Ed. v. Seidl) 박사가 1910년 2월 16일 빈 농과대학(Wiener Hochschule für Bodenkultur)에서 행한 강의가 있다. 그는 1889년부터 모라바(Morava)에 있는 2,135헥타르가 되는 복합단지를 임차하여 현대적 원칙에 따라 충분한 자본을 가지고 경영하면서 거기서 일체의 혁신을 도입하지 않았다. 예를 들어 전기(電氣)는 그 단지에서 아직 아무 역할도 하지 않는다. 농장의 토양은 별로 유리하지 않아서 부분적으로 습지이고 부분적으로 심하게 경사가 졌고, 경작지가 다른 소유자들의 여러 필지들과 뒤섞여 있고, 흔히 작고 불규칙적이다. 노동자들은 부분적으로는 슬로바키아의 이주 노동자들이고 이들의 노동은 질이 낮고, 이웃들은 어떠한 진보에도 적대적인데 이는 예를 들어 배수 공사를 아주 어렵게 했다. 그런데도 자이들은 1890년부터 기계와 현대적 화학 및 생물학의 결과들을 이용함으로써 농장의 생산성을 크게 올리는 데 성공했다.

가축 먹이로 쓰는 썰어 말린 무의 성공은 단 하나의 개량이 어떻게 영향을 끼칠 수 있는지 보여준다.

"**같은 양**의 썰어 말린 무 하나가 내가 날것의 썰은 무만 먹였던 **예전보다** 연간 1,000마리의 살찐 황소를 위한 먹이를 더 공급해 준다."

200개소의 오스트리아 제당 공장 모두가 이 방식을 도입했더라면 그 공장들은 같은 수확량으로 연간 20만 마리의 황소를 더 먹일 수 있었을 것이다. 그러나 겨우 12개소의 공장만 이 공정을 이용한다.

그에 못지않게 중요한 것은 짚을 증해(蒸解)하는 공정으로서 이는 모든 종류의 짚만 아니라 감자 줄기도 훌륭한 가축 먹이로 바꾸어주는 것이다. 자이들은 그 방법을 1905년에 도입했으며 그 이후로 사료작물 재배에 할애되는 면적을 430헥타르에서 250헥타르로 줄였다.

가축 사료의 생산에 못지않게 자이들의 성공은 곡물 재배의 성공에도 중요했다.

"비료의 살포, 때에 따른 토양갈이(8만 크로네에 달하는 증기 쟁기!), 그리고 적절한 종자 개량은 내게 곡물 생산을 연간 900톤에서 2,700톤으로 **세 배를 증산하게** 해 주었다."

"그러나 나는 새로 열린 식물 재배의 분야도 결코 무관심하지 않았다. … 겨울 호밀밭에서 씨앗 곡식을 얻어내는 데 성공했는데, 이는 이전에는 5헥타르에서 3.3톤을 산출했고, 지난해에 경지 재배에서는 헥타르당 3.7톤을 산출했다."

거기서 이전에는 일반적으로 수확이 좋지 않았다.

평균적으로 모라바에서는 지난 5년간 헥타르당 연 1.34톤이 수확되었다! 독일 제국에서는 연평균으로 1899년부터 1907년까지 역시 1.55톤에 불과했다.

이런 높은 수확량의 달성은 결코 비용이 많이 드는 놀이가 아니었다. 자이들 씨는 훌륭한 사업가다. 자기의 이윤의 크기에 대해 물론 그는 입을 다문다. 그러나 그는 자신의 연 소득이 1899년부터 1909년까지 42만 크로네에서 79만8천 크로네로 늘어난 반면 임금지출은 10만 크로네에서 15만7천 크로네로 늘어났을 뿐이라고 우리에게 말한다. 임금지출은 1906년까지 18만9천 크로네로 늘어났다가 그때부터 기계의 도입으로 3만2천 크로네가 삭감된 것이다!

그러나 물론 자본이 그 농장에 투입되어야 했다. 농민적 경제의 자금으로 그런 성장은 달성될 수 없었을 것이다.

자이들의 사업체와 같은 업체들이 현대적 농업 기술의 최종 정답이 아닌 지 오래되었다. 그런데도 그런 업체들도 아직은 아주 드문 현상을 이룬다.

하지만, 또 다른 나라들, 세계의 곡창인 나라들이 독일과 영국에 얼마나 뒤처져 있는가!

영국 농업국 통계에 따르면 (1907년까지) 지난 5년 평균으로 에이커당 밀 수확량은 부셸 단위로 다음과 같았다.

국가	1에이커당 수확량 (5년 평균) (부셸 단위)
대영제국	31.32
독일	29.59
벨기에	34.09

반면에 다음의 나라들에서는 다음과 같았다.

국가	1에이커당 수확량 (5년 평균) (부셸 단위)
미합중국	13.57
아르헨티나	10.58
오스트레일리아	8.76
유럽러시아(폴란드 제외)	9.72
인도	11.44

나중에 열거된 나라들의 수확량은 이 수치들로 판단하건대 오늘날 이미 영국과 독일에서 일반적으로 사용되는 그런 보조수단들로만 설비를 갖추었어도 벌써 세 배로 늘었을 것이라는 것이다. 기술적으로 가능한 상승 정도는 그것을 훨씬 더 뛰어넘으리란 것이다.

다른 한편, 말을 기계적 동력으로 대체했다면 인간의 식량을 위해 준비된 토지면적을 현저하게 늘릴 수 있었을 것이다. 독일 제국에서는 약 2백만 헥타르에서 밀을 재배하며, 4백만 헥타르 넘게 귀리를 재배하고 러시아에서는 귀리를 거의 1천7백만 헥타르를 재배하며, 미합중국에서는 1천3백만 헥타르를 재배한다.

얼마나 많은 토지가 배수 및 관개시설에 의해 얻어질 수 있는지는 약간의 데이터가 있을 뿐이다. 독일 제국에서 소택지 내의 마른 땅만 해도 27,500㎢가 되는데, 이는 라인 지방보다 넓고, 제국 전체의 밀 재배면적보다 많다. 미합중국의 습지는 1900년에 7천5백만 에이커였으나 밀을 심은 땅은 겨우 5천만 에이커였다.

인위적 관개로 미합중국에서 얻어질 수 있는 토지에 관해서는 시몬스가 상원 위원회 보고서에서 다음과 같이 인용한다.

"알래스카를 제외하고 미합중국의 영역의 5분의 2 이상이 규칙적인 수확을 내려면 관개시설을 필요로 하며, 적어도 이 땅덩이들의 5분의 4에서 인위적 관개는 그 위에서의 일체 생산의 조건이 된다. 건조한 지역이 120만에서 130만 (영식) 제곱마일을 포괄하며, 이는 영국령 인도보다 3분의 1이나 더 크고, 이 나라와 일반적 성격에서 아주 닮았다. … 증인들은 몬태나주에서 토지 1에이커가 관개된다면 습하고 비가 많은 주들에서 3에서 5에이커만큼의 생산력을 보유한다고 공언하는 데서 일치한다."

이 영역은 미합중국의 약 5천만 에이커의 밀 재배지에 비하여 약 10억 에이커를 포괄한다. 이는 이미 지금 그곳에서 관행적인 재배 방식에서 평균 에이커당 미합중국 평균이 13.5부셸인데 비하여 35부셸의 밀을 조달한다. 이 영역의 관개가 부양활동공간의 얼마나 엄청난 확장을 가져올 수밖에 없는지를 상상해 볼 수 있다. 1899년에는 그중에서 약 7백만 에이커가 관개되어 있었다. 관개시설들은 6천4백만 달러, 대략 2억5천만 마르크 이상이 소요되었다.

연간 수확물 가액은 8천4백만 달러, 거의 3억5천만 마르크에 달했다. (이에 관해서는 다음을 참조하라. A. M. Simons, The American Farmer, S. 176 ff., Chicago 1902.)

그리고 유사한 것이 지중해 나라들에서, 그리고 메소포타미아, 열대 아프리카와 아메리카에서도 달성될 수 있다.

이 과정이 지속되는 동안에는 인구가 아무리 급속히 증가하더라도 과잉인구를 말할 수는 없다. 그러나 사회주의에 의한 지구 전체의 농업 변혁의 이 극히 거대한 과정 전체가 백 년 후에도 아직 끝나지 않으리라고 우리가 기대하더라도 이는 확실히 지나치지 않을 것이다.

제16장 인구증가와 사회주의

사회주의가 지구 전체의 농업을 위한 새 시대, 자본주의가 공업에 대하여 의미하는 것보다 더 강력한 변혁의 시대를 의미한다면 그리고 이 시대가 그 과제들의 엄청난 크기를 볼 때 여러 세대에 걸쳐질 수밖에 없다면, 이로써 사회주의 체제가 우리를 과잉인구로 위협할 것이라는 과잉인구의 문제는 **실천적으로** 배제된다. 사회주의에 대하여 5백 년 후에 떠오를 수도 있는 문제들은 우리의 걱정거리가 될 필요가 없다. 우리는 그런 문제를 잘 모르고 그 극복을 위한 수단도 잘 모른다.

우리는 이렇게 해서 우리의 과제가 사회주의에 대한 맬서스주의자들의 항변에 대한 탐구라는 실천적 성격인 한에서는 그 끝에 와 있을 것이다. 그리고 사회주의 사회의 첫 번째 세기(世紀)에서의 부양활동공간의 확장에 대한 질문에 이미 오늘날의 생산양식이라는 사실을 근거로 약간의 확실성을 가지고서 답변이 된다면, 우리가 아직 탐구하지 않은 질문의 다른 측면, 사회주의 사회에서의 인구증가의 속도에 관한 물음은 오늘날 아직 확정할 수 없는 아주 많은 인자에 달려 있어서 그에 관해서는 지금으로서는 추측 말고는 더 이상 의견표명이 될 수가 없다.

그러나 우리에게 하나의 질문이 실천적 관심은 아니지만 이론적 관심을 촉구한다. 이에 대답하기 위해 우리는 일단 인구문제가 사회주의 사회에 관해서 그 품에 숨기고 있을 수 있는 모든 가능한 결과들을 끝까지 생각하고, 모든 가능성을 남김없이 고찰하기로 했다. 그런 식으로 실을 다 자아내는 작업은 한가한 사고의 유희가 아니요, 우리의 먼 목표들의 인식에서의 명확성을 끊임없이 촉진하고, 우리의 지평을 넓혀 주며, 거기서부터 현재에서 우리의 과업에 새로운 빛을 비추어 준다.

우리는 적어도 한 세기 넘는 시간 동안 사회주의 사회는 부양활동공간을 빠르게, 인구가 증가할 수 있는 것보다 훨씬 더 빠르게 확장해야 할 처지에 있을 것이란 결론에 도달했다. 그러나 이런 전망은 마치 모든 인간이 모든 상황에서 적어도 자신의 부양에 필요로 하는 것만큼은 생산할 자질을 가진다는 것 같은 자연법칙의 결과가 아니며, 과학과 기술의 무한한 진보의 결과도 아니고, 자본주의적 생산양식이 자연 인식과 기술을 생산의 모든 영역에서 그런 것처럼 농업의 영역에서도 엄청나게 높여주면서도, 동시에 점점 더 그 실무적 활용에 장벽을 설치하고 농업 진보의 상승하는 밀물에 어느 정도의 둑을 쌓는다는 데서 생겨나는 특수한 역사적 상황의 결과다. 사회주의 체제는 이런 장벽을 치우고 댐을 무너뜨려서 막혔던 봇물이 때려 부술 기세로 밀려들게 할 것이다. 그런 때려 부수는 밀물은 자연에서는 오직 파괴적으로 작용할 뿐이지만 농업의 혁명화는 땅의 비옥성을 최고로 높여줄 것인 한에서 그런 비유는 물론 적절치 않다.

그러나 이런 폭풍은 언제나 강력하게 물결쳐 갈 수는 없을 것이다. 그것은 때가 되면 잦아들어야 할 것이다. 세상에서 농업의 실제 생산성이 주어진 지식과 기술의 상태에서 가능한 수준에 올려져 있다면, 그 진보의 더 이상의 속도는 오직 더 이상의 발명과 발견의 진행에 달려 있을 뿐이다. 그런 진보는 가늠할 수 없지만, 부양활동공간의 확장과 관련하여 그것에 공상적인 기대를 걸

부시켜서는 안 된다. 이러한 진보 전체는 자연에서의 균형의 끊임 없는 교란을 의미하며, 이는 끊임 없는 반작용을 낳고, 그 일정한 한계를 보게 된다. 우리는 경작지의 확장이 숲을 희생시켜 마음대로 널리 추진될 수도 없고, 유기체들의 인간에게 이로운 측면의 일면적인 발달이 인위적 종자선별에 의해 추진될 수도 없다는 것을 알았다. 또한 그 뿌리가 깊은 곳에서 영양소를 끌어올리거나 질소를 공기 중으로부터 모으는 식물의 재배를 통해, 혹은 온갖 거름을 통해 그리고 토지의 개량, 전기의 공급 등을 통해 토지 생산성을 증대하는 것은 결국 그 이상으로는 토지를 더 비옥하게 하거나 더 빠른 물질대사를 자극하지 못하게 되는 한계를 맞게 될 수밖에 없다. 과학과 기술은 물론 계속해서 진보할 것이지만, 일정 수준에서부터는 그 성과들이 물론 **노동**의 생산성을 높여주지만 더 이상 **토지**의 생산성과 그로부터 영양 공급을 받는 유기체들의 생산성을 높여주지 못한다는 것, 그런 것들은 먹을거리의 생산에 필요한 노동의 양을 줄여 주지만 먹을거리의 양을 늘리지 못하리란 것도 충분히 생각될 수 있다.

자연에서 그리고 사회에서는 혁명적 시기와 조용한 시기가 번갈아들며, 그래서 세계의 농업에 사회주의의 승리가 도입해 주는 질풍과 노도의 시기가 지나가면 사회가 가용한 것으로 제공받는 토지 산물의 양이 더 이상 급속히 늘어나지 않는 한에서 인고의 시기가 시작되며, 사회의 더 이상의 기술적 진보는 본질적으로 더 많은 여가와 자유의 획득을 의미할 뿐일 가능성도 고려해야 한다.

이로써 당연히 인구증가는 위협적인 형태를 띨 수 있을 것이다.

그러나 그러기 전에 이미 인구의 증가는 여러 가지 문제를 수반할 수 있다. 사회주의가 이 증가를 처음에는 급속한 증가로 만들 개연성이 충분히 있으며, 이는 맬서스주의자들에는 인정될 만한 것이다. 맬서스주의자들의 비난은 물론 사회주의에는 영광스러운 증언을 해 주는데, 그들이 염려하는 바와 같은 급속한 인구증가는 오늘날의 곤궁이 완전히 제거되고 보편적 복지상태가 확산한다는 전제에서만 가능하기 때문이다.

이는 노동의 조직화, 노동시간의 단축, 식량의 증산, 주거의 개선, 공업노동과 농촌노동의 통합 결과이기도 할 것이 분명하다. 이 모두가 **사망률**을 엄청나게 낮추고, 출생자 수가 늘어나지 않더라도 이것만으로도 인구의 증가를 가속할 수밖에 없다.

런던에서의 가난한 구역(Southwark)과 부유한 구역(Hampstead) 두 구역의 사망률 비교에서 발견하는 것은 1897년부터 1900년까지 햄프스태드에서 태어난 한 아이가 51세가 될 전망을 가지며, 사우스워크에서 태어난 아이는 36.5세가 될 전망밖에 못 가진다는 것이다. (L. G. Chiozza Money, Riches and Poverty, London 1908, S. 195.)

그러나 유복한 자들의 건강도 오늘의 사회에서는 나빠진다. 이 사회의 쉴틈 없이 일하는 일상이 이들에게도 닥친다. 상인과 제조업자, 은행가와 선주(船主)는 자극적이고 흔히 기진맥진하게 하는 경쟁을 치러야 한다.

그리고 즐김의 시간도 자본주의에 중독되어, 신선한 힘의 증진과 획득의 시간에서 힘의 더 급속한 소모의 시간으로 된다. 자본주의는 근무시간을 온종일 이상으로 연장하고, 즐김의 시간으로는 밤만 남는다. 즐김의 생활은 밤의 생활을 말하고, 활력의 회복이 아니라 신경의 파괴를 말한다.

도시인이 농민보다 신경질적이고 단명(短命)하다면, 이는 닫힌 공간의 노동뿐 아니라 농민은 알지 못하고 알 수도 없는 밤의 생활 때문이기도 하다. 왜냐하면 도시에서 밤의 생활의 큰 연장(延長)만이 이에 소용되는 모든 시설들을 이익이 되게 만들기 때문이다. 밤의 생활을 하기가 불가능하다는 것은 농촌 사람을 더 건강하게 살아가게 지켜주지만, 오늘날의 사회에서는 그의 생존의 황량함에 기여한다. 도시인은 하루의 노동에 또 밤 중 몇 시간 동안의 사교활동이나 정치 또는 온갖 공연에 참석하는 것을 더한다면 더 수명이 짧다. 그러나 그가 그런 것들을 포기했다면 그는 농민과 마찬가지로 단지 일하는 짐승으로 전락하고 노동시간 외 그의 실제 생활시간을 거의 0으로 축소하게 될 것이다.

사회주의 체제는 노동시간을 크게 단축하여 인간들은 하루의 상당 부분을 예술적 또는 과학적 즐김, 쾌활한 사교활동, 놀이와 스포츠에 바칠 가능성을 얻는다. 그들은 낮에도 그런 것을 할 시간을 얻을 **수 있을** 뿐 아니라 얻어**야 하는**데, 이는 사회주의 사회에서는 밤의 생활의 종업원들을 더 이상 찾아볼 수 없을 것이기 때문이다. 오직 곤궁의 강박만이 인간에게 정기적으로 잠을 희생시켜 가면서 밤의 노동을 하게 강제한다. 그리고 어떤 사람들의 밤의 노동이 없다면, 다른 사람들의 밤의 향락도 없다. 웨이터, 요리사, 음악가, 코미디언, 택시기사, 차장 그 밖에 오늘날 다른 사람의 오락에 시중을 드느라고 죽도록 고달프게 대기해야 하는 기타 노동자들의 밤의 노동이 없다면 말이다.

낮 시간의 오락과 사교활동이 역시 더 많은 사람을 야외로, 열린 자연으로, 신선한 공기로 몰아가는 반면, 밤 시간의 오락과 사교활동은 사람들을 닫힌 연기 자욱한 내실로, 언제나 홀이 아니라 흔히 좁은 술집 방안으로 몰아넣는다.

사회주의가 더 건강한 노동 조건을 창출하고자 하고 또 그러리라는 것은 인정된다. 그러나 사회주의는 또한 더 건강한 향유의 조건도 창출하여 노동의 분야에서처럼 이 분야에서도 오늘날 아직 매우 높은 사망률에 대처하여 이로써 출생자 수를 변함없이 둘지라도 사람 수의 증가도 촉진할 것이다.

그러나 출생자 수가 변함없으리란 것은 개연성이 없다. 곤궁, 근심, 과잉 노동이 자연적 다산성을 높여주고 유복한 생활, 근심 걱정 없음, 짧은 노동시간이 이를 내리누른다는 여러 사회주의자들의 관점은 근거가 없다. 그 반대가 맞다. 부유한 여성들에게서 불임의 원인인, 한편으로 완전한 무위(無爲) 그리고 이로부터 따라 나오는 빈혈 혹은 비만, 다른 한편으로 밤의 향락생활에서의 기진맥진한 상태가 사회주의 사회의 노동하는 여성들에게서 다산성을 침해하지 않을 것이다. 부유한 자들에 비해 프롤레타리아들의 더 큰 다산성의 주요 원인인 이른 결혼의 가능성은 그때가 되면 사회의 모든 구성원에게로 넘어갈 것이다. 부유한 계급은 오늘날 프롤레타리아보다 늦게 결혼을 하는데, 이는 그들이 더 큰 재산이나 더 높은 직위를 차지한 경우에 비로소 결혼하기 때문이다. 이를 통해 먼저 남성의 결혼 연령이 늦추어지지만, 간접적으로는 자신의 선택자가 자신을 데려가기까지 흔히 오래 기다려야 하는 여성의 결혼 연령도 늦추어진다. 16세에서 36세까지의 연령이 여성의 가임성이 가장 큰 연령이라면, 평균 결혼 연령이 16세로부터 26세로 올려진다면, 이 가임성의 활동시간은 반으로 줄어들 것이다.

사회주의 사회는 결혼 연령을 뒤로 늦출 **경제적** 동기를 없애 줄 것이다. 사회주의 사회는 **성매매**의 토대를 없애므로 이른 시기의 결혼을 그만큼 더 쉽게 만들어 줄 수밖에 없을 것이다.

부르주아 과학에서는 성매매가 자연적 필연이며, 그것의 폐지는 유토피아라는 견해가 널리 퍼져 있다. 그러나 대단한 역사 공부를 할 필요도 없이 자기가 사는 도시의 행정구역을 조금 넘어서 내다보기만 해도 성매매가 자연적 필연이 되지 않는다는 것을 알 수 있다. 촌에서는 아주 많은 '자유', 즉 **혼외의** 사랑이 있지만, 성매매는 없고, **구매되는** 사랑도 없다. 사랑을 가지고 장사하는 것은 다른 상거래와 동시에 형성되어, 처음에는 상업과 사치의 중심지에서 꽃을 피우며, 그다음에는 공업 중심지에서도 꽃을 피운다.

그러나 여러 도시에서도 성매매는 특수한 기질의 산물이 아니라 특수한 여러 사회적 관계의 산물이다. 부유한 여성들은 아주 부도덕하거나 탐욕적이고 아주 자주적인 연인을 바꿀 수 있으면서도 그렇다고 해서 아직 오랫동안 창녀가 되지 않는 것은 자신의 사랑을 첫 번째 최선의 남자에게 팔 필요가 없고 그것을 자기 맘에 드는 남자에게 선사하는 사치를 부릴 수가 있기 때문이다.

그러나 자신의 애정을 파는 것으로 먹고 살도록 강제되지 않는다는 바로 그 때문에 극히 관대한 부유한 부인도 결코 창녀만큼 많은 이들에게 자기를 바치지 않을 것이다. 그런데 무분별하고 급하게 끊임없이 잠자리 상대자를 교체하는 것, 바로 그것이 성매매를 아주 위험한 일로, 그것으로 먹고사는 여성의 불임 원천으로뿐 아니라 지극히 위험한 감염되는 성병 확산의 원천으로도 만든다.

사회주의는 어떤 여성도 더 이상 생활하기 위해 자기 몸을 팔 필요가 없는 상태를 창출한다. 그것은 성매매의 토대를 제거하지만, 그에 못지않게 성병의 토대도 제거한다. 이 성병의 확산은 어떤 여성도 더 이상 무분별하게 길에서 자기 자신을 갈망하는 모든 자에게 자신을 내어주지 않을 때, 어떤 남성도 더 이상 매일 다른 잠자리 상대자를 선택할 가능성을 가지지 못할 때, 성교(性交)가 오직 오래 지속되는 결합에서만 행해질 때 더 쉽게 퇴치될 수 있다.

이로써 다시 사망률 상승의 한 인자가, 그러나 또한 다산성의 축소가 극복된다. 아담스 여사는 이렇게 말한다. "100쌍의 부부 중 평균 10쌍은 불임이며 이 10쌍 중 7쌍은 남자 측 때문이다. 불임의 주요 원인은 임질(淋疾)이다."(Die Gesundheit im Haus, S. 686, 1899.)

우리가 이 모두를 고려해 본다면, 사회주의 사회에서 여성의 자연적 다산성이 강하게 상승할 것이지만 사망률은 감소하리란 것이 개연성 없다고 보아서는 안 된다. 이는 독일이 로마인들에게 vagina gentium, 민족들의 산부(産婦)로 여겨지던 때인 민족이동 시대의 옛 독일인들의 인구증가를 능가하는 인구증가를 일으킬 수 있을 것이다.

그러나 이는 다른 식으로도 일어날 수 있다. 우리는 사회적 상황의 변동에서 인간의 다산성 변화가 특히 여성의 처지에서의 변동으로 조건이 지어진다는 것을 알았다. 지금 사회주의가 비록 주로 **공업** 노동자들에 의해 쟁취되겠지만 다른 어떤 생산분야보다 **농업**을 더 변혁시킬 것인 것처럼, 사회주의는 또한 남성이 적어도 지금까지는 그 투사들의 압도적 다수를 제공하는데도 여성의 처지를 남성의 처지보다 더 많이 변경시키고 상승시킬 수 있을 것이다. 사회주의는 여성들을 자본가들에 의한 착취로부터만 아니라 또한 여성의 직업노동 증가에도 불구하고 그들 중 다수가 묶여 있는 개별 가계의 작은 규모에 의한 질식으로부터도 해방한다. 여성들의 노동시간은 남성들의 그것보다 더 긴데, 이는 대부분 여성들이 직업노동에 가사노동도 추가해야 하기 때문이다. 그리고 그들이 양자를 결합하지 않을 때, 이는 보통 가계가 그들을 이른 새벽부터 밤늦게까지 완전히 요구하기 때문에 생기는 일이다.

이는 그들의 시야를 좁히며, 그들의 지성을 감퇴시키고, 노동하는 남성들보다 그들에게서 훨씬 더 많이 정신적 활동의 가능성과 능력을 빼앗는다. 사회주의는 남성들에게처럼 여성들에게 같은 정도로 그런 것들을 보장해 줄 것이다.

그러나 번식은 여성에게서 남성보다 훨씬 더 큰 힘의 지출을 요한다. 그리고 집약적 정신노동은 최고로 긴장을 일으키는 활동으로써 그 힘의 지출은 흔히 저평가된다.

여성이 남성과의 정신적 경쟁에 들어가 남성과 같은 것을 정신적 방면에서 달성하고자 한다면, 이는 그 여성에게 번식의 목적을 위해 제공된 힘의 잔고를 감축하고 그 여성의 다산성을 줄이는 것이 아닌가?

스펜서는 긴장된 정신노동이 여성들을 불임으로 만든다고 생각한다.

"여성에게서의 절대적 또는 상대적 불임이 완전히 일반적으로 정신노동에서의 과도한 긴장으로 초래된다는 것은 더욱 명확히 증명된다. 상류 사회계급에서 소녀들의 완전한 교육이 결코 의당 그래야 했을 그런 식은 아니더라도 우리는 이들의 영양 상태가 더 가난한 계급 출신 소녀들의 그것보다는 낫다는 것, 그러면서 대부분의 다른 측면에서 이들의 신체적 훈육은 최소한 더 나쁘지는 않다는 것을 고려할 때 이들에게서의 더 낮은 수준의 증식능력을 두뇌의 과도한 긴장, 이들의 전체 신체 상태에 해로운 영향을 미치는 긴장 때문으로 돌릴 수가 있다. 이러한 증식능력의 저하는 어디서나 절대적 불임의 높은 빈도에서만이 아니라 또한 임신능력의 이른 중단에서만도 아니라 특히 그런 여성들이 자녀에게 모유를 먹일 수 없는 경우가 빈번하게 생긴다는 것에서도 나타난다. 전체 범위에서 볼 때, 증식능력은 건강한 아기를 낳을 능력과 이 아기를 자연에 의해 지정된 시간 동안 자연적인 먹을 것으로 양육할 능력을 포함한다. 그러나 혹독한 훈육을 견디는 평평한 가슴의 소녀들 대부분은 그럴 능력이 없다. 이들의 다산성을 이들이 인위적 보조 없이 키울 수 있는 아기들의 수로 측정하고자 한다면, 그들은 확실히 상대적으로 아주 불임인 것으로 나타날 것이다."(Biologie II, S. 538.)

이런 견해가 맞다면, 정신적이고 집약적으로 노동하는 여성 수의 큰 증가는 사회에서의 일반적 다산성의 크기를 현저하게 저하시키기가 아주 쉽다. 그러나 스펜서의 견해가 맞는지는 의문이다. 그렇게 많이 공부하는 배운 여성들에게서 발견할 수 있는 불임은 반드시 그들의 정신노동에서 비롯되는 것은 아니며 오늘날 정신노동이 수행되는 조건에 의해 생겨날 수가 있다. 현대의 학교 운영은 건강을 파괴하는 정교한 시스템을 이룬다. 다수의 사람을 좁은 공간에 여러 시간 최고의 정신적 긴장, 학교 수업에서 대체로 활용되는 방식의 어리석음에 의해 조금도 경감되지 않는 긴장 속에 신체적 움직임도 없이 강제로 모여 있게 하는 것은 공부를 과히 나쁘지 않은 공장에서 여러 종류의 육체노동보다 더 건강을 해치는 것으로 만들어 주기가 쉽다.

그런데 여성들은 남성들보다 이런 해로운 환경에서 더 많이 시달린다. 일단 부유한 부인의 전체 교육은 이 여성들을 육체노동에서 해방해 주고 이 여성들에게 젊은 남성들보다 신선한 공기 중에서의 놀이와 체육을 덜 하도록 하여 이 여성들이 자유 시간에 교실에 모여 있는 것의 해로움을 보충하기가 남성들보다 덜 쉽기 때문이다. 그러나 여성들의 더 큰 양심과 더 큰 근면성도 이들에게는 치명적이 된다. 우리는 여성들이 무엇보다도 사회적 본능의 담지자였다는 것, 사회적 동물의 무리는 다분히 암컷들과 그 새끼들로만 이루어지며, 수컷들은 자유로이 떠돈다는 것을 안다. 그래서 의무감과 양심은 남성에서보다 여성에게서 훨씬 강하게 발달해 있으며 오늘날까지도 그것은 변함이 없다.

남학생들은 공부를 쉽게 하기를 좋아한다. 여학생들은 거의 모든 공부를 성실하게 한다.

위생적이고 교육적으로 이성적인 방식에 따라 공부하게 된다면 여성들의 정신적 활동이 이들에게 어떻게 영향을 미칠지는 오늘날 아직 예측할 수가 없다.

오늘날의 비합리적인 공부 방식 아래에서도 여성들의 가임성이 보기처럼 그렇게 심하게 저해되는지의 문제는 결코 결론이 난 것이 아니다. 왜냐하면 여기서 여러 문명 단계에서의 여성들의 자연적 다산성에 관한 모든 연구를 대체로 다소 왜곡하는 하나의 인자가 고려되기 때문이다. 그것은 자연과학과 기술의 진보와 함께 점점 더 완전해지는 임신 방지의 수단 이용이다.

가진 자들이 자기 재산을 너무 많은 상속인 가운데 분할하는 것을 방지하기 위해, 상류 세계의 향락을 추구하는 부인들이 젊음의 외모를 오래 보전하기 위해, 그리고 임신, 출산, 산후조리의 불편함을 피하고자 그런 방법을 사용한다면, 집약적인 정신노동을 하는 여성은 다산의 축복을 자신의 활동의 심각한 침해로 보고, 이를 이런 이유에서 가능한 한 자신에게서 멀리하여 자신의 다산성을 인위적으로 제한할 수 있다.

사회주의 사회에서 여성의 정신적 활동 증가와 함께 이런 동기가 보편화되고 강한 인구증가에 역작용하지 않을지 누가 알 수 있나?

확실히 위에서 언급한 캐나다인과 부르인의 예에서, 한 여성이 18명에서 25명을 출산한 경우들은 여성이 이른 나이에 결혼하고 그 여성이 번식 능력이 있는 전체 기간 오직 출산 기계가 되는 경우에만 가능하다. 조금의 긴장을 주는 가사 운영과 아울러 번식의 일이 그 여성이 추구하는 유일한 일인 경우다. 여성이 가정과 부부관계 밖에 다른 관심사들도 알게 되자 곧바로 그 여성은 단조로운 수작업 노동이 길게 지속되는 경우와 마찬가지로 과도한 자녀 수를 위축의 원인으로 볼 것이다. 여가에 대한, 자연, 예술, 과학에서의 향유와 창조의 가능성에 대한 강박, 현대인이 아주 잘 아는 이 강박은 또한 출산 빈도를 낮추는 쪽으로 작용할 것이다.

그와 같이 사회주의는 농업의 혁명 다음으로 자신의 가장 두드러진 업적이 될 수 있을 여성의 해방을 통해 자연적 다산성의 모든 증대에도 불구하고 피임을 증가시키고 이를 통해 인구증가를 늦추면서, 아니 막으면서, 이런 혁명이 동시에 부양활동공간을 엄청나게 확장하는 것, 그리고 그렇게 해서 맬서스주의자들이 염려하는 것과는 반대의 일이 시작되는 것이 불가능한 것이 아니다. 그럴 때 생겨날 위험은 과잉인구의 위험이 아니라 인구 과소화의 위험일 것이다.

그러나 이런 위험도 염려할 것이 없다.

사회의 초기부터 하나의 강력한 인자가 등장하여 사회의 성적 관계들을 규율한다는 것을 잊지 말자. 도덕적 감정, 도덕적 견해들이 그런 것이다. 우리는 이미 인간 사회에는 우리가 거슬러 올라가는 한에서 결코 사회에는 아무 상관이 없는 단지 사적 용무로서의 번식이 통용되었다는 의미에서 자유연애란 없었다는 것, 번식은 오히려 후세에 대한 배려, 그래서 또한 후세가 오직 이들의 양육에 유리한 조건 중에서만 태어나도록 하는 배려에 그 주안점을 두었으며, 필요한 것을 사회의 도덕적 요구를 통해 관철하려고 했다는 것을 언급했다.

자본주의 사회는 성적인 사안들에서도 도덕 감정을 상당히 무디게 했다. 이 사회는 그것을, 여기서는 냉소주의로, 저기서는 위선으로, 대부분은 전래한 원칙과 새로이 떠오르는 의견들, 도덕적 요청으로 기치를 내걸고 있지만 사회적 효력이 없는 개인적 견해와 희망들을 일시적으로 나타낼 뿐인 의견들의 혼돈 사이의 쉼 없는 왕복으로 대체한다.

소부르주아적 경제, 그 권리와 도덕의 토양에서 자라난 자본주의 사회는 결혼 사유재산권에 관해서도 그 법적, 도덕적 관점들을 물려받았다. 그러나 자본주의에서는 이 관점이건 저 관점이건 원래의 의미를 상실하고 선이던 것으로부터 악한 것이 된다.

소부르주아적 사회에서는 어떤 직인(職人)이든 언젠가 마이스터가 되리란 전망을 가지며, 어떤 소유한 것 없는 소년도 언젠가는 근면과 절약으로 충분히 오래 기다리기만 하면 유산자가 되리란 전망을 한다. 거기서는 오직 가정의 품 안에서 자라는 아이들, 그 가정이 반드시 재산을 전제로 하지 않지만, 그런 아이들만이 유능한 사람으로 교육받을 전망을 한다. 그로부터 소부르주아 계층의 도덕적 요구가 생겨나며, 맬서스는 이를 그때 자녀의 출산을 오직 가진 자들에만 맡긴다는 하나의 과학적 체계로 가져가려고 했다. 그래서 남성의 가정, 아내, 아이에 대한 법적 구속에서 나오지 않는 일체의 성관계를 비난했다.

이는 소부르주아적 상황에서는 약간의 의미가 있지만, 자본주의적 생산양식에서는 의미를 잃는다. 지금 인구의 다수는 무산자들로 전락하여 재산 소유자가 되리란 전망을 하지 못하며, 동시에 지금 프롤레타리아 자녀들에게는 이른 독립이 주어진다. 맬서스는 자신의 주장이 난센스이면서 고통이 된 바로 그 시대에 그런 주장을 들고 나왔다. 프롤레타리아는 결혼을 미루는 것으로 아무것도 얻을 것이 없다. 부유한 계급의 구성원이 자신의 '지위에 걸맞은' 결혼을 가능하게 해 주는 재산이나 지위를 겨우 달성할 연령에서는 노동력은 벌써 뒤처지기 시작하는 일이 많고, 자녀를 부양할 능력이 줄어들기 시작한다.

그러나 대중 현상으로서 '경솔한' 결혼만이 프롤레타리아트가 불어나는 것을 수반하는 것이 아니라 법적 구속 없는 자유로운 성적 결합의 증가와 이와 더불어 혼외 출산의 증가도 그러하다. 예전에는 예외였던 것, 일체의 양속(良俗)의 완전한 무시 또는 예의 바른 사람들의 사회로부터의 완전한 일탈의 표징이던 것이 오늘에는 점점 더 대중 현상이 된다. 혼외 자녀의 도덕적, 법적 억제는 이제 그 반대로 전환된다. 그러한 자녀의 출산을 막고 모든 자녀가 그들에게 가장 유리한 상황에서 자라도록 하는 것을 달성하기 위한 수단이 혼외 자녀를 위한 지극히 불리한 상황이 만들어지게 하는 수단이 된다. 이 수단은 이 혼외 자녀들의 증가를 더 이상 막지도 못하고, 이들은 인구 증가분의 점점 더 큰 부분을 이루게 된다.

그래서 오늘의 사회에서 자유 결혼과 혼외 자녀에 대한 관점들이 변모한다. 그렇지만 오늘의 사회는 자유 결혼을 그 가치평가에서 합법적인 결혼과 대등하게 놓는 데까지 도달할 수는 없다.

이미 번식, 임신, 수유, 육아의 요구들로 크게 얽매인 여성의 힘만으로는 일련의 자녀들을 부양하기에 충분하지 못하다. 여성은 사회나 남성의 지원 없이 이를 충분히 감당할 수 없다. 사회적 생산과 사회적 소유 대신에 사적 생산과 생산수단에 대한 사적 소유가 등장할수록 사회는 후세를 돌보기를 중단하고, 남성이 이를 위해 더욱 필요불가결해지며, 남성이 사회적으로 그렇게 하도록 가르쳐진다. 그러나 사회가 승인하고 인정한 결혼 관계에서만 그렇다.

동물 세계에서도 우리는 비슷한 상황에서 확고한 일부일처 관계들의 형성을 보게 된다. 새끼가 알을 깨고 나온 직후에 스스로 먹이를 찾는 철새들에서는 아비 새는 새끼 새의 양육에 별로 중요성이 없다. 아비 새는 새끼 새를 별로 돌보지 않는다. 새끼가 부화 후에 아직 오랜 시간 둥지에 있어서 거기서 먹이를 받아먹어야 하는 새들에게서는 다르다. 이는 암컷의 힘을 넘어서는 일로서 수컷이 거들어 주어야 한다. 믿음직하고 돕기를 잘하는 수컷이 있는 쌍들만 새끼들을 키우고 번식시킬 전망을 한다.

비슷한 이유로, 상품생산이 지속되는 동안은, 남성의 가족에 대한 법적 구속이, 비공식적인 언제든지 양쪽 중 한쪽 마음대로 해소될 수 있는 성관계, 아버지에게 아무런 의무도 과하지 않거나 단지 최소의 의무만을 과하는 그런 성관계보다 자녀의 양육을 위해 언제나 더 나은 경제적 조건을 제공할 것이다. 이는 사회적 생산이 창출되고 아버지 대신에 사회가 자녀를 부양하는 것이 시작될 때 비로소 달라진다. 이로써 남자와 여자의 법적 속박은 불필요해진다. 자본주의 사회는 이 속박을 물론 참을 수 없는 것으로 그리고 많은 경우에 실행할 수 없는 것으로 만들 수 있지만, 결코 불필요한 것으로는 만들지 못한다.

다른 많은 일에서처럼 성적 관계에서도 자본주의에서의 도덕은 모순을 안고 있을 수밖에 없다. 자본주의는 옛 도덕에서 힘을 빼앗지만 어떠한 새로운 도덕도 창조할 능력이 없다. 자본주의는 어떤 도덕적 요구를 다른 새로운 상황에 적응된 도덕적 요구로 축출하지 않고 도덕적 불안정과 황폐화를 만들어낸다.

여기에 계급 차이의 성장, 계급대립의 증가하는 첨예화가 더하여진다. 이는 특수한, 흔히 상반되는 도덕관들이 여러 계급에서 발달하는 것을 촉진하여 이를 통해 도덕적 감수성의 주된 강점을 이루는 것, 그것의 보편타당성과 무조건성, 그것의 자명함의 느낌이 침식된다. 아예 모든 도덕성의 기초를 이루며 모든 사회 단계, 민족 및 계급들에 공통된 그런 도덕적 요구들마저 투사들에 의해 투쟁 중에 같은 편에 선 자들에 대해서만 제기되면서, 계급투쟁을 통해 제약을 받는다.

사회주의는 계급의 지양(止揚)을 통해 이런 상황에 마침표를 찍는다. 그것은 동시에 가족과 결혼이 오늘날 처해 있는 이중상태를 제거하고, 자녀들의 양육을 위하여 새로운 견고한 기초를 놓으며, 이로써 새로운 견고한 성 윤리의 형성을 위한 조건도 창출한다. 도덕적 감정 일반처럼 성적인 문제들에서의 이 감정도 이를 통해 힘과 명확성을 얻을 것이다. 그 감정은 더 이상 부부 관계가 법적으로 보호받는지 안 그런지에 유념하지 않을 것인데, 이는 자녀의 양육에는 상관없기 때문이다. 그러나 전처럼 이후에도 번식이 후세의 안녕을 가져올지는 깨어서 주시할 것이다. 예전에 도덕적 감정이 혼외 출산을 정죄하고 이를 통해 그 수를 최소로 제한한 것처럼, 사회주의 사회에서는 그것이 인구의 증가에 대하여 규율하는 영향을 미칠 것이다. 인구증가에서 프랑스적 상황이 만연하여 사회가 인구 과소화의 위험에 처한다면, 여성의 자기 양심처럼 여론도 인위적 무자녀 상태를 부도덕한 것으로 정죄할 것이며, 이로써 무자녀 상태가 대중적 현상이 되는 것을 막을 것이다.

그 반대의 것, 너무 급속한 인구증가가 위협되는 경우에도 마찬가지로 도덕적 감정이 개입할 것이다. 사회주의 사회에서는 가능한 부양활동공간의 한계를 넘어서는 인구증가만 그러한 지나치게 급속한 인구증가로 받아들여지는 것이 아닐 것이다. 자연의 향유와 여가에 대한 욕구는 사회주의 사회에서는 아주 강력하여, 인구증가가 여가와 열린 자연을 식량의 증산을 위해 부양활동공간의 한계에 도달하기 한참 전에 좁히도록 강제한다면, 벌써 그럴 때도 너무 급속한 인구증가로 받아들여질 것이다.

사회가 인구증가를 너무 급속한 것으로 받아들이기 시작하자마자, 그리고 이런 견해가 일반적 의식으로 넘어가자마자, 곧 여론과 개인들의 양심은 너무 많은 자녀를 세상에 내보내지 않는 것을 여성들의 의무로 확정할 것이다. 이런 의무는 임신의 방지 수단, 자연적 지식의 보편적 확산, 여성들에게 과도한 다자녀를 자신들의 정신적 발달과 능률의 침해로 간주하게 하는 여성들의 커다란 정신적 관심들을 볼 때, 오늘날 비(非)프롤레타리아 계층에서 도덕에 의해 항상, 필요한 소득을 가진 남자를 합법적으로 결혼한 남편으로 얻는 데 성공하지 못하는 어느 처녀에게나 과해지는 처녀성의 의무보다 훨씬 쉽게 그리고 더 진통 없이 관철될 것이다.

도덕성은 이처럼 필요하게 될 때는 지금까지 이미 언제나 성생활을 규율했듯이 인구증가를 규율할 능력이 있을 것이다. 이는 다가오는 사회주의 사회의 조건에서는 지금까지 어떤 사회형태에서 가능했던 것보다 훨씬 더 효과적으로 진통 없이 이를 행할 수 있을 것이다.

그러나 도덕성이 실제로 이러한 규율을 가하는 개입을 할 수밖에 없는 방향으로 가게 될지는 우리의 지식만이 아니라 우리의 추측 범위에서도 완전히 벗어난다. 우리는 단지 인구문제가 사회주의 사회에서 일단 떠오른다면, 이 문제의 만족스러운 해결이 이미 오늘 알려진 인자들을 기초로 해서 가능하다고 말할 수 있을 뿐이다.

그러나 내다볼 수 있는 시간 내에서는 사회주의 사회를 위해 과잉인구의 위험도 인구 과소화의 위험도 생길 수가 없다. 우리는 이미 세계의 농업이 오늘날 이미 달성된 자연 인식과 기술의 수준으로 올라서는 것이 여러 세대를 필요로 할 것을 언급한 바 있다.

이것이 아주 오랫동안 과잉인구의 위험을 배제한다면, 인구 과소화가 세계의 전체 여성이 지극히 생생한 정신적 관심으로 충만함을 통해 실제로 위협이 된다고 해도 인구 과소화의 위험은 물론 그렇게 되기까지 최소한 그동안만큼은 닥쳐오지 않을 것이다.

자연 인식이 그때까지 어떤 수준에 도달할지, 그것이 그때까지 다산성에 영향을 미칠 어떤 수단을 발견해 놓을지, 우리는 오늘 결코 자명하게 예측할 수가 없다.

제17장 종족 위생

우리의 탐구의 결과를 정리해 보자. 우리는 결국 인구증가가 사회주의 사회에서 어떤 형태를 취하든 오늘날 그것에 난점이나 위험을 조성할 수 있을 어떤 인구문제도 생각할 수 없다는 것을 발견했다.

그러나 다른 한편 자연이 저절로 사회주의 사회에 대해서는 그에 가장 적합한 인구증가 방식을 예비해 주는 반면, 자본주의에서는 과잉인구를 일으킨다는 식의, 한마디로 인구문제에서 자연이 사회주의적이고 반자본주의적이라는 식의, 그런 사회주의적 견해도 단호히 물리쳐야 한다.

이런 사회주의관은, 그것을 물리치는 데 나의 첫 번째 책이 역할을 했던, 그런 견해다. 그 점에서 나의 입장은 달라지지 않았다. 자연적인 인간의 다산성이 저절로 특정한 사회적 필요에 적응한다고 가정한다면, 그것은 가장 나쁜 의미에서의 목적론을 추구하는 것이고 일체의 자연과학상의 경험들을 거꾸로 세우는 것이다.

그러나 내게 마찬가지로 부당한 견해로 여겨지는 것은, 과잉인구를 향한 충동이 유기체적 자연 전체를 지배하는, 그리고 오직 인간 사회 내에서만 이에 대한 대처가 될 수 있고 또 대처될 자연법칙이라는 식의 견해다. 그 정반대가 맞다. 인간이 개입하지 않는 동안에는 유기체 시스템 내에서는 유지하려는 힘과 제거하려는 힘의 상시적 균형이 지배한다. 물론 이는 부동의 물질의 균형이 아니라 상시로 재생이 되기 위해 상시로 파괴되는 살아 있는 것의 균형이다. 오직 생활 조건의 심오한 변경의 개별 시기들에서만 자연에는 더 오래 지속되는 균형의 교란이, 그리고 이와 함께 여기서는 과잉 개체수, 저기서는 개체수 과소화가 등장한다. 그러나 이런 교란도 결국은 다시 달라진 기초 위에서 새로운 유기체 종들의 편입과 옛 종들의 배제 가운데 새로운 균형의 달성으로 가게 된다.

인간의 기술과 함께 자연에는 지금까지 없었던 균형 교란의 원인이 등장하는데, 이는 결코 없어지지 않으나 끊임없이 달라지면서 유기체들의 체계가 이 교란들에 적응하고 다시 균형 있게 되는 것을 완전히 불가능하게 만드는 원인이다. 개체수 과소화와 과잉 개체수는 이제 유기체적 자연에서 지속하는 경향이 되어 이를 규율하고 이를 자신에게 유리하게 유도하는 것이 인간의 자연과의 투쟁의 과제 중 하나가 된다. 인간은 다른 유기체들에서 과잉 개체수를 피할 필요가 있는 경우에는 폭력을 거기서 사용할 수 있다. 그는 열린 자연에서 유기체들의 강한 증식에 그들을 제거하는 것으로 대응할 수 있다. 가축들의 강한 증식에 대해서는 자신에게 합당하다고 여겨지는 만큼만 번식을 시킴으로써 예방한다.

이런 두 방식은 사회가 그 원초적 상태를 이루는 것으로서 자유롭고 평등한 구성원들로 이루어지는 곳에서는 자기 사회의 구성원들에 대해서는 쓸 수가 없다. 이를 위해 사회에는 사회의 이익이 되도록 번식의 과정에 규율하는 작용을 하는 새로운 인자, 동물 세계에서는 이 분야에서 아직 효력을 나타내지 못하는 인자가 등장하는데, 그것은 도덕성, 여론, 양심의 힘이다. 그러나 그것이 인간 사회의 초창기에 직접 출생자 수의 결정에 감소시키는 쪽으로든 증가시키는 쪽으로든 영향을 준 것 같지는 않다. 최초의 과제는 종족의 유능함을 보전하도록, 동종교배를 통한 종족의 열등화를 방지하도록 번식을 규율하는 것이었다. 이 기술이 별로 발달하지 않은 동안에는 생존을 둘러싼 투쟁은 아주 혹독하고, 천적인 야수들과 인간들에 의한 사망률은 아주 높고, 자연사(自然死)는 예외가 되고, 다산성은 아주 작고, 인간의 분포 지역은 아주 넓어서 인구의 제한을 위한 사회적 조치는 보통 필요한 것으로 여겨지지 않는다. 개별 여성들에게는 물론 과도한 다자녀는 짓누르는 짐이 되어 예방해야 할 것이 될 수 있다. 그때 기술의 진보와 함께 과잉인구로 통할 수 있는, 출산의 제한을 바람직한 것으로 만들 수 있는 상태가 시작되기도 한다. 그러나 이는 심각한 계급대립이 발달한 후에 비로소 일어나는 일이다. 모두에게서 자녀 출산의 균일한 제한을 요구하는 대신 이제 가진 자들에는 극히 자유로운 자녀 출산이 허락되고, 그 대신 재산과 지배권에서 배제된 자들에게는 일체의 자녀 출산, 일체의 결혼과 가족에 대한 포기가 요구된다. 그런 와중에 상류계급 자체 내에서 예를 들어 어린 아들들에 대한, 보통 하층계급, 노예와 프롤레타리아들에 대한 이 '도덕적 요구'가 생겨나기도 한다. 전체 사회로부터가 아니며, 일반적 사회 이익으로부터가 아니고 계급 이익으로부터 태어난 것으로서, 피억압 계급을 향한 소유박탈의 극치로서 이 요구는 피억압 계급에 의하여 결코 정당한 것으로 인정되지 않는다.

  인구증가의 양상이 그러한 규제자를 필요한 것으로 만드는 경우에 대하여 도덕성이 인구증가의 규제자로서 효력을 발휘할 수 있는 조건을 사회주의 사회에서 계급의 폐지가 비로소 창조한다. 도덕성은 과잉인구의 방지를 위해서만이 아니라 그 가능성이 절대 배제되지 않는 인구 과소화의 방지를 위해서도 규제자로서 쓰일 수 있다. 이미 오늘의 자연과학과 기술의 상태에서 출산의 제한이 결코 부부 생활의 포기와 같은 의미일 필요가 없으므로 이 규제자는 필요한 경우에는 그만큼 더 쉽게 효과를 내게 된다.

어떠한 경우에도 이 규제자는 사회주의 사회의 첫 번째 세대에 벌써 작동할 필요는 없을 것이다. 그러나 인구증가의 분야와는 다른 분야에서 번식 과정 때 도덕적 감정의 개입이 최고로 절박한 실천적 이익이 될 수 있을 것이다. 이는 인간 사회의 초기에 이미 도덕 감정의 개입이 효과적으로 등장한 바로 그 분야로서, 인류의 신체적 퇴화의 방지라는 종족 위생의 분야다.

오늘날의 사회에서 이 퇴화는 급속하고 걱정스러운 진보를 하고 있다. 그것이 생겨나는 원인이 되는 두 요인이 있다. 하나는 우선 노동하는 계급의 고통, 그러나 이 계급만이 고통을 겪는 것이 아닌 자본주의 체제하의 문화 인류의 열악한 생활 조건이다. 생존의 불안정, 성병, 밤의 생활이 가진 자들의 건강도 파괴한다. 그리고 가진 자들이 과잉 노동, 열악한 주거, 불충분한 음식, 진찰 부족에 시달리지 않는다면, 그 대신에 그들에게서는 진보하는 기술에서 점점 더 종족을 열등하게 만들 위험이 있는 두 번째 요인이 그만큼 더 높은 정도로 효력을 나타낸다. 이는 생존을 둘러싼 투쟁의 배제가 늘어난다는 것, 약자들과 병자들도 연명(延命)하고 번식할 가능성이 늘어난다는 것이다.

생존 투쟁의 역할에 관한 우리의 견해가 자연에서는 타당하다면, 그것의 작용은 언제나 유기체 발달의 요인이 아니라, 생활조건이 변경되기 시작하고 다양함이 늘어날 때만 그러하다. 그러나 이것은 모든 상황에서 유기체들의 퇴화를 막아주는 작용을 한다. 모든 종은 자신의 생활 조건에 적응해 있다. 그러나 모든 개체는 이 생활 조건 내에서 그 생활 조건에 적응된 특성과 능력을 완전히 발달시키는 경우에만 목숨을 이어갈 수 있다. 그렇지 못하면 몰락하여 생명체의 대열에서 배제될 것이다. 그러므로 야생동물과 야생인에게서 만성 질환과 병(病)은 알려지지 않거나 알려져 있어도 극히 드물다. 신속히 건강해지지 않는 병든 개체는 자신을 뒤쫓는 고역인, 식량난이나 야수들에 의해 쓰러진다.

인간의 기술은 여기서도 자연의 균형을 파괴하고 생존을 둘러싼 투쟁의 요구를 완화한다. 이로써 신체적, 정신적으로 열등한 개체들에 연명(延命)뿐 아니라 번식도 쉽게 해 준다.

동물 세계에서도 이는 지금도 효력을 발휘한다. 늑대들과 여우들은 예전에는 병이 든 야생동물을 즉시 물어 갔었다. 그러나 오늘날 문화국들에서 늑대는 박멸되었고 여우는 희귀해졌다. 병이 든 사슴, 노루, 산토끼는 자기들의 고통을 더 오랜 시간 질질 끌고 갈 수가 있으며, 감염되는 질병이면 다른 놈들에게 옮겨서 자연 상태에서는 일어나지 않았을 전염병을 일으킬 수가 있다.

그러나 기술 진보의 퇴화를 촉진하는 효과는 당연히 인간에게서 가장 많이 나타난다. 우선 기술 진보의 모든 장점을 자기 것으로 취하는 지배계급에서 그렇겠지만, 어느 정도는 피착취계급에서도 그러하다.

기술의 진보는 분업, 모든 개별 노동의 단순화에 의존한다. 이는 그 노동을 더 단조롭게, 많은 경우에는 더 쉽게 만들기도 한다. 어린이만이 아니라 장애인, 심지어 정신병자도 노동하는 데 배치(配置)할 수 있고 굶주리지 않기 위해 필요한 만큼을 벌 수 있다. 그리고 노동에서만이 아니라 나머지 생활에서도 생존하기 위해서 개인이 충족해야 할 체력에 대한 요구는 줄어든다. 자연과학의 발달 자체도 퇴화에 기여한다. 의술은 병든 사람을 건강하게 만드는 기술이라기보다는 병든 사람에게 병든 상태로 생명을 연장해 주고 이로써 병든 사람이 아기를 출산할 가능성을 높여 주는 기술이다. 이는 부르주아의 그리고 그 밖의 공치사하는 자들이 아주 자부심을 느끼는 지난 수십 년간의 사망률 감소의 의미다.

사회주의 사회는 확실히 인류 퇴화의 한 요인인 과잉 노동, 열악한 음식과 주거, 야간 노동과 밤의 생활, 성매매와 성병을 제거할 것이다. 그러나 동시에 인류에게 생활을 쉽게 만들어주고, 인류에 대한 요구사항들을 삭감하고, 만성질환자와 장애인에게 지극히 큰 면밀한 간호가 되도록 함으로써 퇴화의 다른 요인을 당장은 강화할 것이다.

그러나 사회주의 사회는 그로부터 생겨나는 인류 퇴화의 위험에 대처할 조건들도 발달시킨다.

오늘날 이미 그럴 위험을 파악하고 인류 사회 내에서 순식간에 이를 추방할 수 있는 수단도 알고 있는 일련의 자연 탐구자들이 있다. 이는 병든 아기를 낳을 수 있는 모든 병든 개인이 번식을 포기하는 방식으로, 생존을 둘러싼 투쟁이 일으키는 자연적 도태를 인위적인 도태로 대체하는 것이다. 이는 우리가 이미 알고 있는 바와 같은 오늘날 의술의 상태에서는 더 이상 결혼의 포기 자체라고 결론을 내릴 필요가 없다.

그러나 어떻게 이런 종류의 인위적 도태가 성립하겠는가? 가령, 상급 기관, 치안 당국의 금지령과 형사처분으로? 이는 기껏해야 중죄인과 정신병자에게만 될 수 있고 구금 상태에 있는 사람들에게서나 가능하다. 자유인들에게서는 이는 터무니 없을 것이다. 단지 여론과 자기 양심의 소리만이 거기서 규제하는 작용을 할 수 있다.

그러나 오늘의 상황에서 도덕적 의식은 어떻게 이런 방향으로 형성될 것인가? 가령 '우생학자' 샬마이어(Schallmeyer)가 생각하듯이 "일단 우리에게 넓은 시야를 가진 국가적 지혜가 지배권을 얻어서 모든 국내 정치 영역에서 장악한 조치 수단과 모든 종류의 사회적 암시를 통해 여론과 가치관에 영향을 미치는 것을 생사가 달려 있기에 절실한 과제로 인정하게" 하는 방식으로? 이런 관점은 백성들을 어린아이로 취급하고 행정부를 그들의 선생님이고 후견인으로 취급하는 가부장적 절대주의의 위치에 서 있다. 그러나 선생님과 부모라도 자기 아이들을 언제나 자신들의 원하는 대로 교육할 수는 없다. 그들의 교육 목표가 실제 생활, 언제나 교육의 여러 요인 중에 가장 강력한 요인으로 드러나는 실제 생활이 주는 인상(印象)과 조화가 되지 않을 때는 그들은 실패한다.

우선 오늘날 '국가의 지혜'를 대표하는 이들, 상부 및 최상부 지배자들이 좋은 예로 모범을 보여야 할 것이다. 왜냐하면 그들에게서 열등한 개인들의 보전과 번식에 의한 퇴화가 가장 많이 작동하기 때문이다. 그러나 우리는 정신적 또는 신체적으로 열등한 개체들의 번식을 범죄로 공언한 그들의 대열에서 어떤 도덕적 의식의 형성이 될 조금의 기미도 보지 못한다. 번식은 이 집단에서는 결혼과 마찬가지로 가족 재산의 이익에 예속되는 것이지 종족 개선의 이익에 예속되는 것이 되지 못했다. 부르주아지에게 있어서도 이는 경제적으로 필요하다. 결혼은 자본의 축적 필요에, 번식은 자본을 사유재산으로 상속하는 데 필요하다. 자본가는 봉건 귀족처럼 자기 가족의 노예가 아니라 자기 자본의 노예다. 그는 자본의 필요에 따라 결혼하며, 자신의 개인적 취향에 따라 결혼하지 않는다. 그리고 상속인의 **건강**보다 훨씬 더 관심을 끄는 것은 그가 상속인에게 물려 줄 능력이 있는 **자본의 양**이다. 게다가 이 집단에서는 돈의 전능(全能)함에 대한 믿음이 추가된다. 돈으로 무엇이든지, 건강마저도 살 수가 있다고 착각한다. 그러나 흔히 오직 상속인이 또 한 번의 돈, 결혼을 통해 자본을 더 집중시키고 또 한 명의 상속인을 낳아서 사유재산권으로 자신의 자본 존속을 보장할 때까지 상속인을 오래 부양할 수 있는 기술을 교수들로부터 살 수 있다. 이로써 그는 자본에 대한 자신의 의무를 다했으며 자신의 신경쇠약, 폐결핵, 매독 또는 정신병에 걸린 조상들한테 합류할 수 있다.

하층계급에서는 종족 위생의 의미에서 사회적 의식의 형성에 대하여 더 전망이 없다. 이미 그들의 무지가 이를 막으며, 무지는 그들의 사회적 처지와 긴밀하게 결부된다. 이웃의 자녀가 더 건강하지 않은 상황에서, 그들 모두가 더 아름답고 건강한 주거환경에서, 충분한 음식을 먹고 여름철 바닷가나 숲에 체류한다면 훨씬 더 잘 살 것이란 것이 공공연한 사실인 상황에서, 자기 자녀의 병이 유전될 것이란 견해에 그들 중 누구라도 어떻게 도달한다는 것인가!

프롤레타리아의 생활 조건이 그렇게 많은 질병과 쇠약한 신체를 만들어내는 동안에는 종족 위생이 사회적 의무라는 생각을 자본가에게 설명하지 못할 것이다.

사회주의 사회에서는 사정이 완전히 다르다. 아무도 자본가보다 더 자본의 노예인 사람은 없다. 그에게 필시 마음에 안 드는, 병이 들었으나 아무튼 재산을 가진 여성과 결혼을 하고 상속인 하나를 낳으라고 지시하는 자본의 노예 말이다. 오늘날 프롤레타리아트와 상층계급에서 질병과 퇴화를 일으키는 모든 생활 조건들은 사라진다. 누구든 건강한 기질을 보유하는 자는 그것을 발달시키고 강화할 것이다. 질병은 더 이상 어떠한 도피 수단도 없는 대중적 현상이 아닐 것이다. 그때도 병든 아이가 세상에 나오면, 그 아이의 질환은 사회적 상황의 책임이 아니라 오로지 부모의 개인적 책임으로 여겨질 것이다. 이로써 효과적인 '사회 우생학', 건강하게 출산하는 것을 위한 사회적 노력이 생겨날 수 있는 토양이 주어진다. 이제 부모의 양심 자체와 마찬가지로 여론이 병든 몸의 어떠한 번식도 정죄할 것이며, 완전히 건강하다고 느끼지 않는 어떠한 성인(成人)도 혼인 관계의 체결 시에 자신과 배우자에게 자기의 피붙이를 번식하는 것이 추천할 만한지에 관한 전문적인 자문을 구하는 것이

의무로 인정될 것이다. 병든 아이를 낳는 것은 그때가 되면 가령 오늘날 사생아를 낳는 것과 비슷한 눈으로 보일 것이다.

그렇게 사회주의는 인류에게 부유한 물질적 행복만이 아니라, 여가만이 아니라 건강과 힘도 가져다줄 것이고 대중적 현상으로서의 질병들을 박멸할 것이다.

새로운 종족이 생겨날 것인데, 그리스 영웅시대의 영웅들처럼, 민족이동 때의 게르만 용사들처럼 강하고, 아름답고, 생을 즐기는 종족, 가령 오늘날 몬테네그로의 주민들과 비슷한 활기찬 천성을 가진 것으로 상상해도 좋은 종족이 생겨날 것이다.

그러나 이들에게는 전쟁과 약탈이 최고의 기쁨이었지만, 사회주의 사회에서는 그에 대한 취향도 기회도 없을 것이다. 넘쳐나는 힘의 느낌은 오직 자연에 있는 장애물의 정복에서, 스포츠에서 발휘될 수 있을 것이다. 그러나 새로운 관심은 이제는 일반적으로 사회적인 관심거리가 될 것인데, 이는 야만인 시대에는 아직 존재하지 않았고 그것의 발흥 이래 오늘까지 귀족 통치 집단의 독점물을 이루었던 것인데 이는 과학적 관심이다.

과학의 참여는 향락의 최고 형태이며, 그 다채로움이 계속해서 거듭 상승하는 형태다. 그것은 어떤 문제를 푸는 데서 생겨나는 기쁨에 정신을 새로이 자극하는 또 하나의 문제의 가시로 매번 찌른다.

과학의 발달에는 인류의 생존 자체에 놓인 한계 외에 다른 한계는 없다.

지구가 인간에게 거주 불가능한 곳이 되기 한참 전에 지구상의 유기 생명체의 발달은 종말을 고할 수밖에 없다. 동식물 유기체의 세계는 아마도 인간의 출현으로 지구상에서 그 정점에 도달한 것 같다. 사회적 발달이 사회주의의 실현으로 그 정점에 도달하는 것, 인간이 우리 지구의 최후의, 최고의 유기체

형태인 것과 마찬가지로 사회주의가 인류 사회의 최후의 최고의 형태를 나타 낸다는 것은 완전히 배제되는 것은 아니다. 사회주의 내부에서도 물론 예견할 수 없는 발달이 가능하다. 프롤레타리아트에 의한 정치권력의 획득은 그 출발점을 의미할 뿐이다. 그러나 유기체적, 사회적 발달은 그것이 세워지는 토대와 마찬가지로 한계가 지어진다. 지구에 도달하는 태양의 온기 중에 지구로 흘러오는 부분에서 획득될 수 있는 여러 힘이 그 한계다.

그러나 과학의 영역, 우주, 영원하고 무궁한 전체는 한계가 없다. 이는 절대 고갈되지 않는다. 인식이 더 앞으로 나아갈수록 그 포괄범위가 더 강력히 커질수록 개별 탐구자는 스스로 더 작다고 느끼게 되고, 과학이 정복해야 할 분야로 앞에 두고 있는 것에 비해 쟁취한 것은 더욱 작게 여겨지지만, 그것을 정복할 열망은 또한 더 커진다. 미래의 위대한 정복자들에게는 오직 과학만이 남아 있다. 어떤 더 강력한 전쟁터도 그들에게 제공될 수 없고, 어떠한 승리도 과학적 정복자들의 승리보다 더 자랑스럽고 고귀하고 순수할 수 없으며, 어떠한 활동도 과학의 성취를 위해 투쟁하는 활동보다 더 행복감을 주지 않는다.

사회주의의 가장 빛나는 위대한 활동은 행복, 건강과 여가만이 아니라 과학의 향유도 모두의 공유재산으로 만드는 것이다.

카를 카우츠키의 인구생태경제학

내용 요약

I. 인구증가가 사회진보에 미치는 영향

도입부

인구문제의 진보는 오직 주어진 소재를 맬서스의 학설이나 반(反)맬서스주의자의 학설에 의탁하는 대신 선입견과 당파성 없이 독립적으로 검증하고 가공함을 통해서만 가능하다.

맬서스가 던진 질문은 지금 세대에 의한 해결을 고대하는 질문 중 가장 중대한 질문들의 하나다. 맬서스의 인구 이론은 결코 낡은 것이 아닌데, 이는 과학이 그것을 아직 궁극적으로 기각하지 않았기 때문이다. 오늘날 맬서스에 관하여 여전히 얼마나 모순되는 판단들이 내려지는지 그리고 그의 이론에 관해 명확한 이해를 얻는 것이 얼마나 필요한지를 충분히 알게 된다.

인구 원리에 관한 투쟁은 이제까지 과학적 투쟁이라기보다 당파 투쟁이었다. 맬서스 자신이 그의 저작에서 정말이지 편을 들었으며, 그것은 과학적 목적이 아닌 정치적 목적에서, 진리를 향한 독립적인 추구가 아니라 보수주의에 새로운 버팀목을 부여하려는 의도에서 생겨났다.

맬서스는 나쁜 국가 형태와 사회형태가 아니라 과잉인구에 하층계급 빈곤의 원인이 있다고 보았다.

우리의 첫 번째 과제는 특별히 맬서스에게만 고유한 모든 것을 그의 명제 중 오늘날 여전히 과학계의 상당 부분에서 효력을 지니는 것들로부터 분리하는 것이다.

"인구증가는 자연스럽게 식량에 의해 제한된다." "인구는 현존하는 식량의 비율에 따라 커지며, 약간의 고유한 그리고 발견하기 쉬운 장애물들에 의해 억제된다." "이 장애물들 그리고 인구를 현존하는 식량 수준에서 억제하는 모든 그런 장애물들은 도덕적 금욕, 악습과 곤궁이다." 이 원칙들로부터 맬서스는 당시에 프랑스 혁명을 통해 그때까지 결코 보유하지 못한 그런 중요성을 얻은 사회문제의 해결을 위한 중대한 결과들을 끌어내었다.

그의 학설의 중요성은 누구에 의해서도 논란이 되어서는 안 될 것이며, 그 학설을 논박하는 자들도 그래서는 안 될 것이다. "작업을 하도록 자극하고 예리한 감각을 일깨우며 끈기를 보존하는 어떤 견해도 과학에는 이득이다. 왜냐하면 작업은 발견들로 이끄는 것이기 때문이다." 리비히의 이런 발언은 맬서스의 인구론에도 적용될 수 있는데, 이 이론은 바로 격렬하게 적대시되기 때문에 인구의 움직임을 더 주의 깊게 관찰하게 하는 원인이 되었고 그렇게 해서 인구학의 기초를 놓았다.

1. 철의 임금 법칙

맬서스는 처음에 각 부류가 존재하는 식량의 수준을 넘게 증식하고자 노력한다는 것을 증명한다. 그렇게 생겨난 무수한 것들은 동식물에서 공간과 먹을 것의 부족으로 근절된다.

맬서스가 의지하는 두 전제는 이런 것이다.

첫째, 어디서나 과잉인구의 경향이 존재한다. 그러나 이는 필연적으로 악습과 곤궁을 낳는다.

둘째, 과잉인구는 악습과 곤궁에 의해, 그리고 도덕적 금욕에 의해서만 저지될 수 있다.

맬서스와 그의 추종자들은 인간이 생활수단보다 더 빠르게 증식하는 경향을 가진다는 생리학적 사실을 확정했다면, 이로부터 빈곤이 있는 경우에는 생활수단이 너무 적게 있다는 결론을 도출하기에 충분한 일을 했다고 믿었다. 사실로부터 법칙을 도출하는 대신 그들은 생리학의 법칙이 사회의 법칙에 의해 폐지되지는 않는다고 해도 그 효력이 저지될 수 있다는 것을 고려하지 않으면서 정치경제학을 위해 다른 과학, 생리학으로부터 나오는 법칙, 생리학에는 물론 경험적 사실에 의해 증명된 법칙을 차용했고, 사회생활의 현상들을 간단히 생리학적 법칙 안에 강제로 집어넣었다.

현존하는 빈곤이 그 부수적인 악습과 함께 정말로 과잉인구에 의해 초래되는가? 과잉인구가 빈곤의 원인이 아니라면 빈곤은 결혼과 관련된 관습들에 의해서도 해결될 수 없다.

절대적 과잉인구라는 것은 없다. 상대적 과잉인구는 자연적인 것과 인위적인 것이 있다. 소비자들의 과잉인구는 자연적 과잉인구다. 생산자들의 과잉인구는 인위적인 과잉인구이며, 대부분의 경우에 생산자들의 수를 축소함을 통해 충분히 치유될 수 없다. 생존수단의 증대는 이 경우에 전혀 도움이 안 되며, 그런 상태의 근본적 치료를 위해서는 사회적 변혁들이 거의 언제나 불가피한 것으로 제시된다.

라살레는 이렇게 말한다. "오늘날의 상황에서 노동에 대한 공급과 수요의 지배에서 노동임금을 결정하는 철의 임금 법칙은 이런 것이다. 평균적인 노동 임금은 언제나 한 민족에게서 관습적으로 생존의 연장과 번식에 필요한 필요 생계비로 낮추어진 채로 있다는 것이다."

라살레는 노동의 가격이 수요와 공급에 의해 정해진다고 본다. 노동력의 재고는 그에게 가변의 크기이고 자본은 불변의 크기다.

자본가는 노동력을 얼마나 비싼 값에 구매하는가? 수요와 공급이 맞아떨어질 때 그는 그것의 가치대로 구매한다. 그러나 노동력의 가치는 그것이 상품이면서 곧바로 어떠한 다른 상품들의 가치와도 같이 그것의 재생산에 필요한 노동시간을 통해 측정된다. 한 사람의 노동자와 그의 가족이 함께 필요로 하는 생계수단을 산출하는 데 지출해야 하는 노동시간인 것이다.

자본의 본성에 관해 명확히 이해하고 나면 곧바로 사회문제를 풀 두 제안에 관해서도 명확히 알게 된다. 사회주의자들은 노동력의 소유자와 노동수단의 소유자 간의 분리를 폐지하고 싶어 하며 다시 양자를 한 개인 안에 통합하고 싶어 하고, 노동자가 자본을 사용하기를 바라지, 자본이 노동자를 사용하기를 바라지 않는다.

맬서스는 이와 달리 자신의 제안을, 노동력의 가격이 노동력이 임의대로 증식 가능할 경우에만 평균적으로 그 가치와 동일하게 지불된다는 사실 위에 기초시킨다. 노동력이 희소하다면 곧바로 노동력의 가격은 장기적으로 그 가치 위에 있을 수 있다. 첫 번째의 제안은 더 급진적이며 길고 고된 작업을 요한다. 노동자에게 이 해결책은 더 유리하다. 두 번째 제안은 그리 단호하게 작용하지 않으나 또한 사회문제의 첫 번째 해결책보다 훨씬 더 작동시키기 쉽고 자본가를 훨씬 덜 괴롭힌다.

임금의 상승은 불변자본과 가변자본의 관계를 가변자본에 불리하게 이동하도록 동기 부여하며 이로써 노동에 대한 수요의 감소와 임금의 하락에 동기를 부여한다. 노동의 공급이 떨어지면 그것에 대한 수요도 떨어진다. 노동에 대한 수요는 이처럼 자본주의적 생산양식에서는 결코 그것의 공급을 능가할 수 없으며, 노동의 가격은 결코 지속적으로 그것의 가치를 능가할 수 없다. 노동임금은 공급과 수요의 지배에서 항시 관습적으로 노동자의 부양과 증식에 필요한 수준에 고착될 것이고 그럴 수밖에 없다. 그것은 지속적으로 그 수준 위로 올라갈 수 없고 그 수준 아래로 떨어질 수 없다. 이 법칙은 그렇지만 노동의 공급에서의 변동과는 독립적이다.

맬서스주의자들이 원하는 혹은 노조활동가들이 원하는 바와 같은 인간 노동력 공급의 축소는 그래서 결코 원하던 성과를 가지지 못할 것이다.

2. 악덕과 곤궁

결혼을 꺼리는 것이 노동자 계급 그 자체에게 아무 유익을 줄 수 없다고 해도, 이는 필시 사경제적인 면에서 개인의 형편을 더 쾌적하게 만드는 데 권고

할 만하다.

그래서 사람은 적어도 그가 그의 소득으로 자신과 자신의 가족을 편안하게 부양할 수 있기까지는 더 먼저 결혼해서는 안 되는가? 그러한 영리한 관습이 수반할 결과를 탐구해 보자.

결혼과 관련하여 영리한 관습의 만연함은 곧 모든 어린이들의 절반이 고아들로 이루어지는 결과를 가지게 될 것이다. 결혼의 감소로 비혼 출산의 수는 늘어난다. 그러나 많은 수의 사생아는 사회에 불행이다. 결혼의 곤란화는 이처럼 곤궁을 줄이지 않는 것만이 아니라 이를 심지어는 늘린다.

결론의 억제가 정말로 맬서스와 그의 후계자들이 예언하는 것처럼 성년들에게 이로운 결과를 가지는가? 두 입장이 거기서 대립한다. 경제학자의 입장과 생리학자의 입장이 그렇다. 맬서스주의자들은 전자의 논리를 활용하고 생리학은 전혀 알지 못한다.

생리학에 관해 아무것도 이해하지 못하는 그런 자들만이 사랑을 악덕으로, 그리고 사치로 선언하고 그것들을 포기할 능력이 없는 자들을 경멸할 만한 자들로 제시할 수 있다. 영양과 여가와 마찬가지로 사랑도 필요한 생활필수품이며, 건강과 만족이 인간 중에서 통례인 대신에 단순한 예외를 이루어야 하는 것이 아니라면 그 세 가지 모두 충족되어야 한다. 건강과 만족은 덕스러운 금욕이 지배하는 사회에서는 확산되는 것이 불가능하며, 사랑 없이는 행복한 사회는 불가능하다.

맬서스주의자들 중에는 금욕이 악이라고 말할 만큼 이성적인 사람들이 충분히 있지만, 그들은 더 큰 악이 굶주림이라고 주장한다.

결혼은 오늘날 그것에 따라붙는 모든 결함과 부족한 점에도 불구하고 혼외 생활보다 훨씬 더 이롭게 작용한다는 증거가 충분한 정도로 제시되었다고 나는 믿는다. 결혼은 범죄에의 유혹, 자살할 동기를 덜 제공한다. 정신착란의 밤이 그를 덮치기 전에 그 사람이 겪어야 할 모든 이를 데 없는 고통, 정신적 신체적 압박, 이는 기혼자보다 독신자에게 더 많이 찾아온다. 일체의 근심, 일체의 과로, 일체의 궁핍은 수명을 단축하는 작용을 한다. 그럼에도 불구하고 결혼은 수명을 연장하는 작용을 한다. 독신자가 프롤레타리아의 계급 형편을 상승시킬 수 없어서 맬서스의 관습이 후세에게도 성년이 된 개인들에도 해롭게 작용해 이처럼 아무런 유익을 주지 않고 물론 해를 끼친다면 그러한 관습을 권장할 조금의 이유도 없다.

3. 기하급수

맬서스주의자들은 노동자들이 자녀 출산을 자제하는 것이 사회문제를 해결할 수 있다고 말할 경우에 틀린 것이다. 그러나 그들은 필시 노동자들이 자녀 출산의 자제 없이는 사회문제는 해결될 수 없다고 주장하는 한에서는 옳지 않겠는가?

조화의 사도들과 사회주의자들은 맬서스 이론의 가장 광포한 적들이다. 사회주의자들은 맬서스 이론에 반기를 드는데, 이는 그것이 그들의 모든 노력들을 성과가 없는 것으로 치부하기 때문이다. 조화의 사도들은, 그것이 신적 정의, 세상에서의 조화의 관념의 불합리함을 논증하기 때문이다.

맬서스가 의존하는 근거들은 인구의 기하급수와 식량의 산술급수 가정에 기초를 둔다. 식량은 기껏해야 1, 2, 3, 4, 5 등의 비율로 증대될 수 있지만,

인구는 1, 2, 4, 8, 16 등과 같이 증대하는 경향을 가진다. '늘어난다'는 말은 두 개념을 내포한다. 성장의 개념과 낳음의 개념이다. 전자의 의미인 인구증가, 말하자면 인구성장은 단지 출생 건수에 의해서만이 아니라 사망 건수에 의해서도 조건 지어진다. 후자의 의미에서의 증가, 새로운 개체들의 낳음은 오직 종족의 가임성을 통해 정해진다. 맬서스를 반대하는 캐리는 이 두 개념을 혼용한다. 이는 설득력이 없는 논리로 맬서스를 반박하는 것이다.

맬서스는 두 가지 가정에 의지한다. 첫째, 인간 족속의 높은 가임성 그리고 둘째, 식량의 빠른 증산의 불가능성이다. 그가 의지하는 가정들이 타당한지가 중요하다. 수많은 의문이 그 견해에 맞서 대두되었는데, 좋은 영양 섭취가 가임성을 낮춘다는 생각을 한 사람들로 새들러, 애덤 스미스, 더블데이, 카를 마르크스, 피르호 등이 있다.

자연과학은 결단코 이에 반대되는 이야기를 해 준다. 사실은 과도하게 풍부한 영양을 섭취하는 동식물이 불임이 된다는 타당한 항변을 내놓지 않는다.

스펜서(Spencer)는 전체의 유기적 자연을 통해 생활의 유지를 위한 역량과 번식에 사용되는 역량 간의 대립이 눈에 띈다는 것이다. 문명이 인간의 뇌 및 신경 계통을 점점 더 발달시키는 가운데 인간의 보전 역량을 상승시킨다는 것이다. 같은 정도로 새로운 개체들을 낳을 능력은 감퇴할 수밖에 없으리란 것이다. 트롤(Trall)에 의하면 생명은 작용들, 수입과 지출의 등식이다. 종들의 보전 법칙은 파괴력과 보전력의 균형에 의지한다. 트롤은 보전력을 스스로를 보전할 능력과 다른 개체들을 낳을 능력으로 이해한다. 자신의 보전 능력은 번식 능력과 항시 반비례한다. 척추동물들에서 신경 계통의 발달과 가임성 정도는 반비례로 달라진다는 것이다. 캐리도 이 의견에 동조한다. 라이히의 이론은 한 민족이 덜 문명화될수록 영양의 개선은 후손의 수 증가가 더 커지며, 한 민족이 문명화될수록 영양의 개선을 통해 후손의 질이 더 높아진다는 것이다. 그래서 영양 공급이 적절히 이루어질 때 민족의 문명 단계가 높을수록 후손들이 수가 적다는 것이다.

이 모든 이론들은 그 이론들에 진지하게 집착하고자 할 경우에 가라앉고 깨어지는 지푸라기다. 하층계급의 형편을 개선하려는 어떤 시도도 오늘날보다 상당히 더 빠른 그 계급의 증가를 결과로 가질 수밖에 없다는 것은 논란의 여지가 없다. 어느 인간에게든 인간다운 생존에 대한 권리가 보장되면, 이 증가는 이제까지 알려진 대중에서보다 훨씬 더 빠르게 진행되리란 것은 논란의 여지가 없다. 끝으로 복지상태와 지능의 증대는 이 급속한 증가를 점점 더 완만한 증가로 만들리라는 것은 단연코 틀렸다. 복지상태의 성장은 오히려 출생자들의 증가로, 지능의 증대는 사망 건수의 감소로 나타날 것이다. 양자는 인구의 운동을 축소하는 대신 가속할 것이다. 저절로 작동하는 이 운동의 조절자가 있다는 가정은 조화추구적 목적론의 엄습으로서 정당성을 가지지 못한다.

4. 산술급수

리카도의 한계수확 체감 이론은 캐리에게는 공격 대상이 되었다. 캐리는 가장 비옥한 토지가 제일 먼저 경작되고 인구가 증가하면서 점점 더 열악한 토지가 공략되어 토지의 수확은 지출된 노동에 비해 항시 감소한다는 리카도의 주장을 성공적으로 논박한다.

캐리는 이와 반대로 "옛 시대와 근대에 어디에서나 토지경작은 더 열악한 토지에서 시작했다는 것 그리고 사람은 오직 인구와 부의 증대를 통해 더 나은 토지를 경작지로 취할 능력을 갖추게 되었다는 것", 그래서 토지경작의 실제 진행은 리카도가 가정하는 진행에 정반대가 된다는 것을 증명한다.

그러나 사회문제들이 가장 절박한 나라들, 영국, 프랑스, 벨기에, 독일은 캐리의 단계에서 벗어나 리카도의 단계에 도달했다. 최선의 토지는 이 국가들에서는 대체로 이미 경작되고 있고 생산적인 들녘의 큰 확장은 이제 오직 더 열악한 토지의 추가를 통해서만 가능하다.

지금 이런 질문이 생겨난다. 부양활동공간의 상당한 확장을 제공해 줄 그런 진보가 오늘날 우리에게 여전히 가능한가? 가능한 최고의 수확을 제공해 주는 것은 자영농의 노동이 아닌가? 현대 국가들에서 노동 생산성의 상당한 확대는 사람들이 희망해 마지않지만, 확정성을 가지고 기대할 수 없는 그런 유례없는 농업기술의 진보를 통해서 말고 달리 가능한가? 지금의 농사방식 대신에 더 완전한 농사방식을 등장시키는 것이 오늘날의 과학 수준을 근거로 하여 가능한가?

농업에서의 생산성 증대는 세 가지 면에서 진행된다.

1) 토지가 함유하는 영양소의 양이 오늘날 같은 면적에서 더 많도록 그 조성이 개선될 수 있는 토지에서 진행될 수 있다.

2) 토지가 직간접으로 먹여 살리는 동식물종들이 같은 양의 영양소들로 오늘날 그런 것보다 더 많은 산물을 달성하도록 그 종들에 펼쳐질 수 있다.

3) 노동과정 중의, 영양소 손실의 그래서 인간 및 동물 노동력의 절약과 폐기물의 저감을 통한 감소에 있을 수 있다.

현대적 농업은 토양을 더 빈약하게 만들고 일정한 인구수를 부양하는 데 점점 더 부적합하게 만든다. 토양이 비옥해져서 인구증가와 더불어 같은 면적에서 점점 더 많은 수확을 내도록 하려면 현대적 약탈농법 대신에 토양에 그로부터 취해지는 모든 것을 보충해 주는 합리적인 농사가 등장해야 한다.

현대의 농업 상황은 토양의 비옥화로 이끌지 않을 뿐 아니라 심지어 빈약화로 이끌어 간다. 그래서 인구에 더 큰 부양활동공간을 마련해 주고자 한다면 인간 분뇨의 수집 문제를 만족스럽게 풀어내고 또한 농부들에게 그것을 비료로 사용하도록 능력을 부여해 주는 것이 무조건 필요하다.

현대적 생산양식에서는 두 종류의 농사가 있으며 이는 대농과 소농이고 그 둘 모두가 토지에 대한 사유재산권의 원리에 기초를 둔다. 농업에서 이 두 농사방식 중 어느 쪽이 우선시되어야 하는가. 이 질문은 정치경제학의 가장 초미의 질문 중 하나이며, 지금까지도 이 질문에 대한 일치된 의견을 달성하는 데 성공하지 못했다. 그러나 두 농사방식 중 어느 쪽이 개량을 더 촉진하는지를 질문한다면, 거의 이구동성은 대농이 이런 점에서는 선호를 받을 만함이 시인된다.

대농 단독으로 개량을 착수하고 기계를 장만하는 데 필요한 자본이 가용한 것으로 존재한다. 근대의 농업 기계 중 소농에서 정착된 유일한 것은 탈곡기이지만, 그 가장 완전한 형태를 지닌 탈곡기는 아니다. 증기기관은 오직 대농에게만 접근 가능하지만 모든 기계들 중 가장 탁월한 것이다. 물론 기계의 공동 장만을 위한 소농들의 협동조합의 결성을 권장하지만, 경험은 협동조합 쪽에 유리한 이야기를 해 주지 않는다.

소농이 기계의 장점을 적절하게 활용하지 못하는 것과 마찬가지로 가축의 품종개량도 촉진할 수 없다. 다윈은 성공적인 종축의 필요 불가결한 전제조건으로 두 가지를 거명한다. 첫째 품종 개량할 품종에서 다수의 개체들이 있어야 한다. 그리고 둘째로 종축업자들 간에 분업이 상당히 추진되고 있어야 한다.

가축의 종축과 아울러 부양활동 공간의 확장에 또한 중대한 것은 인공적인 어류 배양이다. 그것도 마찬가지로 대기업의 독점물이다.

하천의 어족 희소화와 마찬가지로 삼림 황폐화도 상당 부분 소농 덕분으로 돌릴 수 있다. 양호한 삼림 조성은 단지 대기업에서만 가능하다는 것은 논란이 되지 않는다. 삼림의 분할은 반드시 약탈농법을 끌어들인다는 것은 아주 일반적으로 인정되어 이 문제를 더 이상 설명할 필요도 없다. 마찬가지로 알려진 것은 또한 삼림 황폐화의 치명적 결과다. 산비탈로부터 비옥한 흙들이 쓸려 내려가는 것, 수원지, 하천과 강에서의 물의 감소 그리고 홍수의 증가와 확대가 그런 것들이다. 소농은 이처럼 토양의 악화에 가능한 최대로 기여하며, 부양활동공간의 확대 대신 축소에 기여한다. 심지어는 많은 산울타리, 길, 밭둑, 건물 등을 통해 경작지 면적을 줄이기도 하는데, 이런 것들은 소농이 필요로 하며, 소유자의 적지 않은 부분을 이루는 것이다. 토지 개량, 배수 시설, 관개시설 그리고 합리적 시비(施肥)를 소농으로부터 기대하는 것은 생각할 수도 없다.

그럼에도 불구하고 경제학자들 상당 부분은 대농에 적대적이고 그것의 더 큰 생산성을 논박한다. 애덤 스미스, 시스몽디, 대부분의 다른 맬서스주의자들, 쏜턴, 밀도 소토지 소유의 찬성자들이다.

소농에 유리한 논리들은 대체로 정당화된다. 하지만 이 논리들은 대농이 아니라 단지 대토지 소유를 문제시하는 것들이다. 임금노동이 자기 노동의 수확을 받게 되는 자의 노동보다 더 비생산적이라는 완전히 옳은 가정, 그리고 나아가 토지 소유권의 오늘날의 형태는 대농에서 가장 거칠게 드러나는 오용을 허용한다는 것에 의존한다.

그래서 부양활동공간을 상당한 만큼 확장하고자 한다면, 대농이 제공하는 기술적 장점들을 소농이 수반하는 정신적 장점들과 결합하는 것이 필요하다. 대농의 능력과 결합한 농민의 바람은 생산의 놀라운 증대란 결과를 가질 수밖에 없다.

노동임금을 노동 수확으로 대체함이 생산의 상승을 야기한다. 그래서 대농이 자유 노동과 결부될 수 있는 형태가 중요하며, 이는 농촌 노동자들의 단체들에 의한 대농이다. 노동자 조합에서는 농민적 소유권자에서와 거의 마찬가지로 큰, 노동에 대한 추진력이 지배한다. 그렇지만 토지경작을 위한 노동자 조합들의 결성은 단지 절반의 조치일 것인데, 왜냐하면 이는 소유권의 오용을 불가능하게 만들지 않겠기 때문이다. 맬서스 자신은 현존하는 소유권 관계의 변화 없이는 최고로 가능한 토지 수확은 달성될 수 없음을 시인한다. "땅이 내놓을 수 있는 식량의 최대량을 얻도록, 기술, 노동 그리고 근면한 직업활동을 이끄는 것보다 더 어려운 것이 없고 정부의 의지에 덜 따르는 것이 없다. 이제까지 모든 유익한 제도들의 기초였던 소유권에 손대지 않고 이에 도달할 수는 없을 것이다."

최고로 가능한 수확을 달성하는 쪽으로 밀고 갈 수 있는 유일한 조치는 국가가 토지를 단지 토지에서 최고의 수확을 끌어낼 수 있고 그럴 의지가 있는 자에 의해 경작되게 할 능력을 부여받는 그런 조치다. 이는 토지에 대한 사유재산권의 제거 그리고 그것의 총재산권으로의 이행이다. 오직 토지에 대한 공동 소유 그리고 자유로운 조합을 결성한 노동자들에 의한 토지경작으로 현대의 생산양식보다 우월한 그런 생산양식이 창조될 수 있다는 것, 이것은 밀, 라블레이 그리고 다른 이들 같은 부르주아지의 선진적인 경제학자들도 인정하는 바다.

노동 수확물의 분배를 억압된 계급들에게 유리하게 변혁하려는 일체의 시도는 그것이 그러면서 토지의 생산성 증대를 수반하지 않는다면 실패할 수밖에 없다. 토지 생산성 증대 없이는 어떤 제도도 프롤레타리아트의 형편을 장기적으로 향상시킬 능력이 없다.

맬서스는 사람들이 그에 반대하여 제기한 모든 박애주의적 외침에도 불구하고 결단코 옳지만 그가 그러한 생산력의 증대가 항시 불충분할 수밖에 없다고 주장하는 경우에는 결단코 틀렸다. 더 고등한 생산양식으로의 이행을 통해 식량이 일정한 시대를 위해 인구만큼 빠르게만 아니라 심지어 더 빠르게 성장하도록 할 수 있다. 토지 소유권의 변혁과 자유롭게 이성적으로 조직된 노동자에 의한 토지의 경작은 더 완전한 농사로의 그런 이행을 가능케 해준다.

5. 예방적 장애물들

우리가 알게 된 결과는 다음과 같다.
1) 하층계급들의 운영의 어떠한 개선이든 그들의 수의 더 빠른 증가를 수반할 수밖에 없다.
2) 인구의 경향은 항시 식량 재고가 증대될 수 있는 것보다 더 빠르게 증대되는 쪽으로 가는 것은 아니다.

하층계급의 운명이 개선되면서 동시에 더 고등한 농사방식으로의 이행이 없다면 유럽에서 과잉인구를 불가피하게 만든다. 그러나 더 고등한 농사방식으로의 이행을 통해 과잉인구의 위험이 회피된다고 결론을 내리는 것은 성급할 것이다. 이런 이행은 과잉인구의 위험을 미룰 수는 있으나 제거할 수는 없다.

노동자 계급의 형편을 상당한 만큼 개선하면서도 더 높은 생산양식으로의 동시적 이행이 없든지 아니면 이런 이행을 그러면서도 실행시키든지, 그 차이 전체는 전자의 경우에는 과잉인구가 3년에서 4년 후에 등장하고, 후자의 경우에는 30년에서 40년 후에 등장한다는 데 있다.

사회에서처럼 자연에서도 강자는 약자를 먹고 살며, 굶주림과 불의가 사납게 날뛰며, 간계와 폭력이 승리한다. 사회에서처럼 자연에서도 모두를 위해 충당이 되지 않으며, 거기서처럼 여기서도 과도한 숫자의 것들은 거리낌 없이 제거된다. 생존 투쟁을 제거하기를 원하는 것은 결코 달성되지 못할 유토피아다.

생존 투쟁을 제거할 수는 없지만, 그것에 다른 형태를 줄 수는 있다. 그 투쟁은 이중적인데, 한편으로는 주변을 둘러싼 자연 전체에 맞선 투쟁이고, 다른 한편으로는 자연에서 빼앗을 것을 두고서 하는 투쟁이다. 진보는 오직 더 많은 힘을 자연에 맞선 투쟁에 집중할 수 있도록 후자의 투쟁을 점점 더 많이 제거하는 데 있다. 우리의 노력은 우리의 동료 인간을 제압하고 그들에게서 그들이 자연에서 빼앗을 것을 빼앗는 쪽으로 가서는 안 되며, 그들과 연합하여 자연을 가능한 만큼 굴레 씌우고 우리에게 유리하게 규율할 수 있도록 하는 것이다.

오직 두 방향에서 진보가 표출된다. 개인들 서로 간의 투쟁 제거를 통해서, 아니면 자연에 맞선 새로운 투쟁수단의 발명을 통해서. 전자의 방향에서의 진보는 사회법칙들의 인식을 통해서 주어지며, 두 번째 방향의 진보는 자연법칙들의 인식을 통해서 주어진다.

이제 의식적으로 인구증가를 규율하고 이를 식량 재고에 적응시키는 것은 인간에 덜 걸맞은 것인가? 인간 정신이 식량의 산술급수를 일시적으로 기하급수로 전환해도 된다면, 그가 인구의 기하급수를 산술급수로 전환하거나 이를 완전히 가로막는 것은 부당한 일일까?

이제 자연에의 다른 개입들은 최고로 인륜적인 것으로 통하는 동안 이 원리를 일정한 영역에 대해 유효하지 않게 하여 인간의 성생활에의 개입을 패륜적인 것으로 명명하는 것은 완전히 비과학적이다.

인륜적인 것은 가능한 행동 중에 가능한 인간 행복의 합계를 가능한 최대로 적게 줄이는 그런 행동이다. 다른 행동들은 패륜적이고 그것도 가능한 인간 행복의 합계를 더 많이 줄일수록 더욱더 패륜적이다.

이제 얻어진 인륜도덕의 척도로 인구증가를 막도록 제안한 수단을 검증해 보고 그것이 수반하는 악이 오늘날의 사회를 지옥으로 전환하는, 그리고 사회주의가 과연 일순간 몰아낼 수는 있지만 개선된 광포함으로 그 희생 제물을 덮치는 결과만 초래하게 되는 다채로운 형태의 악덕과 곤궁만큼 정말 그렇게 끔찍한 것인지 탐구해 보자.

출생한 아기를 제거하는 대신, 출생을 인륜적 방법으로 줄이는 것, 이것이 오늘날 가능한 인구문제에 대한 해결책 중에 유일하게 만족을 주는 것이다.

최근에 셰플레(Schäffle)라는 가장 중요한 경제학자가 독일 사람으로서 한 의학박사의 《사회과학 개론》을 통해 동기 부여를 받아 이런 면에서 의미 있는 방향 전환을 했음을 나는 확인할 수 있다. 이 책은 참으로 인구학을 위해 획기적이 될 전망인데, 이는 최근에 인구학에서 새로운 태도를 보인 자들 거의 모두가 이 흥미로운 책을 읽고 그렇게 하도록 자극을 받은 것이기 때문이다.

셰플레가 피임에 대해 제기할 수 있는 반론들을 살펴보면 이것들은 피임의 활용의 유익한 성공을 위해 필요한 전제조건들의 분별일 뿐이다. 이로써 우리는 피임을 우리가 선택할 수밖에 없는 악 중 가장 작은 악으로 취해야 할 입장에 서게 된다.

우리는 오늘의 과학 수준에서 인구를 규율할 다른 수단을 알지 못하며 그것을 수용할 수밖에 없으니, 이는 언젠가 먼 미래에 그 대신에 놓일 수 있는 개연성은 아니라 해도 가능성이나마 있는 것을 믿을 수 없기 때문이다. 피임과 아울러 과잉인구의 고통에서 벗어날 또 한 가지 길이 있을 것인데, 이는 우리의 생활양식의 상응하는 변경을 통한 인간 족속의 가임성에 의식적으로 초래된 축소다. 그렇지만 이런 방식으로 이로운 결과에 도달할 것인지는 아주 의심스럽다. 길들여진 동물들과 마찬가지로 문명화된 인종들도 생활양식의 경미한 변화에 상당히 둔감하며, 그래서 그들의 가임성의 감소는 생활 조건의 변화가 아주 커서 피임보다 더 많은 폐해를 낳는 경우 외에는 등장하지 않을 것이다.

그래서 피임은 과잉인구에서 벗어나기 위한 모든 가능한 수단들 중에 가장 작은 악을 수반하며 그래서 가장 인륜적인 그런 수단일 개연성이 있다.

사회주의적 방향으로의 사회 변혁은 피임의 수용을, 그리고 자신의 존재 보증을 필연적으로 수반하며, 이 새로운 사회에서 이것은 단지 또 하나의 시대적 문제일 뿐이다.

우리의 의무는 한편으로 그 문제에 대해 유일하게 만족을 주는 해결책에 반대하여 지배하는 선입견을 흩어버리고, 다른 한편으로 성적 시스템과 그것의 기능들에 관한 현재의 지식 확장에 노력하는 것이다. 그렇지만 여자도 생리학의 완성에 협력하게 될 때에야 비로소 그 둘은 상당한 정도로 가능하다.

사회문제들이 얼마나 긴밀하게 서로 엮여 있는지, 하나는 다른 하나 없이 일방적으로 얼마나 해결될 수 없는지를 보게 된다. 성관계들의 질서, 여성 해방, 토지문제의 해결 등 모든 것이 공업 노동자 문제가 판가름 나고서야 비로소 매달릴 필요가 있는 사치 문제가 아니다. 후자의 해결책은 전자의 해결책 없이는 전혀 가능하지 않으며, 그것들 모두가 마찬가지로 중대하다.

사회변혁만으로 오늘날 인구의 10분의 9를 고통스러운 생존을 이어가도록 벌을 주는 곤궁과 악폐를 박멸할 수 있다. 그러나 피임을 통해 가장 인륜적으로 성사될 개연성이 높은 그런 인구변동의 규제만이 이 악들이 재현되는 것을 막을 수 있다.

피임은 프롤레타리아트를 제거할 수는 없는데, 이는 프롤레타리아트가 자연적인 과잉인구에 의해 유발된 것이 아니기 때문이다. 노동자 수의 축소는 그래서 노동자 계급을 향상시켜 줄 수 없다. 노동자가 피임을 통해 가정의 악폐에서 자유로운 상태를 유지한다면, 이는 그 개인에게 이로울 수 있다. 그러나 또한 그런 습관이 일반화되지 않는 동안만 그럴 뿐이다. 인구증가의 제한을 통해서는 인류의 만족과 건강이 획득될 수 없다. 그러나 그것들은 이런 제한 없이는 또한 획득될 수 없다.

끊임없이 자연의 힘들이 인간을 괴롭히며 끊임없이 인간은 그 힘들과 투쟁해야 하며, 끊임없이 그것들에서 자신의 생활을 쟁취해 내야 한다. 생존 투쟁은 우리가 살아가는 세상만큼 오래 지속될 것이며, 아무도 그것을 제거할 수 없다. 우리는 단지 만인에 대한 만인의 투쟁을 만인을 위한 만인의 투쟁으로 변화시켜 단합된 힘으로 과학의 검을 들고서 어떤 전투에서든 적을 더 쉽게 정복할 수 있도록 할 수 있다.

지금의 과학 수준에서는 피임이 과잉인구를 필연적으로 낳고 절망이 가득한 생존 투쟁의 형태로 나타나는 다른 악들보다 훨씬 더 작은 악임을 부인할 수 없다. 피임을 수용하는 것은 그래서 인륜도덕의 계명인데, 이는 그것이 기아와 전염병, 전쟁과 살인, 매독과 매춘보다 더 인륜적이기 때문이다.

  이 문제는 결코 완전히 만족스럽게는 응답이 될 수 없으며 인간은 완전히 조금의 예방조치도 없이 처벌을 받지 않으면서 결코 그의 자연적 충동들에 자신을 바칠 수는 없을 것이다. 왜냐하면 생존 투쟁은 항구적이기 때문이다.

Ⅱ. 자연과 사회에서의 증식과 발달

1. 과잉인구와 인구감소의 두려움

신(新)맬서스주의자 다수는 정통 맬서스주의자들처럼 악습과 곤궁을 과잉인구로부터, 혹은 최소한 그로부터만 도출하지 않고 사회적 상황으로부터도 도출한다는 점, 과잉인구에 성적 쾌락의 금욕이 아닌 피임수단의 사용으로 대처할 것을 요구하고, 독신의 폐해를 강조한다는 점에서 정통 맬서스주의자들과 차이가 있다. 다원주의를 전면에 내세운 사회주의자들도 맬서스주의에 의미가 있음을 인정했다. 알베르트 랑게가 그러하다. 그러나 1880년대에 맬서스주의는 경제 학설로서 의미를 상실했으니 주로 식량 가격의 급속한 하락과 출생률 하락에서 원인을 찾을 수 있다. 그러다 몇 년 전부터 인구문제가 다시 전면에 부상했다.

옛 산업국들에서의 산업 자본주의의 확장은 세계 시장의 꾸준한 확장을 전제로 한다. 국외 이주는 오늘날 공업국이 아닌 농업국으로부터 가장 거세다. 일반적으로 오랜 농업국에서 식량의 유출이 사람의 유출과 보조를 맞추지만, 식량을 수입하는 산업국가들로부터의 국외 이주는 국내유입에 때문에 점점 더 추월 된다. '과잉인구'라는 것은 이처럼 잉여식량을 생산하는 나라들에서 증가한다. 다른 한편, 많은 나라에서 인구감소의 두려움이 떠오르고 인구문제는 맬서스주의에 대치된 관점에서 타오르게 된다. 마르크스주의자들도 다시금 '전체 경제학의 자연법칙'을 더 상세히 고찰할 때가 되었다.

2. 자연과 사회

먼저 자연의 개체군 법칙에 관해 눈뜨지 않으면 인간 사회의 인구법칙을 알 수가 없다. 거꾸로 인간 사회의 인구법칙을 파악하는 데, 자연의 개체군 법칙을 파악하는 것으로는 충분치 않다. 사회는 단지 자연의 특수한 조각으로서 특수한 법칙을 지닌다. 이 역시 자연법칙이라고 부를 수 있다. 어느 자연법칙이든 특정한 조건에서만 작동한다. 사회법칙들도 같은 조건들이 주어진 경우에 완전히 같은 방식으로 작용한다는 의미에서 자연법칙처럼 보편적으로 타당하고 보편적이다.

자연에서 인간의 인식에 열린 분야, 그리고 자연의 개념은 공간, 시간적으로 인간에 의해 실제로 지배를 받는 그 작은 조각보다 훨씬 빠르게 확장된다고 말할 수 있다. 개별 인간만 아니라 전체 인류에 대해서도 인류가 보게 되는 자연 조건들은 변경이 안 되는 것으로 여겨진다.

기술 발전이 무한히 작은, 아니 우리 인식 영역의 확장에 비하여 상대적으로 작은, 점점 더 작아지는 자연의 조각만 장악해도 그것은 언제나 사회 전체를 장악하고 그 조건과 법칙들을 완전히 뒤바꾼다. 그래서 사회는 자연에 비해 점점 더 변화 가능한 것으로 나타나고 사회의 법칙은 역사적인 것으로, 자연의 법칙은 영원한 것으로 통한다.

그런데 기존 사회형태의 옹호자에게는 모든 사상은 단지 일시적, 역사적 범주를 이룬다는 점에서 견디기 어렵다. 그래서 사회에서 나머지 자연과 같이 동일한 법칙의 부동성을 찾으려고 시도한다. 그러는 중에서 그들은 인간과 자연과의 관계가 여러 사회적 관계의 기초라는 데서 지지를 받는다.

자본도 임금 노동자의 자본가를 위한 노동으로부터 나오는 사회적 관계, 인간 간의 관계로서 파악할 수 있을 뿐이다. 그러나 그것은 인간의 특정 사물, 생산수단에 대한 관계, 그 물질적 특성 위에 그 관계가 기초를 두는 관계로 너무나 쉽게 이해되는 것뿐이다.

인간 중의 사회적인 여러 관계는 결국 인간들의 자연적 필요와 그 자연적 필요를 충족시켜 줄 수 있는 사물의 물질적 특성에 의존한다. 자연에 대한 인식은 이처럼 사회에 대한 인식을 의미하지 않지만, 그 전제를 이룬다.

어떤 사회 분야도 사회의 인구법칙에서만큼 자연법칙의 인식이 중요하지 않다. 그런데 거기서 유기체 증식의 법칙들이 바람직한 만큼 자연과학적으로 잘 규명되어 있지 않다. 그래서 경제학자들과 사회학자들은 자연법칙을 단순히 전제하는 데 만족할 수 없고 이 법칙의 탐구에 몸소 참여해야 한다.

인구법칙의 영역에서도 오늘날 사전에 다원주의와 대결하지 않으면 명확한 입장정립에 도달하는 것이 불가능하다. 그러나 그것의 이론적 기초는 맬서스주의에서 나왔다. 맬서스 자신의 발자취를 따라가며, 다른 경제학자들이 낯선 영역으로 밀반출한 것을 밝혀내는 건 값있는 일이다.

3. 부양활동공간

맬서스와 다윈은 둘 다 유기체들의 무한한 증식 경향을 확인한다면 다윈은 이것으로 자신이 관찰한 생명체가 점점 더 높은 형태로 올라가는 것을 근거지운 반면, 맬서스는 자신이 관찰한 프롤레타리아트의 곤궁과 타락으로의 몰락에 대한 근거로 삼았다. 맬서스의 법칙과 다윈의 법칙은 아주 다르며, 유기체의 무한한 증식능력의 인정에서만 일치한다.

여기서 우리가 다루어야 하는 것은 다윈의 견해가 아닌 맬서스의 견해이고, 우선 동식물의 세계에 대한 그것의 타당성을 다루어야 한다. 이런 야생의 동식물에 대해서는 자연 선별의 다윈적 개체수 법칙이 타당하다면 이로써 맬서스의 인구법칙의 부적합함이 설명된다.

맬서스는 아주 옳은 말을 한다. 유기체의 종들에게 자신의 부양활동공간을 넘어서 발달하는 경향이 있어서 결국 이에는 영양부족만이 반격을 가한다면, 이 경향은 개체들의 약화와 신체적 피폐화로 이어짐이 분명하다. 그러나 유기적 본성의 퇴화는 말이 되지 않는다. 그래서 맬서스의 가정인 부양활동공간의 넘어서 발달하는 경향, 영양부족의 반격이라는 것은 성립하지 않는다.

맬서스의 인구법칙은 개체 표본 하나나 한 쌍의 증식을 고립적으로가 아니라 유기체 생명 전체와의 연관 속에서 관찰한다면 다른 면이 보인다. 총연관 속에서는 근거 없는 가정으로 제시되는 것이 고립적으로 볼 때는 명백한 사실로 여겨진다.

맬서스는 유기체들을 단지 먹이 결핍자들로 바라본다. 그러나 동시에 다른 유기체들을 위한 먹이 제공자가 아닌 유기체는 별로 없다. 맬서스주의자들은 유기체들이 부양활동공간의 제약이 그들에게 존재하지 않을 때 어떤 엄청난 방식으로 증식했을 것인지를 우리에게 설명해 주는 데 지치지 않는다. 맬서스에게 부양활동공간 너머로 성장하려는 경향으로 나타나는 것은 실상은 부양활동공간을 이루는 경향이다. 맬서스에게 자연에서의 곤궁의 큰 원인으로 여겨지는 엄청난 다산성은 반대로 모든 생명과 모든 생의 기쁨의 전제조건이다.

유기체적 자연의 보편적 법칙으로서 맬서스의 인구법칙은 난센스다. 각 종의 부양활동 공간은 가장 먼 경계선으로 그 너머에서는 증식할 수가 없다. 천적이 없는 몇 개의 동식물종에게는 들어맞을 수 있다. 그럼에도 불구하고 그런 종들에서도 과잉 개체수 같은 것은 찾아볼 수 없다.

유기체들이 예외 없이 계속해서 어디서나 그 부양활동공간 너머로 증식하는 경향을 가진다는 것, 그리고 그들은 오직 먹이 부족에 의해서만 그로부터 방해를 받는다는 것은 맞지 않다. 우리는 오히려 유기체 개별 종 안에서 그리고 상이한 종들 서로 간의 관계에서 개체들과 옹을 유지하는 힘과 파괴하는 힘 간 균형의 달성과 보전의 경향을 본다.

4. 자연에서의 균형

지구상 생명체의 기원 단계에서 유기체는 단 한 종만 있으며 이 종이 자신의 전체 부양활동공간을 채우고 그들의 증식은 크기 증대에 이어 오직 분할이나 분열을 통해서만 진행된다. 그때 유기체의 제거와 같은 종의 다른 개체를 위한 먹이 조달은 같은 크기이며 번식은 완전히 이에 의존한다. 세 현상 모두 여기서는 같은 템포로 진행된다. 종을 보전하는 인자와 종을 파괴하는 인자 사이의 균형은 이 단계에서는 시종 아무런 놀라울 것도 없고 자연 조건에 의해 주어지며 불가피하다.

진화가 계속되면서 세 현상 서로 간의 직접적 의존성은 점점 더 사라진다. 거기서 먹이 조달, 증식, 제거는 서로 간에 점점 더 독립적이 되는 경향을 얻으며 이 조건들 각각은 다른 조건들과의 연관성 없이 발달하는 경향을 얻는다. 그러나 근본적으로 제거, 먹이 조달, 증식의 옛 균형은 결코 지속적으로 교란될 수 없으며, 개별 유기체 내의 지체들의 균형과 마찬가지로 항상 다시 관철될 수밖에 없다.

그러나 유기체들의 개별 종들이 그 균형을 깨뜨리는 경향을 발달시켰다면, 언제나 다시금 그런 교란에 반작용하는 반대경향이 등장함이 분명하다. 그런 균형을 회복하는 경향을 탐구한 것은 허버트 스펜서였다. 그는 한 개체가 쏟을 능력이 있는 힘의 양은 정해진 크기라는 가정에서 출발한다. 그렇다면 그 개체가 자신의 생명 유지에 많은 것을 필요로 할수록 그중에서 그만큼 적은 것을 번식을 위해 사용할 수 있다. 이 법칙이 유기체 세계에서 균형의 보전이 되도록 작용함이 분명하다는 것은 명확하다. 힘의 지출의 차이는 큰 동물이 다른 조건이 같은 상황에서 더 작은 동물보다 덜 다산하는 데 대한 가장 중대한 이유 중 하나이기도 하다.

유기체의 증식이 그 생존의 다양한 조건에서 보여주는 다양한 양태들은 모두 같은 법칙의 발로다. 즉 주어진 상황에서 한 유기체의 힘의 비축량은 주어진 크기라는 것, 증식을 위한 힘의 지출은 개체의 보전을 위한 힘의 지출과 합하여 그 합계를 넘어설 수 없다는 것, 그래서 하나의 인자의 어떠한 확장도 다른 인자를 축소할 수밖에 없으며, 그 반대도 성립한다는 것이다. 그렇다면 한 유기체에게 새 힘을 조달하는 힘의 원천이 더 풍부하게 흐를수록, 다른 점에서는 동일한 상황에서 그의 다산성은 더 크다.

과잉 개체수가 되는 경향을 띠는 종이 오직 잡아먹기만 하고 잡아먹히지는 않는 종에 속한다면, 그 종은 기존의 먹이의 양을 나누어 취해야 하는 자신의 구성원 수의 증가에 의해서만이 아니라 먹이 양의 감소에 의해서도 먹이 부족을 일으킬 것이다. 결국 그 증식이 유기체들의 보전과 제거 간의 균형에 적응하지 않으려 하는 모든 종은 사멸한다.

오직 적응하는 것만이 보전될 수 있다. 부양활동공간의 한계를 넘어가려고 하는 증식능력은 적응적이지 않으며, 그런 한계로부터 거리를 두고 있어서 개체들의 가장 완전한 발달이 가능해지고 개별 종에 대하여 이로써 또한 종들의 전체에 대하여 보전과 증식 간의 균형이 지속해서 보전되도록 하는 증식능력이 적응적이다.

5. 자연에서의 혁명과 정지상태

살아 있는 자연에서의 균형이라는 우리의 가정은 진화학설이 그러한 균형의 시간 동안에는 진화도 가능하기 어려운 것으로 보이게 한다면 결코 진화학설과 융합 불가능하지 않다. 균형은 같은 외적 조건들의 끊임없는 반복을 전제로 한다. 이는 그런 조건들의 작은 기복을 배제하지 않는다. 지속적으로 개별 대륙들, 아니 지구 전체의 외관과 기후적 그리고 그 밖의 상황들을 변경시키는 그러한 변동은 빙하기, 대륙과 해저 지반의 융기와 침하, 해류, 지축의 변경 등이다.

그런 변동은 동물과 식물에 새로운 생활 조건을 가져온다. 많은 생물에게 그들의 지금까지의 서식지는 거주 불가능하게 되어 달아나야 하며, 다른 도피자들과 새로운 지대에 몰려들어 그곳에서 치열한 투쟁을 하고, 새로운 선별이 일어나게 하며, 거기서 그들은 또 새로운 교배(交配)에 도달하여 이것이 새로운 종을 만들 수 있다. 그 과정의 끝에 다른, 변화된 조건에 더 잘 적응한 유기체적 세계가 존재하게 될 것이다. 이런 변경이 점점 더 높은 형태들로의 진화이기도 하게 만드는 것은 그 부분들의 다채로움이 더 크고, 그 기관들의 분업이 더 많이 진전된 것이다.

진화는 옛날의 단순한 유기체들이 사멸하고 새로운 고등의 유기체들에 의해 쫓겨나는 식으로 진행하지 않는다. 옛 유기체들에 새로운 유기체들이 더해지고 그래서 유기체 생명계가 더 다채롭게 형성된다.

어느 유기체든지 외적 조건의 결과일 뿐이기만 한 것이 아니다. 그 자체가 다시 다른 유기체들을 위해 외적 조건의 한 조각을 이룬다. 이 모든 영향을 고려한다면, 점점 더 고등의, 즉 점점 더 복잡한 유기체로의 끊임없는 진화는 어떠한 경이로움의 외관도 잃어버린다. 결국, 그것은 우리의 지구 위에서 그리고 그 안에서 진행되는 순전한 역학적 변화에 기인한다.

이런 인식이 옳다면 진화론과 마르크스주의 간의 모든 통일성도 성립하고, 그렇다면 인간 관념의 진화는 유기체 일반의 진화와 같이 그의 생활의 변동하는 물적, 즉 외적 조건의 적응으로 완수된다.

그리고 인간 사회의 진화에서처럼 우리는 유기체 세계의 진화에서도 급격한 변동의 시기, 그리고 정지상태의 시기, 균형의 시기, 혁명의 시기와 보수적 시기를 구분해야 한다. 유전(遺傳)은 유기체와 외부세계 간의 관계가 장기간에 걸쳐 본질상 변함이 없는 시기에만 종을 확정하는 계기가 될 수 있다.

순간적으로 우리는 명백히 새로운 종의 진화에 관해서라면 보수적인 시기에 살고 있다. 외적 생활 조건들은 전반적으로 수천 년 전부터 변함이 없으며, 그래서 종들도 변함이 없는 것으로 나타나고, 진화는 사회에 국한되는 것 같으며, 자연과 다르게 오직 사회만 역사 그리고 역사적 범주들을 가지는 것으로 보인다.

역사적 시간 내에서의 종들의 불변함은 유기체들의 부양활동공간보다 더 빠르게 증식하는 끊임없이 효력을 나타내는 경향이 유기체 진화의 추진력이라고 우리가 가정한다면 설명이 안 되는 채로 남는다. 새로운 종들을 창조하는 것이 외적 생활 조건의 가끔 있는 변동이라는 것 그리고 점점 더 복잡해지고 점점 더 고등의 유기체가 출현하게 하는 것은 이 생활 조건의 다채로움의 증가라는 것을 우리가 가정한다면 이 난점은 사라진다.

단순한 유기체와 아울러 점점 더 다채롭고 고등의 유기체들이 생겨나도록 하는 것이 지구상에서의 생활 조건의 진보하는 다채로움이라는 것만으로도, 이는 지구상에서 고등 유기체로의 진보가 지구 자신의 냉각 및 수축 과정을 통해 그 표면 위에 상황의 증가하는 다채로움을 만들기를 중지하자마자 끝날 수밖에 없다는 말도 된다. 그런데 어떤 시점부터 지구는 그 다채로움을 정말로 상실하기 시작할 수밖에 없으며, 그 표면에서의 상황도 점점 더 단조로운 모양이 될 수밖에 없다. 이는 두 거대한 힘의 역학관계에 따라 두 가지 방식으로 일어날 수 있다. 지구의 얼굴을 정해주는, 18세기의 언어로 말한다면 화성활동(Plutonismus)과 수성활동(Neptunismus)이라 부를 수 있는 두 거대한 힘의 역학관계를 말한다.

지구 수축의 융기시키는 힘과 물의 깎는 힘의 두 힘 모두 약해지는 경향이 있다. 물의 평준화시키는 힘이 새로운 융기층을 쌓아 올리는 힘보다 우위를 차지하면 지구는 점점 더 평평해지고, 대양은 점점 더 얕아지며, 결국 바다는 완전히 마르고 건조한 황무지만 남게 될 수밖에 없다. 그러나 압도적인 중량의 물이 높이 쌓는 힘의 크기를 이기지 못하고, 산간지대를 깎아내지도 못한 채 지구의 사타구니로 결국 스며드는 것도 가능하다. 산악지대는 그러는 중에 오늘날보다 더 높아질 수도 있다. 발달 진행의 첫 번째 경우에서는 두 번째 경우에서와 완전히 다르지만 두 경우에 모두 생활 조건과 유기적 생명체의 단조로움이 증가하는 쪽으로 같은 경향을 띤다.

아무튼 우리가 이미 지구 유기체 진화의 정점에 도달해 있고 기존의 유기체들보다 더 고등의 유기체 종은 더 이상 나오지 않을 가능성이 존재한다. 아니 아예 우리가 이미 지구상의 생명의 증가하는 단조성의 초창기에 들어온 것은 아닌가 하는 질문을 던질 수도 있을 것이다. 물론 우리는 수천 년 전 이래 진행되고 있는 운동이 지구상의 생활 조건을 점점 더 단조롭게 만드는 경향을 지닌다는 것을 발견하지만, 그 운동을 일으키는 힘은 물이 아닌 인간의 평준화시키는 힘이다.

6. 산술적 진행과 감소하는 토지 수확

인간이 있음으로써 자연의 무대에 기술이라는 새로운 인자가 등장한다. 인간은 자신의 부양활동공간을 점점 더 확장할 능력이 있다는 점에서 동물과 구별된다. 기술 진보는 맬서스에 따를 때 자연에서 상시 지배하는 곤궁이 인류 안에서도 언제나 변함없이 있는 것 말고 아무것도 달성하지 못한다. 차이가 있다면 인간종의 증가와 함께 인간 곤궁의 영역은 계속 확장해 간다는 것이다. 또한 인간이 동물과 다른 점은 인간은 자신의 욕망과 격정을 자제하고 이를 통해 자신의 증식을 제한할 수 있다는 것이다.

맬서스의 인구법칙의 인간에 대한 적용은 산술급수와 기하급수 간의 대립이란 이해와 다른 이래를 감소하는 토지 수확의 법칙이란 형태로 얻는다. 이에 기초를 두는 것이 리카도가 창시한 차액지대의 법칙이다.

우리의 관심사가 아닌 지대와 관련해서가 아니라 토지가 산출할 수 있는 식량의 양과 관련해서 노동이 토지에 미치는 작용을 고찰한다면 여기서는 상품생산에 고유한 사회적 관계의 규명이 아니라 모든 형태의 사회와 생산에 공통인 인간과 자연 간의 관계가 관심사다.

주어진 필지에서 노동지출의 끊임없는 증가가 어떻게 작용할지를 두 종류로 해서 살펴볼 수 있다. 하나는 생산과정 상의 기술이 동일한 상태에서의 노동의 증가, 또 하나는 기술이 불완전한 형태에서 완전한 상태로 이행함에 의한 노동지출의 증가다.

농업의 기술 진보는 지출된 노동의 유지비용을 넘어 내놓는 잉여의 증대로, 그래서 비농업인구의 부양을 위해 존재하는 식량의 양의 증대 또는 농업인구의 노동부담 감소로 표출된다. 그러나 농업의 진보는 결코 모든 상황에서 총인구의 부양활동공간 확장을 초래할 필요는 없다. 부양활동공간은 불변하는 경영방식에서 인구증가와 함께 확장되지만, 경작면적이 반드시 확장될 필요는 없다. 마찬가지로 증가하는 인구는 상황에 따라 더 고등의 경영방식으로의 이행을 가능하게 하고 이로써 부양활동공간의 확장을 비로소 가능하게 할 수 있다.

부양활동공간의 형성과 확장은 산술급수와 감소하는 토지 수확의 법칙이 가정하게 하는 것처럼 그리 단순하고 직선적인 항상적 과정은 아니다.

7. 부양활동공간의 확장

인간의 부양활동공간의 상시적 확장은 증식과 제거 간의 균형 상태에 있는 유기체 세계에서 균형의 교란을 의미했다. 이는 인간에게 해로운 동물들의 수와 부양활동공간의 제한에 의한 것과 다른 방식으로 일어나지 않았다.

부양활동공간의 더 이상의 확장은 사냥과 가축사육과 아울러 점차 발달하는 식용식물의 재배로 이루어진다. 식물 재배는 한 장소에서의 장기간 체류를 전제로 했다. 푸아삭은 경작이 유목적 가축사육보다 같은 면적의 땅에서 20배에서 30배가 더 많은 인간을 먹여 살리며, 가축사육은 사냥보다 20배가 더 많은 인간을 먹여 살린다고 추정한다.

그것은 인간 수효의 엄청난 증식을 가능케 한 것만이 아니라 경작에 종사하는 노동자들이 생산하는 자기 부양비용을 넘는 잉여도 아주 크게 되었다.

우리는 이제 문화의 진보와 함께 경작으로의 이행 이래 새로운 인자가 떠오르는 것을 본다. 이는 많은 경우에 전쟁보다 더 강력하게 부양활동공간의 개발을 막으며, 아예 직접 그 반대로 전락시키는 것이다. 이는 인구 중 노동하는 대중의 착취다. 농업 퇴조의 시기에도 적어도 한동안은 자연에 대한 지식과 기술이 도시들에서 성장할 수 있었다. 농업 자체는 파괴할 수 없는 것으로 드러난다.

인간의 부양활동공간 확장은 거의 언제나 다른 유기체 동식물의 부양활동공간 축소와 같은 의미다. 식민정책이 일으키는 것처럼 다른 인간들의 부양활동공간 축소를 의미하는 일도 드물지 않다. 그러나 이는 인간이 끊임없이 자연에서 지배하는 균형에 교란을 일으키며 개입하는 것을 의미한다.

8. 자연에서의 균형의 교란

자연에서 유기체 개체들과 종들은 고립적으로 존재하지 않는다. 그들 간에 극히 다채로운, 극히 긴밀한 연관이 지배한다. 인간은 다른 유기체들에 의도에 어긋나게 영향을 미침 없이 어느 유기체를 증식시키거나 감소시킬 수 없다. 약탈농법이 영위되는 경우 이는 나중의 세대에 대한 배려 없이 긁어모을 것을 필요에서가 아니라 그 결과에 대한 무지에서 생겨난다.

자연에 균형을 향한 경향이 지배한다면 인간은 자연에 점점 더 많이 한편에서는 개체수 축소의 경향과 또 한편에서는 과잉 개체수의 경향을 가져온다. 인간의 문화가 발을 들이는 곳에서는 우연이 아직 인간의 문화를 그냥 놔두고 있는 한에서 자연에서 균형이 유지된다면 이는 점점 더 우연한 일이 된다.

인간이 자신의 기술을 통해 자연에서 일으키는 균형의 교란은 지표면에서의 그 형상 또는 그 기후의 거대한 변동에 의해 만들어지는 교란과 병행하게 될 수도 있다.

유기체 생명은 그런 균형이 없이는 오래 존속할 수 없다. 자연에서 균형이 교란된 후에 항상 다시 관철되는 이유는 이런 불가능성에 있다. 인간이 자연에 그럴 시간을 주지 않으므로 인간 스스로가 균형을 다시 이루는 일에 착수하지 않으면 인간은 식량의 증산을 위해 결국 유기체 생명을 회복 불가능하게 만들고 말 것이다. 인간에게 부양활동공간을 둘러싼 자연과의 투쟁으로 여겨지는 노동의 큰 부분이자 끊임없이 커 가는 부분은, 그가 자연에게 가한 폭력의 결과일 뿐이다. 토지경작 기술이 변모할수록 단순성과 단조로움이 자유로운 자연에서, 무한한 유기체의 다양성 대신 더욱더 등장한다.

살아 있는 자연의 몰락, 지구 표면에서의 여러 관계의 다양성이 퇴보하기 시작하는 시점부터 시작될 수밖에 없는 이 몰락은 인간의 기술이 자연을 지배하는 데 성공하는 한에서는 이미 오늘날 인간에 의해 도입된 것이다.

9. 전염병과 삼림 황폐화

문명상태에서 동식물 유기체는 스스로에게 소용되지 않고 인간에게 소용되며, 인간은 항상 가장 저항력이 강한 것이 아니라 자신의 목적에 가장 부합하는 것을 번식시킨다. 이 동식물들이 개량될수록 더 쉽사리 병에 걸리는 일이 많으며, 더 쉽게 병으로 죽는다. 다시금 인간은 문화의 발달이 진행해 감에 따라 점점 더 많은 노동을 자신이 초래하는 자연에서의 교란된 균형의 결과를 제거하거나 감시하는데 지출해야만 한다.

균형의 교란은 지나치게 추진된 숲의 개간이 초래하는 결과로 벌을 받는다. 독일에서는 촌락과 도시의 목조가옥들 그리고 긴 겨울의 땔감의 필요성이 숲의 보전을 고려하지 않을 수 없었는데, 특히 광산지대의 숲은 아주 위태로웠다.

연료 및 건축 목적을 위한 거대한 목재 재고량의 필요성은 석탄의 등장, 석조 또는 벽돌조 주택의 약진, 그리고 여러 용도에서 철로 목재를 대체하는 것, 예컨대 목선을 철선으로 대체하는 것과 함께 사라졌다. 그런데 바로 자본주의의 시대가 숲을 죽이는 힘으로 작용한다. 철도는 그 횡목으로 엄청난 양의 목재가 필요했기에, 나무로 만든 종이 신문은 수많은 숲의 무덤이 됐다. 목재 자체가 점점 더 투기 대상물이 된다. 그러나 목재 키우기는 자본주의적 경제의 조건과 모순되며 이와 조화되지 않는다. 국가가 숲을 보호하지 않는 한 그것은 자본에 의해 속수무책으로 황폐해진다.

경작의 증대가 아주 흔히 부양활동공간의 확장 대신 축소를 가져온다면, 군비와 전쟁에 의한 부담과 초토화의 증대 그리고 노동자 계급 착취의 증대처럼 삼림파괴의 증대가 그 일에 가담하고 있다.

10. 과학과 노동

인간 정신은 우리가 아는 세계의 가장 다양한 현상이다. 그런데 그것이 발달하려면 그 주변 환경의 극히 커다란 다양성이 필요하다. 허파에 신선한 공기가, 위에 영양 좋은 음식이, 다리의 근육에는 가고, 달리고, 뛰어오를 기회를 주는 것과 마찬가지로 그것은 정신적 기능을 생산하는 기관들에는 생활필수품이다. 물론 기술 진보의 결과는 처음부터 많은 종류의 생명체가 밀려나고 결국 박멸되는 식으로 행해지는 자연의 단순화다.

민중에게 환경의 다양성 증대는 기술에 의해, 생계수단의 진보로 끝난다. 장인(匠人)의 노동은 더 단순해진다. 농민은 그래도 여러 가지 일을 하고 자기 자신의 복잡한 법칙을 가지는 여러 유기체를 상대한다.

인간의 정신에 노동이 일정하게 영향을 미치는 한에서, 그 정신은 유목체제에서부터 점점 더 마비되고 죽임을 당하며, 그때부터 농민으로부터 공장 노동자로 내리막길을 간다.

도시에서는 사정이 다르다. 거대한 인구가 도시에 모여 자기들이 사용하기 위해서만 아니라 수많은 농촌인구가 사용하도록 공산품을 만든다. 직업의 다양성에 계급의 다양성이 더해진다. 장인의 정신은 대도시에서는 촌락에서와는 완전히 다른 자극을 경험한다.

생존을 둘러싼 투쟁에서의 여러 인상들의 다양성은 일정한 기술 발달 수준에서부터는 점점 더 작아진다. 그러나 세계상은 한계를 모르고 점점 더 확장된다. 글의 발명은 거기서 강력한 한 걸음의 전진이다. 기술이 발달할수록 그리고 기술이 경제를 빠르게 변혁시킬수록 세계상도 더욱 강력하게 확장된다. 경제생활 전체에 혁명을 일으키고 산업노동을 어느 때보다 단순하고 단조롭게 만든 지난 수십 년간 세계상이 수립되는 토대가 되는 사실들의 다양성은 혼돈에 통일성을 가져오기가 거의 불가능할 정도로 빠른 속도로 성장한다.

각자가 특별한 세계관을 발달시켜 온 두 계급이 서로 투쟁에 빠져들면 그 투쟁은 두 세계관의 투쟁이 된다.

한 걸음씩 노동자 계급은 일정한 근로 시간 단축을 달성하여 이는 그들에게 하루의 몇 시간을 스스로 주인이 될 수 있게 해 준다. 노동이 단조롭고 정신을 죽이는 성격을 띨수록 이제 자유 시간에 인상들의 다양성을 추구할 필요가 더욱 커진다. 지금까지 억압받은 노동하는 계급들은 더 많은 빵, 더 많은 물질적 향락을 얻기 위해 투쟁했다. 근대의 프롤레타리아트는 세계사에서 착취하는 계급의 과학에 대한 특권을 억압적인 것으로 인식하고 이를 깨뜨리기 위해 지극히 열성적으로 투쟁하는 최초의 노동하는 계급이다. 이런 강박은 아주 강력하여 미래에는 사회가 가용한 것으로 보유하는 전체의 노동력이 식량 생산에 투입될 수 있을 가능성은 완전히 배제된다.

11. 예술과 자연

인간 정신이 타고난 것은 다양성에 대한 욕구만이 아니라 다양성이 그 안에 집약되는 그림의 통일성에 대한 충동도 있다. 자연 자체에서 인간은 여러 힘의 균형 또는 새로이 교란된 균형의 끊임없는 재생을 향한 경향을 발견한다. 모든 세부 사항들이 그 안에서 함께 전체를 이루면서 각각은 균형 상태 또는 교란된 균형 상태의 재생을 향한 운동을 나타내는 결과에 기여하는 그런 다양성만이 예술적 인상을 불러일으킨다.

예술은 자연보다 단순한 수단에 의해 자연 다양성의 인상에 도달하려고 애쓴다. 오직 자연의 토양에서만 예술은 거듭하여 새로운 힘을 길어낼 수 있다. 정신적 생명의 묘사에서도 예술은 자연을 추구하고 자연으로부터 배워야 한다. 반면에 자연의 영역은 기술과 경제가 단순화와 평준화를 추구하면서 시작되는 곳에서 끝난다. 경제가 지배하고 기술을 최고로 펼쳐지게 만드는 곳에서 예술은 중단된다. 예술가와 사상가의 정신 그리고 예술적으로나 과학적으로 관심이 있는 인간의 정신은 경제의 필요들에 대하여 모순으로, 항거로 응답하기가 쉽다.

경제가 정주생활의 시초부터 발달해 갈수록 경제의 필요와 예술의 필요 간에, 경제적 감수성을 가진 인간과 예술적 감수성을 가진 인간 간에 대립이 더욱 상승한다. 그럴수록 경제적 노동에서의 단조로움이 더 커지고, 이 증대하는 단조로움에 예술의 다채로움으로 대응하려는 인간의 필요도 커진다.

자본주의와 함께 예술에는 새로운 시대가 찾아왔다. 사치는 주로 공중에게 은폐된 상태로 있으며, 이로써 이 사치의 일부가 되는 예술도 그러하다. 공공 예술이 점점 더 사라지도록 작용하는 이 축적은 기술의 혁신을 통하여 노동을 삭막한 단조로움으로 전락시키고 노동시간을 무한정 연장하며 축제 일수를 극도로 줄인다. 인구 다수가 예술에 대한 이해력과 통일적인 양식 감각을 상실해 가는 것은 놀라운 일이 아니다. 그러나 예술 감상에서 배제된 프롤레타리아 대중에게서는 동시에 그들의 현존이 삭막할수록, 그들에게 주어지는 물적 향락이 빈약하고 단조로울수록 더욱더 예술을 향한 뜨거운 갈망이 깨어난다.

우리에게 예술이 마련해 주는 가장 큰 향락은 물적 노동의 단조로움을 저지해 주는 향락만이 아니라 우리에게 자연의 다양성을 더 잘 파악하게 해 주는 향락도 있다. 예술가가 보통 사람과 차이가 나는 점은 보통 사람보다 더 많이 보고 들으며, 더 섬세하게 느끼고, 자연의 다양성, 그리나 또한 그 다양성 안의 일치를 더 잘 발견해 내고 이를 살려낼 줄 알아서 우리가 이를 그와 함께 느끼고 그와 함께 자연에서 이를 다시 발견하는 것을 배우도록 한다는 점이다. 자연에서 누구에게나 접근 가능한 물체 중에 가장 다채로운 것은 인간의 정신 말고는 숲이다. 숲의 보전 또는 쉽게 접근이 가능한 성들 근처의 공원에 의하여 삼림을 복제하는 것은 옛날부터 거대한 착취자들의 특별한 취미였다. 이런 형태로 진행되는 숲들의 증가는 확실히 프롤레타리아 필요에서 나오는 것은 아니다. 문화인이 거주하는 곳 어디서나 이 문화인을 위하여 예술 및 경제와 아울러 자연의 연장된 조각의 마련이나 획득을, 그리고 특히 건강한 숲을 열망하는 고려가 점점 더 큰 힘과 의미를 얻어간다.

12. 자연인의 기하급수

인간의 번식에는 기술이 개입하지 않는다. 엥겔스가 자연적 번식 과정의 변동으로 표현하는 것, 가족과 결혼 형태의 변화는 사회적 여러 관계에서의 변동이고 사회 발전의 결과이지 추진동력은 아니며, 번식기술의 변동에서 생겨나는 것이 아니라 식량 생산 기술의 변동에서 생겨난다. 여러 경제적 관계들의 변동은 인간의 번식과 증식 속도에 아주 크게 영향을 준다. 인간의 생산은 식량 생산과 동격이 아닌 식량 생산의 방식에 의존하는 인자다. 그러나 맬서스주의자들이 상상하는 것처럼 단순한 방식에서 그런 것은 아니다.

인간의 더 급속한 증식과 인간의 부양활동공간의 확장이라는 두 인자는 기술 진보라는 같은 원천에서 비롯했다. 인구의 증가가 지구 전체에 인간이 거주하도록 강제했든, 아니면 이를 가능하게 했을 뿐이든, 아무튼 지구 전역의 인간 정착은 원숭이를 닮은 조상들에게서 그랬던 것보다 더 급속한 인간의 증식을 전제로 한다.

'인간 생산'이 사회적 이익 아래에 적응하고 복종해야 한다는 것은 근본적으로 따질 때 성생활의 모든 도덕적 관점들의 내용이다. 이는 여성들에 의하여 가장 강력하게 느껴진다.

당연히 사회의 이익은 달라지며 이와 함께 사회가 성적 영역에서 제기할 필요가 있는 바로 그 요구들도 달라진다. 그러나 도덕적 요구를 만들어낸 조건들이 없어지더라도 그 도덕적 요구는 고착되고 유지된다는 것이 도덕적 요구의 본질에 속한다. 합목적이든 맹목적이든 어떤 경우어든 도덕성은 인구증식을 여기서는 방해하고 저기서는 촉진하는 쪽으로 작용해 왔다.

13. 문명에서의 기하급수

 농민 가정에는 보통 충분하고 규칙적인 식량 공급 수단이 남아 있으며, 그럼으로써 수렵단계에서 다산성을 흔히 아주 낮게 억누르던 인자들이 분쇄된다. 그리하여 농민 가족은 이 단계에서 식량만이 아니라 사람의 잉여도 생산한다. 농민적 다산성이 낳는 잉여 인간들의 수용을 위한 그러한 가능성이 언제나 제공되지는 않는다. 농민적 다산성에는 사유재산이라는 새로운 한계가 형성된다. 농민적 농장들의 수가 제한되어 있고 이것들이 확장될 수 없고 잉여의 인간들이 다른 쪽으로 처분될 수 없다면, 농민 처녀들에게는 결혼과 함께 농장의 소유를 취득할 때까지 결혼을 미루어야 한다는 요구가 생겨난다. 이 단계의 농민적 도덕은 맬서스주의를 받아들인 도덕이다. 맬서스주의는 이 단계의 농민 경제로부터 흘러나오는 기술적, 지적, 그리고 도덕적 제한성을 자연법칙으로 격상한 것에 불과하다.

 농업의 진보가 도시공업의 수준과 특성에 좌우된다면, 도시 공업의 진보는 농업이 제공하는 토지 산물 잉여의 수준과 특성에 좌우된다. 그 잉여물로 도시인구를 먹여 살리는 농촌지대에서 일정한 정지상태가 시작되었다면, 농지의 수와 농지가 제공하는 잉여물의 수준이 늘어날 수 없다면 이 잉여물을 먹고 사는 인구도 증가하지 않는다.

 자본가들과 프롤레타리아트에 대해서 본다면, 자본은 그것을 지니는 자 안에 축적과 집중화를 향한 강박을 발달시킨다. 이는 결혼에서 영리한 관습을 발달시키고 자녀 수를 가능한 최대로 제한하게 된다. 무산자들의 대다수는 독신이나 만일에 얻어진 혼외 자녀도 가능한 최대로 부인할 운명에 처한다. 프롤레타리아적 생존은 자녀의 양육에 별로 이롭지 못하다. 유아사망률은 프롤레타리아트에게서 특별히 높다. 프롤레타리아트의 다산성과 부자들의 불임 간의 대조는 많은 관찰자들의 눈에 띈다. 프롤레타리아 다산성과 부자들의 다산성 간의 차이는 영양상의 차이가 아니라 다양한 사회적 조건으로부터 생겨나는 일련의 계기들, 더 풍부한 영양 때문이 아니라 더 풍부한 영양에도 불구하고 부자들 자녀의 축복을 프롤레타리아의 그것보다 더 축소하는 계기들에 기인한다.

공업 프롤레타리아트의 생활 조건은 부분적으로 이들을 배출하는 원천인 룸펜 프롤레타리아트의 그것보다 점점 더 상승하는 경향을 띤다. 상승해 가는 부와 나라의 힘이 이제 기반을 두는 곳은 농민층이나 수공예 집단이 아니라 공업 프롤레타리아트이며 이는 점점 더 공업 프롤레타리아트에게 의식이 된다. 새로운 인자가 이제 등장하는데, 이는 여성의 가족 바깥에서의 직업노동이다. 자본주의는 탐욕스럽게 열매가 익기도 전에 나무에서 따낸다. 자본주의는 여성에게 사적 가계를 위한 노동의 축소를 통해 영리 노동을 할 여가를 확보해 주는 것보다 더 성급하게 남성 임금을 깎아내려 여성을 영리 노동을 하도록 강제한다. 자본주의적 발달은 여성에게는 가사노동을 영리 노동으로 교체하는 것보다는 가사노동을 영리 노동만큼 늘리는 것을 의미하며 이런 영리 노동이 또한 최대한으로 확장되는 것이다. 그래서 프롤레타리아 여성에게 자본주의는 지극히 혹독한 과잉 노동의 시대를 뜻한다. 이는 프롤레타리아 여성의 다산성에 결정적으로 불리하게 작용할 수밖에 없다. 아직 산업 프롤레타리아트는 여러 세대에 걸쳐 자신의 독자적인 후세를 충원하는 계급이 아니며 그런 계급이 될 전망은 없다. 이를 충원하는 것은 농촌으로부터의 유입이다. 농민적 경제는 어디서나 강력한 자연적 다산성을 발달시키기 때문이다.

대도시의 성장, 피임수단의 완성 및 보급과 결부된 여성 노동의 증가와 같은 인자들이 작용하는 동안에 자본주의적 생산양식의 진행은 자본주의적 국민들을 인구의 정체상태로 위협하는 반면, 농촌 국민들은 쉽게 급속히 증가한다고 말할 수 있다. 이는 자본주의적 생산양식에는 재앙을 예고하는 것으로 지평선에서 떠오르는 대립들의 하나다.

인간에게 모든 상황에서 관철되는 유일한 보편적인 인구법칙을 가정하는 것은 맞지 않다. 어느 사회적 유형이든 자신의 특수한 인구법칙, 단순한 보편적 자연 조건이 아니라 극히 가변적인 사회적 조건에서 나오며 그래서 아주 복잡한 종류의 것인 인구법칙을 가진다.

14. 농업과 자본주의

우리가 마주치게 되는 가장 중대한 항변 중 하나는, 노동자 계급의 해방은 곤궁을 지속적으로 제거하는 쪽으로 인도할 수 없으며, 오직 이 궁핍을 최고로 짧은 시간 후에 보편적으로 만드는 쪽으로 인도할 뿐이라는 것이다. 사회주의가 노동자 계급에 확산시킬 복지가 커질수록 인구증가는 이들의 부양활동공간을 넘어서 급속도가 된다는 것이다.

공업에서와는 완전히 다르게 농업에서 우리는 진보된 기술이 생산과정을 아주 천천히 머뭇거리며 불완전하게만 장악하는 것을 보게 된다. 이런 의미에서 농업은 온갖 진보에도 불구하고 점점 더 후진적이 된다. 농업의 증가하는 기술적 후진성에 책임 있는 것은 토지와 임금노동에 대한 사유재산권이다. 자본, 즉 생산수단에 대한 사유재산에 의하여 실현되는 임금노동 착취관계들의 확장은 끝없이 계속될 수 있고 거기서 항상 더 큰 자본이 더 작은 자본보다 우위에 서게 될 것이다. 그러나 각각의 개별 업체에는 크기의 최대한도가 있어서 그것을 넘어서서는 생산성을 떨어뜨림이 없이 확장할 수가 없다. 자본주의적 생산양식이 기술의 진보를 아무리 힘차게 고무하더라도 이는 기술 진보를 결코 완전히 효력을 발휘하게 할 수 없다.

가장 본래 종류의 노동은 협동조합적 노동이다. 오직 사회적 노동을 통해 타인과의 협동을 통해 원시인은 목숨을 유지하고 발달시킬 수 있었다. 그러나 상품생산 그리고 이와 결부된 생산수단의 사유재산권과 함께 협동조합적 노동은 그 토양을 상실한다.

절대적 잉여 산물의 인상 방식은 상대적 잉여 산물의 증대 방식보다 훨씬 편리하고 저렴하고 신속하게 효과를 나타낸다. 물론 이 방식은 모든 생산력의 두 원천인 노동자들과 토지의 힘의, 시간이 앞당겨진 고갈과 결국 완전한 파멸을 가져온다. 프롤레타리아트의 저항이 더 활기찰수록 자본주의의 파괴적 약탈농법의 경향이 축소될 뿐 아니라 자본주의는 또한 잉여가치 향상의 다른 방식, 기술 진보로 인간 노동의 생산력을 증진시키는 방식을 쓰도록 추궁받는다. 그렇게 초래되는 기술적 혁명은 자본주의 역사에서 가장 빛나는 면이다.

동방적 유형의 농경 국가들에는 지금까지 계급투쟁을 통해 전국에서의 자본주의적 착취에 제한을 가할 정도로 강한 산업 프롤레타리아트가 없으며, 이와 함께 자본주의가 자신의 약탈농법 정책을 자유토이 전개하는 데 대한 지극히 강력한 저지력도 없고, 노동의 생산성을 비용이 많이 들고 오래 시간이 걸리는 기술적 개선을 통해 증대시킬 지극히 강한 동기도 없다.

15. 농업과 사회주의

자본주의가 농업의 발전을 가로막는 모든 강력한 장애물들은 자본주의의 극복을 통해 제거된다. 토지에 대한 사유재산권 그리고 거대한 정복 및 갈취 정책이 그런 것들이다.

프롤레타리아트의 체제가 토지에 대한 사유재산권의 폐지를 가져올 것이라는 말은 이 폐지가 결국 프롤레타리아트의 승리와 함께 시작되는 발달 과정에서 들어설 것을 기다려야 한다는 식으로 파악되어야 하며, 프롤레타리아트가 권력을 잡자마자 곧바로 모든 농민을 수탈하거나 이들의 땅을 몰수하는 데 이 권력을 사용해야 한다는 말이 아니다.

오늘날 노동자 계급의 일반적 열망은 더 많은 먹을 것, 더 나은 주거와 의복만이 아니라 현대적 대량생산의 단조로운 노동의 축소, 더 많은 여가와 자유를 향하기로 한다. 여가는 오늘날 고기와 빵 못지않게 필요불가결한 생활수단이다.

무엇보다도 농업에 가능한 최대의 생산성을 보장해 주려면 개별 업체들에 제공된 모든 수단을 가장 완벽하게 활용할 수 있게 해 주는 최대 규모를 가지게 하는 것이 중대한 일일 것이다.

농업에 대한 다소 큰 생산협동조합들의 조직화 그리고 이들의 노동시간의 삭감으로는 당연히 아직 충분하지 않을 것이며, 이 협동조합들이 최대의 완성도를 달성하려면 지적이고 과학적으로 교양을 쌓은 노동력이 농촌으로 가야 하며 농촌에서의 노동이 정신적으로 활발하고 교육받은 사람들에게 견딜 만한 것이 되어야 한다. 평야 지대로 사회적 노동의 생산성 향상에 도움이 되는 공업을 이전하는 것은 산업 노동자처럼 농촌 노동자의 정신적 필요에도 부합할 것이다.

　자본주의 사회만큼이나 사회주의 사회도 농업이 제공하는 토지 산물의 잉여물을 늘리려고 시도해야 한다. 그러나 더 이상 절대적 잉여 산물의 생산방식은 안 되고, 상대적 잉여 산물의 생산방식만을 활용할 수 있다.

　자본주의는 19세기에 특히 거의 전적으로 공업과 교통을 변혁시켰다. 사회주의는 공업보다는 훨씬 더 농업을 변혁시켜야 한다. 농업노동의 실제 생산성과 가능한 생산성 간의 차이가 없어지지 않는 동안은 공업에 더해지는 모든 새로운 노동력은 농업을 위한 생산력의 증대, 농업의 생산성과 농업의 잉여물, 그래서 또한 부양활동공간의 증가를 의미할 수 있을 것이다.

　이 과정이 지속되는 동안에는 인구가 아무리 급속히 증가하더라도 과잉인구를 말할 수는 없다. 그런데 사회주의에 의한 지구 전체의 농업 변혁의 이 거대한 과정 전체가 백 년 후에도 아직 끝나지 않으리라 충분히 기대할 수 있다.

16. 인구증가와 사회주의

　우리는 적어도 한 세기 넘는 시간 동안 사회주의 사회는 부양활동공간을 빠르게, 인구가 증가할 수 있는 것보다 훨씬 더 빠르게 확장해야 할 처지에 있을 것이란 결론에 도달했다. 이는 자본주의적 생산양식이 자연 인식과 기술을 생산의 모든 영역에서 그런 것처럼 농업의 영역에서도 엄청나게 높여주면서도, 동시에 점점 더 그 실무적 활용에 장벽을 설치하고 농업 진보의 상승하는 밀물에 어느 정도의 둑을 쌓는다는 데서 생겨나는 특수한 역사적 상황의 결과다.

　자연에서 그리고 사회에서는 혁명적 시기와 조용한 시기가 번갈아들며, 그래서 세계의 농업에 사회주의의 승리가 도입해 주는 질풍과 노도의 시기가 지나면 사회가 가용한 것으로 제공받는 토지 산물의 양이 더 이상 급속히 늘어나지 않는 한에서 인고의 시기가 시작되며, 사회의 더 이상의 기술적 진보는 본질적으로 더 많은 여가와 자유의 획득을 의미할 뿐일 가능성도 고려해야 한다. 이로써 당연히 인구증가는 위협적인 형태를 띨 수 있을 것이다.

사회주의는 더 건강한 향유의 조건도 창출하여 노동의 분야에서처럼 이 분야에서도 오늘날 아직 매우 높은 사망률에 대처하여 이로써 출생자 수를 변함없이 둘지라도 사람 수의 증가도 촉진할 것이다. 그러나 출생자 수가 변함없이 있으리란 것은 개연성이 없다. 사회주의 사회는 결혼 연령을 뒤로 늦출 동기를 없애줄 것이다. 이 모두를 고려해 본다면 사회주의 사회에서 여성의 자연적 다산성이 강하게 상승할 것이지만 사망률은 감소하리란 것이 개연성 없다고 보아서는 안 된다. 그러나 사회주의 사회에서 여성의 정신적 활동의 증가와 함께 자신의 다산성을 인위적으로 제한할 동기가 보편화되고 강한 인구증가에 역작용하지 않을지 누가 알 수 있나?

소부르주아 사회에서는 어떤 직인이든 언젠가 마이스터가 되리란 전망을 가지며, 어떤 소유한 것 없는 소년도 언젠가는 근면과 절약으로 충분히 오래 기다리기만 하면 유산자가 되리란 전망을 한다. 이는 자본주의 사회에서는 의미를 잃는다. 인구의 다수는 무산자들로 전락하며 재산 소유자가 되리란 전망을 하지 못한다. 맬서스는 자신의 주장이 난센스이면서 고통이 된 바로 그 시대에 그런 주장을 들고나온 것이다. 다른 많은 일에서처럼 성적 관계에서도 자본주의에서의 도덕은 모순을 안고 있을 수밖에 없다. 자본주의는 옛 도덕에서 힘을 빼앗지만 어떠한 새로운 도덕도 창조할 능력이 없다.

사회주의는 계급의 지양을 통해 이런 상황에 마침표를 찍는다. 그것은 동시에 가족과 결혼이 오늘날 처해 있는 이중상태를 제거하고, 자녀들의 양육을 위하여 새롭고 견고한 기초를 놓으며, 이로써 새롭고 견고한 성 윤리 형성을 위한 조건도 창출한다. 사회가 인구증가를 너무 급속한 것으로 받아들이자마자 그리고 이런 견해가 일반적 의식으로 넘어가자마자, 곧 여론과 개인들의 양심은 너무 많은 자녀를 세상에 내보내지 않는 것을 여성들의 의무로 확정할 것이다. 도덕성은 이처럼 필요할 때는 지금까지 이미 언제나 성생활을 규율했듯이 인구증가를 규율할 능력이 있을 것이다. 우리는 이미 세계 농업이 오늘날 이미 달성된 자연 인식과 기술 수준으로 올라서는 것이 여러 세대에 걸쳐 필요로 할 것이란 점은 언급했다. 내다볼 수 있는 시간 내에서는 사회주의 사회를 위해 과잉인구의 위험도 인구 과소화의 위험도 생길 수가 없다. 세계의 전체 여성이 정신적 관심으로 충만하게 되어 인구 과소화의 위험이 실제로 위협이 된다고 해도 최소한 그렇게 될 동안에는 인구 과소화의 위험은 닥쳐오지 않을 것이다.

17. 종족 위생

인간이 개입하지 않는 동안에는 유기체 시스템 내에서는 유지하려는 힘과 제거하려는 힘의 상시적 균형이 지배한다. 오직 생활 조건이 심오하게 변경되는 개별 시기들에서만 자연에는 더 오래 지속되는 균형의 교란이, 그리고 이와 함께 여기서는 과잉 개체수, 저기서는 개체수 과소화가 등장한다. 인간의 기술이 등장하면서 유기체들의 체계가 이러한 교란에 적응하고 다시 균형을 이루는 것을 완전히 불가능하게 만드는 원인이 된다. 개체수 과소화와 과잉 개체수는 이제 자연에서 지속하는 경향이 되어 이를 규율하고 자신에게 유리하게 유도하는 것이, 인간의 자연과의 투쟁 과제 중 하나가 된다. 제거와 번식의 촉진이란 두 방식은 사회가 자유롭고 평등한 구성원들로 이루어지는 곳에서는 자기 사회의 구성원들에 대해서는 쓸 수 없다. 이를 규율하는 작용을 하는 새로운 인자는 도덕성, 여론, 양심의 힘이다. 그 최초의 과제는 종족의 유능함을 보전하도록, 동종교배를 통한 종족의 열등화를 방지하도록 번식을 규율하는 것이었다.

인구증가의 양상이 그러한 규제자를 필요한 것으로 만드는 경우에 도덕성이 인구증가의 규제자로서 효력을 발휘할 수 있는 조건을 사회주의 사회에서의 계급 폐지가 비로소 창조한다. 이는 사회주의 사회 초기에는 필요가 없을 것이고, 인구증가와는 다른 분야에서 번식 과정의 도덕적 개입이 필요해질 수 있다. 이는 인류의 신체적 퇴화의 방지라는 종족 위생 분야다. 이런 퇴화의 두 요인 중 하나는 노동하는 계급이 고통을 겪게 하는 자본주의 체제하의 문화 인류의 열악한 생활 조건이다. 두 번째 요인은 생존을 둘러싼 투쟁의 배제가 늘어나서 약자들과 병자들도 연명(延命)을 하고 번식할 가능성이 늘어난다는 것이다.

인간의 기술은 자연에서의 균형을 파괴하고 생존을 둘러싼 투쟁의 요구를 완화하고 이로써 신체적, 정신적으로 열등한 개체들에 연명뿐 아니라 번식도 쉽게 해 준다. 의술은 병든 사람을 건강하게 만드는 기술이라기보다는 병든 사람에게 병든 상태로 생명을 연장해 주고 이로써 병든 사람이 아기를 출산할 가능성을 높여주는 기술이다.

사회주의 사회에서는 사정이 완전히 다르다. 오늘날 프롤레타리아트와 상층계급에서 질병과 퇴화를 일으키는 모든 생활 조건들은 사라진다. 그때에는 병든 아이가 세상에 나오면 그 아이의 질환은 사회적 상황의 책임이 아니라 오로지 부모의 개인적 책임으로 여겨질 것이다. 이로써 효과적인 사회 우생학, 건강한 출산을 위한 사회적 노력이 생겨날 수 있는 토양이 주어진다.

새로운 관심이 이제 일반적으로 사회적인 관심거리가 될 것인데, 이는 과학적 관심이다. 과학의 참여는 향락의 최고 형태이며, 그 다양성이 계속해서 거듭 상승하는 형태다. 과학의 발달에는 인류의 생존 자체에 놓인 한계 외에 다른 한계는 없다. 사회주의의 가장 빛나는 위대한 활동은 행복, 건강과 여가만이 아니라 과학의 향유도 모두의 공유재산으로 만드는 것이다.

카를 카우츠키의
인구생태경제학

펴낸날 2025년 10월 18일

지은이 카를 카우츠키
펴낸이 이승무
발행처 합명회사 순환경제연구소 | **출판등록번호** 313-2008-178 (2008. 10. 29)
주소 서울시 송파구 동남로 2길 18, 301호
전화 070-7767-5510 | **팩스** 02-6499-5510
홈페이지 www.cycleconomy.org | **이메일** sngmoo@cycleconomy.org
디자인 도서출판 밥북 | **편집** 최송아

© 이승무, 2025.
ISBN 978-89-964487-5-4 (93330)

※ 이 책은 저작권법에 따라 보호받는 저작물이므로 무단전재와 복제를 금합니다.